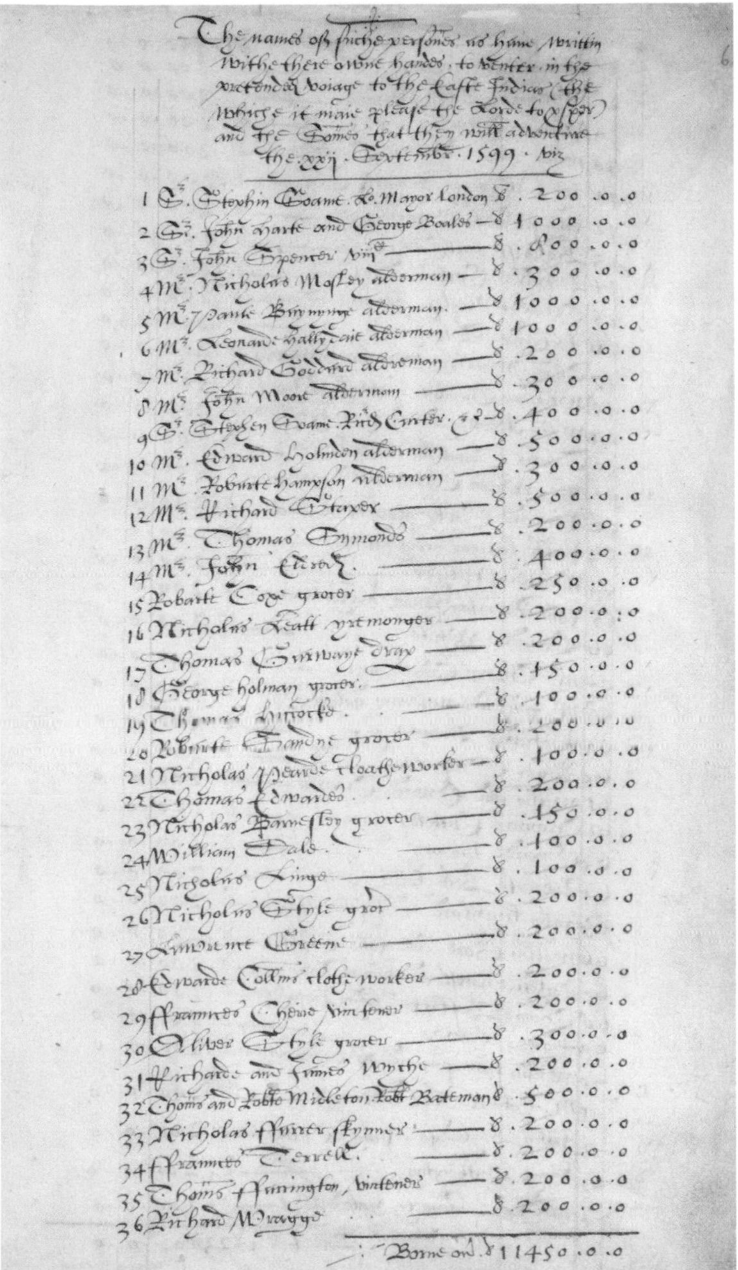

The names of suche persones as haue writtin with there owne handes, to venter in the pretended voiage to the Easte Indies (the which it maie please the Lorde to prosper) and the somes that they will adventure the xxij September 1599. viz

| | | |
|---|---|---|
| 1 | Sr. Stephen Soame Lo. Mayor London | li. 200.0.0 |
| 2 | Sr. John Harte and George Bolles | li 1000.0.0 |
| 3 | Sr. John Spencer knight | li. 600.0.0 |
| 4 | Mr. Nicholas Mosley alderman | li. 300.0.0 |
| 5 | Mr. Paule Bannynge alderman | li 1000.0.0 |
| 6 | Mr. Leonarde Hallydaie alderman | li 1000.0.0 |
| 7 | Mr. Richard Goddard alderman | li. 200.0.0 |
| 8 | Mr. John Moore alderman | li. 300.0.0 |
| 9 | Sr. Stephen Soame Richd Carter | li. 400.0.0 |
| 10 | Mr. Edward Holmeden alderman | li. 500.0.0 |
| 11 | Mr. Robert Hampson alderman | li. 300.0.0 |
| 12 | Mr. Richard Staper | li. 500.0.0 |
| 13 | Mr. Thomas Symondes | li. 200.0.0 |
| 14 | Mr. John Eldred | li. 400.0.0 |
| 15 | Robarte Cope grocer | li. 250.0.0 |
| 16 | Nicholas Leate yrenmonger | li. 200.0.0 |
| 17 | Thomas Cordell draper | li. 200.0.0 |
| 18 | George Holman grocer | li. 150.0.0 |
| 19 | Thomas Hewett | li. 100.0.0 |
| 20 | Robarte Sandye grocer | li. 200.0.0 |
| 21 | Nicholas Pearde clotheworker | li. 100.0.0 |
| 22 | Thomas Edwardes | li. 200.0.0 |
| 23 | Nicholas Barnesley grocer | li. 150.0.0 |
| 24 | William Dale | li. 100.0.0 |
| 25 | Nicholas Lynge | li. 100.0.0 |
| 26 | Nicholas Style grocer | li. 200.0.0 |
| 27 | Lawrence Greene | li. 200.0.0 |
| 28 | Edwarde Collins clothworker | li. 200.0.0 |
| 29 | ffrauncis Cherrie vintener | li. 200.0.0 |
| 30 | Oliver Style grocer | li. 300.0.0 |
| 31 | Richarde and James Wyche | li. 200.0.0 |
| 32 | Thoms and Robte Midleton Robt Bateman | li. 500.0.0 |
| 33 | Nicholas ffuller skynner | li. 200.0.0 |
| 34 | ffrauncis Terrell | li. 200.0.0 |
| 35 | Thoms ffarrington, vintener | li. 200.0.0 |
| 36 | Richard Wragge | li. 200.0.0 |
| | Borne over | li 11450.0.0 |

一五九九年九月二十九日，在倫敦摩爾蓋特原的創辦人之家第一次公開會議的兩天前，「史密斯審計長」為了「東印度航行」所募集，一百零一位富裕倫敦人的首批股東名單。

1. 一六一六年，英國東印度公司創建者「審計長」史密斯爵士，西蒙．德巴斯（Simon de Passe）繪。© British Library Board. All Rights Reserved/Bridgeman Images
2. 指揮英國東印度公司一六〇一年首次出航的詹姆士．蘭開斯特爵士，繪於五年前甫從災難性首次東方航程歸來之時。© National Maritime Museum, Greenwich, London
3. 英王詹姆士一世的大使湯瑪士．洛爵士，一六一五年帶領英國首次正式出使印度的外交使團。© National Maritime Museum, Greenwich, London

《千禧年蘇丹形象的賈汗吉爾皇帝更願與蘇菲智者為伴》，比齊特繪。賈汗吉爾坐在王座上，身後代表王者的光圈如此亮麗，以至於飛在空中的葡萄牙式小天使得遮住自己的眼睛，閃躲耀目光輝。另一對小天使則在橫幅上寫著「真主至大！喔王，願您千秋萬代！」皇帝面向蓄著絡腮鬍的蘇菲，交付一本古蘭經，對鄂圖曼蘇丹伸出的手棄之不理。至於詹姆士一世，戴著飾有珠寶與白鷺羽毛的帽子，身著當時代的銀白色長外套，被擺在畫面的左下角，賈汗吉爾的腳下，僅高於比齊特的自畫像。英國國王以四分之三輪廓展現，在蒙兀兒細密畫中，這個角度是用來描繪次要角色，他臉上似乎對自己身在蒙兀兒階層的低位階而忿忿不滿。

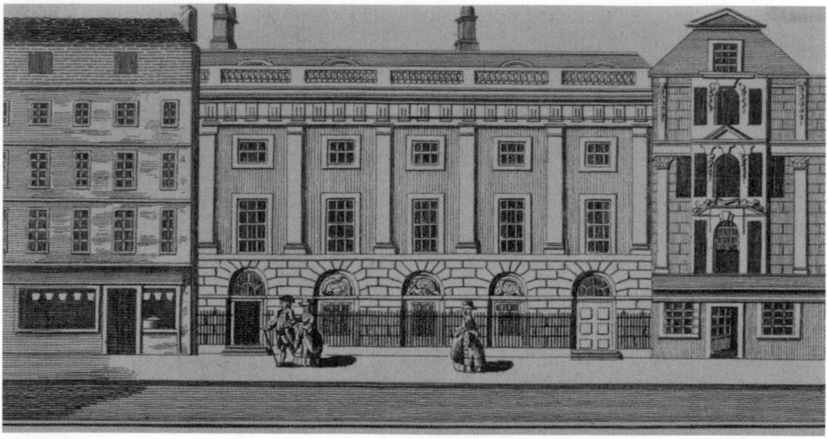

新的東印度之家。十八世紀初進行帕拉第奧式翻新後的英國東印度公司倫敦利德賀街總部。一名葡萄牙旅人在一七三一年曾寫下，它「近期興建了面向街道的華麗石造門面，但門面非常狹窄，外表看起來與內部宏偉並不相襯。它占地甚廣，辦公室與倉庫的設計非常出色，公共大廳與委員會廳室幾乎不亞於城內任何類似建築」。就像英國東印度公司的力量一樣，東印度之家的謙遜外表深具欺騙性。© London Metropolitan Archives, City of London/Bridgeman Images

一六六〇年，德普特福德碼頭的東印度公司船隻。
© National Maritime Museum, Greenwich, London

《胡格里河畔的荷蘭東印度公司總部》，亨德利克・范舒倫伯格（Hendrik van Schuylenburgh）繪。

《威廉堡，加爾各答》，喬治・蘭伯特與山謬・史考特（George Lambert and Samuel Scott）繪。

嚴肅虔誠的蒙兀兒皇帝奧朗則布對於德干地區過度的征服野心，首先將蒙兀兒帝國疆域擴張到極致，最終卻導致帝國崩潰。繪於一六五三年。

奧朗則布皇帝的死對頭，馬拉塔軍閥希瓦吉・邦斯雷。畫中為希瓦吉生前最後歲月，約為一六八〇年。希瓦吉建立碉堡，創建海軍，並深入蒙兀兒領土進行劫掠。一六七四年，在賴加德連續兩次加冕儀式上，登基為華蓋之主。

1. 波斯軍閥納德爾・沙，是一名出身卑微的牧羊人與毛皮工之子。卓越的軍事才能讓他在波斯薩法維王朝軍隊中迅速崛起，隨後奪取波斯王位，並從蒙兀兒孔雀身上「拔幾根金羽毛」。


2. 納德爾・沙與愛好美學的體弱皇帝穆罕默德・沙・朗吉拉，波斯人納德爾・沙奪走他所有財富，包括鑲嵌著傳奇的光之山鑽石的孔雀寶座。納德爾・沙離開德里後，帝國突然陷入貧困，意味著德里無法再支付行政和軍隊薪餉；少了燃料，帝國的鍋爐室也就熄火了。

在紅堡露台上享受舞女演出的蒙兀兒王子，可能是年少的沙・阿蘭。約當一七四五年，納德爾・沙入侵之時。© William Dalrymple

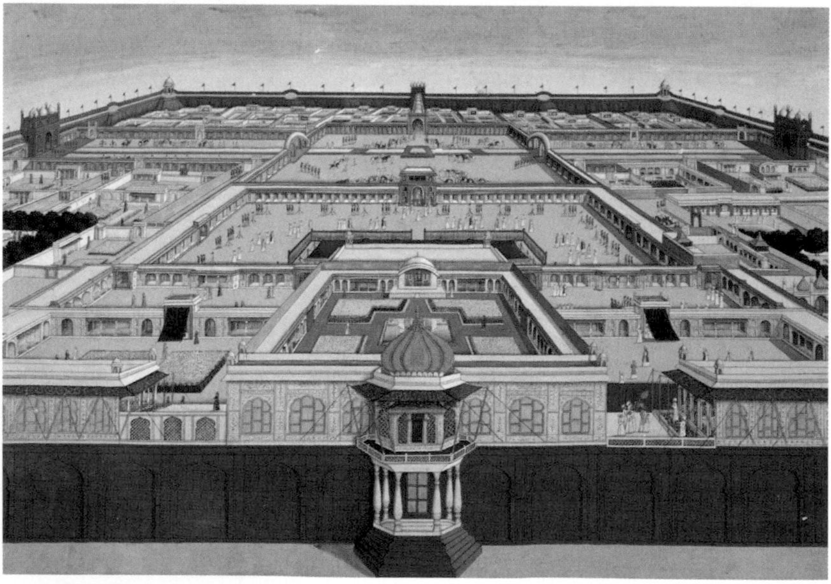

紅堡鳥瞰圖。© British Library Board. All Rights Reserved/Bridgeman Images

《遊獵圖》，南蘇克（Nainsukh）繪。蒙兀兒首都德里陷落後，帝國畫家在國內四散，如此圖一般的優雅傑作，也出現在喜馬拉雅山區的偏遠王廷如古勒爾和賈斯羅塔。

《歐洲人圍城圖》。隨著蒙兀兒權威崩解，每個人各奔前程，印度成為一個去中心化、分崩離析的軍事化社會。歐洲傭兵，特別是砲兵，因其軍事技能而炙手可熱。

穆爾希達巴德神龕一景。© British Library Board. All Right reserved/Bridgeman Images

穆爾希達巴德附近的胡格里河岸。© The Trustees of the Chester Beatty Library, Dublin CBL In 69.10

費札巴德宮殿群 ◦ The David Collection, Copenhagen/Photographer: Pernille Klemp 46/1980

阿里維爾迪汗在賈格塞特銀行家金援的軍事政變中，於一七四〇年掌握了孟加拉的權力。這位愛貓的美食家喜歡以美食、好書及故事來度過夜晚時光。擊敗馬拉塔人後，他在穆爾希達巴德建立了穩定的政治、經濟中心，是蒙兀兒帝國晚年亂局中少見的繁榮平靜之地。

1. 阿里維爾迪汗放鷹。
   
2. 年齡略長的阿里維爾迪汗將蒙兀兒官位象徵的頭巾珠寶飾品薩爾佩切（sarpeche）賜給外甥，外孫希拉吉・烏道拉在一旁觀看。

左右兩圖都是希拉吉・烏道拉與女性。他的表兄弟及史家古蘭・胡笙汗寫下：「這位統治者看上的人，不分男女，都成為他慾望下的犧牲者。」

左圖：Czaee Shah Collection，©2017 Christie's Images Limited。右圖：© 2017 Christie's Images Limited。

阿里維爾迪汗的女婿沙赫馬疆享受德里音樂世家的私人音樂演出。這些音樂家顯然被視為珍貴收藏，因為畫上不僅列出大名，並逐一清晰描繪。坐在大廳另一側等待獻曲的，是四名精雕細琢的德里歌伎，同樣一一列出名字。

已故少將約翰・史溫頓爵士（John Swinton）遺產，攝影：John McKenzie for L&T

希拉吉・烏道拉騎馬出征。
史溫頓爵士遺產，攝影：John McKenzie for L&T

傑出史家古蘭・胡笙汗。這位納瓦伯的表兄弟是當時代由德里殘破市區移出的許多人之一。他所寫的《現代回顧》一十八世紀印度的偉大歷史，仍是目前為止揭露當時代的最重要印度文獻。
© The Bodleian Libraries, The University of Oxford MS. Douce Or. a. 3, fol. 16r

羅伯特・克萊夫指揮普拉西戰役，一七五七年。

米爾・賈法是一名沒受過教育的阿拉伯傭兵，參與了阿里維爾迪汗對抗馬拉塔人的諸多重要戰役，並於一七五六年為希拉吉・烏道拉領軍，成功打下加爾各答。他加入賈格賽特家族醞釀的陰謀，取代希拉吉・烏道拉成為統治者，很快又發現自己在英國東印度公司一時興起下成為孟加拉的傀儡統治者。羅伯特・克萊夫正確形容他是個「無能的統治者」。

青年時代的羅伯特・克萊夫，約一七六四年，巴克薩戰役前一年。言簡意賅，卻極具野心，意志過人出乎尋常，成為東印度公司及轄下印度軍的領導人，無情殘暴卻極具才華。他擁有街頭鬥狠者的眼色，善於精確衡量敵手，也能抓緊時機，甘冒極大風險，膽色衝勁過人。
© National Army Museum, London/Bridgeman Images

一七五九年宣布即位為帝後不久，端坐寶座上俯瞰恆河的沙·阿蘭皇帝。沙·阿蘭沒有土地，也沒錢，卻以自身魅力、出眾相貌、詩意氣質及精緻風度來彌補這一切。以此方式，他成功聚集了約兩萬名追隨者及失業傭兵，多數人跟他一樣一貧如洗，裝備不足。

米爾·賈法與兒子米蘭出獵。隨著米爾·賈法一路跌跌撞撞，國家財政逐漸枯竭，他活力充沛卻殘暴的兒子米蘭則變得越來越邪惡。「他傾向壓迫折磨人民，」太熟悉米蘭的古蘭·胡笙汗寫下：「他在屠殺人民跟謀殺上迅速果決，對這種事情有種特殊才能，並將所有聲名狼藉或粗暴行為視為謹慎先見之明。」

米爾・賈法（圖 1）與米爾・卡辛姆（圖 2），一七六五年。米爾・卡辛姆跟混亂無知的岳父完全不同。米爾・卡辛姆出身波斯貴族世家，雖然是在他父親位於巴特納附近的莊園出生。他雖然體格矮小，缺乏軍事經驗，卻年輕有能又聰明，最重要的是意志堅定。他與英國東印度公司同謀，在一七六〇年的政變中，取代無能的米爾・賈法，成功創造出一個擁有現代陸軍、運作良好的國家。但不到三年，他卻跟東印度公司發生衝突。© William Dalrymple

和卓・格萊哥利，來自伊斯法罕的亞美尼亞人。米爾・卡辛姆賜予他「古爾金汗」的頭銜，亦即「狼」之義。古蘭・胡笙汗覺得此人非同凡響：「身高超出常人，體格強壯，皮膚十分白皙，鷹勾鼻，黑眼睛大而有神。」© Victoria and Albert Museum, London

《職員與納瓦伯進行討論》——畫中人可能是威廉・富勒頓與米爾・卡辛姆，於巴特納，一七六〇到六五年間。富勒頓是一名深受喜愛的蘇格蘭外科醫生及審美家，也是巴特納大屠殺的少數倖存者之一。這要歸功於老朋友史家古蘭・胡笙汗親自介入。© Ashmolean Museum, University of Oxford

帕拉第奧式建築與庭園，孟加拉畫家卡拉亞的謝赫・穆罕默德・阿米爾（Shaikh Muhammad Amir of Karraya）所繪。© British Library Board. All Rights Reserved/Bridgeman Images

畫家謝赫的視野，從馬坦公園（Maidan）眺望加爾各答總督府與艾斯普拉納路。兩畫似乎都繪於一八二七年左右。© British Library Board. All Rights Reserved/Bridgeman Images

1. 隨著蒙兀兒首都陷入動盪，著名的德里藝術家迪普．昌德與尼達．瑪爾往東移，前往巴特納與勒克瑙等更為穩定及普世的朝廷。他們在此發展出一種特色獨具的地方風格。背景中總是寬闊的恆河水在白色沙岸間平穩流淌，船隻在水道裡徜徉。上圖：巴特納的文雅喀什米爾商人統治者阿什拉夫．阿里汗與孟加拉妻子穆圖比（Muttubby）嘗試歐洲時尚。阿什拉夫盤腿坐在攝政時期風格的西式椅子上，兩人的水煙筒都架在木茶几上。兩圖皆為迪普．昌德所繪。


2. 納瓦伯蘇賈．烏道拉的盛大行列經過一排河岸宮殿。

1. 巴克薩戰役後，歐洲人與其印度兵散布印度各地，進行貿易、武鬥、徵稅並管理歲收與執法部門。此圖為乘坐大象的詹姆士・陶德（James Tod）上尉（後為上校），梅瓦爾的喬卡（Chokha, Mewar）繪，一八一七年。


2. 海克特・門羅，約一七八五年。門羅是巴克薩的勝利者，卻敗於波麗露之役。此畫認定為大衛・馬丁（David Martin）所繪。


3. 約一七八〇年，馬德拉斯的印度兵。

《乘轎的英國軍官》，維洛爾的耶拉帕（Yellapah of Vellore）繪。

《英國東印度公司的軍官》，穆爾希達巴德，一七六五年。

羅伯特．克萊夫，納坦尼爾．丹斯（Nathaniel Dance）繪，約一七七〇年。此畫呈現中年發福的克萊夫男爵，非常清楚自己成就的一切，讓英國東印度公司成為孟加拉、比哈爾與奧利薩的政治軍事主宰。「好運似乎決心伴我到最後，」克萊夫寫信給朋友兼傳記作者羅伯特．歐姆，他說：「每個目標、每個樂觀願望都將完全實現。」

青年時期的華倫・哈斯汀斯，提利・凱托（Tilly Kettle）繪，約一七七二年。瘦削、衣著樸素的禿頭年輕人，穿著簡單的棕色粗斜紋布衣，面容開朗，神情略帶哀愁，嘴唇又帶著一絲幽默感。這個時期的往來信件跟這種印象相合，揭露出一名羞怯、嚴肅、敏感且超乎尋常獨立自主的年輕人。他每天日出即起，洗完冷水澡後，騎馬一小時，手臂上偶而帶一隻鷹。他似乎習慣獨自一人，喝著「少量的酒」，晚上閱讀、彈奏吉他並學習波斯語。

《沙・阿蘭將課稅行政權交給克萊夫爵士》，班傑明・威斯特繪。



今日我們稱之為非自主私有化。紙捲是一道詔令，解散了孟加拉、比哈爾與奧里薩各地的蒙兀兒稅官，取而代之的，是一組由羅伯特・克萊夫（新任孟加拉總督）及英國東印度公司董事任命的英國商人。文件中描述克萊夫與這些董事是「高貴強大，無上尊榮，光耀戰士的領袖，我們的忠誠僕人與支持者，值得皇家榮寵的英國公司」。自此，蒙兀兒帝國稅收便外包給一間強大的跨國企業，收稅行動則受到公司私人軍隊保護。

《蒙兀兒皇帝沙・阿蘭與巴克爾將軍在阿拉赫巴德校閱英國東印度公司軍隊》，提利・凱托繪。印度加爾各答維多利亞紀念館董事會授權。

一七七一年，巴克爾將軍被派往阿拉赫巴德，試著阻止皇帝。卻發現他「對所有討論都充耳不聞」。皇帝早就發現在阿拉赫巴德當東印度公司的傀儡是不長久的，現在他渴望回家，無論風險如何。

《阿瓦德納瓦伯蘇賈・烏道拉、四位王子、巴克爾將軍與軍官》，提利・凱托繪。印度加爾各答維多利亞紀念館董事會授權。

蘇賈・烏道拉是身材高大的巨人，將近七英呎高，鬍子上油，身強體壯。即便已過中年，據說仍能單手各舉起一名軍官。一七六五年巴克薩戰役中，他敗在英國東印度公司手下，克萊夫又將他擺回阿瓦德總督寶座。他持續統治，直到生命終結都是東印度公司的親密盟友。

一七七一年沙．阿蘭皇帝返回德里的皇室行列。軍隊長列蜿蜒曲折地沿著亞穆納河岸前進，穿越一片肥沃地景。隊伍前方是樂師，接著是執權杖與蒙兀兒國徽的衛兵。接著是皇帝本人，高坐在大象上，四周由持矛近衛部隊護衛。隨後是一群皇族王子，乘坐著一排飾有番紅花色頭巾的座象，每副頭巾都繡有皇帝徽章。身後是帝王後宮婦女，坐在轎子及覆頂馬車中。接著是由四頭象拖行的重型攻城炮，後方的軍隊主力延伸到視野所及的遠方。

納納．帕德納維斯是以普那為基地的馬拉塔政治家，也是佩什瓦人的宰相，以「馬拉塔的馬基維利」聞名。他是最早理解到英國東印度公司將對印度造成生死存亡威脅的人，試圖與海德拉巴人及邁索爾蘇丹組成三邊聯盟，將東印度公司逐出印度，卻功敗垂成。

納納．帕德納維斯，詹姆士．威爾斯（James Wales）繪。印度加爾各答維多利亞紀念館董事會授權。

《馬德拉斯陸軍中的印度兵》，維洛爾的耶拉帕繪。© Victoria and Albert Museum, London

下頁：

《波麗露之役》，提普・蘇丹「財富之海花園」（Darya Daulat Bagh）庭園宮殿的一七八〇年大勝紀念壁畫的翻畫。提普轟炸東印度公司彈藥車，邁索爾騎兵從四面八方攻擊公司方陣時，圖中央坐在轎中的威廉・貝利上校，以手掩口難掩驚駭。
Mary Evans/© Otto Money (photography by AIC Photographic Services)

XXXIV

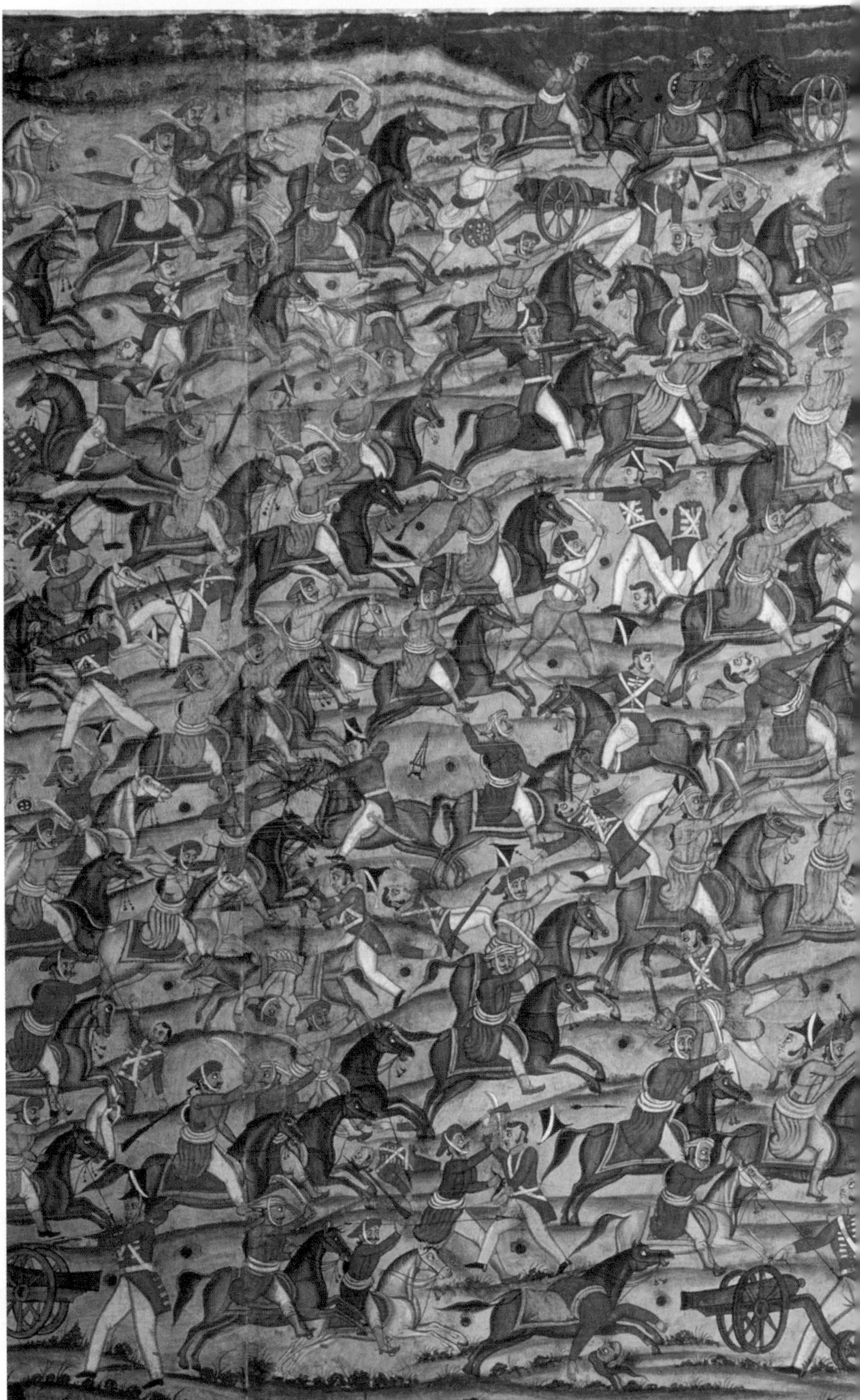

XXXV

埃德蒙・伯克，出自約書亞・雷諾茲（Joshua Reynolds）爵士畫室。伯克是盎格魯－愛爾蘭裔的輝格派政治家與政治理論家。他從未去過印度，但家族中有些人卻因為不智投機東印度公司股票而蒙受損失。伯克與菲利浦・法蘭西斯一起撰寫了一系列特別委員會報告，揭發東印度公司在印度的不當行為。遇到法蘭西斯之前，伯克曾自稱「非常仰慕」哈斯汀斯的才華。法蘭西斯迅速改變了這一點。到了一七八二年四月，他已經洋洋灑灑列出二十二項控告哈斯汀斯的罪名，由伯克提交國會。持續五年的執拗行動後，伯克和法蘭西斯說服國會，此刻已有充足證據足以彈劾哈斯汀斯。© National Portrait Gallery, London

菲利浦・法蘭西斯，詹姆士・隆斯戴爾（James Lonsdale）繪，約一八〇六年。他誤認哈斯汀斯為孟加拉一切貪汙的根源，更野心勃勃想要取而代之成為總督。他從一七七四年就對哈斯汀斯緊咬不放，直到後者過世。他未能在決鬥中殺死哈斯汀斯，反倒自己肋骨中了一槍。法蘭西斯返回倫敦後，持續提出指控，直到哈斯汀斯與首席法官伊萊亞・因貝都遭到彈劾。兩人最終都無罪開釋。© National Portrait Gallery, London

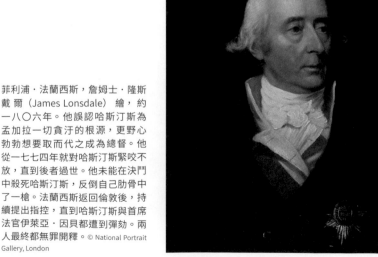

老年華倫・哈斯汀斯肖像，勒穆爾・法蘭西斯・亞伯特（Lemuel Francis Abbott）繪，一七九六年。他的外表也不符合新富「納波布老爺」的揮霍與高調形象。哈斯汀斯是個端正、智慧，看起來有點嚴肅的人。身著樸素的黑色長外套、白長襪與一頭灰髮，站在議場內的瘦削身軀，讓他看起來更像是即將講道的清教徒牧師，而非臃腫掠奪者。將近六英呎高，體重卻不到八英石（約五十一公斤）；他「生活簡單，頭頂光禿，面容平和而深思熟慮，一激動起來，卻是充滿智慧。」



下頁：

《華倫・哈斯汀斯於西敏宮中遭到彈劾》，一七八八年。這不僅是喬治三世時代最重大的政治場面，更是英國人最接近將東印度公司的印度帝國提起審判的時刻。為數不多的旁觀席門票，轉手價高達五十英鎊（今日五千兩百五十英鎊），即便如此，仍有許多人想要參加。正如一名彈劾案承辦人注意到，旁聽者「必須在大門口擠成一團等到九點，大門一打開，彷彿蓋瑞克將在劇院樂池上演《李爾王》一般湧入」。

《馬哈吉・辛迪亞在德里以舞女表演招待英國海軍軍官與年輕的英國陸軍軍官》，約一七九〇年。

古蘭・卡迪爾幼年在沙・阿蘭宮廷中所住的庫德西亞花園宮殿。

失明的沙・阿蘭二世，端坐在複製的木刻孔雀寶座上，約一七九〇年，凱魯拉（Khairullah）繪。如今七十多歲的年邁國王，依然在毀損宮殿中，成為虛幻帝國的盲目統治者。

騎乘大象的提普蘇丹在波麗露戰役中指揮軍隊。
Mary Evans/ © Otto Money (Photography by AIC Photographic Services)

康瓦利斯斯勛爵在一七九二年入侵邁索爾後，帶走提普蘇丹之子，麥瑟・布朗（Mather Brown）繪。
印度加爾各答維多利亞紀念館董事會授權。

提普蘇丹於一七八二年繼承王位，承平時期以極高的效率及想像力統治國家，戰時又極為勇猛。一七九二年，他被迫將半個王國割給康瓦利斯勛爵、馬拉塔人及海德拉巴人組成的三邊連盟，最終於九九年敗在衛斯理勛爵手下，遭到殺害。

《東印度碼頭一景》，約一八〇八年，威廉・丹尼爾（William Daniel）繪，是由今日倫敦東印度碼頭望出去。© British Library Board. All Rights Reserved/Bridgeman Images

一七五〇年開始，不到五十年的時間，一家跨國公司便奪取了幾乎是所有曾屬於蒙兀兒印度的領土，並環繞了全球。它還建立了一套繁複的行政與公務員體系，修建了倫敦碼頭多數區域，並創造出英國近半數的貿易額。光在英國境內的年度支出數字，就高達約八百五十萬英鎊（今日八億九千萬英鎊），相當於英國政府年度總支出的四分之一。無怪乎這間公司此刻稱自己為「宇宙中最崇高的商會」。

辛迪亞一族

1. 馬哈吉・辛迪亞是眼光精明的馬拉塔政治人物，從一七七一年開始將沙・阿蘭納入羽翼之下，將蒙兀兒人變成馬拉塔人的傀儡。他創建了一支強大的現代軍隊，由薩伏伊將領貝諾・德波昂領導。然而生命尾聲之際，他跟圖科吉・霍爾卡之間的對立，以及透過《薩爾拜條約》單方面與英國東印度公司談和，都重創了馬拉塔人的團結。


2. 馬哈吉・辛迪亞在一七九四年去世時，繼承人道拉・拉奧只有十五歲。這名少年繼承了貝諾・德波昂為先祖訓練出來的強大軍隊，卻毫無指揮軍隊的見識或才能。他跟霍爾卡家族的爭執，不但未能促成對抗東印度公司的共同陣線，反而導致一八〇三年第二次英國－馬拉塔戰爭中的大敗。此役給予東印度公司在印度至高無上的權力，也為英屬印度的成立創造條件。

❶

❷

衛斯理一族

1. 約翰・菲利浦・「波普」・戴維斯（John Philip 'Pope' Davis）繪：理察・衛斯理手上征服的印度疆域，超過拿破崙征服的歐洲土地。衛斯理厭惡英國東印度公司的重商精神，卻運用公司的軍隊及資源，成功發動第四次英國－邁索爾戰爭，最終在一七九九年殺死提普蘇丹並摧毀他的首都。接著又發動第二次英國－馬拉塔戰爭，於一八〇三年擊敗辛迪亞與霍爾卡的軍隊。此時他已經將法國最後一支勢力逐出印度，讓英國東印度公司控制了旁遮普以南的印度次大陸多數地區。© National Portrait Gallery, London

2. 亞瑟・衛斯理在長兄提拔下，迅速擔任邁索爾地方總督以及「德干與南馬拉塔地區軍警總指揮官」。一七九九及一八〇三年的戰爭中，他協助擊敗提普蘇丹與馬拉塔軍隊，最知名的是阿薩耶戰役。後來成為知名的威靈頓公爵。
© National Portrait Gallery, London

1. 《德干戰役中的威靈頓公爵》，一八〇三年。阿薩耶戰役後，一名亞瑟・衛斯理的高級軍官寫下：「我希望您不須再以如此高昂代價來買更多勝利。」
   

2. 兩軍對戰，大砲在前，側翼騎兵，大象帶領後衛。
   

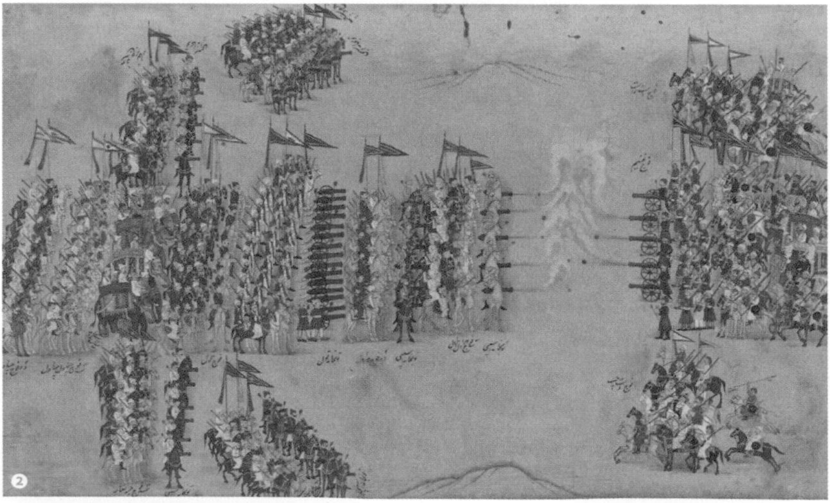

# 大亂局

# THE ANARCHY

## The Relentless Rise of the East India Company

威廉・達爾林普
WILLIAM DALRYMPLE
林玉菁 譯

東印度公司、企業暴力與帝國侵略

「一間商業公司卻征服了兩億人的國家。」

——托爾斯泰，《致印度人的信》

一九〇八年十二月十四日

「企業既沒有肉體可供懲罰，也沒有靈魂可供譴責，自當為所欲為。」

——第一任瑟洛男爵愛德華（一七三一至一八〇六）

華倫·哈斯汀斯彈劾期間的英國大法官

# CONTENTS


地圖 007
導讀 011
各界好評 019
主要人物 023
引言 041
Chapter 1 一五九九年 059
Chapter 2 無法拒絕的提議 131
Chapter 3 劫掠掃過 177
Chapter 4 無能的統治者 221
Chapter 5 濺血與困惑 263

Chapter 6 饑饉遍地 309
Chapter 7 破敗的德里 361
Chapter 8 彈劾華倫・哈斯汀斯 419
Chapter 9 印度軀體 451
終話 515
字彙 521
註釋 531
參考書目 582

# 十八世紀印度

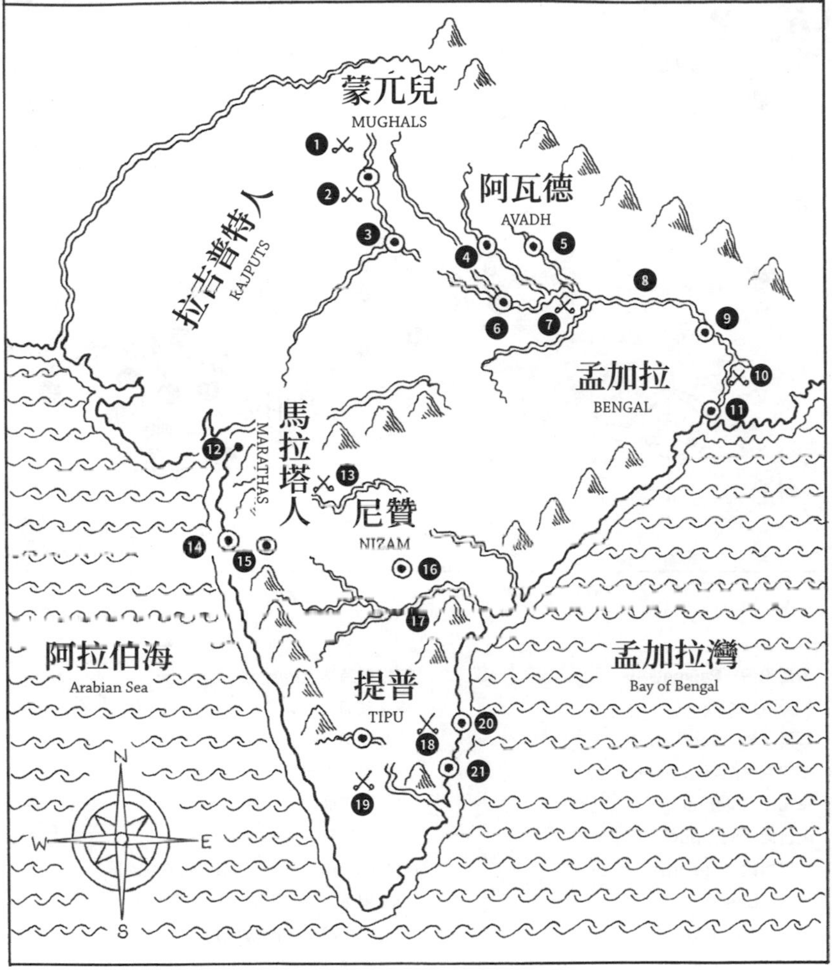


1. 帕尼帕特 1761（Panipat 1761）
2. 德里 1803（DELHI）
3. 阿格拉（AGRA）
4. 勒克瑙（LUCKNOW）
5. 費扎巴德（FAIZABAD）
6. 阿拉赫巴德（ALLAHABAD）
7. 巴克薩 1765（BUXAR 1765）
8. 恆河（R. GANGES）
9. 穆爾希達巴德（MURSHIDABAD）
10. 普拉西 1757（PLASSEY 1757）
11. 加爾各答（CALCUTTA）
12. 蘇拉特（Surat）
13. 阿薩耶 1803（Assaye 1803）
14. 孟買（BOMBAY）
15. 普那（PUNE）
16. 海德拉巴（HYDERABAD）
17. 奎師那河（R. Krishna）
18. 波麗露 1780（Pollilur 1780）
19. 斯里蘭甘帕特南 1792+1799
（SRIRANGAPATNAM 1792+1799）
20. 馬德拉斯（MADRAS）
21. 本地治理（PONDICHERRY）

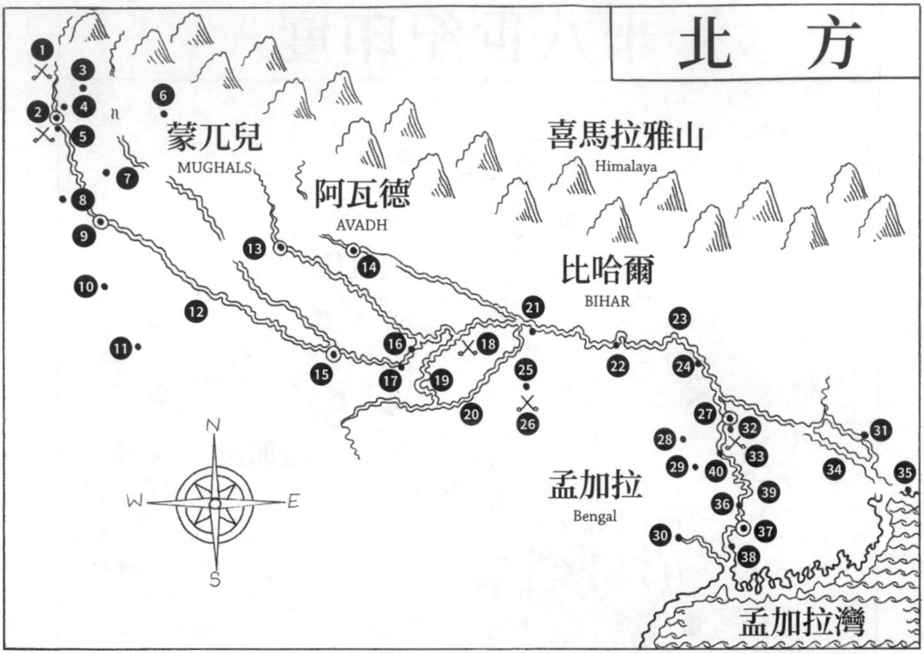


1. 潘尼帕特（Panipat）
2. 德里（DELHI）
3. 薩爾達納（Sardhana）
4. 法魯克納加（Farukhnagar）
5. 梅羅里（Mehrauli）
6. 蘭普爾（Rampur）
7. 阿里格爾（Aligarh）
8. 戴格（Deeg）
9. 阿格拉（AGRA）
10. 瓜里爾（Gwalior）
11. 歐恰（Orchha）
12. 亞穆納河（R Yamuna）
13. 勒克瑙（LUCKNOW）
14. 費扎巴德（FAIZABAD）
15. 阿拉赫巴德（ALLAHABAD）
16. 貝納雷斯（瓦拉納西）（Benares）
17. 邱納爾（Chunar）
18. 巴克薩（BUXAR）
19. 卡爾馬納薩河（R Karamnasa）
20. 索恩河（R Son）
21. 巴特納（Patna）
22. 蒙濟爾（Monghyr）
23. 恆河（R GANGES）
24. 拉吉瑪哈爾（Rajmahal）
25. 菩提伽耶（Bodhgaya）
26. 赫爾薩（Helsa）
27. 穆爾希達巴德（MURSHIDABAD）
28. 畢爾本（Birbhum）
29. 布德萬（Burdwan）
30. 密德納普爾（Midnapur）
31. 達卡（Dhaka）
32. 卡辛巴札（Kasimbazar）
33. 普拉西（PLASSEY）
34. 帕德瑪河（R Padma）
35. 吉大港（Chittagong）
36. 昌德納加（Chandernagar）
37. 加爾各答（CALCUTTA）
38. 富爾塔（Fulta）
39. 胡格里河（R Hughli）
40. 卡特瓦（Katwa）

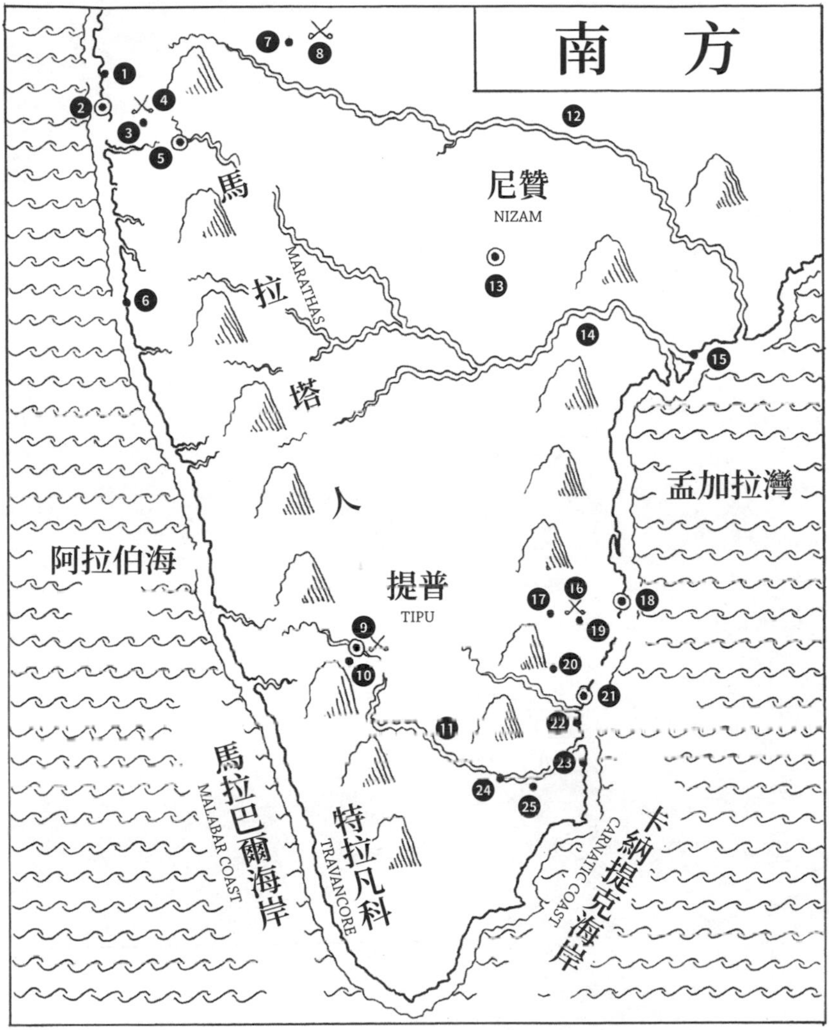


1. 巴塞因（Bassein）
2. 孟買（BOMBAY）
3. 卡雷（Karle）
4. 塔雷加翁（Talegaon）
5. 普那（PUNE）
6. 格里亞（Gheria）
7. 阿薩耶（Assaye）
8. 奧蘭格巴德（Aurangabad）
9. 斯里蘭甘帕特南（SRIRANGAPATNAM）
10. 邁索爾（Mysore）
11. 卡韋里河（R. Kaveri）
12. 高達瓦里河（R. Godavari）
13. 海德拉巴（HYDERABAD）
14. 奎師那河（R. Krishna）
15. 馬蘇利帕特南（Masulipatnam）
16. 波麗露（Pollilur）
17. 阿爾科特（Arcot）
18. 馬德拉斯（MADRAS）
19. 坎契普蘭（Kanchipuram）
20. 金吉（Jinji）
21. 本地治理（PONDICHERRY）
22. 聖大衛堡（Fort St David）
23. 泰蘭格巴爾（Tranquebar）
24. 斯里蘭甘姆（Srirangam）
25. 坦焦爾（Tanjore）

導讀

# 英國東印度公司讓女王變成了女皇

中央研究院歷史語言研究所　陳國棟

這本書講英國史，也講印度史，當然只講它們重疊的部分，而不是全部。另一方面，十八世紀全球的互動已經相當深化，因此講這個時代英國人經營印度的歷史，不可避免地也會牽涉到其他國家的歷史。比如說，英國東印度公司的成立，不就是受到荷蘭人前往遠東貿易，掙得豐厚利潤的刺激，從而採取的對應手段嗎？

歐洲與印度、與遠東都相當遙遠，在十九世紀初輪船登場以前，航程漫長、飽受風濤之險。不只是投資公司的富商巨賈，就是受英國東印度公司雇傭的普通人員，他們所以願意到遙遠陌生的地方工作，面對不可知的環境與命運，所期待的也就是在短期間內累積大量財富的美夢啊！然而，更出人意表的是卻是：東印度公司讓英國女王變成了印度女皇。

作者威廉．達爾林普（William Dalrymple）本人在寫作之外，也是一位攝影師、藝術家，書中有時候使用圖像來提供證據與導引話題，故事與畫面交相輝映。在數位化時代以前，藝術史學者以外的研究人士，很難看到高解析度的圖像資料，也不容易使用那一類型的資料來認識人類活動的過往。現在改變了，而本書做得很成功。其實作者心中就是有畫面，因此他的行文隨處也呈現著各個場景的流動。

全書在細節的鋪陳上十分著力，故事性很強，陌生詞彙不時躍上讀者的眼簾。如果看第一遍的人受困於人名、地名、年代……等等大背景，一時未能抓住全書的脈絡，也能在片段的閱讀當中，享受其細緻的文筆所帶出的豐富畫面，感到津津有味。

故事的主角是英國東印度公司，主要場景在印度次大陸。講到「東印度公司」，讀者一定瞭解它是十七八世紀時歐洲的一種特許的貿易機構，英國、荷蘭、法國、瑞典、丹麥……等國都擁有類似的組織。由於從歐洲到印度或者東亞進行貿易，路程遙遠、通信不便，因此國家當局都授與這些機構在東印度（即整個亞洲）的締約、宣戰、媾和、統治及徵稅的現場處置權。這些權力為主權國家的特權，因此英國東印度公司在東印度地方就不只是一家貿易公司，同時也具有現場決策與便宜行事的準國家作為資格。

故事雖然從一六〇〇年前夕籌組英國東印度公司開始，不過讀者的視線不妨直接投向蒙兀兒皇帝奧朗則布（Aurangzeb, 1618-1707）。老邁的奧朗則布在征服比賈普（Bijapur, Vijayapura）與戈康達（Golconda）之後不久去世，蒙兀兒帝國即快步走向衰敗，一方面被馬拉塔聯盟（Maratha Confederation）襲擊，一方面則無法逃避地方勢力自主割據。只有孟加拉地方的納瓦伯（總督）保持忠誠，並且不時將貢賦送往帝國首都德里。一七三九年波斯君主納德爾．沙更入侵印度，攻佔德里，大肆屠殺與劫掠。幸而他並無統治印度的意圖，在飽掠財富之後，揚長而去。災難之後，帝國核心的情勢日趨破敗，倒是地方勢力趁機興起，地方文化略有復興。

一七五六年前夕，孟加拉省是蒙兀兒帝國疆域中最富有的省份，但它在一七四〇年代也受到馬拉塔聯盟的入侵，孟加拉納瓦伯趁機停止將稅收呈送到蒙兀兒首都德里。一七五六年繼承納瓦伯之位的希拉吉·烏道拉（Siraj ud-Daula）自認為勢力夠大，覬覦英國東印度公司的財富與一切，於是發動攻擊公司據點所在地的加爾各答。

一七五六年六月間加爾各答被孟加拉納瓦伯攻陷後不多時間，英國東印度公司的一名幹部羅伯特·克萊夫（Robert Clive, 1725-1774）正好為了對抗法國，帶領一支軍隊到達馬德拉斯南面不遠處。在多方利害的抉擇下，他決定揮師北進，這一舉完全改變印度的命運、英國東印度公司的命運，甚至英國的命運。

百餘年前英國人初到印度時，蒙兀兒十分強大，東印度公司的人除了低聲下氣之外，別無他技。蒙兀兒帝國的衰敗，給了英國東印度公司全新的機會，波斯人的成功入侵與劫掠，更給東印度公司樹立榜樣。當一七五四年歐洲的「七年戰爭」發端，並且在一七五六年白熱化以後，置身印度次大陸的歐洲國家臣民也被捲入。法國印度公司與英國東印度公司也因此展開軍事上的強化準備。同一時間，因為孟加拉省統治者的暴行，英國東印度公司也備受侵害。

一七五七年年初，英國指揮者克萊夫發動一次破曉奇襲，雖然沒有戰勝，但卻嚇到了孟加拉納瓦伯。後者讓步，恢復了英國東印度公司在加爾各答的種種權利。事情剛告一段落，「七年戰爭」卻已正式爆發，英法之間的衝突也在印度次大陸東部點燃戰火，而法國人的據點奧爾良堡迅速陷落。

隨後，孟加拉納瓦伯不忠誠的手下與克萊夫密約，後者挺進到一處叫作普拉西的地方。雙方人馬懸殊，克萊夫卻大獲全勝。這就是歷史上有名的一七五七年的普拉西之役（the Battle of Plassey）。其後孟加拉的納瓦伯形同英國人的傀儡。

事有湊巧，蒙兀兒帝國的皇子沙・阿蘭稍早因為權臣當國，從首都德里出走，選擇東行至比哈爾（Bihar），並且試圖讓已經停止繳納貢賦（稅金）的該省納瓦伯恢復繳納。位在比哈爾更東的孟加拉省則於普拉西之役以後陷入紛亂。此際因為父親被謀殺而成為皇帝的沙・阿蘭選擇與殘存的法國勢力合作，進攻孟加拉。沙・阿蘭未能獲勝，但是英國東印度公司卻發現他作為蒙兀兒皇帝在印度社會的魅力與精神影響力，決定加以利用，而沙・阿蘭也期待英國東印度公司能夠幫助他返回首都德里。孟加拉的新納瓦伯米爾・卡辛姆（Mir Qasim）此時力圖脫離英國東印度公司的控制，形成新的對抗態勢。接下來不斷的合縱連橫帶來一連串波譎雲詭的變化。細節留待讀者去品味。

英國東印度公司原本是一家商業公司，普拉西之役卻奠下了開始統治他國土地的開端。此後公司的收益不只來自於交易的利潤，也來自以土地為對象的徵取。至於在印度的英國人不擇手段的巧取豪奪，那就更不在話下了。

接下來的歷史，也就是英國東印度公司與蒙兀兒帝國之間的糾纏，高潮迭起，往往叫人跌破眼鏡。不過，為了不要把腦袋搞糊塗，建議大家留意以下這幾個重大事件，當可遠離歷史的泥淖，從容順讀：

一七五七年：普拉西之役。

一七六五年：英國東印度公司取得孟加拉、比哈爾與奧里薩（Orissa，今名 Odisha）三個省分的收稅權（diwani right）。

一七七三年：英國國會通過《規範法案》（*Regulating Act*），限制在印度的公司職員與其他臣民的行為。實施該法案之前，英國東印度公司在印度服務的職員都可以自由從事私人貿易。但在法案通過以後，公司屬下的人被剝奪了這種權利，原則上必須是持有該公司發許可證、有權居住在印度的英國人才可以在印度為自身牟利做生意。當然其中也不乏從公司離職的員工與軍人。

一七八四年：英國國會通過《印度法案》（*India Act*）與《折抵法案》（*Commutation Act*）。依據前者，英國東印度公司將其貿易部門的工作與統治印度的行政工作分開，英國政府設立特定一個政治部門，監督公司在印度的非商業部份作為。

至於《折抵法案》，主要是針對進口中國茶葉，因為高關稅而誘發走私猖獗的問題，從而採取的對策。法案將進口到英國本土的關稅和國內的通過稅，由原來的一一五％左右降低至十二．五％。降低關稅造成政府的財政損失，於是新創一種「窗戶稅」（window tax），將稅收差額攤派到擁有屋子的國民身上來補平。《折抵法案》的實施非常成功。它不但根除了英國的茶葉走私問題，並且使歐洲大陸公司失去了其主要市場。結果，英國東印度公司對中國的貿易更加不平衡，於是鼓勵各方從印度出口棉花和鴉片到中國。

統治印度土地的業務在一七八四年以後雖然繼續由東印度公司執行，只需不時向英國政府報告，接受政府指示辦理。但到一八五八年時，國會又通過一個《印度政府法案》（*Government of India Act*）。到了此刻，英國東印度公司才將在印度的一切，包含原本為公司私有的軍隊，完全移轉給英國王權，而公司則在一八七四年由國會把它正式解散。隨後當朝在位的維多利亞女王，就從一八七七年元旦日起，增加採用了「印度女皇」（Empress of India）這樣的稱號。

本書敘述的故事高潮迭起，難以簡單介紹。作者本人自己說：

本書訴說的故事，將揭開英國東印度公司如何擊敗主要對手，包含孟加拉與阿瓦德的納瓦伯、提普蘇丹的邁索爾蘇丹國及偉大的馬拉塔聯盟，並挾制蒙兀兒皇帝沙．阿蘭。此人的命運見證了整段故事起伏：五十五年來，英國東印度公司如何從一間素樸的貿易公司開始，擊敗印度，崛起成為全面帝國強權。事實上，沙．阿蘭的一生構成了本書敘事的骨幹。

我們倒是可以這麼說：這本書最關鍵的人物就是克萊夫。普拉西之役和孟加拉等地收稅權的取得都由他扮演關鍵角色，就是這兩個事件讓蒙兀兒帝國與英國東印度的公司的關係完全沒有走上回頭路的可能性。

本書的中文譯本取名為《大亂局》，有趣！實在！印度的人種、語言、神明、制度、生活方式與社會秩序……等等，一切的一切都難徹底明瞭，真的很亂，亂得迷人——令人迷惑也令人著迷。

例如本書常見的印度土邦的君長，通稱作 nawab（本書譯作納瓦伯，並且說明是總督），但英國人通常聽成、寫成 nabob（本書譯作納波布）。從印度歸國，同時也發了財的大英臣民，就被他們的同胞謔稱為 nabob。其他名詞有時候也略有困擾，例如經常使用的「摩爾人」一詞，其實就是指穆斯林。這一類的詞彙，都可以在附錄的「字彙」表找到即時的解答。

印度非常多數地名讀者未必熟悉。現在地圖使用的地名，一般更會使用所在地的發音拼寫，往往也與舊時的寫法有所出入。更有甚者，地名在不同政權統治下，難免有所改動。舉例來說，在印度半島東岸位置稍南的馬德拉斯，英國東印度公司蓋了一座自我防衛性的堡壘「聖喬治堡」（Fort St George），於是紀錄上經常使用堡壘的名字，而不使用馬德拉斯一名。不過，現在地圖根本改用清奈（Cheni）來代替馬德拉斯。雖然偶有這樣的困惑，但只要上網幾乎都不成問題，順便還可獲得一些新知。

印度是一個重要的國家，幅員廣大、歷史悠久，值得從各方面去了解它。讀這樣的書，起步時或許會有一點遲疑，但是讀完的那一刻一定會覺得真的沒有徒勞一場。

二〇二三年十二月十四日

# 各界好評

- 「正如威廉．達爾林普在他充滿激情的歷史作品《大亂局》一書中展示，東印度公司世界上最先進的資本主義組織……達爾林普先生為我們呈現了每一個刀劍劃過、每一項詐騙、每一聲呻吟和戰爭吶喊。作為敘述印度歷史學家，達爾林普無人可比。《大亂局》不僅是一個令人著迷的血腥和欺詐故事，更洋溢著無法撲滅的道德激情。」——**《華爾街日報》**
- 「出色……生動而豐富的故事……這本引人入勝的書最大的優勢或許在於它所引發的新問題，關於東印度公司在當時和現在的世界中扮演什麼角色……達爾林普的書對每個人來說都值得一讀。」——**《紐約時報書評》**
- 「精彩……以精彩的細節講述的故事……這本令人不安但極具吸引力的書籍最大的價值也許不在於它回答的問題，而是它引發的有關公司權力濫用的新問題，無論是當時還是現在……達爾林普的書對每個人來說都值得一讀。」——**國家公共廣播（NPR）**
- 「引人入勝……《大亂局》充分利用多種語言的資料，並以璀璨的圖像呈現多角度的視角……這裡有很多令人愉快的段落，包括華倫・哈斯汀斯（Warren Hastings）和菲利浦・法蘭西斯（Philip Francis）之間的決鬥，以及沙・阿蘭（Shah Alam）被描繪為『一個對虛幻帝國幾乎一無所知的盲目統治者』，以及充滿戰鬥場面的場景……達爾林普已將我們帶到了歷史書能夠達到和實現的極限。」——**《洛杉磯書評》**

- 「一本充滿活力、引人入勝的書，從會計師事務所一直到戰場，途中揭示了愛國神話的虛假。達爾林普充滿活力且詳細的敘述將足以讓許多讀者熱情拜讀《大亂局》。但他具新意且可說是更偉大的成就在於他將這家公司的崛起置於後期蒙兀兒印度政治動盪的脈絡中。」——**《衛報》**

- 「《大亂局》感覺多麼即時，令人驚訝地與當下情境契合……它提醒我們，早期的資本主義在謀利方面同樣卑鄙、掠奪和執著，就像備受嘲笑的後期模式一樣。」——**《每日野獸》（*The Daily Beast*）**

- 「威廉・達爾林普，印度過去和現在最多才多藝的編年史家之一，將另一個複雜但極具時效性的歷史融入《大亂局》中。這是一本關於東印度公司崛起成為帝國霸主的令人毛骨悚然的敘述，對當今企業行為有深刻啟發。」——**哈佛大學歷史學系教授瑪雅・賈桑諾夫**

- 「威廉・達爾林普是一位著名的歷史學家，無論在他的祖國英國還是他的養父印度都廣為人知……達爾林普通過使用歐洲和印度的資料來影響學術界和大眾對南亞歷史的理

解，從而統一了先前被分割的整體。」——《紐約書評》

● 「精彩……本書是一本卓越的通俗歷史書，引人入勝，易讀且充滿資訊。」——《國家評論》(*National Review*)

● 「威廉・達爾林普的《大亂局》闡釋了東印度公司以及其奇特崛起的政治和經濟條件……達爾林普巧妙地引領我們穿越這起洶湧的事件，時而輕快前進，時而深入觀察景象。」——**Airmail**

● 「《大亂局》令我讚嘆……在威廉・達爾林普熟練的筆下，我們獲得了一個史詩般的故事。非常強大的作品。」——**歷史學家保羅・甘迺迪**

● 「威廉・達爾林普以熟練的筆法探討了這個故事……讀者會發現其中有許多在現代印度仍然存在的影子。」——**《經濟學人》**

● 「達爾林普一直處於新一輪大眾歷史的最前沿，他持之以恆地製作作品，透過作者的技藝、對角色及其影響的強調、對地點和時光的生動描寫，以及包括長期被忽視的觀點，吸引了更廣泛的讀者群。《大亂局》的真正成就在於帶領讀者進入一個重要而被忽視的英國和南亞歷史時期，使他們的旅程不僅具有豐富資訊，還充滿了色彩。」——**《觀察家》**

● 「這位作者是一位了不起的故事大師。通過廣泛引用公司自己的大量記錄、私人信件和日記、波斯語資料、由一位富有洞察力的當地歷史學家編寫的目擊報告，以及其他報告，

達爾林普讀者營造了一個『你就在那裡』的環境，使這本書難以放下。」——**《華盛頓獨立書評》二〇一九年最愛書籍**

● 「在他的最新著作《大亂局》中，達爾林普回顧了東印度公司從一五九九年成立到一八〇三年統治印度次大陸時的卓越歷史，當時該公司指揮了一支英國陸軍兩倍規模的軍隊……這是一個驚人的故事。」——**《邊際革命》（*Marginal Revolution*）**

● 「（一部）關於第一家跨國大型企業崛起的專家報導。」——**《柯克斯書評》**

# 主要人物

## 一、英國

### 第一任克萊夫男爵羅伯特・克萊夫（Robert Clive）

一七二五至一七七四年

英國東印度公司會計員，靠著傑出軍事才能，爬到孟加拉總督的位置。體格壯碩、言簡意賅，卻極具野心，意志過人出乎尋常，成為東印度公司及轄下印度軍的領導人，無情殘暴卻極具才華。他擁有街頭鬥狠者的眼色，善於精確衡量敵手，也能抓緊時機，甘冒極大風險，膽色衝勁過人。他建立了英國東印度公司在孟加拉、比哈爾（Bihar）與奧里薩（Orissa）地區的政治軍事霸權，也奠定了英國統治印度的基礎。

### 華倫・哈斯汀斯（Warren Hastings）

**一七三二至一八一八年**

學者及語言學家，擔任威廉堡省（Fort William Presidency）的首任總督，孟加拉最高參議會（Supreme Council of Bengal）★主席，一七七三至八五年間的實質印度總督。哈斯汀斯是個生活簡樸、學術氣質、兢兢業業的嚴肅工作狂。他是知名的印度通，年輕時代就堅決反對同僚劫掠孟加拉的行為。然而他跟菲利浦・法蘭西斯的鬥爭，導致哈斯汀斯被控貪汙，遭到國會彈劾。歷經冗長公開審判後，終於在一七九五年無罪開釋。

### 菲利浦・法蘭西斯（Philip Francis）

**一七四〇至一八一八年**

出身愛爾蘭的政治家，也是工於心計的辯論家，公認為《朱尼厄斯信件集》☆的作者，也是哈斯汀斯的主要對手與敵人。他誤認哈斯汀斯為孟加拉一切貪汙的根源，更野心勃勃想要取而代之成為總督。他從一七七四年就對哈斯汀斯緊咬不放，直到後者過世。他未能在決鬥中殺死哈斯汀斯，反倒自己肋骨中了一槍。法蘭西斯返回倫敦後，持續提出指控，直到哈斯汀斯與首席法官伊萊亞・因貝（Elijah Impey）都遭到彈劾。兩人最終都無罪開釋。

## 第一任康瓦利斯侯爵查爾斯·康瓦利斯（Charles Cornwallis）

**一七三八至一八〇五年**

一七八一年北美洲約克鎮圍攻中，康瓦利斯帶著北美英軍投降美法聯軍後，就被英國東印度公司招攬擔任印度總督，以避免同樣情況在印度發生。康瓦利斯是個出人意表、充滿活力的行政官，他提出《永久協議》◆，增加東印度公司在孟加拉的收益，並於一七八二年的第三次英國——邁索爾戰爭（Anglo-Mysore War）中，擊敗提普蘇丹。

## 第一任衛斯理侯爵理察·柯利·衛斯理（Richard Colley Wellesley）

**一七六〇至一八四二年**

印度總督，他手上征服的印度疆域，超過拿破崙征服的歐洲土地。衛斯理厭惡英國東印度公司的重商精神，卻聽從反法友人商會主席鄧達斯（Dundas）的指揮，運用英國東印度公司的軍隊及資源，成功發動第四次英國——邁索爾戰爭，最終在一七九九年殺死提普

---

★譯者註：一七七四至一八三三年英國東印度公司握有印度殖民地政治軍事掌控權期間的最高行政機關。

☆譯者註：《朱尼厄斯信件集》（*The Letters of Junius*）是一系列反英王喬治三世政府的私人與公開信函集，作者為匿名辯論家朱尼厄斯，據信即為菲利浦·法蘭西斯。

◆譯者註：《永久協議》（*Permanent Settlement*）為一七九三年英國東印度公司的孟加拉政府與孟加拉地區大小地主所簽訂的協議，內容承認孟加拉土地為「當地地主家族的地產與遺產」，因此讓這些大地主的地權世襲化；同時固定孟加拉的土地稅率，永久不變。

蘇丹並摧毀他的首都。接著又發動第二次英國－馬拉塔戰爭（Anglo-Maratha War），於一八〇三年擊敗辛迪亞（Scindia）與霍爾卡（Holkar）的軍隊。此時他已經將法國最後一支勢力逐出印度，讓英國東印度公司控制了旁遮普以南的印度次大陸多數地區。

### 亞瑟・衛斯理上校（Arthur Wellesley）

**一七六九至一八五二年**

邁索爾地方總督，「德干與南馬拉塔地區軍警總指揮官」。一七九九及一八〇三年的戰爭中，他協助擊敗提普蘇丹與馬拉塔軍隊。後來成為知名的威靈頓公爵。

### 第一任雷克子爵傑拉德・雷克（Gerald Lake）

**一七四四至一八〇八年**

雷克勛爵喜歡宣稱自己是亞瑟時代英雄湖上騎士蘭斯洛特的後裔，不是個崇尚外交的人。「去你媽的文書，」據說他曾對著軍隊書記官如此大喊：「專心打仗！」身為打過英法七年戰爭與美國獨立戰爭的老兵，在約克鎮對抗過華盛頓，帶著少年魅力與無窮精力的雷克勛爵，雖然已經年過六旬，仍經常清晨兩點即起，預備領軍前進，藍眼中目光閃爍。他是衛斯理軍隊的卓越總指揮，一八〇三年領軍，在北方戰場擊敗興都斯坦的馬拉塔軍隊。

**第一任波威斯侯爵愛德華・克萊夫（Edward Clive）**

**一七五四至一八三九年**

羅伯特・克萊夫（「印度的克萊夫」）之子，也是惡名昭彰的愚蠢馬德拉斯總督。

## 二、法國

**約瑟夫—法蘭索瓦・杜普雷（Joseph-François Dupleix）**

**一六九七至一七六四年**

法國印度殖民地總督，在南印度的卡納提克戰爭中輸給年輕的羅伯特・克萊夫。

**米歇・喬金・瑪莉・雷蒙（Michel Joachim Marie Raymond）**

**一七五五至一七九八年**

海德拉巴法國軍團的傭兵指揮官。

**皮耶・居耶—裴洪將軍（Pierre Cuiller-Perron）**

**一七五五至一八三四年**

普羅旺斯織工之子，繼更有才華的貝諾・德波昂（Benoît de Boigne）之後，成為辛迪亞的馬拉塔軍團指揮官。他跟軍隊駐紮在德里東南方一百英哩處的阿里格爾堡壘，卻於一八〇三年背叛自己人，只因為英國東印度公司承諾讓他帶著一生積蓄離開印度。

## 三、蒙兀兒

### 阿朗吉爾・奧朗則布（Alamgir Aurangzeb）

**一六一八至一七〇七年**

缺乏魅力又拘謹嚴肅的蒙兀兒皇帝，對於德干地區的過度野心，首先將蒙兀兒帝國領土擴張到極致，卻又將帝國導向最終崩潰。他遠離帝國內的印度教徒族群，特別是盟友拉吉普特人，宗教上的偏執狹隘在他死後加速了帝國崩潰。

### 穆罕默德・沙・朗吉拉（Muhammad Shah Rangila）

**一七〇二至一七四八年**

軟弱無能的蒙兀兒美學家皇帝，行政上漫不經心，又缺乏軍事才能，因此一七三九年在卡納爾（Karnal）戰役中為波斯軍閥納德爾・沙（Nader Shah）所敗。納德爾・沙劫掠蒙兀兒首都德里，奪走孔雀寶座，寶座上鑲嵌著傳奇的光之山（Koh-i-Noor）鑽石。他返回波斯後，留下國庫空虛的無能君主穆罕默德・沙，蒙兀兒帝國也走向難以挽回的分崩離析之途。

## 加茲烏丁汗伊瑪德・穆爾克（Ghazi ud-Din Khan, Imad ul-Mulk）★

一七三六至一八〇〇年

首任海德拉巴尼贊穆爾克（Nizam ul-Mulk）☆之孫，狂妄自大的青少年。他首先於一七五三年對付並擊敗他的政治導師薩夫達疆（Safdar Jung）◆，隨後於一七五四年將皇帝阿赫麥德・沙（Ahmad Shah）刺瞎囚禁後，最終殺害。他將阿朗吉爾二世拱上皇位取而代之後，還試圖捕殺皇長子沙・阿蘭，最終於一七五九年暗殺了自己策立的傀儡皇帝。阿富汗人納吉卜・烏道拉（Najib ud-Daula）崛起後，他便逃離德里，後者取而代之成為實質上的德里統治者。

## 阿朗吉爾二世（Alamgir II）

一六九九至一七五九年

賈汗達・沙（Jahandar Shah）皇帝之子，沙・阿蘭二世之父。一七五四年，伊瑪德・

---

★ 譯者註：Ghazi ud-Din Khan 與 Imad ul-Mulk 都是皇帝賜與的頭銜，前者意為「尊貴戰士」，後者意為「國家棟樑」。

☆ 譯者註：海德拉巴尼贊為十八到二十世紀之間，中印度海德拉巴邦國統治者的頭銜。尼贊為尼贊穆爾克的簡稱，意為區域行政長官，首任尼贊阿薩夫・賈一世（Asaf Jah I）原為蒙兀兒帝國德干地區總督，直到一七二四年也兼任帝國宰相，後來在海德拉巴建立獨立王國，以尼贊為統治者頭銜。

◆ 譯者註：Safdar Jung 為頭銜。

穆爾克將他從王子所住的薩拉丁囚籠★中帶出來，立為傀儡皇帝。四年後又在他的命令下，在費羅茲．沙（Feroz Shah）興建的寇特拉堡（Kotla）中遭到暗殺。

### 沙．阿蘭（Shah Alam）

**一七二八至一八〇六年**

英俊且才能卓越的蒙兀兒王子，人生總是與挫敗厄運如影隨形，卻仍在困頓試煉中展現過人意志。少年時代，他眼見納德爾．沙攻進德里，大肆劫掠。後來逃脫伊瑪德．穆爾克的暗殺後，多次與克萊夫在戰場上交手。他在巴特納（Patna）與巴克薩（Buxar）對抗英國東印度公司；在阿拉赫巴德（Allahabad）將課稅行政權（Diwani）交給克萊夫；並跨過北印返回德里擊敗華倫．哈斯汀斯。在德里，他跟米爾扎．納賈夫汗（Mirza Najaf Khan）聯手，排除萬難，幾乎成功重建先祖的帝國，卻在最後的蒙兀兒大將英年早逝後，一切如夢幻泡影般消逝。最終在人生的低潮裡，這位皇帝遭到精神狂亂的前寵臣古蘭．卡迪爾（Ghulam Qadir）攻擊刺瞎。種種試煉中，他從未放棄；只有在家人遭到羅希拉人強暴，本人遭到刺瞎後短暫喪志。大亂局這段困頓時光裡，他統治的朝廷卻展現出高度璀璨的蒙兀兒文化。不但沙．阿蘭本人能夠創作優美詩歌，更是詩人、學者與藝術家的慷慨資助者。

## 四、納瓦伯☆

### 孟加拉納瓦伯：阿里維爾迪汗（Aliverdi Khan）

一六七一至一七五六年

阿里維爾迪汗是阿拉伯人與阿夫沙爾突厥人（Afshar Turkman）的混血後裔，於一七四〇年掌握了蒙兀兒帝國最富庶一省——孟加拉的權力。這場軍事政變是由勢力龐大的賈格塞特（Jagat Seth）◆銀行家策畫金援。這位愛貓的美食家喜歡以美食、好書及故事來度過夜晚時光。擊敗馬拉塔人後，他在穆爾希達巴德（Murshidabad）建立了強大璀璨的什

---

★譯者註：薩拉丁囚籠（Salatin Cage）意指德里紅堡中的王子居所。薩拉丁一詞意指與家人居住在此的蒙兀兒王子。賈汗達・沙皇帝在位期間，通過一條法律，不許王子離開紅堡，成為實質上的囚犯。夜間宮室由外面鎖上，鑰匙交給堡壘守衛保管，試圖逃離者一律觸法。

☆譯者註：納瓦伯（Nawab）意指蒙兀兒帝國時期各地的總督，捍衛帝國主權，也負責各地行政。

◆譯者註：賈格塞特（Jagat Seth）是一七〇七年第十位蒙兀兒皇帝賜與銀行家馬尼克昌德・薩乎（Manikchand Sahu）的頭銜，意為「世界的銀行家／商人」，因為後者出資支持他暗殺前任皇帝，自立為皇。薩乎家族原是來自拉賈斯坦的耆那教商人家族，十七世紀中期，由拉賈斯坦的馬瓦爾（Marwar）地區移居到恆河中下游孟加拉的巴特納。根據一七二〇年代的英國報導，賈格賽特家族財富超過整個英國所有銀行資產的總和。薩乎家族在孟加拉各地重要城市設有辦公室與內部傳訊系統，因此孟加拉納瓦伯與英國人同樣仰賴薩乎家族的銀行體系移動資金。

葉派★宮廷文化，也讓此地成為穩定的政治、經濟中心，是蒙兀兒帝國晚年亂局中少見的繁榮平靜之地。

### 孟加拉納瓦伯：希拉吉・烏道拉（Siraj ud-Daula）

一七三三至一七五七年

阿里維爾迪汗的外孫，他下令攻擊英國東印度公司在卡辛巴札（Kasimbazar）與加爾各答的商館，開啟了東印度公司征服孟加拉的序章。當時諸多文獻紀錄——包含波斯、孟加拉、蒙兀兒、法國、荷蘭與英國——都對希拉吉沒有好話：他的政治盟友尚・勞（Jean Law）表示：「他的惡名昭彰難以想像」。然而，最不留情的刻畫卻是來自表兄弟古蘭・胡笙汗（Ghulam Hussain Khan），後者曾是希拉吉的幕僚之一，也對他筆下這名雙性連續強暴犯的精神變態程度深感震驚：「他的人格就是無知與奢侈放蕩的混合」。

### 孟加拉納瓦伯：米爾・賈法（Mir Jafar）

約一六九一至一七六五年

出身什葉派聖墓城市納賈夫（Najaf）☆，是一名沒受過教育的阿拉伯傭兵。他參與了阿里維爾迪汗對抗馬拉塔人的諸多重要戰役，並於一七五六年為希拉吉・烏道拉領軍，成功打下加爾各答。他加入賈格賽特家族醞釀的陰謀，取代希拉吉・烏道拉成為統治者，很快又發現自己在英國東印度公司一時興起下成為孟加拉的傀儡統治者。羅伯特・克萊夫正確形容他是個「無能的統治者」。

### 孟加拉納瓦伯・米爾・卡辛姆（Mir Qasim）

**一七六三年去世**

比起混亂又缺乏教育的岳父米爾・賈法，米爾・卡辛姆簡直天壤之別。雖然生於父親在巴特納附近的莊園，卻出身波斯貴族，米爾・卡辛姆個頭不高，軍事經歷不多，卻年輕有才又聰敏，最重要的是堅毅不搖。他與英國東印度公司同謀，在一七六〇年的政變中，取代無能的米爾・賈法，成功創造出一個擁有現代陸軍、運作良好的國家。但不到三年，他卻跟東印度公司發生衝突，一七六五年僅剩的軍隊在巴克薩一役戰敗。他向西逃逸，最後於阿格拉附近死在貧困之中。

---

★譯者註：什葉派（Shī'ah）與遜尼派（Sunni）並為伊斯蘭信仰中的兩大派系，原意為「阿里的追隨者」。什葉派源於先知穆罕默德的繼承爭議，什葉派認為穆罕默德的女婿阿里才是正統繼承人，拒絕承認阿里之前三位哈里發的合法統治地位。今日伊拉克與伊朗是什葉派穆斯林為主的國家。十五世紀伊朗地區由什葉派軍事化教團成立薩法維帝國，薩法維帝國素來與蒙兀兒帝國交好，蒙兀兒皇帝也長期引入波斯語言、文化與行政制度，帝國貴族階級波斯化甚深。

☆譯者註：位於今日伊拉克。

## 阿瓦德納瓦伯：蘇賈・烏道拉（Shuja ud-Daula）

一七三二至一七七四年

蘇賈・烏道拉，是偉大的蒙兀兒宰相薩夫達疆之子，也繼承了阿瓦德納瓦伯一職。他是個身材高大的巨人，將近七英呎高，上油的鬍子像一對開展的鷹翼，從臉上外翹。他身強體壯。一七六三年時雖已過了巔峰，據說仍能一刀砍下水牛頭，或者單手各舉起一名軍官。他最明顯的缺點就是野心過度膨脹、傲慢自大且自視甚高。這立即引起世故知識分子古蘭・胡笙汗的注意，他認為蘇賈是個小麻煩，他的愚蠢不下於大膽。他寫下，蘇賈「既驕傲又無知……」一七六五年巴克薩戰役裡，他敗在英國東印度公司手下，克萊夫又將他擺回阿瓦德總督寶座。他持續統治，直到生命終結都是東印度公司的親密盟友。

# 五、羅希拉人

## 優素夫哉部落的納吉卜汗，納吉卜・烏道拉（Najib Khan Yusufzai, Najib ud-Daula）

一七七〇年去世

前優素夫哉部落普什圖族（Pashtun）馬販，擔任蒙兀兒帝國騎兵指揮官，卻在一七五七年阿赫麥德・沙・杜蘭尼（Ahmad Shah Durrani）入侵時轉投陣營。他成為阿赫麥德・沙的德里總督，事業晚年則以同名首都納吉伯巴德（撒哈蘭普爾〔Saharanpur〕附近）為根據地，直到一七七〇年去世為止。

**札必塔汗・羅希拉（Zabita Khan Rohilla）**

**一七八五年去世**

參與帕尼帕特戰役的羅希拉首領，卻不斷反抗沙・阿蘭。他是納吉卜・烏道拉之子，古蘭・卡迪爾之父。

**古蘭・卡迪爾汗・羅希拉（Ghulam Qadir Khan Rohilla）**

**約一七六五至一七八七年**

古蘭・卡迪爾是札必塔汗・羅希拉的兒子。一七七二年高斯格爾（Ghausgarh）陷落時，他為沙・阿蘭皇帝所捕，帶回德里在庫德西亞花園宮殿（Qudsia Bagh）中當作王子一般養大。有些文獻點出他是沙・阿蘭皇帝的寵臣，甚至可能是他的孌童。一七八七年，也許是為了報復這段期間所受的污辱，他攻擊德里，劫掠紅堡，凌虐強暴皇室成員，並刺瞎沙・阿蘭。最終為馬哈吉・辛迪亞（Mahadji Scindia）的馬拉塔軍隊所捕，凌虐至死。

## 六、邁索爾蘇丹

### 海德・阿里（Haidar Ali）

一七八二年去世

邁索爾軍官，一七六一年推翻邁索爾的瓦迪亞（Wadyar）王室★，奪取權力，取而代之。他透過觀察法國戰略學習現代陸軍的戰爭方式，強力抵抗英國東印度公司。最知名的勝利戰役，是一七八〇年連同兒子提普蘇丹發動的波麗露（Pollilur）之役。

### 提普蘇丹（Tipu Sultan）

一七五〇至一七九九年

邁索爾的戰士蘇丹，在多次戰役中擊敗英國東印度公司，最出名的是跟父親海德・阿里一起出戰的一七八〇年波麗露之役。八二年繼承王位，承平時期以極高的效率及想像力統治國家，戰時又極為勇猛。一七九二年，他被迫將半個王國割給康瓦利斯勛爵、馬拉塔人及海德拉巴人組成的三邊連盟，最終於九九年敗在衛斯理勛爵手下，遭到殺害。

## 七、馬拉塔人

**華蓋之主希瓦吉・邦斯雷（Chhatrapati Shivaji Bhonsle）**

**一六八〇年去世**

馬拉塔人的作戰領袖，在德干地區比賈普（Bijapur）的阿迪爾・沙希蘇丹國（Adil Shahi Sultanate）舊址上，建立了一處新王國，對抗蒙兀兒帝國，後者於一六八六年征服比賈普。他是蒙兀兒皇帝奧朗則布的宿敵，建立碉堡，創建海軍，並深入蒙兀兒領土進行劫掠。一六七四年生命即將終結前，在賴加德（Raigad）連續兩次加冕儀式上，登基為華蓋之主（Chhatrapati）。

**納納・帕德納維斯（Nana Phadnavis）**

**一七四二至一八〇〇年**

以普那（Pune）為基地的政治家，也是佩什瓦人（Peshwa）的宰相，以「馬拉塔的馬基維利」聞名。他是最早理解到英國東印度公司將對印度造成生死存亡威脅的人，試圖與

---

★譯者註：瓦迪亞（Wadyar）王朝是十四世紀到一九五〇年之間的南印度邁索爾王國統治者。他們原本是中世紀印度教毗遮耶那伽羅帝國（Vijayanagara）的地方諸侯，十七世紀帝國衰微後自立為王。一七六六到九九年間，軍事將領海德・阿里與其子提普蘇丹掌握了王國政權。隨著提普蘇丹在一七九九年遭英國人處決後，當時統治印度的東印度公司讓瓦迪亞王室重登王位，成為英屬印度的附庸國，直到印度獨立時才併入聯邦領土。

海德拉巴人及邁索爾蘇丹組成三邊聯盟，將東印度公司逐出印度，卻功敗垂成。

**圖科吉・霍爾卡（Tukoji Holkar）**

**一七二三至一七九七年**

膽大的馬拉塔首領，撐過帕尼帕特戰役，後來成為馬哈吉・辛迪亞在北印度的重要敵手。

**馬哈吉・辛迪亞（Mahadji Scindia）**

**一七三〇至一七九四年**

馬拉塔首領及政治家，從一七七〇年代開始的二十年間，是興都斯坦北部最有影響力的印度教統治者。一七六一年的帕尼帕特戰役中受創極深，終身行動不便，因此體型極大，卻是眼光精明的政治人物，從七一年開始將沙・阿蘭納入羽翼之下，將蒙兀兒人變成馬拉塔人的傀儡。他創建了一支強大的現代軍隊，由薩伏伊將領貝諾・德波昂領導。然而生命尾聲之際，他跟土科吉・霍爾卡之間的對立，以及透過《薩爾拜條約》（*Treaty of Salbai*）單方面與英國東印度公司談和，都重創了馬拉塔人的團結，也為死後第九年東印度公司最終擊敗馬拉塔人鋪墊了基礎。

### 佩什瓦巴吉拉奧二世（Peshwa Baji Rao II）

一七七五至一八五一年

馬拉塔帝國最後一任佩什瓦（宰相），一七九五至一八一八年間在位。剛繼承寶座（musnud）時，他是個瘦弱膽怯又乏自信的二十一歲青年，下顎柔軟，嘴上無毛。他很快就徹底展現出無能整合馬拉塔權力基礎的各個派系；一八〇二年他跟英國東印度公司在巴塞因（Bassein）簽訂條約，最終導致偉大的馬拉塔聯盟解體。

### 道拉・拉奧・辛迪亞（Daulat Rao Scindia）

一七七九至一八二七年

馬哈吉・辛迪亞在一七九四年去世時，繼承人道拉・拉奧只有十五歲。這名少年繼承了貝諾・德波昂為先祖訓練出來的強大軍隊，卻毫無指揮軍隊的見識或才能。他跟霍爾卡家族的爭執，不但未能促成對抗東印度公司的共同陣線，反而導致一八〇三年第二次英國——馬拉塔戰爭中的大敗。此役給予東印度公司在印度至高無上的權力，也為英屬印度（British Raj）的成立創造條件。

### 賈斯旺・拉奧・霍爾卡（Jaswant Rao Holkar）

一七七六至一八一一年

賈斯旺・拉奧是土科吉・霍爾卡跟一名小妾的私生子。他是一位優秀的軍事領袖，卻不擅外交，因此讓致命的東印度公司得以分化馬拉塔聯盟，首先擊敗辛迪亞家族，隔年迫他投降。東印度公司最終在一八〇三年末控制了興都斯坦多數地區。

# 引言

首先進入英語的印度詞彙，就是興都斯坦語中的「劫掠」一字：loot。根據《牛津英文字典》，十八世紀末前，這個字很少出現在北印度平原以外的區域；直到它突然變成英國各地家喻戶曉的字。要了解這個字如何又為何在遠方之地生根茁壯，只消前往英格蘭威爾斯邊境的波威斯城堡（Powis Castle）一訪，就能明瞭。

最後一任世襲的威爾斯王子，令人難忘的歐文．葛魯菲德．葛溫文文（Owain Grufydd ap Gwenwynwyn）於十三世紀蓋了這座陡峭堡壘。波威斯城堡是他放棄威爾斯，接受英國王室統治的獎賞。然而此地最驚人的財寶，卻是來自於許多世紀之後的英國征服與占有。

整個波威斯城堡充滿了來自印度的劫掠寶藏，一間又一間宮室全是英國東印度公司（East India Company，簡稱 EIC），在十八世紀榨取而來的帝國劫掠。這座威爾斯鄉間私人宅邸裡的蒙兀兒藝術品，比起印度任何地方的展示都來得更多——連德里的國家博物館也比不上。這些寶藏包含深紫烏木鎏金鑲嵌水煙筒；銘文精雕的巴達赫尚尖晶石與寶石鑲嵌短刀；色如鴿血的閃爍紅寶；四處可見的蜥蜴綠翡翠。藍寶黃玉鑲嵌虎首；玉石象牙裝飾；罌粟蓮紋絲繡掛件；印度教神祇雕像與大象戰甲。顯眼之處立著兩尊重大戰利品，是在前主人敗亡後取得的：孟加拉納瓦伯希拉吉．烏道拉逃離普拉西戰場時留下的王轎；及邁索爾之虎提普蘇丹的軍中行帳。

這些寶藏如此炫目，以至於去年夏天我造訪時，幾乎錯過了解釋劫掠品為何在此的大型裱框油畫。這幅油畫掛在陰暗的橡木鑲板樓梯頂，木飾廳間的通道陰影之下。這幅畫雖非傑作，卻值得細細審視。一名了無生氣的印度王公，身著金裳，高坐在絲質頂篷下方的王座上。左方站立著他的軍官，手執彎刀槍戟；右方則是一群戴著假髮敷粉的喬治時代★紳士。王公急切地將紙卷塞進身著紅色長大衣的略胖英國人手裡。

這幅畫呈現的是一七六五年八月的場景。年輕的蒙兀兒皇帝沙．阿蘭從德里流亡出逃，又敗於英國東印度公司軍隊之手，被迫進行今日我們所稱的非自主私有化（involuntary privatisation）。紙捲是一道詔令，解散了孟加拉、比哈爾與奧里薩各地的蒙兀兒稅官，取而代之的，是一組由羅伯特．克萊夫（新任孟加拉總督）及英國東印度公司董事任命的英國商人。文件中描述克萊夫與這些董事是「高貴強大，無上尊榮，光耀戰士的領袖，我們的忠誠僕人與支持者，值得皇家榮寵的英國公司」。自此，蒙兀兒帝國稅收便外包給一間強大的跨國企業，收稅行動則受到公司私人軍隊保護。

英國東印度公司的創立章程即授權公司可以「興戰」。一六〇二年的首航，它就登上並俘虜了一艘葡萄牙船隻，此後更持續使用暴力。一六三〇年代開始，它已經控制了印度殖民地附近的小塊區域。[1]無論如何，一七六五年的這一刻起，英國東印度公司不再只是一間進行絲綢香料交易的傳統貿易公司，徹底轉變成另一種超乎尋常的存在。不到幾個月裡，兩百五十名公司職員，在兩萬名當地招募的印度士兵支持下，成為蒙兀兒帝國最富庶省分的實質統治者。這間國際企業正將自己轉變成侵略性的殖民強權。

到了一八〇三年，公司軍隊已經成長到二十萬人之譜，它迅速壓制或直接奪取整個次大陸。驚人的是，此舉花不到半世紀的時間。最早的領土征服行動是一七五六年始於孟加拉；四十七年後，英國東印度公司的勢力範圍，北及蒙兀兒首都德里，由此往南幾乎囊括整個印度，都由位於倫敦市的董事會實質統治。「我們的榮譽何存？」蒙兀兒官員問，「當我們得聽令一小群商人，他們甚至還沒學會如何洗屁股的時候？」[2]

今日我們仍然把英國征服印度掛在嘴邊，但這種說法卻掩蓋了更為邪惡的事實。十八世紀中，奪取印度大片土地的，並非英國政府，而是一間不受約束的危險私人公司。這間公司的總部是門面只有五扇窗戶寬的倫敦小辦公室，在印度卻是由一名極端無情暴力、間或精神不太穩定的商場獵手——克萊夫所控制。印度是在這間逐利企業的手裡，走向殖民地；這間企業存在的目的完全是為了擴大投資者的利益。

十九世紀中葉維多利亞時期的高峰，英國人對於自己建立印度殖民統治的非法暴力、唯利是圖的行徑，感到強烈羞恥。維多利亞時代的人認為歷史的核心，應該是民族國家政治，而非貪腐企業經濟。他們相信前者才是值得研究的主題，也是人類事務轉變的真正動

★譯者註：意指一七一四到一八三七年間的英國，期間有四位名為喬治的國王，故稱喬治時代。

力。此外，他們更喜歡視帝國為「文明教化任務」（mission civilisatrice）：知識、鐵路與文明藝術由西向東的良性跨國傳遞。因此有計畫地蓄意遺忘那些開啟英國統治印度的商業掠奪行徑。

另一幅畫，是由威廉．羅登斯坦（William Rothenstein）委託，畫在英國下議院的牆上，展現出維多利亞時代如何成功偷天換日，微妙重塑此一過程的官方記憶。這幅畫仍然可以在英國國會大廈（Westminster Parliament）回音繚繞的接待處——聖史帝芬廳（St Stephen's Hall）中看見。這幅畫是《不列顛的創建》系列壁畫的一部分。它點出當時的藝術裝置委員會所認定的英國歷史高峰與轉折點：八七七年阿弗烈國王擊敗丹人（Danes），一七〇七年英格蘭與蘇格蘭組成聯合國會等等。

此系列中與印度有關的壁畫，展現了另一位坐在頂篷高台之上的蒙兀兒王公。我們再次看到宮廷場景，四方與會者彎身，喇叭齊鳴；也再次看到英國人站在蒙兀兒人面前。但這次的權力互動卻十分不同。

英王詹姆士一世（James I）派往蒙兀兒宮廷的大使湯瑪士．洛爵士（Sir Tomas Roe），於一六一四年晉見賈汗吉爾（Jahangir）皇帝——此時的蒙兀兒帝國仍舊富裕，處於國力頂峰。賈汗吉爾從父親阿克巴（Akbar）手中繼承了當時世上最富裕的兩個政體之一——只有中國明朝可堪比擬。他的領土跨越印度多數地區，包含今日的巴基斯坦與孟加拉，還有阿富汗大部分地區。他轄下人口是鄂圖曼帝國人口的五倍多（約為一億人）；他的子民製造了全球四分之一的產品。

賈汗吉爾的父親阿克巴曾對感化印度的歐洲移民頗有興趣，他形容這是「一群野蠻人」，後來覺得不可行就放棄了。賈汗吉爾喜好異國野獸，熱情歡迎湯瑪士·洛爵士的程度，不下於迎接抵達印度的第一隻火雞，並熱切詢問歐洲種種奇風異俗。這一刻對於規劃下議院藝術畫作的委員會來說，標誌著英國與印度接觸的開端：兩個民族國家首度直接接觸。然而正如本書第一章將會看到，英國與印度的關係並不是從外交及接待王家使節開始，而是由英國東印度公司裡嗜酒貪杯的老練水手威廉·霍金斯船長（William Hawkins）領軍的貿易團拉開序幕。他一抵達阿格拉（Agra），就接受了皇帝賞賜的老婆，開心地將她帶回英格蘭。這卻是下議院藝術裝置委員會選擇遺忘的歷史版本。

在許多方面，英國東印度公司都是商業效率的模範：成立百年之際，公司總部只有三十五名固定職員。無論如何，這一小群員工卻執行了史無前例的商業政變：軍事征服、壓制並劫掠南亞大片地區。這幾乎是世界歷史上商業暴力的巔峰之作。

歷史學者為英國東印度公司的驚人成就提出許多理由：蒙兀兒時代的印度裂解成許多相互競爭的小國；腓特烈大帝★的軍事創新給歐洲公司帶來軍事上的優勢；特別是歐洲在行政治理、稅收與金融方面的創新，讓東印度公司得以在短時間內募集大批可用資金。然而，在鮮紅色制服與帕拉第奧式宮殿建築，獵虎遊樂與總督府波卡舞會的背後，是公司會

★譯者註：Frederick the Great，普魯士國王腓特烈二世，一七一二至一七八六年，以其軍事才能著稱。

計師一本本列出收益損失的報表，以及倫敦證券交易所裡起起伏伏的公司股價。

其中最關鍵的因素，也許是東印度公司從英國國會獲得的支持。整個十八世紀中，兩者之間的共生關係穩定成長，直到最終轉成今日我們可能會稱為公私夥伴關係的狀態。像克萊夫這樣的返鄉「納波布老爺」★可以運用財富買下國會議員與國會席次（代表惡名昭彰的腐敗選區☆）。相對地，國會也動用國家力量支持東印度公司：在英國與法國的東印度公司透過彼此練槍時，提供了公司所需的船艦與士兵。

英國東印度公司眼裡一直有兩個目標：其一是做生意的土地，另一個則是誕育這間公司的國家。因此公司的律師、遊說者及國會議員股東緩慢、微妙地施力，影響顛覆國會立法，進而對公司有利。事實上，英國東印度公司可能發明了商業遊說這件事。一六九三年，公司成立不到一世紀之時，就被發現首度以公司股票收買國會議員，每年在重要議員與內閣成員身上，撒下一千兩百英鎊。針對此事的國會調查，認定東印度公司賄賂與內線交易屬實，最後導致樞密院議長（Lord President of the Council）遭到彈劾，公司總經理則入獄，成為世界上第一樁商業遊說醜聞。

雖然英國東印度公司的貿易資本全額借給了英國政府，但必要的時候，公司仍可以在法律上與英國政府切割。東印度公司強力且成功地主張，蒙兀兒皇帝沙．阿蘭在一七六五年所簽訂的文件——所謂的賜予「課稅行政權」——是公司的合法資產，不屬於英國王室；即便英國政府在保護東印度公司印度資產的海陸軍事行動上花費巨資。然而投票贊成這項法理區別的國會議員，也並不是真正中立：將近四分之一的議員擁有東印度公司股票，因此王室若接管，股價將大跌。出於同樣理由，保護東印度公司免受外國競爭，也成為英國外交政治的主要目的之一。

前述畫中描述的交易，將造成災難性後果。當時跟今日一樣，這一類公司只向自己的股東負責。它對區域的公正治理或長期福祉毫無興趣，東印度公司的印度治理，很快變成直接劫掠孟加拉，並將財富迅速西送。

不消多時，已經慘遭戰爭蹂躪的省份，受到一七六九年飢荒重創，沉痾重稅更進一步帶來毀滅。東印度公司稅官涉入當時所說的「搖錢樹」行徑，亦即尋求暴發致富之道；收稅過程中的種種作為，今日會被視為重大人權侵害。孟加拉的財富很快被吸到英國去，當地蓬勃的織者與工匠在新主人手下，「像奴隸」一樣強迫勞動。

從孟加拉掠奪而來的財富，很大一部分直接進了克萊夫的口袋。他帶著個人財富返回英國，當時估計有二十三萬四千英鎊，這讓他成了歐洲最有錢的白手起家者。一七五七年的普拉西戰役後，他讓東印度公司財庫進帳了至少兩百五十萬英鎊（今日約合兩億六千兩

---

★譯者註：nabob，為英印詞彙，在十七世紀初進入英文口語中，可能借自烏爾都語的納瓦伯一字，意指從東方，特別是印度獲得財富的人。

☆譯者註：Rotten Boroughs，意指一六八八至一八三〇年間，因為英國下議院未修改選舉制度而產生的腐敗問題。當時選舉制度以一四二九年議會規定的財產限制選民資格，導致選民人數大幅減少的選區，仍可依照舊制度選出兩名議員。

百五十萬英鎊）；這場勝利不單要歸功軍事力量，更有陰謀詭計、偽造合約、銀行家與賄賂牽涉其中。從戰敗的孟加拉統治者身上攫取的財富，在當時是史無前例的金額。他們一點也不遮掩。孟加拉整個財庫被裝上一百艘船，從孟加拉納瓦伯位於穆爾希達巴德的宮殿，一路沿著恆河航向英國東印度公司的加爾各答總部威廉堡。一部分收入後來被用來重建波威斯城堡。

波威斯城堡裡的克萊夫與沙．阿蘭畫像卻以微妙的方式欺騙世人眼光：畫家班傑明．威斯特（Benjamin West）從未去過印度。即便創作當時，也有評論者注意到背景的清真寺，與「我們尊貴的聖保羅大教堂圓頂」極為相似，啟人疑竇。事實上，當時並沒有盛大公開儀式。轉移過程是私底下在克萊夫的營帳裡進行，營帳就搭在剛被奪下的阿拉赫巴德堡閱兵場上。至於沙．阿蘭皇帝的絲質王座，實際上是克萊夫的椅子，當時被放到他的餐桌上，蓋上一條印度繪染棉布床罩。

後來，英國人尊稱此文件為《阿拉赫巴德條約》（*Treaty of Allahabad*），實際上條文是由克萊夫決定，受驚害怕的沙．阿蘭揮手讓它通過。正如當時代的蒙兀兒史家古蘭．胡笙汗所說：「如此重大事務，換作其他時候，必然派出睿智大使與能幹的談判者，歷經首長之間的諸多爭論。此刻卻比出售一頭驢子、馱獸或牛隻的時間還短暫。」[3]

不消多時，英國東印度公司的規模已經跨越了全球。它幾乎一手反轉了羅馬時代開始西方黃金持續被吸往東方的貿易走向。英國東印度公司往東將鴉片送往中國，在適當時機打了鴉片戰爭，攫取外海的香港基地，保護自已高利潤的麻醉藥品壟斷貿易。

另一方面，它又將中國茶葉往西運到麻薩諸塞（Massachusetts）殖民地，茶葉倒入波士頓港的事件，引發美國獨立戰爭。事實上，後續美國愛國者★的主要恐懼之一，就是擔心英國國會將放任東印度公司，像劫掠印度一樣劫掠北美洲。一七七三年十一月，愛國者約翰·迪金森（John Dickinson）稱英國東印度公司的茶葉為「被詛咒的垃圾」，並將英國東印度公司未來可能在北美洲建立的政權比為「被老鼠咬」。這間「幾乎破產的公司」，他說，一心一意在孟加拉製造「史無前例的強徵暴斂」，現在「又將眼光投往北美洲，視此為新戰場，在此發揮他們在搶劫、壓迫與殘酷上的長才」。[4]

到了一八〇三年，英國東印度公司佔領了蒙兀兒帝國的首都德里，失去視力的沙·阿蘭皇帝坐在殘破的王宮裡。此時公司已經訓練出一支約有二十萬人的私人安全武力（人數是英國軍隊的兩倍），彈藥火力超過亞洲任何民族國家。

來自歐洲邊際遙遠島嶼的一小群生意人，此刻統治了西起德里東到阿薩姆（Assam）的整片北印度區域。印度次大陸上，幾乎整個東岸都在英國東印度公司手裡，西岸從古賈拉特（Gujarat）到科摩林角（Cape Comorin）之間的多數戰略地點，也在他們手中。不過四十多年的時間，他們讓自己搖身一變，幾乎成為整個印度次大陸的主人，擁有五、六千萬居民。它所繼承的帝國裡，即便是個小省的納瓦伯（總督），都統治著廣闊區域，幅員

★譯者註：愛國者意指美國獨立戰爭中，英屬十三殖民地境內暴力反抗英國統治的人，又稱革命黨。

之廣人口之眾甚至超過歐洲最大的國家。

正如一名董事承認，英國東印度公司是「帝國中的帝國」，擁有在東方隨時興戰講和的權力。此際，它也創造出龐大精密的行政與民政體系，建造了倫敦碼頭區（Dockland）多數區域，更幾乎佔了英國貿易額的一半。難怪現在英國東印度公司稱自己是「宇宙中最偉大的商會」。

然而就像晚近的大型企業，一度確實擁有龐大影響力的英國東印度公司，在經濟變動中卻又顯得奇異脆弱。取得孟加拉行政稅收權力後僅僅七年，公司股價曾因孟加拉財富而一夜翻倍，卻又因為孟加拉的劫掠跟飢荒，導致土地預期收入大幅減少，造成東印度公司走向泡沫化。公司負債一百五十萬英鎊，還積欠英國王室一百萬英鎊的未付稅款（分別約合今日的一億五千七百五十萬與一億零五百萬英鎊）。消息見諸公眾後，歐洲各地三十家銀行如骨牌般倒塌，導致貿易停頓。

就像今天我們也很熟悉的可怕場景，這間公司全盤托出，向政府要求巨額紓困。一七七二年七月十五日，東印度公司董事向英格蘭銀行申請四十萬英鎊的貸款。兩週後他們又回來，要求另外三十萬英鎊；因為銀行自己只能募得二十萬英鎊（各約合今日四千兩百萬、三千一百五十萬及兩千一百萬英鎊）。到了八月，董事們向政府耳語，他們實際上需要的，是史無前例的另外一百萬英鎊。隔年埃德蒙·伯克（Edmund Burke）所寫的正式報告中，預見了英國東印度公司的財務問題可能「像一個重擔，將（政府）拉下無底深淵……這間被詛咒的公司，最終將像一條毒蛇，毀了這個養育它的國家」。

然而英國東印度公司確實大到不能倒。因此隔年，一七七三年，世界上第一間侵略性跨國企業，獲得歷史上最早的大規模紓困措施之一；這也是民族國家首開先例，強制索取管制企業的權力，對其嚴加控管，作為拯救失敗企業的代價。

本書並不是要書寫英國東印度公司的完整歷史，也不是該公司商業運營的經濟分析。相反地，本書試圖要回答，一間位於倫敦辦公大樓的商業公司，如何在一七五六到一八〇三年間，取代了偉大的蒙兀兒帝國，成為廣闊印度次大陸的主人。

本書訴說的故事，將揭開英國東印度公司如何擊敗主要對手，包含孟加拉與阿瓦德的納瓦伯、提普蘇丹的邁索爾蘇丹國及偉大的馬拉塔聯盟，並挾制蒙兀兒皇帝沙・阿蘭。此人的命運見證了整段故事起伏：五十五年來，英國東印度公司如何從一間素樸的貿易公司開始，擊敗印度，崛起成為全面帝國強權。事實上，沙・阿蘭的一生構成了本書敘事的骨幹。

跟過往世代的史學書寫不同，今日史家已經公認十八世紀不是印度的「黑暗世紀」。蒙兀兒帝國的政治衰敗，反而造成次大陸其他地區的經濟復甦，而晚近學術研究更致力於深化我們對此主張的認識。[5] 然而所有關於區域復興的傑作，都不能改變「大亂局」的事實，這確實讓蒙兀兒的核心區域，尤其是德里跟阿格拉一帶，在十八世紀大半時間裡都陷入動盪。正如凱魯丁・伊拉赫巴迪長老（Fakir Khair ud-Din Illahabadi）所言：「混亂與貪腐不再試圖隱藏自身，曾經平靜的印度成為動亂之地（dâr al-amn-i Hindûstân dâr al-fitan gasht）。終究，蒙兀兒王室名存實亡，徒具虛名或陰影。」[6]

考慮到大亂局的事實不只是區區幾位蒙兀兒貴族如凱魯丁・伊拉赫巴迪長老或古蘭・胡笙汗等人的悲痛紀錄，更出現在當代每位旅人的紀錄裡，因此我認為修正主義者有些過了頭。從勞氏與莫達夫，波利耶到富蘭克林★，幾乎每位在十八世紀末前往印度的見證者，都一而再再而三提及當時無止盡的血腥動亂。若沒有強力武裝護衛，很難安全前往印度境內多數地區。事實上，正是這些見證者首先散佈了「大亂局」的概念。

英國東印度公司在孟加拉、比哈爾與奧里薩掀起的戰爭與劫掠，特別是在一七五〇到七〇年代之間，更是對此動盪及其他遠離德里的地區火上加油。出於這個理由，我將本書定名為《大亂局》。這段時期令人憂慮的高度暴力動盪軍事史與政治經濟社會新樣貌的長期形塑之間，要如何達到平衡，明顯有其難度。這類新樣貌正是理查・巴奈特（Richard Barnett）跟我的劍橋大學教授克里斯・貝利（Chris Bayly）所極力描繪的。我不確定是否有人成功結合了不同層次的行動與分析，本書試圖要挑戰這個不可能的任務。

《大亂局》一書，主要以英國東印度公司規模浩大的紀錄為主。總部辦公室的文件，及印度職員發給利德賀街（Leadenhall Street）辦公室的報告，現在全都塞滿倫敦大英圖書館的藏間。總督府（Government House）及加爾各答威廉堡的東印度公司印度總部紀錄通常比較完整，也揭露更多細節，現在則藏於新德里的印度國家檔案館（National Archives of India，簡稱ＮＡＩ）。我的研究主要在此進行。

然而比起更加妥善歸類的十九世紀紀錄，印度國家檔案館的十八世紀紀錄卻是飄忽難以捉摸。一開始的幾週間，我甚至得先努力找出多數目錄。最終是由檔案館深具耐心的傑出同仁迦耶·拉文德蘭（Jaya Ravindran）與阿努米塔·巴內吉（Anumita Bannerjee）解開謎團。兩人遍尋儲藏空間，最後終於找到，成果十分驚人。幾週時間裡，我手上拿著洛希昂港（Port Lorient）的原始情資報告，正是這份報告讓英國東印度公司下令總督羅傑·德拉克（Roger Drake）重建加爾各答城牆，此舉也成為挑釁希拉吉·烏道拉的導火線。此外還有克萊夫從普拉西戰場發回來的初次報告。

除了英國東印度公司的英文紀錄外，我還運用學養豐富的蒙兀兒史家、貴族、文書紀錄與抄寫員在十八世紀產出的優秀波斯文歷史紀錄。其中最精采的，是傑出蒙兀兒青年史家古蘭·胡笙汗所寫的《現代回顧》（*Seir Mutaqherin*／*Review of Modern Times*）。這本書是目前為止對於當時代最敏銳的印度文獻，從一七九〇年代起就有英文版問世。然而當時代許多同樣發人深省的波斯文歷史書寫仍未曾翻譯出版。

透過長期合作夥伴布魯斯·溫奈爾（Bruce Wannell）的協助，我使用了大量這類資料。

★譯者註：Law de Lauriston 與 Comte de Modave 是十八世紀前往印度的兩位法國旅人，各自留下回憶錄《*Mémoire sure quelques affairs de l'Empire Mogol (1756-1761)*》及《*Voyage en Inde du Comte de Modave 1773 - 1776*》。Antoine Louis Henri Polier 上校（1741-95）是一名瑞士新教徒，一開始為法國東印度公司工作，法國人敗出印度後，改加入英國東印度公司。William Franklin 是一名英國牧師與旅行家，後來成為英國東印度公司職員，以其在波斯與印度的遊記《*Observations made in a tour from Bengal to Persia in the years 1786-7*》聞名。

溫奈爾在我的梅羅里羊莊農場花園裡，花了幾個月時間，針對這些罕見資料進行精闢翻譯，包含凱魯丁·伊拉赫巴迪長老的《訓誡之書》（*Ibrat Nama*／*Book of Admonition*），或帕尼帕特的穆罕默德·阿里汗·安薩里的《蒙兀兒史》（*Tarikh-i Muzaffari*）。這些資料，加上他對十八世紀印度及廣大伊斯蘭世界無與倫比的知識，對本書產生深遠影響。我特別感謝布魯斯花時間在拉賈斯坦邦東克（Tonk）的阿布杜·卡蘭·阿札德阿拉伯波斯語研究中心（MAAPRI）裡，翻譯過去從未被引用的沙·阿蘭傳記——穆納·拉爾先生（Munshi Munna Lal）撰寫的《沙·阿蘭傳》（*Shah Alam Nama*）。他在本地治理（Pondicherry）與尚·德洛區（Jean Deloche）進行的討論，最終促成了好幾份先前未曾譯過、多半也未被引用過的十八世紀法文史料獲得翻譯，包含尚提爾（Gentil）、馬代克（Madec）、勞氏的回憶錄，特別是莫達夫伯爵（Comte de Modave）精彩的《印度之旅》。莫達夫伯爵是伏爾泰在格勒諾布爾的鄰居，生性溫文爾雅。從東印度公司治下的加爾各答大道，到沙·阿蘭皇帝傾頹的德里首都廢墟，他以敏銳、諷刺、世故老練的眼光觀察著十八世紀的景象。

研究寫作英國東印度公司的六年期間，許多人的幫助令我不勝感激。首先，我想感謝莉莉·德生（Lily Tekseng）幾個月鍥而不捨替我將印度國家檔案館挖出來的檔案打字；還有我的弟妹凱蒂·羅溫（Katy Rowan）與哈帕凡·曼庫（Harpavan Manku）也在倫敦協助類似的工作。兩人成功對抗英國東印度公司紀錄的手寫體與克萊夫、哈斯汀斯、康瓦利斯與衛斯理的私人通信。我也感謝阿莉亞・納克維（Aliya Naqvi）與凱瑟琳・巴特勒・雪菲爾德（Katherine Butler Schofeld）精美轉譯沙・阿蘭的詩作。

許多朋友幫忙閱讀了好幾版初稿，我也特別感謝他們：Peter Marshall、Rajat Datta、Robert Travers、Najaf Haider、Lakshmi Subramaniam、Jean-Marie Lafont、Nonica Datta、Sonal Singh、Vijay Pinch、Mahmood Farooqui、Yashashwini Chandra、Narayani Basu、Katherine Butler Schofeld、Mala Singh、Rory Fraser、Sam Miller、Gianni Dubbini、Jeremy Parkinson、Riya Sarkar、Chiki Sarkar、Jayanta Sengupta、Adam Dalrymple 與 Nandini Mehta。

其他人也提供寶貴的協助。印度方面包含 B. N. Goswamy、Ebba Koch、Momin Latif、John Fritz、George Michel、Shashi Tharoor、Chander Shekhar、Jagdish Mittal、Diana Rose Haobijam、Navtej Sarna、Tanya Kuruvilla、S. Gautam、Tanya Banon 及 Basharat Peer。特別感謝班揚旅行社的露西・戴維森（Lucy Davison）——這是目前為止最棒的印度旅行社，幹練安排了前往卡納提克海岸、斯里蘭甘帕特南（Srirangapatnam）、東克及穿越德干前往普那的多次行程。其中讓我留下最深刻印象的，也許是在杜爾迦女神祭典之際，前往加爾各答與穆爾希達巴德。

巴基斯坦方面包含：Fakir Aijazuddin、Ali Sethi、Hussain and Aliya Naqvi，以及旁遮普檔案局（Punjab Archives）的阿巴斯（Abbas），他慷慨助我取得波斯與烏爾都（Urdu）文獻★。

美國方面包含：Muzaffar Alam、Maya Jasanoff、Ayesha Jalal、Ben Hopkins、Nile Green、Sanjay Subramanyam、Durba Ghosh、Elbrun Kimmelman及Navina Haidar。

在英國則有：Nick Robbins, Saqib Baburi, Ursula Sims-Williams、Jon Wilson、Malini Roy、Jerry Losty、John Falconer、Andrew Topsfield、Linda Colley、David Cannadine、Susan Stronge、Amin Jaffer、Anita Anand、Ian Trueger、Robert Macfarlane、Michael Axworthy、David Gilmour、Rory Stewart、Charles Allen、John Keay、Tommy Wide、Monisha Rajesh、Aarathi Prasad、Farrukh Husain、Charles Grieg、Rosie Llewellyn-Jones、Richard Blurton、Anne Buddle、Sam Murphy、Henry Noltie、Robert Skelton、Francesca Galloway、Sam Miller、Shireen Vakil、Zareer Masani、Tirthankar Roy、Brigid Waddams、Barnaby and Rose Rogerson、Anthony and Sylvie Sattin、Hew, Jock and Rob Dalrymple，及令人懷念的已故教授克里斯．貝利。三十多年前他的劍橋課堂讓我首度對十八世紀印度的複雜局勢產生興趣。

我十分幸運擁有經紀人大衛．古德溫（David Godwin），及布魯姆斯伯里出版社（Bloomsbury）優秀出版人的協助，包含Alexandra Pringle、Trâm-Anh Doan、Lilidh Kendrick、Emma Bal、Richard Charkin、Yogesh Sharma、Meenakshi Singh、Faiza Khan、Ben Hyman，特別是合作超過三十年的編輯邁克．費許威克（Mike Fishwick）。我也想感謝法國Buchet Chastel出版社的維拉．米夏爾斯基（Vera Michalski），與義大利Adelphi出版社無與倫比的羅伯托．卡拉索（Roberto Calasso）。

我親愛的家人奧莉薇亞、伊比、山姆及亞當，在成書的漫長六年裡，幫我保持頭腦清醒，心情愉快。特別是奧莉薇亞，她是我的磐石，不只在精神上，也是本書背後的導引力量，是我最初及最好的編輯，更是生命中永遠耐心慷慨的愛侶。對他們，及我親愛的父母親——兩位都在寫作本書的過程中去世，我致以無上感激。我父親特別肯定我絕對無法完成這本書，事實上他生前確實未能看到此書完結。他在耶誕節隔天過世時，我還有兩章才完成本書。然而是他教我熱愛歷史，也教我如何活出生命，我將本書獻給對他的追憶。

威廉・達爾林普

北伯威克——奇斯威克——梅羅里

二〇一三年三月至二〇一九年六月

★譯者註：烏爾都語是南亞地區印度－亞利安語支的語言之一，跟今日北印度常用的印地語（Hindi），都是中世紀在北印度穆斯林政權核心區域（興都斯坦）發展出來的語言，兩者在字彙、文法、語法上有許多相似之處。烏爾都語借用阿拉伯文書寫體，擁有許多借自波斯文的文學、政治及技術詞彙；印地語在書寫上則採用梵文天城體，多採用梵文字彙。從十三到十八世紀，北印度在穆斯林政權統治下，統治者多是來自波斯、阿富汗地區的波斯－突厥人政權，以波斯語為官方語言，直到蒙兀兒帝國結束時皆是如此。十七、十八世紀英國東印度公司跟東方（包含伊朗與蒙兀兒）的主要溝通語言，也是波斯語。今日稱為烏爾都語的語言，實際上在當時稱為「興都斯坦語」（Hindustani）或「印地語」（Hindi）。作為蒙兀兒軍隊、宮廷語言的烏爾都語，是十八世紀初期奧朗則布皇帝時期之後才開始浮上檯面，並在宮廷文學中蓬勃發展。一八三七年，英國東印度公司開始以烏爾都語取代波斯語，作為官方語言；歐洲殖民政策的扶持，也擴人了烏爾都語－印地語之間的隔閡。今日烏爾都語為巴基斯坦的官方語言。

# CHAPTER 1 一五九九年

一五九九年九月二十四日，當威廉·莎士比亞還在南瓦克環球劇院下游的家中，思索《哈姆雷特》初稿時，北方一英哩外，越過泰晤士河後不到二十分鐘的腳程距離，一群倫敦人齊聚一棟雜亂延伸的半木造建築裡，陽光從多窗櫺組成的都鐸式窗戶洩下。[1]

即便在當時，這場會議也被視為具有歷史代表性。公證人帶著墨水鵝毛筆，記錄下當天摩爾蓋特原（Moorgate Fields）外的創辦人之家（Founder's Hall）裡，出現的各行各業伊莉莎白時代倫敦人。[2]位於社會階級的頂端，掛著代表職位的金項圈，正是倫敦市長大人本人——史蒂芬·索姆爵士（Sir Stephen Soame）的肥碩身影。伴他前來的，還有兩位前市長大人，及數名倫敦市參議（Alderman）——這些阿諛奉承的伊莉莎白時代市民，蓄著白鬚的臉窩在輪狀皺領的蓬鬆皺摺裡。[3]其中最有影響力的，莫過於蓄著濃密山羊鬍，貂皮滾邊外套，戴上窄沿高禮帽的倫敦市審計長湯瑪士·史密斯爵士（Sir Tomas Smythe）。他從希臘島嶼輸入葡萄乾，又從阿勒坡買進香料，賺了一筆財富。幾年前，「審計長史密斯」幫忙成立了英國黎凡特公司（Levant Company）★，作為自己貿易出航的工具；這場會議也是由他發起。[4]

除了倫敦市政府的肥滿支柱外，還有許多沒那麼崇高的商人，希望賺進一筆。此外還有一些更卑微出身的人，抱著往上爬的野心。公證人如實記下這些人的職業：雜貨商、布商與男裝商人、一名「織工」、一名「酒商」、一名「皮貨商」與一名「剝皮工人」。[5]還有一些從伍利奇與德普特福德碼頭過來的帶疤士兵、水手跟留著鬍子的冒險家；一些飽經海戰的老練水手，有些人曾在十年前對抗過西班牙無敵艦隊，全都穿著緊身短上衣，帶著金耳環，海上用的短刀隨意插在腰帶上。有些普通水手及操桅手，曾在溫暖的加勒比海水域，跟著德雷克與雷利（Drake and Raleigh）船長對付西班牙寶船，現在則以伊莉莎白時代有禮的美稱，向公證人描述自己是「私掠者」（privateer）。還有一小撮探險家與旅人曾到過更遠的地方：例如，北極探險家威廉・巴芬（William Baffin）——北極灣正是以他命名。最後，同樣也仔細做紀錄的，是自稱為「東印度航程史家」的年輕人理查・哈克盧特（Richard Hakluyt）。冒險家付他十一鎊十先令（約合今日一千兩百英鎊）的價格，撰寫當時英格蘭所謂的「香料之路」的相關訊息。[6]

背景如此多元的團體，很少共處一室，然而所有人都是衝著同樣的目的前來：向當時已經六十六歲，假髮濃妝的年邁女王伊莉莎白一世請願，希望成立一間新公司，「發動長途航程，進入東印度與當地的其他島嶼及國家，進行貿易……透過購買或交易那些島嶼或國家願意買賣的商品、用品、珠寶或商品……（俾使我主上繁盛富庶）」。[7]

史密斯在兩天前就聚集了比較有錢的商人，並施壓他們同意入股，金額從一百鎊到三千磅不等（約合今日的一萬到三十萬鎊）——對當時來說是筆大錢。史密斯總共募得三萬零一百三十三鎊六先令八便士（今日超過三百萬鎊）。這些投資人訂下契約，將他們提供的金額「親手」寫進入股東名冊中，他們宣稱此舉是「為了祖國的榮耀，也為了英格蘭

★譯者註：一五九二年成立，由英國威尼斯公司與土耳其公司合併而成，維持英國與鄂圖曼帝國及黎凡特地區的貿易。黎凡特系指義大利以東的地中海東岸地區。

境內商品貿易的發展」。

⚜

倒讀歷史總會出錯。我們知道英國東印度公司最終控制了將近半個世界的貿易，成為歷史上最強大的商業團體，正如伯克的知名評論：「帶著商人面具的政體」。回頭來看，英國東印度公司的崛起看似無可避免。但在一五九九年時看來並非如此，因為成立之初，少有公司比它更前途難料。

當時的英格蘭是個相對貧困、以農耕為主的國家，過去一個世紀裡，大多數時間都因為當時最分裂的議題「宗教」而內鬥。[8]過程之中有許多在明智者看來就像是自損之舉，英格蘭單方面與歐洲最強大的機構切斷關係，將自己變成許多歐洲人眼中的賤民國家。也因此，孤立於困惑的鄰國之外，英格蘭人被迫得走遍全球，到遠方去尋找新市場與商業機會。他們帶著一股海盜熱誠上路。

法蘭西斯·德雷克爵士（Sir Francis Drake）為此行動定調。德雷克在一五六〇年代就聲名大噪，他在巴拿馬地峽沿途搶劫將白銀從礦區運到港口的西班牙騾隊。憑著搶劫利潤，他在一五七七年乘「金鹿號」（Golden Hinde），展開三年的環球航程。史上第三度環球航行，是在羅盤與星盤的發展下，及西班牙與葡萄牙漸趨惡劣的關係中促成。[9]

德雷克出航，「對金（與）銀……香料、胭脂蟲★抱著極大希望」，他的航程是靠著三不五時打劫伊比利人的運輸來維持。德雷克占領了一艘貨物特別滿載的葡萄牙武裝商船後，就帶著「充滿金銀、珍珠與寶石」的貨物返家，價值超過十萬英鎊（超過今日一千萬英鎊）——這是地理大發現時代利潤最豐厚的航程之一。此時的初期伊比利帝國控制著南北美洲，掠奪吸食他們的財富，是獲得英格蘭王室許可的，基本上是一種伊莉莎白時代國家許可的組織犯罪，由白廳與查令十字路的寡頭控制。當德雷克的對手華特·雷利爵士（Sir Walter Raleigh），跟他的船員也帶著類似的劫掠返航時，他們立刻被西班牙大使譴責是「海盜！海盜！海盜！」[10]

許多會被西班牙大使視為海盜的人，今日都出現在創辦人之家裡。公司的潛在投資者知道，無論這群水手與冒險家的掠奪才能如何，截至目前為止，他們在更嚴苛的長途貿易技術，或建立並耐心維持可行殖民地的藝術上，並沒有太大成就。事實上，比起許多歐洲鄰國，英國人在這兩方面都只是業餘者。

先前尋求傳說中通往香料群島的西北通道，結果卻是一場災難，並不如預期中的通往摩鹿加群島（Moluccas）☆，卻是在北極圈的邊緣，大帆船卡在浮冰層中，受創船身遭冰山撞裂，執矛船員卻被北極熊襲擊。[11]他們也未能保護愛爾蘭島上剛建立的新教徒莊園，免於

---

★譯者註：Cochineal，是一種以仙人掌為食的介殼蟲，雌蟲體內含胭脂紅酸，可用來製作紅色染料。原產於墨西哥，哥倫布進入美洲後，將其引入歐洲，成為歐洲人競逐的天然染色原料。

☆譯者註：位於今日印尼最東方，鄰近菲律賓南方與新幾內亞島西方，十六世紀歐洲人所稱的香料群島，盛產肉荳蔻、丁香等香料。

一五九九年的嚴重攻擊。英國人試圖強力介入加勒比海奴隸貿易，同樣未果；試圖在北美成立英國殖民地，更是場全面災難。

一五八四年，雷利爵士在乞沙比克灣（Chesapeake Bay）南方的羅阿諾克島（Roanoke Island）上，建立了第一個英國殖民地；他以女王之名，為此地命名為維吉尼亞。但殖民地卻撐不到一年，一五八六年六月就被放棄了，救援船靠岸時發現殖民地已經荒廢。一船熱切的新殖民者跳上岸，卻發現柵欄與內部的房屋都全都解體，除了一具骨骸，找不到移居者的任何跡象，而當地印第安部落的名字——克洛阿托安（CROATOAN），則以大寫字母刻在樹上。兩年前雷利帶來的九十名男性、十七名女性與十一名兒童卻不知所蹤。移居者似乎就這麼消失在空氣裡。[12]

即便現身創辦人之家的，是兩位倫敦最有經驗的水手與東方探險家，他們返航後除了精采故事，並沒有太多收穫，甚至連船員跟貨物都未能倖免於難。

首先是拉夫．費奇（Ralph Fitch）。一五八三年他搭乘「猛虎號」（Tyger）從傅爾茅斯（Falmouth）出發。他是被史密斯審計長新成立的黎凡特公司派往東方購買香料，從黎凡特海岸的阿勒坡登岸，改行陸路，最終卻只抵達了荷姆茲港，就讓葡萄牙人當成間諜逮捕了。鎖鏈加身的費奇被送到果亞（Goa），此地的葡萄牙人威脅要讓他嚐嚐「吊刑」（strappado）的滋味——這是宗教裁判所時代的高空彈跳，綁上繩索的人從高處墜下。因為繩索的阻擋，快速墜落時會造成全身骨架拉扯，比起伊莉莎白時代最喜愛的酷刑——肢刑架，更加細緻磨人。

費奇獲得長期以果亞為基地的英國耶穌會士湯瑪士・史帝芬斯修士（Tomas Stevens）為他擔保，協助脫逃；後續他成功穿越富裕的德干蘇丹國，前往十六世紀的蒙兀兒國都阿格拉，並經由孟加拉前往摩鹿加群島。[13]三年後返回倫敦時，他以旅行故事風靡全城，有名的程度甚至連莎士比亞的《馬克白》都曾提到他的船：「她丈夫是『猛虎號』的船長，到阿勒坡去了。」費奇雖帶著許多胡椒貿易的精彩細節返航，抵家之時卻連一顆實際的胡椒都沒有。[14]

黎凡特公司再度試圖打進香料貿易，這一次走的是海路，更加災難一場。詹姆士・蘭開斯特爵士（James Lancaster）於一五九一年前往印度洋的航程，是英格蘭人首度試圖經過好望角，前往東方。這次航程的資金與武裝運輸，都是由史密斯審計長及黎凡特公司資助。然而最終，蘭開斯特的四艘船中，只有一艘「幸運愛德華號」（Edward Bonaventure）從印度返航，船員也所剩無幾。最終倖存的五人與一名男孩，返家時所帶的胡椒，是稍早從經過的葡萄牙船隻上搶來的。蘭開斯特的船隻在颶風中遭難，跟其他船員困在葛摩群島★上，直到一五九四年才終於返家。一路上他曾被困在赤道無風帶，受到壞血病蹂躪，失去三艘船，所有船員幾乎都遭憤怒島民刺殺。幸好黎凡特公司口袋夠深，這趟航程是徹頭徹尾的財務災難。[15]

★譯者註：Comoro Islands，位於非洲大陸東岸外海與馬達加斯加島之間的島群。

比起這些衣衫襤褸的海盜，更為世故的葡萄牙與西班牙對手，一個世紀以來，已經忙著建立跨越全球、利潤豐厚的普世帝國。大量從新世界進口的黃金，讓西班牙搖身成為歐洲最有錢的國家，還讓葡萄牙控制了東方的海洋與香料，地位緊追西班牙之後。事實上，對英格蘭人來說相當難堪，但只有新近獨立的共和小國荷蘭，能跟這些伊比利人一較長短。這個國家的人口不到英格蘭的一半，才在二十年前的一五七九年，推翻西班牙國王的統治。

荷蘭人最近的驚人成就，正是這群天南地北倫敦人聚在一起的原因。三個月前的七月十九日，荷蘭遠征公司（Dutch Compagnie Van Verre）的雅各布・科內利松・范內克（Jacob Corneliszoon van Neck）船長，成功從印尼返航，並帶回大量香料貨物——包含八百噸胡椒、兩百噸丁香與大量肉桂與肉豆蔻。這次航程獲得史無前例的利潤，高達百分之四百。一名嫉妒的黎凡特公司觀察者寫下：「抵達荷蘭的船隻從未滿載如此大量的財富。」[16]

到了八月，在「荷蘭人成功返航」之後，英格蘭商人開始討論成立公司，進行類似香料收購航程的可能性。這與過去透過中東中間人貿易不同，中間人會將價格拉抬三倍，作為抽成。他們想要穿過半個世界，進入東印度，直接跟生產者購買。這背後主要的推動者，同樣是史密斯一黨的黎凡特公司商人。正如其中一人從希臘小島希歐斯（Chios）的來信中寫下，他們理解到荷蘭人「跟印度的貿易，會讓我們對阿勒坡的交易翻盤。」[17]

最後一根稻草，是荷蘭人派出一支代表團前往倫敦，試圖買下英格蘭船隊未來所有的東方航程。這對於伊莉莎白時代的倫敦人來說，是可忍孰不可忍。在漢堡公司老過磅場★等待的阿姆斯特丹代表收到回音：「我們倫敦商人需要所有船，不可能賣給荷蘭人。我們自己也打算跟東印度進行貿易。」[18]創辦人之家的會議就是這次回覆的後續。正如他們呈給伊麗莎白女王的樞密院（Privy Council）的請願信中所言，他們「為祖國推進貿易的熱情，不輸給荷蘭商人對自己共和國的貢獻……為了祖國的榮耀及貿易進展……今年就得向東印度揚帆。」[19]

這趟航程的四分之一投資人，以及英國東印度公司原始十五位股東中的七位，都是黎凡特公司的重要人物。他們的恐懼也是有理由的，擔心荷蘭人會毀掉他們在香料貿易中的既有投資，因此他們不只投入三分之一的資金，還提供許多船隻，及初期舉行會議的辦公室。因此「倫敦商人東印度貿易公司」（The Company of Merchants of London trading to the East Indies）一開始是從黎凡特公司裡衍生出來的，也是讓該公司股東透過海路延伸至遠東貿易的機制，同時更用來籌募新資本。[20]

這就是史密斯與夥伴決定建立新公司的原因，並開放給願意出資的投資人，而非只是沿伸他們既有的獨佔權利。不像黎凡特公司擁有五十三名關係緊密的固定投資人，英國東印度公司從一開始，就以合資公司的形式成立，開放給所有人投資入股。出於遠東貿易牽涉的巨額支出與高風險，因此史密斯與其夥伴做出這個決定：「如此遙遠偏僻的貿易，若非合股，難以管理。」[21]畢竟涉及的成本是個天價。他們想買的商品極為昂貴，又要搭乘龐

★譯者註：Old Steelyard of the Hamburg Company，位於泰晤士河北岸的倫敦市道門區（Dowgate），是十五及十六世紀漢莎同盟商人在倫敦的根據地。

大昂貴的船隻，仰賴大批船員人力，還需要砲手及專業槍手的保護。就算一切按照計畫走，也得要好幾年才看得到投資收益。

合股公司的概念，是英格蘭都鐸時期最傑出、充滿革命性的創舉之一。這點子的火花來自中世紀的工藝公會，商人與製造者齊集資源，共同發起個人無法負擔的事業。然而合股公司的不同之處，在於後者可以引入被動投資者，他們擁有投資的現金，本人卻不參與業務經營面。任何人都可以買賣這樣的股份，股價也可能根據市場需求及事業成功與否而上下波動。

這類公司是「一個商業與政治團體」——亦即它是個法人團體，因此擁有法律人格及超越個人股東生死的某種不朽性格，「就像泰唔士河，」法律學者威廉・布萊克史東（William Blackstone）寫下：「雖然組成河流的各部分，分分鐘都在變化，河流仍舊是相同的河流。」[22]

四十年前，一五五三年時，前一代倫敦商人開始籌建世界上第一間特許合股公司：英國莫斯科公司（Muscovy Company），或依其光榮的完整全名：探索未知區域、領地、島嶼及地方之冒險商人公司。[23]一開始的目的，是為了探索由古典地理學者首先論辯的概念，他們深信自己所處的世界是一座島嶼，由海洋環繞，這也就表示除了好望角通道，還有一條通往遠東香料黃金的北方通道——這條通道就能不受伊比利對手牽制。

雖然莫斯科公司的股東很快就了解到，北方通道並不存在，但在尋找北方通道的過程中，他們也發現穿越俄羅斯與波斯進行直接貿易的陸上路線，並成功進行貿易。鄂圖曼土耳其帝國征服者在一五八〇年截斷路線之前，他們派出六次航程，成功前往伊斯法罕（Isfahan）★及區域內的重要市集城市，並獲得可觀利潤。[24]

一五五五年，莫斯科公司終於獲得王家特許，列明種種特權與責任。到了一五八三年，還有兩間特許公司——威尼斯公司與土耳其公司，後來在一五九二年合併成為黎凡特公司。同一年，進行奴隸貿易的獅子山公司成立。因此東印度公司是循著前例，王家特許應該手到擒來。此外，女王面對艾塞克斯伯爵羅伯特・戴弗洛（Robert Devereux）不馴的叛變威脅，希望倫敦市能站在自己這一邊，因此意外地十分支持這次請願。[25]

然而幾乎即刻發出的樞密院命令，卻是要公司暫停組織及出航準備。一五九八年西班牙國王腓力二世（Philip II）去世後，英西兩國此刻正展開和談，樞密院的大人們「認為促成和平，比起（讓爭執）阻礙和平……更為有利」，因此決議冒險家應該「今年內別再採取任何行動」。

這些商人都不是貴族階級出身，因此在朝堂上毫無地位或影響力，他們別無選擇，只能等待。接下來的十二個月裡，建立一間跟東方貿易的英格蘭公司，這種深具野心的想法，似乎就只是個想法而已，就像一場仲夏夜之夢。

直到英西和談在一六〇〇年夏天觸礁，樞密院改變心意，覺得自己有信心強調全球

★譯者註：薩法維王朝時代（十六到十八世紀）的波斯國都。

海洋的航行自由，以及任何國家派船前往任何地區的權利。就在請願書起草將近一年後，一六〇〇年九月二十三日，投資者終於看到了綠燈：「女王令下，」他們收到命令，「爾等得依原案持續進行……並進行前述出航。」[26]

⚜

一六〇〇年十二月三十一日，新世紀第一年的最後一日，由兩百一十八人組成的「倫敦商人東印度貿易公司」，獲得王室特許。[27]

這群請願者所獲得的權利，遠比他們可能期待或想要的，還要寬廣許多。除了頭六次航程減免所有關稅外，還給予他們英國商人對「東印度貿易」的十五年獨占權利。東印度這個模糊攏統的區域，很快就包含了從好望角到麥哲倫海峽之間所有貿易交通。此外還賜予他們統治領土及招募軍隊的半主權特權。模稜兩可的條文讓未來的英國東印度公司職員，可以運用這份特許，宣稱自己對所有亞洲的英國子民擁有行政管轄權，有權鑄造錢幣、建造堡壘、制定法律、發起戰爭、制定獨立的外交政策、召開法庭、懲處管訓、監禁英國子民及建立英國殖民地。後世的批評者與檄文執筆者抱怨英國東印度公司獲得壟斷「三分之二世界貿易區」的權利，並非無的放矢。[28]雖然這一點在兩個半世紀後才真正實現，但英國東印度公司的特許條文，從一開始就留下讓這間公司成為帝國強權，建立主權並控制人民土地的可能。[29]

這一年當中，商人冒險家也並沒閒著。他們去德普特福德「看了幾艘船」，其中之一就是後來以相反方向航程聞名於世的「五月花號」（May Flowre）。[30]他們買下四艘船，拖進乾船塢進行改裝。由於時間寶貴，因此授權一天提供一桶啤酒，「好讓工人專心工作，不會跑去喝酒」。工作目標是東印度公司九百噸重的旗艦船；原名「惡意災難」（Scourge of Malice）的前私略船是在加勒比海特意為了搶劫西班牙船艦而打造，現在則改名為「紅龍號」（Red Dragon），希望能少點海盜氣息。

不消多時，這些冒險者不只買船，還買了新桅杆、船錨及索具，並開始建立航海設備清單：包括「小錨」、「輔助帆」、「所有標準索具及繩索」、「好壞纜繩，一塊很好的主帆副底帆」以及「一具很好的絞鼓」。此外他們還需要武器：「四十支毛瑟槍、二十四支標槍……十三把流星錘、兩把短劍、二十五桶火藥」，以及大砲需要的「洗銃帚、裝藥鍬及撞藥杖」。[31]

此外他們也開始積極下訂「一百七十噸啤酒桶、四十噸豬肉桶、十二噸乾燕麥餅、一噸乾芥末籽餅、一噸乾米餅……乾麵包……非常乾的……好魚」以及「一百二十頭牛」及「六十噸蘋果酒」。同時間，他們之中的金融業者開始收取三萬英鎊的資金，及抵岸時可用來交易的各種物資——他們稱之為鐵、錫與英國羊毛絨呢「投資」。他們希望這些可以拿來交易印尼胡椒、肉豆蔻、丁香、肉豆蔻種衣、荳蔻，及他們想帶回家鄉的其他香料珠寶。[32]

然而還有最後一關。一六〇一年二月，新公司的天才領導人史密斯審計長，因為涉入艾塞克斯伯爵的魯莽叛變案，短暫入獄倫敦塔。[33]無論如何，特許正式發布後兩個月，一六〇一年二月十三日，改裝好的「紅龍號」駛出伍利奇碼頭停泊處，駛進泰晤士河寒冷的二月霧中，後面緊跟著三艘比較小的護衛船——「海克特號」、「蘇珊號」與「上升號」。再度擔任指揮的，是性格嚴厲但此刻已經受到教訓的蘭開斯特爵士。他從先前冒險中學得不少教訓，帶了檸檬汁給船員喝，避免壞血病，也帶了足夠武器——至少有三十八把槍——對付航程中可能遭遇的競爭者。[34]

這次出航卻碰上接近搞笑一般的不幸開端。他們正要離開泰晤士河道的時候，風卻停了下來，因此有兩個月的時間，船隊難堪地停在英吉利海峽中不動，就在多佛港（Dover）目光可及之處。最終風起了，九月時船隊繞過好望角，在此靠岸補給。希望讓等待的部落民眾知道他想買肉，因此蘭開斯特展現出語言上的才能，這也是後來英國帝國主義與眾不同之處：「以牲畜的語言跟他們溝通……哞代表公牛母牛，咩代表羊」。他們接著前往模里西斯★，上岸後在岩石上發現一系列雕刻。這不是個好消息：不到五個月前，有五艘荷蘭船留下到訪的紀錄。[35]

一六〇二年六月，蘭開斯特的船隊才抵達亞齊☆，開始跟當地蘇丹談判購買香料。沒多久，船員監視到一艘葡萄牙武裝船。蘭開斯特收到的指示是帶領手下「如商人一般」行事，卻也獲得授權，「倘若時機許可」，可以劫掠西班牙或葡萄牙船隻。因此他並未遲疑。

一年後，一六〇三年六月一日，謠言開始從法國傳進倫敦，英國東印度公司的第一支船隊已經平安駛入歐洲水域。然而直到六月六日，蘭開斯特才終於在唐斯丘陵◆的南岸下錨，「感謝全能天主護佑我們穿越重重險阻」。[36] 這一次蘭開斯特將四艘船都帶回來，毫髮無傷且風光滿載。他帶回超過九百噸的胡椒、肉桂與丁香，許多是從葡萄牙武裝船上劫掠而來，加上從亞齊買來更多香料，讓這次出航的利潤高達百分之三百。

這是未來十五年裡東印度公司超過十五次出航中的第一趟。然而事實上，這比起荷蘭人在海峽另一側已經達到的成就，不過是小巫而已。一六〇二年三月，蘭開斯特還在摩鹿加群島的時候，多間荷蘭的東印度公司已經同意合併，而荷蘭東印度公司（Vereenigde Oostindische Compagnie，簡稱 VOC）獲得國家特許，進行東方貿易。當阿姆斯特丹的會計師總計所有認股金額時，發現荷蘭東印度公司已經募得英國東印度公司資本額將近十倍的資金，立刻就能發給投資人百分之三千六百的股利。[37]

相較之下，英國東印度公司多年以來一直是間表現平平的企業，野心也很有限。即便一開始在創辦人之家風風火火，這群商人只募得了相對微不足道的資本：六萬八千三百七十三英鎊（約合今日的七百一十七萬九千一百六十五英鎊）；比起來，此時對手荷蘭人已經籌足驚人的五十五萬英鎊（約合今日超過五千七百萬英鎊）。此後，荷蘭人仍持續增資；相較之下，英國東印度公司卻發現即使要原始認股者兌現承諾都困難重重。

一五九九年十月，公司記錄了最早一批抱怨：「許多認股者簽下名字，卻十分消極，

---

★譯者註：Mauritius，非洲大陸以東，位於印度洋中央的島嶼。

☆譯者註：Acheh，印尼蘇門答臘島的最西端。

◆譯者註：Downs，英格蘭東南部的低矮草原白堊丘陵海岸，構成今日的南唐斯國家公園。

至今還沒繳錢」。幾個月後，董事開始對那些未能兌現創辦人之家承諾的人，威脅施以更嚴重的制裁。一六〇〇年一月十一日，他們「下令，組織內的兄弟……若未能遵守規範……這些人應當入獄服刑」。接著便向四人發出逮捕狀，倘若不在四日內付清，將送往馬歇爾西監獄。

資金不足的結果，就是小公司小船隊，也缺乏自己的固定資本，僅靠單次認股支持單次航程。此時英國人的口袋還沒有荷蘭人深。此外，維吉尼亞殖民地與新世界逐漸抓緊了有錢英格蘭貴族的想像力，當然也因為這是看起來比較便宜、風險比較低的選擇。十先令換得維吉尼亞一塊一百英畝的肥沃土地，肯定是比一百二十英鎊（約合今日一萬兩千六百英鎊）換來英國東印度公司吉凶未卜的十股，來得更吸引人。此階段中，在這個世上最富裕、複雜且競爭的市場之一，英國東印度公司只能期待成為一個小配角。[38]

此外，由於風險極高，因此公司也很難吸引到有能力轉危為安的人才。「常見的是出自新門（監獄）的人，好幾個人已經坦承」，一封早期英國東印度公司的信函抱怨受雇者的品質，「然而這些我們還好控制。但最近還有些人是從貝德蘭（精神病院）出來的。」[39]此時已經有些報告，關於公司雇員「酗酒嫖妓危險失控」，另一封信則懇求董事試著招募「有禮清醒之人」，「放棄那些粗心放蕩的人跟酒鬼」。[40]

十七世紀初期派出許多航次，多數只產生微薄利潤。但從一開始，英國東印度公司就無法對抗武力更強大、資金更充沛、航海技術更優異的荷蘭東印度船隊。「這些（荷蘭）奶油盒愈來愈無禮」，一名東印度公司船長抱怨，「倘若再久一點，他們就會吃下整個印度，除了他們或經他們允許，沒人可以在此貿易；我就想看他們丟臉。」[41]然而真正丟臉的，卻不是荷蘭人。一六二三年，位於摩鹿加群島安博納（Amboina）的英國商館遭到荷蘭東印度公司軍隊攻擊，十名英國人遭刑求殺害。此事開啟了英荷之間長達幾十年的衝突，英國人偶而佔了上風，實際上卻每況愈下。一度，荷蘭船隊甚至開進泰晤士河，攻擊希爾內斯，摧毀位於查坦與羅切斯特的船塢★。[42]

經歷多次傷亡慘重的對戰後，英國東印度公司的董事決議別無選擇，只能把香料群島利潤豐厚的香料貿易留給荷蘭人，改為專注在競爭比較低卻有潛力的其他亞洲貿易，包含精細棉紡織品、靛青染料與印度繪染棉布。

這三樣奢侈品的來源都是印度。

⚜

一六〇八年八月二十八日，帶領英國東印度公司第三次航程的威廉・霍金斯船長，將「海克特號」停泊在蘇拉特（Surat）外海。這名虛張聲勢的船長，帶領英國東印度公司的船隻，首度登陸印度土地。[43]

當時印度擁有一億五千萬人口，約為世界人口的五分之一，製造全球四分之一的產品；

---

★譯者註：Sheerness，位於泰晤士河口南岸的城鎮。Chatham、Rochester 都是位於泰晤士河南岸的城鎮。

事實上，從很多方面來說，它都是世界工廠，也是紡織品生產的世界領袖。英文之中許多跟紡織有關的字，都源自印度，這是有其道理的，包含印度繪染棉布（chintz）、平織綿布（calico）、大披肩（shawl）、睡衣（pyjama）、土色斜紋布（khaki）、粗棉布（dungaree）、腹帶（cummerbund）、塔菲塔綢（taffeta）等。[44]比起任何面積相當的區域，印度肯定佔據了更大的世界貿易量，經濟力量甚至遠達墨西哥。墨西哥因為進口印度布料，造成當地織品生產「產業空洞化」的危機。[45]相比之下，英格蘭的人口只有印度的百分之五，產出貨物不到世界產量的百分之三。[46]印度生產的利潤，大量進入阿格拉的蒙兀兒帝國國庫；收入達到一億英鎊（今日超過一百億英鎊）的蒙兀兒皇帝，成了世界上最富有的王室。

蒙兀兒帝國首都是當時的超級大城市：「不論在亞洲或歐洲，都無與倫比」，耶穌會士安東尼奧．蒙瑟拉提（Antonio Monserrate）如此認為：「無論在規模、人口或財富上，都是如此。他們的城市充滿由亞洲各地前來的商人。任何藝術或工藝都可以在此找到。」一五八六到一六〇五年間，歐洲白銀以每年十八公噸的驚人速度，流進蒙兀兒核心地帶。正如霍金斯所觀察到：「所有國家帶來錢幣，運走等重的貨物」。[47]對同時代仍舊裹著遮擋布到處走的髒兮兮西方人來說，絲綢裹身、珠光寶氣的蒙兀兒人正是財富與權力的活生生體現——這層意義自此深植在英文的「大亨」（mogul）一詞中。

到了十七世紀初，歐洲人已經習慣以武力輕鬆壓制世界其他人群。一五二〇年代，西班牙人在幾個月內，擊潰阿茲特克帝國的強大軍隊。在香料群島摩鹿加，荷蘭人最近開始將大砲轉向過去進行貿易的地方統治者，屠殺那些駕舟出海迎接他們的島民，燒毀他們的城市，佔領他們的港口。光是其中之一的隆托島（Lontor），就有八百位居民遭到奴役，強迫遣送到爪哇島（Java）上新建立的荷蘭香料莊園；四十七名酋長遭到刑虐處決。[48]

然而正如霍金斯船長很快就發現，任何歐洲國家都不可能踩到強大的蒙兀兒人頭上，他們麾下擁有驚人的四百萬大軍。[49]一六三二年，當皇帝發現葡萄牙人在孟加拉的胡格里河（Hughli），未經授權之下，偷偷興建碉堡與「極致壯麗雄偉的住宅」，並強迫人民改宗基督信仰，藐視蒙兀兒統治時，便下令攻擊葡萄牙人居住區，將其驅逐。

那個城市幾日內便落入蒙兀兒人手中，居民試圖沿著恆河順流逃亡，卻遭到對岸投擲的砲火阻擋。四百名遭捕的葡萄牙囚犯，「連同這些錯誤異教徒的偶像」，被送到阿格拉懇求赦免。根據《沙賈汗皇帝傳》（*Padshahnama*）的記載，拒絕者「（淪為奴隸）由將軍瓜分」，「或是關進牢裡遭到刑虐。多數人未能生還。」一位於果亞的葡萄牙總督也束手無策。[50]

此事之後，英國東印度公司了解到，若想成功跟蒙兀兒人進行貿易，將需要合作夥伴跟皇家許可，這表示得跟蒙兀兒皇帝建立直接關係。霍金斯打扮成阿富汗貴族的樣子，花了一年的時間才抵達阿格拉。他受到皇帝短暫招待，以突厥語進行對話。但賈汗吉爾皇帝很快就對這位沒受過太多教育的老水手失去興趣，賞下一名亞美尼亞基督徒妻子後，就將他送回家去。這次行動沒有太多收穫，但很快地，亨利．密道頓爵士（Henry Middleton）領軍的另一支英國東印度公司船隊，卻被當地官員下令驅離蘇拉特城的下錨地蘇瓦利村（Suvali，英文中扭曲為 Swally Hole）。他們是受到港口的葡萄牙居民威脅所致。[51]

現在需要更有氣勢的出場，因此英國東印度公司說服詹姆士國王派出一位王室使節。中選的是一名朝臣、國會議員、外交官、亞馬遜探險家、派駐鄂圖曼帝國高門★的前大使，自詡為「懂禮之人」的湯瑪士．洛爵士。[52] 一六一五年，洛爵士終於抵達阿杰梅爾☆，帶來作為贈禮的「獵犬」——英國獒犬與愛爾蘭靈緹、一架英國皇家馬車、一些風格主義繪畫、一架英國小鍵琴與好幾箱紅酒，因為他聽聞賈汗吉爾皇帝喜愛紅酒。然而洛爵士跟皇帝的一連串會面，卻是困難重重。當他終於獲得晉見機會，頂禮之後，洛爵士希望立刻進入主題，討論貿易與優惠關稅的議題，美學家皇帝卻難掩對這些對話興趣缺缺。

畢竟，賈汗吉爾皇帝是個極度敏銳、好奇且聰慧之人：他觀察周遭世界，也熱切收集各種奇異之物，從威尼斯劍與地球儀，到薩法維帝國生產的絲綢、玉石，甚至還有一角鯨的角。身為印度——蒙兀兒美學與知識傳統的驕傲繼承人，除了維持帝國並贊助創作精彩藝術品外，他的喜好還包括山羊及獵豹育種，醫藥與天文，甚至就像後世啟蒙時代的地主一般，對畜牧有無窮的興趣。

比起貿易機制細節，這些才是他的興趣，因此之後的幾個月裡，兩人多半話不投機。洛爵士試著將對話導向商業與外交，同時希望獲得「皇家詔書」，確認「（蘇拉特）英國商館的優惠地位」，並在「持續的愛與和平」中，「為我國人建立穩固可靠的貿易與定居權」。然而賈汗吉爾卻說這些日常事務可以緩緩，反而對洛爵士出身的那個遙遠霧中島嶼、當地的奇風異俗與藝術，提出許多問題。洛爵士發現賈汗吉爾「期待精彩的禮物與珠寶，對貿易沒有興趣，反而是對寶石、財富及難得一見的藝術品貪得無厭。」[53]

「他問我為他帶來什麼禮物」，洛爵士如此寫下。

我回答（英格蘭與蒙兀兒印度之間的）聯盟才剛成立，十分脆弱：我國將找尋許多無價的珍稀之物，國王會將它們遣送過來；同時商人也會遍尋世界各地，希望貴國提供的穩固貿易與保障能令他們安心。

他問我所言的珍稀之物是什麼，是否指珠寶與寶石。我回答不是：我們並不認為這些是合適的回禮，因為它們主要產自由他主掌的這些區域……但我們希望為陛下尋找的，是此地稀有、甚至未曾得見之物。他說非常好：但他想要一匹英格蘭馬……所以在關於（蒙兀兒）國內藝術的諸多笑話、歡樂與誇耀之後，他開始問我，我一天喝幾次酒？喝多少？哪種酒？英格蘭有什麼酒？哪種啤酒？怎麼釀造的？我能在此釀造嗎？種種提問之中，我滿足了陛下的國事提問……[54]

有時候，洛爵士對蒙兀兒統治不屑一顧——「宗教無限大，法律不存在」——但此地確實讓他本人目眩神迷。一封描述一六一六年皇帝壽誕的信中，洛爵士從中印度半毀的壯

★譯者註：Sublime Porte，為鄂圖曼土耳其帝國的行政中樞。

☆譯者註：Ajmer，位於德里以西的拉賈斯坦邦，一五五六年為阿克巴大帝征服後，成為蒙兀兒貴族偏愛的城市及朝聖地。此地建有蒙兀兒宮殿，也是蒙兀兒帝國向西征服各拉吉普特王國的軍事基地。

麗堡壘曼都（Mandu）寫給位於白廳的國王查理一世（Charles I），回報他進入了一個繁麗超越想像的世界。

壽誕是在設計精美的「大型華美花園中舉行，廣場四周流水淙淙，側邊有花木環繞，中央有一座小塔，在此設有黃金秤」，以珠寶量秤皇帝的體重。

出席的貴族全都就座地毯，等待國王到來；至少全都身著華服，或穿戴鑽石、紅寶石、珍珠及其他珍貴奢侈品，如此豪華光耀！他的頭、頸、胸、臂、肘、腕，每根手指至少都有兩到三枚戒指，全都裝點著鑽石鍊，紅寶石如核桃碩大——甚至更加巨大，如我眼睛一般大小的珍珠，令人驚豔……珠寶是他的喜好之一，他是世界的寶庫，購進所有珍品，積累寶石的樣子，彷彿是要拿來建設，而非穿戴。[55]

相對地，蒙兀兒人當然對英格蘭人感到興趣，但也不是太驚豔。賈汗吉爾非常欣賞洛爵士的女友之一所畫的英格蘭細密畫——可能是他從「印度」熱情往返通信的杭廷頓夫人（Lady Huntingdon）。[56]然而皇帝特意展示給洛爵士看，他麾下藝術家精緻仿畫的程度，甚至連洛爵士本人都看不出來。他也欣賞英格蘭皇家馬車，但他立刻拿蒙兀兒的金線布匹，替都鐸王室馬車略為簡陋的內裝升級，接著又展現蒙兀兒人的工藝技術（kar-khana），完美仿製整架馬車，好讓心愛的妃子努爾・賈汗（Nur Jahan）也擁有自己的馬車。[57]

這段期間，洛爵士惱怒發現蒙兀兒人並不在意跟英格蘭人的關係。抵達之時，他被送到一處次級住所：整個使團只分到四間驛站房間，這些房間「還不比烤箱大多少，由於穹頂之故，除了門以外，別無光源。房間如此之小，兩輛牛車的貨物就塞滿了。」[58] 更羞恥的是，他那些有點汙損的禮物，很快就被對手葡萄牙大使的獻禮給比下去，後者送給賈汗吉爾「珠寶、巴拉斯尖晶石與珍珠，讓我們英格蘭的禮品十分丟臉。」[59]

在蒙兀兒宮廷經歷疲憊三年，終於返回英格蘭時，洛爵士獲得賈汗吉爾允許在蘇拉特建立一座商館，一份「我等得持續在其領土活動」的協議，及好幾份帝國詔書。這些詔書的的範疇與內容雖然有限，在擋路的蒙兀兒官員面前卻很管用。然而賈汗吉爾卻蓄意未曾讓步任何貿易優惠，也許覺得此舉有損君威。[60]

這時期最知名的畫作之一，也許最能從圖像上展現出英國人在蒙兀兒宮廷的地位。這幅由賈汗吉爾的細密畫大師比齊特（Bichitr）所繪的細密畫，畫中的譬喻是，虔誠的賈汗吉爾偏好與蘇菲及聖人為伍，勝過其他強大王公。這確實也離事實不遠：洛爵士最有名的故事之一，是賈汗吉爾花了一小時跟旅途中偶遇的聖人聊天，因此令英國使節驚訝不已。

> 一名貧窮愚蠢的老人，全身塗滿灰，衣衫襤褸，旁有一名年輕人伺候。陛下與這名衣衫襤褸、頭戴羽毛的可憐人，談了一個鐘頭，親切慈善，無庸置疑是王者之間少見的謙卑……他將沒有乾淨的人敢碰的老人擁進懷裡，擁抱他並三度將手放在他的心上，稱他為父親。老人跟所有人，包含我在內，都對這位異教徒國王的美德深感敬佩。[61]

比齊特的畫中，將賈汗吉爾置於結構中心，坐在王座上，身後代表王者的光圈如此亮麗，以至於飛在空中的葡萄牙式小天使得遮住自己的眼睛，閃躲耀目光輝。另一對小天使則在橫幅上寫著「真主至大！喔王，願您千秋萬代！」皇帝面向蓄著絡腮鬍的蘇菲，交付一本古蘭經，對鄂圖曼蘇丹伸出的手棄之不理。至於詹姆士一世，戴著飾有珠寶與白鷺羽毛的帽子，身著當時代的銀白色長外套，被擺在畫面的左下角，賈汗吉爾的腳下，僅高於比齊特的自畫像。英國國王以四分之三輪廓展現，在蒙兀兒細密畫中，這個角度是用來描繪次要角色，他臉上似乎對自己身在蒙兀兒階層的低位階而忿忿不滿。[62]洛爵士針對賈汗吉爾寫了大量文字，但皇帝的浩繁日誌中，卻從未提及洛爵士。這些膽小又缺乏藝術的北方貿易商及懇求者，還得再等上一個多世紀，蒙兀兒人才會對他們真正產生興趣。

即便磕磕絆絆，洛爵士的出使是蒙兀兒帝國與英國東印度公司建立關係的開端，兩者未來將發展成接近某種夥伴關係，英國東印度公司也將逐漸被納入蒙兀兒人的核心。接下來的兩百年裡，它將緩慢學習如何在蒙兀兒體系中如魚得水，並以蒙兀兒人的方式來做到這一點：它的職員能操流利波斯語，正確的宮廷禮儀，賄賂適當官員的藝術，同時在贏得皇帝青睞上，逐漸比所有對手（包含葡萄牙人、荷蘭人與法國人）都更技高一籌。事實上，英國東印度公司在這個時期的成就，多數出自對蒙兀兒權威兢兢業業的尊重。[63]但不用多久，英國東印度公司在蒙兀兒人面前就開始自稱——正如史學家桑傑・蘇布拉瑪尼亞姆（Sanjay Subrahmanyam）精彩解釋——「不是商業團體，而是一種印度——波斯化產物的擬人化人格，所謂的『偉大公司閣下』（Kampani Bahadur）。」[64]

返回倫敦後，洛清楚告知東印度公司董事，跟蒙兀兒帝國打交道時，武力不是選項。他寫下：「戰爭與交流並不相容。」事實上，他甚至反對建立武裝聚落，並指出「許多葡萄牙居民與領地（正）爭取」貿易不計代價。即便蒙兀兒人允許英國東印度公司建立一兩座堡壘，他寫道：「我也不會接受……因為若沒有爭端，在印度建立堡壘跟興戰就是個錯誤」相反地，他建議：「讓我們訂下這個原則，若想要利潤，就從海上跟平靜貿易中取得。」[65]

一開始，公司採納了他的建言。早期的英國東印度公司職員以成功談判獲取商業優惠為榮，而不是像更激情的葡萄牙人一般攻擊戰略港口；這後來證實了是個回收豐厚的策略。當洛正忙著爭取賈汗吉爾的青睞時，另一名東印度公司使者希本船長（Hippon）則搭乘「環球號」（Globe）出航，敲開印度科羅曼多海岸（Coromandel）的東方織品貿易，並在馬蘇利帕特南（Masulipatnam）成立第二處商館。這個港口屬於蒙兀兒的主要對手——德干（Deccan）地區擁有豐富鑽石礦產的戈康達蘇丹國★，此地可以購得印度最好的珠寶與繪染

★譯者註：Sultanate of Golconda，首都為今日的海德拉巴，是十六世紀初與蒙兀兒帝國約略同時間成立的中印度什葉派穆斯林政權，官方語言同樣也是波斯語。創建者庫利・哈瓦斯汗・哈姆達尼（Quli Khawas Khan Hamdani）出生於伊朗西部的突厥部落，他在十六時紀初遷到德里，後來又南移，進入德干地區。一六三六年，蒙兀兒皇帝沙賈汗強迫戈康達承認蒙兀兒為宗主國；一六八七年，奧朗則布皇帝將戈康達納入蒙兀兒帝國版圖。

棉布。[66]第三處商館隨後於巴特納成立，主要處理硝石貿易——硝石是火藥的主要成分。

珠寶、胡椒、織品與硝石的貿易，很快帶來比荷蘭香料貿易更好的收益：到了一六三〇年代，英國東印度公司從印度進口的胡椒價值一百萬英鎊，同時也驚人翻轉了許多世紀以來的貿易模式，英國東印度公司透過姊妹企業黎凡特公司，開始出口到義大利跟中東去。三十年後，他們進口二十五萬匹布料，幾乎半數都來自科羅曼多海岸。[67]貿易損失仍舊沉重：一六〇一到四〇年間，英國東印度公司向東送出總共一百六十八艘船；只有一百零六艘返航。[68]然而公司的損益表現卻日漸亮眼，以致於歐洲各地投資人開始首度爭搶英國東印度公司的股票。一六一三年，合股公司的首度認股籌到四十一萬八千英鎊（約合今日四千四百萬英鎊）。四年後，一六一七年，第二波認股募入龐大的一百六十萬英鎊（約合今日一億六千八百萬英鎊），讓公司首度成為財務巨擘，至少就英格蘭的標準來說是如此。[69]英國東印度公司的成功，不只刺激了倫敦碼頭，還有初生的倫敦證交所。到了世紀中，當選倫敦市參議會的菁英中，半數若非黎凡特公司貿易商，就是英國東印度公司董事，又或兩者兼具。[70]公司成員同時也是早期經濟理論學者的托馬斯．曼（Tomas Mun）就曾寫下，英國東印度公司的貿易此刻已是「王國繁榮的試金石」。[71]

直到一六二六年，英國東印度公司才出資興建首座位於印度的武裝堡壘，位於科羅曼多海岸中部，普利卡特（Pulicat）以北的阿爾瑪貢（Armagon）。此地很快就建立城垛，並配備十二門砲。但快速粗糙的建築，加上此地在軍事上難以防禦，六年後，也就是一六三二年時被輕易放棄了。正如一名商館館員所說：「沒了也不要緊」。[72]

兩年後，英國東印度公司又再度出手。面對南印度衰弱裂解的毗遮耶那伽羅帝國，阿爾瑪貢商館長法蘭西斯．戴（Francis Day）跟當地統治者協商，在一處名為馬德拉斯帕特南（Madraspatnam）的漁村上方，建立新的英國東印度公司堡壘，就在葡萄牙人殖民地聖托美（San Thome）的北方。再一次，在此選址都不是出於商業或軍事考量。據說戴跟一名泰米爾婦女交往甚密，她的村落就位於馬德拉斯帕特南的內陸。根據當時一份資料，戴「對她十分著迷」，感情熱切，因此他們的「會面」可能「相當頻繁且難以中斷」，因此他將聖喬治堡（Fort St George）就選在她的村落旁，也不足為奇。[73]

這個很快被稱為馬德拉斯（Madras）的據點，蓬勃發展了起來。將這片土地租給英國人的納伊克（Naik，毗遮耶那伽羅帝國的地方總督）表示，熱切希望這個地區能夠「繁榮富裕」起來，並賦予法蘭西斯．戴建造「堡壘及城堡」的權利，得以免稅進行貿易，並「永久享有造幣特權」。這些都是北方更強大的蒙兀兒人將近一世紀後才會做出的重大讓步。

一開始，那裡「只有法國神父及約莫六名漁民，為了吸引人們來此居住，發佈了一項公告……在三十年內」，不收取任何關稅。很快地，織工、其他工匠與商人紛紛湧入。堡壘城牆建成後，更多人湧入，「因為時勢逆轉」，沿海地區居民尋求東印度公司能夠提供的安全與庇護。[74]

不久之後，馬德拉斯發展成印度境內的第一個英國殖民城鎮，擁有自己的小型市政體系、市府地位及四萬人口。到了一六七〇年代，該城甚至開始鑄造自己的「寶塔」（pagoda）金幣，其名取自硬幣一側的寺廟圖像，背面則是猴神哈努曼（Hanuman）的形象；兩者都借自毗遮耶那伽羅帝國舊硬幣的設計。[75]

英格蘭在印度的第二個大殖民地，是透過王室進入東印度公司之手；此地是葡萄牙王室的嫁妝。一六六一年，查理二世娶了葡萄牙公主布拉岡薩的凱瑟琳（Catherine of Braganza），嫁妝的一部分除了坦吉爾港以外，還有「孟買島」（Bumbye）。倫敦一開始還搞不清楚此島位於何處，因為連同公主婚約送來的地圖在途中遺失了。朝堂上似乎沒人知道「孟買」何在，大法官認為應該在「巴西附近」。[76]

要解決這件棘手的事得花點時間，甚至要花更長時間才能實際控制此島，因為葡萄牙總督並未收到交接的指示，自然拒絕交付。一六六二年九月，當亞伯拉罕·席普曼（Abraham Sipman）爵士帶著四百五十人，宣示英格蘭對孟買的主權時，卻在槍口下無功而返；英國人整整花了三年才接收此島，此時不幸的席普曼與所有軍官，只有一人逃過高燒與熱浪，在南方的荒島上等待。席普曼的秘書最終獲准在一六六五年登陸孟買島，佔領新屬地；當時只剩一名少尉、兩名砲手與一百一十一名下屬活著。[77]

一開始雖然磕磕絆絆，但這個島嶼很快證明了自己的價值：孟買群島成了南亞最好的天然港口，也很快成為英國東印度公司在亞洲的主要海軍基地，此地的乾船塢，是雨季時節裡船隻唯一可以安全改裝之處。因此不消多時，此地已經取代蘇拉特，成為英國東印度公司在印度次大陸西岸的主要運作中心，特別是粗魯無禮的英國人在蘇拉特當地愈來愈不受歡迎：「他們私下嫖娼、爛醉及暴動等情況……打砸妓院與酒吧（亦即阿拉克蒸餾酒吧★），已經讓當地居民對我們的名聲心寒。」一名憂心的英國東印度公司職員如此寫下。也難怪英國人在蘇拉特街頭遭到臭罵，「我的節制讓我說不出操你妹（Banchude）或操你女兒（Betty-chude）☆之類的醜名」。[78]

不到三十年，孟買已經茁壯成涵納六萬人的殖民地，商館、法庭、一所英國國教會教堂及大型白色民居圍繞著堡壘，沿著馬拉巴爾山丘直瀉而下，延伸到海岸前的總督府。此地甚至擁有十七世紀任何敬畏上帝的新教社群必備的設施：「女巫」處刑前最後懺悔的行刑架。[79] 它還擁有三百名英國兵、「四百名通譯（Topaz）◆、五百名本地民兵及三百名照顧椰子樹的班德利（Bhandari，持斧採集椰子花蜜的人）」。[80]

同時間，倫敦的英國東印度公司董事也首度理解到他們的勢力有多龐大。一六九三年，成立不到一世紀後，公司被發現運用股份賄賂國會議員，每年支付重要議員及閣員一千兩

---

★ 譯者註：「Arrack bar」一詞中的「arrack」，是十七世紀流行在葡屬果亞一帶的蒸餾酒，原料為椰糖或米，類似蘭姆酒。由於葡萄酒跟啤酒在長途航程保存不易，十七世紀後期阿拉克蒸餾酒成為東印度公司遠洋航程中必備的飲料。

☆ 作者註：尤爾（Yule）剛好將這二個詞都收入《霍布森—喬布森》（*Hobson-Jobson*，特別版《牛津英語辭典》）。他避免直接翻譯這些仍舊常用的興都斯坦尼詞語，只說：「倘若『一般大眾』清楚這兩字的可憎意涵，Banchoot 與 Beteechoot（是）我們應避印刷的髒字。倘若偶而使用這些字的英國人清楚詞意，相信很少有人不對這種粗暴之詞敬而遠之。」

◆ 譯者註：Topas 一詞意指孟買及果亞的葡萄牙—亞洲混血社群，能夠說英語（通常還有葡萄牙語），能夠成為當地水手與歐洲船員之間的媒介。英國東印度公司也以「托帕茲印度－葡萄牙人」一詞來指稱出身次大陸葡萄牙殖民地或前殖民地（如孟買）的葡萄牙－亞洲混血後裔。

百英鎊（約合今日十二萬六千英鎊）。賄賂層級高達副檢察長及檢查總長，前者收受兩百一十八英鎊（約合今日兩萬兩千八百九十鎊），後者則得到五百四十五英鎊（約合今日五萬七千兩百二十五鎊）。國會對於這樁世界第一起商業遊說醜聞案的調查，發現英國東印度公司涉嫌賄賂與內線交易，最後導致樞密院議長遭到彈劾，公司總經理入獄。

十七世紀當中，英國東印度公司只有一次試圖使用武力，對付蒙兀兒人，卻招致災難性後果。一六八一年，公司經營主導權由魯莽好戰的喬西亞．柴爾德爵士（Josiah Child）接手，他的生涯從供應啤酒給朴茲茅斯（Portsmouth）的海軍開始，傳記作家約翰．艾弗林（John Evelyn）描述他是個「暴發戶……極為骯髒貪婪之人」。[81] 孟加拉的商館館員已經開始抱怨，正如史崔善．馬斯特（Streynsham Master）寫給倫敦的信中，「這裡每個小職員都對我們虎視眈眈，隨心所欲欺弄我們，好榨出我們的剩餘價值」。根據他所寫，蒙兀兒官員「厭惡踐踏」我們。確實也是如此：孟加拉納瓦伯夏斯塔汗（Shaista Khan）一點也不掩飾他對英國東印度公司的厭惡，並去信他的好友及外甥奧朗則布皇帝：「英國人是一群低下、吵鬧的人，卑汙的交易者」。[82]

對於蒙兀兒權力範疇一無所知，導致柴爾德做出武力回應的愚蠢決定，試圖要給蒙兀兒人一個教訓：「我們別無選擇，」他從倫敦利德賀街的東印度公司辦公室發出信函，「要不放棄貿易，或拿起國王陛下託付給我們的劍，澄清英國在印度的權利與榮譽。」[83] 因此，一六八六年，十九艘戰艦、兩百門大砲與六百名士兵組成的龐大艦隊由倫敦出發，航向孟加拉。「我們」柴爾德寫下：「將舉起英國之劍奪取一切」。[84]

然而柴爾德選這個時機，挑戰地球上最富裕王國之主，實在再糟也不過了。蒙兀兒人剛剛征服了兩個重要的德干地區蘇丹國——比賈普與戈康達，同時似乎也將馬拉塔人趕回山區老家去了。蒙兀兒帝國一躍而為區域內所向無敵的力量，軍隊更能心無旁騖專注在新威脅上。蒙兀兒軍事機器像拍蒼蠅一樣席捲登陸的英軍；很快地，胡格利、巴特納、卡辛巴札、馬蘇利帕特南及維札加帕特南（Vizagapatam）等地的商館全都遭到佔領和掠奪，英國人全被逐出孟加拉。蘇拉特商館關閉，孟買遭到封鎖。

東印度公司別無選擇，只好訴諸和平，乞求恢復商館及辛苦贏來的貿易特權。他們還不得不請求釋放被俘虜的館員，其中許多人遭鏈條捆縛、遊街示眾，關在蘇拉特城堡與達卡的紅堡中，「環境破爛不堪忍受……被當成盜賊兇手一樣」。[85]當奧朗則布皇帝聽說東印度公司「懊悔其不當行為」，並向蒙兀兒王朝權威屈服時，皇帝便讓這些館員先休整一段時間，接著在一六九〇年慷慨同意赦免。

這場尷尬慘劇發生後，一位名為喬布・查諾克（Job Charnock）的年輕館員，決定要在孟加拉建立一處新的英國基地，取代剛被摧毀的貿易商館。一六九〇年八月二十四日，在「日夜不斷的雨中」，查諾克開始在卡利卡塔（Kalikata）和蘇塔努蒂（Sutanuti）村之間的沼澤地上，建立他的據點，毗鄰一處小型亞美尼亞商館，河對面還有一處葡萄牙商館。[86]根據蘇格蘭作家亞歷山大・漢密爾頓（Alexander Hamilton）的說法，查諾克「為了一棵濃蔭大樹」買下了加爾各答的未來地點。他認為這是個奇怪的選擇，「因為整段流域裡，找不到更不健康的地點」。根據漢密爾頓的《東印度群島新述》（*New Account of the East Indies*）：「選定殖民地所在地的查諾克先生，統治權力比印度王公（Rajah）更加絕對，」

這個國家充斥著異教信仰，此地也實行妻子與已故丈夫同火自焚的習俗。查諾克先生曾帶著護衛兵，來看一名年輕寡婦進行那悲劇災難的舉動，他卻深受寡婦美貌吸引，因此派兵強行將她從行刑者手中帶走，帶回自己的住處。他們恩愛生活了許多年，並有了幾個孩子。查諾克先生定居加爾各答的多年後，她過世了。她不但未改信基督教，反而讓他改宗異教信仰。他身上唯一醒目的基督教影響，就是讓她體面下葬，並為她興建陵墓。在她死後的餘生中，他按照異教徒儀式，在她忌日之時，於墳前獻祭一隻公雞。[87]

查諾克夫人並非此地唯一的傷亡。英國人建立加爾各答殖民地不到一年，已約有一千人居住在殖民地中，但漢密爾頓已經可以從下葬登記簿上數出四百六十個名字。實際上，死亡人數如此之多，甚至「有句俗話說：他們活得像英國人，卻死得像頭爛羊」。[88]

只有一件事讓這個殖民地持續存在：正如法國旅行家法蘭索瓦．伯尼耶（François Bernier）所言，孟加拉是「世界上最精緻、富饒的國家」。蘇格蘭人亞歷山大．道（Alexander Dow）也同意這個說法，認為孟加拉是「最富裕、人口最多、最適合耕作的國家之一」。此地擁有大量織工——光是達卡一地就有兩萬五千名，以及無與倫比的奢華織品，包括精細無匹的絲織品與極薄細棉布（muslin）。到了十七世紀末，此地已成為歐洲最重要的亞洲商品供應地，也是蒙兀兒帝國最富裕的區域。孟加拉是最容易一夜致富之地。十八世紀初，荷蘭和英國東印度公司合計每年運進孟加拉價值約四百一十五萬盧比（今日五千四百萬英鎊）的貨物，其中百分之八十五是白銀。[89]

英國東印度公司的存在是為了賺錢；他們也很快就發現，孟加拉正是賺錢的最佳寶地。

⚜

一七〇七年奧朗則布皇帝的過世，徹底改變了英國東印度公司所面對的情況。

這位皇帝不受父親喜愛，長大後變成苦澀偏執、恪守伊斯蘭教義的人，既缺乏容忍，又極度專斷。他是殘酷無情卻才華出眾的將領，也是精於算計的卓越戰略家，卻全然缺乏先祖所具備的魅力。隨著年歲增長，他的統治變得愈發嚴厲、壓迫且不得人心。阿克巴皇帝開創了對待國內多數印度教徒子民的開放融合政策，奧朗則布卻與曾祖父背道而馳，反而允許伊斯蘭學者（ulama）強加更嚴格的伊斯蘭教法（Sharia law）解釋。酒精遭到禁止，水煙也是，皇帝還停止資助音樂家。他更終止蒙兀兒王朝曾經採行的印度教習俗，例如每日現身紅堡皇宮的賈羅卡陽台（jharoka），接受臣民景仰。全國約有十多座印度教寺廟遭到摧毀；一六七二年，他下令收回所有賜給印度教徒的地產，未來土地只能授予穆斯林。一六七九年，奧朗則布恢復阿克巴皇帝廢除的人頭稅（jizya），重新對所有非穆斯林徵收人頭稅；他還處決了錫克教（Sikh）★第九位上師泰格·巴哈杜爾（Teg Bahadur）。[90]

雖然奧朗則布確實比論者所言更為複雜且務實，然而他在印度劃下的宗教傷痕，迄今未能完全平復，當時更是讓國家撕裂為二。☆奧朗則布不信任任何人，殘酷鎮壓帝國各地臣民此起彼落的反抗。這個帝國曾經建立在實際的寬容態度及結盟印度教徒之上，特別是跟戰士部族拉吉普特人（Rajput）的結盟，這些人形成蒙兀兒帝國戰爭機器的核心。聯盟承受的壓力及皇帝的偏執態度，動搖了蒙兀兒帝國的國勢。奧朗則布死後，帝國終於失去了軍隊的骨幹。

然而正是奧朗則布魯莽地將帝國擴張到德干地區，主要對抗什葉派穆斯林國家比賈普及戈康達，最終耗盡了帝國的資源。同時還出乎意料給了跟蒙兀兒人同樣強大的新敵人崛起的機會。馬拉塔（Maratha）農民與地主過去在比賈普及戈康達軍中服役。一六八〇年代，蒙兀兒人征服這兩個國家後，馬拉塔游擊隊在深具領袖魅力的印度教徒軍閥希瓦吉·邦斯雷的領導下，對佔領德干地區的蒙兀兒軍隊發動攻擊。如同一位不表贊同的蒙兀兒紀年史家指出：「馬拉塔軍隊多數缺乏顯赫出身，農民、木匠及小店主在士兵之中佔了很大比例。」[91]他們主要是武裝農民，卻很熟悉這片土地，知道如何戰鬥。

從西德干高地的荒原起家，希瓦吉帶領一場日漸擴大的農民反抗持久戰，對抗蒙兀兒人與其收稅官。馬拉塔輕騎兵手持長矛，以極高機動性及突擊蒙兀兒戰線後方的能力而聞名。由於騎兵不帶行囊口糧，而是依靠當地供給維生，因此可以日行五十英哩。希瓦吉的座右銘是：「沒有掠奪，沒有薪餉」。[92]詹姆士一世時期的旅行家，英國東印度公司的約翰·弗萊爾醫生（Dr John Fryer）指出，組成希瓦吉軍隊的「赤裸饑餓窮寇」，只配備「兩英吋寬的長矛與長劍」，無法在「對戰」中取勝，卻在「突襲洗劫」方面技驚四座。[93]

根據弗萊爾的說法，希瓦吉率領的馬拉塔人明智避開跟蒙兀兒軍隊進行對戰，而是選擇破壞蒙兀兒權力中心，直到後者經濟崩潰。一六六三年，希瓦吉親自帶領一次大膽的夜襲，對蒙兀兒人的普那總部宮殿發動襲擊，殺害德干總督，亦即奧朗則布的舅舅夏斯塔汗及其家人。他還成功割下總督的手指。[94] 一六六四年，希瓦吉的農民軍襲擊了蒙兀兒人的蘇拉特港，搶劫豐厚的倉庫庫存，向眾多銀行家勒索錢財。一六七〇年又故技重施；等到

---

★譯者註：錫克教為發源於印度次大陸的一神教，十五世紀末源於旁遮普地區，以當時北印度流行的印度教虔愛運動及伊斯蘭教蘇菲運動為基礎，倡導超越個別宗教儀禮限制的普世性。創始人為那納克上師（Guru Nanak）。錫克教沒有神像，奉行的經典《古魯．格蘭特．薩希卜》（*Guru Grant Sahib*），傳承了十位上師的精神話語。那納克上師的追隨者自稱為錫克（Sikh），即門徒之意。錫克教並不積極傳教，因為它也承認其他宗教傳統的存在；教義主張人人平等，在蒙兀兒帝國與英國統治時期，多次與專制政權產生衝突。

☆作者註：根據阿拉赫巴德學派知名史家伊斯瓦里．普拉薩德（Ishwari Prasad），奧朗則布是一名「偏執的遜尼派信徒，無法容忍任何異見」。參見I. Prasad, The Mughal Empire, Allahabad, 1974, p. 612。賈杜納特．薩卡爾在五卷《奧朗則布史》中，給出非常相似的描繪：見Jadunath Sarkar, History of Aurangzeb, London, 1912–24。近年來有人試圖翻盤奧朗則布的偏執形象，並核查一些對他不利的極端指控。最有趣的貢獻來自凱瑟琳．巴特勒．布朗（Katherine Butler Brown），她指出奧朗則布統治期間並未停止帝國內的音樂製作，相反地還產出比過去一百年更多的音樂作品。見'Did Aurangzeb ban Music?', Modern Asian Studies, vol. 41, no. 1 (2007), pp. 82–5。另一件同樣精采卻更具爭議的研究，來自Audrey Truschke, Aurangzeb: The Man and the Myth, New Delhi, 2017。本書讓這位不幸的美國梵文學者成為右翼印度教國族主義者的主要仇恨對象。Munis D. Faruqui正在進行一項關於奧朗則布的重要新研究，但與此同時，他的著作Princes of the Mughal Empire 1504–1719 (Cambridge, 2012) 則對奧朗則布的生命充滿啟發性洞見。我自己的想法是，奧朗則布肯定是比詆毀者所說的更加複雜的人物——他早年曾保護婆羅門祭司，贊助印度教機構，恩庇印度教貴族，直到生命末期也仍舊諮詢印度教占星師和醫生，但他仍舊是個非常冷酷、殘忍且令人不快的人物。他的攻擊性與欠缺魅力，對他努力想維持一統的帝國，造成了極大傷害。

一六七七年馬拉塔人三度造訪時，甚至不見任何抵抗跡象。

最後兩次襲擊之間，希瓦吉在壯觀的山嶽要塞賴加德，接受了瓦拉納西上師葛加巴塔（Gagabhatta）的吠陀祝聖與加冕儀禮，這是他一生中的儀式高峰。這場儀式發生在一六七四年六月六日，賦予他「華蓋之主」（Chhatrapati）及合法的印度教皇帝（Samrajyapada）的地位。不久之後，他又接受了第二次譚崔密教加冕，追隨者認為這將使他獲得貢根（Konkan）山區三位大女神的力量與祝福：

> 希瓦吉手持利刃進入王座大廳，向守護世界的神祇「世界之主」（lokapalas）獻上血祭。隨著音樂與祭師吟唱聖歌中，國王身上接受吉祥咒語之時，參與儀式的朝臣被要求離場。最後，他登上獅子寶座，觀眾高呼「勝利」的聲音此起彼落。他以十慧母（Vidyas）★咒語賦予寶座權力。透過她們的力量，王座大廳充滿盛大榮光。女神手持燈籠，為國王淨身，他如同梵天（Brahma）般閃耀。[95]

奧朗則布雖將希瓦吉視為「沙漠竄鼠」，但一六八〇年皇帝去世時，希瓦吉已成為奧朗則布的宿敵，更有領導印度教復興抵抗五百年伊斯蘭統治的偉大象徵美名。不過是一代人的時間，馬拉塔作家們已將他塑造成半神。例如，在卡維拉加．帕拉曼達（Kaviraja Paramananda）的《希瓦婆羅多》（*Sivabharata*）中，希瓦吉以毗濕奴神（Vishnu）的化身☆顯現：

★譯者註：即 Dasa Mahavidya，十位擁有偉大智慧的女神，皆為大女神的化身，以濕婆神的七子薩提為首，包括時母（Kali）、多羅（Tara）、三城美女（Shodashi）、萬有母（Bhuvaneshvari）、畏怖母（Bhairavi）、獻自首母（Chhinnamasta）、煙女（Dhumavati）、面縛母（Bagalamukhi）、憍逸女神（Matangi）與蓮花女（Kamala）。

☆譯者註：毗濕奴神為印度教三大主要神祇之一，美國知名印度教研究者黛安．艾克教授曾在《朝聖者的印度》（馬可孛羅出版）一書中描寫毗濕奴神的超越與下凡轉世雙面性格：「當毗濕奴神大步跨越天地，他既是超越者，也是一再下凡進入人間者。正如在印度偉大河流的討論中，我們看到由天至地的『下凡』概念，是描述神性展現的根深蒂固方式：神祇由高處下降。一如河流下降，神祇也是如此，特別是毗濕奴神，在經常受到不穩混亂威脅的世界中，祂拯救、創造並重建秩序。毗濕奴神的轉世化身有許多形式，最終落入一個標準的十大轉世清單。首先是魚形——摩蹉（Matsya），在洪水時拯救了『人』，即摩奴（Manu），將滿載吠陀經典與創造種子的摩奴之船拖到安全的地方。接著是龜形——俱利摩（Kūrma），由下往上撐持世界，以牠的背作為眾神與阿修羅持杖攪動海洋創造世界時的基礎。再來是野豬形——婆羅訶，祂被甩到海底解救大地；深潛到海中，婆羅訶撐起大地，讓她再次浮出水面。接著，以人獅的那羅僧訶形象，毗濕奴神從阿修羅王金席（Hiranyakashipu）手下拯救信徒缽羅訶羅陀（Prahlāda）。侏儒婆摩那則取得恩惠、膨脹成宇宙巨人，跨出拯救世界的三大步，拯救了三界。身為婆羅門的持斧羅摩，毗濕奴神斬殺在凡間掀起動亂的剎帝利戰士群。身為剎帝利戰士的羅摩，毗濕奴神展現出堅定不移的正法與正義治理。身為牧牛首陀羅（shudra）養大的剎帝利戰士，奎師那在戰場上對阿周那施以正法教導，也顛覆正法，宣揚虔愛（bhakti）為主的宗教。佛陀形象中的毗濕奴，據說騙過惡魔與國王，拒絕吠陀權威的教導，促成他們的衰微。還有一個未來將至的化身——迦爾吉（Kalki），在統治者劫掠貪腐世間時將來到世上，並將再次帶來新時代。整體而言，毗濕奴神話中的轉世化身主題似乎有種重複的調性：天地受到阿修羅強大崛起及破壞正法秩序的力量威脅時，毗濕奴神就會來到世間，恢復平衡、重啟正法，並讓世界回到眾神手中。」

我是毗濕奴神，
眾神之最，
示顯於人間
去除世界的重荷！
穆斯林為惡魔化身，
以其宗教，
崛起廣布大地。
因此，我將摧滅這些化身為穆斯林的惡魔，
無懼傳播正法之道。[96]

許多年來，蒙兀兒軍隊持續反擊，接連攻下一座又一座德干山頂堡壘。有段時間，帝國軍隊看似正一步步鎮壓馬拉塔人的抵抗，就像他們摧毀英國東印度公司一樣。一六八九年三月十一日，就在皇帝擊潰東印度公司的同一年，奧朗則布的軍隊俘虜了希瓦吉的長子與繼承人桑巴吉（Sambhaji）。這位不幸的王子首先被迫戴上羞辱的可笑帽子，被駱駝馱進宮廷。接著整整一週時間遭受殘忍酷刑；他的眼睛遭釘子戳出，舌頭割掉，被虎爪抽打到皮開肉綻，然後殘酷處死。屍體被扔給狗吃，頭部塞滿稻草，在德干各地城市示眾後，被吊在德里城門上。[97]到了一七〇〇年，皇帝的攻城部隊攻下了馬拉塔人的首都薩塔拉（Satara）。一度，奧朗則布似乎終於要戰勝馬拉塔人，正如傑出的蒙兀兒史家古蘭·胡笙汗所說：「將那群不安的民族趕出家園，迫使他們在洞穴堡壘裡躲藏」。[98]然而奧朗則布的晚年，勝利局面開始敗退。馬拉塔人避免對戰，騎兵以游擊戰術攻擊蒙兀兒的補給鏈，讓沉重遲緩的蒙兀兒主力部隊挨餓，或失利之下，被迫返回奧蘭格巴德（Aurangabad）的基地。皇帝親自領兵攻下一座又一座的城堡，只是他一轉身，城堡就立刻失陷。他寫下：「在我咽下最後一口氣前，始終無法擺脫這份辛勞工作。」[99]

蒙兀兒帝國此刻疆域達到極致，從喀布爾到卡納提克地區，卻突然間騷亂四起，到最後，甚至不只馬拉塔人。到了一六八〇年代，帝國核心地區也開始出現了越來越多的反抗，來自恆河與亞穆納河匯流平原區（Gangetic Doab）的賈特人（Jat）★以及旁遮普的錫克教徒所掀起的農民棄田反抗。帝國各地的地主（zamindar）仕紳也紛紛反抗，公開反對稅收及蒙兀兒政府試圖將手伸進農村地區，管理以往由地方世襲統治者決定的事務。盜匪普遍橫行：一六九〇年代中期，義大利旅行者喬凡尼．傑梅利．卡雷利（Giovanni Gemelli Careri）抱怨蒙兀兒時代的印度，旅人無法「不受盜賊侵害」。[100]甚至連奧朗則布之子阿克巴王子也投向拉吉普特人，高舉反抗的大旗。

種種反抗行動明顯讓地租、關稅及歲收難以順利進入國庫，蒙兀兒史上首度發生財政

★譯者註：賈特人是北印度一支跨越宗教信仰的社群認同。早期歷史顯示他們是遊牧民族，中世紀定居在北印度核心地帶，成為農民。其宗教信仰似乎受到定居地的主流宗教影響，居住在恆河流域者多為印度教徒，居住在旁遮普地區者則成為錫克教徒，居住在今日巴基斯坦者則多為穆斯林。

部門難以支付帝國行政支出，或發放官員薪餉的窘境。隨著軍事開支繼續攀升，蒙兀兒國家內部的裂痕不斷擴大，從起初的縫隙，逐漸變成深淵。根據稍晚的文獻《阿朗吉爾軼事集》（*Ahkam-i Alamgiri*）的記載，皇帝本人承認「國內沒有一省或一地不受異教徒騷亂所困擾，由於未加懲處，他們已在各地立足。國內多數區域荒置，若有人居，農民可能已與盜匪同流。」[101]

臨終前，奧朗則布給兒子阿札姆留下一封悲痛沮喪的信，承認自己的失敗：

我孤獨來到，也孤獨離去。掌權的時刻已經過去，徒留悲傷。我並未成為帝國的守護者及保護者。寶貴的生命，徒然浪費。真主在我心中，我卻看不到祂。生命短暫。過去已經過去，未來卻無希望。整個帝國軍隊如我一樣：迷惘、困惑、同真主分離、如水銀一樣抖顫。我害怕我的罪罰。雖我堅定信靠真主恩典；卻因我的行止，焦慮始終在我左右。[102]

奧朗則布最終於一七〇七年二月二十日去世。他埋在素樸的陵墓中，向天空開敞，不在阿格拉或德里，而是成年歲月大半時期都試圖征服卻無果之地——德干高原的庫爾達巴德（Khuldabad）。[103]他死後的歲月裡，蒙兀兒帝國威權開始解體。首先是德干地區，然後隨著馬拉塔軍隊在偉大戰爭領袖巴吉．拉奧（Baji Rao）的帶領下北進，印度中西部越來越多地區也加入行列。

隨後，蒙兀兒王位繼承爭端及一連串軟弱無力的皇帝，加劇了帝國危機感：三位皇帝遭到謀殺（其中一位還先被熱針刺瞎眼睛）；一位統治者的母親被勒死，另一位的父親從象座上摔下來。最糟糕的一年是一七一九年，四名皇帝先後在短時間內接連登上孔雀王座。根據蒙兀兒史家凱魯丁・伊拉赫巴迪：「皇帝花費多年及巨資試圖摧毀馬拉塔勢力的基礎，但這棵遭到詛咒的樹卻無法徹底連根拔起。」

從巴布爾到奧朗則布，蒙兀兒的興都斯坦王國愈形強大，然此刻，他的子孫之間卻爆發戰爭，人人都試圖扳倒對方。君王對朝臣將領的疑心，造成習慣性越俎代庖，短視自私欺謊都只是雪上加霜。混亂與貪腐不再試圖隱藏自身，曾經平靜的印度成為動亂之地。[104]

現實中，這意味著毀滅性的馬拉塔襲擊，讓蒙兀兒統治下的村莊成為一堆冒煙的灰燼。這類游擊襲擊是出了名的無情殘忍。一位歐洲旅行者穿過奧蘭格巴德時，行經一處馬拉塔襲擊後的現場：

> 我們到達邊境時，發現一切都在火焰刀口之下。我們在燒成灰燼的村莊附近紮營時，燃燒過的人類和家畜屍體四散，形成難以言喻的可怕痛苦場景。他們死亡的時候，女人懷裡抱著孩子，男人身體扭曲，有些手腳焦黑，有些只剩軀幹還能辨識：醜陋的屍體，有些遭到燒炙，有些完全變成焦炭：這是我從未見過的恐怖景象。我們行經的三個村莊裡，應該有六百多具這樣的變形人體。[105]

然而，若說馬拉塔人在戰爭中相當暴力，承平時期他們卻可以是溫和的統治者。[106]另一名法國旅行者注意到：「馬拉塔人能以極可怕的野蠻手段毀滅敵人的土地，但他們忠於盟友的和平，在自己的領域內蓬勃發展農商。從外部看，這種政府風格是可怕的，因為這個民族天生傾向劫掠；但是從內部看，卻是溫和仁慈的。接受馬拉塔人統治下的印度區域，是最幸福繁榮的。」[107]到了十八世紀初，馬拉塔人已經擴散出去，控制了印度中西部多數地區。他們在五位首領的統治下組成馬拉塔聯盟。這五位首領建立世襲家族，統治著五個不同的地區。佩什瓦（Peshwa，波斯語的宰相之義，並由巴赫馬尼蘇丹★在十四世紀引入）一系控制馬哈拉施特拉地區（Maharashtra），也是聯盟的領袖，與轄下的區域總督保持著活躍通訊。邦斯雷負責奧里薩地區，蓋克瓦德（Gaekwad）控制古賈拉特，霍爾卡主宰中印度，而辛迪亞則指揮著拉賈斯坦和北印度日益擴大的領土。馬拉塔人延續了蒙兀兒帝國的行政程序和做法，多數情況下，這讓他們的統治轉換十分順暢，幾乎察覺不到差異。[108]

面對不斷增長的馬拉塔勢力，蒙兀兒帝國的地方總督逐漸只能仰賴自己，有些人的舉止開始像個獨立統治者一樣。一七二四年，奧朗則布最喜愛的將領與得意門生之一，欽．格力齊汗（Chin Qilich Khan），即後來的尼贊穆爾克，在未經年輕的穆罕默德．沙皇帝允許之下，逕自離開德里，在德干東部地區自立為地方總督，擊敗皇帝任命的競爭對手，並在海德拉巴建立起自己的勢力基礎。阿瓦德地區，亦即今日的北方邦附近，也正經歷類似過程。權力逐漸集中在出身什葉派波斯移民的納瓦伯薩達特汗（Nawab Sa'adat Khan）與薩夫達疆的手中。後者是薩達特汗的外甥（生於尼沙普爾☆）、女婿與最終繼承人。舅甥倆成了北方的主要政治掮客，運作基地位於恆河平原核心地帶的費札巴德（Faizabad）。[109]

兩位總督與皇室的關係，以及他們對皇帝的個人忠誠度，日漸受到自身利益影響，也隨著個別總督的心意變化。他們仍在蒙兀兒國家的保護下運作，以皇帝之名行使威權，但在實際操作中，他們在各地的統治區域逐漸更像是獨立統治世家之下的自治省份。最終，他們都將建立統治大片印度區域長達百年的王朝。

這個模式唯一的部分例外是孟加拉省。該省總督穆爾希德・庫利汗（Murshid Quli Khan）是一位改宗伊斯蘭教的前婆羅門奴隸，對皇帝十分忠誠，每年持續向德里上這個富裕省份的歲收，達到五十萬英鎊之譜。到了一七二〇年代，孟加拉省負擔了中央政府歲收的大部分，為了維持資金不斷，穆爾希德・庫利汗以嚴酷手法徵稅而聲名狼藉。未能清繳稅款的當地士紳，會被傳喚到與總督同名的新省會穆爾希達巴德，禁食禁水，遭到監禁。在冬季，總督會剝光他們的衣裳，沖泡冷水。他還喜歡「用鞭子抽打這些遭倒吊的地主」。若未產生效果，拖欠者會被扔進「充滿蛆蟲的腐臭人糞坑中，惡臭如此強烈，幾乎令接近者窒息……他還喜歡逼他們穿上裝滿活貓的長皮褲。」[110]

★譯者註：Bahmani Sultanate，即巴赫曼尼蘇丹國，一三四七到一五二七年，位於印度中南部，由波斯的遜尼派穆斯林建立的蘇丹國，也是德干地區的第一個獨立穆斯林王國，長期與當地的印度教毗遮耶那伽羅帝國對抗。巴赫曼尼蘇丹國後來裂解成五個中型蘇丹國，包含持續對抗蒙兀兒帝國的比賈普與戈康達。

☆譯者註：Nishapur，位於伊朗東北鄰近阿富汗的區域。

隨著國家日益混亂，穆爾希德・庫利汗尋求新方法將年貢送往德里。他不再派遣武裝士兵護衛金銀商隊，因為此時道路已混亂不堪。相反地，他改用馬瓦爾地區歐斯瓦爾耆那教徒（Marwari Oswal Jain）的金融家族建立的信用網絡。這些人原本出身久德浦王國（Jodhpur）的納加爾（Nagar），一七二二年獲皇帝授予「賈格塞特」（Jagat Seth）的世襲榮譽頭銜，意為世界的銀行家。賈格塞特控制著帝國最富裕省份的造幣及年度稅收移轉，他們從宏偉的穆爾希達巴德宮殿，擁有僅次於總督本人的影響力及權力，並很快建立起類似十九世紀歐洲羅斯柴爾德家族（Rothschild）的名聲。史家古蘭・胡笙汗認為，「他們的財富如此龐大，每一提及就顯得誇張，也難免會講到奢靡無度的故事」。一位孟加拉詩人寫道：「如同恆河百口匯入大海，財富也是如此湧入塞特金庫。」[111]英國東印度公司的評論者也同樣驚艷：對熟知孟加拉的史家羅伯特・歐姆（Robert Orme）來說，當時的賈格塞特是「已知世界最偉大的收帳員及銀行家」。[112]芬威克船長（Fenwick）書寫〈一七四七至四八年孟加拉事務〉時，提到賈格塞特馬塔伯・萊伊（Mahtab Rai Jagat Seth）是「納瓦伯的寵臣，比倫巴德街（Lombard Street，倫敦市的銀行區）所有銀行家加起來更重要」。[113]

從接觸的初期開始，英國東印度公司職員就意識到，在混亂的印度政治環境中，賈格塞特是他們的天然盟友，在多數議題上的利益也趨向一致。他們也經常利用賈格塞特的信貸機制：一七一八至一七三〇年期間，英國東印度公司每年平均向這間公司借款四十萬盧比（超過今日五百萬英鎊）。隨著時間演進，這兩個金融巨頭「基於互利互惠」的結盟，這些馬瓦爾銀行家不僅讓英國東印度公司得以接觸印度金融流通，還將徹底改變印度歷史的進程。[114]

現在缺乏蒙兀兒的穩固控制，也讓英國東印度公司意識到，他們可以用前一代人做不到的方式，遂行己意。奧朗則布統治的最後幾年江河日下的情況裡，已經有跡象顯示，這間公司對蒙兀兒當局的尊重不如以往。一七〇一年，帝國新征服的卡納提克省總督達烏德汗（Da'ud Khan）抱怨馬德拉斯參議會缺乏禮貌。他說，他們待他以「最漫不經心的方式……未能反映他們在他的國家裡積聚了非凡豐厚的利益。他相信他們一定忘了他是卡納提克省的總督，自從征服戈康達王國以來，他們並未回報行政管理情況，無論好壞……他們也未說明煙草、檳榔及葡萄酒等商品的收益，這些收益每年都是一筆可觀數額。」[115]

英國東印度公司派出的使者，威尼斯冒險家尼古勞．馬努奇（Niccolao Manucci），當時是住在馬德拉斯的醫生。他回應英國東印度公司已經將沙灘變成繁榮港口；倘若達烏德汗太過苛求，課徵高額稅款，公司大可將業務移到別處。輸家將是當地織工與商販，他們每年通過與外國人貿易，為他的王國賺得幾十萬金幣。這個策略奏效了：達烏德汗讓步了。透過這種方式，英屬東印度公司比許多現代企業早了三百年，預先找到應對民族國家監管課稅要求的回應之道。最好寬容以對，他們輕輕地說，否則我們就把業務搬去其他地方。「那些戴帽子的人，傲慢酒喝太多了。」顯然達烏德汗的不爽，肯定不會是海岸線統治者最後一次抱怨。

九年後，英國東印度公司又更進一步。為了回應蒙兀兒的金吉城守（Qiladar of Jinji）抓走兩名英國人並短暫圍城之舉，馬德拉斯南方的聖大衛堡商館館員舉起武器。一七一〇年，他們從庫達洛爾（Cuddalore）附近的堡壘出發，突破了蒙兀兒防線，摧毀科羅曼多海岸一帶的五十二個城鎮村莊，殺害無辜村民，並摧毀價值數千金幣即將收成的稻田。馬德拉斯總督自豪地回報：「激怒敵人的程度無以復加」。這可能是英國人首度對印度普通平民採取暴力行動。兩年後，透過本地治理的法國總督居中友好斡旋，英國東印度公司與當地蒙兀兒政府達成和解。倫敦董事認為他們採取的措施，「讓當地與印度其他地區的當地人，無論是否聽聞過此事，都對英國人的勇氣和行為留下適當的印象，知道我們有能力對抗如此強大的王公。」[116]

孟加拉的穆爾希德·庫利汗也對東印度公司的加爾各答職員愈發自信且粗魯霸凌的行徑感到厭惡，並寫信到德里，清楚表達他的感受。他寫下：「我幾乎無法向您重述這些人的可惡行徑。」

他們剛到這個國家時，以謙卑的方式向當時的政府請願，希望獲得購置一塊土地建造商館的自由。這個要求迅即獲得允准，他們卻建造了一座堅固堡壘，圍繞的溝渠與河流相通，城牆上安裝大量槍炮。他們誘使多名商賈人等到他們那裡尋求庇護，並收取高達十萬盧比（超過今日一百萬英鎊）的稅收……他們劫掠搶奪，將許多國王的男女臣民販賣為奴。[117]

然而此刻，德里朝廷的大臣們卻有其他更嚴重的憂患。

一七三七年，德里擁有約兩百萬居民。比倫敦跟巴黎加起來還要大，當時它仍是從鄂圖曼帝國的伊斯坦堡到江戶（東京）之間，最繁榮壯麗的城市。隨著帝國在王都四周解體，它就像一顆過熟的芒果，懸在空中，巨大而誘人，卻明顯衰老，隨時將要落地迸裂。

儘管時局日益複雜，陰謀分歧叛亂不斷，紅堡中的皇帝仍舊統治著遼闊領土。他的朝廷為區域樹立禮儀典範，更是印度—伊斯蘭藝術的主要中心。來訪者總是視此地為南亞最偉大精密的城市：「沙賈汗巴德（Shahjahanabad，即德里）如此完美燦爛，人口稠密。」一七三一年親見這座城市的旅人穆塔札・胡笙（Murtaza Husain）如是寫道。「傍晚時分，在月亮市集（Chandni Chowk）或薩都拉汗市集（Sa'adullah Khan Chowk）裡，人潮擁擠，一呎（gaz）都難以移動。」朝臣同時也是知識分子的阿南德・拉姆・穆克里斯（Anand Ram Mukhlis）形容這座城市有如「躁動夜鶯之籠」。[118] 蒙兀兒詩人哈提姆（Hatim）有詩云：

德里不是城市，而是一座玫瑰花園，
即便荒地，也比果園更加愉悅。
害羞、美麗的女人，是市集上盛放的花朵，
每個角落都裝飾著綠意與優雅柏樹。[119]

這個富裕卻脆弱的帝國，是由體弱的皇帝穆罕默德．沙所統治，他又稱為朗吉拉，即多采多姿、歡樂製造者之義。穆罕默德．沙是美的愛好者，時常穿著女性的佩許瓦茲長袍（peshwaz）★與珍珠繡鞋；他也是深具鑑賞力的音樂繪畫贊助者。穆罕默德．沙皇帝將民間的西塔琴（sitar）和塔布拉鼓（tabla）引進宮中。他還贊助了奧朗則布及其後繼者都忽視的蒙兀兒細密畫工坊，委託描繪蒙兀兒宮廷的生活風光：包含宮中慶祝荷麗節☆時，滿天沐浴在紅橘彩粉之中；皇帝到亞穆納河畔放鷹，遊玩宮中庭園；或比較少見的場景——在紅堡的花圃草坪上召見朝臣。[120]

穆罕默德．沙成功維持在位的簡單伎倆，就是放棄任何看似統治之舉：早上他觀賞鷓鴣與大象對打；下午則享受雜耍、默劇與戲法的娛樂。他聰明地將國政留給顧問與攝政。在他的統治之下，德里逐漸流失權力，各地的納瓦伯開始自行決定所有重要的政治、經濟、內部安全和自衛議題。

「這位王子一直被關在薩利姆加爾堡（Salim-garh）內，過著柔弱低調的生活，」法國旅人兼傭兵尚—巴普提斯特．尚提爾（Jean-Baptiste Gentil）寫下：「卻在混亂騷動的風暴裡掌握了政權。」

他年輕且缺乏經驗，因此未能注意到他所戴的皇冠，實際上是祭祀牲口的頭帶，預示著死亡。自然賦予他溫和舉止及平和性格，卻少了專制君主必需的人格力量——這一點在這個權臣不知有法只知適者生存，不知規則只知弱肉強食的時代，更是重要。

因此，這位不幸的王子成了一個又一個借名弄權之人的玩物；曾經威嚴的名聲，如今空虛的頭銜，這些人只有在想要合法化自己的非法奪權時，才會承認。因此在他的統治下，他們竊取盜用，摧毀他的剩餘權力，還瓜分了這位不幸主子的一切。[121]

來自巴勒杜克（Bar-le-Duc）的法國目擊者約瑟夫．德沃頓（Joseph de Volton），去信法國東印度公司（Compagnie des Indes）的本地治理總部時，描述他對首都危機持續惡化的印象。他的報告摘要寫下：

無能的帝國政府似乎正預言著某種災難即將到來；人民遭到權臣侵擾壓迫……精神如此虛弱的王者（穆罕默德．沙），幾乎到了低能糊塗的地步，只重自身娛樂……偉大帝國遭到各種叛亂動搖，已有好一段時間。德干的馬拉塔人曾是稱貢臣民，此刻已擺脫枷鎖，甚至有膽從與都斯坦的一角武裝入侵，四處劫掠。他們遇到的微弱反抗，預示著任何人都可以輕易掌握這個帝國。[122]

★ 譯者註：Peshwaz 是蒙兀兒貴族女性衣著中最繁複貴重的形式，連身長袍包含開襟上衣與落地長裙，在腰間綁帶。特別是以多層孟加拉極細薄棉布（muslin）交疊而成者，為其中極品，有如身裹雲朵之中。

☆ 譯者註：Holi，是普受歡迎的重要印度教節日，通常落在西曆三月中到三月底，被視為色彩、愛與春天的節日。這一日既慶祝印度教神祇奎師那與牧牛女拉妲之間的愛情，也慶祝毗濕奴神的化身之一的那羅僧訶戰勝惡魔，也象徵冬天結束、春日到來。歡慶荷麗節時，大家會互撒彩色粉末。

德沃頓是對的。隨著馬拉塔軍隊不斷向北推進，連首都都難保安全。一七三七年四月八日，馬拉塔聯盟的年輕明星指揮官巴吉·拉奧率領一支迅捷遠征軍，襲擊阿格拉郊區，兩天後出現在德里城門口。他們掠奪焚燒郊外的馬爾查（Malcha）、塔爾卡托拉（Tal Katora）、帕拉姆（Palam）r及梅羅里（Mehrauli）村落。馬拉塔人駐紮在顧特卜塔（Qu'tb Minar）的陰影下，這座勝利之塔標誌著六百年前首批伊斯蘭征服者抵達印度。然而薩達特汗從阿瓦德率軍馳援的消息傳來時，劫掠者就消散了。然而此事無疑是對蒙兀兒人前所未有的侮辱，也對他們的聲名和自信心造成了打擊。[123]

意識到情勢已然危急，皇帝宣召尼贊穆爾克北返救援德里：「老將軍在奧朗則布皇帝時期戰功彪炳，」古蘭·胡笙汗寫道，「是一頭歷經風霜的狼，熟稔世故人情。」[124]尼贊穆爾克應召前來，集結大軍長途跋涉北返，但他也意識到現在要屈服馬拉塔人並非易事：「自奧朗則布皇帝去世之後，馬拉塔人手中的資源已非昔日吳下阿蒙」，他上書皇帝：「然而帝國政務卻反倒陷入亂局。我們的衰落跡象舉目可見。」[125]蒙兀兒帝國的財務部門肯定會贊同尼贊所言：到了一七三〇年代，馬拉塔人光是從印度中部富饒的馬爾瓦（Malwa）地區，就徵收了一百萬盧比（合今日一千三百萬英鎊）的貢金。蒙兀兒帝國此刻已經明確失去這些資源，帝國財庫也正逐漸枯竭。[126]

尼贊的擔憂是對的。一七三八年一月七日，巴吉·拉奧的馬拉塔軍隊在博帕爾（Bhopal）附近出其不意地包圍了尼贊。一開始，巴吉·拉奧還對尼贊的堡壘心生膽怯而未敢貿然進攻，但最終他仍然發動攻擊，並且出乎雙方意料，擊敗了這位蒙兀兒老將。被俘的尼贊承諾將為巴吉・拉奧取得馬爾瓦總督的職位，希望能將馬拉塔人從盜獵者轉成蒙兀兒的獵場看守人，並納入蒙兀兒體系之中。[127]然而，就在尼贊屈辱前往德里的途中，另一個對帝國更加嚴重的威脅，卻從北而來。

納德爾・沙・阿夫沙爾（Nader Shah Afshar）出生於波斯呼羅珊地區（Khorasan），是一名謙遜牧羊人與毛皮工之子。卓越的軍事才能讓他在波斯薩法維王朝軍隊中迅速崛起。他剛好跟愛好文藝又混亂的穆罕默德・沙皇帝形成對比，納德爾・沙是個堅韌無情、崇尚效率之人。關於納德爾最好的描繪，出自溫文有禮的法國耶穌會士路易・巴金（Louis Bazin）；他後來成為納德爾的私人醫生。對於自己同意照顧的對象，巴金對這位兇殘傲慢的大人物既敬佩又害怕：「儘管出身寒微，他似乎天生就為了王位而生，」耶穌會士寫道：「大自然賦予他英雄所需的種種重要特質，甚至是部分王者特質。」

> 他的鬍髭染黑，跟全白的頭髮形成鮮明對比；他的體格強壯勇猛，身材高大；他的膚色晦暗，飽經風霜，臉型較長，鷹勾鼻，嘴型好，但下唇突出。眼睛雖小，眼神卻很銳利深邃；聲音粗糙響亮，雖然偶而會為了自身利益，或心血來潮，把聲音軟化……
>
> 他沒有固定住所——他的朝廷就是他的軍營；他的皇宮是一座帳篷，王座位於兵器之中，他最親信的是他最勇敢的戰士……戰鬥中，他勇猛無畏，把勇氣發揮到接近魯莽的極限。只要戰鬥繼續，他總是跟他的勇士同樣身處危險之中……然而他的卑鄙貪婪與前所未聞的殘忍行徑，也很快讓他的人民感到厭倦；暴虐性格導致的過份行為與恐怖統治，讓波

斯留下血淚：他既受讚美，又招致恐懼跟譴責……[128]

一七三二年，納德爾在軍事政變中奪取波斯王位。不久之後，他罷黜最後一任幼主，結束了薩法維帝國兩百年的統治。七年後，一七三九年春天，他入侵阿富汗。甚至在他離開伊斯法罕之前，就有傳言說他真正的計劃，是劫掠蒙兀兒帝都德里的財富，從蒙兀兒孔雀身上「拔幾根金羽毛」。[129]

五月二十一日，納德爾·沙率領八萬士兵越過邊境，進入蒙兀兒帝國，前往夏季首都喀布爾，開始了兩世紀以來印度首度遭到入侵。六月底，雄偉的喀布爾高堡（Bala Hisar）投降。納德爾·沙接著從開伯爾山口下降平原，不到三個月的時間，在德里以北一百英哩的卡納爾，以人數較少卻紀律嚴密的十五萬名步槍手與基茲爾巴什紅帽騎兵隊（Qizilbash），擊敗了三支蒙兀兒軍隊的合軍（約一百萬人，其中半數左右是戰士）。紅帽騎兵隊配備了當時最新軍事技術：架在馬匹上可穿透鎧甲的傑薩伊火槍（jazair），或迴旋炮。

穆罕默德·沙的兩位主力將領，薩達特汗和尼贊穆爾克之間的分歧日益惡化，使得納德爾·沙的任務容易許多。薩達特汗從阿瓦德出發，在尼贊紮營之後，過了很久才姍姍來遲，加入蒙兀兒陣營。然而他熱切想展示自己優越的軍事能力，決定不等疲憊士兵休整，就直入戰場。二月十三日中午左右，他踏出尼贊所築的土壘防禦工事，「帶著指揮官不應有的輕率急躁」，不顧仍舊留在後方的尼贊建議：「魔鬼就在急躁中」。[130]他的謹慎是對的：薩達特汗正步向精心設置的陷阱。

納德爾·沙引誘薩達特汗的老式重裝蒙兀兒騎兵（以長劍作戰的胸甲騎兵）進行大規模正面衝突。當他們接近波斯陣地時，納德爾的輕騎兵像帷幕一樣分開，讓蒙兀兒人面對一長排配備迴旋炮的火槍騎兵。他們在近距離開火。不到幾分鐘，蒙兀兒騎士的精英便倒地不起。正如喀什米爾觀察者阿布杜·卡里姆·沙里斯塔尼（Abdul Karim Sharistani）所說，「興都斯坦軍隊表現得十分勇猛，但箭頭無法對抗槍彈。」[131]

初次交戰就擊敗蒙兀兒人後，納德爾·沙以邀請皇帝共進晚餐卻拒絕讓他離去的簡單伎倆，成功擄獲皇帝。[132]「這支勇猛且裝備精良的百萬騎兵部隊，卻動彈不得，皇帝與朝臣的資源全都任憑波斯人拿捏。」阿南德·拉姆·穆克里斯寫道：「蒙兀兒王朝似乎已經來到盡頭。」[133]馬拉塔人的大使肯定也是這麼想，他在黑暗之中逃離蒙兀兒陣營，繞路穿越叢林回到德里，當天盡可能快速南返。「上主令我避開一場巨大凶險，」他致信給普那的長官：「還助我光榮逃脫。蒙兀兒帝國已經走到盡頭，波斯的時代開始了。」[134]

三月二十九日，納德爾·沙的軍隊進入蒙兀兒帝都一週後，荷蘭東印度公司的一名輿論紀錄員發送報告，描述納德爾·沙血腥屠戮德里居民：「伊朗人就像野獸一樣，」他寫道：「至少有十萬人遭殺害。納德爾·沙下令殺掉任何自衛者，造成血流成河，溝渠中仍舊滴淌著血水。」[135]古蘭·胡笙汗記錄了士兵「瞬間爬上房頂展開殺戮、搶劫人民財產，搶走他們的妻女。許多房屋遭縱火燒毀。」[136]

除了被殺害的人以外，許多德里婦女遭到奴役。賈瑪清真寺（Jama Masjid）周圍整個區域都毀了。武裝抵抗很少：「波斯人對所有人與物伸出毒手，包括衣物、珠寶、金銀器皿都能搶走。」阿南德·拉姆·穆克里斯寫道，他從自家屋頂觀察這一切：「若有必要戰鬥到死……有很長一段時間，街道上散佈著屍體，就像花園小路上散落枯萎花草落葉一樣。這座城市被夷為平地，看起來彷彿被大火吞噬一般。美麗街道與建築毀滅得如此徹底，需要多年重建才可能恢復它往昔的榮耀輝煌。」[137]法國耶穌會士記錄城中大火燒了整整八天，並摧毀了該派的兩座教堂。

大屠殺持續到尼贊光著頭，用頭巾綁縛雙手，跪在納德爾面前懇求饒恕人民，將一切仇恨報復到他身上。納德爾·沙下令士兵停止殺戮；他們立即聽令。他卻開出一個條件；要求尼贊支付十億盧比（合今日一百三十億英鎊），他才願意離開德里。「搶劫、刑虐與掠奪仍然持續，」荷蘭觀察者指出，「幸好殺戮停了下來。」[138]

接下來的日子裡，尼贊發現自己陷入不幸處境，他得掠奪自己的城市來支付承諾的賠償金。城市分成五個區，每區都要支付巨額賠償金：「現在展開掠奪作業，」阿南德·拉姆·穆克里斯評論：「伴隨著人們的淚水……不僅拿走他們的金錢，還毀了整個家庭。許多人吞下毒藥，還有些人以尖刀了結生命……簡言之，三百四十八年來累積的財富，瞬間換了主人。」[139]

接下來幾天當中，波斯人得到的財富讓他們委實難以置信。他們從未見過如此財富。納德爾的宮廷史家米爾札·馬赫迪·阿斯塔拉巴迪（Mirza Mahdi Astarabadi）目瞪口呆：「短短幾天內，負責查封皇家財庫與工坊的官員完成任務。」他寫下：「出現海量的珍珠及珊瑚，滿滿的寶石礦藏，金銀器皿，鑲嵌貴重珠寶的杯盤物品，以及其他奢侈品，數量如此之大，即便在會計與書記最狂野的夢裡，也難以將這些珍寶納入記錄之中。」

查封的物品包含孔雀寶座，其上鑲嵌的帝國珠寶，連古代國王的珍藏也難以比擬。早先印度皇帝的時代中，將價值兩千萬（合今日兩億六千萬英鎊）的珠寶嵌入這個寶座；最罕見的尖晶石與紅寶石，最璀璨的鑽石。這件在古往今來國王寶藏中都無與倫比的珍品，此刻轉移到納德爾．沙政府的財庫中。我們旅居德里期間，帝國財庫流失數千萬盧比。蒙兀兒帝國的軍事和土地貴族、帝都朝臣、獨立王公、富有的行省總督，全都向納德爾．沙朝廷貢獻了數百萬錢幣、寶石與鑲珠嵌寶的帝國珍品器皿，數量之多難以一一細數。140

納德爾並不想統治印度，只是為了劫掠此地資源，對抗他真正的敵人——俄羅斯人與鄂圖曼人。五十七天後，他帶著蒙兀兒帝國兩百年征服統治下積累寶藏的部分精選，返回波斯：滿載財寶的隊伍裡，包括賈汗吉爾皇帝的華麗孔雀王座，寶座上嵌有光之山鑽石（Koh-i-Noor）與巨大的帖木兒紅寶石。納德爾沙還帶走了據傳世界上最大的鑽石——大蒙兀兒鑽石，以及光之海鑽石（Daria-i-Noor）——光之山的粉紅色「姐妹」鑽，體型略大一些。此外還有「七百頭大象、四千匹駱駝與一萬兩千匹馬，拉著滿載金銀珍寶的車架」，以當時貨幣估計總價為八千七百五十萬英鎊（合今日九十二億英鎊）。

一次迅速出擊，納德爾沙破除了蒙兀兒帝國的魔魅。穆罕默德．沙．朗吉拉仍舊坐在皇位上，然而既無信譽，也乏實權，從此很少公開露面，幾乎不再離開德里。正如蒙兀兒史家瓦利德（Warid）所說：

陛下為了撫平悲傷消息帶來的心靈困擾，不是到花園去欣賞新栽植的樹，就是騎馬到平原上狩獵。宰相則是到德里之外四里格（十二英哩）處的池塘觀賞荷花，並在那裡的帳篷盤桓月餘，在河中抓魚，平原上狩鹿。這種時候，皇帝與宰相全都忘卻政務、稅收與軍需。沒人想到要保護國土與人民安全，然而每日動盪卻愈演愈烈。[141]

老一輩的蒙兀兒菁英意識到自己世界的終結已經不遠。正如詩人哈提姆筆下所寫：

貴族降為割草者
殿中人竟無廢墟可供遮避
德里似乎吹起怪風
貴人紛紛棄城而去
卻見林鴞降臨沙賈汗巴德
寓居王公內院

許多觀察者，如貴族沙基爾汗（Shakir Khan），將這一切歸咎於穆罕默德．沙治下的社會腐敗墮落，因此轉向更嚴格的伊斯蘭信仰，反對皇帝的荒淫無度。他寫道：

這段時期之初，有音樂飲酒，喧鬧藝人與成群妓女，那是愚蠢訕笑、陰柔、變裝癖當道的時代。

無論禁忌與否，各種逸趣大行其道，精神權威的聲音模糊不清，淹沒在宴樂喧鬧聲中。人們習慣惡行，忘記追尋端正，因其內心之鏡再也映照不出正直臉孔。情況如此嚴重，以至於災難發生時，社會遭到撕裂，已經難以彌合。

事情很快進展到，私人豪宅與皇宮內院物品，皇家軍械庫、皇家衣物用具，甚至御廚的鍋碗瓢盆、皇室珍藏圖書及皇家樂隊的樂器及鼓樓設備，皇家工坊的一切，全都發賣給商販。所得多數用來支付軍隊欠餉。[142]

此時，兩位最重要的地方總督——尼贊穆爾克與薩夫達疆——停止向德里上繳稅收，導致蒙兀兒帝國的財政危機進一步惡化，已瀕臨破產邊緣。突然陷入貧困，意味著德里無法再支付行政和軍隊薪餉；少了燃料，帝國的鍋爐室也就熄火了。此刻地方總督的區域王朝權力因而穩固，擺脫德里的控制。不過幾個月的時間，花費一百五十年建立起來的蒙兀兒帝國，彷彿從樓上窗戶掉下來的玻璃一樣碎裂，這群弱小的後繼國家，猶如僅存的閃爍破片。

豐裕財庫支撐起巨大帝國軍隊的時代，已經一去不復返。隨著權威瓦解，每個人都採取措施自保，印度變成一個去中心、相互脫離且高度武裝的社會。此刻幾乎人人隨身攜帶武器；每個人都可以是軍人。軍事勞力市場在興都斯坦各地蓬勃發展，這是全世界最繁榮的自由傭兵市場之一；所有人都待價而沽，價高者得。事實上，戰爭被視為一種企業。[143]

到了十八世紀末，大量農民武裝起來，一年當中有部分時段，以傭兵身分到遠方打仗。有時，他們也會搬遷家庭與農作基地，以追尋軍事收入。同時，他們服務的地方統治者得找到方法，來支付傭兵，及面對競爭對手所需的昂貴新式軍隊。為此，他們發展出官僚和財政信譽等新的國家工具，試圖比被取代的蒙兀兒政權，更深入控制商業生產。[144]

十八世紀印度最有洞察力的史家古蘭・胡笙汗，在這些發展中只看到了恐懼和混亂。「當時，」他寫下：「正義與公平的太陽，從子午線一度度向下傾斜，最終在無知、輕率、暴力及內戰的西方完全落下。」

肯定是從那些時代開始，收租不利，耕植不豐，人民苦難，更厭恨統治者。他們別無他想，只希望盡可能賺錢。這已成為所有人最大的共同野心。

帝國孱弱之時，最近出現一類人，不但未能豎立虔誠美德典範，反而公然浪擲窮人的生命財產；其他人見到也愈發大膽，毫無畏懼或懊悔地犯下最惡劣醜陋的行為。這些人催生無數作惡者，他們折磨著印度世界，當面輾壓受苦人民……

罪惡已經來到無可救藥的地步。破敗政府導致印度各地走向崩潰。因此，將現今與過去相比，人們難免會認為世界已遭到黑暗吞噬。[145]

然而，德里看似時代的結束，在印度其他地方看起來卻截然不同，反而是帝國中央集權讓位給地方認同與地方治理的世紀復興。一七〇七年之後，興都斯坦中心區域進入衰落動盪，蒙兀兒帝國的邊陲區域卻經歷成長與相對繁榮。普那與馬拉塔山區，因為充斥著掠奪而來的財富與超額稅收，進入了黃金時代。羅希拉阿富汗人（Rohilla Afghan）、旁遮普的錫克教徒以及迪格（Deeg）與婆羅多普爾（Bharatpur）★的賈特人，都開始從蒙兀兒帝國的遺體中，雕塑出自己的獨立國家，並擔起王權治理的衣缽。

對於齋浦爾、久德浦、烏代浦（Udaipur）與其他拉吉普特王庭來說，這也是一段重新獲得權力與復興的時期。他們恢復獨立，擺脫了向蒙兀兒權威稱臣納貢的負擔，開始運用多出來的收入，在宏偉堡壘上興建華麗宮殿。在阿瓦德，費札巴德的巴羅克式宮殿，可與南方海德拉巴的宮殿媲美。這些城市全都成為新興的文學、藝術與藝文贊助中心，茁壯為文化繁榮之地。

與此同時，貝納雷斯（Benares，即瓦拉那西）崛起成為主要的金融商業中心，也是獨特的宗教、教育與朝聖中心。在孟加拉，納迪亞（Nadia）則是梵文教育中心，也是高超繁複的區域建築及北印度與都斯坦音樂☆的中心。

---

★ 譯者註：歷史上屬於拉賈斯坦的一部份，位於阿格拉附近。

☆ 譯者註：Hindustani music，是南亞兩大古典音樂體系之一，主要分布在印度次大陸的北部與中部，使用印度－亞利安語的區域。與之相對的，是南方的卡納提克音樂（Carnatic music），主要分布在使用達羅毗荼語言的區域。

稍後，在更南方的坦焦爾（Tanjore）地區，南印度的卡納提克音樂將開始獲得馬拉塔王室的開明贊助，此時馬拉塔人已經控制了這個古老的泰米爾（Tamil）文化中心。次大陸的另一頭，喜馬拉雅山麓的旁遮普山區也進入了一段迸發驚人創造力的時期，偏遠山區小王國突然湧現許多藝術家，許多人曾在已萎縮的蒙兀兒工坊受過洗鍊的技藝訓練；繪畫家族之間相互競爭、啟發，猶如文藝復興時期義大利城邦國家之間的競爭。在此情況下，古勒爾（Guler）和賈斯羅塔（Jasrota）就像聖吉米尼亞諾（San Gimignano）及烏爾比諾（Urbino），是小而富裕的山城，統治王庭對藝術有著不尋常的興趣，贊助庇護一小群極其優秀的藝術家。

然而，論起最能利用蒙兀兒心臟地帶陷入亂局的兩大勢力，實則並非印度人。在本地治理和馬德拉斯，兩家敵對的歐洲貿易公司，看到蒙兀兒的弱點與此刻印度當局的分裂瓦解狀態，開始招募自己的私人安全部隊，並為當地募來的步兵部隊提供訓練及豐厚薪餉。

正如英國東印度公司文書員威廉．博茨（William Bolts）指出，看到一小群波斯人輕而易舉佔領德里，激起了歐洲人征服印度及建立帝國的夢想。納德爾．沙帶頭指明了這條道路。

⚜

馬德拉斯以南，溫暖的科羅曼多沙灘上，在成立不久的法國殖民地本地治理，野心勃勃、極富才華的法國東印度公司新總督約瑟夫—弗朗索瓦・杜普雷（Joseph-François Dupleix），正密切關注納德爾・沙的入侵消息。一七三九年一月五日，遠在納德爾・沙抵達卡納爾之前，杜普雷就寫下：「我們正處於這個帝國發生大革命的前夕」，

> 蒙兀兒政府的薄弱，給人充分理由，相信納德爾很快就會成為這個帝國的主人。倘若發生此等革命，只會對貿易造成巨大阻礙。然而它對歐洲人是有利的。[146]

杜普雷年輕時抵達印度，隨著雇主法國東印度公司的緩慢發展與繁榮，逐步往上爬。由於法國人相對較晚才意識到跟印度進行貿易的潛力，一六六四年他們才成立了與英國東印度公司相抗衡的競爭公司。八年後，他們建立了本地治理殖民地，並成功賄賂馬拉塔人，在定期劫掠卡納提克地區時放過此地。

初代法國東印度公司虧損巨大。一七一九年，公司才由傑出的蘇格蘭低地金融家羅利斯頓的約翰・勞（John Law de Lauriston）重新建立。他在一場決鬥後從倫敦潛逃法國，後來成為奧爾良攝政王（Regent Orléans）的顧問。勞氏合併了兩家破產的小型法國印度貿易公司，並募集足夠資金，使其運營下去。然而法國東印度公司持續面對資金不足的問題。不像英國東印度公司是由股東所有，法國東印度公司從一開始就部分歸皇室所有，由貴族經營。他們跟國王一樣，更關注政治而非貿易。杜普雷則有些異於常人，他對兩者都有興趣。[147]

一七四二年，年近五十的杜普雷離開法國人的孟加拉基地昌德納加（Chandernagar），南下接任法國東印度公司的印度總經理與本地治理總督。他的首要行動之一，是讓公司駐蒙兀兒宮廷代表德沃頓向皇帝請願，封他為配享五千匹馬的納瓦伯，並賦予本地治理的法國人鑄幣權。當兩項要求迅即獲得批准時，杜普雷開始意識到蒙兀兒帝國的權威已經被納德爾．沙入侵削弱到何種程度。[148]

他立刻制定計劃，加強法國東印度公司的軍事力量，並首次主動培訓當地招募的泰米爾語、馬來亞利語（Malayali）及泰盧固語（Telugu）戰士，讓他們瞭解現代歐洲步兵戰術。[149]到了一七四六年，兩支「印度步兵」（cypahe 或 sepoy）團已經成形，依照法國方式進行訓練、統一穿著制服、配備武器並獲得薪餉。杜普雷任命才華橫溢的布西侯爵（Marquis de Bussy）夏勒——約瑟夫．帕提西耶（Charles-Joseph Patissier），作為軍隊指揮官。後者剛從波旁島（Ile de Bourbon，今日模里西斯）移到本地治理，擔任法國東印度公司的駐地軍官。兩人將讓歐洲貿易公司捲入區域內的後蒙兀兒時代政治，踏出第一步。

杜普雷抵達本地治理時，已經累積了經商財富，還想要賺更多。一如許多英國同行，他通過私下貿易（通常是跟印度商人與借款人合作）賺的錢，遠高過帳面上的薪水。因此，在歐洲的英法敵對關係不斷升高，兩國開戰可能性增加之際，他對於兩家公司如何保持中立很有興趣。

一七四〇年代的法國經濟規模遠大於英國，是英國的兩倍；法國人口是英國的三倍，並擁有歐洲最大的軍隊。然而，英國的海軍更強大，是海上的主導力量；此外，一六八八年的光榮革命之後，它擁有更先進的金融機構，這些機構建立在荷蘭的專業知識基礎上，能夠十分快速籌集大量戰爭資金。因此，雙方都有理由相信自己能夠贏得戰爭。杜普雷非常希望這些都不會妨礙他利潤豐厚的貿易活動。因此，當奧地利王位繼承戰中英法站在對立面的消息，從歐洲傳到印度時，杜普雷立刻前往馬德拉斯，去找對頭的英國東印度公司總督莫爾斯（Morse），向他保證本地治理的法國人不會首先發動攻擊。

莫爾斯本人很樂意同意這樣的中立協定，不過他知道一些杜普雷不知道的事情：一支皇家海軍中隊已經開往東方，隨時可能抵達。因此他含糊其辭，告訴杜普雷自己無權同意這類協定。一七四五年二月，英國海軍中隊抵達後，迅即攻擊奪取多艘法國船隻，其中一艘杜普雷握有重大財務利益。[150]

杜普雷試圖要求馬德拉斯賠償，卻遭到拒絕，因此決定以武力反擊，獲取賠償。他從波旁島的法國海軍基地召來一支中隊，並派出首席工程師——瑞士傭兵巴哈迪（Paradis），去探採評估馬德拉斯的防禦工事。一個月後，他給模里西斯的信中寫道：「馬德拉斯的駐軍、防禦工事及總督都一不堪一擊。」接著他開始用自己的資金修復本地治理的城牆，並向秘書阿南達·朗加·皮萊（Ananda Ranga Pillai）保證：「英國公司注定要消失。它長期處於貧困狀態……記得我現在講的話。不用多久，你就會看到他們的真相，發現我的預言成真。」[151]

他的援軍大約有四千多人，包括數個訓練精良的非洲奴隸軍團，及最先進的攻城砲。他們在九月初抵達，杜普雷立即採取行動。新的印度步兵團，加上來自模里西斯的非洲與法軍增援部隊，在八艘戰艦支持下，連夜北上。他們在馬德拉斯南方的聖托馬斯山附近登陸，接著迅速向北行進，從預期之外的方向包圍城市。透過這種方式，他們突然出現在英軍及東印度公司防線的背後。圍城從九月十八日開始，使用大量迫擊炮轟炸，導致英國東印度公司緊張的主炮手史密斯先生當場心臟病發身亡。

馬德拉斯只有三百名駐軍，其中一半是印度葡萄牙衛兵，他們並不想為英國雇主戰鬥犧牲。另一半則是由肥胖紅臉英國商賈組成的未受訓民兵。不到三天，因為逃兵失去許多戰力後，莫爾斯總督尋求和解。九月二十日，在英國東印度公司僅損失六個人，法方沒有傷亡的情況下，馬德拉斯向法國投降。阿南達．朗加．皮萊在他的日記中，為這個有失英勇的事件，提供了更豐富精彩的版本。「法國人」，他寫下：「像獅子衝進象群，衝進馬德拉斯……他們攻下堡壘，在城牆上豎起旗幟，閃耀著馬德拉斯，有如陽光撒向全世界一般。」[152]

然而，這場戰爭中最重要的事件，發生在一個月後。蒙兀兒帝國的卡納提克納瓦伯安瓦．烏丁（Anwar ud-Din），對杜普雷忽視他的命令，未經允許攻擊馬德拉斯，又拒絕向他交出佔領城鎮，對他造成羞辱而感到十分憤怒。他不會讓一家貿易公司如此挑戰他的統治，因此派出兒子馬弗茲汗（Mahfuz Khan），率領卡納提克蒙兀兒全軍來懲罰法國人。

一七四六年十月二十四日，馬弗茲汗試圖在阿迪亞（Adyar）河口，阻止巴哈迪手下的七百名法國印度兵增援部隊渡河。法軍在持續火綫掩護下，步兵排成隊形，進行輪射，並使用印度從未見過的葡萄彈近距離攻擊，擊退了一萬名蒙兀兒部隊。阿南達．朗加．皮萊

再度見證這事件，他寫下：「巴哈迪用棕櫚樹，在海邊的長片沙地上搭建一道胸牆」，

然後將士兵和印度兵分成四隊。他命令每隊各自攻擊敵人的獨立部隊。他自己在先鋒隊伍領頭。穆斯林發射了三支火箭與四枚炮彈，卻落入河中，未造成任何損害。法國人隨後對敵人開火，殺死許多人。

穆斯林扔下武器逃走，衣服襤褸，儀容雜亂。有些人在戰鬥中死亡，他們蒙受巨大損失。馬弗茲汗也徒步跑向座象，騎象快速逃脫。他與部隊持續作戰，直到逃至庫納圖爾（Kunattur）。潰敗如此全面，以至於在米拉普爾（Mylapore）甚至看不見一隻蒼蠅、麻雀或烏鴉。[153]

另一份紀錄是由卡納提克納瓦伯的宮廷史家所寫，聲稱法國人發動夜襲，「由於納瓦伯軍隊並未疑心夜襲，因此毫無準備，導致蒙兀兒軍隊在黑暗中一片混亂。」無論真相如何，阿迪亞河之役成為印度歷史的轉捩點。法國只損失兩名印度兵，而蒙兀兒軍卻傷亡超過三百人。普魯士發展出來的十八世紀歐洲戰爭技術，經過法國與法蘭德斯（Flanders）戰場測試後，在印度實踐。立即明顯可見的，蒙兀兒軍隊無力抵抗。

歐洲人長期以來一直懷疑自己在戰術上優於蒙兀兒人，然而他們沒有意識到的是，自從一六八七年奧朗則布蒙兀兒軍迅速壓制了柴爾德爵士的詹姆士時代持矛軍隊後，歐洲的軍事發展已經將他們的優勢推進到什麼地步。十七世紀末的歐洲戰爭中，軍事戰術發展快

速，特別是廣泛引入火繩槍和插座刺刀來取代長矛。將步兵組織成營、團和旅的方式，讓步兵能夠進行連續射擊及複雜的戰場調動。此刻的標準步兵戰術，是在毀滅性槍擊後，發動刺刀攻勢，並由機動且精確的野戰炮支援。螺絲的發明並用於垂直升降炮，更提高了炮兵精準度及步兵火力，讓他們在對抗騎兵的戰鬥中佔有優勢。阿迪亞河之役，是這些戰術首度在印度登場，展現出一小群配備新式火繩槍與刺刀的步兵，在流動炮兵快速射擊的支援下，此刻已經能夠像在歐洲一樣，輕易擊潰整支部隊。這個教訓是不會被遺忘的。受過訓練的印度兵配備火繩槍與空心陣式，在炮兵快速發射葡萄彈與霰彈支援下，將在未來一世紀裡，成為印度戰場中所向披靡的力量。[154]

目睹阿迪亞河之役前，皮萊已告訴杜普雷，一千名裝備大砲與地雷的法國士兵，就足以征服整個南印度。杜普雷則認為一半人數及兩門大砲就足矣。

接下來幾年中，兩人都有充分機會測試他們的想法。

一七四九年，歐洲傳來消息，奧地利王位繼承戰結束，《亞琛條約》（*Treaty of Aix-la-Chapelle*）同意將馬德拉斯歸還給英國東印度公司。

然而和平卻沒那麼容易。戰爭之犬一脫鉤，就難以控制。杜普雷並不打算解散手下的印度兵軍團，反而是將他們租給印度盟友，利用他們來獲取土地跟政治影響力。

新任馬德拉斯總督查爾斯・弗洛伊爾（Charles Floyer）在次年寫下：「雖然進入和平，

事情卻比戰爭期間更加棘手。這都是因為杜普雷的手段，他敵視英國人至深，無法自制不伸出髒手。」倫敦董事會也同意公司不能放下戒心：「經驗證明，法國人毫不尊重蒙兀兒帝國領土中立。」[155]

就算這個國家（蒙兀兒）的政府願意保護我們，他們也無法對抗法國人，因為後者死豬不怕開水燙，也不惜違反國際法規，透過掠奪自利……授權你們，在法國或其他歐洲敵人面前，盡可能保全自己……陛下將支持公司做出對他們未來安危有益的決定；儘管現在與法國達成和平，沒人知道和平能持續多久，等到戰爭爆發時往往已經太遲，不足以堅固堡壘對抗野心勃勃的敵人，就像馬德拉斯的情況一樣。[156]

很快地，英法兩國分別跟南印度不同國家陰謀勾結，暗中出售軍事協助，以換取影響力、金錢或土地授予。一七四九年，英國東印度公司為了一個貿易小港，首度涉入今天所稱的「政權更替」（regime change）之中，在馬拉塔人的坦焦爾王國繼承糾紛中選邊站。然而這次企圖政變卻非常失敗。

杜普雷則是比較成功的軍事企業家。他的客戶得拿土地及土地稅收權利，來購買歐洲人的武器與部隊，這些印度收入讓法國東印度公司得以維持印度兵，也替他們提供貿易資金，不需從歐洲進口金銀。杜普雷首先將傭兵服務出售給卡納提克的王位競爭者之一，接著在更野心勃勃的行動中，派遣布西侯爵前往海德拉巴，當地勢力最龐大的蒙兀兒領主尼贊穆爾克去世後，掀起繼承危機。尼贊的兒子們爭奪控制這塊蒙兀兒帝國內的半獨立區域，法國人則趁機站隊。杜普雷的援助獲得七萬七千五百英鎊（約合今日八百萬英鎊以上）、配享七千匹馬的蒙兀兒高等爵銜——曼薩伯（Mansab，相當於歐洲的公爵爵位）、富裕的馬蘇利帕特南港，以及兩萬英鎊（約合今日兩百萬英鎊）的封地食邑（jagir）。他很快了解到，出售訓練有素且有紀律的軍隊服務，可比棉織品交易來得更賺錢。

杜普雷的司令官布西侯爵也賺了大錢，他幾乎無法相信，一支小小傭兵部隊在德干地區推進，竟能取得如此驚人成果：「我的雙手讓國王坐上了寶座」，一七五二年他寫給杜普雷的信中說：「在我的部隊支持下，軍隊潰逃，幾名手下就占領了城鎮，和平條約在我的斡旋下達成……我國的榮譽達到巔峰，超過歐洲其他國家，公司的利益已經超越原本的期望或渴求。」[157]

事實上，這些都是雙向交易：後蒙兀兒時代這些分裂小國的弱勢印度統治者，為了獲得軍事支援，向不同歐洲公司提供大量領土或土地收益。接下來的戰爭通常牽涉規模很小的公司軍隊，往往毫無頭緒，也沒有明確結果，卻確認了此刻歐洲人在面對印度騎兵時，擁有明確且一致的軍事優勢。在蒙兀兒帝國陷落之後的政治分裂新局中，小規模人數就擁有改變局勢的能力。

接下來十年中，卡納提克戰爭也許沒有太多決定性或永久的戰略成果，卻見證了兩家公司性格上的轉變，從貿易公司變成越來越好戰的軍事化實體。它們既是紡織品出口商，也是胡椒貿易商，更是擁有土地、收取地租的企業，然而此刻最賺錢的事業，則是頂尖的傭兵企業。

英國人眼紅地看著杜普雷的成功：「蒙兀兒人的政策很糟糕」，一名英國傭兵米爾斯上校（Colonel Mills）寫道：「他們的軍隊更差；他們沒有海軍……可以像西班牙人征服美洲裸體印第安人一樣，輕而易舉征服這個國家……」[158] 新任馬德拉斯總督湯瑪士·桑德斯（Tomas Saunders）也同意：「現在我們都很清楚蒙兀兒人的弱點」，他寫下：「可以肯定的是，任何決心跟他們交戰的歐洲國家，只要有足夠的武力，就可以征服整個國家。」[159]

⚜

五十年後回顧卡納提克戰爭，世故的莫達夫伯爵譴責法國同胞的狂妄自大，將歐洲人之間的敵對關係與英法戰爭帶到印度海岸，因為杜普雷與布西膨脹驕傲的野心，毀掉了一門利潤豐厚的貿易生意。

他寫道，他們迫使英國對手投入所有軍事資源，以保護過於豐厚因此難以放棄的貿易生意。寫於人生晚年，莫達夫伯爵以後見之明，回憶半個世紀前卡納提克地區到底是哪裡走岔了。「蒙兀兒帝國在奧朗則布統治下維持團結，」他寫下：「甚至在他死後的本世紀初年，仍舊如此。」

「一般而言，好的律法具有一定的內在力量，能夠抵禦混亂衝擊一段時間。但最後，大約在四十年前，蒙兀兒帝國遭逢可怕混亂，扼殺了奧朗則布為促進商業所做的任何好事。野心勃勃的無情歐洲人在此同樣致命，彷彿歐美戰場還不夠他們撕扯。他們追尋自利的幻象，帶著暴力不義的決心，他們堅信亞洲也是他們無休無止進行不義之舉的舞臺。

當時，蒙兀兒帝國的貿易分為兩個國家集團，法國及英國。荷蘭人此刻已經淪為卑劣貪婪的蟾蜍，蹲踞在他們的金銀財寶與香料山上，彷彿為了奪取葡萄牙帝國並將他們貶為無名小卒而道歉。

法國人經歷一些短暫成功，多是表面並非真正成功，因為這些成功伴隨著一系列慘敗。這些短暫成功令法國人眼花繚亂，意氣衝腦，有如醉酒一般，他們愚蠢誇口將接管印度所有貿易。然而，他們的海上軍事力量比不上英國，他們的公司腐敗，領導階層荒謬無知。他們主要的海上行動全被顯而易見的原因破壞（這些原因就像他們的君主制度一樣長存），因此總是失敗。然而這些都無法破除他們想主導印度的瘋狂想望。他們自滿地發動戰役，似乎對成功毫無疑問，因此不可避免地，不但未能獲得心中所想，甚至失去本來可以保住的事物。

當時，英國人只關心從印度基地發展貿易，並確保一切安全。公司管理者從未偏離成立的根本目的……激起了英國人嫉妒與貪婪的，正是法國人不智的陰謀野心。對前者來說，全面控制的計畫代價高昂且難以實現；對後者來說，雖是棘手任務，卻蘊藏巨大利益。因此法國人衝動入局，在瘋狂企圖中，浪擲難以承擔的金錢；英國人以不屈不撓的意志及源源不絕的資源迎戰。因此，他們很快便實現了我們的夢想，等待機會讓我們出局，沒機會給他們找麻煩，或挑戰他們已到手的巨大利益。[160]

就在一七五〇年代中期卡納提克戰爭走向未定論結局之際，這個機會點出現了。因為英法對抗不只在印度燃燒，隨時都準備再起。相反地，點燃下一輪英法衝突的火藥卻遠離印度，在亞美利加與新法蘭西（今天稱之為加拿大）之間的冰封邊境上，位於五大湖和俄亥俄河源頭之間。

一七五二年六月二十一日，法國探險家夏勒·朗拉德（Charles Langlade）率領兩百四十名法國印第安人組成的襲擊隊，從休倫湖出發，穿過伊利湖，進入英國人的俄亥俄新屯墾區。朗拉德的妻子是休倫族人（Huron），對塞內加（Seneca）、伊羅闊（Iroquois）與米克馬克（Micmac）族都有影響力。舉起戰斧，他們對英國人的聚落皮卡威蘭尼（Pickawillany）發動出其不意的攻擊。只有二十名英國屯墾者設法躲進柵欄內；其中一人後來被割去頭皮，另一人則被儀式性烹煮，身上最美味的部分被吃掉。[161]

暴力襲擊在英國商賈移民之間，動搖心志，甚至激起恐怖感，影響遠及紐約和維吉尼亞。不到幾個月的時間，謠傳法國正規軍在當地嚮導、輔軍及大量印第安戰士的支援下，將大批部隊移進俄亥俄河谷的源頭區。十一月一日，維吉尼亞殖民地總督派遣一名二十一歲的志願民兵北上進行調查，他的名字是喬治·華盛頓（George Washington）。就此展開了美國人至今仍稱之為「法國與印第安人戰爭」（French and Indian Wars）的第一幕；在世界其他地方則稱為七年戰爭。[162]

這一次，將是一場全面性戰爭，影響擴及全球，在不同大陸上進行作戰，無情推進英法的帝國利益。這場戰爭將歐洲的武器和戰爭方式，從俄亥俄河流域帶到菲律賓，從古巴到奈及利亞海岸，從魁北克城外的亞伯拉罕高地（Heights of Abraham）到印度普拉西的沼澤平地和芒果林。

然而這場戰爭留下最持久的改變，卻是在印度。

CHAPTER 2

# 無法拒絕的提議

一七五五年十一月初，一位無名氏透過望遠鏡觀察斯科夫（Scorf）河口的冬季海域，從那裡延伸到布列塔尼灣的洛希昂港造船廠。鏡中視野在碼頭與倉庫之間移動，經過乾船塢和人來人往的碼頭區，最終停留在十一艘高桅帆船組成的艦隊上——其中六艘是配有完整戰鬥裝備的戰船，五艘是法屬東印度商船。這些船隻錨泊在港口面海的一側，與其他船隻稍微區隔開來。

這些船隻是忙碌活動的中心：法國軍隊正踏著跳板魚貫進入軍艦，岸邊的木製起重機緩慢將一門又一門大砲吊掛上船。這些大砲放在上層後甲板，介於裝著酒水的鐵環箍桶、成堆的食品與補給品之間，這些物資足以供應船隻出海數月之久。觀察者接著開始數算船隻，紀錄送上船的物資及武器裝備，精確提到大砲的不同口徑、載運的士兵數量，並仔細評估每艘船的吃水量。

這份為了英國東印度公司董事準備的簡潔情報摘要，今日保存在印度國家檔案館中。[1] 出於明顯理由，檔案並未透露情報生產者的身份：可能是港口官員，或在鄰近碼頭區卸貨的第三國商人。考慮到報告內容的詳盡程度，作者還能問到船隻目的地與可能啟航的日期，作者不太可能是個海岸上的遠距離觀察者，透過望遠鏡觀察港口，或是途經此地的英國私掠船員——他們得冒險越過布海斯特（Brest）和羅許福爾（Rochefort）的高度防衛法國海軍基地，以及兩地之間的基貝宏灣（Quiberon Bay）下錨地，下航到布列塔尼南部海岸。情報來源必定就在港中，就在往來人群與出航海軍之間，仔細觀察所有出航準備，同時在港口酒館裡，跟水手、碼頭工人和倉庫工人把酒言歡，取得情報。

幾週後，一七五六年二月十三日，焦慮的英國東印度公司董事坐在利德賀街的鑲板會議室裡，仔細研究報告，並討論其影響。他們一致認為，有鑑於法國在亞美利加邊境的侵略，戰爭現在幾乎是無法避免的。因此，這支艦隊可能不是為了法國東印度公司的臨時任務，更可能是法國將在印度發起重大行動的早期證據。董事們擔憂凡爾賽宮此刻正打算實現杜普雷一開始的夢想：推翻英國東印度公司，並由法國對手取而代之。他們還明確表示，絕不允許這種狀況發生。

討論過各種可行方案後，董事會決定將情報轉給加爾各答威廉堡總督羅傑·德拉克，警告他戰爭此刻已迫在眉睫。不能重演十年前馬德拉斯陷落的情況。他們警告，德拉克必須警戒防禦，他們認為這支艦隊可能瞄準加爾各答或馬德拉斯，因為「在英法兩國關係的現狀中，人們自然認為法國人的打擊會瞄準最有效的地方。」

由於公司可能感受到此事重要性，特別是對孟加拉地區，因為這塊殖民地過去數年裡流失軍隊新兵，威廉堡的防禦也不足以應對強大歐洲武力，因此董事會認為有必要命你採取最佳措施，保護並維護公司在孟加拉的財產、權利與特權。

接著他們討論了剛剛呈報的情報細節：「我們得知法國東印度公司的（一隊）十一艘船艦隊，於十一月中旬由洛里昂港出發，船上約有三千名士兵。」

六艘比較大型的船艦，只載了一半貨物，攜帶了約六十門不同口徑的大砲，每艘船都作為另外五艘船的護航艦，這五艘則一如往常，滿載貨物。這十一艘船，連同先前已經出發的四艘，加起來共有十五艘船；據報導，他們打算派遣更多船艦。由於這些船都不是前往中國，因此這等武裝可能是衝著科羅曼多海岸或孟加拉而來。

最終，他們明確指示此刻應採取的回應：「你要盡力使殖民地進入最佳防禦狀態，並且持續保持警戒，協調適當措施以保障此地安全。感到危險時，可向其他總督府求援。」

最重要的是，盡可能多招募歐洲人強化駐軍，以完整守備；我們建議此為你的首要關注及努力事項。為此你得向喬治堡（馬德拉斯）遴選委員會施壓，盡可能派出當地及孟買可以支援的部隊。你也必須不時向皇家海陸軍指揮官報告情況，希望在必要時獲得他們的協助與保護。

我們也誠懇建議你，採取所有謹慎措施，說服你的「納波布老爺」（即孟加拉納瓦伯，阿里維爾迪汗）採取有效措施，防止孟加拉地區的英法兩國居民發生任何衝突，並讓他的政府上下保持最嚴格的中立立場。這對他的利益非常重要，我們（保護）自己，你的努力必定要成功，並希望和平作為可以帶來許多正面效益。

董事簽署時要求絕對保密：「這份資訊必須遵守最高保密原則，不得洩漏給法國人得知。此事一但洩漏的致命後果不必多說。你的一切行動也必須遵守同樣的保密原則。」[2]

事實上，正如許多戲劇性的情報一樣，古今中外的情報都難逃其基本缺陷。即便報告內容包含驚人細節，但洛里昂港的艦隊實際上並非前往印度。事實上，一七五五年時根本沒有載運軍隊的法國艦隊前往孟加拉；幾個月後，一七五六年十二月才有一支艦隊啟程，卻是前往本地治理，而非加爾各答。[3]然而不論對錯，報告的詳細程度確實令人信服，很快就從洛里昂港送往倫敦，再從那裡送到加爾各答。收到報告後，德拉克總督立即下令開始重建並強化城牆——這是孟加拉納瓦伯明確禁止的行為。此舉迅速引發了一連串連鎖效應，對孟加拉人跟印度的法國人都帶來致命影響。

⚜

董事會將洛里昂港情報送往加爾各答的幾個月前，一名年輕政治家被召喚到東印度之家的同一間董事會議室。一天之前，這個人還是康瓦爾一處選區的國會議員，卻因為涉嫌選舉舞弊而遭迅速去職。董事會毫不猶豫抓住這個機會。他們召來這名身材魁梧、簡潔沉默，卻野心勃勃且異常剛強的年輕人，並在正式董事會上，向羅伯特・克萊夫提出一份他無法拒絕的工作。

東印度公司總部最近才以當下流行的喬治時代風格改建，卻仍舊容易遭到忽略：平凡的門面，略微退縮到鐵欄杆後面的建築，僅有兩層樓，明顯比兩側建築物來得低矮。只有五扇窗戶的門面寬度，對於此刻世界上最大、最富裕也最複雜的商業組織總部來說，是出乎意料的低調結構。建築物裡的這群董事，擁有僅次於王室的政治及金融影響力。

這種低調並非偶然。東印度公司一向認定在印度表現出浮華一面有其效果，同樣地，也發現在倫敦這一頭的運作，淡化巨大財富更為有利。成立二十年後的一六二一年，公司運作仍舊在總經理湯瑪士．史密斯爵士的家中進行，僅有六名固定職員。[4]直到一六四八年，公司終於搬到利德賀街，在一間門面狹小的樸素房屋裡運作，一樓外牆飾有蓋倫帆船揚帆出海的圖像。一六九八年，路過行人問裡面是些什麼人時，得到的回答是：「口袋極深、野心勃勃之人」。[5]

不久之後，東印度之家的門面進行帕拉第奧式翻新。一名葡萄牙旅人在一七三一年曾寫下，它「近期興建了面向街道的華麗石造門面，但門面非常狹窄，外表看起來與內部宏偉並不相襯。它占地甚廣，辦公室與倉庫的設計非常出色，公共大廳與委員會廳室幾乎不亞於城內任何類似建築」。[6]就像英國東印度公司的力量一樣，東印度之家的謙遜外表深具欺騙性。

入口大廳的後方，是主要的辦公區塊，裡面是一大堆房間，架上擺滿卷軸、檔案、記錄和名冊，還有三百名職員、公證人和會計師，忙著把數字填進巨大的皮革帳本裡。那裡各種大小的委員會會議室，最宏偉的當屬董事會會議室（Council Chamber）。最重要的會議在此舉行，也在此起草寄往印度的信函，討論公司年度三十次出航的進出口貨物，並計算評估每年約一百二十五萬到兩百萬英鎊（約合今日一億三千萬到兩億一千萬英鎊）的銷售額。

到了一七五〇年代，在這些房間中營運的企業已達到前所未有的規模；全英國八百萬英鎊（約合今日八億四千萬英鎊）的進口貿易總額中，公司貢獻了將近一百萬英鎊（約合今日一億零五百萬英鎊）。光是茶葉銷售額，就來到五十萬英鎊，相當於進口約三百萬磅茶葉。英國東印度公司的其他銷售項目，還包括硝石、絲綢、精緻繪染的印度床罩（palampore）及奢華的印度細棉布，每年進口約三千萬平方碼。[7] 英國東印度公司的股票價格，在一七〇八年，訂為三百二十萬英鎊（約合今日三億三千六百萬英鎊），約有三千名股東投資，每年可獲得百分之八的股息。每年約有價值一百一十萬英鎊（約合今日一億一千五百萬英鎊）的公司股票進行買賣。[8] 英國東印度公司的口袋極深，因此利用公司信用，大量向債券借款。一七四四年，公司債務達到六百萬英鎊（約合今日六億三千萬英鎊）。它每年向政府繳納近三十萬英鎊的關稅稅費。兩年前，一七五四年時，英國東印度公司借給英國政府一百萬英鎊，換取特許經營權的延長至一七八三年，確保公司在利潤豐厚的亞洲貿易壟斷上，至少再延長三十年。以十八世紀的標準來看，英國東印度公司肯定是經濟上的巨人，世界上最先進的資本主義組織。[9]

一七五五年三月二十五日，這些董事第二度聘用三十歲的羅伯特．克萊夫時，英國東印度公司正處於此等景象。因此對所有人來說，這都有點出乎意料：不過十八個月前，年僅二十八歲的克萊夫已經在印度創造了一筆巨額財富，同時退役離開公司。他返回倫敦，打算進入政界，很快用他的財富買下一個爛選區。然而，他進軍西敏寺的計劃並未成功：就在前一天，由於他選區中的選舉過程遭到異議質疑，克萊夫在「最不尋常的程序中」，遭逐出下議院。經過幾星期的爭吵和交易，保守黨一系列試圖推翻輝格黨政府的政治詭計中，以兩百零七票對一百八十三票，成功讓克萊夫去職。[10] 耗費許多新財富，試圖透過賄賂當選，這件事讓克萊夫深覺受辱、失業且破財。再度前往印度打拼是克萊夫重建財富的最佳選擇，才能在未來某個時刻裡，在議會東山再起。

董事會的動作如此迅速，是有理由的。因為一開始以謙遜會計師身份前往印度的克萊夫，最後卻在截然不同的領域裡，展現出乎意料的才華。他沒受過軍事訓練，也沒有正式軍職，不過二十多歲，這名寡言、內向且不擅社交的年輕會計師，卻成為卡納提克戰爭的意外之星，阻止了杜普雷將英國東印度公司逐出次大陸，以法國東印度公司取而代之的夢想。此刻，法國的戰鼓正在北美再度響起，因此英法都開始瘋狂重新武裝，準備面對另一輪衝突。因此董事會急著將克萊夫送回印度，率領他自己協助招募、訓練及領導作戰的印度兵私軍。

羅伯特·克萊夫於一七二五年九月二十九日，出生在什羅浦郡莫頓塞村的斯泰奇公館，他的家庭是個地方鄉紳家族。他很快就以異於常人、難以管控的暴力孩子聞名。根據憂心忡忡的叔叔所說，他七歲時就已經「沉迷於打架」，「讓他的脾氣變得強硬霸道，任何小事都能讓他大發脾氣……我盡力」，他補充道：「壓制那個男孩，好培養溫良、仁慈及耐心等更好的美德。」[11] 然而叔叔的努力完全徒勞無功：溫良、仁慈和耐心是克萊夫一生都不曾具備的德性。相反地，進入青春期後，他成了村裡的不良少年，在德雷頓市集（Market Drayton）周遭開始強索保護費，「現在對顫抖擔心櫥窗安全的焦慮店主們進行勒索；他的身體變成臨時堤壩，擋住街道溝渠，淹沒得罪他的商家店鋪。」[12]

克萊夫十七歲時，他的父親理查知道自己的兒子過於陰鬱，難以適應教會，個性衝動不耐難以從事法律。幸運的是，理查．克萊夫碰巧認識東印度公司一名董事。一七四二年十二月十五日，羅伯特首次進入東印度之家，正式被錄用為最初級的「文書員」（Writer）。三個月後的一七四三年三月十日，他啟航前往印度。

這趟旅程不是個精采的開始。旅途中，克萊夫在巴西掉了多數行李，還摔進海裡，僥倖沒淹死。他碰巧被一名水手發現，將他救上岸。抵達馬德拉斯後，他也沒有留下太多印象：無名、普通且缺乏必要的關係介紹，他過著孤獨的生活，偶爾跟其他文書員爭吵打鬥。克萊夫「陰沉、冷淡又孤僻」，他曾經嚴重冒犯聖喬治堡的秘書，以至於總督要求他正式道歉。他孤獨、思鄉且痛苦。不久後，他就對印度產生深刻厭惡，這種情緒從未消散。「自從離開祖國後，我從未過過一天快樂的日子」，第一年結束時他寫信回家，逐漸陷入深沉抑鬱。不到一年時間，實在缺乏更好的發洩管道之下，他把內在的暴力傾向轉向自己，試圖自殺。

他從馬德拉斯寄回家的信中，從未提及印度的奇景，也未透露他的所見所聞；他似乎也未曾試圖學習當地語言。他對這個國家毫無興趣，毫不欣賞此地美景，對它的歷史、宗教與古代文明也無探究之心，對此地人民也毫不關心，只將他們一律視為「懶惰、奢侈、無知、懦弱」。[13]「一七四五年他的家書中寫道：「我只想念親愛的祖國英格蘭」。但他從一開始，就有一雙街頭鬥士的眼睛，能夠迅速評估對手，擁有抓住偶然機會的才能，並且願意冒大風險，具有驚人膽識。他還擁有不顧一切的勇猛；當他選擇發揮這一點時，一股深沉的個人魅力就給了他掌控人群的力量。

一七四六年法國攻擊佔領馬德拉斯時，克萊夫的才能開始顯露出來。杜普雷部隊占領城鎮時，他正在馬德拉斯。他拒絕承諾對法國人放下武器，夜裡偷偷溜出城，變裝躲過法國巡邏，徒步到達科羅曼多海岸上另一處較小的英國要塞——聖大衛堡。他在此接受史準格·羅倫斯（Stringer Lawrence）的戰鬥訓練，後者是一名虛張聲勢的大肚子英國人，人稱「老公雞」，他在豐特努瓦（Fontenoy）戰役中對抗過法國人，也在卡洛登荒原（Culloden Moor）上對抗過英俊王子查理（Bonnie Prince Charlie）的詹姆士黨支持者★。這兩個言簡意賅的人合作愉快，羅倫斯是第一位發現克萊夫潛力的人。一七四〇年代末期，杜普雷開始將他的印度兵團租給納瓦伯客戶時，克萊夫也在所謂的「軍事領域」展露才華，穩步晉升到步兵分隊中尉，並展現積極決斷及勇於冒險的性格，終其一生這些特質將令他脫穎而出。

這個時間點上，在史準格·羅倫斯的指導下，馬德拉斯當局開始效仿法國做法，首度培訓自己的印度兵。起初主要是泰盧固語士兵，訓練他們在歐洲野戰炮的支援下，以步兵陣形戰鬥。多年來，印度兵的數量不過幾百人，甚至沒有恰當的制服；他們進行的戰鬥一開始只是業餘試探性質。後來克萊夫在一七五〇年代中期，回顧卡納提克戰爭初期表現時曾寫下：「那段日子裡，我們對於戰爭藝術多麼無知！」

一七五一年八月二十六日，克萊夫首度揚名。他自願率領僅有兩百名歐洲人及三百名印度兵的小部隊，在雨季滂沱中行軍，解救了卡納提克納瓦伯被包圍的首府阿爾科特（Arcot）。克萊夫在雷雨交加之中發動奇襲，令法國人與其盟友大吃一驚，很快在城門上升起了納瓦伯的蒙兀兒旗幟。他的勝利首度顯示出英國東印度公司可以在印度進行成功的軍事行動，不論是對抗印度軍隊（至此為止，印度軍隊仍舊經常擊敗英國軍隊），還是對抗法國軍隊（幾年之前法國人還是首先展示現代步兵與野戰炮技術能夠擊敗印度騎兵軍隊的國家）。這是英國東印度公司在印度贏得自信的關鍵時刻。[14]

軍事專家對這名業餘士兵嗤之以鼻，酸溜溜地說他們「羨慕他的好運，卻不認為他懂得軍事藝術」。[15] 然而克萊夫的成功記錄卻證明一切。速度與奇襲，是他最喜歡的戰略。十八世紀印度的戰爭通常是一場緩慢、文雅又形式化的過程，就像一場精密棋局：賄賂跟談判通常比正式攻擊更加吃重。軍隊可以被收買，將軍可以轉頭跟出資者斷絕關係。適當的時候，克萊夫樂於玩這些遊戲，卻也經常打破慣例，出其不意發動襲擊，施加最無情的攻勢，在雨季滂沱中強迫行軍，設置預想不到的埋伏奇襲，或在夜間、濃霧裡進攻。

克萊夫最大的成就，是一七五二年擊退了威脅馬德拉斯的攻擊。接著他跟史準格．羅倫斯發動攻勢，在卡納提克地區贏得一連串小型戰役，為英國及其支持的溫和納瓦伯穆罕默德．阿里（Muhammad Ali），鞏固了阿爾科特與特里奇諾波里（Trichinopoly）。此時

★譯者註：豐特努瓦（Fontenoy）戰役是奧地利繼承戰爭中的主要戰役，位於比利時。卡洛登荒原戰役是英國本土最後一次激戰，由漢諾威王朝政府軍對抗斯圖亞特王朝的支持者詹姆士黨，此地位於蘇格蘭因凡尼斯。

法國人開始缺錢，無力支付他們的印度部隊。[16]一七五二年六月十三日，法國指揮官賈克·勞（Jacques Law，法國東印度公司創始人的侄子）在泰米爾毗濕奴教派的古老中心——雄偉的斯里蘭甘姆（Srirangam）神廟外，向克萊夫與羅倫斯投降。七百八十五名法國人及兩千名法國東印度公司印度兵成為戰俘。

這對杜普雷的野心來說，是個沉重打擊：根據他的秘書阿南達·朗加·皮萊記載，一聽到消息，杜普雷「望不了彌撒，也吃不下晚餐」。不久之後，杜普雷遭到解職、逮捕，並在羞辱中送回法國。[17]相比之下，克萊夫以英雄姿態返回馬德拉斯。克萊夫的父親在祝賀信中，催促他快速收攏印度的財富：「你的行為與勇氣已經成為全國大眾談論的主題」，他寫下：「現下正是增加財富，（同時）在你離開那個國家前，好好利用這個時機。」[18]克萊夫不需要鼓勵。作為獎勵，他獲得軍需主管的豐厚職務，這個位子在很短的時間內為他賺取了四萬英鎊（今日超過四百萬英鎊）的傭金。

一七五三年二月十八日，衝動之下，克萊夫跟性格強悍的瑪格麗特·馬斯克林（Margaret Maskelyne），在聖喬治堡的聖瑪麗教堂中完婚。瑪格麗特是皇家天文學家奈維爾★的姐妹。次月，三月二十三日，夫婦倆搭乘「孟買城堡號」（Bombay Castle）前往英格蘭，他們並不想再回到印度。抵達倫敦後，克萊夫迅速還清家庭債務——據傳他父親理查曾說：「所以鮑伯終究不是個蠢貨」——並花費巨資嘗試進入國會。然而，儘管他成功買下一處康瓦爾的爛選區，他的政治生涯卻快速撞上黨政陰謀的暗礁。不到十八個月的時間，他就發現自己得返回印度，再賺一筆。

面對即將來臨的法國強力攻勢，英國東印度公司很需要他的服務。考慮到他介在公司文職與軍職之間的奇特位置，克萊夫回歸後改任馬德拉斯副總督的高級職位，同時獲授軍階、出任印度當地皇家陸軍中校，此軍職僅限印度本地。[19]在東印度公司的慫恿下，英國內閣大臣此刻也警覺到法國人在印度積聚的軍力，以及英國可能無法與其抗衡的事實。對許多國會議員而言，這也是個人需要擔憂的問題，因為很多人將積蓄投入東印度公司股票。☆內政大臣霍爾德內斯爵士（Holderness）對印度最感興趣，告知他的同事阿爾貝馬爾爵士（Albemarle），英國政府絕不能接受「法國在世界那塊區域，擁有決定性的優勢力量」。因此很快做出決定，派出皇家海軍戰艦中隊，在瓦特森上將（Watson）的領導下，加上部分英國陸軍正規軍，支援英國東印度公司的私人軍隊，以應對據信已經派出的法軍。[20]一個月後，克萊夫搭乘另一支艦隊前往印度，口袋裡有一份皇家委任狀，令他掌管抵達印度後

---

★作者註：奈維爾・馬斯克林（Nevil Maskelyne）牧師正是戴瓦・梭貝爾（Dava Sobel）暢銷著作《尋找地球刻度的人》（*Longitude: Te Story of a Lone Genius Who Solved the Greatest Scientific Problem of His Time*）（時報文化出版）中的反派角色。正如評論者指出，馬斯克林在書中被描繪成「受過劍橋訓練，沉悶、嫉妒且愛現的教士，他的精英主義，偏好天文學勝過機器發明，使他對生於約克郡、長於林肯郡的（書中主角約翰）哈里森產生偏見。他嫉妒、小氣，又蓄意刁難，把個人潛在利益置於公正判斷之上。」

☆作者註：除了豐厚分紅之外，英國東印度公司董事與職員能夠提供另一個很有價值的好處，當然就是庇護。亦即將政治人物的關係人送上有利可圖的印度職位。這是國會議員支援東印度公司，並派出皇家海軍艦隊與陸軍部隊保護公司的另一個主要原因。

的部隊。

克萊夫成為政治家的終極野心破滅，財富流失，迫使他返回公司懷抱，這些是一連串完全隨機發生的政治情況。然而這個偶然事件，卻帶來深遠廣泛的迴響。克萊夫的激烈攻擊性格與膽大包天特質，推動了接下來幾個月的種種事件，並直接導致世界歷史上最奇特的事件之一：總部位於一幢倫敦小建築的貿易公司，擊敗、篡奪並掌控了一度強大無敵的蒙兀兒帝國。

⚜

「加爾各答，」幾年後克萊夫寫下，「是宇宙中最邪惡的地方之一……貪婪奢侈超越想像。」[21]

一七五五年九月，克萊夫的船「斯特雷特姆號」（Stretham）接近印度時，孟加拉的英國橋頭堡已經跟六十年前喬布·查諾克建立的泥濘貿易站不可同日而語。此時查諾克的兒媳仍舊住在加爾各答，但創建人應該也認不出這座城市了。[22]

查諾克去世以後，加爾各答迅速成為英國東印度公司海外貿易站中的掌上明珠：目前為止，此地是公司在印度最重要的貿易站，也是英國紡織品進口的主要來源地。事實上，此刻英國東印度公司所有亞洲出口貨運中，百分之六十都得通過加爾各答。[23]為了支付這些出口貨物，東印度公司每年得向孟加拉輸出十八萬英鎊（約合今日近一千九百萬英鎊），其中百分之七十四以金銀支付。[24]

巨量現金的流入，改變了這個城市：它的防禦工事、碼頭和綿密的倉庫群此刻沿著淤泥河岸，延伸了三英哩，直入巽德班（Sunderbans）叢林★。平坦天際線上突出低矮的威廉堡堡壘，以及不少宏偉的新「希臘式」建築，包含羅傑・德拉克的總督府、一所學校、劇院、聖安妮新教教堂、聖納撒勒亞美尼亞人教堂、一家醫院、一座監獄、提供飲用水的大水池，以及住戶逐漸增加的墓地。

此時加爾各答可能擁有約二十萬人口，儘管有些大膽估計將數字翻了一倍，其中約有一千名歐洲人。這座城市的碼頭和市集同樣繁忙，每年來此停泊的船隻數量，是上游的蒙兀兒對手——胡格里港——船隻數的兩倍。加爾各答的酒吧總是擠滿船長、大副、水手及引航員，在前往加爾各答惡名昭彰的妓院前，舉杯消解煩惱。

離開加爾各答河岸，歐洲人的房子通常是寬敞舒適、通風良好的建築，漆成鮮豔的白色，擁有寬闊前廊、馬廄與大花園。即便在最好的時光裡，城市規劃從來不是加爾各答的強項：潔米瑪・金德斯利夫人（Jemima Kindersley）認為這座城市看來「難以想像的奇怪，不規則的情況，彷彿所有房子被扔上天又意外掉落現在的位置：人們不停蓋房子；能買下一塊地蓋房的人，總是隨心所欲，不怎麼在意城鎮的美感或規則性」。[25] 此地可能是混亂的，

★ 譯者註：孟加拉語意為「美麗的森林」，為恆河、布拉瑪普特拉河與梅格納河匯入孟加拉灣處形成的巨大紅樹林三角洲，境內河渠縱橫，鹹淡水交會，形成複雜的生態系。今日跨越印度西孟加拉邦與孟加拉共和國之間。區域內是世界上孟加拉虎族群數量最多的保護區。

卻也十分繁榮。

加爾各答貿易的利潤龐大，仍舊不斷增長，然而吸引印度人來這個外國企業城鎮的真正原因，在於此地的安全與穩定。整個一七四〇年代中，卡納提克戰爭肆虐南部，馬拉塔人以兇猛暴力攻擊孟加拉，據荷蘭東印度公司駐孟加拉代表估計，殺死多達四十萬平民。[26]一七五〇年，馬拉塔領袖邦斯雷手下的將領巴斯卡・潘迪特（Bhaskar Pandit）率領兩萬騎兵，再次入侵孟加拉。他們發動夜襲，掠奪納瓦伯的營地，摧毀運補隊伍。馬拉塔人實行焦土政策，燒毀鄰近村莊，防止穀物進入敵人手裡。因此，納瓦伯的士兵沒了糧食、交通工具跟自己的行李，因而士氣低迷；這是東印度公司商館館員在家書中生動描述的。[27]巴德旺（Bardwan）大公的精神導師瓦內許瓦・維迪亞蘭卡（Vaneshwar Vidyalankar）也寫到馬拉塔人「毫無憐憫之心，殺害孕婦嬰兒，婆羅門與窮人都不放過，性格兇猛，搶奪所有人的財產，犯下各種罪行。他們造成當地災難，像一顆（不祥）彗星，導致孟加拉村莊人口滅絕。」[28]

孟加拉詩人甘迦・拉姆（Ganga Ram）在他所著的《馬哈拉施特拉往世書》（*Maharashta Purana*）中，對他們帶來的恐怖，提供了更全面的描繪。他寫道：「地球上的眾人充滿罪惡，無人崇敬羅摩與奎師那。日與夜，他們與人妻尋歡作樂。」最後他寫到濕婆神命令座牛南迪（Nandi）進入馬拉塔國王夏胡（Shahu）的身體。「讓他派出手下，讓罪人與惡人受到懲罰。」[29]不久之後：

（馬拉塔的）巴吉輕騎兵（Bargi）開始洗劫村莊，所有人在恐懼中出逃。婆羅門導師帶著大量手稿出逃；金匠帶著磅秤砝碼出逃；漁夫帶著網線出逃——所有人都逃走了。往四面八方奔逃；誰能數得清數量呢？

所有村人一聽到巴吉騎兵，全都跑了。大門不出的良家婦女，頭上頂著籃子，逃離巴吉騎兵。曾以刀劍獲取財富的拉吉普特地主，也拋下刀劍出逃。苦修者與僧侶坐在擔架上，轎夫肩膀上扛著行李，也跟著出逃。還有許多農民將明年莊稼用的種子放在牛背上，扛著犁耙，也出逃了。幾乎無法行走的孕婦，在路上開始陣痛生產。

有些人站在路上，問路過者巴吉輕騎兵在哪。每個人都回答，我沒親眼看到。但看到大家都在逃，我也跟著跑了。

突然間，巴吉騎兵大喊一聲衝下來，把人群圍在田中間。他們搶走金銀，不要其他東西。他們砍掉一些人的手，其他人的鼻子耳朵；還直接殺了一些人。他們拖走試圖逃跑的漂亮婦女，用繩索綁住手指與頸項。一個人完事之後，另一個人會接著上，被強姦的女人尖叫求救。巴吉騎兵一逞獸慾惡行後，就讓那些女人離開。

田中搶劫完之後，他們進入村莊，放火燒屋。無論是平房、茅屋還是寺廟，大大小小，全部一把火燒了。他們毀了村莊，四處漫遊搶劫。一些人的手被綁在身後，另些人被推倒在地，用鞋子踢踹。他們不停地喊：『給我盧比，給我盧比，給我盧比。』若沒得到盧比，他們會將水灌進受害者的鼻孔，或將他們淹進水洲。沒得到索求的錢財，他們會殺人……無論平房、茅屋還是毗濕奴神廟（mandapa），大大小小，全都燒了……眼前所見的每個婆羅門、毗濕奴教派信徒★或出家人，全都殺了。他們還大肆屠殺牛與婦女。[30]

孟加拉的噩夢竟成了英國東印度公司的重大機遇。面對大砲，這些城市又有歐洲強權訓練下的火槍手防衛，馬拉塔騎兵竟無能為力。[31]加爾各答更特別受到保護，東印度公司挖了一條深渠，阻止馬拉塔騎兵入侵。流離失所的孟加拉人此刻紛紛湧入了這座城鎮，他們相信這裡提供的保護，勝過區域內其他地方。這使得加爾各答人口在十年內暴增三倍以上。這段期間造訪孟加拉的克什米爾士兵阿卜杜．卡里姆說，馬拉塔人特意避免攻擊胡格里河沿岸的各處歐洲堡壘：「歐洲士兵比其他國家的士兵來得優異」，他寫下：「馬拉塔人很清楚這一點。即便加爾各答充滿各式歐洲商品，也沒有防禦設施，同時歐洲居民數量也不算多，馬拉塔人雖如蟻群傾巢而出，卻從未對此地發動攻擊。因為他們擔心歐洲人會聯合起來共同防禦。歐洲人在大砲與火槍的運用上非常出色。」[32]

難民之中，有些人後來將建立起此地最光榮的統治世家，例如納巴克里希那．戴伯（Nabakrishna Deb）和羅摩杜拉爾．戴伊（Ramdulal Dey）。[33]然而此地吸引人的，不僅是堡壘的保護力。加爾各答已經成為私營企業的天堂，不僅引來孟加拉織品商人與放債者，還有帕西人（Parsi）☆、古賈拉特人和馬瓦爾人企業家與商號，他們發現這裡是個適合發財的安全庇護環境。[34]大批印度人中，還有不少富商，單純只是想要遠離納瓦伯的課稅網絡。其他人則是在英國船隊保護下出航貿易，前往波斯、波斯灣，或東航穿過馬六甲海峽抵達中國。[35]此地的法律制度，英國的商事法，及具有國家強制執行力的正式商業合同，所有框架都進一步讓加爾各答成為亞洲各地商人、銀行家做生意的首選目的地。[36]

因此到了一七五六年，這座城市已經擁有精采多元及多語種的人口組成：除了孟加拉人、信奉印度教與耆那教的馬爾瓦銀行家外，還有葡萄牙人、亞美尼亞人、波斯人、日耳曼人、瑞典人與荷蘭人；根據早期人口普查，有些人擁有精密卻有些古怪的技能，如鐘錶工匠、畫家、糕點師傅、金匠、殯葬業者及假髮工匠。

黑鎮（Black Town）是加爾各答的印度人區，擁有無數寺廟、清真寺與熙熙攘攘的蔬果市場，比白鎮更加混亂、骯髒與泥濘。然而，來自亞洲其他地區的訪客，寫到這處殖民地，總是語帶崇敬。根據睿智先知後裔——波斯旅人阿布杜．拉提夫．蘇希塔利（Abdul Lateef Shushtari）所言：「加爾各答已經取代了胡格里，後者現在只有荷蘭船經常光顧。（白鎮）包含許多石造或磚塊灰泥造的兩到三層房屋，上漆後看起來就像大理石一樣。」

房屋沿路而建，路人可以看到房中動靜；晚間，上下房裡都點上樟腦蠟燭，景象極美。此地不擔心強盜或搶劫，也沒人問你從哪裡來，往哪裡去；來自歐洲、中國和新世界的大船未曾停歇，滿載貴重貨物與精美布匹，因此天鵝絨與綢緞、瓷器與玻璃器皿變得司空見慣。在加爾各答港，經常泊有上千艘大小不一船艇，船長們開砲示意到埠或離港……[37]

---

★譯者註：馬拉塔人供奉濕婆神與其伴侶帕爾瓦蒂（Parvati）女神的各種化身。

☆譯者註：來自波斯的瑣羅亞斯德教徒。

雖然他們有諸多的缺點，但蘇希塔利寫下，英國人非常歡迎並獎賞有才華的人。「英國人不會任意解雇，」他指出：「每個有能的人，在自己提出退休或辭職的要求前，都能保有工作。更驚訝的是，他們參加多數穆斯林和印度教的節日慶典，與當地人民打成一片。他們對各教派的博學之士都非常敬重。」

他還寫下，通婚很普遍，但擁有歐洲人伴侶的印度女性卻不大受到敬重。他說：「對那些出身腐敗穆斯林族群、邪惡印度教徒族群或沒有未來的女性，若出於自己的意願跟英國人結婚，他們不會干涉這些女性的宗教，也不強迫他們脫下面紗（purdah）；這類結合中誕下的兒子長到四歲時，就會從母親身邊帶走，送到英國接受教育。」

英國人刮除鬍鬚與小鬍子，把頭髮綁成馬尾。他們撒上白粉，好讓頭髮看起來白一點，男女都這麼做，好減輕年齡差距。男女都不刮陰毛，認為保持自然狀態更好看。事實上，多數歐洲女性都沒有體毛，即使有，也是酒紅色，柔軟細緻。

由於婦女不戴面紗，男女在同一間學校就學，戀愛因此相當普遍，男女都熱衷詩歌，並創作情詩。我聽聞有些出身高貴的女孩愛上出身卑微的年輕人，引起醜聞，威脅懲罰都難以控制。她們的父親被迫將她們趕出家門。街道上坐著許多曾經出身良好的女孩。

妓院在門口掛上妓女的繪像，標上一晚的價格及娛樂配備……由於妓女人數眾多，阿塔沙克（atashak，淋病）這種會引起陰囊及睪丸腫脹的嚴重性病，影響了各個階層。傳染一個接一個，健康者與感染者混雜不分，卻沒人喊停，連此地的穆斯林也不例外！[38]

蘇希塔利並不是唯一對加爾各答英國居民放蕩行徑感到疑慮的人。他們來到東方只有一個想法：在最短的時間內累積財富。多數人對貿易國家的風俗習慣，或他們留在家鄉的社會禮儀，都沒有興趣。每年許多抵達加爾各答的公司職員與士兵，通常是鄉下地主家族的窮困兒子，或在一七四五年起事中失去莊園或財產（或兩者皆失）的蘇格蘭人，或是從倫敦東區街頭招募來的小兵，又或者是落魄的盎格魯—愛爾蘭地主與牧師之子。他們全都準備冒著生命危險，旅行數千英哩，前往孟加拉水濕沼澤與氤氳叢林的極端環境，冒著很可能早夭的風險。因為只要生存下來，沒有比這裡更容易賺錢的地方了。

在加爾各答，巨大財富可以在數月中積攢，又在牌桌或一次賭注中，頃刻失去。死亡，不論是疾病還是縱慾，都是司空見慣。來到這裡的公司職員中，三分之二的人未能返回家鄉；公司軍人的比例更高，每年有百分之二十五的歐洲士兵死亡。[39]不絕的死亡讓人變得麻木不仁：他們會為逝去友人哀悼一下，喝醉了就競標他的遺物：他的馬和馬車，他的維沙卡帕特南（Vizagapatam）象牙鑲嵌傢俱，甚至是他的孟加拉妻子（bibi）。[40]這意味著這個城市往往充滿了年輕人，羅傑・德拉克出任總督時，只有三十歲。

多數人發現加爾各答是個物價昂貴的城市：此刻要在孟加拉維持一棟體面的房子，每年得花上約一千英鎊（今日十萬五千英鎊），因此幾乎所有加爾各答的歐洲居民，某個程度上，都向印度放款人借錢。[41]一七五四年一月三日，一名蘇格蘭年輕人史泰爾・達爾林普

（Stair Dalrymple），剛從北伯威克抵達印度，寫信給擔任國會議員的父親休伊爵士：「這裡所有價格都是家鄉的兩倍。世界上最好的經濟榮景裡，你無法不奢侈。我剛到這裡沒多久，就聽到這樣悲哀的事實，這裡所有紳士都是這麼說。一切都跟你想像的不一樣……我蓋了許多空中城堡。」他以為靠著「經濟榮景」，他或許能用年薪支付六個月的生活費用。早些時候他曾寫下：「我希望在這裡至少待上十五到二十年。到時我可能會成為總督。如果沒有，我也可能會賺到一筆錢，過著像紳士一樣的生活。」[42]

所有賺錢的瘋狂企圖裡，德拉克的加爾各答參議會卻忘了一項重要考量：維持城市的防禦。堡壘外牆正明顯崩潰，火砲銹蝕，新建築物侵佔各處城牆，好幾棟建築的高度還能俯瞰堡壘。此外，遇到攻擊時，能夠動員的民兵也非常有限：約兩百六十名士兵和軍官，其中只有四分之一是英國人，其他則是葡萄牙、義大利、瑞士與北歐傭兵。卡納提克戰爭期間馬德拉斯訓練當地戰士種姓成為印度兵的實驗，此刻尚未引進孟加拉地區。正如大衛．雷尼上尉（David Renny）在報告中提及：「加爾各答軍事物資短缺，也缺乏士兵」：

我們沒有好的砲車。民兵也沒有足夠的小型武器與彈匣……公司去年透過「德拉瓦爾號」送出的信中表示，要加強此地防禦能力。但他們沒有現金進行這些工作，也沒有合適的工程師。儘管我們可以借貸資金，公司卻極為反對。彈藥管理極度混亂，沒有哪種彈匣立即可用：儲存的少量葡萄彈已經放太久，遭到蟲子蛀蝕。沒有填好的砲彈或備好的引信，可以面對任何可能的情況……我們只有少量（砲用）火藥，絕大部分已經潮濕。[43]

法國人對這些弱點非常清楚。卡納蒂克戰爭中遭克萊夫擊敗的勞氏兄弟之一的賈克．勞，是卡辛巴札法國商館的負責人，此處商業中心位於孟加拉首府穆爾希達巴德的南緣。他寫下加爾各答的「堡壘很小，建造粗糙，也沒有護城河。許多房屋可以俯瞰城牆，駐軍太少……不足以防衛。」[44]

焦慮的倫敦董事也很清楚此一明顯弱點，因此隨著對法戰爭越來越近，他們另外遣送五十九門大砲到加爾各答，並再次建議參議會，即刻展開要塞強化工作。一七五六年，他們致信德拉克，詢問防禦升級的工作進度，並催促他盡快進行必要的修復，最好獲得納瓦伯阿里維爾迪汗的同意，「或者若能視同他們的同意，至少獲得納瓦伯麾下官員的默許」。他們關心的，不只是法國的威脅。「由於他年事已高，納瓦伯隨時可能去世，在下個人坐穩寶座之前，可能會在省內造成重大混亂與問題。因此我們建議無論如何，採取一切謹慎措施，保護我們的財產、權力與特權。」[45]

幾週後展開城牆修復重建工作，德拉克卻忽略了尋求納瓦伯許可的指示，因為卡辛巴札英國商館的負責人威廉．瓦茨（William Watts）告訴他：「我們不確定他（阿里維爾迪汗）是否會注意到我們加強加爾各答的防禦……但很肯定，他先前的（修復）許可是得付出大筆金錢才能取得。因此閣下應當決心著手築城，不必請示。」[46]

然而納瓦伯的情報機構，遠比德拉克或瓦茨所想的更有效率。幾天之內，老納瓦伯阿里維爾迪汗已經收到德拉克修復計劃的完整報告，並召見了他的外孫與未來繼承人，針對這些企圖顛覆蒙兀兒當局的傲慢商人，討論要採取哪些適當回應。外孫的名字是希拉吉・烏道拉。

穆爾希達巴德城是蒙兀兒時代晚期的孟加拉首府，位於恆河的兩條源流之一的跋吉羅帝河（Bhagirati）上，距離加爾各答三天航程的距離。

除了偉大的織造中心達卡（Dhaka）之外，在一七五六年的孟加拉地區，穆爾希達巴德是另一處大於加爾各答的城市；實際上，根據某些估計，它的人口與倫敦大致相當。納瓦伯阿里維爾迪汗在此統治著蒙兀兒帝國當今最富有的省份，然而在一七五六年的此時，這個帝國還能存續多久，頗有爭議。自從一七四〇年代的馬拉塔人入侵之後，納瓦伯就停止將歲收送往德里；即便此刻入侵已經停止，歲收繳納卻未恢復。

阿拉伯人和阿夫沙爾突厥人混血的阿里維爾迪汗，在一七四〇年獲得勢力龐大的賈格塞特銀行家資助策劃，發動軍事政變。賈格塞特控制了孟加拉地區的財政，他們可說是孟加拉的造局者及破局者，連統治者也不例外。他們的政治直覺通常和財務直覺同樣敏銳。在此情況下，一如以往，他們選了非常恰當的人選：阿里維爾迪汗確實是受到歡迎且有文化素養的統治者；他也極其能幹。他的勇猛、堅持和軍事才能，成功阻擋了馬拉塔人的入侵，這是其他蒙兀兒將領罕有的成就。他透過單純軍事效率，也藉由無情狡詐來實現這樣的成就：一七四四年，他誘引巴斯卡・潘迪特與馬拉塔軍官進行談判，並利用這個機會，讓手下的阿富汗將領穆斯塔法汗（Mustafa Khan）在和談帳篷裡，暗殺了一整個馬拉塔領導團。

阿里維爾迪汗在穆爾希達巴德開創出強大耀眼的什葉派宮廷文化，以及穩定的政治、經濟和文化中心。蒙兀兒帝國衰微的動盪裡，此地成為罕見的寧靜與繁榮之地。許多才華橫溢的蒙兀兒移民，包含士兵、行政官員、歌者、舞者及畫家，從日益動盪、暴力橫行的沙賈汗巴德街頭湧向此處。因此，在阿里維爾迪汗的統治下，穆爾希達巴德成為了蒙兀兒晚期藝術的偉大中心之一。[47]

著名的德里藝術家迪普・昌德（Dip Chand）與尼達・瑪爾（Nidha Mal）帶領的移民繪畫工作室，讓穆爾希達巴德的宮廷藝術家，很快發展出一種特色獨具的地方風格。背景中總是平穩流淌著寬闊的恆河水，這些繪畫展現美妙的新自然主義，欣喜描繪滿布寺廟與清真寺的繁華河畔村莊景致。芒果和團花樹蔭掩映下，帶犁農民與持秤商販經過，向身著虎皮、長髮披肩的聖人鞠躬致意。另一側則是華麗座象上的貴族與轎中的王公。與此同時，棕櫚樹葉繁盛的上下游河岸，漁舟及東印度公司的單桅帆船，經過穆爾希達巴德王家後宮的華麗鍍金鐮形畫舫，穿越跋吉羅帝河，前往庫什巴格（Khushbagh）的蒙兀兒花園。[48]

一七五五年前繪製的一幅小型宮廷細密畫裡，阿里維爾迪汗的女婿沙赫馬疆（Shahamat Jang）享受德里音樂世家（kalawant）的私人音樂演出。這些音樂家顯然被視為珍貴收藏，因為畫上不僅列出大名，並逐一清晰描繪。坐在大廳另一側等待獻曲的，是四名精雕細琢的德里歌伎，同樣一一列出名字。[49]

此時從破敗德里市街外移的人群，還包括納瓦伯的表親，年輕傑出的蒙兀兒史家古蘭・

胡笙汗。在他眼裡，阿里維爾迪汗是一名偉大英雄。他所著的《現代回顧》是十八世紀印度史的傑作，目前為止是關於這段歷史最發人深省的印度文獻。古蘭・胡笙汗描繪了一名貓奴的迷人形象，熱愛以美食、書籍與故事度過夜晚時光：「他非常關注維護臣民的和平安全，特別是農民。這些人可說是覺得像坐在父親膝上或母親懷裡一樣的放鬆。」

他瞭解藝術，喜愛精緻演出，從未忘記向藝術家致敬，懂得獎勵藝術成就斐然之人。他喜歡機智對話，他本人也是個很好的對話者，同時代少有人能及。他是一名謹慎精明的將領，也是勇猛士兵，幾乎擁有一切美好德性與素質……

阿里維爾迪汗本人不抽煙，但喝咖啡，並與周遭的人分享……（上午工作完畢後）他會有一小時的娛樂時間，聊天、聆聽詩歌朗誦或一些有趣故事；他偶爾還會給出一些菜餚（食譜），由波斯或其他烹飪大國的廚師，在他面前烹煮；他喜愛享受美食，口味十分挑剔。

有時也會下令將肉類、香料及其他必要食材送到面前，親自指示廚師，有時還會創造新的烹調手法……晚餐後，他會返回臥室小睡片刻。這段時間，說書人和守夜者會前來履行職責。[50]

阿里維爾迪汗的另一項愛好是白色波斯貓，孟加拉的法國人和英國人競相為他在世界各地尋找最美麗的貓。這樣的禮物總是能他們贏得青睞。[51]阿里維爾迪汗有時會施壓歐洲公司，要求他們在孟加拉對馬拉塔人的防禦上，做出實質貢獻；這讓他們很不悅。不過一般來說，他們很欣賞他強而有力統治下帶來的和平與繁榮。相對地，他也清楚這些貿易公司為王國帶來的財富與其他好處：「商人是王國的貴人，」他如此相信，「他們的進出口造福所有人。」[52]

有一次，阿里維爾迪汗告訴高級將領米爾・賈法汗（Mir Jafar Khan），歐洲人就像一群蜜蜂，「你可以收割它們的蜂蜜，但若打擾蜂巢，它們會把你螫死。」[53]他建議手下將領不要激怒歐洲人：「英國人哪裡讓我不開心了？」他對一名固執的阿富汗軍官說：「看看遠方那片長滿青草的平原，你若放火燒了，火勢將一發不可收拾；那麼，誰能撲滅從海上爆發、蔓延到陸地的大火呢？聽到這種提議，你要當心，它們只會帶來惡果。」[54]

由此回顧，在孟加拉人的記憶中，阿里維爾迪汗晚年被認為是黃金時代，後續年代都難以匹敵：國勢富裕興旺（一七二〇年代以降，孟加拉歲收增長了百分之四十），光是穆爾希達巴德附近的市集，據聞每年就能交易六十五萬噸白米。[55]這個區域的出口產品包含蔗糖、鴉片和靛青染料，以及本地一百萬名織工生產的紡織品，都受到世界各地追捧。自從馬拉塔人敗退後，這個國度也享有一段極和平的時期。一七五三年，一名英國人紀錄下商人「經常在幾名雇工的照看下」，將金銀從孟加拉的一端送到另一端。[56]這樣的時局對許多朝臣如古蘭・胡笙汗來說，只有一個問題：那就是阿里維爾迪汗的外孫兼繼承人希拉吉・烏道拉。

關於這段歷史的眾多文獻，不論是出自波斯、孟加拉、蒙兀兒、法國、荷蘭或英國，都沒有任何關於希拉吉的好話。據他的政治盟友尚・勞所言：「他的聲譽是難以想像的糟糕」。

這名年輕男子身量中等，年約二十四、五歲……以各種放蕩沉迷及殘酷聞名。印度教徒婦女習慣在恆河中浸浴。手下會通報希拉吉哪些女性頗有姿色，他就派手下乘小船將她們從水中擄走。他經常被看見在河水洶湧時故意撞擊渡船，造成驚嚇或顛簸，就為了享受讓數百名男女兒童驚恐的快感。因為很多人不會游泳，肯定會溺水而死。

倘若要除掉某些大臣或貴族，希拉吉會自願幫忙。阿里維爾迪汗無法忍受處決時的哭聲，此時就會退到城外的花園或屋舍。人們聽到他的名字就會簌簌發抖。他激起此等恐懼……這名輕率的年輕人沒有真正的治理才能，他只是透過引發恐懼來統治，但同時也是眾所周知的懦夫。

本質上，他雖魯莽卻缺乏勇氣，固執又不果斷。他很容易被激怒，即便是微不足道的小事，甚至毫無來由。他是容易受到情感波動震盪的軟弱之人，內心狡詐卻非精神陰險，對人毫無信念或信任，也不尊重自己立下的誓言，可以輕易毀棄。唯一對他有利的藉口就是，這名年輕人從小就知道自己將當家作主。在缺乏教育的情況下，他從沒學到服從的價值。[57]

然而，對他最嚴厲的描繪，卻是來自表兄弟古蘭·胡笙汗。他曾隨侍希拉吉左右，對他筆下這名連續雙性強暴犯與精神變態，深感震驚，他寫下：「他的人格就是無知與奢侈放蕩的混合。」「朝臣將領已經對王子的輕浮、粗魯言語及冷酷心地覺得反感」：

這位王子……幾乎將他喜歡的人，不分性別，全都變成慾望下的犧牲品。他毫無顧忌地對他們發作惡劣脾氣，或不計後果的年輕喧鬧。他不但忽視並且日日侮辱那些曾勇敢效忠阿里維爾迪汗的年長將領，在王孫的性格與汙言穢語恫嚇下，他們不敢在他面前開口，甚至喘息。他交談時的粗魯言辭令人震驚，受到王孫青睞的傲慢新貴也令他們憤怒，以至於他們不但不願提出建議，更心懷鬼胎，盼他自取滅亡。他也堅持不採納任何意見。

至於希拉吉本人，他對世界一無所知，也無能採取合理行動，完全欠缺理智與洞察力。他的腦袋為無知之煙所遮蔽，年少、權力與統治的煙霧令他目眩神迷且中毒甚深，無力分辨好壞，遑論善惡。他如此輕率不智，以至於在某次軍事征途中，竟用嚴厲語言及暴躁脾氣，刺傷最勇敢能幹的指揮官，導致他們對他不屑一顧，徹底忽視……最終他變得像法老王一樣遭人厭棄。碰巧遇到他的人都會說：「真主保佑我們離他遠一點！」[58]

希拉吉最嚴重的錯誤，就是疏遠了孟加拉的大銀行家賈格塞特。塞特家族的算計操弄將阿里維爾迪汗捧上權力寶座，任何想在這區域運作的人都想努力爭取他們的青睞；然而面對金融家族的兩位掌門人，希拉吉卻背道而馳。這兩個人包含賈格塞特頭銜的所有人馬塔伯．萊伊，及他的堂兄弟斯瓦魯普．昌德（Swaroop Chand）——阿里維爾迪汗曾授予他「王公」（Maharaja）頭銜。希拉吉統治初年，曾想武裝一支軍隊，對抗他在普內亞（Purnea）

的堂兄弟。當時希拉吉命令銀行家提供三千萬盧比（約合今日三億九千萬英鎊），遭到馬塔伯．萊伊拒絕時，希拉吉就動手打了他。[59]根據古蘭．胡笙汗所寫，「首府的第一公民賈格塞特，經常遭他輕蔑嘲諷以對，有時還威脅要對他行使極度污辱的割禮，賈格塞特的心已全然疏遠，不再支持（希拉吉政權）。」[60]這種可以輕易避免的錯誤，未來將讓他後悔莫及。

即便如此，希拉吉卻深得外祖父的歡心。老人沒有兒子，只有三個女兒，他另一名外孫——希拉吉的哥哥——死於天花後，所有的希望都寄託在這位倖存者身上。祖孫倆可說是天差地遠：阿里維爾迪汗睿智且有紀律，他的外孫卻無知又放蕩；然而，阿里維爾迪汗的愛卻無止境。根據古蘭．胡笙汗的記載，即便希拉吉在一七五〇年對外公發動叛亂，佔領了巴特納城，慈愛的外祖父仍舊堅持寬恕他，寫信給他，「以熱戀情人的口吻，懇求他可愛的面容再次出現在孤獨老人面前，這是老人晚年唯一的樂趣所在」。[61]

有段時間，人們曾經期望阿里維爾迪汗能夠醒悟，任命他慷慨又受歡迎的女婿納瓦齊什汗（Nawazish Khan）為繼承人。納瓦齊什汗娶了他的長女加西蒂女士（Ghasiti Begum），根據朝廷共識，他是完美的選擇。然而事與願違，一七五四年，希拉吉正式被任命為繼承人。

到了一七五五年，此事開始成為一個現實問題；所有人都清楚，八十歲又患有水腫的納瓦伯，即將來到生命盡頭。英國東印度公司特別擔心這一點，因為他們沒跟上希拉吉的隊，反而是專心交好納瓦齊什汗與他的妻子，而後者已經成了希拉吉憎惡的對象。相較之下，法國人則是比較聰明的玩家，尚．勞則希望阿里維爾迪汗死後，這可能成為他們在孟加拉的獨特優勢。英國人「相信，以希拉吉的暴力性格跟他所激起的仇恨，他永遠不可能成為行省總督（Subedar）。」

> 他們從未接近他，也從未請求他協助任何事務。相反地，他們避免跟他接觸。眾所周知，他們幾度拒絕他進入他們在卡辛巴札的商館與鄉間屋舍。粗魯無知的希拉吉．烏道拉，以隨意打砸傢俱聞名，還喜歡拿走看上眼的東西。然而希拉吉也不會忘記任何傷害或輕視。因此，即便在阿里維爾迪汗去世之前，大家就已經知道他對英國人很惱火。
>
> 另一方面，他比較偏袒我們（法國人）。讓他開心對我們有利，所以我們總是在商館裡千方百計接待他，超過他應得的規格，並且在所有重要事務上，請他出手相助。時不時送禮，有助於維持我們之間的友好關係。[62]

一七五六年三月，阿里維爾迪汗的健康狀況急劇惡化，因為重度水腫而半身癱瘓。約莫此時，老納瓦伯從蒙兀兒帝國南方來的訪客那兒，得知五年前歐洲人在卡納提克戰爭中所做的事。他特別聽說他們從蒙兀兒納瓦伯手中的有用工具，搖身一變，成為強大的傀儡師，能依其意願捧起或拋棄相互競爭的統治者。這個消息「給他留下深刻的印象」，古蘭．胡笙汗寫下，「因為他知道真主並未將他的知識和審慎賦予希拉吉．烏道拉；他也完全清楚他將如何治理，他跟將領不和的程度，以及他似乎很容易跟加爾各答的英國人發生爭執。

他經常向全體人員保證，只要他死了，希拉吉．烏道拉繼承他的位置，那些外國人就會占據整個印度海岸。」[63]

因此不久後報告湧入，英屬東印度公司被抓到未經授權非法維修城牆，有些地方甚至是完全重建時，阿里維爾迪汗召見了希拉吉，決定致信英國人和法國人，要求他們完全拆除堡壘。法國人回了一封圓滑的回信，通過賄賂昌德納加的蒙兀兒官員，得以避免拆毀堅固的新城牆。然而德拉克總督的堡壘實際上要簡陋得多，回覆給納瓦伯的信件卻被視為傲慢挑釁，質疑納瓦伯保護臣民的能力，並暗示英國人正準備將對法戰事帶進孟加拉，這場戰爭已經在卡納提克造許多破壞：「我們無法考慮屈服於如此前所未有的要求，」德拉克寫下：

> 本世紀中，我們持續在閣下（納瓦伯）的統治區內進行貿易，受到諸多省份的保護鼓勵，始終服從他們的命令。因此，我們擔憂的是，某些敵人未經核實就向閣下進言，說我們正建造新堡壘……閣下必然已經得知，俾公司因法國佔領馬德拉斯而遭受巨大損失，兩國之間發生戰爭，因此我們此刻正修復的城牆，實有遭河流（洪水）侵蝕的危險，而非建造新工程。[64]

作為回應，阿里維爾迪汗最後一次轉向外交，派遣那拉揚．辛格（Narayan Singh）作為代表，負責說服德拉克適時臣服，向他解釋商人在蒙兀兒帝國中的地位與階級，以及公司拒不從命的後果。

老納瓦伯的最後時光，在看鬥雞及給孫子建議中度過。他建議孫子盡可能遵循妥協之道。他說：「國家繁榮取決於團結合作，在爭吵對立中毀滅。你若希望基於協議與服從的統治，就得堅定跟隨我的作法與道路，如此你一生都可免於被敵人支配。你若走上爭吵敵對的道路，這個國家很可能會從良好聲譽走向衰落，籠罩在長期的悲傷和遺憾之中。」[65]

阿里維爾迪汗於一七五六年四月九日清晨五點去世。當天即下葬於庫什貝格，母親陵墓左近。同一天晚上，希拉吉．烏道拉攻擊了姨母加西蒂女士的宮殿，殺死或解除私兵武裝，奪走她所有錢財珠寶。

一個月後，五月二十二日，希拉吉帶著數千人與五百頭大象向普內亞前進，準備攻擊他視為潛在競爭對手的堂兄弟。此時他遇到了代表祖父出使的那拉揚．辛格，他正在從加爾各答返回，心中備感憤怒羞辱。他告訴新納瓦伯，德拉克把他抓起來，甚至沒見一面就逐出城。「他問：『幾個甚至還沒學會洗屁股的商人，以驅逐使者，應對統治者的命令時，我們還有什麼榮譽可言？』聽到這樣的話，希拉吉．烏道拉帶大軍折返，一夜行軍到卡辛巴札英國商館後方駐紮。」[66]

英國東印度公司的商館緊閉大門，將城垛上的人砲填滿葡萄彈，連續數日一直處於僵局，先是商館遭到封鎖，接著被包圍。商館館員分成兩派，一派主張利用手頭上少數士兵及有限武器進行軍事抵抗，另一派則主張順服希拉吉．烏道拉。一開始包圍商館的只有三百名蒙兀兒騎兵，然而軍隊人數日益增加。六月三日希拉吉本人帶著一支軍隊現身時，焦慮的館員估計人數達到三萬人。公司人員卻只有兩百人。[67]最終，由於孟加拉宮廷各方友人表示若無條件投降，納瓦伯將寬宏大量，因此首席館員威廉・瓦茨決定接受建議。

根據一份英國目擊者報告，「瓦茨先生來到納瓦伯面前，雙手交叉，腕上綁著一條手帕，表示自己是他的奴隸及囚犯，卻遭他（希拉吉）嚴重羞辱。」[68]瓦茨被迫抱著納瓦伯的腳哭喊：「Tomar ghulam，tomar Ghulam」，意思是：「我是你的奴隸，你的奴隸。」

商館大門洞開後，敵人立刻大量湧入，要求公私倉庫的鑰匙；他們立刻取得武器彈藥，卻以極其傲慢的態度，威脅紳士們要割下他們的耳朵、劃開他們的鼻子、抽打他們及其他懲罰手段，迫使他們屈服……接著他（希拉吉）命令所有歐洲人離開商館，嚴加看管。所有囚犯都被送到穆爾希達巴德監獄，鎖上鐵鍊，持續關在那裡。[69]

被俘虜、掠奪及上銬的人之中，包含二十四歲的年輕見習館員華倫・哈斯汀斯。投降的駐衛隊長艾略特（Elliott）中尉，不甘受此侮辱、羞辱與監禁，選擇舉槍自盡。[70]

五月二十八日，圍攻之中，希拉吉・烏道拉派遣一名亞美尼亞裔中間人到加爾各答，向德拉克提出最後一串要求，並告訴他：「倘若英國人想要留在我國，他們得接受拆除堡壘，填平護城河，並按照穆爾希德・庫利汗納瓦伯時代的條件進行貿易。否則，我會將他們逐出我統治的省份……我決心要讓那個國家降回到上述條件……」[71]希拉吉想要的，是讓英國人像亞美尼亞人一樣；幾個世紀以來，作為服從的商賈社群在省內進行貿易，靠的不是自己的堡壘，而是蒙兀兒總督的保護。

德拉克甚至沒有回覆。因此卡辛巴札商館投降次口，希拉吉・烏道拉帶著大軍出發（此刻有七萬多人），前往加爾各答，要征服這個強大的商業城市。

⚜

希拉吉・烏道拉往南，對英國東印度公司行使權威的時候，一千英哩以外的內陸地區，另一位同樣三十出頭歲的年輕蒙兀兒王子，他的命運也跟克萊夫及東印度公司緊密相繫。他正試圖在賈特人勢力重鎮的漢西（Hansi）行使權威，此地在德里以西約一百英哩。這位王子是親切友善的知識分子及文學家，根據莫達夫伯爵的說法，他「好到過於軟弱，並不適合進行懲罰性遠征，無情嗜血的希拉吉・烏道拉還比他要成功一些。」[72]

阿里・高哈王子（Prince Ali Gauhar）沙・阿蘭高大英俊、體格健壯，擁有希拉吉・烏道拉所缺乏的魅力、敏感度與學識。他不是士兵，而是可以多語創作的詩人；儘管他也以勇敢戰士及優秀劍藝聞名，但他的興趣卻不在戰爭藝術，而是詩歌領域。

曾經嚴厲批評希拉吉・烏道拉的尚・勞，幾乎將這位年輕的沙・阿蘭描寫成完美的王子：「他體長超出平均，面貌迷人，卻是出人意料的膚色黧黑。」

王子（Shahzada）受過最好的教育，並因此受益匪淺。我觀察到的一切，似乎都相當出色。他精通各種東方語言及歷史，熟悉阿拉伯語、波斯語、突厥語及興都斯坦語。他熱愛閱讀，每日都有個把小時沉浸其中……他擁有探索精神，在私人社交圈中開朗自由，經常邀請他信任的主要將領進行交流。我經常有幸參與。[73]

不幸的是，他出生的時代裡，赤裸裸的侵略與野蠻力量，似乎比起魅力或和解，更能帶來可靠結果。正如他自己所說：

貴族諸侯的背叛，導致全面動盪無序，每個人都在自己的地盤上稱王，彼此相互矛盾，強者欺凌弱者……陛下聖心十分不安，他若無法維護家族與帝國榮譽，在只追求表相的人眼中，他的尊嚴將要掃地……在此虛幻欺騙的時代裡，陛下無法依賴任何人的服務或忠誠表態。[74]

自從二十年前穆罕默德．沙．朗吉拉統治期間帝國急遽縮小以來，沙賈汗巴德附近的核心地區已經陷入了一種狗咬狗的野蠻混亂狀態。現在各村莊都是自給自足的武裝堡壘共和國，與鄰為敵。外力入侵或麻煩時期，蒙兀兒中央很少或根本無力提供這些村莊共和國任何援助，村民也就沒有理由支付稅款。根據《沙．阿蘭傳》記載，王子的工作是「懲罰那些不服的邪惡王公與叛逆的黑心地主，讓他們受到訓誡，回歸正軌」。[75]然而事實並非如此。當王子試圖讓漢西屈服並支付稅款時，城鎮居民只是關上城門，然後在黑暗中偷襲搶劫他的營地。

沙·阿蘭生於紅堡，是巴哈杜爾·沙一世（Bahadur Shah I）的孫子。他在王子的「囚籠」中成長受教育——亦即紅堡的薩拉丁宮殿（salatin quarters），王子們在此過著還算舒適的生活，卻沒有離開監獄的自由。納德爾·沙闖入德里，幾乎奪走所有蒙兀兒財富時，他只有十二歲；成長過程中，他持續意識到王朝在波斯人、阿富汗人與馬拉塔人手中失去的東西，以及重建帝國的急迫性。然而一七五三年，蒙兀兒人並未團結反擊，反而在一場新興內戰中再次毀滅自己，任何帝國復興的希望就此消失。

這場針對帝國宰相（vizier）兼阿瓦德納瓦伯的薩夫達疆的朝廷陰謀之後，這位宰相跟他的前門生，年僅十六歲的伊瑪德·穆爾克，在德里街頭展開廝殺。伊瑪德是尼贊穆爾克的孫子，年輕又狂妄自大。老宰相跟年輕接班人之間的內戰，在都市郊區持續了六個月，從三月一直打到十一月，新舊德里分別被對立派系把持。這場鬥爭把兩人之間的空間都化成廢墟。詩人薩烏達（Sauda）寫道，德里處處都有被攻擊的危險，即便在沙賈汗巴德市中心，夜間出門參加詩歌朗誦（mushaira）時，也會全副武裝，彷彿要上戰場一般：「看看這時代的扭曲正義！」他寫下：「狼群自在遨遊，牧羊人卻遭鐐銬。」[76]

新宰相是由嚴格節制的虔誠父親蓋齊烏丁（Ghazi ud-Din）養大，從小就在家庭教師與神學家的照顧下度過；穆斯林的星期五安息日（Sabbath）裡，也只有太監陪伴。他從不被允許跟同齡孩子往來，或欣賞音樂家及舞伎的表演。這帶來了早熟的智力成就；然而無窮野心與深刻的背德性情卻毀了這一切，導致他背叛所有幫過他的人，就從他的保護者薩夫達疆開始。

後者先前曾在伊瑪德父親去世時，出手干預，救下伊瑪德的家族產業，並讓這十六歲的少年人，出任帝國主計長的重要官位。[77]「表面上，年輕的伊瑪德．穆爾克是個風度翩翩又親善的英俊年輕人，」尚．勞說道。「薩夫達疆把他看作自己的兒子，未曾想像實際上是在胸懷裡養了一條蛇。」

他的天生魅力與才華讓他完全控制了皇帝的思想……為達目標，他對榮譽毫無顧忌，犧牲恩人也在所不辭……他的言行只有極端狡詐與令人作噁的殘酷。他的手上總是拿著一串念珠，但表面上的虔誠就跟奧朗則布一樣，不過是虛偽矯飾。虔誠走到極端，最令人擔心。不過剛剛上任宰相，他就開始算計所有忠誠追隨者。[78]

薩夫達疆的德里老巢——德里舊堡（Purana Qila）周圍地區遭到洗劫摧殘，難以復原。根據古蘭．胡笙汗的說法，「舊德里曾比新城沙賈汗巴德更富有，擁有更多人口，卻遭到徹底掠奪破壞，無數人失去配偶子女。此地遭到完全毀滅，大量的人遭到屠殺。」[79]最終，他別無選擇，只能撤回阿瓦德。薩夫達疆就此一蹶不振，「震驚與悲痛，讓他在失勢後不到一年就早逝」。[80]

十六歲時成功陰謀推翻第一位恩人薩夫達疆，十七歲的伊瑪德．穆爾克決定罷免他的另一位主子——皇帝本人。阿赫麥德．沙．古爾加尼（Ahmad Shah Gurgani）皇帝與他的母親庫德希亞王妃（Qudsia Begum）被發現藏在紅堡璀璨宮（Rang Mahal）前的花園裡。

兩人被關進監獄，伊瑪德・穆爾克用熱針劃破他們的眼睛。隨後他選了沒有執政經驗、容易受他掌控的五十五歲阿朗吉爾二世作為傀儡皇帝。從一開始，正如勞氏所言，阿朗吉爾「更像個奴隸，而非國王」。[81]

因此二十六歲時，阿朗吉爾二世的長子沙・阿蘭突然被放出薩拉丁的「牢籠」，任命為這個瀕臨崩潰帝國的皇儲。他獲得阿里・高哈與沙・阿蘭的頭銜，分別意指「世系中的崇高者」與「世界之主」。除了對詩歌的個人熱情外，他被迫對政治產生興趣，然而文學仍舊是他世界的核心。王子以筆名「阿夫塔伯」（Aftab），成為烏爾都語、波斯語、旁遮普語中受人尊敬的多產作家。特別是以布拉吉方言（Braj Bhasha）創作了大量對於奎師那神、濕婆神、卡莉女神與薩拉斯瓦蒂女神的熱情頌歌。後來應他的要求，許多作品收錄在他自己命名為《王的精選・阿夫塔伯詩集》（*Nadirat-i-Shahi, Diwan-Aftab*）之中。後來他還寫了一部名為《奇異故事》（*Aja'ib al-Qasas*）的達斯坦（dastan）★故事集。[82]沙・阿蘭跟父親阿朗吉爾二世不同，他偏向蘇菲派，父親則是追尋奧朗則布皇帝狹隘路徑的嚴格虔誠穆斯林。沙・阿蘭認為真主不在清真寺儀軌中，而在真主創造的一切奧妙裡：

> 別在清真寺與卡巴天房浪費時間，喔穆拉

★譯者註：達斯坦（dastan）一詞本意為「故事」、「傳說」之意，也是一種源於波斯，遍及中亞，說唱兼備，以音樂伴隨故事說唱的形式。說唱者本身也被稱為達斯坦，是一種家族世襲的職業。

到處尋找神聖愛人的足跡吧。

終其一生，沙・阿蘭都是偉大蘇菲聖人庫特卜丁・巴克提亞爾・卡其（Qu'tb ud-Din Baktiar Khaki）的忠實信徒。這位蘇菲聖人的陵寢位於蒙兀兒人的雨季休憩勝地梅羅里的中心。沉浸在蘇菲派文學與思想之中，他的詩歌常常連結季風下的肥沃大地，歡愉、愛情與渴望的季節，及他最喜愛的蘇菲聖人的靈性。他最喜歡的音樂調式（raag），是今日已經失傳的雨季調式——「岡德調式」（Raag Gaund）。岡德調式設計來在雨中吟唱，喚起諸多歡愉：

哦，與愛人相遇的季節已經到來！
青蛙、孔雀與布穀鳥聲聲呼喚；杜鵑哭泣。
雨與河，雷聲轟鳴，雲團攏聚，此刻我們的眼睛渴望喝上一口
雷電閃爍，晃動我的生命；親愛的，你怎麼入睡呢？[83]
綠野之美如此愉悅，雲層團繞
乞者前往朝聖，祈求庫卜丁聖者的恩惠。[84]

然而，在這些蘇菲想像中，王子對剛把他的父親捧上帝位的宰相漸生憂心。伊瑪德・穆爾克比他小將近十歲，毫不掩飾他對俊美王儲的嫉妒。根據《沙・阿蘭傳》，伊瑪德・

穆爾克的「心中充滿惡意與欺騙，永遠無法容受別人的成就。王子大受歡迎的程度，並未令他歡喜；實際上，反到令他極為不悅。他開始密謀策劃，邪惡作風在整個國內興風作浪。他的暴政荊棘在王國花園裡帶來混亂，他的黑暗靈魂導致四野荒蕪。」[85]

因此，齋戒月（Ramadan）中，四月的熾熱高峰時，伊瑪德．穆爾克將沙．阿蘭從漢西之行中召回，以甜言蜜語恭維他，表示將在紅堡裡表揚；王子自然心生疑竇。他特別緊張，因為實際上漢西之行收回的不只是稅款。根據蒙兀兒紀年史家凱魯丁所寫，「皇帝厭惡伊瑪德．穆爾克高高在上的排場，更對自己仰仗伊瑪德．穆爾克深感不滿。所以他開始接觸與伊瑪德疏遠的朝臣。短時間內，兩人之間的關係明顯惡化，導致政治體制混亂腐敗。」

> 皇帝允許沙．阿蘭離開紅堡，表面上看起來是要在漢西地區重建王室權威，收集稅款。私下卻給他指示，組建一支龐大軍隊，以對抗伊瑪德．穆爾克的敵對意圖，並期以忠誠勇敢的戰士，一挫這惡棍的囂張氣焰。[86]

王子緩慢返回德里，焦急考慮著手上的選項，一路上在幾處蒙兀兒花園紮營，並到他最喜愛的梅羅里聖人陵寢朝聖祈禱。幾名宮中友人快馬前往哈里亞納（Haryana）警告他得非常小心，他正在步向陷阱。他們說，伊瑪德．穆爾克非但不是要表揚他，反而打算在他一踏進紅堡時，就將他扔回最近才離開的薩拉丁囚籠。同時間，伊瑪德．穆爾克也持續他的魅力攻勢，發送歡迎及友誼的訊息，加上「大盤美食佳餚、滿盆鮮花及盒裝檳榔」，表示他在紅堡等待為王子接風。[87]然而疑心越來越重的王子，躲過這次埋伏，反而住進城北的阿里·馬爾丹汗（Ali Mardan Khan）大宅。宅邸的一部分曾經是蘇菲派王子達拉·舒科（Dara Shukoh）★的圖書館。[88]

「伊瑪德·穆爾克假裝與王子交好，持續阿諛奉承」凱魯丁寫道，「最終，沙·阿蘭決定讓自己看起來像是吞下了這些欺騙提議的誘餌」。

如同伊瑪德·穆爾克的建議，他派出部分士兵前往自己的莊園，整頓秩序，並收取用來支付士兵薪資的稅款。但他將最可靠的追隨者留在身邊。他以步兵與騎兵近身護衛，並在牆垛、塔樓及武裝入口安排滑膛長槍手和火繩槍手。入口還放置火砲與瞭望員。長達兩週的時間，伊瑪德·穆爾克試圖讓王子陷入安全的錯覺。接著有一天，他宣佈將帶領隊伍出訪先知足跡聖龕（Qadam Sharif），此地就在王子住所的北方。此時亞穆納河水位很低，因此他們跨越渡口，穿過市集，靠近阿里·馬爾丹汗大宅入口。他們從四面包抄，就像戒指繞著手指。伊瑪德·穆爾克讓自己的部隊包圍阿里·馬爾丹汗豪宅，看似要護衛王子，實則命令手下把王子抓起來。軍隊從四面八方攻擊豪宅，有些人撞破牆壁，有些人爬上屋頂，向庭院發動射擊。部分王子同伴奮力抵抗，最終仍舊難逃一死。[89]

根據古蘭·胡笙汗所寫，王子「身邊只剩下幾個決心堅定的人」。

跨上馬，他們退到房子後方，那裡牆上有一處破口，俯瞰底下的河流。他們對敵人發動奇襲，一瞬間穿越對方，沿途留下死屍。王子親手殺了兩個人，在整場行動中展現極高戰力，英勇過人，相信古代英雄若能親見他的英勇表現，也會咬指驚嘆。敵方羞慚地看著獵物即將逃脫，在後苦苦追趕。於此千鈞一髮之際，這支無畏的隊伍轉身，反衝向追趕者，高舉利劍有如戰旗，驅散多數，也殺死許多人。[90]

到了傍晚時分，處於弱勢的人數開始對王子產生影響：他只有四百名夥伴，而伊瑪德·穆爾克卻有一千五百多名士兵，包含六十名配備最新火繩槍的歐洲傭兵。相比之下，王子部隊的主要裝備卻是「長矛、刀劍和弓箭」。[91]

「隊伍中最勇猛的米爾·賈法跟阿里·阿札姆汗（Ali Azam Khan）鼓舞王子打出生天，下定決心。」

> 讓我們以必死決心，對敵人發動奇襲。倘若成功，我們將擊破許多頭顱頸項，逃出生

---

★譯者註：達拉·舒科（Dara Shukoh）是沙賈汗皇帝的長子與王儲，與其曾祖父阿克巴類似，屬於開明包容派穆斯林，後在王位繼承戰中敗給弟弟奧朗則布，並遭後者處決。達拉·舒科偏好蘇菲派，也是藝文發展的重要支持者。倘若達拉·舒科未曾敗給奧朗則布，印度歷史是否將大為改觀，是印度史學家長久以來的辯論。

天；倘若不成，我們也將在勇士史冊上永垂不朽。王子坐著，熱切聽著，受到夥伴的話語激勵，帶著幾名無畏戰士進入戰鬥，英勇應戰，砍倒許多敵人。刀劍往來中，夥伴的勇氣救他於危急。他們迅速從混戰中逃脫。

然而，就在他們走出峽谷時，遭到敵人圍攻，傷了王子的馬，全力要抓到王子。阿里．阿札姆汗以他一貫的英勇，對王子大喊：「沙．阿蘭汗，有朝一日您註定要幫助無數人，因此您的生命比我們更為珍貴。向前跑，拉開距離；我會竭力攔住敵人，直到您逃出遠遠將他們抛下。我會為您開出一條生路，即便要以我的生命作為代價！」這樣說著，他跳下馬，像一頭咆哮吼獅般勇猛擋住許多敵人。最終他身受重傷，倒臥在地。

此時，王子已經策馬離城，脫離敵人掌握，最終逃到（馬拉塔）友人阿提爾．拉奧（Athil Rao）的軍營。阿提爾．拉奧盛讚王子英勇，為王子及其夥伴豎起營帳，招待王子一行人。數天後，阿提爾．拉奧陪同他們向東前往法魯克巴德（Farrukhabad），在此獲贈三十萬盧比的貢金（約合今日四百萬英鎊）。王子接著前往羅希拉人（Rohillas）的領地，他們匆忙前來迎接皇家隊伍，依照習俗接待一行人。[92]

王子在法魯克巴德等了幾天，希望更多支持者加入他的陣營。他清楚伊瑪德．穆爾克會不惜一切代價取他性命，因此王子決定不回德里，而是「決定往東移動，以便掌控富饒的孟加拉和比哈爾（普拉布〔Purab〕）省」。[93]由於這些區域的納瓦伯停止向德里支付應當繳納的稅金，因此他決心要試著從納瓦伯手中收回這些地區。他宣佈：「這個世界就像雜草荊棘叢生的花園，因此我決心要根除邪惡，讓忠實善良的人民得以安居樂業。」[94]

王子完全了解流亡生活的不確定性與痛苦，卻「全心仰賴真主，轉向荒野之路」。他對自己的成功機會不抱樂觀希望，卻仍決心全力復興祖業。然而，他在德里的英勇事蹟一傳開，大家開始知道一名雄赳赳氣昂昂、甚受歡迎的年輕蒙兀兒王子正打算往東恢復帝國，結束半世紀亂局時，響應者開始穿越興都斯坦，加入新阿克巴的行列。

初始的一股細流，逐漸匯成洪流，繼而成為洪泛；不久之後，王子得到許多古老蒙兀兒家族的支持，這些家族的財富在半世紀內戰中遭到摧毀。根據古蘭・胡笙汗的說法，他離開德里幾個月後，約有三萬名士兵聚集到他的麾下。其中包括古蘭・胡笙汗的父親，他是由沙・阿蘭的母親齊納特・瑪哈爾（Zinat Mahal）王妃從紅堡秘密遣來，擔任王子的顧問：「王子身邊幾名品格地位出眾的人，都與他的命運相連，但也跟他一樣，處境艱難。」

> 當帝國王子首度離開沙賈汗巴德時，他的處境困難，極為窮困，少有人願意助他一臂之力，或追隨他的命運。此外，每個人都害怕惹伊瑪德・穆爾克宰相不滿……然而我父親為了這次出征，著手準備一些野戰裝備及其他必需品，交給王子運用；同時盡可能招募蒙兀兒流兵加入他的行列，希望能改善他們的命運。

沙・阿蘭打算進軍比哈爾與孟加拉省之事底定後，他大張旗鼓來到阿茲馬巴德（Azimabad，即巴特納）。過去經歷過王子先祖德政的居民，無不為他祈求勝利，並望他帶來繁榮。此事上，他們似乎同心同意，雖然他們都尚未受過王子的恩惠，也還未嘗過殿下桌上滾下來的麵包屑。[95]

然而事實上，沙．阿蘭來得太晚了。他想要取下的孟加拉，即將被另一支印度政治的新勢力永久改變：這是來自英國東印度公司，特別是羅伯特．克萊夫的算計。

# CHAPTER 3 劫掠掃過

希拉吉·烏道拉領著大軍，以超乎眾人想像的迅雷之速，前往加爾各答。蒙兀兒軍隊是惡名昭彰的移動緩慢，通常每日行軍不超過三英哩。然而希拉吉催動大軍，不顧孟加拉六月的熱帶酷暑天氣，在十天內硬是趕了一百三十多英哩路。

卡辛巴札陷落後數日，德拉克總督認定新納瓦伯只是虛張聲勢，不敢真的攻擊威廉堡。他的情報能力十分不足，以至於希拉吉軍隊已經逼近外圍防衛時，他仍然深信不疑。在加爾各答的東印度公司參議會有機會討論任何有效防禦策略之前，六月十三日就已發現首支希拉吉軍隊接近杜姆杜姆（Dumdum）附近的北郊，並穩定朝著馬拉塔壕溝前進。

德拉克不只是能力不足，更不受歡迎。根據一名自願加入民兵的加爾各答市民威廉·圖克（William Tooke）所說，德拉克相當三心二意，因此難以統合防禦：「德拉克先生近年來的行徑無疑相當有問題，」他如此寫下，「跟他姊妹之間的不得體（不用說還有更糟的）關係，令人無法原諒；不只行為本身糟糕，任何有品德、有判斷力的人都會避免與他為伍。這正是他追求卑劣同伴，與其為伍的原因。他還做了千百件卑鄙低劣的小事，不但有違常人應有品格，更何況還是一名總督。」[1]

德拉克的軍隊指揮官明欽上校（Minchin），也沒有讓人比較放心。正如一名倖存者後來寫下：「論及指揮官的軍事能力，我是相當陌生。我只能說，若他確實有此能力，卻又隱而不顯，這讓我們都感到不滿；又或者，我們都沒見識過任何代表軍事行動指揮官的舉動。」[2]

瓦茨估計希拉吉帶著約七萬大軍朝加爾各答前來。應對這股攻勢，德拉克擁有兩百六十五名公司正規軍，以及兩百五十位平民組成，未受過訓練的武裝民兵，總共有五百一十五名武裝男性。[3]其中，「約有一百名完全無用的亞美尼亞人，民兵中有些少年與奴隸扛不起火繩槍，因此我們碉堡裡能打的人，不超過兩百五十人，包含軍官在內」。[4]這種情況下，卑躬屈膝的道歉協商也許是最明智的策略。然而相反地，德拉克卻為時已晚地開始在馬拉塔壕溝上搭建一連串砲台，捍衛主要渡口。

拆除部分跨越俯瞰堡壘的建築物的想法，也被提出來討論，卻很快遭到拒絕。根據民兵指揮官格蘭特上尉（Captain Grant）所言：「這樣輕浮的時代，嚴厲措施未被視為必要」

> 我們對納瓦伯行動跟人數的情報始終不明確，無法確定他是否會進攻砲台。我們最多只是想像他會形成圍困，切斷供應，直到我們妥協為止……
>
> 那時候，甚至到最後一天，人們都不相信納瓦伯會冒險攻擊我們。這引起了普遍抱怨，不願將任何歐洲屋舍留在（防禦外圍）之外。因此若有人提議拆掉足夠的房屋以維持堡壘的防守能力，即便有足夠時間執行這項工作，或有足夠火藥炸毀它們，他的意見也會被視為荒謬。[5]

六月十六日，當希拉吉．烏道拉本人抵達加爾各答，並下令重砲轟擊時，「輕浮時代」開始消散。蒙兀兒部隊頭兩輪試圖跨越壕溝，卻遭遇重大傷亡。然而晚間，防守者死了二十人，「就在天黑之前，（蒙兀兒進攻衛隊）全體往南推進，成功跨越圍繞黑城的壕溝。

軍勢如此浩大，全境穿越之勢，幾乎無可阻擋」。[6]

次日，黑城遭到全面劫掠：「大批軍隊湧入我們領域，大肆劫掠，火燒每間屋舍，到了晚間，整座城都遭到包圍……當晚成千上萬人湧進大市集，殺害眼前所及每個人，放火劫掠。」[7]駐軍並未伸出援手，保護黑城，或讓嚇壞的居民進入堡壘避難。因此也難怪第二天，所有印度員工全都叛變，離開堡壘，導致沒有槍手開槍，沒有苦力運輸彈藥，沒有木匠建築砲台或修理槍匣，甚至也沒有廚師為民兵備飯。

十八日清晨，蒙兀兒攻勢在堡壘北方，遭遇激烈的巷戰阻擋，但希拉吉的軍隊仍舊在東邊持續挺進。下午三點鐘，傷亡慘重的東印度公司軍隊被迫從監獄重地撤離：「一小隊人英勇捍衛長達六小時，直到多數人都受了傷，不得不撤離」。到了晚間，蒙兀兒人也在大水池附近，攻破公司防線。北方與西南方的砲台都有被孤立的危險，因此很快就棄守了。所有公司軍隊此刻都被迫撤回內防線，也就是堡壘本身：「接下來要思考的事情，就是堡壘防衛的部署。此刻我們只剩下堡壘了。」格蘭特上尉寫道。

幾乎沒人料到砲台會突然遭到棄守，多數人預見它們的倒塌將帶來致命的後果。敵人佔據了砲台和教堂附近的建築物，將掌控著壘壁與城牆。我們不可能從砲位對抗這麼多敵人，還暴露在大量小型武器從佔據地發動攻擊。尤其是（堡壘）護牆很低，槍眼很寬，幾乎提供不了什麼掩護。我們有沙袋，可以某種程度上彌補這個缺陷，但工人們棄我們而去，根本無法將它們運到城牆上。我們的軍隊民兵因為缺乏休息、補充體力，深受折磨，一開始甚至無法讓他們施力。[8]

深夜召開戰爭會議，最多只剩下三天的彈藥庫存，士兵都已筋疲力竭，許多人更爛醉如泥：「我們的人半數都爛醉，因為糧食或飲水並未送達；敵人兵臨城下的警告鼓聲已經三度響起，卻沒有人登上堡壘。」[9]

「此刻我們首度正視自己身處的險境，」民兵隊的大衛．瑞尼（David Renny）寫下：

我們處於十分憂慮的狀態……堡壘中的混亂難以想像，至少有兩千名婦女兒童在此。我們無法阻止他們進入堡壘，因為軍隊跟民兵宣稱，除非讓家人進入商館，否則拒絕戰鬥。敵人開始從四面八方轟炸堡壘。守軍開始抱怨缺糧，因為堡中一個廚子都沒有，儘管已經有幾個人住進堡裡，專門為他們烹飪。整體守軍都筋疲力盡，因為前晚多數時間都在承受攻擊。許多軍人跟民兵喝了酒之後，開始叛亂，不受指揮，甚至對軍官動刀。

此刻，我們認為有必要將女士送上船，也確實這麼做了。大約在（午夜）十二點，消息傳來敵人正準備進攻堡壘，他們在南邊倉庫附近架梯。每個人立刻前往城牆，聽見他們動作的聲音。因此立刻下令敲響警報，然而亞美尼亞人或葡萄牙人都沒出現；他們全躲在堡中各個角落。我們向敵人扔下一些手榴彈，很快趕走他們。[10]

次日，十九號，全然焦慮開始取代抵抗。納瓦伯的首席將領米爾．賈法．阿里汗（Mir

Jafar Ali Khan）發動進攻。中午時分，知道只剩下兩天的彈藥量後，參議會中多數人主張完全棄堡，撤到停泊在河邊的船上。到了下午兩點鐘，參議會仍在辯論撤離計畫時，一顆砲彈擊中會議室，會議在「極度叫囂、混亂、動盪與茫然」[11]中解散。士氣降到谷底，到處都是無望的爛醉之人。午餐時間過後沒多久，便展開了混亂的撤離。

由於大批燃燒箭頭射入堡中及岸上，一艘船隻（「多達利號」〔Dodally〕）在未受命的情況下，逕自往上游駛去，以避免起火。其他船隻隨即開始效法。等待撤離的婦女孩子以為船隻不等人就離開，驚怕之餘，衝下堡壘，奔向河岸，試圖登船逃命。所有船隻全都塞滿過量乘客，好幾艘船甚至因此傾覆。

此刻，「岸上許多先前從未想過搶先離開商館的男性，立刻跳上商館旁的小船，往大船划去。在這種不負責任的情況下離開的人當中，還包括總督德拉克先生……（以及）指揮官明欽……此等錯誤判斷的情況，引發了隨後而來的動亂與不幸。」[12]不到一小時，所有大船全都起錨，開始緩慢往下游漂流，前往巽德班叢林與遠方的海岸線。

「發現苗頭不對之後，」古蘭．胡笙汗寫道，「德拉克先生丟下一切逃跑，甚至沒有知會自己的同胞。」

他躲在一艘船上，連同一小群友人及主要人物立刻消失。留下來的人發現自己遭到首領拋棄後，認為處境必然是絕望，卻寧死不屈，持續戰鬥下去，直到彈盡援絕。他們勇敢品嘗死亡苦酒；其他人則被命運之爪捕獲，成為俘虜。[13]

剩下的守軍希望能搭上仍舊泊在略上游處的「喬治王子號」（Prince George）逃生。然而隔日清晨，這艘船卻因為遭逢低潮而擱淺，無法脫身。「發現所有撤離之路已斷，剩下的守軍關上大門，決心要讓自己命有所值，發瘋一般戰鬥。」[14]

在都柏林出身的約翰・澤法尼亞・豪威爾（John Zephaniah Holwell）的領導下，約有一百五十名未能逃離的駐軍又持續抵抗了一上午。然而蒙兀兒軍隊攻勢強大，且正如格蘭特上尉所預測，米爾・賈法讓神槍手帶著滑膛長槍，登上平坦的教堂塔樓及俯瞰城牆的房屋。「那些房屋比城牆更高，對堡壘一覽無遺。我們被打得體無完膚，無人能抵擋；所有出現在他們視線的人，非死即傷，多數軍官都帶著傷，有些人後來因傷去世。倖存軍官被迫拿著手槍，竭力讓士兵待在原處。」[15]

下午時分，更多守軍死亡，活著的人「筋疲力竭」。壘壁上僅剩一百人，「下午四點鐘左右，敵人大喊停火，因此豪威爾擺出休戰旗幟，下令守軍停火。」

此時，敵人大量湧到城牆下，立刻開始向棉花及布匹封住的堡壘門戶放火。敵人開始攻破城門，從四面八方爬上城牆。這讓我們陷入極度混亂，有人打開後門跑向河流，有些人試圖佔領一艘半擱淺的船隻。船上立刻擠進滿滿的人，因此無法啟航。[16]

進入堡壘之後，希拉吉的軍隊立刻開始劫掠：「幾分鐘內，商館裡充滿了敵人，」約翰・

庫克回憶道，「他們毫不浪費時間開始搶奪一切摸得到的事物；我們的手錶、扣環、鈕扣等都被搜刮一空，但未對我們施以進一步暴力。商館裡紳士房中的羊毛布、珊瑚箱、餐盤財寶等都被取走，摩爾人完全投入搶奪之中。」[17]

當晚，「以劫掠之帚橫掃加爾各答城」的希拉吉·烏道拉坐在軟轎上，巡視他的新財產。[18]他在堡壘中央舉行朝會（durbar），宣布以伊瑪目阿里（Imam Ali）★之名，將加爾各答改名阿里納加（Alinagar）——這個名字更適合什葉派省分中的大城。接著他任命一名印度教朝臣——馬尼克昌德大公（Raja Manikchand）——擔任阿里納加城守，並下令拆除總督府。他雖喜愛建築的華美，卻認為此地「應為王公住所，而非商賈所有」，明顯誤以為此處是他厭惡的德拉克私產。[19]「希拉吉·烏道拉發現駐軍規模之小時，相當詫異，」一名囚犯回憶道，「並立刻詢問德拉克何在，他似乎怒氣沖沖。雙手綁縛的豪威爾先生被帶到他面前，抱怨何須多此一舉後，納瓦伯便下令鬆綁，並以軍人榮譽向他保證，不會傷我們一根毫髮。」[20]接著他獻上祈禱感謝戰勝後，又返回他的行帳。

到此為止，以蒙兀兒人的標準來說，投降守軍獲得的待遇十分不尋常：沒有立即奴役，沒有處決，沒有穿刺，沒有砍頭也沒有刑虐。這些都是蒙兀兒人對反抗者常見的處罰。不過在希拉吉走後，一切就開始走樣。

許多公司駐軍此刻仍舊醉茫茫，然而到了清晨，一名被洗劫一空的爛醉士兵突然發怒，立刻拔出手槍，射殺了蒙兀兒劫掠者。事態頃刻急轉直下。所有倖存者全被趕進一間窄小的懲罰牢房，十八英呎長，十四呎又十英吋寬，只有一扇小窗戶，微薄的空氣與飲水。這種牢房被稱為黑洞。根據蒙兀兒史家優素夫·阿里汗（Yusuf Ali Khan），軍官「那一天把將近一百名落入命運爪牙的佛朗機人（Firangi）關進小房間。若是走運，所有佛朗機人就會在這房裡窒息而死。」[21]

實際人數我們並不清楚，也頗有爭議：一七五八年寫下黑洞精彩故事的豪威爾，將此事件神話化，寫下一名女性與一百四十五名公司男性員工被丟進黑洞，其中一百二十三人最後死去。[22]這明顯過度誇大。近期仔細檢驗證據後，認定有六十四人進入黑洞，二十一人存活下來。沒能活下來的年輕人當中，包含了來自北伯威克的十九歲青年史泰爾·達爾林普。不過兩年前，他還抱怨加爾各答的生活開銷，並夢想著成為總督。

無論實際數字為何，這起事件在好幾代的印度英國人之間，激起自以為是的義憤填膺，一百五十年後仍被英國學校引為印度人野蠻本質的案例，以彰顯英國統治的必要性與正當性。然而當時的文獻中對黑洞幾乎不提，好幾份細節描述，包含古蘭·胡笙汗的著作，都未提及黑洞。比起窩囊駐軍的命運，英國東印度公司剛剛失去利潤最豐厚的貿易站，這一點才是公司管理當局真正的煩惱。[23]

★譯者註：阿里為伊斯蘭教先知穆罕默德的堂弟及女婿，穆罕默德開宗立派時，他是首批接受啟示者之一，為伊斯蘭初期四位正統哈里發中的最後一位。阿里於任內遭刺殺而亡。穆斯林社會因為穆罕默德繼承人選發生分歧，什葉派視阿里及其後裔為正統繼承者，稱其為第一位伊瑪目（領袖之意）。

加爾各答陷落所代表的災難全貌，要到幾週後才開始出現。

每個人很快就發現，此事改變了一切：威廉·林賽（William Lindsay）寫信給未來的英國東印度公司史家羅伯特·歐姆時，寫下這是「破壞解體的一幕……當我想到此事可能帶來的後果時，不禁顫抖。影響的不只是身處印度的諸位紳士個人，更是英國整體。我不認為我們在印度的所有軍力，足以讓我們重獲穩固的安全基礎。此刻我們就跟初來乍到時一樣，一切要從頭來過。」[24]

不只是失去生命及榮耀，或令公司管理當局驚恐的創傷與羞辱，更是對英國東印度公司作為經濟體的重大一擊，可能讓股價一蹶不振：「我提到這個悲哀事件中的公司損失，」雷尼上尉寫下，「然而當下損失固然巨大，若不及時止損，後續只怕還有更多。」

即將來自英國的貨物尚未出售，船舶停泊期費用高昂，下一季也恐將重蹈覆轍。我們不能缺少的硝石及生絲貨品，現在就得以高價從荷蘭、法國、普魯士及丹麥人手中購得，還有達卡的極薄細棉布也是如此……這將導致巨大的收入損失。

印度其他地區也將受到加爾各答失落的嚴重影響。若我沒記錯，科羅曼多海岸及馬拉巴爾海岸、波斯灣與紅海，甚至馬尼拉、中國及非洲海岸，都需要來孟加拉卸下棉花、胡椒、藥物、水果、犬齒螺、貝殼及錫等等；反之，他們也從孟加拉獲得了一些不可或缺的物品，例如生絲及各種絲製品、鴉片、大量棉布、稻米、薑、薑黃、長胡椒等各種商品。25

卡辛巴札陷落的消息及首度尋求軍事援助的請求，在七月十四日抵達馬德拉斯。直到一個月後，也就是八月十六日，希拉吉．烏道拉成功攻下威廉堡的消息，才終於抵達。在正常情況下，馬德拉斯可能會派出代表團前往穆爾希達巴德，進行談判協商，提出道歉保證，支付賠款，讓貿易一切照舊進行，這對雙方都有利。但這一次，並非出於妥善計畫，而是偶然，讓英方有了另一種選擇。

在命運的安排下，羅伯特．克萊夫率領三個皇家砲兵團，搭乘瓦特森上將已做好戰鬥準備的全面武裝艦隊，正在此刻抵達馬德拉斯以南，科羅曼多海岸上的聖大衛堡。這支部隊的目標是法國人，而非孟加拉納瓦伯。後續的討論中，馬德拉斯參議會數名成員也主張艦隊應留在科羅曼多海岸，持續應對據信已經從洛希昂港前來的法國艦隊。此事隨時可能發生，加上戰爭爆發的消息，因此數名參議會成員強力主張，既然已經失去一處主要貿易站，公司若冒著失去第二處貿易站的風險採取行動，將是極為草率的行動。

此外，忠於王室的瓦特森上將，一開始視自己的角色為對抗法國、護衛英國國家利益，而非為了公司的經濟利益，對抗地方君主。然而克萊夫不願錯失這個大好機會，特別是他剛剛才損失一大筆錢，包括在孟加拉的直接投資及公司股票的間接投資。他強力主張要採取更積極的行動，最終也成功贏得其他參議會成員支持，並說服瓦特森及其四艘戰艦、一艘護衛艦加入他的行列。瓦特森的唯一堅持，是等到十月初雨季降臨，此時法國人比較不可能冒險出航開放水域。他就可以擁有幾個月的充裕時間，在孟加拉重建英國利益，又不會棄科羅曼多的安危不顧。[26]

不到幾週的時間，成功說服眾人的克萊夫寫信給父親：「這次遠征倘若成功，將令我功成名就。這是目前為止我最重要的戰役，我將帶著強大武力與權威出戰。」面對利德賀街的老闆，他則採取比較節制、沒那麼自大的語氣：「尊貴的紳士們，」他寫下，「您將從許多人那裡聽到摩爾人攻下加爾各答的消息。這是對公司，對國家整體來說，是一連串不幸事件。」

每具胸膛似乎都充滿悲憤、驚恐與憎恨……在此悲鬱時刻，總督與參議會覺得有必要召我前來。一旦決定要進行遠征，我便自告奮勇，最終也獲得肯認。我正要連同一群優秀的歐洲人，搭乘海軍中隊艦艇出發；他們精神飽滿，對英國子民遭受的諸多侮辱及野蠻對待深感憤怒。我期許這次遠征不只將收回加爾各答，還將讓這片區域的公司產業比先前更好、更長治久安。[27]

馬德拉斯的特別委員會也認同克萊夫的野心：「我們認為，僅僅收回加爾各答，絕非此行的目的。」他們在十月初致信倫敦的董事。「不只是要重建（英國東印度公司的孟加拉）殖民地與商館，還有完整的特權，以及近日遭受損失的豐厚賠償；先前損失加上這次武裝行動的高額費用，若未能確保殖民地與貿易未來能不受侮辱壓榨，我們認為還不如不採取任何行動。」[28]

兩個月裡，充斥細密規劃，船隻改造，安裝大砲及準備物資。援軍包含七百八十五名歐洲軍、九百四十名印度兵及三百名水兵，這是截至目前為止，印度的英國人組織過最盛大的陸海軍容。他們最終於十月十三日出航。然而瓦特森認定將阻止法國人出航的強大雨季暴風，也幾乎讓整支遠征軍沉入海底。結果艦隊立刻被打散。有些船被吹到南方的斯里蘭卡，連瓦特森的指揮艦「肯特號」（Kent），也花了六週時間，才讓克萊夫看到孟加拉灣與恆河淤沙交會處的獨特顏色。[29]

直到十二月九日，遠征軍的第一批船隻才得以利用低潮時，轉進胡格里河。此時，半數克萊夫手下士兵已經紛紛罹患不同疾病，包含壞血病爆發。六天後，「肯特號」在富爾塔（Fulta）下錨，加爾各答敗戰的倖存者躲在這片瘧疾橫行的沼澤邊。此時衣衫襤褸的難民幾乎半數死於高燒，被埋在巽德班的沖積淤泥中。[30]

另外兩艘瓦特森的船艦隨後出現。等待剩下兩艘船「萬寶龍號」與「昆伯蘭號」抵達時（兩船載運本次遠征主要的大砲及軍隊），克萊夫致信阿里納加——加爾各答新城守馬尼克昌德大公。他宣稱自己帶來前所未見的大軍——「未曾出現在孟加拉的大軍」以及「我們來此要求賠償」。然而克萊夫的威脅毫無效果。如同古蘭．胡笙汗的評論，「當時孟加拉人認為英國人只是商賈」，朝堂上沒人「清楚該國的戰爭能力，也不清楚他們可以翻轉局面的諸多資源」。[31]

由於沒收到回覆，疾病又日日削弱士兵的力量，十二月二十七日克萊夫的遠征軍拋下錨，緩慢往上游行駛，此時仍舊短少兩艘船。他們安靜地滑過椰子樹叢，穿越糾結的紅樹林沼澤，充滿蓮葉與巨大的蝙蝠及老虎。當他們接近第一個重要障礙——動動堡（Fort of Budge Budge）時，大砲架在河彎上。他們放出印度兵，辛苦跋涉十六小時，有時徒步涉過與胸同高的水面，有時跌跌撞撞穿越叢林或沼澤水田。[32]

日落之際，他們接近堡壘時，馬尼克昌德大公發動突襲，突然由叢林竄出，從意想不到的方向發動成功奇襲。慌亂戰鬥持續了一個鐘頭，雙方都傷亡慘重。克萊夫心慌意亂，即將下令撤退。然而軍隊快速連發的新式布朗貝斯火繩槍，在野戰炮支援下，發揮了暗黑魔法般的效果。誠如克萊夫的外甥愛德華．馬斯克林（Edward Maskelyne）所記錄，蒙兀兒人「對於我方火力十分警戒，大砲的現身也讓他們驚訝萬分，他們認為我們不可能帶著大砲通過前晚所經之地。他們的傷亡有兩百人，四名軍官（Jemidar）與一頭大象，指揮官（馬尼克昌德大公）的頭巾被射穿。」[33]

馬尼克昌德撤退後，瓦特森的船隻就能對堡壘舷砲齊射，很快就讓蒙兀兒大砲沒了聲響。隨著軍隊下船展開地面攻擊，「一位『肯特號』的平民水手史特拉罕（Strahan）」喝了太多蘭姆酒，搖搖晃晃走上河岸，涉過護城河，「一時衝腦，竟想要擴大船砲打穿的破口」。他在此遭遇駐軍，「他以彎刀對打，手槍射擊。發出三聲盛大歡呼後，他大叫：『這地方是我的』。」他的同袍衝上前救他，駐軍則迅速消失在夜色裡。[34]

艦隊接著繼續溯河而上，另外兩處希拉吉的堡壘也不戰而降。

一七五七年一月二日破曉時分，中隊出現在威廉堡的視線範疇內。海軍登陸，對堡壘防禦發動單側舷砲射擊。短暫交火之後，九人死亡，馬尼克昌德再度撤離：「此地的無知總督，」古蘭．胡笙汗寫道，「在敵人大膽進擊下膽怯，缺乏足夠勇氣發動交戰，認定不靠近才是明智之舉，帶著所有人馬逃走了。英國將軍（克萊夫）看到敵人消失，佔領商館與堡壘，四處豎起勝利旗幟，將那些難民紳士，全都送回老家或他們的家裡。」[35]

人們向他揮手。有個人在樹上懸掛英國國旗；[36] 然而隨著太陽升起，城內遭到破壞的完整程度才顯現出來：總督府、聖安娜教堂以及河邊的豪宅全都燒到只留下斷垣殘壁，參差不齊立在滿地戰利品的河岸上，就像久病牙床上發黑的爛牙。碼頭失修；他們站在曾經是接待室的空間之中，豪宅內部，精緻的喬治時代家具、家族肖像，甚至連大鍵琴全都被當成柴火燒掉。堡壘的東城牆上蓋起一間小清真寺。[37]

無論如何，一七五七年一月二日上午八點，破碎半毀的加爾各答又再次回到英國東印度公司的手中。

一月三日，克萊夫以英國東印度公司之名，向希拉吉．烏道拉宣戰；瓦特森也以王室之名宣戰。這是英國東印度公司首度正式對印度王公宣戰：「時代棋盤開出新局」，古蘭．胡笙．賽立姆（Ghulam Husain Salim）在《孟加拉史》（*Riyazu-s-salatin*）★中如此寫下。[38]

★譯者註：英國人開始統治孟加拉之後，一七八八年在此地出版的第一本關於蒙兀兒人統治孟加拉的史書。

驚人的是，克萊夫直接展開攻擊。一月九日，當居民整修房屋，工程師開始重建威廉堡，終於拆掉所有俯瞰城牆的建築時，克萊夫與瓦特森搭著「肯特號」出發，攻擊希拉吉．烏道拉的主港——胡格利班達爾（Hughli Bandar），為摧毀加爾各答尋求暴力復仇。一抵達當地，他們就用葡萄彈轟炸胡格里河階，下午四點投彈兵登陸，佔領了堡壘附近區域。凌晨兩點，在滿月之下，他們以攻城梯爬上堡壘。一旦進入堡中，他們「成為此地主人，在不到一小時裡，幾無傷亡的情況下，大肆屠殺」沉睡中的駐軍。接著他們展開劫掠，並焚燒港口，「愈令敵人痛苦，就更能警醒省府，也更有效對抗希拉吉的統治熱情——恐懼。因此他們下令放火燒房，特別是摧毀河流兩岸所有軍火庫。」[39] 接著劫略隊伍向四方散開，奪取武器，所到之處，焚燒好幾處村落穀倉。晚間再次返回威廉堡城牆內。

兩週後的二十三日，希拉吉．烏道拉再度齊集六萬多人軍隊，壓境加爾各答。一如先前，他快速移動。二月四日，克萊夫驚訝地收到消息，希拉吉大軍已經駐紮在加爾各答北郊一處遊樂花園，就在城牆以北。兩名英國東印度公司資深談判者在希拉吉的邀請下前往，然而希拉吉卻以「傲慢不遜」相待，「讓他們對此行任務不抱希望」。[40] 隔天兩人又再度受邀前往「談判」，卻擔心此為陷阱，因此並未前去。相反地，克萊夫再度回到卡納提克戰爭時期他最喜歡的戰略：夜間奇襲。

以他慣常的劍及履及態度，克萊夫「立刻搭上瓦特森上將的船，向他解釋迅速攻擊納瓦伯的必要性；他需要四到五百名水兵支援，運送彈藥，拖行大砲；他（瓦特森）也同意了。水兵約在凌晨一點登陸。大約兩點時，軍隊全副武裝；四點左右，他們出發對納瓦伯陣營發動攻擊。」[41]

一七五七年二月五日，新的一日破曉，清晨濃霧拂過河面。靜默中，「我們帶著四百七十名士兵、八百名印度兵、六門野戰砲、一門榴彈砲及七十架車輛前進。此外還有一群水兵，半數拉砲，另外半數運送武器。」愛德華．馬斯克林在日記中寫下。

黎明時分，我們在挑戰來臨之前就接近了納瓦伯的營地。當我們受到迅猛火力攻擊時，我們的進攻步兵也回擊敵人。敵人撤退時，我們不受阻礙繼續前進，穿越他們的營地，直到營地中心。在這裡，三百匹馬組成的隊伍在霧中出現，距離軍團只有十碼距離，我們以排陣對他們發射兩輪火力，造成不小傷亡，這是根據不到十三個逃脫者所言。此後，他們開始以大量兵力包圍，迫使我們只能持續以步槍炮火，將他們擋在一定距離之外。我們花了整整兩小時穿過他們的營地，敵方馬隊在我們後方發動幾波攻擊。雖然已經不如最初攻擊那般勇猛。[42]

上午十一點，克萊夫部隊士氣低落回到城裡，損失了近一百五十名士兵，包括克萊夫的副官及秘書，兩人都在他身邊喪生。克萊夫寫信給他的父親：「這是我參與過最激烈的戰役，攻擊未能達到主要目標」——俘虜或殺死納瓦伯。[13] 克萊夫不確定這次行動究竟算成功還是失敗，但他懷疑是後者。他們的嚮導在濃霧中失散，因此未能掌握王帳的位置，只能在黑暗中亂射，不確定自己是否擊中目標。他們還失去兩門大砲，因為卡在納瓦伯陣營的泥巴地裡，不得不留在當地。然而他們對自己為希拉吉．烏道拉造成的恐懼一無所知，他僥倖逃出生天。他手下一千五百名穆爾希達巴德步兵則沒那麼幸運，六百名騎兵及四頭大象也未能倖免。古蘭．胡笙汗描述蒙兀兒觀點如何看待這場攻擊：「他們在凌晨兩點左右出船，划向敵營角落邊際，後半夜在此等待。」

破曉之際，他們在軍隊背後登陸，進入營地，從容展開猛烈射擊，船上的人也一再反覆射擊，子彈像冰雹一樣降落，以至於許多暴露在外的人馬傷亡。多斯特．穆罕默德汗（Dost Mohammad Khan）不僅是主要指揮官，更是極具個人勇氣的希拉吉近臣，他也傷重無法動彈。許多軍官遭遇同樣命運；據傳這場攻擊的目的，不僅是抓住希拉吉本人，還要將他擄走。

幸運的是，此時降下濃霧，這種霧在興都斯坦稱為卡黑紗（cohessa），四處一片迷茫。以至於兩人（克萊夫和希拉吉）雖然近在咫尺，卻難以辨識。黑暗迷茫令他們迷失方向，錯過了希拉吉．烏道拉的行帳，王公得以僥倖逃脫。英國人被觀察到以有序審慎的方式穩定行進，彷彿身處檢閱日中，不斷向四方射擊，直到抵達營地。接著他們從容返回崗位與武裝屋舍，不曾損失一人。44

此刻克萊夫還不知道的是，他的夜襲正是決定性的轉捩點。害怕這類意外襲擊的希拉吉，在當天上午就拔營，撤退十英哩。隔天派出大使談和。即便在夜襲之前，他也意識到摧毀加爾各答對孟加拉經濟造成的損害，因此也預備要寬容一些。然而二月九日他簽署的《阿里納加條約》（*Treaty of Alinagar*）裡，幾乎應允了英國東印度公司所有要求，恢復英國人所有現有特權，所有英國商品免稅，同時允許英國東印度公司維持武裝堡壘，並建立造幣廠。希拉吉唯一的要求是移除德拉克——「告訴羅傑．德拉克」別「來生事」——這項要求英國東印度公司是再樂意不過了。[45]

隔天，希拉吉．烏道拉開始返回穆爾希達巴德；克萊夫與瓦特森對自己的成果震驚不已。以最小代價與傷亡完成戰爭目標的克萊夫正準備要回返馬德拉斯，正如二月二十三日寫給父親的信中道：「預期很快會回到海岸，這裡一切都結束了。」[46]

但對瓦特森來說，他回報的對象是王室，而非英國東印度公司。對他來說，事情開始變得有點太複雜。[47]就在幾天前，他剛收到戰爭爆發的正式通知，這是後世所稱的七年戰爭。英法之間的衝突，繞著全世界，此刻終於在帝國戰場的每個角落爆發：從魁北克到塞內加爾河、從俄亥俄到漢諾威，從梅諾卡島（Minorca）到古巴。倫敦的包裹帶來給瓦特森的指示，包含一份正式開戰宣言，以及一封海軍部的書信，下令「所有國王麾下軍官，盡己所能打擊敵人」。[48]

瓦特森對於此刻要做的事毫無疑問：只要發現法國人，就發動攻擊。而在孟加拉的情況裡，這表示從攻擊上游二十英哩處的法國殖民地昌德納加開始。

昌德納加與加爾各答當局之間的關係，出人意表地，一直都相當和諧：加爾各答陷落後，昌德納加的法國人慷慨接待逃離希拉吉．烏道拉的英國東印度公司難民。他們的不爽是針對德拉克與他的參議會：「他們羞恥遁逃，讓所有歐洲人都一起丟臉，這一條他們怎樣也洗不清。」法國總督和諾（M. Renault）寫下：「每個人都詛咒、厭惡、憎恨他們……簡言之，無論怎麼說，這些人，特別是德拉克先生，永遠也洗脫不了此一惡名。德拉克先生也不可能讓他的國家免除他本人及所有參議會成員的吊刑。」[49]

因此，奪回加爾各答後，法國人快速聯繫英方，尋求在戰爭爆發的情況下，維持中立。加爾各答也報以熱情回應，展開談判。然而瓦特森卻在三月六日就在中立條約即將簽訂的幾個小時前，打破談判。根據尚．勞所言，上將的立場是「昌德納加當局並沒有訂定條約的權力，因此他拒絕簽署草約。然而，事情的真相是，就在簽約的同一天，上將收到消息，兩艘長久等待的失蹤船艦已經抵達恆河口。這個消息讓他改變心意。英軍此刻將往昌德納加進軍，而失蹤的船艦也準備好順著恆河而上。」[50]

三月八日，克萊夫領著一小支軍隊開拔，人數此刻已經擴張到兩千七百人。他不急不徐，花了三天時間，跨越分隔兩座敵對貿易站的二十英哩。兩天後，納瓦伯致信克萊夫，後者認定是同意他們攻擊法國人。此舉交換英國東印度公司承諾，倘若孟加拉遭到阿富汗國王阿赫麥德．沙．杜蘭尼（Ahmed Shah Durrani）攻擊，公司將提供軍事協助。阿赫麥德．

沙·杜蘭尼剛在連續十七年劫掠北印度的第一次行動當中，攻下德里；據傳他也正盤算著往東推進。到了十二號，克萊夫在距離昌德納加兩英哩處紮營，要求法國人投降，遭到法國人拒絕。

就像加爾各答，昌德納加最近的成長也超越其他競爭地點，成為法國人在東方最主要的貿易站。同樣如加爾各答，它也容易遭到攻擊，但不是來自陸地。此地的奧爾良堡（Fort d'Orléans）依照塞巴斯蒂安·德沃邦（Sébastien de Vauban）★的原則興建，比起威廉堡，是更加強大的武裝堡壘；然而它對於河上攻擊的防禦卻遠遠不足。和諾很清楚這一點，因此戰爭一爆發，他就沉了四艘船，鍊上水柵門，阻擋英國戰艦靠近堡壘脆弱的東側。

三月二十三日清晨，克萊夫發動攻勢，佔領了控制河流的主要法國砲台。此時改由瓦特森上將接手，因此多數傷亡是在海軍之手，而非克萊夫的陸軍。法國人只有七百人防衛碉堡，在起火裂解的建築中英勇奮戰，卻毫無獲得援手的希望。

再一次由克萊夫的外甥在日記裡，留下關於昌德納加的最好紀錄：「『肯特號』與『猛虎號』此刻都往上游前進，」愛德華·馬斯克林寫下，「過程中遭到法國人大力阻攔，他們在河道裡沉了四艘船。」

---

★ 譯者註：塞巴斯蒂安·德沃邦（Sébastien de Vauban），一六三三至一七〇七年，是法國的陸軍元帥與著名軍事工程專家。他是法王路易十四的工程師，跟隨國王東征西戰，不僅善於攻城，還為十七世紀法國興建了由防禦城堡構成的「鐵腰帶」，阻擋英國及西班牙進攻。

最終困難終於被克服（切斷鎖鏈及木柵），兩艘船靠近堡壘，但在它們進入火繩槍射擊距離之前，法國人的十六門大砲造成巨大破壞。舷砲齊發時，敵人很快放棄砲位，因為他們在兩小時內損失了一百五十名軍官。同時間，兩處堡壘外牆也被轟為平地，因此法國人掛出旗幟，無條件投降。

（他們投降之前）「肯特號」的後甲板上除了瓦特森上將與領航員史培克上尉外，別無他人，所有軍官非死即傷，兩艘船上約有一百五十人傷亡。「猛虎號」損失大批水手，「肯特號」也損失軍官及水手。史培克上尉的腿嚴重受傷，同一發砲彈也讓他兒子比利失去一條腿，僅剩部分大腿。年輕迷人的佩侯先生遭到子彈射穿頭部，第二中尉海耶斯失去大腿後，已經去世。

由於我們（陸軍）在房屋的掩護下，損失很小，但我們的射擊與炮彈也相對讓敵人動彈不得。儘管在船隻到達後，堡壘只堅持了兩個小時。考慮一切情況，必須承認法國人的防守十分傑出。

「也許你可能聽過其他船艦承受比『肯特號』及『猛虎號』更嚴重的傷害，」一名倖存水手寫下，「但我們從沒這麼快獲得勝利。」[51]

堡壘中的破壞，跟甲板上同樣嚴重。到了日落時分，法軍五門二十四磅大砲全都被轟離基座，「奧爾良堡牆面成了斷垣殘壁，砲手幾乎全都死了，被鄰近房舍屋頂、桅桿頂及船艦纜繩上的槍手射殺。一天戰鬥下來，法國人失去兩名上尉，死傷兩百人。」[52]

昌德納加淪陷對法國在印度的整體勢力來說，是一記重擊。正如尚・勞注意到，「隨著昌德納加淪陷，進入整個國家的門戶對著英國人洞開，這是一條通往榮耀財富的門路。同一起事件中，法國東印度公司的主要貿易站，我方船隻避難的唯一港口，此刻起也將長期關閉。繁榮的殖民地毀去，法屬印度中的許多誠實之人也毀了。事實上，我覺得自己也毀了。」[53]

戰爭進行之時，希拉吉・烏道拉仍然無法下定決定：他想幫法國人對抗英國，卻不敢給英國東印度公司任何打破條約的藉口。一度，他向昌德納加派出援軍，遲疑之下，又撤兵。一天後，面對既成事實，他對克萊夫的勝利，表達「難以言喻的喜悅」。隨著訊息，還送來一份禮物。

「此刻從耳朵取出魯莽無謀的棉花，」《孟加拉史》寫下，這位年輕的納瓦伯試圖以兩隻「極善於捕捉獵物」的獵豹，來贏得克萊夫的友誼。然而此刻已經太遲了。「一旦真主的意旨已經轉向，任何努力之盾也無法擋下命運的箭。」[54]

⚜

隨著四月逼近，克萊夫與瓦特森開始打包，準備帶領軍隊離開孟加拉返回科羅曼多。長期放任馬德拉斯無人防衛，易受法軍攻擊，令他們感到緊張。整個孟加拉行動也許已經告終，但希拉吉・烏道拉的朝臣卻對自己的主上深感憎恨厭惡，特別是勢力龐大的孟加拉金融世家——賈格塞特。

克萊夫夜襲後，希拉吉．烏道拉從加爾各答逃離，加上後續《阿里納加條約》的羞辱，已經打破了希拉吉讓朝廷噤若寒蟬的恐懼力量。他疏遠了許多外祖父的軍事將領舊部，特別是老將米爾．賈法．阿里汗。他是來自今日伊拉克什葉派聖城納賈夫的阿拉伯傭兵。米爾．賈法在阿里維爾迪汗對抗馬拉塔人的諸多關鍵勝利中，有不小的貢獻，近期更成功攻擊加爾各答。然而即便攻下加爾各答，並擊敗英國東印度公司，他卻遭到排擠，城守一職反而被交給印度教競爭對手——馬尼克昌德大公。他跟馬拉塔戰爭中的同袍，「值得極大尊敬的有功將領及老將，都厭倦了生活在這種政權底下，」古蘭．胡笙汗寫道，「他們渴望透過希拉吉．烏道拉之死，擺脫這樣的政府。」

因此，每當他們察覺到不滿的跡象，或對政府的憎恨，他們就會秘密發送消息給對方，敦促他們想辦法解脫，承諾會全力支持。不滿分子中最重要、最受委屈的人，就是米爾．賈法汗。賈格塞特曾秘密承諾會全力支持他；他們結成同盟……其他不滿的大臣也加入了推翻希拉吉．烏道拉的謀劃，他的兇殘與魯莽性格讓他們不斷擔心，輕率脾氣更讓他們恐懼。[55]

密謀者首先計畫支持阿里維爾迪汗的女兒加西蒂女士，然而希拉吉．烏道拉在繼位時迅速對她採取行動，因此計畫流產。第二計劃是支持希拉吉的堂兄弟——普內亞的邵卡特疆（Shaukat Jung），他是「符合賈格塞特、穆斯林與印度教大公首長喜好的總督」，然而後者卻比希拉吉更不靠譜。[56]他與瘋狂堂兄弟對戰時，仍然深陷鴉片雲霧之中，「甚至無法抬起頭來」，只能「聆聽女人唱歌以至於……以至於從大象背上摔下來……被一顆子彈射中前額，靈魂回歸造物主時，他已經失去理智。」[57]

此刻克萊夫已經奪回加爾各答，接著又奪取昌德納加，展現出他的軍事能力，因此謀劃者決定要聯手英國東印度公司作為第三選項，希望公司的軍事力量能為他們服務。簽訂《阿里納加條約》之後，返回受難的卡辛巴札商館的威廉·瓦茨，是首先聽聞這些不滿謠言的人。他的商館位於穆爾希達巴德南方邊界，他察覺這些心冷貴族的私下傳言，暗示著一場政變的可能，因此派出亞美尼亞人代表佩特魯斯·阿拉頓和卓（Khwaja Petrus Aratoon）★前往調查。他傳來的消息顯示，身為孟加拉軍隊軍需官的米爾·賈法，預備提供英國東印度公司兩千五百萬盧比（約合今日三億兩千五百萬英鎊）的天價，助他除掉納瓦伯。進一步調查顯示，這場陰謀在貴族間廣受支持，然而米爾·賈法本人是未受過教育的將領，政治上毫無才華，單純只是政變幕後推手——賈格塞特銀行家的門面。「我敢肯定，他們才是革命的源頭，」好幾個月後尚·勞如此寫下，「少了他們，英國人永遠不可能實現這些事情。英國人的事業，成了塞特一族的事業。」[58]

瓦茨將提議轉給克萊夫，後者仍舊紮營在昌德納加城外，他同時也從自己的管道，聽

★譯者註：Khwaja 為波斯語，是中東、南亞、中亞與東南亞常見的導師尊稱。

到宮中可能發生革命的傳言。一七五七年四月三十日，克萊夫首次書面提及這場將永遠跟他的名字相連的陰謀。他致信馬德拉斯總督時，觀察到希拉吉．烏道拉甚至比過去更加殘暴——「每周兩次，他威脅要捅了瓦茨先生……簡言之，他是一切邪惡的綜合體，身邊只有服侍的僕役，深為所有人厭惡。」

此事讓我向您提起，有幾位大人物正陰謀籌畫反對他，領頭人正是賈格塞特。他們曾向我求助，承諾提供公司所需的一切好處。參議會認為，一旦納瓦伯人選確認，就應立即提供援助。就我而言，我認為在這種怪物統治下，並無和平安全可言。

瓦茨先生目前在穆爾希達巴德，跟這些大人物多次會晤。他希望我們能送去提案，只待提案抵達，一切就能進行。所以，您可以期待很快聽到一場革命，這將終結法國人再度重返的所有希望……[59]

維持希拉吉．烏道拉政權的孟加拉銀行家與商賈，終於棄他而去，並結合心灰意冷的軍中人士；現在他們尋求引進英國東印度公司的軍隊，來推翻希拉吉。這是印度歷史上前所未有的篇章：一群印度金融家與國際貿易公司同謀，運用後者的私人安全部隊，推翻他們認定威脅貿易收入的政權。[60]這並非任何帝國偉業。事實上，英國東印度公司的當地人員忽略了來自倫敦的嚴格指示，後者僅要求擊退法國人攻勢，並避免與蒙兀兒地主發生可能招致毀滅的戰爭。然而眼見個人致富及公司政治經濟利益提升的機會就在眼前，他們

為陰謀塗抹上司可能會喜歡的色彩，將這場政變喬裝成是為了將法國人一勞永逸趕出孟加拉。★

到了五月一日，駐孟加拉的英國東印度公司高層職員組成秘密委員會，正式決議加入密謀：「委員會一致決議通過，將不再依靠這任納瓦伯的承諾、榮譽及友誼；同時政府變革將對公司業務極為有利。」[61]

接著秘密委員會開始就服務條件討價還價，再次運用佩特魯斯・阿拉頓和卓擔任中間人，傳遞密碼文書。不久後，米爾・賈法與賈格塞特大幅提升酬金，此刻承諾與事者兩千八百萬盧比或三百萬英鎊（約合今日三億一千五百萬英鎊）——亦即孟加拉全省歲收，交換他們協助推翻希拉吉。此外每個月還支付公司軍隊十一萬盧比（約合今日一百四十三萬英鎊）。除了酬金外，英國東印度公司還獲得加爾各答附近的土地所有權（zamindari），

★作者註：這是關鍵的一點。就英國東印度公司而言，其董事、職員及大多數股東若說存有某種公司意志的話，那就是以貿易獲取最大利益，並給自己及投資者帶來豐厚穩定的股息。正如菲利普・斯特恩（Philip Stern）指出，十七世紀末以來，無疑地，他們歡迎以印度收益增加商業資本，後來也確實熱烈歡迎克萊夫取得的孟加拉收益。然而董事一貫厭惡野心勃勃的征服計劃，他們擔心這些計劃會失去控制，將他們淹沒在債務裡。因此，英國東印度公司在印度的種種征服計劃，很少來自利德賀街授意。相反地，征服、掠奪和搶劫幾乎都是由當地的公司高層人士發起，他們實質上不受母國控制，並受到各種動機影響，包括貪婪、赤裸佔有慾、快速致富的衝動，及對國家聲譽的渴望，希望挫敗法國人的印度野心。整個時期中都可以看到這一點，對克萊夫、哈斯汀斯、康瓦利斯和衛斯理來說，都是如此。

城中開設造幣廠及免稅貿易的資格。到了五月十九日，除了前述條件，米爾．賈法還同意支付英國東印度公司另一筆巨款——一百萬英鎊（約合今日一億零五百萬英鎊）——作為攻打加爾各答的賠償，另一筆五十萬英鎊的賠償金則支付給英國居民。[62]

六月四日，雙方達成最終協議。當晚，佩特魯斯．阿拉頓和卓為瓦茨招來一頂後宮軟轎，「就像那些摩爾人女性乘坐的轎子；不了解內情的人，不敢窺探轎中。」[63]英國人乘坐軟轎，被送入米爾．賈法的宅邸，取得老將領與其子米蘭（Miran）的簽名，並獲得他們以古蘭經起誓，將完成他們在協議中的職責。[64]六月十一日，簽完名的文件送回加爾各答，由參議會回簽。次晚，瓦茨與他的人馬假裝出門打獵，從卡辛巴札拔營，連夜逃走，前往昌德納加。

一七五七年六月十三日，希拉吉對加爾各答展開攻擊的一年後，克萊夫對希拉吉．烏道拉發出最後通牒，指控他違反《阿里納加條約》。同一天，克萊夫率領八百名歐洲人、兩千兩百名南印度兵以及僅僅八門大砲，向普拉西展開歷史性的行動。

從加爾各答到穆爾希達巴德的路得穿越大片廣闊翠綠的洪泛區及稻田，豐饒土地與開闊天空向南方的巽德班濕地、恆河三角洲及孟加拉灣延伸，一整片無垠翠綠的水鄉澤國伊甸園。濕地中，公牛刨　稻田中的肥沃爛泥，村民沿著高架堤防放牧山羊與鴨子。蘆葦鋪頂的孟加拉小屋周遭圍繞著嫩竹叢及巨大榕樹林，晚間鸚鵡成群啾啾嚷嚷。

雨季來臨前的熱潮中，克萊夫率領印度兵沿著遮蔭的堤防前進，穿越大片色澤交雜的溼地：一邊是半收成稻米的泥濘田地，另一側則是瀲光閃閃的水田，插上剛播的秧苗。其中蜿蜒而過的，是跋吉羅帝河的主水道，木竹舟艇組成的小船隊（此刻水位太低，瓦特森的戰艦無法行駛）在水上行駛，與陸軍同步前進，運輸歐洲部隊的部分軍官，以及所有人的食物彈藥。

前一週種種瘋狂活動與信息往來後，克萊夫正往北前進，開始對密謀方的不祥靜默感到緊張。六月十五日，克萊夫致信賈格塞特，向他們確保自己仍堅守雙方同意的條件：

由於納瓦伯長期拖延執行跟英國之間的條約，因此我特地前來，確保條約獲得履行。我聽說城內十分動盪，希望我的到來能為這些問題劃下美滿句點。我們是一體，我將持續聽取您的建議。我此刻位於庫爾納（Culna），希望兩天內抵達阿哥亞・迪耶普（Agoa Diep）；請放心，您在城中將有最高安全保障，我的軍隊將以相同方式行事，不會進行任何掠奪。[65]

他並未收到任何回音。

次日，他再次行書，這一次是給米爾・賈法：「我已經抵達巴特利（Pattlee）附近的坦特索爾（Tantesaul）。我期待您的消息，並將採取您所期望的任何行動。每日請聯繫兩次。收到您的消息前，我不會離開巴特利。」[66]此信再次石沉大海。克萊夫開始感到疑慮：「我帶著所有部隊抵達巴特利，」他在十七日寫道，「十分驚訝並未收到您的消息。我期待收到此信後，您可以全盤告知目前打算。」[67]

沉默之中，他仍舊在十八日派出一排士兵，命令他們取下卡特瓦堡（Katwa），後者並未反抗。米爾．賈法原定於此地跟英國東印度公司軍隊會合，然而盟友卻無聲無息。那天下午，克萊夫難得懷疑起自己：「面對現狀，我真不知該如何是好。」給加爾各答參議會的信中，他寫道：

> 尤其是我應該要收到米爾．賈法的信，確認他決定保持中立（即不參與即將來臨的戰鬥）。據說納瓦伯的軍隊目前不超過八千人，然而他們的要求可以輕易增加兵力。若攻擊他們，將會是一場持久戰，而我方沒有任何援助。在此地，一次挫敗將決定命運，相反地，成功可能會帶來最大優勢……在此關鍵時刻我該如何行動，請告知您的想法。[68]

當晚深夜，克萊夫收到米爾．賈法一封撲朔迷離的短信：「您到來的消息令納瓦伯十分驚怕，並要求我此時得支持他。對我而言，依當前時勢情況，我認為應當順應他的要求，然而我們先前同意之事必須履行。我已經訂下新月首日出發。若真主許可，我將抵達。」[69]一開始，克萊夫對終於收到米爾．賈法的消息鬆了一口氣，因此回覆信有些過於熱切：「我收到您的來信，您的沉默帶給我極大痛苦後，這封信令我十分滿意。」

我已派出一支隊伍佔領卡特瓦鎮及堡壘，明天將帶領全軍前往當地。後天我將從那裡出發，希望在兩天內抵達蒙庫拉（Moncurra），然而我的行動很大程度上取決於您提供的建議。請來信告知您的打算，以及我該如何應對。我們的成功取決於相互理解，所以請每日來信詳細告知情況。若遭遇納瓦伯軍隊，您將採取什麼行動，我又該如何行動。您可以確信，看到納瓦伯軍隊的二十四小時內，我將發動攻擊。在我抵達之前，務必保重自己，勿因叛國被捕。[70]

然而隔天早上，重讀米爾·賈法來信後，克萊夫愈來愈相信自己正步入陷阱，並氣憤地寫給這位自稱的盟友：「這件事情如此重要，對你來說更是如此，但我很擔心您並未採取積極行動。」

自從我軍開拔以來，您沒給我丁點消息，告訴我要採取哪些行動，我也不清楚穆爾希達巴德當下情況。我相信您有能力每天供應消息。我要找到可靠信使，肯定比您更困難。然而，本信傳遞者是一位明智之人，我對他深具信心。請透過此人轉告您的想法；我將在此地等待適當鼓勵來繼續前進。我認為您應盡快加入我軍，尤其納瓦伯的力量每天都在增強。帶著您擁有的兵力——即便一千騎兵也足夠——到普拉西或其他地方加入我軍，我保證將立刻與您大軍齊發穆爾希達巴德。我偏好以公開武力征服。[71]

六月二十一日，克萊夫召集作戰會議，以決定是否持續行動。此刻，希拉吉・烏道拉軍隊已經膨脹到五萬人，他們距離對方安全鞏固的普拉西芒果園，僅有一天的行軍距離。克萊夫將所有軍事情報攤在作戰會議上，他的同僚投票強烈反對持續作戰。克萊夫整晚翻來覆去，難以決定，然而醒來之時，仍舊決定無論如何往前推進。不久後他接到一封米爾・賈法的短信，明白表示自己的決心：「你接近時，我將加入行列。」

克萊夫簡短回覆：「雖然您並未盡全力，我仍決心為您承擔一切風險。」

> 今晚我將在河的對岸。您若在普拉西加入，我可以在中途會合，如此一來整個納瓦伯軍隊就會知道我為您而戰。請容我提醒，您的榮譽安危均繫於此。請相信您若採取行動，必定成為這些省的總督。您若甚且不願踏出這一步協助我們，上主見證此非我錯，我必須得您同意，與納瓦伯講和。[72]

當晚六點，收到另一封模糊短信後，他再次回覆：「收到信後，我決心立刻前往普拉西。我沒耐心再等回覆了。」[73]

克萊夫命令軍隊前進。印度兵逐漸進入一片流動的水世界，陸地孤島看似漂浮在溪流網絡與蓮花游魚的陂塘（pukhur）間。夜裡，從漣漪中現身的軍隊，窺見幾處隆起土丘，由防風棕櫚樹、竹林與開花高草叢包圍。其中一處土丘上有座籬笆小村莊，散見牛車與乾草堆，以及好幾棵枝繁葉茂的榕樹。胡格里河蜿蜒曲流的另一側，矗立著屬於納瓦伯的磚砌狩獵小屋，以俯視小屋的橘花鳳凰木命名。黑暗中，約莫凌晨一點，克萊夫在此地躲避雨季前的傾盆大雨。濕漉漉的部隊則沒那麼幸運，只能在他住所後的濃密芒果園裡紮營露宿。

一夜過去，天明時米爾・賈法仍未送來隻字片語。上午七點，焦慮的克萊夫威脅將軍，倘若他持續靜默，毫無作為，他將跟希拉吉・烏道拉議和：「我已經受夠了。您若前來丹德普爾（Dandpore），我可以從普拉西前去與您會合。您若不從，請見諒，我將跟納瓦伯議和。」[74] 然而分分秒秒過去，情勢似乎愈來愈不可行，因為數萬名壯盛的納瓦伯部隊從陣地現身，開始以至少二十比一的懸殊比例，包圍英國東印度公司的小軍隊。

前晚暴風雨過後，天空澄澈，六月二十二日的清晨破曉陽光閃爍，清澄明亮。克萊夫決定爬上狩獵小屋的平頂，更清楚觀察目前的情勢。舉目所見令他驚駭：「這麼多身著鮮紅刺繡的大象；騎兵隊手持利劍反射閃爍陽光；一隊隊牛車拉著沉重大砲；他們的旗幟飄揚，形成壯麗驚人的景象。」

克萊夫估計納瓦伯總共齊集了三萬五千名步兵、一萬五千名騎兵與五十三門重火砲，由一隊法國專家監督。由於背靠胡格里河，上午八點時，克萊夫的軍隊毫無逃生可能。無論米爾・賈法是否遵守承諾，此刻除了戰鬥，別無其他實際選擇。

八點鐘，砲轟開始，失去三十名印度兵後，克萊夫將人馬撤退到圍繞芒果園的土堤下躲避攻擊。此刻面臨遭到包圍的真實危機。一名軍官記下克萊夫說：「今天我們得打出最好的一仗，晚上才能扛著槍返回加爾各答。多數軍官都跟他本人一樣心有疑慮。」[75]「他們緩慢靠近，」克萊夫在正式報告中寫下：「八點時，在全軍支援下，開始動用重砲大量轟擊。」

幾小時內，他們持續發動積極攻勢。我們位處大樹林內，圍繞著堅實土堤，這對我們來說極有助益。試圖成功（奪取）他們的大砲，幾乎是不可能，因為大炮圍繞著我們，彼此之間相距甚遠。因此我們在位置上靜待，期待夜間對他們的營地發動攻擊。[76]

接近中午時分，天空逐漸暗下，雷電轟鳴，雨季暴風在戰場上傾盆而下，打溼所有人，也讓地面瞬間變成爛泥沼澤。英國東印度公司軍隊將火藥引信藏在膠布下，確保不會打濕；然而蒙兀兒人卻沒這麼做。大雨傾盆的十分鐘內，克萊夫重新登上狩獵小屋頂時已經換上乾爽制服，希拉吉的所有大砲卻全都沉默下來。

納瓦伯的騎兵指揮官米爾．馬丹（Mir Madan）想像公司軍的大砲應該也無法使用，因此下令前進。五千名菁英阿富汗騎兵朝著公司軍右翼進攻：「戰爭和屠殺的火焰，過去隱在餘燼之下，如今猛烈燃燒。」古蘭．胡笙汗如此寫下。

然而，在火砲槍械的使用藝術上，戴帽國之人無可匹敵。秩序和速度齊發，展開一連串不停歇的炮火子彈，如雨傾瀉，這場無止盡的炮火，連觀者都震驚困惑；戰場上的人在持續雷鳴下震聾，視覺則因無盡火光而昏聵。[77]

死於戰場者包含米爾．馬丹本人，「竭盡全力往前推進，卻遭砲彈擊中胃部死亡」。[78]「看見這一幕，希拉吉．烏道拉的軍隊改弦易轍，砲兵扛著米爾．馬丹的屍首進入帳篷。中午時分，帳中的人開始逃亡，因此士兵也跟上腳步。」[79] 此時，克萊夫的副手基爾派屈克少校（Kilpatrick）眼見數座蒙兀兒砲台遭到棄守，不顧命令，在未經允許下，搶下遭棄守的砲台。克萊夫發出憤怒訊息，威脅要逮捕不服命令的基爾派屈克；然而不服從的行動卻贏得這場戰役。根據愛德華．馬斯克林的記錄，此刻潮浪開始轉向：「察覺到許多敵人正在返回營地，我們認為這是奪取高地的合適機會。整個早上高地上的敵人槍砲給我們帶來很大困擾。」

因此，第一營榴彈兵帶著兩門野戰砲及支援印度兵，加上第二營的四排與兩門野戰砲，奉命佔領高地。他們確實採取行動。他們的成功鼓舞我們佔領另一個前進位置，距離敵營入口只有三百碼……[80]

左翼的大批蒙兀兒騎兵隊開始移下胡格里河岸，離開戰場。這批人正是米爾．賈法，如他所承諾的撤退。由他領頭，所有穆爾希達巴德的軍隊也開始撤退。一開始還有秩序的撤出，很快變成踩踏。此刻大批蒙兀兒步兵開始逃散：「逃逸的人有一個大致路徑，」克萊夫在初次報告中寫下，這份報告仍藏在印度國家檔案館中，「我們追擊敵人六英哩，經過四十門遭棄大砲，以及數不盡的馬車牛車，裝滿各種行李。」

「希拉吉．烏道拉騎著駱駝逃走，次日清晨抵達穆爾希達巴德，立即運走方便攜帶的珠寶財富。他本人則在午夜時分，也帶著兩三個隨從逃走。據估計，約殺死五百名敵軍，我方僅損失二十二人，五十人受傷。」[81]

⚜

隔天，六月二十四日上午，克萊夫寫了一封十分不真誠的信給米爾．賈法：「恭喜您，這是您的而非我的勝利，」他如是寫下，「我得感謝您以最快速度加入我方。我方提議此刻就進軍，完成上主賜福的征服。我希望有此榮幸，宣布您為納瓦伯。」[82]

當天上午稍晚，緊張又疲憊的米爾．賈法出現在英國人陣營裡。守衛現身時，他驚恐退後，直到被送進克萊夫帳篷，受到上校擁抱，並稱呼他為孟加拉新總督時，他才放下心來。克萊夫並未計畫什麼陰謀詭計：身為徹頭徹尾的務實主義者，讓米爾．賈法擔任魁儡的需求，超越過去一週來心中的怒氣。接著他建議米爾．賈法在瓦茨的伴隨下，盡快趕往穆爾希達巴德，安定省會。瓦茨奉命好好顧著財庫。克萊夫帶著大軍主力在一段距離後跟著，沿途道路充滿遭棄的大砲、毀壞車輛與浮腫的人馬屍體。

克萊夫原定於二十七日進城，卻收到賈格塞特的暗殺陰謀警告。因此克萊夫最終於六月二十九日在米爾．賈法的護衛下，進入穆爾希達巴德。音樂鼓聲及繽紛色彩的前導下，由五百名士兵護衛，他們共同以征服者的姿態進城。克萊夫將米爾．賈法親手送上寶座

（masnad），並恭稱他為總督。接著他公開宣布，也許出自真心誠意，英國東印度公司不會干涉他的政府，而是「專注於商貿」。[83] 年長的將軍「安安靜靜地控制宮殿與財庫，並立刻被視為納瓦伯」。

接著兩人立刻向創造雙方地位的人致敬：賈格塞特馬塔伯．萊伊。「我跟（大銀行家）聊了很久，」克萊夫如此寫下，「由於他是三省（孟加拉、奧里薩及比哈爾）中擁有頂天財富及影響力的人，在蒙兀兒朝中也分量不輕，自然被視為解決政府事務的最恰當人選。因此，當新上任的納伯今早回訪時，我建議他在各方事務上徵詢賈格塞特的建議，他也迅速同意。」[84]

事實上，賈格塞特的善意立刻就顯現出必要性。財庫裡僅有一千五百萬盧比（今日約合兩億英鎊）——令人驚訝的少，倘若要全額支付克萊夫與英國東印度公司的費用，就得透過大銀行家安排貸款。這筆獎金中，克萊夫個人所分得的款項，價值二十三萬四千英鎊（今日約合兩千五百萬英鎊），以及歲入兩萬七千英鎊（今日將近三百萬英鎊）的地產（jagir）。三十三歲的克萊夫突然成為歐洲最有錢的人之一——然而他得先收到這筆錢才行。之後幾天情況緊張。克萊夫明顯擔心米爾．賈法會食言，他將再度被老將軍擺一道。就像搶劫後的兩名匪人，米爾．賈法跟克萊夫不安地覷望彼此，賈格塞特則到處找錢：「我致信閣下抱怨時，都讓我極為焦慮。」一週後，克萊夫致信米爾．賈法：

> 特別是涉及有損英國利益的議題時，情況更為嚴重。我確信：任何錯誤都與您的原則

及心地良善無關；若有任何問題，必然是因為您的臣下。然而瓦茨先生和華許先生（Walsh）已在財庫等候多日，希望看到賈格塞特斡旋閣下與英方協議之事能獲得履行。然而他們的等待卻毫無意義，除非閣下能決議以哪些銀器、布料或珠寶支付，並要求您的僕人開始動作，否則一切都無法進展。

我非常渴望見到金錢事務結束，若非如此，您跟我的敵人，出於自利，會努力在我們中間製造爭端分歧，這只會給我們的敵人帶來快樂希望。然而，英國與您的利益是一致的，我們將共榮共損。

克萊夫更以可視為隱藏性威脅的方式總結信件：「您若出意外，願主保佑，英國東印度公司也難以為繼。我選擇以書面方式傳遞所思所想，因此主題過於敏感，不便口語討論。」[85]

克萊夫焦慮等待付款之際，「在賈格塞特的堅持下」，米爾．賈法之子米蘭在孟加拉四處追捕逃離首都、「穿著平民服飾……僅有最心愛的妾室與太監相伴」逃亡上游的希拉吉．烏道拉。古蘭．胡笙汗寫到，普拉西戰役之後，希拉吉「發現自己整日在宮中孤單一人，沒有友人可以傾訴心事，也無人可以交談，因此做出絕望的決定。」

深夜裡，他將姬妾露芙．妮莎（Lutf un-Nissa）與幾名寵臣送上覆頂馬車與轎子，車轎中盡可能塞進珠寶黃金。他帶走好幾隻大象，揹上最好的行李和傢俱，在凌晨三點離開宮殿逃亡……他前往巴格望戈拉（Bagvangolah），立即登上幾艘隨時備用的船……（兩天後）已經為命運利爪所攫的不幸統治者，抵達拉吉瑪哈爾（Rajmahal）對岸，他在此停留約一小時，只是為了給自己、女兒及女人們準備一些扁豆燉飯（khichri），他們已經三天三夜沒吃到任何食物了。碰巧，一名苦修者住在附近。此人在他執政期間受過冷落壓迫，很高興有發洩怨恨、享受復仇的好機會。他對統治者的到來表示歡迎，並忙著為他準備食物，與此同時，他派人過河傳達消息給統治者的敵人，這些敵人正在上天下地四處搜尋他的足跡。

在沙・達納（Shah Dana，苦修者的名字）的建議下，米爾・卡辛姆（Mir Qasim，米爾・賈法的女婿）立即過河，帶領武裝人員圍困希拉吉・烏道拉，他們因而控制了他的人身、家人與財富……統治者如今成為囚犯，被帶回穆爾希達巴德……景況十分悽慘。

一位名為馬赫默迪・貝格（Mahmedy Beg）的人接受（殺死希拉吉）任務，在逃亡者抵達的兩三個小時後，他就出發去解決希拉吉。希拉吉・烏道拉一看到這名惡徒，就問他是否來取他性命？對方肯認之後，不幸的統治者聽到答案，對自己的生命感到絕望。

他謙卑地向一切慈悲的創造者祈求寬恕，為自己過去的行為請求原諒，接著轉向兇手，問道：「我願意退隱一角，靠著供養度過餘生，他們還不滿足嗎？」他沒時間說更多話；因為這番話一落下，屠夫就用彎刀一次又一次猛擊，其中幾刀正好落在他美麗的臉蛋上，這張臉的端正甜美在孟加拉如此知名。統治者臉朝下倒臥在地，他的靈魂回歸造物主；他踏著自己的鮮血，脫離這處悲劇谷地。他的屍體被砍成片片，經過無數次劈擊，肢解的軀殼扔在大象背上，繞行整座城市。[86]

希拉吉・烏道拉年僅二十六歲。他死後沒多久，米蘭殺光了阿里維爾迪汗家族所有女性：「約有七十名無辜女士被船載到胡格里河中心，接著船就沉沒了。」其他人則遭到毒殺。這些屍體，連同沖上岸的屍體，被埋在庫什巴格綠蔭花園中，老家主墓旁的一串墓塚裡。此地位於胡格里河一處小市集城鎮的對岸，小鎮則是穆爾希達巴德今日僅剩的餘跡。「然而，一名女性卻逃過一劫。米蘭父子都想要將聞名的美人露芙・妮莎納入懷抱。然而她卻拒絕了，並回覆：『騎過大象後，現在無法騎驢。』」[87]

⚜

希拉吉・烏道拉遺體遊街的同一天，七月六日，恰好的是行動小組溯胡格里河前往富爾塔滿兩百天，克萊夫終於拿到他的錢。這是史上最大一筆企業橫財——約合今日兩億三千兩百萬英鎊，其中兩千兩百萬由克萊夫獨得。他立刻把自己的收獲運往下游的加爾各答。

「我方勝利的第一批果實是七百五十萬盧比，將近一百萬英鎊（合今日一億英鎊）。這筆錢由總督支付，裝上兩百艘船，一部分跟著我方隊伍，由一支分隊護送。」克萊夫的助理之一路克・史克萊夫頓（Luke Scrafton）寫下。

他們一進入大河，立刻與中隊船隻會合，共同組成一支三百艘船的艦隊，伴隨著音樂演奏，鼓聲隆隆，彩旗飄揚，向經過的法國及荷蘭殖民地，展示了跟一年前截然不同的景象。當時納瓦伯的艦隊與軍隊經過此地，帶著被俘的英國人及加爾各答所有財富與掠奪品。哪一幕讓他們更加享受，我可不敢妄下斷言。

一七五七年克萊夫的勝利，是一個跟加勒比海私掠者精神相似的個人致富故事，這些私掠者在一百五十七年前首先創立這間公司：這一切全是為了積累公司職員的私人財富及公司紅利，是為了財富而非榮耀，是關於掠奪而非權力。然而，這一切只是個開始：米爾．賈法付給英國東印度公司及其雇員總共約一百二十三萬八千五百七十五英鎊（約合今日一億三千萬英鎊），其中至少有十七萬英鎊（今日一千八百萬英鎊）是進了克萊夫的私人口袋。總體而言，在一七五七至六五年的八年間，穆爾希達巴德的納瓦伯們付給公司的「政治禮物」，可能達到兩百五十萬英鎊（今日兩億六千萬英鎊）。克萊夫自己估計總款項接近「三百萬英鎊」（今日三億英鎊）。[88]

克萊夫護送戰利品沿著跋吉羅帝河而下時，寫信給父親，說他引發了一場「史上幾乎無與倫比的革命」。[89]這是他典型的自誇之詞，卻也離事實不遠。他所引發的改變永久且深遠。這是商業公司首次取得明確政治權力的時刻。[90]透過普拉西勝利，這間公司在蒙兀兒帝國建立起強大的軍事地位。一七四〇年代恐嚇搶劫孟加拉地區的馬拉塔人留下殘忍強暴的記憶。十年後，英國東印度公司對此地的掠奪卻更加有條理、有計劃，但也因為它更加熟練無情，持續時間更長，它的貪婪無疑更加致命。[91]

這間公司開啟了一段肆意搶劫與資產剝奪的時期，公司本身甚至被英國人自己形容為「搖錢樹」。[92]從此時開始，英國貿易的本質發生改變：本世紀上半葉，英國流出六百萬英鎊（合今日六億三千萬英鎊），然而一七五七年後，幾乎不再流出銀元。一七五七年前，孟加拉曾是大量外國銀元流入之地，在普拉西戰役之後，它成了大量財富被抽走的寶庫，毫無回返的希望。

孟加拉一直是蒙兀兒帝國裡產出最多收益剩餘，也最輕鬆可得之地。普拉西之役讓英國東印度公司開始奪取絕大多數收益剩餘——這個財務上的偶然事件為東印度公司提供了必要資源，讓它能夠擊敗一連串競爭對手，最終於一八〇三年佔領蒙兀兒帝國的首都德里。英國東印度公司不再只是眾多競爭印度市場及產品的歐洲貿易公司之一。相反地，它發現自己已經成為造王者，甚至是具有自治權力的存在。英國東印度公司不只是協助了一場宮廷政變，並獲得豐厚報酬而已。隨著這次勝利，整個印度的權力平衡已經位移。

英國已經成為孟加拉的主要軍事政治力量。他們現在開始懷疑，若充足自己的軍隊力量，他們也許足以佔領這個國家中任何看上眼的地區，直接或間接透過聽話的傀儡政權進行統治。此外，許多印度人也開始明瞭這一點，這意味著東印度公司將成為所有遭罷黜、失去領土或心懷不滿者的關注焦點。由此刻起，各種聯盟不斷形成又解散，導致此地的和平或穩定前景遙遙無望。

事實上，克萊夫的宮廷政變帶來的最直接影響，就是讓孟加拉陷入動盪不安。三個月後，九月時克萊夫不得不返回穆爾希達巴德，試圖解決此地日益混亂的局勢。東印度公司的搾取，米爾·賈法部隊薪餉不斷拖欠，軍事上無能處理叛亂，加上運用公司印度兵進行懲罰壓制，造成暴力動盪不斷上升。事態愈來愈明顯，米爾·賈法無法勝任這個職位；無論他跟米蘭如何清洗希拉吉·烏道拉政權成員，這位曾經謀殺納瓦伯的將領幾乎毫無合法性可言。正如一名英國東印度公司觀察者所言，他坐在「主子鮮血溫熱的寶座上」。[93]

由此開始，軍隊、商人、銀行家及公務員將緩慢轉向英國東印度公司，納瓦伯只剩下昔日光輝的陰影。克萊夫與其同僚原本只打算在有利的基礎上重建英國貿易，確保由更加友善的納瓦伯繼位。然而事實上，他們所做的卻是對納瓦伯權威的致命一擊，造成永久破壞，也為目前為止舊蒙兀兒帝國中最和平也最有利可圖的區域帶來了混亂。[94]

# CHAPTER 4 無能的統治者

十二個月後，為了慶祝普拉西革命一週年，米爾・賈法出訪加爾各答。

兩年前，當時還是希拉吉・烏道拉麾下將領的納瓦伯領軍攻擊加爾各答。這是兩年來首度訪問，也是克萊夫返回倫敦追求國會野心前的最後一次訪問。因此仍舊百廢待舉的貿易殖民地，傾盡全力籌辦盛事：納瓦伯造訪了劇院，在令人意外的地點——加爾各答法院裡舉行好幾場音樂會與一場大型舞會，少數出席的婦女跳到「腳都痛了」。

更令人意外的，為了取悅虔誠什葉派信徒的納瓦伯，妝點法院的裝飾品還包括在喇叭、號角與鼓聲中揭幕的「十二尊維納斯直立蠟像」。「我們沉浸在迎接納瓦伯的舞會、音樂與參訪中，」路克・史克萊夫頓寫道，「以至於完全忽略了所有公共事務。」[1]

然而在表面的盟友情誼之下，也許難以避免地，孟加拉兩個敵對政府之間的不信與相互厭惡，也逐漸上升。「謝天謝地，總督終於走了。」一週後，史克萊夫頓如此寫下：「他讓我過著地獄般的生活，我被迫得一直陪著他跟他的妓女；沒帶著她們，他絕不會離開住處超過二十碼。」[2]克萊夫則是一貫的更加尖酸刻薄：普拉西之役前，他曾對公司董事掛保證，那位「仁慈、慷慨且誠實的統治者」擁有無可挑剔的品格，並聲稱自己「像兒子對父親一樣」尊敬他。此刻他卻經常稱米爾・賈法為「那個老傻瓜」，並輕視他的兒子米蘭為「無用的小狗」。[3]克萊夫給倫敦的信中說，懶散、無能與鴉片改變了米爾・賈法。他曾經捧上王位的人，現在卻變得「傲慢、貪婪又殘酷……這些行為令他失去民心」。[4]

實際上此時若有誰改變了，肯定是勝利驕矜且極為富有的克萊夫。此時克萊夫的自信爆棚，開始展現出後悔跟蒙兀兒帝國共享權力的跡象。寫給倫敦的報告裡，他開始挑動想法，想要運用訓練嚴密且逐漸壯大的印度兵團，完全拿下孟加拉。到了一七五八年底，寫給英國東印度公司董事會主席的信中，他輕蔑說道：「某種程度我可以自信地說，用兩千名歐洲人的小部隊，就能完全征服這個富饒繁榮的國度」：

> 摩爾人懶散、虛榮又無知，還難以想像的怯懦……士兵們——如果他們配得上這稱呼的話——對他們的統治者毫無向心力，後者只能期望拿到最多報酬的人提供服務；但是，他們對服務對象豪不關心；我完全相信，在普拉西戰役之後，以英國武力的恐怖與影響力，我可以為公司奪下整個國家，之後就像現任總督米爾．賈法一樣輕易統治……
>
> 內部騷亂大大削弱了（蒙兀兒）帝國的力量，也許是（孟加拉）送往德里的錢才讓帝國不致完全崩潰……您也很清楚這些穆斯林的性格和性情：他們缺乏感恩之心；（他們是）思想狹隘之人，採取此地獨特的政治制度——通過背叛而非武力來達成目的。在此情況下，像米爾．賈法這樣軟弱的統治者也許容易遭到摧毀，或受他人影響來打擊我們？那麼，除了使用武力，讓背叛或忘恩負義難以奏效之外，還有什麼更能保障我們現有的財產，或進一步發展呢？[5]

比起不信跟不滿，更嚴重的是，這時期的信件浮現出來，兩個極度靠近卻又截然不同的世界之間，高度缺乏相互認識。例如，米爾．賈法明顯將公司想像成一個個人。當他得知克萊夫要返回英國時，他致贈給尊貴的盟友「公司」的禮物中，伴隨著一封客氣有禮的波斯文信函，給他明顯認定的單一主權統治者，而不是由富裕倫敦商人組成的非人企業董事會。華倫・哈斯汀斯譯自波斯文的譯本中，表達了米爾・賈法「與您會面的懇切希望……超越任何書寫或言語……我向您心中的友誼致敬……我眼中之光，比我生命更加親密的納波布薩布疆・巴哈杜爾（Nabob Sabut Jung Bahadur 即克萊夫），即將前往他的國家。與他分別令我極為難過。請盡快將他派回這個區域，讓我盡快開心再次見到他。」[6]

這種不解來自雙方。在倫敦，董事會仍然難以消化公司推翻並謀殺了希拉吉・烏道拉的消息，導致一名焦慮卻漫不經心的董事問另一名同僚，最近被暗殺的羅傑・道拉爵士（Sir Roger Daulat）是男爵嗎？[7]

然而英格蘭人確實十分清楚理解的，是克萊夫將要帶回史無前例的大量金錢——或以新近納入英語的單字「劫掠」（loot）來形容。從西班牙的科爾特斯（Cortés）之後，歐洲就沒見過哪個冒險家，能從遠方征服帶回這麼多財富。

一七六〇年二月五日，克萊夫與妻子瑪格麗特搭乘「皇家喬治號」返鄉。未到埠前，首都的謠言就大量流傳克萊夫將把前所未有的財富帶回家。埃德蒙・伯克在《紀事年鑑》（*Annual Register*）上揣測：「據推測，將軍可以獲得一百二十萬英鎊（約合今日一億兩千六百萬英鎊）的現金、票據與珠寶；他的夫人擁有一盒珠寶，估計至少價值二十萬英鎊（今日兩千一百萬英鎊）。因此，可以合理地說他是三個王國中最富有的人。」

真實數字則比此略少。無論如何，抵埠之時，這名三十五歲的前孟加拉總督買下了什羅浦郡沃科特莊園，並租下柏克萊廣場上的宅邸，這是倫敦梅菲爾區裡最時髦的區段。一年後，克萊夫家以兩萬五千英鎊（今日兩百六十二萬五千英鎊）從紐凱索公爵夫人手上買下了克萊蒙特莊園，另外又花了四萬三千英鎊（今日四百五十一萬五千英鎊），買下位於艾雪爾（Asher）的週末度假屋與附近好幾塊地，修繕後結合成一處莊園。他們還在克萊兒郡（Co. Clare）買下大片土地，克萊夫迅即將地名由貝利奇爾地（Ballykilty）改成普拉西。「隨著這位克洛伊斯王★到來，生活成本立即上升。」刻薄的輝格派成員霍雷斯・沃爾波（Horace Walpole）在日記中寫道：「他的莊園與鑽石無處不在……倘若乞丐要求施捨，他會說：『朋友，我身上沒有小寶石。』」此時謠言四起，《索爾茲伯里報》（*Salisbury Journal*）甚至報導克萊夫夫人的寵物貂掛著價值超過兩千五百英鎊（今日二十六萬兩千五百英鎊）的鑽石項鍊。[8]

然而此時，克萊夫才剛征服的孟加拉迅速陷入混亂之中。

此際英國東印度公司派駐穆爾希達巴德的駐紮官（Resident，實質上的大使）華倫・哈斯汀斯首先敲響警鐘，頓促他的上司留下來解決他促一手促成的亂局。他特別提到穆爾希達巴德朝廷動盪持續上升。克萊夫離去之前，米爾・賈法只能向積欠十三個月薪餉的軍隊，

★譯者註：Croesus，古希臘呂底亞王國的最後一任國王，西元前五四六年為波斯帝國的居流士大帝擊敗。

發出三個月收入。因此未能收到薪餉的軍隊公開叛變，有些人則陷入飢荒：「他們的馬瘦成皮包骨，」他寫下，「騎士也沒好到哪裡去。連許多軍官（Jamadar）也衣衫襤褸。」[9] 普拉西戰役後不過三年時間，竟讓可能是這個時代內最富裕的印度城市貧困如斯。

米爾．賈法本人當然也要為這團混亂負起部分責任。正如他的導師克萊夫，他也從普拉西戰役致富，更毫不遲疑展現財富，即便他的士兵正在飢餓之中。根據古蘭．胡笙汗所寫，他一直熱愛精緻珠寶，此刻「更加全身珠光寶氣，手腕上戴著六到七隻鐲子，每一隻鑲嵌著不同寶石，頸項上也掛著三到四串珍珠項鍊，懸於胸前，每串價值無可估量……同時還聆聽歌謠、觀賞舞蹈取樂，無論去到哪裡，都帶著伶人乘象同往。」[10]

此刻，大家心知肚明，米爾．賈法根本無力統治孟加拉：一名幾乎沒受過教育的阿拉伯軍人，既無政治技巧，對於國家管理或財政也欠缺概念。克萊夫本人帶著財富上船前也冷靜寫下，米爾．賈法是個「無能的統治者，缺乏獲得主要軍官愛戴信賴的才能。他的不當管理已經讓國家陷入重大困境。」[11] 到了一七六〇年，他的統治境內，三起反叛同時在密德納普爾（Midnapur）、普內亞及巴特納發生。蒙兀兒貴族與軍官開始愈來愈厭惡米爾．賈法輕率同意付給東印度公司的大筆貢金，交換後者支持推翻希拉吉．烏道拉。這筆貢金此刻正日復一日奪走維持國家引擎運轉的各種款項與薪水。

一如以往小心警戒的賈格塞特首先理解到他們再度選錯了人，開始拒絕借款給鎮壓叛變的軍事行動，這些叛變便像野火一般在境內擴散。為了避免更多窘境，銀行家宣布他們將帶著家人，前往他們信仰的神祇——帕拉斯納特（Parasnath）於賈坎（Jharkhand）山區的神廟★，進行長期朝聖之旅。當納瓦伯下令軍隊擋住他們去路時，賈格塞特稱他虛張聲勢，強行通過。

隨著米爾・賈法一路跌跌撞撞，國家財政逐漸枯竭，穆爾希達巴德宮廷陰謀叢生，他的軍事機器似乎陷入癱瘓，米爾・賈法活力充沛卻殘暴的兒子米蘭則變得越來越邪惡。「他傾向壓迫折磨人民，」太熟悉米蘭的古蘭・胡笙汗寫下：「他在屠殺人民跟謀殺上迅速果決，對這種事情有種特殊才能，並將所有聲名狼藉或粗暴行為視為謹慎先見之明。對他來說，憐憫同情毫無意義。」[12]

米蘭首要關切之事，是系統性拔除阿里維爾迪汗家族的殘餘勢力，防止任何反政變的發生。他已經派手下淹死了阿里維爾迪汗與希拉吉・烏道拉的所有後宮成員。接下來輪到希拉吉・烏道拉五名最親近的親屬。他十幾歲的弟弟米爾扎・梅赫迪（Mirza Mehdi）遭到特別野蠻的對待：「那位不幸的無辜少年被迫夾在兩片稱為塔赫塔（takhtah，木板）的框架中間，這一般是用來保存披肩與其他珍貴物品之處；繩索同時被抽緊，他就遭擠壓至死。那個無辜的靈魂就是從這種刑具上，飛向不變純真與永恆休息之地。」[13] 米蘭後來引用薩迪（Sa'di）的格言來為此行為辯護：「殺掉蛇卻保留其幼崽，不是智者之舉。」

★譯者註：帕拉斯納特山為賈坎邦最高峰，也是耆那教傳統中最重要的聖地之一。此峰乃是耆那教第二十三代渡津者（Tirthankara）帕什瓦納塔（Parshvanatha）得道之處，也以他命名。事實上耆那教二十四位渡津者中，有二十位在此得道，此地因而成為耆那教重要的朝聖地。

至於其他潛在競爭對手，包括舊政權的幾名寵臣及他自己的兩名重臣，不是在朝堂上，就是在宮殿大門口遭到刺殺，或者以「強力毒藥」解決。米蘭的偏執隨著混亂上升：他的口袋秘密清單上註記的潛在被害者人數，很快來到三百人以上。[14]正如華倫．哈斯汀斯聽聞希拉吉家族遭到大規模屠殺時，向加爾各答回報：「沒有任何辯解可以淡化如此殘暴的惡人，也無法諒解（原諒我，先生，請容我這麼說）我們支持這種暴君。」[15]

實際上東印度公司並未幫助米爾．賈法，反而積極破壞維持其政權的經濟，從而掐住孟加拉金鵝的脖子，這隻金鵝長期產下驚人金蛋。普拉西戰役之後，不受約束的英國私人貿易商開始在孟加拉各地擴展，接管市場，並以革命前未曾見過的方式行使威權。到了一七六二年，至少有三十三家這類私人企業在該省各地設立了四百多個新的英國貿易站。他們藐視當地官員權力，拒絕支付他們仍須繳納的少數稅款、通行費或關稅，同時侵佔不屬於他們的土地。就這樣，他們像一群入侵孟加拉經濟的白蟻，持續啃噬看似堅固的木質結構內部。[16]

「他們開始交易以前被禁止的物品，並干涉國家事務，」年輕、聰明卻軟弱的亨利．凡希塔特（Henry Vansittart）寫道。他是哈斯汀斯的朋友，剛繼克萊夫之後擔任總督，並試圖遏止這種浮濫行為，卻多半徒勞無功。「納波布經常抱怨。」[17]其中部分商人的營運規模很大：到了一七六二至六三年，阿奇博德．凱爾（Archibald Keir）雇用一萬三千名工人生產一萬兩千噸鹽，雖然鹽貿易就官方來說，是納瓦伯專賣。[18]

不僅東印度公司職員利用這種情況，以武力謀取財富；任何能向公司支付足夠金錢給的人，都可以取得通行證、許可及印度兵。米爾．賈法對一名法國商人提出特別強烈的抱怨，這名商人取得東印度公司的通行證（dastak）與一營印度兵，以「非常暴力武斷的方式」，對阿薩姆地區的人民進行貿易。[19]根據他的同胞莫達夫伯爵的說法，謝瓦利埃先生（M. Chevalier）「攜帶大量的鹽及其他商品進入富饒的阿薩姆省，以英國通行證與印度兵保衛他的商品。他利用這支武裝護衛協助販售商品，他在該區立足之後，立即派士兵強迫最富裕的居民買鹽，價格由他自己決定。他以同樣的暴力手法，處理其他所有商品。」[20]

莫達夫注意到，距離加爾各答愈遠，情況愈糟糕：「來到恆河上游的歐洲人會發現，公司事務是由一群搶劫者掌控，他們毫不在乎犯下最惡劣的暴行；或者由卑劣的次級小偷掌握，他們的卑鄙行為令英國蒙羞，似乎完全拋棄榮譽和人性原則。」

這個國家（意指英國）的道德原本值得尊敬，在此卻變得極度墮落，無疑將令任何正直深思的觀察者感到痛心。英國的士兵商人為了追求私利或打著逍遙法外的念頭，放任自己濫用各種權力。我曾見過有些人怠忽職責，竟然殘忍打死不幸的印度人，只為了敲詐一些根本不屬於他們的錢財。

這個國家正在大亂局中痛苦呻吟，法律失去約束力，道德墮落至極，人民在各種困境中呻吟，這一切是過去的偉大帝國衰敗混亂所導致的。合法統治者既缺乏信譽，也無權威。這片富饒的土地正淪為荒漠。若沒有一場突如其來的普遍革命恢復古老光輝，這個國家將就此失落。[21]

再一次，這個吹哨者的任務落在年輕的華倫．哈斯汀斯身上。他在上游的穆爾希達巴德城，揭露許多非法活動，曝露出肆無忌憚的勒索在省內四處橫行：「請容我向您提出一項亟須解決的問題。」他寫信給朋友兼盟友的凡希塔特時，說道：「若不解決，我們要想在公司與納瓦伯之間建立堅定持久和諧關係，一切作為將成空談；我指的是以英國之名進行的壓迫行徑。」

我充分相信，這種邪惡並不僅限於我們的臣民，而是全國各地都有人假冒我們的印度兵，或自稱我們的代理人／經理（gomasta），進行這些行為。在這樣的情況下，英國人的強大力量威嚇人們不敢抵抗，另一方面，他們也難以接觸可以伸張正義的人，阻礙我們瞭解這種壓迫行為。這些行徑受到鼓勵持續下去，對我們的政府造成極大醜聞。

我很驚訝地（在胡格里河沿岸）遇見幾處英國國旗飄揚之地；我相信河上沒有一艘船不掛英國國旗。無論他們用什麼頭銜，我相信如此頻繁出現對納瓦伯的財政收入或我國榮譽都沒有好處，兩者都明顯遭到削弱。[22]

「除非在納瓦伯權威與我方特權之間確立某種明確邊界，否則將無法觸及這些罪惡的源頭。」他補充道。[23]

哈斯汀斯現在是英國東印度公司孟加拉行政部門中的明日之星。他從未見過父母親：

母親在生產時去世，父親不久後跑到巴貝多再婚，沒多久就去世了。華倫由祖父養大，在格洛斯特郡（Gloucestershire）戴爾斯福德村一所慈善學校中，跟最貧困的孩子一起接受教育。某個時間點上，他被一位叔叔帶走，送到倫敦西敏市（Westminster）受教育，據說他曾跟愛德華・吉本（Edward Gibbon）★一起打板球，後者是未來的羅馬興亡史學家。哈斯汀斯迅速成為學校中最優秀的學生，然而十六歲時卻因為叔叔去世，不得不離開。監護人為他在東印度公司找到一個寫字員的工作，立即將他送往孟加拉，剛好在一七五六年卡辛巴札商館陷落時，成為希拉吉・烏道拉的階下囚。[24]

此時在穆爾希達巴德附近村莊擔任絲綢採購的哈斯汀斯，已經精通烏爾都語和孟加拉語，並努力學習波斯語。他已經愛上這個移居的國家，總是堅稱自己對這個國家的愛，「勝過祖國一點點」。當時的一張肖像顯示出一名瘦削、衣著樸素的禿頭年輕人，穿著簡單的棕色粗斜紋布衣，面容開朗，聰明睿智，神情略帶哀愁，嘴唇又帶著一絲幽默感。他的往來信件跟這種印象相合，揭露出一名羞怯、嚴肅、敏感且超乎尋常獨立自主的年輕人。他每天日出即起，洗完冷水澡後，騎馬一小時，手臂上偶而帶 隻鷹。他似乎習慣獨自一人，喝著「少量的酒」，晚上閱讀、彈奏吉他並學習波斯語。寄回家鄉的信總是要求更多書籍。[25]從一開始，他就堅決捍衛孟加拉人的權利；普拉西戰役後，後者面對公司代理人的掠奪剝削時，

★作者註：雖然事實上吉本生於一七三七年，哈斯汀斯生於一七三二年，吉本比他年輕五歲，因此這個故事很可能是杜撰的。

經常求救無門。他寫下，這些代理人「可恥丟臉」的壓迫，「令我無法容受，否則將有損我的人格……向那些對正義、懺悔或羞愧毫無概念的陌生人抱怨，令我十分疲憊。」[26] 這位聰明勤奮且特別優秀的語言學者，很快就晉升為東印度公司派駐米爾·賈法宮廷的駐紮官，他的工作是試圖讓這個不幸的納瓦伯政權免於崩潰。

隨著日子一天天過去，崩潰的可能性愈來愈高。缺少的稅收及關稅全都增加納瓦伯的財務壓力，導致穆爾希達巴德街頭暴力日益嚴重，飢餓的納瓦伯士兵開始自行解決問題。但這也大大疏遠了那些有影響力的人，他們原本可能試圖跟東印度公司支持的政權聯手。孟加拉新權力結構下的首批受害者之一，是名為米爾·阿什拉夫（Mir Ashraf）的重要喀什米爾商人。米爾·阿什拉夫是巴特納當地一戶甚有教養的商賈世家成員，他們以硝石的生產貿易而致富，這種產品是由比哈爾土壤自然出產的硝酸鹽礦物製成。硝石不僅是火藥的重要成分，還被蒙兀兒王朝拿來冷卻飲料。

米爾·阿什拉夫家族在穆爾希達巴德朝堂上擁有良好政治關係，在普拉西戰役前，他們輕而易舉地透過納瓦伯的支持，主導硝石貿易。這一點激怒了英國對手，他們無法跟米爾的高效率採購組織競爭，也對他多年壟斷所有硝石礦藏，導致他們無法進入市場抱怨連連，卻無進展。

普拉西戰前，阿里維爾迪汗納瓦伯完全忽略這些關於米爾·阿什拉夫的抱怨。他認為英國入侵者對他朋友的抱怨既荒謬又傲慢。然而，在希拉吉·烏道拉遭到推翻後不到兩個月，巴特納的東印度公司商人不僅成功壓制了米爾·阿什拉夫的貿易，還以武力搶奪全部的硝石庫存。一七五七年八月，一名特別咄咄逼人的商館館員保羅・波克斯（Paul Pearkes），出現在米爾・賈法的多封投訴信中。他利用駐守大巴特納商館的一百七十名印度兵發動武裝襲擊，闖入阿什拉夫的倉庫；大巴特那商館是東印度公司在內陸的武裝基地。他的藉口是明顯捏造的指控，聲稱商業競爭對手藏有法國貨物。波克斯沒收了倉庫中所有硝石，儘管數名巴特納商館的英國職員出手干預，他仍堅拒歸還。等到米爾・阿什拉夫親自向克萊夫本人求助後，才拿回財產。[27]

由於這些濫權行為，到了一七六〇年，米爾・阿什拉夫跟深具影響力的賈格塞特都對新政權產生反感，並積極寫信給他們認為尚有可能將孟加拉從東印度公司侵佔中解放出來的力量。這股力量就是新的蒙兀兒皇帝沙・阿蘭。自從逃離德里之後，他一直在恆河平原徘徊，積極尋找他能統治的疆域，身邊圍繞著希望恢復舊蒙兀兒秩序的追隨者。[28]

一七六〇年二月九日，克萊夫離開印度僅四天後，沙・阿蘭越過卡爾馬納薩河（Karmanasa），進入米爾・賈法領地，並向追隨者宣佈時機已經成熟，可以收回孟加拉這個「繁榮富庶的省份」，重歸帝國麾下。他表示，最終目標是「賺取足夠的金錢收入，擊敗（德里那個精神錯亂的少年宰相）伊瑪德・穆爾克，以及所有反對其政府之人」。[29]

在米爾・阿什拉夫的鼓勵下，他的首要目標是利用米爾・賈法領地內日益嚴重的亂局，進攻他的西方指揮總部巴特納。阿什拉夫利用印度教苦修士來傳遞秘密訊息。不到幾天，孟加拉境內許多舊蒙兀兒貴族放下對米爾・賈法的忠誠，改而支持這名年輕皇帝的狂想，重建孱弱的蒙兀兒帝國。[30]

穆爾希達巴德全面瓦解之時，蒙兀兒帝國首都德里的情況更糟：宛如一具腐爛的動物軀體，遭到相互敵對的豺狼群圍攻。剩餘的財富被拿來勉強供應一連串經過的軍隊，這座城市輪番遭到南方馬拉塔掠奪者與北方阿富汗入侵者的佔領與劫掠。

這一系列的佔領中，伊瑪德・穆爾克在馬拉塔人支持下，以某種方式在德里廢墟裡把持權力；有時忽視、有時又欺淩毫無權力的傀儡國王，也就是沙・阿蘭的父親阿朗吉爾二世。最終，就在阿赫麥德・沙・杜蘭尼再度領導阿富汗人入侵之際，由於杜蘭尼娶了阿朗吉爾二世的女兒，伊瑪德・穆爾克擔心他最終將站在岳父這一邊，因此決定在皇帝對他採取行動之前，完全擺脫這個皇家負擔。[31]

根據凱魯丁・伊拉赫巴迪的《訓誡之書》所描述，伊瑪德・穆爾克最終於一七五九年十一月二十九日下午，在紅堡以南，俯瞰亞穆納河的十四世紀費羅茲・沙所興建的寇特拉堡裡採取行動。「伊瑪德・穆爾克不信任國王，也不相信大臣可汗・卡南（Khan-i Khanan）。他知道後者參與國王的密謀。」

因此，他首先在可汗・卡南祈禱時殺了他，然後向國王傳送假消息，稱「一名來自坎達哈的遊方修士已經住進費羅茲・沙的寇特拉堡遺址。他是一名絕對值得拜訪的神跡者！」他知道虔誠的國王對於來訪的苦行僧特別感興趣，更加無法抗拒來自阿赫麥德・沙・杜蘭尼祖國的人。

國王無法抑制自己的渴望，立即出發：當他抵達房間，在入口停下腳步，有人客氣地從他手中接過劍，拉起帷幕。他一進去，帷幕便再度落下並緊緊固定。

陪同他的米爾扎．巴布爾（Mirza Babur）看到皇帝身陷危險，拔出劍來對抗攻擊者：但他隻身難敵伊瑪德．穆爾克的手下勢眾。武器被奪下後，他被塞進一輛帷幕遮蓋的轎子，迅速送回紅堡的薩拉丁獄所。

此時，等待著國王到來的蒙兀兒惡兵，從黑暗中湧現，以七首反覆刺殺手無寸鐵的男子。然後他們抓住他的腳，將他的屍體拖出去，扔到下方河流灘岸上。他們剝去他的外套內衣，讓他赤身裸體躺了六晚後，才將他埋在胡馬庸皇帝（Humayun）陵寢中。[32]

父親被暗殺的消息終於在三週後傳進了沙．阿蘭耳裡。此時王子仍在東方徘徊。他的正式宮廷編年史《沙．阿蘭傳》描繪這位年輕王子巡迴恆河平原各地，賜下頭銜、承諾領地，試圖獲取支持，就跟現代印度政治人物的競選作為一樣：參拜神廟，尋求神聖修行者與聖人的祝福，召見臣民，並接見支持者與新成員。[33]

沙．阿蘭沒有土地，也沒錢，卻以自身魅力、出眾相貌、詩意氣質及精緻風度來彌補這一切。世界之主也許無法進入自己的首都，但此頭銜仍殘存一些魔力，這名身無分文的流浪者此刻被公認是近乎全印度的法定統治者，有能力賜予眾所渴望的帝國頭銜。[34]年輕的沙．阿蘭善於利用帝王身份的神秘光環，以及懷念過往平和的蒙兀兒統治的心情。以此方式，他成功聚集了約兩萬名追隨者及失業傭兵，多數人跟他一樣一貧如洗，裝備不足。即便皇家錢包空空如也，皇家魅力的價值卻與日俱增。

除了金錢之外，沙·阿蘭真正欠缺的，是一支現代化的歐式步兵團，以及能夠圍城的火砲。然而，就在他得知父親死訊的不久前，命運給了他部分解決方案，那就是逃亡在外、擁有蘇格蘭血統的英俊法國指揮官——羅利斯頓的尚·勞。昌德納加陷落與普拉西戰役的雙重災難，終結了法國人在印度東部及北部的發展野心。不久後，尚·勞成功逃出孟加拉。偶然遇見皇家營地時，他仍在逃避英國東印度公司的追緝。野心勃勃、風采迷人的年輕王子讓他心生歡喜。

特別是，沙·阿蘭並未試圖對尚·勞隱瞞他的困難處境。「無論走到哪裡，我只看到冒充者。」他這麼說：「納瓦伯或王公都已經習慣對他們自己有利的獨立狀態，因此不願意為我採取行動。然而除了他們，我沒有任何資源——除非老天爺要用驚天一擊宣告對我的支持。在孟加拉全境動盪的情況下，蒼天確實可能為我出手。但也可能是要終結我的生命。我只能等待觀望。」[35]

儘管皇帝的接見令他受寵若驚，但經驗也讓尚·勞對於新帝的機會抱持疑慮，特別是他對沙·阿蘭仰賴的那些蒙兀兒貴族了解甚深。

他對史家古蘭·胡笙汗說：「從孟加拉到德里，我走遍各地，所到之處，除了壓迫困苦與攔路搶劫外，我什麼也沒瞧見。」

每當我希望這些出名的統治者，如蘇賈・烏道拉（阿瓦德納瓦伯）、伊瑪德・穆爾克或其同僚，出於榮譽及對政府管治的尊重，能讓孟加拉事務步上軌道，並壓制英國人時，沒人對這項任務感到興趣。他們心中未曾思量過自己行為的可恥之處……印度貴族是一群缺乏秩序、前後不一的笨蛋，他們的存在只是為了毀掉人民的世界。[36]

尚・勞帶來了一支衣衫襤褸但意志堅定的百名兵力——北印度最後的法國兵，以及一營兩百名訓練有素、紀律嚴明且戰鬥經驗豐富的印度兵。現在這些部隊將為沙・阿蘭服務，後者也歡喜接受。一七五九年十二月二十三日，在阿拉赫巴德附近的戈陶里（Gothauli），待在帳中為父親進行三日哀悼後，年輕皇帝步出皇家營帳。

根據蒙兀兒史家沙基爾汗的記載：「在他登基為帝的勝利日上，神聖陛下、真主之影、仁慈之主的副王、庇護全世界的帝王，在眾聲支持喝采中，下令以沙・阿蘭之名鑄幣，並進行呼圖白（khutba）宣講，宣揚他是世界之王、戰士、皇帝、高貴的種子，擁有古波斯國王的榮耀光環，願真主賜他永恆的統治！」[37]

不久之後，宮廷畫家米希爾・昌德（Mihir Chand）畫下沙・阿蘭尊貴的即位肖像，以王之名新鑄的盧比在營中分發，軍隊指揮官及軍官們前來致意。「我很榮幸受封米爾・阿提什（Mir Atish）的職位。」尚・勞寫下：「亦即蒙兀兒砲兵指揮，實際上我們並沒有重砲，但名義上帝國所有大砲火槍現在都聽我指揮。」

此後，軍官也獲派各種職銜。典禮進行順暢，伴隨著小號（naubat）及禮炮聲……

此時，整個國家處於烈火之中，被諸多派系撕裂。此外，沙・阿蘭的軍官之間也各自為政，缺乏統籌指揮，好幾個月沒收到薪餉。金錢和戰爭物資完全缺乏……我讓他們做了一些刺刀，固定在長桿上，並用這類武器武裝了約三百名跟隨我們的科利（Koli）部落民。我讓他們跟在我的正規印度兵後方，一起編隊行進，大幅增強我方實力。我還納入一隊約十五名蒙兀兒騎兵，架勢精良……雖不算大軍，但此刻我是米爾・阿提什，沙・阿蘭也登基為皇。意念至關重要。[38]

⚜

沙・阿蘭奪回孟加拉的戰爭，開頭是一片光明。皇帝成功跨過卡爾馬納薩河，並在朝堂上正式要求孟加拉的人民、地主與統治者效忠，命令他們「除去耳朵裡忽視怠慢的棉花」。幾天內，胡格里河西側三位重要的孟加拉地主宣佈支持，米爾・賈法的兩名高級將領也表示支持。所有人都急忙西進，帶著軍隊加入皇帝的行列。[39]

沙・阿蘭決定在米蘭及東印度公司指揮官約翰・凱勞德（John Caillaud）從穆爾希達巴德率領增援之前，立即發動攻擊。因此，二月九日，皇帝的部隊向前推進，在巴特納郊外的馬蘇姆普爾（Masumpur），跟巴特納總督羅摩・納蘭大公（Raja Ram Narain）指揮的東印度公司印度兵，展開交戰。戰鬥在德瓦河（River Dehva）岸上發生。「英軍陣線發射像冰雹一樣的子彈，」古蘭．胡笙汗寫道，但青年皇帝的部隊先發制人，「破壞敵人陣地，迫使他們轉身逃走……」

英軍一歇火，敵軍四散逃亡之際，（沙．阿蘭軍指揮官）坎加爾汗（Kamgar Khan）便對羅摩．納蘭發動攻擊，納蘭仍舊帶領一些士兵，在象背上屹立不搖……納蘭的軍隊潰敗，大公本人則被迫逃亡。坎加爾汗揮槍刺向他，使他身受重傷……他倒在象椅中不發一語，幸運被木板遮住……納蘭看起來失去意識，因此象伕駕著大象轉身逃走……喜迎勝利的皇帝，下令奏樂慶祝，但禁止追擊敗逃者。[40]

允許敗軍照料傷兵可能是一種高尚行為，但古蘭．胡笙汗認為這也是致命錯誤：「倘若勝者緊追不捨，追擊敗軍，他們將立即攻下巴特納城，因為城中已經一卒不存。他們將洗劫那座城市，終結失去行動能力的羅摩．納蘭。然而命運註定這座城市該倖免於難，坎加爾汗滿足於掠奪牆外的平原區域，向這些地方徵收貢金。」[41]

巴特納的英國人社群部分逃離，乘船順流而下。然而羅摩．納蘭的軍隊在城裡卻相當安全，因為一旦把城門關上，皇帝根本沒有火砲或攻城設備來衝擊城牆。

皇帝勝仗的誇大傳聞很快傳到穆爾希達巴德，使得朝廷陷入恐慌；意識到自己政權極度不穩的米爾．賈法，則陷入深深絕望。[42]然而，這卻是場短暫的勝利。不到一週時間，凱勞德少校與米蘭率軍進入巴特納，解放守軍，接著出城迎戰帝軍。一翼由凱勞德指揮，米蘭則帶領另一翼，帝軍首先對上的是米蘭的騎兵。

凱勞德後來寫下：「敵軍士氣如虹，儘管軍容有些不整齊，但以東方慣用的戰鬥方式，分成多支獨立部隊。」[43]

米蘭軍則在衝鋒的力量下潰散：「不顧他的軍階與高位，」古蘭・胡笙汗寫道，「米蘭陷入恐慌，轉身逃走；他的指揮群也不情不願地跟上，想把他喊回來，卻徒勞無功。」皇帝的弓箭手緊追在後，包圍大象，向象座發動射擊：「一箭射中米蘭，打碎他的牙齒；當他抬手碰觸傷口時，另一箭射中他的脖子。」然而凱勞德高紀律的東印度公司印度兵卻堅守陣地，組成方陣，以近距離火繩槍射擊蒙兀兒帝國軍隊的側翼及後方。這帶來毀滅性效果。數百人被殺，很快變成帝軍潰逃。

但是沙・阿蘭遠從德里來到這地，不願輕言放棄。他將行李火砲由尚・勞帶領送回營地，然後採取大膽策略，集結了一小支輕裝的蒙兀兒精英騎兵，由坎加爾汗指揮。他非但沒有退兵，反而繼續前進，往東穿越鄉間。「他決心擺脫敵軍」，古蘭・胡笙汗寫道，「繞過丘陵山脈，攻擊沒有防備的穆爾希達巴德城，希望能抓到米爾・賈法，掌握富饒首都的財富。」[44]

⚜

沙・阿蘭小部隊展現出的速度與勇氣，令東印度公司感到意外。幾天之後，凱勞德才意識到皇帝的作為及目的地，開始組建一支追擊騎兵。

同時間，領先三天的皇帝和坎加爾汗，依《蒙兀兒史》所言，「認為有必須選擇最快捷的路徑，迅速秘密穿越好幾個高山隘口，強攻陡峭山脈與狹窄黑暗的裂縫，接著往南穿越孟加拉平原，經過畢爾本（Birbhum），最終抵達布德萬區（Burdwan）。」那裡的大公是坎加爾汗的叔叔，已宣佈支持沙・阿蘭，並起義反抗米爾・賈法。[45]

就在此處，位於穆爾希達巴德到加爾各答的中途，皇家軍隊犯下錯誤，停留三天休息，並從孟加拉各地不滿貴族之中募集更多新兵、金錢與裝備。正如解脫後的凱勞德後續寫下：「不論是出於意志不堅，還是指揮官之間的分歧，他（沙・阿蘭）犯了一個無法原諒的致命錯誤，在兩軍仍拉開距離的時候，沒能立即攻擊老納瓦伯。這個延誤完全壞了他一開始的巧計，以及此刻之前仍然堅定進行的策略。」[46]

就像巴特納城外勝利未能乘勝追擊一樣，這延誤給了沙・阿蘭的對手追趕與重新集結的時間。等到皇帝下令人數增加的軍隊自布德萬出發，往北推進時，米蘭與凱勞德已經追上他們，並在四月四日與米爾・賈法的小部隊會合。這支聯軍封鎖了通往穆爾希達巴德的路。

此刻已經完全失去奇襲先機。米爾・賈法聯軍在達摩達爾河畔（Damodar）的蒙加爾科特（Mongalkote）列陣。他們掌握了渡口，並阻止皇帝北上，此時距離奪城只有幾英哩之遙。倘若沙・阿蘭直接前往穆爾希達巴德，而未繞路南方的布德萬，他本可以奇襲一座幾乎沒有防衛的城市。結果一週後，更多馳援米爾・賈法的軍隊陸續抵達：「這些部隊連同英軍，與河對岸紮營的帝軍對峙。」

看到達摩達爾河畔壓倒性的敵軍陣容，意識到此刻渡河對戰並無勝算，皇帝別無選擇，只得返回巴特納。眼見自己突然勝利的米爾．賈法，派軍追擊撤退的皇帝；然而，坎加爾汗與其他人不斷以打帶跑戰略，令追兵疲於奔命，成功地將他們的部隊及財產平安帶回巴特納，跟尚．勞先生的印度兵會合。[47]

這是一次勇敢、富有想像力且幾乎成功的出擊。然而，遊戲就要結束了。幾個月前熱烈歡迎沙．阿蘭的比哈爾人，此刻已經厭倦接待一支龐大、無紀律的敗軍。根據古蘭．胡笙汗，人們一開始喜歡回歸蒙兀兒政府良好秩序的想法，卻「從他不受控的軍隊與失序將領手下，經歷各種想像得到的壓迫勒索；另一方面，他們每天也會看到當時的英國軍官是如何嚴守紀律，英國人在移動中也嚴厲約束部隊，一片草葉也不許碰。於是天秤翻轉了，當皇帝再度進入那些區域時，我聽到人們詛咒他，並祈禱英軍勝利。」[48]

歷經幾個月資金衰減、軍隊棄逃後，一七六一年一月十五日，帝國軍隊在佛陀悟道處菩提迦耶（Bodhgaya）附近的赫爾薩（Helsa）戰役裡，最終敗北。帝國軍隊在此被數營身穿紅制服的印度兵圍剿。

戰鬥前夜，尚．勞最後一次與皇帝共進晚餐——「這是非常私密的場合，氣氛非常輕鬆，沒有平常的禮儀跟儀式束縛。我坦率直言我們的處境非常糟糕。皇帝隨後向我敞開心扉，談到尾隨不去的厄運，而我試圖說服他，為了他的安全和平，把眼光放到孟加拉以外的地方，也許更好。『唉！』他說：『我若撤退，他們會怎麼說呢？除了漠不關心，我的臣民可能還會輕視於我。』」[49]

翌日清晨，公司軍隊主動出擊，迅速從壕溝往前推進，「一邊推進，一邊砲轟」。一枚十二磅砲的砲彈命中皇帝的象伕。另外一發流彈則傷到大象本身，大象載著皇帝在戰場上奔逃。[50]與此同時，米爾·賈法又重施故技，以大筆賄款腐化沙·阿蘭軍的指揮官坎加爾汗及幾名隨侍朝臣。「他們很快改變立場，加入了納瓦伯的軍隊」，法國傭兵尚—巴普提斯特·尚提爾回報。「此後，結局已無庸置疑。將軍與朝臣紛紛逃之夭夭，帶走了大部分蒙兀兒軍隊。負責皇家砲兵的羅利斯頓的尚·勞先生，儘管勇猛、軍事技巧傑出且竭盡全力，仍無法阻止他們。這位法國軍官後來也被俘。」[51]

古蘭·胡笙汗生動描述尚·勞最後的勇猛姿態及決心。看到皇帝遭到眾人拋棄，甚至被自己的軍隊總指揮出賣後，他決定戰到死亡那一刻：「勞先生帶著一小隊人馬及他能調動的少數火砲，勇敢與英軍對戰，一度成功抵擋他們龐大的數量優勢。跟隨勞先生的少數士兵看到皇帝逃亡便心生膽怯，又厭倦了皇帝麾下的流離生活，因此轉身逃跑。勞先生發現自己遭到拋棄，孤立無援，決定不退。他跨坐在一門大砲上，保持堅定的姿態，等待死亡的時刻。」[52]

受到勞先生的勇氣所感動，英國東印度公司指揮官約翰·卡納克（John Carnac）下馬，沒有護衛，只帶上最資深的幕僚官，步行過去，「從頭上（摘下）帽子，在空中揮動，彷彿向他致敬一般」，並懇求勞先生投降。「您已經完成勇者當為的一切，相信您的大名必當流傳青史。」他請求道：「現在，請解下腰上的劍，加入我們，放棄與英國人爭鬥的念頭吧。」

勞先生回答，若他們願意「接受他以現狀投降，他沒有任何異議；但若要他棄劍投降，這種恥辱他永遠不會接受。若他們不願接受這個條件，現在就可以取他性命。英軍指揮官讚賞他的堅定態度，同意依他希望的方式受降。接著少校以歐洲的方式與他握手，雙方即刻消除敵意。」[53]

稍後，在公司營地裡，米爾．賈法的穆爾希達巴德士兵以粗魯言行嘲諷被俘的勞先生，令史家感到驚駭。他們問他：「勞女士在哪？」

卡納克對這種不當言論相當憤怒：「這個人，」他說，「曾經勇猛戰鬥，值得所有勇者禮敬；你們對他的嘲弄可能在你的朋友及國家中習以為常，但在我們那裡是不能容忍的。我們一貫的原則是絕不傷害被征服的敵手。」嘲笑勞先生的人在斥責下閉嘴，沒回一個字。雖然那人也是一位重要指揮官，卻尷尬離去……沒人跟他說話，或在他離去時起身致敬。

這件事讓古蘭．胡笙汗對英國人展現了罕見的讚美，畢竟他將英國視為摧毀祖國的國家：

這番責備給英國人帶來了極大榮譽；我們必須承認這些陌生人在戰爭與戰鬥中的行為

值得欽佩，正如他們對敵人的態度一樣值得稱讚，無論是在激烈戰鬥中，或面對成功勝利的驕傲之時。[54]

一七六一年七月二日，米爾・賈法可憎、兇殘又放蕩的兒子米蘭遭到殺害。據說是對抗沙・阿蘭戰役後返家途中，被偶然閃電擊中而死。據當時也在營地裡的凱勞德所說：「年輕的納波布午夜時分躺在帳篷裡睡覺。事件本身雖然奇特，也沒什麼特別。他是在猛烈的暴風雨中遭閃電擊中，當場死亡。火花穿透帳篷頂端，擊中左胸，他在火焰中喪生。」[55]

然而，這事發生的時間，恰好是米蘭大規模謀殺希拉吉・烏道拉後宮成員的一週年，因此從一開始就有傳言說他的死是神意。或者根本不是意外，米蘭是遭到謀殺。最有可能的人選，據說是一名失去親人的悲傷姬妾，她的姐妹死在米蘭毒手之下。據說她以縱火掩蓋自己的復仇行動。[56]

嗜血又道德低下的總督之子死訊，讓許多人歡欣鼓舞；但對他的父親米爾・賈法來說，卻是壓垮他的最後一根稻草。隨著公司要求立即清償所有債務，以及臣民軍隊的反抗，老人越來越依賴兒子的毅力與決心。沒了米蘭，米爾・賈法也崩潰了。「雖然他從來不曾理智過，」古蘭・胡笙汗評論道：「但此刻他失去了僅剩的一丁點清明。軍隊政府事務全都棄之不顧，陷入難以形容的混亂之中。」[57]

然而，米爾賈法爾有個女婿，米爾・卡辛姆跟混亂無知的岳父完全不同。米爾・卡辛姆出身波斯貴族世家，雖然是在他父親位於巴特納附近的莊園出生。他雖然體格矮小，缺乏軍事經驗，卻年輕有能又聰明，最重要的是意志堅定。[58]

華倫．哈斯汀斯首先發現他的非凡品格；他也首先向加爾各答明確表示，倘若要穩定孟加拉治理，迫切需要為穆爾希達巴德引進新的政權。他寫下：米爾．卡辛姆「所受的教育與他的高貴出身相符」，「幾乎具備了最高階層人士所需的各種才能。他在誠信、商業能力及嚴守承諾方面都有跡可證。他廣受省內軍官及重要人士敬重，我曾見到比哈爾大地主寫給他的信，充滿對此人的最高敬重，並真誠希望能由他治理。」[59]

米爾．卡辛姆被派往加爾各答會見新任總督亨利．凡希塔特。會談中，他提出一項細緻的計畫，既解決東印度公司的財務問題，又能償還穆爾希達巴德的債務：亦即將布德萬、密德納普爾和吉大港（Chittagong）等領土割讓給東印度公司，足以支付雙方軍隊的軍費。凡希塔特對此印象深刻，並決定支持一場政變或二次革命，讓米爾．卡辛姆取代岳父，登上納瓦伯之位。一系列巨額賄賂，包括給凡希塔特個人的五萬英鎊（今日超過五百萬英鎊）現金，及給參議會平分的十五萬英鎊（今日將近一千六百萬英鎊），讓這筆交易定局。[60]

同時間，一七六一年七月十日，穆爾希達巴德的情勢到了緊要關頭，給了東印度公司一個藉口及完美掩護，進行第二次政變：「軍隊要求支付拖欠經年的薪餉，最終發生全體叛亂」，《孟加拉史》中記載，「叛亂者包圍皇宮，將軍官從馬背轎子上拉下，攀上宮牆，對宮中僕役抛下石塊。接著他們將納瓦伯圍困在四十柱宮（Chihil Sutun）中，切斷糧食飲水的供應。」

米爾．卡辛姆聯合賈格塞特，與英國首領合謀……將米爾．賈法從堡壘中帶出來，放上一艘船，送到加爾各答（看似為了救他，並表示是為了他的安全）。同時，米爾．卡辛姆進入堡壘，登上寶座，以自己的名義發布和平安全的宣言。[61]

米爾．賈法由似乎無所不在的凱勞德少校領軍護衛，「保護他不受民眾侮辱，並允許他帶上女人、珠寶、財寶及任何他覺得適合帶的東西。」[62]船駛向下游時，他終於意識到自己是被推翻，而非救援。困惑不解的米爾．賈法乞求讓他向保護者克萊夫求助：「英國人將我推上王座，」他說：「你可以任意廢黜我，你可以違背你的承諾，但我不會違背我的。我希望你送我去見薩布疆（克萊夫），他會為我主持公道；不然就讓我去麥加。」[63]

然而，這位年邁、無法再為公司效力的前納瓦伯的兩個願望都未實現。相反地，他獲得加爾各答北邊一幢普通居所，以及同樣也很普通的贍養金，並遭到嚴格軟禁達數月之久。英國東印度公司發動的第二次革命，這次對付的是他們自己的傀儡，結果比第一次更加順利，完全無血。

然而，他們剛剛送上台管理孟加拉的人，卻不像米爾．賈法那樣容易被恐嚇。正如《蒙兀兒史》簡要地說：「米爾．卡辛姆迅速脫離英國的獨立程度，是此刻難以想像的。」[64]

即便連十分欣賞米爾．卡辛姆的華倫．哈斯汀斯，也對他扭轉局勢的速度感到驚訝。

新任納瓦伯首先動用自己的財庫，迅速驅散穆爾希達巴德的叛亂士兵。接著他致力整頓財務，他的行政能力令所有人大吃一驚：「米爾．卡辛姆汗在資訊搜集跟分析書面報告與帳目上，十分嫻熟」，帕尼帕特的史家穆罕默德．阿里汗．安薩里寫道。「他立即著手整頓孟加拉地區的土地，重建秩序。」

他召集國家會計師與稅務官，仔細審查他們的帳目，以查明前政權官員是否存在侵吞行為。他傳喚（協助打敗沙．阿蘭的巴特納總督）羅摩．納蘭大公，要求查看比哈爾歲入帳目。他派遣稅務官查驗那些聲稱被用來支付軍隊薪餉的款項，並核實實際出席的士兵人數，依此糾正記錄。此後，遭到多項指控的羅摩．納蘭大公因而下獄。約一百五十萬盧比（今日近兩千萬英鎊）的個人財產及珠寶也遭沒入。[65]

一開始，即便進行這些查抄，米爾．卡辛姆仍為償還英國欠款而苦苦掙扎。他提高稅收，幾乎是阿里維爾迪汗時代的兩倍，每年成功籌募到三千萬盧比（今日三億九千萬英鎊）——比普拉西戰前政權徵收的一千八百萬盧比高出一倍。[66]同時，新納瓦伯也開始制定對抗英國人的一致策略：他決定將孟加拉低地區（lower Bengal）讓給英國東印度公司，但盡可能縮小他們在其他地方的影響力。他還建立了高度中央集權的軍事國家，透過查抄有貪腐嫌疑的官員財富地產來維持國家運作：「他騷擾身懷財富者及對他懷有敵意的人，立刻接管他們藏起來的財富。如此一來，黃金源源不絕流入米爾．卡辛姆汗的國庫。」[67]

根據他的重建計劃，米爾．卡辛姆決定讓他的叔叔管理穆爾希達巴德，他認為此地太容易受到加爾各答干涉。他自己則盡可能遠離英國東印度公司總部，改在比哈爾進行統治。他首先搬到巴特納，佔據此刻已成階下囚的羅摩．納蘭大公留下的堡壘住所。他的朝廷曾短暫在此議事，直到此地東印度公司商館野心勃勃的首席館員威廉．艾利斯（William Ellis）展現出敵意與干涉，令他不得不移往稍微下游的舊蒙兀兒堡壘——蒙濟爾（Monghyr），以躲開東印度公司的監視。

他在蒙濟爾繼續財政改革，下令要賈格塞特一門加入他的行動，派守衛將他們從穆爾希達巴德送到堡壘來，並限制於此。接著迫使他們清償納瓦伯積欠東印度公司的債款及穆爾希達巴德軍隊的欠款。

為了更順利執行他的想法，也隱含保護自己免受東印度公司傷害的目的，米爾．卡辛姆著手改造軍隊。書面上雖擁有九萬名士兵，實際上卻不到一半。因此他免去無能貪腐的將領，開始招募新兵，組建一支新軍，包括一萬六千名精銳的蒙兀兒騎兵及三個歐式步兵營，共約兩萬五千名步兵。

為了以新的歐洲方法訓練軍隊，米爾．卡辛姆的下一步是啟用兩名基督徒傭兵。第一位是華特．萊茵哈特（Walter Reinhardt），綽號「蘇姆魯」（Sumru，「高峰」之義）或「臭臉」（Sombre），是個陰沉冷漠的亞爾薩斯日耳曼人傭兵。他生於萊茵河下法爾茨地區的默塞爾（Moselle），父親是個貧窮的小農場主人。後來他成為法國軍隊裡的騎兵護衛，並在伊廷根（Ittingen）戰役中表現出色。在荷蘭時，他一時興起搭船前往印度，根據同僚莫達夫伯爵所言，他很快就「全盤接受這個國家的習慣與偏見，甚至連蒙兀兒人都相信他是在興都斯坦出生。他幾乎能說所有當地語言，卻無法讀寫。即便如此，他仍透過助手保持密切的書信往來。」[68]

米爾．卡辛姆的第二位基督徒指揮官，是和卓．格萊哥利（Khoja Gregory），一名來自伊斯法罕的亞美尼亞人。米爾．卡辛姆賜予他「古爾金汗」（Gurghin Khan）的頭銜，亦即「狼」之義。見過他的古蘭．胡笙汗，覺得此人非同凡響：「身高超出常人，體格強壯，皮膚十分白皙，鷹勾鼻，黑眼睛大而有神。」[69]兩人的工作是訓練米爾．卡辛姆的軍隊，使其能與東印度公司的軍隊相抗衡。他們還開始建立軍火工廠，好為主子提供高品質的現代步槍和大砲。很快，米爾．卡辛姆「開始盡可能收集生產大砲與步槍，準備戰爭所需的一切。」[70]

新上任的納瓦伯還建立了一個新的強大情報網絡，三名首席間諜底下各有數百名線人。然而不消多時，這三名情報首腦都因涉嫌陰謀而遭處決。很快地，米爾．卡辛姆展現出冷酷效率的統治。對於這位新納瓦伯，古蘭．胡笙汗寫道：「如此多疑的政府，很快中斷了一切社交往來。」他對新納瓦伯心懷恐懼。「他經常沒收財產、限制人身自由，流血事件頻傳……習慣人際往來的人們，此刻發現自己被迫在家中安靜過活。」[71]

即便如此，這位史家仍舊欽佩納瓦伯非凡的行政才能。他承認：「他有些令人欽佩的地方，」

平衡了他的缺點。在解決複雜的政府事務，特別是複雜的財政謎團上；為他的軍隊與王室建立穩定付款機制上；表彰獎勵有功之人及有才之人上；在吝嗇與奢侈之間精確平衡他的開支上；直覺知曉必須慷慨支出與適度節制的時刻——在這些特質裡，他確實無與倫比；可說是他的時代裡最傑出的統治者。[72]

然而，效率之外，新納瓦伯統治的黑暗面也開始浮現。許多人開始失蹤。有錢的地主官僚被召喚到蒙濟爾，遭到監禁、折磨並剝奪財富，無論貪腐與否：「許多人僅因嫌疑就遭處決，」安薩里寫道。「這些殺戮在人們心中植入恐懼，讓他們不敢公開反對他或他的政策，甚至在自己家裡也覺得不安。」[73]

一七六一年一月初的赫爾薩戰役後，蒙兀兒帝國的皇帝發現自己意外陷入逃亡，追擊者是一度卑微的貿易公司傭兵軍團。

紅衣士兵無情發動追擊。一月二十日，約翰．卡納克少校去信加爾各答的主子：「戰鬥之後，我們持續追蹤這名統治者，腳步之緊，有時會發現他營地火堆仍未熄滅……他的軍隊定然已經四散……他的景況如此悽慘，更堪憐憫而非恐懼。」[74]

然而，正是直到公司擊敗沙．阿蘭，並大致解散他的軍隊後，英國人才開始理解到皇帝仍擁有的道義力量。沙．阿蘭失去一切，甚至包含他的個人行囊、寫字桌及筆盒，這些東西在座象衝出戰場時，從象座上掉下來。現在，他沒有任何實際有價之物，可以賜給追隨者。然而，他們仍舊持續敬重他。「光是國王之名就能如此影響民心，真是難以想像。」卡納克寫下：「即便眼前窮困潦倒，穆斯林與印度教徒仍舊心懷崇敬。」

卡納克在政治方面的敏銳度，不下於他的軍事技能；他敏銳地指出：「未來，我們或許可以利用這份先入為主的情感；與此同時，我們已經斬斷了長期困擾本省的問題。」[75]

敗戰之後，沙．阿蘭也有時間重新評估他跟公司之間的關係，意識到雙方都可以從中獲益。畢竟，他並不想直接統治孟加拉。自從阿克巴大帝任命前對手傑．辛格大公（Raja Jai Singh）為軍事指揮官後，蒙兀兒王朝總是擅長將前敵人變成有用的盟友。或許現在，沙．阿蘭似乎開始思考，也許他能像阿克巴運用拉吉普特人那樣，利用英國人實現自己的目標？在大多數印度人眼中，英國東印度公司並沒有合法統治的權力。

然而，授予東印度公司所需要的合法性，是沙．阿蘭的權力。也許他們之間可以成立聯盟，讓英國人的武器將他送回德里，推翻篡位者伊瑪德．穆爾克，恢復他的正統王位？

一月二十九日，皇帝的使節進入卡納克的營地，提出解決方案。大使們來回穿梭，消息送往加爾各答，最終在二月三日，在伽耶（Gaya）附近一處芒果林中安排會面。古蘭．胡笙汗也在現場，因為其父自願擔任沙．阿蘭與英國人的中間人：「皇帝帶著他的軍隊列陣往英軍營地前進，約當中午，少校帶著軍官現身。」

> 摘下帽子，夾在手臂下，以此姿勢前進，步行靠近皇帝座象；但皇帝下令讓他上馬。

卡納克上馬，獨自一人，來到皇帝座象前方，約有一箭之遙之處。我父親也騎在大象上，就在皇帝後方不遠處，兩人領著全副武裝的皇家軍隊。

就在士兵將紮營的地方，在卡納克少校的要求下，皇帝進入一座庭園帳篷，周圍是一片樹林。帳中有常見的（歡迎）儀式，獻上檳榔（paan）、香油（ittar）及玫瑰水，舞伎與樂師提供夜間娛樂。[76]

第二天，兩軍一同前往巴特納。英國東印度公司中很少有人見過蒙兀兒帝國的皇帝，因此當沙·阿蘭抵達的消息傳開，整個比哈爾的英國社區全都出動迎接，加入夾道的人群，希望能一睹風采。這是充滿諷刺的一幕：勝者興奮迎接有些驚訝的敗家；前一年多數時間裡，這個人還竭盡全力要將他們逐出印度。這個場合的翻譯阿奇博德·史溫頓（Archibald Swinton），還是在赫爾薩戰場上追逐沙·阿蘭座象，將皇帝私人行李據為己有的人。[77]

然而，雙方都承認這個情況對每個人都有利，並在這齣假戲裡軋上一角：「英國人忙著將商館轉成皇家謁見廳，」古蘭·胡笙汗指出，「將他們用餐的長桌併成一個印度皇座。」

（沒多久，）鋪設豪華的大廳，展現出華麗面貌……英國人大量聚集。聽聞皇帝抵達的消息，由少校帶頭率先步行出發，會見皇帝後，隨著移動王座持續步行。皇帝在商館門前落地，進入大廳，坐上寶座。英國人站在王座左右。少校深深鞠躬後也就座。[78]

對這一切發展唯一不滿的人，就是新上任的納瓦伯米爾．卡辛姆。他有充分的理由擔心，現在公司將皇帝握在手裡，溫順的納瓦伯就沒啥用處了，東印度公司可能會要求取代納瓦伯。米爾．卡辛姆的焦慮也不是無的放矢：加爾各答參議會確實考慮過這個選項，卻決定暫時擱置。[79]

因此，米爾．卡辛姆終於在英國東印度公司的鴉片商館裡，見到了他的皇帝——世界的庇護者——坐在臨時王座上。經過一些幕後朝堂爭論，兩人達成一筆交易。米爾．卡辛姆恭敬三鞠躬，向皇帝表示臣服，正式獻上一千零一枚金幣的納則爾（nazr，儀式性禮物），「呈獻珍奇服飾材料的托盤上，他更加入大量珠寶及其他昂貴物品。皇帝接受他的獻禮，並賜他一串珍珠項鍊及一頂飾有黑鷹羽的寶石頭冠。」

在蒙兀兒的宮廷語言裡，這等同於正式授銜，確認米爾．卡辛姆為孟加拉、比哈爾和奧里薩的總督（Subadhari），從而批准並合法化東印度公司掀起的兩次革命。作為回報，米爾．卡辛姆宣佈將恢復孟加拉對蒙兀兒皇帝的年貢，承諾每年支付兩百五十萬盧比的巨額貢金，相當於當時的三十二萬五千英鎊（今日約為三千四百萬英鎊）。同時間，英方同意向皇帝提供每日一千八百盧比的津貼（今日兩萬三千四百英鎊）。[80]

雙方都有理由對這出乎意料的解決方式感到滿意。特別是沙．阿蘭發現自己一夕致富，幾週前還只能夢想的收入，源源不絕而來。只有一件事情令他感到失望：沙．阿蘭希望他有力的新盟友，亦即英國東印度公司，立即派遣一支步兵團，助他重登德里王位。軍中許多人，甚至部分加爾各答人士，都對遠征德里的想法躍躍欲試。然而考量到目前首都局勢動盪，當下正面對阿富汗嗜血君主阿赫麥德・沙・杜蘭尼令人厭惡的新一輪造訪，凡希塔特最終推遲了幫沙・阿蘭復位的決定，「等雨季過後」再說。[81]

三個月後，不見返回紅堡計劃有任何進展，不耐煩的沙・阿蘭自行宣佈離去。他說自己的下一站，將前往阿瓦德。他希望有錢有勢的納瓦伯蘇賈・烏道拉會比較聽話。米爾・卡辛姆樂於擺脫皇帝，為了加速他的離去，甚至提前以現金支付承諾年貢的一半。英國東印度公司也沒理由留住皇帝，因為他們已經從他身上得到了所需要的一切。一七六一年六月五日，收到北印度所有主要軍閥的正式投降信後，沙・阿蘭終於啟程，西行朝阿瓦德邊境而去。[82]

卡納克少校以全副軍儀護送他到卡爾馬納薩河畔。皇帝在六月二十一日重新進入阿瓦德，納瓦伯蘇賈・烏道拉在此迎接，沙・阿蘭正式任命他為蒙兀兒帝國的宰相。然而蘇賈跟英國人一樣，也警告皇帝不要返回德里，因為阿富汗人仍舊佔領這座城市。根據當時為蘇賈工作的法國傭兵尚提爾所說：「宰相警告皇帝杜蘭尼的真正意圖。」

一旦他掌握了所有帖木兒王室的成員—目前只剩沙・阿蘭仍舊在逃，這些都是為了徹底摧毀帖木兒（Timurid）王室★。杜蘭尼的計劃是征服印度，而蒙兀兒王子只是達成此一野心的麻煩累贅。因此，對皇帝本人及興都斯坦來說，他都不該落入敵人手裡，這一點至關重要。沙・阿蘭感謝蘇賈・烏道拉的好建議，禮貌拒絕了杜蘭尼請他前往德里的邀請。[83]

此時，孟加拉則由米爾．卡辛姆及英國東印度公司共治，情勢卻日益緊張。

⚜

接下來的兩年，一七六一到六二年間，孟加拉的兩個對手政權之間愈發公開敵對。持續惡化的原由，來自東印度公司私人貿易商愈發惡劣濫用特權，滲透孟加拉經濟，破壞米爾．卡辛姆的統治。

這些私人貿易商經常逮捕凌虐納瓦伯的官員，讓他難以統治。另一方面，納瓦伯也愈發疑心巴特納英國商館首席館員威廉．艾利斯正積極策反。艾利斯在一七五六年的加爾各答圍城戰中失去了一條腿，因而仇恨印度的一切。他無視米爾．卡辛姆的統治主權時，產生一種變態、接近虐待狂的快感，也因此竭盡所能要推翻卡辛姆名義上的獨立。

亨利．凡希塔特更相信米爾．卡辛姆受到委屈，而非罪人，他在參議會裡最親密的盟友華倫．哈斯汀斯也表同意。成功勝任穆爾希達巴德駐紮官後，哈斯汀斯迅速晉升為凡希塔特的副手；現在他被視為未來總督的可能人選。急於讓蒙兀兒人與東印度公司成功共治孟加拉，哈斯汀斯是首先發現米爾．卡辛姆商業才能的人，此刻也迅速為他辯護。他寫下：「我從未遇過比納瓦伯更加坦誠或更溫和的人。倘若我方致力和平的意願有他的一半，雙方之間就不會有任何歧見……他每天曝露在侮辱中，這樣的精神連被踩踏的蠕蟲也無法忍受……全世界都看到納瓦伯的權威受到公開侮辱，他的官員遭到監禁，士兵被派去攻打他的堡壘。」[84]他補充道：「倘若我們的人不是把自己變成這國家的統治者跟壓迫者，而是專心進行誠實公平的貿易，他們到處都會受到追捧與尊重。」[85]

接著，一七六二年二月初，艾利斯主動逮捕米爾．卡辛姆的高階官員，一位名叫和卓．安東（Khoja Antoon）的亞美尼亞人，並將他囚禁在英國商館中。米爾．卡辛姆致信艾利斯，抱怨道：「我的僕人受到如此羞辱，我的書信毫無用處。我無法描述這類行為如何冒犯我的權威。」此後，米爾．卡辛姆誓言拒絕與艾利斯書信往來。[86]

此後，週復一週，在越來越絕望的波斯文長信中，米爾．卡辛姆向加爾各答的凡希塔特傾吐心聲。然而年輕的總督並非克萊夫，似乎無法對同僚強加自己的意願，特別是巴特納商館中艾利斯麾下的那些人。米爾．卡辛姆在一七六二年五月寫下，艾利斯跟他的人「已經決意破壞我的統治。他們侮辱羞辱我的人民；從興都斯坦邊境直到加爾各答，他們貶低侮辱我。」

> 這就是你們紳士的作為：他們在我的國家裡四處製造騷亂，劫掠人民，傷害羞辱我的

---

★譯者註：蒙兀兒帝國的創建者巴布爾（Babur），原是來自今日中亞烏茲別克地區的蒙古—突厥系部族首領，父系為帖木兒帝國創建者帖木兒的後代，母系為成吉思汗的後代。因此當時代的人多稱蒙兀兒帝國為帖木兒帝國，蒙兀兒人本身也採用這個稱呼，反映出其出身傳統。蒙兀兒（Mughal、Moghul、Mogul）一詞則是來自波斯語的「Mongol」，強調帖木兒世系的蒙古血緣，在十九世紀才開始流行起來。然而巴布爾這一支雖然強調與突厥—蒙古人的血緣聯繫，實際上更受波斯文化影響。

僕人，決心讓我的政府受到鄙視，也讓我遭受輕蔑。他們豎立旗幟，拿出東印度公司通行證，竭盡全力壓迫這個國家的農民★、商人與其他人。他們強行以四分之一的價格，奪走商人的貨物商品，並以暴力壓迫，強要農民為價值一盧比的貨物，付出五盧比的金錢。

您先前供我檢查船隻的通行證☆，我雖送往各個檢查關口（chokey），英國人卻毫不理會。我已經無法計算他們對我臣民，特別是窮人，所施加的種種折磨……每一名公司代表都擁有如此權力，可以隨時囚禁當地稅務官（納瓦伯的主要官員），並剝奪他的威權。

我的領地上已經建立了將近四、五百個新的（英國私人）商館。我轄下各地官員都已停止履行職責；因為這些壓迫行為，及我損失的（關）稅，我每年損失將近兩百五十萬盧比（今日三千兩百五十萬英鎊）。在此情況下，我要如何清償債務呢？我要如何支付軍隊王室開支？在此情況下，我要如何履行職責，上繳孟加拉對皇帝的貢金呢？[87]

四月份，凡希塔特派哈斯汀斯前往上游的蒙濟爾與巴特納，試圖緩解日益升溫的危機，恢復和諧。途中，哈斯汀斯寫了一系列信件，一方面對孟加拉美景讚歎不已，同時又對東印度公司在此地的強暴掠奪感到恐懼。到達蒙濟爾時，「美景」之中沼澤群鴨團聚，他以華麗詞藻寫下，自己在旅途中觀察到，「以英國之名進行的壓迫」。

「我相信這種邪惡不是我們下屬獨有，而是由穿著我們士兵制服，或自稱我們經理的人，在全國各地到處犯行……」

在我們前方有一支士兵隊伍，充分證明了放任這些人自由行事時的貪婪與傲慢。一路上，我收到許多對他們的投訴；我們一接近，多數小鎮與驛站的人都跑光了，商店關閉，因為他們擔心會遭到我們同樣的對待……每個戴帽子的人，一離開加爾各答，就成了大王……若我是納波布，我都不知道該怎麼保護自己臣民或僕人免受侮辱。[88]

哈斯汀斯對艾利斯特別不滿，他認為艾利斯的行徑「十分不智，他對納瓦伯表現出明顯不滿，以至於若未恰當轉述，肯定會招來公司最嚴厲的處分」。[89]

十月份，哈斯汀斯再度前往蒙濟爾拜訪米爾．卡辛姆。這次他帶著凡希塔特總督一同前往，好讓他親眼目睹發生的情況。兩人對目睹的情況十分震驚，返回加爾各答後決心結束這些濫權行為。然而，返抵加爾各答後，兩名年輕人卻未能說服其他參議會成員。相反地，多數人決定派遣他們之中最好鬥的成員，艾利斯的朋友詹姆士．阿米亞特（James Amyatt），去提出他的報告，讓米爾．卡辛姆明白自己的地位，並要求讓所有公司的職員經理完全免受納瓦伯政府約束。

哈斯汀斯激烈反對此舉：「此刻提出讓公司旗下所有人都免受（納瓦伯）政府管轄，」

★ 作者註：原始文件使用 ryot 一字，本文通篇以 farmer（農民）取代。

☆ 作者註：原始文件使用 dastak 一字，本文通篇以 pass（通行證）取代。

他寫下：「這等於讓他們隨意壓迫他人……這種政府體制必然在可憐居民的心中，造成對英國之名與權威的憎惡。而納瓦伯聽到人民的哀訴，卻又無法處理，他如何不希望擺脫這個令他深受侮辱的聯盟呢？」[90]

正如世故的尚提爾正確指出：「倘若英國人能聽從哈斯汀斯先生的明智建言，他們與納瓦伯決裂時，就能避免重大不幸。然而，幾個破產且揮霍無度的英國參議會成員，因為陷入債務，決心不計公共代價也要重建個人財富，放任自己的野心，因而引發戰爭。」[91]

⚜

一七六二年十二月，阿米亞特即將離開加爾各答之際，米爾．卡辛姆做出巧妙的政治舉動。忍受艾利斯的暴力霸凌兩年之後，納瓦伯認為該是反擊，抵抗東印度公司侵略的時刻。他決定要擺出立場。

他很清楚自己的官員鮮少成功強迫東公司武裝商站繳納應交的稅款與關稅，因此他在全境內廢除這些稅收，「宣佈只要他無法從富人處徵收稅款，也不會對窮人出手」。[92]藉由這種方式，他拿掉了英國人對當地商人的不公平優勢，即便這意味著他個人及政府的還能力將承受巨大損失。

不久後，一七六三年三月十一日，米爾．卡辛姆跟東印度公司的人馬開始爆發武裝衝突。達卡跟賈法爾甘吉（Jafarganj）發生摩擦時，米爾．卡辛姆的代表在新軍的支持下，開始抵制公司經理的掠奪行徑，經常跟護衛他們的印度兵對峙。米爾．卡辛姆的一名官員甚至發佈命令，處決任何聲稱擁有東印度公司保護之人。兩位惡名昭彰的公司經理住所遭到襲擊，他們從後門翻過圍牆逃逸。同時間，米爾．卡辛姆的人馬開始在孟加拉各地攔截英國船隻，阻擋公司私人貿易商的貨物通過，沒收硝石、鴉片與檳榔。有一次，當公司印度兵試圖奪回被扣押的船隻，爭執升級成一連串槍響，導致數人死亡。戰爭的可能開始甚囂塵上。[93]

接著在五月二十三日，阿米亞特抵達蒙濟爾，打算強迫使米爾．卡辛姆撤銷自由貿易令時，一艘停泊在碼頭上的隨行船隻遭米爾．卡辛姆的警力扣押：「她滿載大量貨物，」古蘭．胡笙汗寫道，「貨物下發現五百支將送往巴特納商館的火槍。古爾金汗（米爾．卡辛姆的亞美尼亞裔指揮官）打算沒收這批火槍，阿米亞特先生則堅持讓船隻離開，不得阻攔，甚至不受檢查。」[94]

僵局持續一段時間，米爾．卡辛姆考慮逮捕阿米亞特。他告訴後者，他認為自己與公司處於戰爭狀態，阿米亞特的任務只是掩蓋其他敵意行動的幌子。但「經過數次交涉」後，他「同意讓使節離開……阿米亞特先生發現再逗留下去也毫無用處，決定返回（加爾各答），因此離去。」[95]

這是艾利斯決心謀劃以武力奪取巴特納的時刻。長期以來，他一直認為在面對他口中「虛情假意」的米爾．卡辛姆時，哈斯汀斯與凡希塔特過於軟弱無力。現在他決定要親自動手解決。但是米爾．卡辛姆的情報機構已經在巴特納商館裡佈下線人，納瓦伯很快就得知艾利斯計劃的部分細節。他的回應是給前保護者哈斯汀斯及凡希塔特寫了最後一封信：

「艾利斯先生已經走到準備攀牆梯及平臺以攻佔巴特納堡的地步；現在，您可以為了東印度公司及你自己的利益，採取您認為最好的行動。」[96]然後他要「狼」開始動員他的軍隊。

這個階段，艾利斯麾下有三百名歐洲人與兩千五百名印度兵。六月二十三日，普拉西戰役週年之際，巴特納商館的外科醫生安德森（Anderson）在日記中寫下：「商館的紳士們得知『狼』手下一支強大的騎兵與步兵隊，正朝向巴特納前來，一場戰爭勢不可免。他們認為最好的方式，是先下手為強，佔領巴特納城。」他們計劃反抗蒙兀兒統治的地點，正是十八個月前向沙・阿蘭表示效忠的地方。

二十四日一整天，人們瘋狂進行準備工作：竹製攀牆梯綁在一起，武器清理堆疊起來，備好火藥子彈。大砲固定在馬具上，馬匹也隨時待命。午夜過後不久，印度兵跟東印度公司的商人帶著步槍列隊，在商館主建築外整裝待發。[97]

二十五日淩晨一點，商館大門敞開，艾利斯率領印度兵步出前庭，對沉睡的巴特納城發動攻擊。英國東印度公司與蒙兀兒人再度開戰。

CHAPTER

# 5 濺血與困惑

英國東印度公司的印度兵分成兩隊，在巴特納城中散開。其中一隊前往城牆，他們架起爬梯，悄無聲息攀上城牆。迅速無聲地佔領所有稜堡，刺殺每座圓頂涼亭（chhatri）砲塔中抱著武器睡覺的警衛。

第二隊由艾利斯領軍，帶著火砲往巴特納集市大街前進。走了一英哩後，他們開始遭遇來自大宅屋頂及門房的火槍襲擊。起初是間歇性，然後變得猛烈。他們仍舊迅速往前推進，就在日出前炸毀堡壘大門，衝進老蒙兀兒堡壘：「進入堡壘後，他們突襲士兵，其中半數正在睡覺，有些清醒的人守在臨時狙擊孔後。」史家安薩里寫下：「他們殺了很多人，儘管有些人爬到角落避難。」

印度兵隨後打開堡壘西門，讓等候在外的其他部隊成員進入。他們再次分成兩列，沿路往總督府及市集前進。巴特納城總督當時人在堡內，意識到眼前的災難，便領軍與英國人展開對峙，並在市集附近遇到他們。雙方都遭遇重大傷亡。

一開始，總督麾下一名指揮官勇敢向前，卻遭到一輪葡萄彈猛烈襲擊而負傷。其餘部隊看到這一幕後，紛紛慌亂逃竄。總督別無選擇，只能從東門逃走，希望將政變消息傳給人在蒙濟爾的米爾·卡希姆。此時，負傷的指揮官成功進入堡內的（蒙兀兒）四十柱宮，關上大門，堅守待命，等待另一天的戰鬥。

此刻英國人掌握了這座城市。軍中的敗類（一群膚色黝黑、來自南印度特倫加納〔Telengana〕的低種姓印度兵）開始搶劫商店貨物，並在城中四散，掠奪無辜市民的家園。[1]

看到除了全面包圍的堡壘外，所有反抗都已結束，艾利斯便放任士兵徹底洗劫城市，「將他們的勇猛變成貪婪，每個人都只想拿走任何能拿走的東西」。[2] 此時，東印度公司的館員們返回商館享用早餐。「踏過這片濃稠鮮血，」安德森醫生說：「每個人都很疲憊。」[3]

然而，館員們有所不知的是，就在巴特納城外三英哩處，逃亡的總督撞上了一大批援軍，由米爾·卡希姆的四排新軍組成。這些部隊是納瓦伯下令從蒙濟爾急行前來，由亞美尼亞裔高階指揮官馬卡爾（Markar）將軍領軍。他一收到政變籌備的諜報後，便即刻下令。「他們全速急行，」古蘭·胡笙汗寫下，「經由水岸路線，抵達東門，準備直接發動攻擊。」

並未感到慌亂的英國人打開城門。他們在跨越壕溝的橋上放了兩門大砲，人員排成一列，準備迎戰敵人。然而馬卡爾一名手下越過指揮官，帶領人馬向英國人發射火箭炮與連續槍擊。他立刻破壞了英國人的陣線。對此感到沮喪的英國人退回商館。受到成功鼓舞的總督要求指揮官趕緊追擊。聽到災難的聲音，其他駐守在城樓與城牆上的公司軍震驚失措，失去了平常的勇氣，四散逃竄。米爾·卡辛姆宣佈勝利，並肅清收復城牆城樓。[4]

公司軍很快不敵對方人數，軍紀瓦解，商館遭到圍困。由於城牆可以俯瞰商館，因此很快就發現此地難以防守。艾利斯很快放棄這個地點，帶著部隊從水門撤離，並且「成功送出一連串平板船，載著約三排兵力，往西駛向阿瓦德邊境」，希望逃進中立領土。

但他們沒能走遠。當他們到達查普拉（Chhapra）時，船隻遭到了薩蘭（Saran）區總兵（faujdar）襲擊。不久之後，（米爾．卡辛姆的日耳曼裔指揮官）『蘇姆魯（頂峰之意）』（華特．萊茵哈特）也趕上他們。他是從巴克薩（Buxar）營地帶著幾千名士兵急行過來。英國人遭到包圍，人數又少，令他們別無選擇，只能丟下武器投降。所有人都成為階下囚。蘇姆魯將上銬的英國囚犯送到蒙濟爾堡的監獄裡。米爾．卡辛姆隨後寫信給全體文武官員，要求無論在哪裡發現，都要立即逮捕所有英國人。[5]

那個星期結束時，比哈爾的五千名東印度公司士兵裡，有三千人被殺、被捕或加入了米爾．卡希姆的軍隊。死者之中還包含加爾各答參議會派出來的使節阿米亞特。他曾安全抵達穆爾希達巴德，卻在船上遭當地總兵逮捕，因為抵抗而遭殺害。「儘管他懇求活著送到米爾．卡辛姆面前，承受他的評判，卻在一個指令下，他跟同伴都被斬成碎片，死於當場。」[6]

憤怒的米爾．卡辛姆去信加爾各答，抱怨艾利斯「像夜賊一般，襲擊巴特納堡，搶奪劫掠市集與所有商民，從早到晚破壞屠殺……你們這些紳士為公司的損害負責；既然你們殘忍不公地破壞這座城市，殘害人民，並掠奪了價值數十萬盧比的財物，公司有責任向窮人作出賠償，跟先前加爾各答（被希拉吉．烏道拉洗劫後）一樣。」[7]

然而這已經太遲了，現在已經無法回頭了。整個比哈爾與孟加拉地區，省內的蒙兀兒精英全都聯合起來，支持納瓦伯米爾．卡辛姆，拼命最後一搏，試圖保護他們崩潰中的世界，不受外國貿易公司的異族剝削統治。無論米爾．卡辛姆是否意識到這一點，此刻已經無法避免全面開戰。

⚜

一週後，一七六三年七月四日，加爾各答的參議會正式向米爾．卡辛姆宣戰。為了表現他們的嘲諷，還投票決定讓他的年邁岳父、前納瓦伯米爾．賈法重登寶座。後者退休後已經成了徹底沉迷鴉片的癮君子，比以前更加糊塗。這位老納瓦伯一如既往對國家財政漫不經心，承諾給東印度公司高達五百萬盧比（今日六千五百萬英鎊），為他征伐雄心勃勃的女婿。

三週後，米爾．賈法在東印度公司大批遠征軍的護送下，離開加爾各答，返回過往的首都。他們在七月二十八日出發，正值孟加拉雨季高熱的溽暑巔峰。部隊由約八百五十名歐洲人及一千五百名印度兵組成。「由於事出突然，英國人強迫法國戰俘，加入亞當斯（Adams）少校麾下的部隊，」尚提爾寫下：「這位軍官迫不急待向穆爾希達巴德前進，在普拉西附近的卡特瓦與當地軍事指揮官對戰之後，（七月九日）征服了穆爾希達巴德。少校在雨季巔峰時抵達拉吉瑪哈爾，軍隊十分艱辛。但他仍奪下納瓦伯的火砲、軍需品及營地中的糧食，並迅速攻佔此地。」[8]

對付自己五年前才捧上寶座的納瓦伯，對東印度公司來說，不僅政治上丟臉，也是一場財務災難：「公司在戰爭重擔下陷入困境，」路克．史克萊夫頓寫下，「被迫以百分之八的利息，向僱員借貸大筆資金，即便有此助力，他們仍被迫將半滿的船隻發往歐洲（因為沒有多餘資金購買印度貨物送往倫敦）。」[9]但從軍事上來看，對抗米爾．卡辛姆的戰爭，雖然緩慢，但穩定取得勝利。

事態很快就清楚呈現，米爾．卡辛姆的新軍仍缺乏足夠的武器和訓練，還無法跟東印度公司的老練印度兵相抗衡。面對老派的蒙兀兒騎兵時，公司軍確實承受比以往更高的傷亡；然而每當兩支步兵隊伍交鋒，最終都是米爾．卡辛姆的部隊逃散。公司在卡特瓦的勝戰中，亞當斯少校伏擊並殺死了米爾．賈法最勇猛的將領之一：穆罕默德．塔基（Mohammad Taki）。三週後在格里亞（Gheria）又斬獲第二次勝利：「一場激烈英勇的交鋒後，米爾．卡辛姆汗的軍隊再次潰敗四散。」安薩里寫下：「公司的旗幟在勝利之風中飄揚」。

敗軍以最快速度逃逸，借著速度之翼，退回比哈爾的山頂要塞烏都亞努拉（Udhua Nullah）。在此，米爾．卡辛姆汗早已預見會有這一天，已經事先做好強固的防禦工事。在這座偏遠要塞，山川急洩而下注入恆河，極為深邃；兩岸皆為蠻荒叢林；除了唯一的橋樑外，別無其他通道。這座要塞是米爾．卡辛姆修建的，他還挖了一道很深的護城河，在上方建立不亞於亞歷山大的堅固防禦城牆，並與山脈相連。城牆對面是長形湖泊，從山脈一路延伸到恆河邊。米爾．卡辛姆還修建了一跨越護城河的土橋。城牆上設有道路，如新娘盤髮般蜿蜒曲折，這是唯一的通道。因此，米爾．卡辛姆對烏都亞努拉的堅不可破深具信心，堅信若非經過漫長戰爭，英國人永遠無法攻下此城。然而，命運卻背棄了他。[10]

米爾．卡辛姆最後的兩萬名新軍在此最後一搏。圍城的頭一個月裡，亞當斯少校的重砲對堡壘毫無影響。然而在驚人防禦力下變得自滿，米爾．卡辛姆的將領因此放鬆戒心。正如古蘭．胡笙汗所言：「他們對那個位置的自然優勢跟敵人強攻的困難度都過於自信，以至於開始怠忽職守；大部分有錢的軍官剛入夜就開始喝酒，剩下時間則用來觀賞女伶表演，或是帶她們上床。」[11]

只有一名將領努力騷擾山腳下的圍攻者。這名活力充沛、聰慧明理的年輕波斯騎兵指揮官最近剛從伊斯法罕抵達印度，他的名字是米爾扎．納賈夫汗，這個名字將在蒙兀兒王朝的歷史上長久流傳頌揚。納賈夫汗找到當地嚮導，讓他們領著一群士兵穿過山腳下的沼澤地帶。「他們悄悄離開，涉過湖泊出口，然後在破曉時分突襲英軍營地，當時老納瓦伯米爾．賈法正在他的帳篷裡。他們的攻擊如此激烈，老納瓦伯的士兵彷彿遭到地震襲擊。」[12]

對米爾．卡辛姆的護衛者來說，非常不幸地，其中一名嚮導被俘虜。一週後，也就是九月四日，他領著亞當斯少校的部隊沿著同樣的隱蔽小徑，穿越泥濘沼澤地，到達蒙兀兒人的壕溝後方。「英國人成功找到米爾札．納賈夫汗拂曉攻擊時使用的路線，現在他們也循線而至。」安薩里寫道：「他們派遣一排年輕高大士兵執行任務。」

深夜裡，他們涉水穿越湖泊出口，水深及胸，將火槍及火藥袋高舉在空中。他們就這樣抵達防禦工事，豎起攀牆梯爬上城牆。守衛過於相信河道湖泊難以穿越，因此對敵人毫不留意，在自己的草榻上熟睡。英國人對他們開火射擊時，造成許多人死傷。

黑暗中，公司部隊已經擠在下方大門前，大門遭到強行衝破，他們就一鼓作氣衝入，發動有如末日審判一般的屠殺，可悲的哀號聲四起！許多醒過來且未在睡夢中遭到屠戮的人，恐慌中試圖越過雨季泛濫的河水，在冰冷湍急的洪流中溺斃。那天晚上，將近一萬五千名士兵喪生。一百門大砲沒入敵人之手。

納賈夫汗不知如何從英國人手中逃脫，往山區逃去；但更多人在渡河時溺斃或遭到射殺。一支由蘇姆魯帶領的小隊，經過種種折難後，終於跟蒙濟爾剩下的米爾．卡辛姆部隊會合。英國人敲響了勝利的鼓聲，在拿下的敵營中揚起自己的戰旗。這場戰鬥在日出後一個半小時結束。[13]

當晚，米爾．卡辛姆不在堡裡；他剛前往蒙濟爾，也因此存活下來，有機會再戰。但他從未由烏都亞努拉的失陷完全恢復。「他似乎精神崩潰，難掩悲傷痛苦，整日心情極為沮喪……他躺在床上，在悲傷煎熬中反覆難眠，也不再聽取古爾金汗的建議。」[14]少數有限的選擇中，他退守到巴特納，並帶著俘虜一同前往。

此刻米爾．卡辛姆揮之不去的，是認定自己受到背叛，他的指揮官都在反他。「他本就有殘忍傾向，」安薩里寫道：「然而此刻，隨著好運之星遠去，統治上出現裂縫，他的殘忍性格更加變本加厲。」

因為連續敗北而擔心沮喪的米爾．卡辛姆，決定將財富珠寶及他最愛的妻室，在幾名信賴隨從陪伴下，送到洛塔斯（Rohtas）大堡。他釋放後宮其他女性，直接把她們趕到街上。兩次惡名昭彰的敗仗跟驅逐婦女的行徑，讓一些隨侍的服從眼光也發生了變化。然而米爾．卡辛姆的邪惡殘酷行徑不給任何人在言行上獨立判斷的空間，他的權威一如以往。每天，愈來愈多猜疑湧入他的腦海，最終下令處決所有囚犯。[15]

陷於偏執之中，米爾．卡辛姆首先下令暗殺他最忠誠的亞美尼亞裔指揮官「狼」——古爾金汗。尚提爾目擊此一極端愚蠢的自毀行為。「前往巴特納的路上，」他寫下：「米爾．卡辛姆的敵人讓他相信自己遭到大臣古爾金汗背叛。他們說古爾金汗被關在英軍營地裡的兄弟影響。此刻忠臣被誣指為叛徒，納瓦伯誓言要毀了他。古爾金汗清楚知道這些可恥陰謀。」尚提爾如此寫下：「我的帳篷總是搭在古爾金汗的旁邊，我們一起用餐。」

有天，晚餐時間他來遲了。我坐在納瓦伯廚房送來的各種菜餚前，開始吃了起來。這時大臣走進來，阻止了我，他說：『你在做什麼？難道你不知道這些可能被下毒嗎？你怎麼這麼粗心，明知道我跟我兄弟正受到各種誣陷。我有很多敵人，你要小心！』他立刻叫人把這些菜餚收走，換成比較安全的人準備的食物。

蒙濟爾到巴特納的半路上，有人企圖刺殺他。碰巧因為天氣熱，我把床搭在他帳篷前，刺客誤以為計劃曝光，便推遲到隔天，隔天正好是行軍的日子。大臣因為路況不好比平常晚到，要求立刻上菜。當他穿越自己的騎兵營地時，眾目睽睽之下，被一名蒙兀兒騎兵攔下。雖然剛領到薪水，這人抱怨錢不夠用，食物價格難以負擔。

索要更多金錢的人激怒了古爾金汗，他叫來一名侍從，騎兵就退開了。我感到炎熱難耐，由於大臣仍在討論其他事，我就離開，去找個涼快的地方。走了不到三十步，我就聽到大臣身邊的侍從呼喊救命：轉身一看，騎兵正拿劍朝古爾金汗砍去。

古爾金的侍從手無寸鐵，身穿極薄細棉布長袍，大臣也是如此。此刻出手為時已晚，他已經挨了快如閃電的三擊：第一劍幾乎斬斷他的脖子，第二劍刺穿肩胛骨，第三劍則捅入腎臟。大臣試圖跑向五十步外的帳篷，卻被地上的長馬韁絆倒，撲倒在地後臉部又遭受刺客一擊。由於他只穿著極薄細棉布長袍，劍鋒直接穿過他的身體。該名騎兵在襲擊後立即消失。

我跑上前，幫忙把大臣扶上轎子，命令抬轎的人將他送進帳篷。他示意給他一點喝的；我們給他的水卻從脖子傷口裡流了出來。看到我在身側，古爾金汗用堅定的目光看著我，然後用手猛擊大腿三次，仿佛在暗示他成了讖言的犧牲品，我要更注意自己的安全。16

在那之後，輪到了羅摩・納蘭大公。他是前巴特納總督，曾勇敢對抗沙・阿蘭。羅摩・

納蘭大公出身卡亞斯特（Kayasth）種姓★，這個印度教社群是長期服務蒙兀兒王朝的官員，經常將自己的孩子送進波斯語的伊斯蘭學校（madrasa）受教育。羅摩・納蘭從小就熱愛波斯詩歌，更是伊斯法罕詩人穆罕默德・阿里・哈金長老（Shaikh Muhammad Ali Hazin）的學生之一。哈金可說是十八世紀最偉大的波斯詩人，後來流亡到貝納雷斯（瓦拉納西）。意識到自己將被處決，羅摩・納蘭以導師（ustad）的風格，寫下了最後一系列對句。這些悲傷認命的詩句，一度在區域內膾炙人口：

夠了！我的生命閃爍消逝，一支孤燭，
火焰在頂上閃躍，燭淚流過裙襬。
你魅惑的美，我的黑暗歲月，都會過去，
國王的黎明，乞丐的夜晚，都會過去。

★譯者註：Kayasth，意指傳統上位於北印度馬哈拉施特拉、孟加拉及奧迪薩地區的特定社群，他們被視為「書寫種姓」，更在不同政權裡擔任書記、秘書、行政官與大臣。此字最早紀錄出現在貴霜王朝（西元一到四世紀），梵文中通常指稱政府裡的特定官職。kaya 意指「主要、首都與財富」，stha 則有「停留」之意，因此此字一開始可能意指皇家財庫或稅官。幾個世紀來，卡亞斯特社群的職業都跟抄寫、書記、秘書職有關。在中世紀初期的印度，卡亞斯塔跟婆羅門種姓一樣，都可以接受正式教育，擁有自己的教育體系，讓他們能夠運用法律、文學、官話、會計、訴訟及其他方面的訓練。現代學者將卡亞斯特列為都市、上層種姓。

花園訪客，含笑蓓蕾，都瞬息即逝。
悲傷與喜悅，都會過去。[17]

寫下最後的詩句後，羅摩．納蘭便遭蘇姆魯奉米爾．卡辛姆的命令射殺，當時仍銬鎖在牢房裡。

下一個則是賈格塞特。艾利斯跟他的同夥被捕時，米爾．卡辛姆曾仔細檢查從商館抄收的英國人私人信件。其中發現一封賈格塞特馬塔伯．萊伊及堂弟斯瓦魯普．昌德王公寫給艾利斯的信，鼓勵他襲擊納瓦伯，並提供軍事行動費用。這兩兄弟在納瓦伯的命令下，從穆爾希達巴德的家中，被移到蒙濟爾一座宏偉大宅。此處鄰近宏偉庭園，他們獲得一切奢華享受。「兩兄弟極其富有，」尚提爾寫道，「甚至超越貪婪夢想，是全輿都斯坦最富有的銀行家。」

「每次錢一轉進德里，他們就能讓孟加拉省總督上台或落馬。他們習慣所有人事物都屈服在黃金的重量之下；所以他們跟艾利斯、阿米亞特等人密謀，正如過往多次陰謀一樣。然而這一回卻被發現了。」

納瓦伯看了信，就將兩人逮捕上銬。然而直到古爾金汗跟羅摩．納蘭都被謀殺後，米爾．卡辛姆才決定讓賈格塞特兄弟接受懲罰。我在傍晚時分入宮，發現納瓦伯獨自一人，他的陳情官正以兩名不幸者的名義提交請願書。他們請求寬恕，若納瓦伯開恩，饒恕他們性命，放他們自由，願意提供四千萬盧比（今日五億兩千萬英鎊）作為代價。

聽到這些話，米爾．卡辛姆轉向我大叫：『你聽到這個人的提議嗎？代表這兩兄弟？四千萬！我的指揮官若聽到這消息，肯定會跑出去把他們放了，而且毫不猶豫把我賣給他們！』

『別動！』他又對陳情官這麼說，並立刻召來蘇姆魯。日耳曼殺手到達現場後，納瓦伯向他重申賈格塞特的提議，下令立刻處決兩人。同時，他禁止在場人士離開帳篷，直到蘇姆魯回來宣佈行刑完畢。他說自己用手槍射殺，他們身上還綁著鐵鏈。」[18]

⚜

狂燥的絕望中，米爾．卡辛姆於八月二十九日最後一次寫信給華倫．哈斯汀斯，請求允許「返回家園，打算最終前往聖地朝聖（換句話說，也就是允許退休並前往麥加朝聖）」。[19]

哈斯汀斯雖對此其況逼使納瓦伯發狂表示同情，但也意識到他的行動後果已經無法挽回：他已經深陷血海之中。「他所受的所有傷害累積起來，」哈斯汀斯寫道，「天生膽怯跟難以避免的毀滅前景又雪上加霜，從此刻起已經完全佔據他的心思，驅散一切原則，只有所有親近者的鮮血才能讓他滿足。無論是讓他受苦的人，或者是通敵者，都成為他報復的對象。」[20]

米爾．卡辛姆意識到老朋友也救不了他時，他打出最後一張王牌。他寫信給亞當斯少校，質疑英國東印度公司行動的合法性，並發出最後威脅：「這三個月裡，你的軍隊持續糟蹋國王的領土，」他寫道，「你有什麼權力？你若決定一意孤行，我向你保證，我會割下艾利斯先生跟其他首腦的頭顱給你。」[21]

亞當斯於十月六日攻佔蒙濟爾前，對此最後通牒做出簡短回應：「倘若囚犯傷了一絲一毫，」他寫下，「你將無權從英國人獲得任何憐憫，你將承受他們最大的憤怒，他們將追你到天涯海角。你若對扣押的紳士犯下謀殺的可怕罪行，我們不幸未能抓到你，全能天主的復仇也不會放過你。」[22]

亞當斯回信送抵米爾．卡辛姆的當晚，納瓦伯召尚提爾到巴特納堡中設立的謁見行帳。「我發現納瓦伯獨自一人，」他後來寫道：「他讓我坐在寶座旁一個小長墊上說：」

「我寫信給亞當斯少校，警告他若越過拉吉瑪哈爾，我向古蘭經嚴肅起誓，我會下令處決手上所有的英國俘虜。他對我的威脅置若罔聞，此時他已經佔領並越過蒙濟爾。現在我該履行誓言，對吧？若我落入他們手中，肯定也會遭到同等對待。好了，先下手為強！你有什麼想法？跟我的想法一樣嗎？」

他所說的令我目瞪口呆，因此沒有回答；我相信比起任何理性論辯，沉默更能表達我心中的嫌惡。但米爾．卡辛姆堅持我給出真誠意見，所以我說：「我必須說，在各國眼中，履行這種誓言是一種犯罪。這種毫無意義的犯罪，將排除任何和平的可能性。倘若你在軍事行動中殺死這些英國人，沒人會抗議——這是任何戰士承擔的戰鬥風險。但謀殺俘虜——

這些人是在你的軍官以你的名義保證人身安全的情況下，放下武器；這些人無法對你造成傷害，因此不是你的敵人——這將是印度史上前所未有的可怕暴行。你不僅不該傷害他們，相反地，你應該保護他們，提供他們所需。此外，你不該將對國家的憎恨發洩在他們身上，他們可能對你有用！」

「但是，」納瓦伯回答，「我若落入英國人之手，他們不會饒過我，他們會殺了我。」

「不會的！」我說：「別信這種事。他們更可能像扶你上位時，對待你岳父一樣對待你。他們若卸除你的孟加拉總督身份，會給你符合身份地位的生活手段。」

「那麼他們對我有什麼用？」總督問道。

「選出他們當中最受敬重的兩人，」我回答：「派他們去談和。我保證他們會盡最大努力爭取條件，而且以名譽作為擔保，他們必定會回報談判情況。」

此時蘇姆魯抵達，遠遠地向總督敬禮，然後就座。米爾・卡辛姆叫他坐到自己身邊，並打發我離開，用一種煩躁口氣說我不必再來參謀會議。

我剛從納瓦伯的帳篷出來，蘇姆魯也起身，向納瓦伯敬禮後，準備屠殺英國人。一位名叫夏多（Chateau）的法裔中士印度兵拒絕執行蘇姆魯殺掉英國人的命令，他說：「身為法國人，我可能與英國人為敵，但我不是劊子手：我不會參與這種暴行！」蘇姆魯把他關起來，然後自己去執行主子的野蠻命令。[23]

蘇姆魯跟一排武裝印度兵抵達囚禁英國人的大宅時，是晚間七點。他首先叫出艾利斯跟他的副手拉辛頓（Lushington），「兩人知道他有私事要談，於是上前，結果立刻被殺」。[24]蘇姆魯接著將士兵部屬在俯瞰囚室中庭的露臺上，囚犯們剛在露天長桌上享用晚餐。根據後來親自詰問蘇姆魯的莫達夫伯爵表示，這名殺手聲稱為了搶救更多人，他曾「多次大聲呼喊，他們中間若有法國人、義大利人、日耳曼人或葡萄牙人，可以離開。然而囚犯都沒意識到問題的重要性，一邊吃晚餐，一邊歡快大喊他們都是英國人。」[25]

晚餐一結束，盤子被收走，僕人也退場，蘇姆魯隨即命令部隊瞄準目標，接著下令開火。他讓槍手用火槍射殺他們，然後自己下去，用刺刀殺掉逃跑的人。其中一個躲在廁所壕溝裡的人，在三天後遭到處決。「據說英國俘虜活著的時候都沒有失志，甚至用酒瓶石頭對抗行刑的人」，因為晚餐後刀叉就被收走了。[26]「切碎肢解」的屍首被扔下院子裡的井。被囚禁在其他地方的公司職員也遭到殺害；只有很少數的人得以生還，例如深受喜愛的蘇格蘭外科醫生及審美家威廉・富勒頓（William Fullarton）醫師。這要歸功於他的老朋友史家古蘭・胡笙汗親自介入，他們曾一起討論兩人都很喜愛的蒙兀兒細密畫。

英國人稱之為「巴特納大屠殺」（Patna Massacre）的事件裡，有四十五名公司職員喪生。除了這個數字以外，英國歷史很少提及還有兩百名拒絕加入米爾・卡辛姆部隊的英國印度兵，被各地軍事首領監禁後遭到殺害。[27]

次晨，米爾・卡辛姆收起帳篷，朝著阿瓦德邊界上的卡爾馬納薩河前進。他帶走了能夠收回的全部財產及剩餘部隊：約三萬名疲憊軍士與一億盧比（今日超過一百萬英鎊），由三百頭大象運送，更多則藏在帷幕覆蓋的車架中——「許多帷幕覆蓋的馬車與轎子，看起來像是運送心愛姬妾，實際上裡面全是裝滿金幣及高價珠寶的白布袋」。[28]正如尚提爾所說，他帶著「從孟加拉積累起來的所有身家，是他從自古以來就持續掠奪這個富饒省份的地主手中奪得的」。[29]

米爾・卡辛姆已經預先派使者通知阿瓦德的納瓦伯蘇賈・烏道拉，以及仍在此作客的沙・阿蘭，提議結成蒙兀兒大聯盟，對抗英國東印度公司。此刻，隨著米爾・卡辛姆的軍隊接近邊界，信使們積極回應這項提議，帶來了一本《古蘭經》，「在光榮之書的空白頁面上，皇帝親筆簽名用印的下方，寫著統治者的安全保證」。[30]

米爾・卡辛姆欣喜萬分。行軍之中，他把尚提爾拉到一邊，說他不再信任手底下任何人，現在迫切需要新盟友。「行軍中在樹蔭歇息時，這位統治者告訴我：『你看到那些人嗎？我全部的軍隊？指揮官們對我心生不滿，因為我正在撤退，而非帶領他們對抗英國人——可他們都是叛徒！我若領他們出戰，他們不會戰鬥，只會背著我投敵！我很清楚：他們是沒原則的懦夫，我不能信任他們！現在他們手裡有太多錢；離開巴特納後，我已經付清所有積欠款項——兩千五百萬盧比（今日三億兩千五百萬英鎊）。』」[31]

只有一個人對聯盟提議表示反對——年輕的波斯騎兵軍官米爾扎・納賈夫汗，他是米爾・卡辛姆手下唯一擁有軍功的指揮官。他指出蘇賈・烏道拉以背叛聞名，多年來他幾乎背叛了所有跟他結盟的人。他說：「永遠別把自己交託在那位統治者手中。帶著你的家人跟財富退到洛塔斯堡去，把戰爭交給我。」[32]

但米爾・卡辛姆選擇無視這些警告，並說洛塔斯堡的河流不適合他。十一月十九日，他穿越卡爾馬納薩河進入阿瓦德。

蘇賈·烏道拉，是偉大的蒙兀兒宰相薩夫達疆之子，也繼承了阿瓦德納瓦伯一職。他是個身高將近七英呎的巨人，上油的鬍子像一對開展的鷹翼，從臉上外翹。他身強體壯。一七六三年時雖已過了巔峰，據說仍能一刀砍下水牛頭，或者單手各舉起一名軍官。敵對的馬拉塔文獻稱他為「非凡之人。天生的惡魔……他若把腳放在大象後腿上，抓著它的尾巴，那頭象就無法逃脫。」[33] ★尚·勞則描述他為「我在印度見過的最英俊的人。不只在身量上俯視伊瑪德·穆爾克，我相信在心胸性格上也是如此。除了享樂、狩獵及最激烈的活動外，他別無其他興趣。」[34]

蘇賈是個男人中的男人：衝動直率，他有能力激發追隨者的忠誠（在十八世紀印度極為罕見）。他最明顯的缺點就是野心過度膨脹、傲慢自大且自視甚高。這立即引起世故知識分子古蘭·胡笙汗的注意，他認為蘇賈是個小麻煩，他的愚蠢不下於大膽。他寫下，蘇賈「既驕傲又無知」：

他對自己的力量評價極高，卻對敵人的能力漠不關心；他認為自己能夠征服三省（孟加拉、比哈爾和奧里薩）。事實上，他擁有龐大軍力，大小火砲眾多，以及所有必要軍需；卻對如何善用這些力量缺乏認識……然而，他自認為是卓越的總合……（並認為）向他人請益貶損尊嚴，即便對方是亞里斯多德……

他自以為是，以曾經跟阿赫麥德．沙．杜蘭尼並肩作戰為榮，並視後者為偶像。任何人若對作戰提出建議，他總是打斷對方，說：「不用想太多，照我的指示戰鬥！」[35]

蘇賈樂見米爾．卡辛姆提出的反東印度公司蒙兀兒大聯盟；他毫不懷疑，倘若他能聯合這位流放的孟加拉納瓦伯及沙．阿蘭皇帝的軍力、資源與權威，就能像他對隨後出現的東印度公司和平使者指出的，輕鬆「收復孟加拉並驅逐英國人。當英國人上朝謙卑懇求時，陛下可以任選指定一個讓他們貿易的合宜地點。不然就等著我的劍吧。」[36]

他的客人沙．阿蘭皇帝則沒那麼篤定。東印度公司曾正式向他宣誓效忠，所以在他眼

---

★作者註：《佩什瓦將軍傳》（*Bhausahebanci Bhakar*）甚至說到蘇賈生於奇蹟之中。一名苦修士給了他不孕的母親一枚果子，令她迅速「受孕，像庫馬拉．羅摩（Kumara Rama）及波利卡．羅摩（Polika Rama）的故事一樣，這個孩子天生具有超人的力量」。出自 Velcheru Narayana Rao, David Shulman 及 Sanjay Subrahmanyam, Textures of Time: Writing History in South India 1600–1800, New York, 2003, pp. 232-3。

譯者註：Bhakar 是馬拉塔文學傳統中的歷史文類，是中世紀馬拉塔文學發展的初期文類之一。十七到十九世紀之間產生了兩百本以上的 Bhakar 著作，成為今日研究馬拉塔歷史觀點的重要文獻。《佩什瓦將軍傳》則是從馬拉塔帝國的 Sadashiv Rao Bhau Peshwar 將軍視角出發，描述馬拉塔人與阿富汗杜蘭尼帝國爭奪德里的第三次帕尼帕特戰爭。此戰之中，馬拉塔帝國必須聯合北印度各方勢力，其中自然包含蘇賈．烏道拉，故有此敘述。庫馬拉．羅摩及波利卡．羅摩則出自南印度重要的民間口傳故事，前者為王后之子，後者為侍女吃了王后丟下的香蕉皮受孕而生，兩子都具有神力。

中，公司現在是帝國的盟友，就跟米爾．卡辛姆跟蘇賈一樣。根據凱魯丁．伊拉赫巴迪所言，皇帝對於蘇賈的野心後果非常擔憂，直截了當告訴他：「他在孟加拉時見過英國人如何打仗，所以他堅定想要阻止納瓦伯宰相的計劃，他說：」

「已熄的火不該再煽動。跟英國人決裂的孟加拉統治者處境艱難。任何敢攻擊他們的人，都逃不過他們步兵的怒火。倘若五萬興都斯坦騎兵在戰場對上一千名他們的現代步兵，他們連自己的命都保不住！因此，跟這些人打交道時，謹慎為上，先發信威嚇他們接受我們的和平提議。此外，他們對皇家的尊敬忠誠已經過考驗，肯定會聽從皇家命令。」

納瓦伯宰相卻有不同想法，反駁道：「英國人尚未見識我們英勇指揮官的力量與技巧——皇家騎兵一巴掌就能消滅這些人！」鑑於英國人的忠誠服務，陛下傾向支持他們，但又缺乏果決的獨立判斷，他別無選擇，只能隨著東道主納瓦伯宰相行事。[37]

米爾．卡辛姆兵敗且從比哈爾越過卡爾馬納薩河的消息傳來時，沙．阿蘭與蘇賈正在阿瓦德省的另一頭，靠近邦德爾坎德（Bundelkhand）的歐恰（Orchha）打仗。因此，一直到一七六四年二月，米爾．卡辛姆才跟新的東道主會合，三支蒙兀兒軍隊也終於聚在一起。

「一聽到納瓦伯宰相（蘇賈）前來迎接，孟加拉總督閣下（米爾．卡辛姆）也豎起深紅色的高帳，其中安放了兩個納瓦伯寶座。」

騎兵和步兵在六英哩長的路上夾道歡迎，軍官穿上最華麗的紅色羊毛外套，手持閃亮新火槍。納瓦伯宰相從大象下來，受到閣下在入口處隆重接待。他們相互問候，手牽著手，一起登上寶座。孟加拉總督閣下致贈阿瓦德總督二十一盤貴重袍服珠寶，以及如山岳一樣壯觀的大象。納瓦伯宰相對米爾・卡辛姆的奢華出行印象深刻，欲壑難填的閣下，夢想著從英國人那兒取得巨額金錢及孟加拉所有財富。他與客人溫和交談，對他的損失表示同情，承諾提供幫助，並支持他要求英國人歸還被奪走的省份。接著，米爾・卡辛姆跟蘇賈・烏道拉前往拜見皇帝陛下，兩人坐在一頭大象上，像兩個吉祥星座合相一般，進入皇家營地。[38]

接下來幾週，蒙兀兒領袖底定計畫細節的同時，繼續向邦德爾坎德各地徵收貢金，支持將英國東印度公司逐出孟加拉的最後聯合行動。三月初，他們再次向東前進，隊伍人數因為法國戰俘團的加入而膨脹；這支隊伍是由布列塔尼傭兵雷內・馬代克（René Madec）領導，先前被強迫加入東印度公司，借此機會反叛英國軍官。這支聯軍「行進緩慢，像螞蟻或蝗蟲一樣過境」。然而直到三月十七日，所有軍隊都在貝納雷斯（瓦拉納西）城外紮營，接近蘇賈先前下令架設船橋以跨越恆河之處，這支軍隊的真正規模才顯現出來。

觀察者估計，一支前所未有的隊伍，人數超過十五萬，從蒙兀兒帝國各地聚集在此。一邊是蘇姆魯領導下的米爾・卡辛姆新軍殘部，巴特納大屠殺讓他的冷酷無情更加聲名遠播。新軍旁邊，沿著河岸是沙・阿蘭皇帝麾下中亞（Turani）蒙兀兒騎兵的壯麗紅帳。蘇賈的軍隊更加多元。其中有波斯的基茲爾巴什紅帽騎兵隊，還有三千名身披鴿翎、穿著長靴的阿富汗羅希拉人，他們曾經對抗阿赫麥德．沙．杜蘭尼。這些人騎馬跟駱駝，身上裝備的是口徑較大的穿甲式迴旋砲。接著是馬代克的法國逃兵團，有點諷刺的是，他們仍舊穿著東印度公司的軍服。不過蘇賈麾下最令人生畏的精銳部隊，也許是由六千名滿頭捲髮的印度教那迦苦行僧（Naga Sadhu）組成的大軍。他們主要手持棍棒、刀劍與弓箭，徒步作戰；赤身裸體，塗上灰燼，服從他們自己可怕的高森（Gossain）派領袖——阿努普吉利與烏姆勞吉利（Anupgiri and Umraogiri）兄弟。[39]

聯軍的龐大規模強化了領袖的信心，河對岸東印度公司軍中動蕩及更多叛變的消息，也讓他們感到振奮。蘇賈確信重大勝利即將到來，以皇帝宰相的身份，寫信給加爾各答，向英國東印度公司發出最後通牒。他在信中將公司描繪成忘恩負義的外來者，反抗蒙兀兒法理秩序的叛亂份子，篡奪「不同區域的皇家領土……交出你們擁有的所有領土，」他要求：「停止干涉本國政府事務。謹守你們的本分（商人該有的謙卑）及原有的貿易專業，否則就等著承擔戰爭的後果。」[40]

儘管蘇賈以沙．阿蘭之名發信，但親自面對過東印度公司戰爭機器的皇帝，仍對這次遠征猶疑不定。他並非唯一這麼想的人。四月初，蘇賈帶著皇帝跟米爾．卡辛姆來到貝納雷斯（瓦拉納西），拜會當時代最著名的詩人——穆罕默德．阿里．哈金長老。他經歷過當代兩次大劫後，在貝納雷斯安頓下來：第一次是一七二二年阿富汗人對伊斯法罕進行恐怖洗劫；接著是一七三九年納德爾．沙洗劫德里。此刻他已是七十二歲的老人，深受眾人景仰。

詩人聖者詢問蘇賈來訪的目的，納瓦伯宰相豪壯地說：「我已經堅定意志，要對不信者基督徒宣戰。真主將助我把他們掃出興都斯坦！」

蘇賈期望詩人的恭賀。然而灰鬚長老只是微笑著說：「你們這種訓練不足的部隊，多數人都還沒學會怎麼拔劍或正確使用盾牌，從未近身目睹現代戰場上的戰爭，那裡人們的屍體四散，粉碎撲倒，肝臟爆出。你打算對抗這個國家有史以來經驗最豐富、紀律最嚴明的軍隊嗎？你問我的建議？我告訴你，這是丟臉的愚蠢，根本不可能取勝。西方人是戰略行家……只有他們之間的團結紀律完全崩解時，你才有取勝的機會。」

好建議在納瓦伯宰相聽來，一點也不中意，但出於對年長蘇非學者的尊重，他忍住了反駁之意。他們起身離去時，長老嘆了口氣說：「願真主幫助這支駱駝商隊，他們的領袖分不清好壞是非！」[41]

一週之內，三月二十六日，整支軍隊已經藉由船橋越過恆河，此刻朝著激烈搶奪的巴特納城方向前進：「這支軍隊人數眾多，以至於視線所及，遍佈了整片區域，就像洪水，像大海波浪一樣推進。」古蘭．胡笙汗寫下：「這不僅是一支軍隊，而是一座移動中的城市，你可以在隊伍裡找到過去在沙賈汗巴德能看到的一切，當時那座美麗的城市是興都斯坦的首都及眼睛。」[42]

隨著大批蒙兀兒軍隊東進，東印度公司的阿瓦德邊界守將卡納克少校丟下沉重行囊，盡速撤往巴特納，未曾阻撓對方渡過卡爾瑪納薩河，也未抵抗。他僅有一萬九千名部隊——這是東印度公司有史以來最大一支軍隊，但對上來勢洶洶的十五萬大軍，仍舊如螻蟻一般。現在他只有不到兩週時間，準備堤壩、壕溝與精良的現代砲防，對抗將來的圍城攻勢。[43]

卡納克還得面對疲累印度兵一波波叛變潮；然而當他們逼近巴特納時，蒙兀兒軍內部的分裂也愈加明顯。裸體那迦苦修士與帕坦人（Pathan）之間爆發衝突，導致兩團人接近流血衝突。同時間，指揮官之間也開始流傳，沙．阿蘭與公司進行秘密通訊：「皇帝陛下非常反對攻打英國人，」安薩里寫道，「因此整場行動裡，他不參與討論或計畫，戰鬥中也在距離外觀察這些好戰的諸侯。」[44]

「部隊之間幾無秩序紀律可言，」古蘭．胡笙汗寫道，「士兵也不習慣接受命令，他們就在營地中打鬥、殺戮，搶劫、掠奪，毫無顧忌或最起碼的控制。沒人願意調查這些事；如果隊友偶然掉隊或出現在無人之地，那些不受控的人可以毫不猶豫搶劫殺害自己隊友。他們的行徑就像一群強盜……搶走眼前每頭牲畜。」[45]「部隊掠奪的破壞力如此驚人，以至於方圓十英哩的範圍內，不見任何繁榮、居住或耕作的痕跡，」安薩里補充，「普通人被逼得走投無路。」[46]

蒙兀兒聯軍於一七六四年五月三日抵達巴特納城牆前。在蘇賈堅持下，他們直接投入戰鬥。經驗最老道的顧問「懇請納瓦伯宰相留在皇帝左右，坐在高大座象上，如偉大慈善的太陽一般，從遠處監督戰鬥。看到他勇敢冷靜地監督戰鬥，將鼓舞士兵保持穩定，不失勇氣。」

但是，蘇賈一如以往，就是聽不進去。

「我是最有戰爭經驗的，」他說。「我不能定在一處，我得騎上最快的馬，立刻前往忠心部隊需要我的地方！」因此他將自己與精銳部隊部署在前線與中心，依序列隊。接著，他帶領最勇猛的部隊，脫離外圍建築物的掩護，緩慢向英軍陣線前進。士兵發出怒吼，馬蹄掀起的塵土籠罩著天地。遠方的英軍陣線看來像一片紅黑色的雲，子彈如秋日落葉般傾泄在納瓦伯宰相的部隊上。大量浴血扭曲的士兵，一批又一批倒向塵土。[47]

猛烈砲火中，「前後全裸」的那伽苦行僧承受最大衝擊。雖然成千上百地倒下，但在大麻菸（bhang）的鼓舞下，不顧危險，一波又一波奔向英軍壕溝。與此同時，米爾・卡辛姆的部隊待在後方，「遠離蘇賈部隊陣線，僅從遠方觀察軍事行動」。

納瓦伯宰相送訊給米爾・卡辛姆，說：「我跟您的同僚正陷於激烈戰鬥之中——每分鐘，我都親眼看著手下人像飛蛾撲火一樣獻出生命。但你只是從遠方觀望！立刻加入對抗英軍，若辦不到，至少派蘇姆魯帶著現代火砲助陣。」然而這位孟加拉閣下紋風不動，也未派遣蘇姆魯去幫助盟友。

夜幕漸垂，高森修士與那迦苦行僧持續發動攻擊。接著，羅希拉人奉納瓦伯宰相之命，伸出援手。戰鬥異常激烈，英軍砲火令人眩目恐懼。頭骨破碎，脖頸折扭，散落在倘滿鮮血的戰場上，有如開滿了野生紅罌粟及鬱金香。四面八方，槍聲震耳欲聾，刃鋒閃爍，彷佛命運之手正掌摑時間的臉頰。然而卡納克少校並未退怯，就像來自天上的咒詛，重擊鐵石心腸的敵軍，讓他們在戰場上痛苦掙扎，或者將他們送進無命谷。

納瓦伯宰相在行動中兩度中槍，卻對自己的傷口不甚在意。熱鬥之中，他又送訊咒罵孟加拉閣下；後者回道：「今天已經結束，該回帳篷了！明天再繼續！」

更奇怪的是風向。整天都從蘇賈部隊背後吹來的西風，將沙塵草屑吹向英軍的眼睛，此刻突然轉成東風，納瓦伯宰相的部隊被荊棘、垃圾、煙霧及戰場上的火藥矇瞎了眼。正因如此，蘇賈終於敲起鼓，撤退治療傷口，停止作戰。[48]

⚜

巴特納的圍攻持續了三個星期，歷經五月酷暑。受到眼前的大規模屠殺與野蠻戰鬥刺激，雙方開始退守各自陣線。正如戰鬥結果未定，此刻圍城也進入同樣狀態。

然而，蘇賈對公司軍緊盯不放，時刻讓自己身處危險之中，甚至有一次只帶著兩名衛兵偵察前方陣地時被認出，遭到公司巡兵追趕，並差點被抓：「納瓦伯宰相覺得自己將為淪為敵人的階下囚了，但他保持冷靜，緊緊控制韁繩，迅速撤退，直到逃離死亡陷阱。」[49]

然而，即便蘇賈勇猛過人，卡納克的手下卻有時間建造防衛嚴密的複雜壕溝，「看起來就像一堵噴火吐焰的牆」。[50]蘇賈的種種努力，只是讓他對夥伴的躊躇不前更感憤怒厭惡，特別是米爾．卡辛姆。他知道此刻並非對客人下手的時刻，但他肯定記下一筆，待機而動。

所有盟友之中，只有法國冒險家雷內．馬代克真正出力：「現在我有能力對抗英國人，」這位布列塔尼人寫下，「報復他們對我跟我同胞所做的一切不公。」

> 我們以他們意想不到的力量攻擊壕溝，但他們的防禦堅固，因此持續的二十天的攻勢也無法攻下一城。納瓦伯經常勸我不要冒險，但我只想順從心意，毀了這個摧毀我國的國家。我竭盡全力要摧毀他們，卻未獲得其他人支持，所以這次行動並未完全依我的計劃進行。最終，即將來臨的雨季迫使我們停下行動，等下一季再來，並尋找過冬的地方。[51]

一七六四年六月十四日，經過三星期持續敗戰，也看不出任何明確勝利。同時間蘇賈等蒙兀兒人並不知道，城內供應已經耗盡，疲憊且士氣低落的卡納克正考慮投降之際，蘇賈突然對圍城趕到厭倦，敲響鼓聲宣佈撤退。他帶著部隊往西前進，在雨季的第一場豪雨之中，在阿瓦德邊境前恆河岸上的巴克薩堡安頓下來。他在此掘壕防守、建立軍營，決心在秋季的十勝節（Dusshera）★之後，戰鬥季節再起之際，再度入侵孟加拉。精疲力竭的公司守軍意識到他們堪堪逃過卑躬屈膝、險些餓死的投降命運，拒絕再追擊蘇賈的部隊。

然而，蘇賈非但沒有訓練部隊並積極準備即將到來的戰鬥，卻「再次陷入娛樂、歡愉及消遣之中，從沒思考必需的（砲彈）數量品質或火藥量；也未徵詢對抗敵人的方法。他甚至拒絕聽取一名砲兵官請求，希望為砲兵爭取必需品。他對這些事情全都不甚在意，而是把時間花在擲骰子、觀察信鴿飛行、欣賞舞女表演及享受各種娛樂。」[52]

他只在一件事上採取果斷行動，卻非針對敵人東印度公司，而是對著盟友米爾．卡辛姆。他公開將巴特納攻勢不力，歸咎於米爾．卡辛姆的不作為。他召來米爾．卡辛姆的指揮官蘇姆魯，許以財富及莊園，贏得德國殺手的支持。接著，他下令蘇姆魯抄沒米爾．卡辛姆的資產：「蘇姆魯跟他的軍隊包圍了閣下的營帳，強行奪走他的寶箱。蘇姆魯的士兵隨後跟納瓦伯宰相的軍隊一同紮營。」

這些事件導致米爾．卡辛姆在公開朝會上，冒失地對納瓦伯宰相發表了一些十分不恭的言論，被間諜回傳給宰相。納瓦伯宰相立即命軍隊到米爾．卡辛姆閣下的營地中逮捕他，並以武裝護衛將他帶回。

上午時分，納瓦伯宰相的軍隊包圍了孟加拉閣下的營帳區域，全力搜刮婦女營帳或倉房裡的物什。現在絕望的米爾．卡辛姆，變成一名瘋癲的苦行者，假借瘋狂尋求庇護。他穿上橘紅色上衣，戴上帽子，離開寶座，蹲在中景的墊子上。一些朋友圍著他，他們也失去理智，穿著多色鮮豔、苦行僧風格的丑角服裝。營中的士兵指著他們噓聲嘲笑。不久後，軍官把米爾．卡辛姆帶出營地，讓他騎上為他準備的大象，軍官自己則坐在象座之後。嘲笑的人群跟著他們前往納瓦伯宰相的營地，孟加拉閣下被關進指定監獄中。[53]

短短幾個月裡，米爾．卡辛姆從印度最富裕、最有權勢的統治者之一，變成了一無所有的蘇賈階下囚。

四個月後，十月二十二日，隨著軍團鼓聲的節奏，英國東印度公司印度兵先鋒營的紅色外套身影，沿著恆河岸行軍，穿越一連串芒果樹林，逼近巴克薩。來自加爾各答的援軍，包含公司印度兵及一支皇家陸軍團，在印度當地最有能力的英國軍官指揮下，剛剛抵達當地。這名英俊冷靜卻又極其無情的三十八歲軍官，是來自蘇格蘭高地的海克特．門羅少校（Hector Munro）。

此刻指揮蘇賈步兵的尚提爾，直接騎馬去找納瓦伯，敦促他立刻採取行動：「我很清楚英國人的作戰方式。」他說：「你不該低估他們。現在清醒過來，停止這些迷魂享樂，要你的軍隊準備作戰！」

★譯者註：十勝節為印度教重要節慶，發生在印度教曆法頞濕縛月（Ashvin）第十天，通常落在西曆九月到十月之間。十勝節後代表著進入乾涼的秋冬季節。這個節慶在不同區域有不同意義，在北印度是慶祝史詩《羅摩衍那》中羅摩戰勝惡魔羅波那；在孟加拉及東印度地區則是代表著杜爾迦女神九夜祭的結束，慶祝女神屠殺牛魔王摩醯濕。

「現在英國人還沒有列出戰鬥陣勢，現在渡船還沒有靠岸卸下武器及軍事裝備，現在他們還忙著搭營帳——現在正是進攻的時刻！全能的上帝也許會讓我們擊敗驅散他們。若等他們安頓下來，我們就難佔上風！」但納瓦伯宰相只是笑了笑，吹噓道：「應對這些人的戰術跟戰略是我的事，我來判斷！」[54]

當晚，蘇賈派人將妻妾財寶護送回他的首都費札巴德，他的軍隊則穿著戰袍合衣而眠，以防東印度公司如今已令人喪膽的夜襲。然而，這類襲擊並未出現。蘇賈一開始的計畫似乎是在壕溝掩蔽下進行防禦戰，就像先前東印度公司在巴特納的戰略。然而那個上午的過程中，他看見己方軍隊人數遠遠超過公司部隊，他改變了主意，決定改為進攻。「破曉時分，門羅讓部隊列出戰鬥隊形，」安薩里寫道，「開始轟擊敵人，造成很大傷亡。這使得納瓦伯宰相改變作戰計畫，認為衝出土堆，運用騎兵在開闊陣地作戰會更好。」[55]

於是，蘇賈下令從堅固的防禦陣地往前推進；這一點令門羅感到驚訝，一開始並不相信傳令兵的回報。他無法理解蘇賈為何放棄如此強大的防禦優勢。不久之後，馬代克的重砲開始轟擊，東印度公司機動性更強、速度更快的輕型大砲也予以回擊。安薩里注意到「英國人跟法國人，就像虎或豹，展開激烈搏鬥。劍光閃爍，砲聲隆隆。」[56]

到了九點，兩支軍隊隔著沼澤列隊相向，寬闊的恆河河面則位於蒙兀兒帝國的左翼。蘇賈的那迦苦修士及阿富汗騎兵部置在蒙兀兒帝國陣線的右側，首先開戰。他們繞過沼澤，轉向門羅的後方，攻擊位於公司軍隊背後的擲彈兵衛隊。

不久之後，公司軍的側翼遭到突破，蘇賈的騎兵穿過擲彈兵，闖入後備部隊，左右開殺。正如嘉布里耶．哈波中尉（Gabriel Harper）後來寫下：「我想，敵軍只要有一兩千名騎兵，像攻擊擲彈兵的這批人一樣出色，我們可能就會輸掉這一仗吧……我們多次處於不利局面，我認為我們的印度兵在砲火襲擊下，只能再挺五分鐘。」[57]然而蒙兀兒騎兵一突破防線，就長驅直入公司營地，趕走看管行李、錢財跟彈藥的非正規騎兵後，迅速下馬，開始劫掠。此後，他們就不受蘇賈控制，不再參與戰鬥。

結果，一如以往，東印度公司部隊的優越紀律讓他們贏得最終勝利。門羅喜歡提醒他的部隊：「常態紀律跟嚴格服從命令，是歐洲人在這個國家的唯一優勢」，那天所發生的事情，證明他是對的。[58]儘管失去行李跟彈藥，門羅的印度兵仍堅守方陣，即便馬代克及蘇姆魯的重炮集中轟炸帶來前所未有的傷亡。

第一批英國俘虜開始被綁到蘇賈面前時，他以為自己已經贏得勝利。他下令吹起勝利的號角，於是好些指揮官離開崗位，向他恭賀。正是跟蘇賈一起站在蒙兀兒戰線中央的尚提爾，看見令人膽顫心驚的下一幕：「英國人看起來似乎完全被擊潰，」他寫道。「他們失去彈藥跟存糧，以及所有行李及軍費。」

發現自己的失敗後，門羅下令供應船隊盡快接近戰場，因為英軍除了河流外，別無其他撤退的選擇。然而，執行命令的過程出現了長時間延怠；與此同時，蒙兀兒騎兵忙著掠奪英軍營地，而非騷擾敵軍，不給英軍喘息的機會。看到這一點，已經失去一切的門羅，對我軍左翼發動絕望的攻勢。[59]

意識到時機已經來臨，門羅沿著己方戰線疾馳，無畏蒙兀兒砲火輪番朝他射擊，揮舞著帽子，下令全面進攻。尚提爾寫下：「藉由絕望之下的壯舉，門羅主宰了幾分鐘前還被迫放棄的戰場。」[60]馬代克則說：公司的印度兵「已經開始撤退，以為自己已經輸了。倘若有辦法，他們會全都落跑。但正因為逃不走，他們才鼓起勇氣，同時看到我們面向恆河的左翼人手不足，缺乏支援，他們頂著少有人及的魯莽勇氣往那裡衝去。」[61]

這突如其來的命運變化令蘇賈難以置信，他堅守崗位，決心重振軍隊。「他想像自己懷裡已經擁著勝利女神的美麗身軀，突然間卻看到自己，彷彿在鏡中，被捏在敗戰夢魘手裡，奄奄一息。他在原地一動也不動，難以相信地盯著這突如其來的可怕轉變。」當蒙兀兒陣線在他周圍崩潰時，大腿受了重傷的那迦苦修士首領阿努普吉利勸說蘇賈．烏道拉逃離戰場：「現在不是毫無意義送死的時候！」他說。「下一次我們就能輕鬆取勝報仇。」[62]下定決心要活下去，蘇賈奔到自己架設的跨河船橋上，而赤裸的那迦首領為他斷後。當蘇賈、蘇姆魯及他自己都過橋後，那迦首領就下令摧毀船橋。

此舉擋住了東印度公司的攻勢，但也註定了那些未能渡河的士兵的命運，特別是勇敢的那迦後衛。他們試圖涉過泥灘，卻遭到佈滿河岸的公司士兵擊殺。「許多人試圖跨越營地後方的泥濘深河，」古蘭．胡笙汗寫到，「但他們困在泥淖中，在泰盧固人（印度兵）對著逃逸敵軍不停發射的砲火中失去生命……」[63]

現在輪到公司軍犒賞自己：「宰相及其軍官擁有的一切，例如帳篷、傢俱和其他財產，都成了勝利者的戰利品。」古蘭・胡笙汗道。「數不清的銀行店鋪堆滿金銀幣，滿是珍貴貨物的商人營帳，轉瞬間洗劫一空。沒入兩百門火砲的英國軍隊，戰利品龐大驚人……只有真主知道那支軍隊到底有多少財富！營地裡的龐大財富，也許可與興都斯坦的首都一較高下。」[64]

巴克薩是一場短暫混亂的戰鬥，卻十分血腥：東印度公司軍隊帶上戰場的七千人中，陣亡、受傷或失蹤了八百五十人，超過總數的八分之一；蒙兀兒軍的傷亡則多倍於此，死亡人數可能高達五千。長期以來，這一日戰役一直沒有明確結果。儘管如此，這場戰役仍舊是印度史上最具決定性的戰役之一，比七年前更出名的普拉西戰役更具影響力。

蒙兀兒世界的三大軍隊聯合起來，想要擊敗英國東印度公司，並將其逐出印度。然而，最終結果卻是蒙兀兒軍隊敗北，英國東印度公司反而成為印度北部—東部的主要軍事力量。巴克薩戰役確立了東印度公司對孟加拉及沿海地區的控制，並為他們的勢力向內陸西部擴展，打開一條通道。最初從私掠船員及前加勒比海海盜起家的企業，英國東印度公司一度轉變成相對受到敬重的國際貿易公司，股價的可靠程度讓它的股票幾乎被視為某種國際貨幣。現在，這間公司經歷第二度轉變，不只是在印度沿海飛地進行貿易的工具，而是廣大富饒帝國的統治者，帝國範疇延伸至整個南亞。

在這一點上，最重要的是，這個貿易企業組織為征服印度領土成功打下基礎的這一刻。這間商貿企業現在破蛹而出，變成自主的帝國勢力。支持它的大批軍力，規模甚至超過英國皇家軍隊；它現在即將要對二千多萬印度人行使行政控制。一個商人組成的團體，轉變成北印度多數地區的實質統治者。正如當時一名觀察家所言：「許多意外偶然，讓私人貿易商組成的法人團體，（變成）亞洲統治者的政府。」[65] 結果就是亞當．斯密（Adam Smith）所稱的公司政體（Company State）——「一種奇異的荒謬」。[66]

二十年後，茶商及旅行家湯馬士．唐寧（Thomas Twining）溯恆河上行，停船參觀此刻已經荒廢的巴克薩戰役遺址，他在日記中寫下：「這裡可說是將亞洲最好的區域納入英國商人統治的一系列非凡軍事成就的終點。他們最初以窮困冒險家身份出現在印度海岸上。歷史上，鮮少見到比這些交易更加驚人的事件。結果與手段相比，如此不成比例，相當難以理解。」[67]

唐寧說得有理。東印度公司賭上一切，並贏得勝利。此刻蒙兀兒帝國躺在他們腳下，全面潰敗，為歷史上最驚人的企業接管舞台揭開序幕。[68]

巴克薩戰役後的日子裡，結盟的蒙兀兒三方勢力命運截然不同。

從巴克薩一路逃竄的過程中，蘇賈將米爾．卡希姆從牢裡放出來。然而他失去權力財富，並因巴特納大屠殺而遭到東印度公司追殺報仇。這位才能出眾的統治者再也無法在百花齊放的十八世紀蒙兀兒政治中找到自己的位置。他在興都斯坦四處漂流，最後在貧困中，死於阿格拉附近的一處小房產。據說葬禮上，他的子女甚至無力為他購置裹屍布。[69]

蘇賈．烏道拉一如以往，選擇了軍事抵抗的道路。隨著門羅率領的東印度公司軍團深入阿瓦德境內，他對追擊者發動一連串騎兵遊擊隊襲擊，卻也逐漸被迫退至邊緣，失去追隨者。此刻已經晉升為將軍的卡納克少校將蘇賈的費札巴德豪宅據為己有。東印度公司最終將蘇賈困在邱納爾（Chunar）要塞，他卻在要塞遭到炮轟時逃脫，並於一七六五年五月三日在柯拉（Kora）與東印度公司最後決戰，並以失敗告終。此後，他在自己的舊領地上流亡數月，最終在兩河匯流區尋求羅希拉阿富汗人的庇護。

最終，是那位世故的法國傭兵尚提爾進行談判，安排他在七月份投降。尚提爾向東印度公司指出，敗戰的蘇賈可以在英國保護下重新即位，成為富饒孟加拉與德里四周混亂無序競爭區域之間的緩衝帶；那些地區的控制權，在阿富汗人跟馬拉塔軍隊之間不斷混亂血腥地換手。

生命與自由獲得保障後，蘇賈終於投降。他突然出現在門羅的營地裡，坐著他那頂超大轎子，只有兩百名騎兵隨行護衛。[70]尚提爾寫下：「人約下午四點，將軍還在用餐，按照英國習俗，用完甜點後喝著波特酒。納瓦伯宰相的護衛騎兵掀起的塵土引發警戒，鼓聲響起，所有人急忙就位。就在此時，兩名傳令兵趕到，宣佈納瓦伯宰相到來。」[71]

驚訝的是，蘇賈發現「這些英國紳士根據他們國家的習俗，脫下帽子表示對他的尊敬，舉止非常親切。他們站在他面前，雙手合攏（即合掌）。」[72]他重新即位，在英國駐紮官的監督及一個公司印度兵團的護衛下，統治的區域比過去的王國小了一些。他必須支付高額津貼作為軍隊駐紮的費用，此外還需償付五百萬盧比（今日六千五百萬英鎊）的巨額戰爭賠款。[73]

與此同時，沙．阿蘭皇帝則盡力修補與東印度公司的關係。巴克薩戰役期間，他一直與公司保持秘密通信。就他看來，巴克薩是三名臣僕之間的戰鬥，這些臣僕都對蒙兀兒皇室宣誓效忠，因此他必須在衝突裡保持中立。整場戰役期間，他留在自己的帳篷裡，堅決表現出他並不贊同蘇賈的愚蠢對抗戰略。[74]

巴克薩戰役結束後不久，蘇賈與他的軍隊逃到阿瓦德繼續戰鬥，而沙．阿蘭與其蒙兀兒近衛隊則留在戰場附近，遣使者向門羅尋求協商。就像十八個月前赫爾薩戰敗後的情況一樣，沙．阿蘭打出巧妙的一手，他知道自己作為盟友而非敵人，對公司更有利。

戰役一結束，當「發現納瓦伯宰相沿著河的另一側逃亡，皇帝得以脫身自由行動時，便派人找來英國人，給門羅、米爾．賈法及凡希塔特賜下榮譽袍服，藉此展開談判。他們發現這是推進自己利益的好藉口，便加快腳步，幾小時內與皇帝會合。」[75]

皇帝想讓公司知道蘇賈並非他的友人，甚至威脅說若宰相與英國人達成協議，「我會前往德里，無法想像再次落入如此糟蹋我的人手中。」[76]同時，門羅也很清楚，魁儡皇帝沙．阿蘭，作為蒙兀兒帝國的合法象徵，對公司的擴張野心有多重要：「為了避免國王或帝國貴族對我方權力產生任何不悅或嫉妒，」他寫信給加爾各答：「我們將在陛下授權下完成一切，好讓我方收益看起來像是由他所賜，並以他的權威興戰。」[77]

在公司保護下，並由前對手卡納克將軍親自護送，沙．阿蘭首先前往貝納雷斯，接著轉往阿拉赫巴德。公司將他安置在先祖阿克巴皇帝興建的壯麗蒙兀兒古堡中，就位於亞穆納河及恆河的吉祥匯流處。他在此等待公司董事從倫敦派往加爾各答斷後的人；這個人將清理這些不受控職員製造出來的一團混亂，而董事們認定最好的獵場看守人，就是前盜獵者。

這個人就是近日受封，身材逐漸臃腫的普拉西男爵羅伯特・克萊夫。

米爾・卡辛姆對抗戰及孟加拉再次成為「濺血混亂之地」的消息，於一七六四年二月傳到倫敦利德賀街的東印度公司總部；不久之後就傳來了巴特納大屠殺的消息。人們對於戰敗、不斷增加的軍事開支及金融混亂議論紛紛，進而引發了一波投資者恐慌及股市拋售潮。公司股價迅速下跌了百分之十四。[78]一次股東大會上，一名焦慮的投資者提議讓克萊夫立即返回孟加拉，擔任總督兼總司令。[79]股東一致通過這項決議。

自從返回英格蘭之後，克萊夫迅速實現兩大願望：成為國會議員，並獲得貴族頭銜——即便是比起英格蘭爵位，比較沒那麼顯赫的愛爾蘭爵位，因為英格蘭爵位可以讓頭銜者獲得西敏寺上議院的席位。他買下土地、收集莊園，跟公司董事吵架，並迅速覺得厭倦：「我們在英格蘭並不像你想的那麼開心，」一七六二年五月寫給卡納克的信中，他道：「許多人都羨慕你在印度的生活方式。」[80]因此當公司提出孟加拉總督職位，同時擁有前所未有的權力，可以改革公司管理，並確立公司對大片亞洲區域的控制時，他毫不猶豫就接受了。

一七六四年六月四日的日落時分，他乘坐「肯特號」，駛出普茲茅斯港，三度前往印度任職。他的妻兒留在碼頭邊，陪同前往的是一名法國大廚、四名樂師組成的樂隊及十二打香檳。[81]一如以往，克萊夫的時機掌握，或說他的運氣，簡直超乎尋常。一七六五年四月「肯特號」停靠馬德拉斯時，立即傳來門羅在巴克薩取得勝利、佔領阿瓦德，以及最近復位的米爾・賈法去世的消息。克萊夫意識到這些消息將對公司股價帶來正面影響，他的第一個動作就是用密碼，秘密給倫敦的代理人寫信，抵押所有財產，把錢拿來盡可能購買公司股票。[82]接著他給公司董事寫信。一如以往的無情犀利，他意識到這個消息將根本上全面改變政治格局：「我們終於來到我早已預見的那個關鍵時刻，」他寫給英國東印度公司的董事會主席：「我的意思是，這一刻，我們可以或必須決定，是否要全盤（蒙兀兒帝國）納入自己手中。」

米爾・賈法已經去世，他的親生兒子還未成年。蘇賈・烏道拉被趕出了領地；我們控制了這些區域，要說整個帝國在我們掌控之中，並非誇張之詞……難道還會有疑問嗎？一支龐大的歐洲軍隊將能有效保護我們的主權——若我可以這樣說，不但能壓制任何地方統治者的野心，更讓我們壯大，以至於法國、荷蘭或其他敵人都不敢騷擾。

我們必須成為自己的納波布，即便名義上不是，也許不須偽裝……我們得往前進，因為退縮是不可行的……倘若公司的目標是財富與穩定，這就是確保目標達成的方法，也是唯一的方法。[83]

新任總督終於在一七六五年五月三日抵達加爾各答，將近一年的航行令人筋疲力盡。但他知道在休息之前，他必須直奔內陸，解決巴克薩戰後興都斯坦的權力真空問題，這種不穩定且具潛在爆炸性的情況一直沒有獲得解決。「可能的話，得在穩固長久的基礎上建立和平，」他寫信給卡納克：「為了達成這個目標，我決定要直奔你的營地，不會久待，但得跟國王簽訂某種條約。」[84]他迅速轉身離開加爾各答，於六月二十五日前往阿拉赫巴德。

他首先要見的是蘇賈．烏道拉。克萊夫欣賞尚提爾最早提出的解決方案背後的邏輯：與其直接將整個阿瓦德地區納入公司管理，更明智的做法，是讓充滿感激之情的蘇賈成為公司的魁儡，並榨取他的資源，同時名義上將他納入保護之下。

八月二日，克萊夫在貝納雷斯與悔過自新的蘇賈．烏道拉會面，並告知這些計劃。不過三個月前還面臨完全崩潰的蘇賈，無法相信自己的好運，清楚表達對克萊夫的個人感激和忠誠。不久之後，克萊夫高興地致信參議會，說：「給予適當的恩惠，就能在穆斯林之中看到公開信任與許多寶貴原則。比國內其他地方所見，在這方面蘇賈．烏道拉的水準顯然更高一些。」[85]

接著，克萊夫決定加上自己的政治亮點。他決定將蘇賈領土中的一小部分，包括阿拉赫巴德跟柯拉，轉為皇家領地，用來支持沙．阿蘭。他對皇帝長期夢寐以求重返德里的承諾，含糊以對；但同時，又接受提議，管理皇帝治下三個富庶的東部省份——孟加拉、比哈爾及奧里薩的經濟事務。這就是授予蒙兀兒法律中所謂的「課稅行政權」——管理蒙兀兒省分的經濟事務。

這不僅僅替東印度公司的征服提供了蒙兀兒合法性的假象，還潛在賦予該公司對兩千萬人課稅的權力，每年將產生約兩百到三百萬英鎊（今日合兩億一千萬到三億一千五百萬英鎊）的預估收入，以十八世紀的標準來說，是一筆巨額財富。佔領孟加拉豐饒的水稻田和米糧剩餘、勤勞織工及豐富礦藏，將為東印度公司帶來巨大機遇，並提供財力繼續建立亞洲最強大軍隊。克萊夫知道孟加拉的巨大收入，長期以來一直是蒙兀兒王朝的主要財政來源，這筆收入可以讓公司跟過去的蒙兀兒人一樣，堅不可摧，同時有朝一日，為征服印度全國提供金援。

沙．阿蘭與克萊夫的顧問在八月一日展開談判。九日，總督府船靠在阿拉赫巴德堡旁，克萊夫抱怨此地「蟲蠅磨人」。他在此首度見到年輕的皇帝，他的「嚴肅的舉止近乎悲傷」。[86]

雖然交易的主要輪廓已經確定下來，談判繼續持續了三天，沙．阿蘭堅持從公司獲取更大額的津貼。這一次，克萊夫讓步了：「我認為兩百萬盧比（相當於今日的兩千六百萬英鎊）已經足夠（作為皇帝的津貼），」他寫下：「然而，由於我們打算以不尋常的方式，利用陛下為我們取得全國歲收的正式詔令（sanad）。既然他堅持，就不值得為六十萬盧比冒犯國王。」[87]最終條文在八月十一日晚間確認。

翌日，也就是十二日早上，皇帝登上絲綢覆蓋的扶手椅，搖搖欲墜地擱在克萊夫的餐桌上。在克萊夫帳內舉行的儀式，並未持續太久。正如古蘭．胡笙汗所說：「如此重大事務，不該有所虛偽或詭計，換作其他時候，必然派出睿智大使與能幹的談判者，與東印度公司及英國國王之間的多次會議談判，歷經首長之間的諸多爭論。此刻卻比出售一頭驢子、馱獸或牛隻的時間還短暫。」[88]

這是個極其重要的時刻：一筆簽下，換來相對不起眼的兩百六十萬盧比（三十二萬五千英鎊，約合今日的三千四百萬英鎊），與克萊夫代表公司許下的可笑承諾，願意以「遵守穆罕默德法則與帝國法律」的方式進行治理，皇帝則同意承認公司所有征服土地，並將印度東北全境的財政控制權交給東印度公司。從此以往，在兩萬名印度兵撐腰下，兩百五十名東印度公司職員現在將治理印度最富有三省的財務，實質結束了兩百年來孟加拉的獨立政權。對一家以盈利為主要生存目的的上市公司來說，這是革命性轉變的一刻。

儘管此刻東印度公司的軍事力量被放進蒙兀兒儀式架構中，但公司所稱的《阿拉赫巴德條約》對社會帶來的根本變化卻立刻顯現出來。正如不久之後《孟加拉史》所記載的：「現在英國人已經統治了這三省，任命自己的地區官員，他們進行估稅並徵收稅款，執行司法，雇用及解雇收稅官員，還執行其他管理職能。英國人的威權熾盛……他們的士兵在納瓦伯的領土上隨處安身，表面上是他的僕人，影響力卻遍及所有事務。天曉得這種情況最終將如何收場。」[89]

事實上，結果很快就清楚明瞭。孟加拉比以往遭到更加全面且粗暴的劫掠，而年輕的孟加拉納瓦伯幾乎成了無權無勢的儀式性傀儡——克萊夫如此描述：「除了名字跟權力的陰影外，他一無所有」。[90]他跟一串後代也許可以在龐大的穆爾希達巴德河畔宮殿裡，作為虛位總督，存活一段時間，然而此刻是英國東印度公司公然統治並剝削孟加拉。克萊夫小心翼翼地讓公司跟日常行政瑣事保持距離：他甚至保留現有的稅徵方式，穆爾希達巴德各部門事務仍由蒙兀兒官員運作處理。然而穿著長外套、頭戴假髮的英國職員，此刻卻佔據所有行政金字塔的頂端，進行決策，取走收益。這間貿易公司既是殖民地主，也是企業國家，在法律上首次獲得所有政府權力：控制法律、行使司法、徵稅、鑄幣、提供保護、實施懲罰、締結和平及發動戰爭。

從此刻起，公司控制下的印度土地收益，僅被視為東印度公司的毛利，正如克萊夫所言：「抵銷所有投資費用（用於購買運往倫敦的商品），提供中國貿易的財庫（向中國購買茶葉的資金），並滿足您印度其他殖民地的需求，還能在您的財庫中留下相當可觀的餘額。」

迄今為止，金條一直佔了英屬東印度公司運往孟加拉貨物的百分之七十五，也是該省「大量古老財富」的來源。然而此刻，為了購買出口用的紡織品、香料及硝石，東印度公司不再需要從英國運來任何貨物：印度的稅收將被用來支付這些採購。印度從此將被視為一個巨大的莊園，用來榨取和剝削，所有利潤將被運往倫敦。[91]

因此，以公司新任的穆爾希達巴德駐紮官理查．貝契爾（Richard Becher）的話來說：「首要考量似乎是盡可能從這個國家徵收巨額款項」——換句話說，盡可能透過土地稅收，確保巨額財政收入，然後將剩餘資金轉到倫敦的銀行帳戶裡。[92]

對於克萊夫跟他的股東來說，這是又一次的勝利：「好運似乎決心伴我到最後，」克萊夫寫信給朋友兼傳記作者羅伯特．歐姆，他說：「每個目標、每個樂觀願望都將完全實現。儘管有種種嫉妒、派系與怨恨，在公司成為世上最富有的公司時，我已經到達一切渴求的頂峰。」[93]英屬東印度公司股價大幅上漲，八個月內幾乎翻了一倍，讓克萊夫個人賺進巨大利潤。

但對於孟加拉人民來說，「課稅行政權」的授予是一場徹頭徹尾的災難。納瓦伯再也無法為人民提供絲毫保護：收稅官與稅收包辦掠奪農民，從土地撈錢，卻沒人為一般農民的福祉負起任何責任。商人與織工被迫以遠低於市場價格的工資為東印度公司工作；他們還強行奪走為法國跟荷蘭競爭對手生產的紡織品。拒絕同意公司苛刻條款的商人遭到鞭打關押，或遭到公開羞辱，逼使他們用鼻子磨蹭地面。[94]幾年後，一七六九年時貝契爾記錄道：「英國人想到公司獲得課稅行政權後，印度人民的情況比先前更加惡劣，定然讓他們感到痛心；然而，我擔心此事實是無可辯駁的。這片美麗的國土，在最專制任意妄為的政府統治下都能蓬勃發展，此刻卻走向毀滅。」[95]他寫下，各項經濟指標都很糟糕，而且日益惡化：自課稅行政權授予以來，土地收益持續下降，貨幣短缺，孟加拉的內部貿易正在萎縮。[96]

古蘭．胡笙汗無疑是這個時代最敏銳的觀察者，他迅速意識到這對社會來說意味著什麼。首先，這代表著將有效消滅他所屬的社會階級。蒙兀兒貴族的權力最終仰賴他們的騎兵專業，然而隨著公司從鄉村地區的印度教拉吉普特及婆羅門種姓背景招募大批步兵來取代他們的位置，他們現在實際上失去了工作。在其他人想清楚這種新型態公司殖民主義與步兵戰爭方式帶來的全面影響之前，古蘭．胡笙汗就已經開始感嘆「古老貴族殘部（的命運）……在此艱難時期，在興都斯坦的天空下缺少資源的人……許多人已經離開家園祖國，不願離家者則與饑餓困頓結盟，在自己小屋的一角過著貧困生活。」

他估計，這些變化將在孟加拉與比哈爾各地，令四萬到五萬名騎兵失去生計，同時驅散跟隨「眾多騎兵」的「成千上萬商人」。這將進一步對經濟與文明產生重大影響：「人數更為龐大的工匠一直為貴族賣命，有時在他們家中工作」，此刻卻發現贊助人再也無法供養他們，或在府內進行工藝（kar-khana）。他們很難找到其他工作，因為「現在英國人是國家的統治者跟主人」，而「他們的藝術和天職對英國人沒有用處」，因此工匠只能淪為偷竊或乞討。

由於這些統治者都從他們的國家滿足所需，因此這片土地上的手工藝者與工匠經常受苦，生活艱難，難以謀求養家糊口的生計。現在英國人是國家的統治者跟主人，也是唯一的富人，這些窮人能寄望他們購買自己的藝術品，好從中獲益嗎？只有部分工匠能從英國人身上找到生計，比如木匠、銀匠、鐵匠等。[97]

此外，古蘭．胡笙汗還寫到，英國東印度公司的征服代表著跟印度以往經歷截然不同的帝國剝削。早在其他印度人之前，他就明確論述了，作為臣屬殖民地所需承受的一切，以及企業殖民主義這種奇特且全然陌生的形式，與蒙兀兒王朝統治的不同之處。他寫下：

「很快就觀察到孟加拉開始出現貨幣短缺。」最初沒人知道「這種短缺是出自統治者的壓迫及榨取，還是吝於公共開支，亦或是因為每年向英格蘭輸出的大量貨幣。」但很快就清楚看見確確實實的財富流失。人們很快就經常看到「每年都有五、六個或甚至更多英國人，帶著巨額財富回國。因此，成千上百萬的財富從這個國家流失。」[98]

這一切，古蘭．胡笙汗寫道，跟蒙兀兒帝國的體制完全不同。他們一開始也是外來者，卻決心「（在印度）永久定居，以這個國家為固定居所，在此紮根，打算將征服變成傳承，成為他們的財產與遺產」：

他們全力以赴保障新臣民的福祉；他們始終不渝地努力，直到跟當地居民通婚，生兒育女，建立家庭，並且融入當地社會。他們的繼任者學習本地語言，對待當地居民就像相同母親相同語言的兄弟一般……（印度教徒與穆斯林）已經融合成一個整體，就像煮沸過的牛奶跟砂糖一樣。[99]

相較之下，他寫道，英國人對這個國家毫無感情，就算是最親密的盟友與僕人也是如此。這就是起初歡迎英國人的印度人很快改變主意的原因，因為「這些新統治者並不關心印度人的想法，任由他們任命的官員對人民進行無情掠奪、剝削、壓迫與折磨」。

英國人有個習慣，來此幾年後，就返回他們的祖國，沒有任何人表現出想在此地定居的意願。他們更將這習慣與另一個被視為神聖義務的習俗相結合：在這個國家盡可能地搜刮錢財，然後把這筆鉅款帶回英格蘭王國。因此，當兩個習俗合而為一，就會不斷破壞毀滅這個國家，永遠阻礙它再度繁榮，也就不足為奇了。[100]

正如麥考萊（Macaulay）後來所說，東印度公司看待孟加拉，就像「海盜盯著蓋倫帆船」。[101]這種無限掠奪的制度，過了五年才顯現出影響的全貌；然而一旦顯現出來，卻是空前的恐怖。現在，一七七〇年孟加拉大飢荒的舞台已經搭好了。

# CHAPTER 6 饑饉遍地

一七六八年的雨季只給印度東北部帶來了極少量降雨。隔年，一七六九年的夏天，卻一滴雨也沒下。相反地，高熱持續不斷，河流逐漸縮小，水池乾涸，每個孟加拉村莊中心的埤塘先是成了黏糊糊的泥巴池，後來成了乾燥土壤，最後則是塵土。

孟加拉各地農村的東印度公司職員焦慮觀察著日益加劇的乾旱，意識到這將對他們的收入產生影響：水稻田因為缺水而變得「堅硬，農民們難以犁地，為下一輪耕作做準備」，一名職員如此寫下。同時水稻田「在高溫日曬之下，變成一片乾草原」。[1]

米價每週持續上漲，直到暴漲五倍。到了十月，當乾旱開始轉成饑荒，穆爾希達巴德開始收到「嚴重匱乏短缺」的報告。[2] 十一月，農民們已經「完全無法種植珍貴的棉花和桑葉……這些通常是跟在水稻收成之後開始種植」。[3] 一個月後，此刻負責穆爾希達巴德行政的穆罕默德・瑞札汗（Mohammad Reza Khan）向加爾各答回報，情況非常糟糕，饑餓的勞工開始「賣孩子來籌錢，更不用說其他物品跟牲口了。犁鋤停了下來，很多人拋棄家園。」[4]

首先挨餓的是沒有土地的「勞工、工匠、製造業者以及在河上討生活的人（船夫）」，因為他們「沒有農民儲存糧食的手段」。[5] 這些農村工匠和城市窮人，缺乏保護，也沒有安全網，最早因為營養不良而生病，然後一個接一個死於饑餓或疾病。一七七〇年二月時，只剩下百分之三十左右的常態稻米產量，米價來到正常價格的十倍，飢荒開始四處蔓延。

駐紮在內陸地區靠近拉吉瑪哈爾的詹姆士・格蘭特（James Grant）回報，區域內的慘狀逐漸加劇：「鄉間道路與田野堆滿垂死之人與死者，還堵塞了城鎮街道及通道。」他寫道：「許多人湧向穆爾希達巴德，那裡數月以來每天餵食七千人。其他地方也採取同樣做法，但全面毀滅之中卻幾乎看不見有任何效果……外出活動很難不吸到惡臭空氣，聽見狂亂哭喊，看見各個年齡、性別的人，處於各種苦難及死亡狀態……最終，陰鬱平靜來臨。」[6]

「一七七〇年整個令人窒息的夏天中，人們不斷死去。」威廉・亨特爵士（Sir William Hunter）寫下：「農夫賣掉牲口，賣掉農具；他們吃光種子，賣掉了兒女，直到最終找不到任何想買兒童的人。他們吃光樹葉和田裡的草；在六月的朝會上，駐紮官斷言活人正以死者為食。日日夜夜，饑餓與疾病纏身的人成批湧入大城……（不久之後），大街上堆滿垂死和已經死去的人。」[7]

到了一七七〇年六月，毀滅災難席捲全省。穆爾希達巴德的街上，每天有五百人因饑餓而死。[8]即便在加爾各答，稻米也是稀缺，光是七月到九月期間，就有七萬六千人死在街頭。一名軍官回報說：「整個省看起來就像是個停屍間。」死亡人數總額存在爭議，但可能高達一百二十萬人，也就是孟加拉人口的五分之一，在這一年中餓死。這是孟加拉省歷史上最大的悲劇之一。[9]

饑荒並未波及全省，比哈爾東部地區的情況略好一些；但在受災最嚴重的地區，三分之一的農民死亡，舊蒙兀兒貴族則有三分之二被毀。半數的鄉村工匠失去性命。胡格里河滿是腫脹的屍體，緩緩往下游漂流到海上，岸邊遍布屍體，「狗、豺狼、禿鷹與各種食肉動物以人體為食，因而肥胖笨重。」[10]克萊夫的繼任者亨利・維雷爾斯特（Henry Verelst）總督回報：「老一輩居民說他們從沒見過這樣的情況。」[11]

一七七〇年七月時，由於連續三年降雨不如預期，穆罕默德・瑞札汗寫信給加爾各答的主子，不僅談到大量死亡與垂死之人，還提到空倉裡的乾柴導致火災蔓延。疾病也奪去許多人的生命，包含奪走年輕納瓦伯賽伊夫．烏道拉（Saif ud-Daula）生命的天花疫情：「我要如何描述嚴重乾旱及糧價高昂導致人民深陷的苦難？」他寫道：「每天有幾十萬人死去……整個國家陷入饑荒時，唯一的救贖是真主的憐憫。」[12]

事實上，還有其他不用神明出手的解方。饑荒是印度歷史上長期存在的問題，每當降雨不足就會出現。然而自古以來，特別是蒙兀兒王朝時期，人們已經發展出糧倉、公共工程及賑濟措施等複雜體系，來減輕乾旱的嚴重影響。即便此時，部分資源豐富且有想像力的蒙兀兒行政官員，也採取行動，進口稻米並設立施粥廚房。[13]

古蘭．胡笙汗對巴特納新任總督希塔伯．萊（Shitab Rai）的表現特別讚賞。希塔伯．萊曾是羅摩．納蘭大公的副手，當他的上司遭到米爾．卡辛姆處決時，他也險些喪命。此刻，他展現出區域最佳行政官的能力：「希塔伯．萊對人民的苦難感同身受，為貧窮、失能、衰老及困苦者提供慷慨幫助。」史家寫下：「可怕的一年裡，饑荒同死亡遍地肆虐，奪走成千上萬人的生命。希塔伯．萊得知貝納雷斯的穀物價格較低，數量較多，因此拿出三萬盧比（今日三十九萬英鎊）的資金，指示所屬船隻水手每月三次運來貝納雷斯的穀物。」

送到巴特納的穀物，以貝納勒斯價格出售，船隻則繼續返航；藉由這種管理方式，船隻持續往返裝卸。整個饑荒期間，他的船隻分為三隊，持續運來糧食，他的人再以原價出售，不計入額外費用、損失及運輸成本。這吸引了各地饑民前來他的穀倉購糧。

然而，仍有許多人無力購買高昂的穀物。他下令將他們分成四組，安置在四處高牆圍繞的花園裡。他們幾乎像囚犯一樣受到監視，但每天都像病人一樣，獲得僕人協助，並有文員進行記錄。僕人定時送來為穆斯林備好的食物，並給印度教徒準備各種穀物、豆類及足夠的陶器柴火。同時發出幾擔小額貨幣；一些鴉片、大麻、煙草和其他類似物品，也根據個人習慣進行分發。日日進行，從未間斷。

聽聞如此慷慨行動，（巴特納的）英國人跟荷蘭人也有所領悟，效法他的榜樣。他們將窮人安置在幾間房舍，常態提供食物和照顧。以這種方式，一大群人逃過立即死亡的危機……然而（孟加拉的其他地方）卻沒有人想到要這樣做。事實上，一些被任命為貧民督察的人，只顧自己的利益，不僅未努力取得充足糧食，反而首先使用暴力手段壟斷糧食。每當裝滿貨物的船隻碰巧來到市場，糧食就會被強行拖走。[14]

部分公司職員盡力幫助挨餓的人。幾個地方成功阻止了稻米的囤積與出口。[15]在穆爾希達巴德，駐紮官理查．貝契爾「開設了六個中心，免費分發稻米與其他物資」。他還向加爾各答參議會提出警告，若無法向受飢者提供援助，將會產生嚴重後果。他指出，通常平靜的公路已經不再安全，由於絕望貧困的人掙扎求生，過去從未聽聞的公路搶劫，現在每天都會發生。[16]加爾各答總督約翰．卡地亞（Jchn Cartier）也努力減輕公司首都的困境：他維持了「一個穀倉，好幾個月裡，每天供應一萬五千人的糧食。即便如此，仍有成千上萬人死於飢餓。街上擠滿了可憐人，每天都有一百五十具屍體被撿起丟到河裡。」[17]

然而在許多受災最嚴重的地區，東印度公司在減輕饑荒上的努力卻令人鄙夷。在朗普爾（Rangpur），東印度公司資深職員約翰・格羅斯（John Grose）每天只願分發價值五盧比（今日六十五英鎊）的稻米給貧民，即便在一七七〇年六月時，此區「半數勞動人口」已經死亡，整個地區變成「墳場般的寂靜」。[18] 此外，公司管理當局完全沒有參與任何救災工作；既未對弱勢人民提供種子或貸款，也沒有協助種植者取得新一輪耕作所需的資材，即便這個政權擁有足夠現金儲備來採取這些措施。相反地，東印度公司急於在生產低迷及軍費高漲的時候維持收益，反倒是嚴厲執行徵稅，甚至某些情況下提高了百分之十的稅額，造成歷史上最嚴重的企業責任敗筆之一。

一隊隊士兵被派到鄉村地區強制收稅，他們在顯眼處豎起絞架，處決拒絕繳稅的人。[19] 即使是饑餓的家庭也被要求繳稅；沒有任何出於人道考量的稅款減免。穆爾希達巴德的理查・貝契爾對他所見深感震驚，因此去信加爾各答尋求指示：「我真的要安靜站在一邊，眼見他們施加最邪惡的壓迫，卻無法給予受害者任何救濟嗎？」他問道：「我們政府的人以魚肉人民致富，甚至吸其骨血。」[20] 如此殘酷無情的課稅方式造成的是，飢荒一開始並沒有反應在公司的帳簿上，因為正如華倫・哈斯汀斯所言，稅收仍舊「維持在原本的水準上」。[21] 一七七一年二月，參議會甚至能向倫敦董事會回報：「儘管近期饑荒嚴重，導致人口大量減少，（收入）卻有所增加」。[22]

參議會辯稱他們有責任維護孟加拉的防禦，並保護軍事成果。因此，他們授權年度預算兩千兩百萬英鎊（今日二十三億一千萬英鎊）中的百分之四十四，用於軍隊及要塞建設之上，迅速擴大印度兵團的規模，達到兩萬六千人。[23]他們只儲存供自己軍隊士兵使用的稻米；即便五分之一孟加拉人正瀕臨餓死邊緣，也不會削減軍事預算。[24]

此外，還有持續報告指出，個別公司商人涉入糧食囤積、牟取暴利及投機炒作。饑荒最嚴重的高峰時期，穆罕默德．瑞札汗向加爾各答回報，公司私人貿易商手下的經理「壟斷稻米」。[25]根據一名異議者（可能是約翰．德布里特〔John Debrit〕）發回英國，後來在《紳士雜誌》（*Gentleman's Magazine*）上全文刊登的的匿名報告：「當季節旱象預示著稻米價格上揚時，服務於公司的紳士們，特別是那些身處恰當職位的人，都盡早買下所有能觸及的稻米。」

當供應短缺的影響愈來愈明顯時，當地居民向穆爾希達巴德的納波布老爺報怨，稱英國人壟斷了所有稻米。納波布老爺派駐加爾各答的代表，將此事呈報給總督及參議會；然而，在參議會中，涉案紳士的利益過於龐大，因此投訴只被當作笑料駁回。

我們的紳士在許多地方以每盧比一百二十到一百四十席爾（約合一百五十到一百七十五公斤）★的價格收購稻米，再以每盧比十五席爾的價格，轉賣給黑人（印度）

★譯者註：Seer，二十世紀以前在亞洲大片地區使用的重量單位，今日仍在阿富汗、伊朗與印度部分地區使用。在印度常見於使用印地語的北印度地區，在標準度量衡中，定義為相當於一點二五公斤；然而各地仍有地方差異。

商人，因此涉案商人以此大賺一筆。我們派駐（穆爾希達巴德）朝廷的一名文員也涉入其中，去年身家還不到一千盧比，今年匯回家的金額，據說達到六萬英鎊（今日超過六百萬英鎊）。[26]

這位不知名的投機客並非唯一：在一七七〇到七一年，孟加拉飢荒的高峰期內，英國東印度公司高層轉移到倫敦的金額，高達驚人的一百零八萬六千兩百五十五英鎊——約合今日的一億英鎊。[27]

到了一七七〇年夏末時，就算是把自己宅在加爾各答高牆豪宅裡有錢又遲鈍的公司職員，也難以逃脫公司政策造成的可怕後果。正如德布里特向倫敦讀者報告：「納波布老爺與國內幾名大人物，在穆爾希達巴德給窮人無償發米，直到他們的存糧也耗盡了，捐糧停止後，成千上萬人就湧到加爾各答來，希望能在我們這尋求賑濟。」

這時，加爾各答已經受到極大影響。每天在街頭和田地裡有數以千計的人倒下，他們損壞的屍首在炎熱的季節裡，即便是最好的情況下，空氣也有極高傳染性，這讓我們非常擔心會帶來瘟疫。我們以公司帳目在當地行政機關（Cutchery）中雇用了一百人，用轎子、拖車與擔架，將死者運到恆河丟棄。

早上，我從臥室窗戶數算了四十具屍體，就躺在牆外二十碼以內，還有數百人奄奄一息地躺著，因為飢餓而身體捲在一起，胃都要抵到背脊骨上了。我派僕人去要求還有力氣的人移遠一點，那些貧困的人伸出手臂，大喊：「沓沓！沓沓！我父！我父！這場災禍出自你同胞之手，主若願意，讓我死在你們面前。我無法動彈，你隨意吧。」

六月份，我們的狀況依舊糟糕。市集裡只能找到三席爾（約三點七五公斤）的米，而且品質很差。一買到就得秘密帶回家，以免被路上大批饑餓群眾搶劫。上街行走無法不注意到無數奄奄一息的人，在你經過時呼喊：「主啊！主啊！憐憫我，我快餓死了。」另一邊會看到大量屍體，遭到狗、豺狼、豬、禿鷹或其他食肉動物鳥類啃食。

當地人注意到，比起以往，現在有更多動物來到地面。這個悲哀場合卻對牠們很有助益，禿鷹跟其他鳥類啄出眼珠子跟腸子，其他動物則咬嚙手腳；因此，行政機關的人也沒什麼要帶到河邊處理。然而這工作也不好過，我曾看過到兩人一次用轎子扛了二十個頭顱跟鳥類吃剩的軀體，到河邊處置。

那個時候我們沒法碰魚，河中充滿腐屍，吃了魚的人很多會突然死亡。豬鴨鵝也主要以腐屍為食，所以我們唯一能吃的就是羊肉，能夠弄到的時候價格都很高昂。同時因為季節乾燥，羊肉肉質很差，一隻腿的重量甚至不到一磅重。

我經常用這些羊肉煮點湯，用過餐後，把肉切成小塊，分給可能在門口等的一百名窮人，盡可能讓更多人分享食物。有人將骨頭吮得乾乾淨淨後扔掉，我看到另一個人會撿起來，連同上面的沙子一起吃下去，下一個人也這樣做，然後還有第三人，持續下去。[28]

孟加拉饑饉遍地時，「由於人口稀少，大部分土地現已荒廢⋯⋯」，倫敦的公司股東看到稅收還維持在正常水準，卻鬆了一口氣，同時發現股價來到新高——甚至比取得課稅行政權前高出一倍有餘。高興之餘，他們投票通過發給自己前所未見的百分之十二點五的股息。[29]

他們不知道的是，這將是公司股價的高點之一；等在前方的，是一連串前所未有的厄運——包含財務、政治與軍事上的打擊，將在國內外給公司帶來巨額損失，將它推向破產及完全倒閉的邊緣。

一七七一年底，倫敦的風向已經開始轉變。關於東印度公司在孟加拉種種不人道行為的傳言，已經開始流傳：死亡跟垂死人數的數量實在太龐大，難以掩飾。赫雷斯・瓦爾波的信件反映出越來越多人意識到，東印度公司的龐大利潤背後，暗藏著從根骨裡腐敗的印度業務。「印度的呻吟已經上傳天堂，」他寫下，「縱使天縱英才的將軍（克萊夫）也會被拒於天堂門外。」

> 我們贏過了秘魯的西班牙人！無論他們的狂熱有多邪惡，至少是出自宗教原則的屠夫。我們卻犯下謀殺、罷黜、掠奪、篡奪的行為——就看你對孟加拉饑荒怎麼想。這場饑荒造成三百萬人死亡，卻是東印度公司職員壟斷糧食造成。這一切已經被揭發了，還在不斷揭

露之中——除非促成這些恐怖行動的黃金能把聲音壓制下來。[30]

他的話在上議院得到前首相的附和。查塔姆勛爵（Lord Chatham）威廉·皮特（William Pitt）出身從印度發財的世家：他的父親「鑽石皮特」自馬德拉斯總督任期返家時帶回來的財富，讓皮特得以追求政治事業。然而，不喜歡提起這一點的皮特，現在卻發出警告，指稱英國東印度公司正將其在印度的腐敗作為，帶回母國議會席次之中。他在發言台上宣稱：「亞洲的財富洶湧而入，帶來的不只是奢侈品，我擔心還有亞洲的統治原則。這些人缺乏關係，缺乏對土地與生俱來的連結，這些外國黃金的輸入者以私人貪腐洪流強迫進入國會，是任何私人世襲財富都難以抵擋的。」[31]

一七七二年初，《倫敦郵報》（*London Post*）刊出一系列圖文並茂的文章，揭發東印度公司據傳在印度犯下的罪行和謀殺行為。[32] 四月份，曾經刊出德布里特關於孟加拉饑荒文章的《紳士雜誌》提出警告，指東印度公司可能會「在此島上犯下同樣殘酷的行為，這些行為不僅令人類蒙羞，更導致印度平原遍地灑滿無辜的當地人鮮血……打倒違憲權力的殘餘勢力，東印度公司，傲慢的東印度商會！」[33]

這一年接下來的時間裡，越來越多的文章、小冊及書籍出版，揭發孟加拉的災難性死亡人數，印度新聞成為倫敦「日報的日常」，公眾因此對東印度公司及回國的納波布老爺們愈發反感。特別是克萊夫，他是最出名、最醒目的納波布代表。[34] 一本小冊子提到「印度人受到折磨，好交出他們的財富；城鎮村莊遭到洗劫一空；土地省份遭到盜竊；這些成了董事跟職員的『樂趣』與『宗教信仰』。」[35]瓦爾波此刻對任何願意聆聽的通信者大聲疾呼，關於「我們的東印度公司及其怪物巢穴……和他們養出來的納波布的種種罪孽」。[36]

那年夏天，東印度公司成了倫敦許多醜聞八卦的焦點。當時已經出版了一本攻擊英國東印度公司董事會的傑出諷刺作品：《亞洲議會中的論辯》（*Debates in the Asiatic Assembly*）。角色包括賈努斯・布拉伯爵士、夏洛克・巴法洛、強戴斯・布拉威爾、猶大・維儂爵士、唐納德・麥克哈吉斯、卡利班・克洛德佩特、史凱洛頓・史凱爾克洛及邪惡的禿鷹勛爵★，這個角色明顯是以克萊夫為原型。在這些公司怪誕人物讚美禿鷹勛爵的遊行中，只有一個角色——喬治・曼利☆——敢於斥責其他人是「一群極端盜賊……劫掠剝削的醜聞聯盟。」

曼利要求我們要「更深入調查……（禿鷹勛爵）以貪婪、壓迫及專制手法，管理我們的事務，既違反人性也破壞秩序……我們豈能對他的各種黑暗承諾及威脅、一切貪腐及出賣靈魂的手法，坐視不管？」曼利說，禿鷹勛爵「對所有正義與人道情感，充耳不聞」，要求讓公司脫離「這名貪得無厭略奪者的肆意揮霍，他的野心無人能及，他的貪婪沒有界線」。[37]

接著，一七七二年六月，位於倫敦皮卡迪利圓環附近的乾草市場劇院（Haymarket Theater）上演了一齣名為《納波布老爺》（*Nabob*）的新戲。這齣戲是由乾草市場劇院老闆山繆・福特（Samuel Foote）所寫。這部下流的諷刺劇裡，馬修・邁特爵士是個令人厭惡的印度歸國富豪「納波布老爺」，希望利用他在孟加拉的劫掠，跟古老家族結成姻親，並以貪腐的方式買下選區「布萊本」（Bribe'em，意為「賄賂他們」）的國會議員席次。劇裡某一段，邁特的助理塔奇特（Touchit）解釋了邁特與其同黨賺錢的方法：

塔奇特：我們狡猾地逐步侵佔和加強武裝，直到最後，我們變得比當地人更強大，接著就將他們趕出他們的土地，佔據他們的錢財珠寶。

市長：塔奇特先生，你不覺得這樣有點不文明嗎？

塔奇特：哦，怎麼會呢！這些人跟韃靼人或突厥人也沒什麼兩樣。

市長：不不不，塔奇特先生，恰好相反。是他們抓出了我們之間的韃靼人。[38]

那個夏天，英國東印度公司面對各種各樣的攻擊。有人指責東印度公司在印度幾近種族滅絕；也有人指責它腐蝕國會；還有人關注返國的納波布老爺們，帶著印度的血鑽石、新買的田莊及爛選區，汲汲營營往上爬。許多人提出鞭辟入裡的論點：享有政府授權貿易

---

★譯者註：這些人物的原名都帶有諷刺意涵。賈努斯．布拉伯爵士：Janus 意為「門神」，Blubber 則是「哭嚎」；夏洛克．巴法洛：Shylock 為莎劇《威尼斯商人》中的猶太高利貸者，Buffalo 為水牛；強戴斯．布拉威爾：Jaundice 為「黃膽」，引申有苦澀之義，Bray 為「像驢一般的嘶嚎」；猶大．維儂爵士：Judas 為背叛耶穌基督的門徒，Venom 為「毒液」；唐納德．麥克哈吉斯：haggies 為蘇格蘭傳統料理「肉餡羊肚」，Machaggies 引申為對蘇格蘭人的嘲弄；卡利班．克洛德佩特：Caliban 是莎劇《暴風雨》中的半人半獸怪物，Clodpate 為「傻瓜、笨蛋」；史凱洛頓．史凱爾克洛：Skeleton 為「骨骸」，Scarecrow 為「稻草人」。

☆譯者註：George Manly 的姓氏暗示具有人性。

壟斷的私人企業，不該在海外建置帝國。「貿易跟戰爭不該交由同一批人來管理，」亞瑟．楊格（Arthur Young）在一份廣泛流傳的小冊子裡寫下：「商人應該從事交換與交易，而非戰鬥與廢黜君主。」[39]

對於東印度公司紀錄特別有力的攻擊，是出自一名歸國的東印度公司職員——蘇格蘭哲學家、史學家及重商主義者亞歷山大．道（Alexander Dow）。他將費里什塔（Ferishta）的波斯語著作《興都斯坦史》（*History of Hindostan*）譯成英文，並對東印度公司在孟加拉的統治，提出尖銳批評。道先生的攻擊實際上充滿人文關懷、以知識為基礎並論述清晰，出自個人對於東印度公司以無能和野蠻統治孟加拉的憤怒。這是一位睿智內部人士的珍貴目擊紀錄：「孟加拉因為氣候溫和、土壤肥沃以及印度教徒的勤奮天性，一直以商業聞名。」他寫下：「所有國家都對孟加拉產生貿易逆差，黃金白銀消失在此，毫無取回的可能……（然而自從公司接管後）孟加拉面對種種公共困境，導致人口不斷減少。」

六年期間，這個富饒王國的大半城市成了荒蕪之地；世上最肥沃的土地卻成荒田；五百萬無害勤奮的人民遭到驅逐或毀滅。缺乏遠見比起野蠻天性更加致命；（公司職員）發現自己正走在血腥廢墟之中，因為他們的目標只有掠奪。

野蠻對手可能殺害降伏的敵人，但文明征服者無須用劍就能毀滅一國。壟斷和貿易獨佔，加上額外稅收……不幸者失去生計，對他們的要求則十分荒謬地增加……孟加拉的沉淪可說是始自它落入外人統治的那一天；他們更關心自己當下的利益，而非為國家爭取長久利益。他們特別欠缺遠見，因此開始抽空水池，卻未引入任何流水，以防止耗盡……

「孟加拉的屍體正在風中飄盪，」道爾總結：「幾乎只剩骨頭了。」[40]

然而，一七七二年出版的諸多反對東印度公司的論文裡，最具影響力且最具破壞性的，是威廉・博茨的《思考印度事務》（*Considerations on Indian Affairs*）。[41]博茨是英荷混血兒，實際上曾是公司最不擇手段的經營者之一。他是威廉・艾利斯在巴特納的下屬，參與了米爾・卡辛姆統治期間公司的種種殘酷交易。但他跟克萊夫不和，因為從事非法貿易被逐出孟加拉，因此發誓要推翻這位前總督。返回倫敦後，他搖身一變成為吹哨者。他透過《思考印度事務》揭發東印度公司在孟加拉最聲名狼藉的交易，藉以打擊克萊夫；實際上博茨本人也親自參與許多交易。[42]

博茨筆下的公司職員「不法監禁本地居民及黑人（印度）商賈，以暴力向他們勒索大筆金錢。」他還提到織工自殘的事情，他們「割斷自己的大拇指」，避免被強徵進入監獄一般的工廠營地纏絲。[43]沒有正義管道能對抗這些兇手：「我們都見證了海洋這一岸的無能為力，沒有任何印度犯罪在歐洲受審。」

博茨提出最引人深思的觀點，是公司聲稱透過《阿拉赫巴德條約》獲得課稅行政權，實際上卻是一種法律障眼法，為了掩蓋克萊夫軍事征服的事實而捏造的。他寫道，東印度公司「已成為坐擁廣闊富饒且人口眾多之王國，並手握六萬多名常備軍的統治者」。孟加拉納瓦伯與沙・阿蘭不過是「名義上的納波布老爺……傀儡」，隨東印度公司意志搖擺；

土地的取得並非來自法律或條約，而是「實際上通過暴力或篡奪取得及保有的領土」。這是因為「（蒙兀兒）法律或帝國（已經）不存在了」。東印度公司已經成為「壟斷者的極權政府」，正在剝削孟加拉，也違背了英國的長期利益。博茨說，相比之下，東印度公司統治之前的蒙兀兒政府在持續鼓勵商人與工匠發展上，可說是公平貿易原則的典範。[44]

博茨提出的解決方法，是讓王室接管孟加拉成為政府殖民地，從而結束這家營利公司的資產掠奪行為。從頭到尾，博茨說話的對象都是國王，建議他負起該有的責任，伸出仁慈的手，保護他的「亞洲子民」，無論是英國人還是印度人。

這本書充滿了怨恨的半真半假和錯誤指控；其中列舉出來許多最嚴重的暴行，實際上都是博茨與他的朋友艾利斯所為。但是，《思考印度事務》一書仍具有強大影響力。它預見了帝國在後世將面對的諸多批評，也在面對當時許多新問題時，開創新思路，這些問題後來益發普遍：例如，它首度以作家身分處理觸角超越國界的跨國企業問題。它還提出一個重要問題，如何遏制過分強大且異常富有的房地產所有人。博茨問道，倘若一名富裕大亨的財富與影響力，大到甚至連國家都無法控制時，會發生什麼事？倘若有人出手買下立法機構，運用他的財富腐化國會議員，謀取個人商業利益，又將如何？

長篇摘要被轉載到《倫敦雜誌》（*London Magazine*）上，而正如一名特派員警告華倫．哈斯汀斯，即便文章過份誇大且明顯偏見，「大眾仍舊貪婪吸收，他們的眼光看著國會究竟如何干預來糾正這些浮濫。」[45]對沃爾波來說，這證實了他長期以來懷疑的公司惡行。博茨「直搗黃龍，指控克萊夫勳爵；同時……將他描述為暗殺、篡奪與敲詐勒索的怪物，對他壟斷並公然藐視公司命令提出嚴厲指控……這些壟斷造成近期孟加拉地區的饑荒及三百萬人死亡。十分之一的罪行就足以引發恐慌。」[46]

博茨對公司財務的穩定性提出警告，以此終結他的長篇指控：「公司也許可比作一座高大建築，突然蓋在未經充分檢查或確認的基礎上，居住其上的是來來去去的業主跟管理者，為相互對立的不同利益分別佔據。其中一組人給予上層結構過重負擔時，另一組人卻在毀壞地基。」[47]

事實證明，一語成讖。僅僅五個月時間，英國東印度公司的財務基礎就以最驚人的方式崩潰了。

⚜

一七七二年六月八日，一位名叫亞歷山大·弗戴斯（Alexander Fordyce）的蘇格蘭銀行家從辦公室消失，留下了五十五萬英鎊（將近今日五千八百萬英鎊）的債務。不久後，他的銀行——尼爾、詹姆士、弗戴斯與唐銀行（Neal, James, Fordyce and Down Bank）旋即內爆，宣布破產。另一家擁有大量東印度公司股票的機構道格拉斯赫倫公司（又稱艾爾銀行〔Ayr Bank〕）在隔週關門，迅速引發了一場蔓延英國與全歐的金融危機。

隨後的一週裡，北海對面也發生多家荷蘭銀行倒閉，這些銀行都擁有東印度公司的投機持股。不到兩週時間，歐洲各地又有十多家銀行倒閉，另外二十家銀行在一個月內關門。不到三週，三十家銀行像骨牌一樣倒下。[48]

這起事件帶來全球影響。從維吉尼亞的自殺案件，到更近一點的，東印度公司董事會主席喬治．科布魯克爵士（George Colebrooke）破產，這對修復大眾對他管理能力的信心，毫無助益。英格蘭銀行不得不介入，但銀行本身也面臨威脅。六月份，大衛．休謨（David Hume）從愛丁堡寫信給亞當．斯密（Adam Smith）時說：「我們正處於十分悲觀的境地：破產不斷，普遍信用淪喪及無止盡的質疑不信。這些事對你的理論有任何影響嗎？是否會因此修正（《國富論》〔The Wealth of Nations〕的）任何章節？」[49]

一個月後，一七七二年七月十日，一批來自印度的票據，價值七十四萬七千一百九十五英鎊（合今日七千八百四十五萬五千四百七十五英鎊）的龐大金額，是公司職員匯回家的款項，送進了利德賀街的印度之家。此刻對於東印度公司的財務狀況有一股真實的焦慮，因為一七七一到七二年間匯往倫敦兌現的款項，有將近一百五十萬英鎊（今日一億五千七百萬英鎊）之譜。[50]人們質疑東印度公司是否應該批准支付這些匯款，但賬目委員會堅持兌現這些票據，「因為據稱若拒絕支付，可能會對公司信譽造成最嚴重的損害」。

與此同時，饑荒終於開始導致孟加拉土地歲收下降。因價格過高而賣不出去的東印度公司茶葉，卻大批積壓在倫敦倉庫裡。未售出庫存已經從一七六二年約一百萬英鎊（今日一億英鎊），上升到七二年的三百多萬英鎊（今日三億多英鎊）；六四年到七〇年間軍事開銷卻翻倍成長，而每年百分之十二點五的股息成本導致每年增加近一百萬英鎊的支出。此刻帳目收支極度不平衡。[51]七二年的下半年，公司首先無法支付年度關稅費用，然後無法償還對英格蘭銀行的貸款。隨著危機消息開始流傳，東印度公司股價在一個月內暴跌六十點。在這之後，東印度公司不得不向英格蘭銀行伸手，請求一筆巨額貸款。[52]

一七七二年七月十五日，東印度公司董事會向英格蘭銀行申請了一筆四十萬英鎊（今日四千兩百萬英鎊）的貸款。兩個星期後，他們又回來，要求另一筆三十萬英鎊（今日三千一百萬英鎊）。銀行僅能籌到二十萬英鎊（今日兩千一百萬英鎊），然而東印度公司還有一百六十萬英鎊（今日一億六千八百萬英鎊）的未付帳單及超過九百萬英鎊（今日九億四千五百萬英鎊）的債務，公司資產價值卻不到五百萬英鎊（今日五億兩千五百萬英鎊）。[53] 到了八月，公司董事悄悄告訴政府，他們實際上還需要再一百萬英鎊（今日一億零五百萬英鎊）的史無前例紓困貸款。

英國東印度公司已經深陷債務困境：一七六九到七二年間，公司向英格蘭銀行借了五百五十萬英鎊（今日五億七千七百萬英鎊）。正如董事會主席寫給人在加爾各答的華倫·哈斯汀斯的信中所說：「國內困境接踵而至——大批破產帶來的陰暗氛圍，導致公共信用幾乎陷入停滯，深深影響銷售表現，因此英格蘭銀行（我們唯一的資源）極為謹慎」。[54]不久後，埃德蒙·伯克撰寫的報告將公司職員描繪成「既不親派遣母國，也不愛他們所在的國家」，並預見東印度公司的財務問題可能會「像一顆磨石，將（政府）拖進不可測的深淵……這間受詛咒的公司，終將像條毒蛇，毀了這個養育它的國家。」[55]

同時，此刻大眾開始廣泛認識到印度財富幫忙推動了英國經濟，東印度公司失敗的「首先和最直接的後果」將是「國家破產」，或者程度不遑多讓的結果：「停止支付國債利息」。[56]

經濟和政治理論家湯瑪士・鮑納爾（Thomas Pownall）寫道：「人們現在終於開始正視印度事務，不再只是帝國的財務附屬品，而是公司收益融入我們金融體系的情況……光是想像我們體系裡印度區塊的崩潰，都足以讓人顫抖；因為他們知道這必定造成整個英帝國大廈的崩毀。」[57] 這正是國王的想法。喬治三世寫道，他相信「國家真正的榮耀」取決於印度財富，這些財富提供了「唯一安全的方式，將這個國家從大批負債的可悲狀況中解放出來」。[58]

十一月二十六日，國會被召回討論東印度公司的財務危機，以及此刻對個別東印度公司職員貪汙不當行為的普遍指控：公司破產與職員積累的巨大財富形成的鮮明對比，難以忽視。當然這也跟個人利益有關：百分之四十的國會議員擁有東印度公司股票，他們的財務狀況都受到股價暴跌嚴重影響。

此刻愈來愈明顯的是，倘若國會要投票通過公司的一百四十萬英鎊（今日一億四千七百萬英鎊）紓困金，就得有個交換條件，以國會對東印度公司的監督權，來交換批准巨額貸款。大眾首次認知到，東印度公司難以改革自身事務；除非國會出手干預，不然肯定會失去孟加拉的巨額收入。

正如國會議員威廉・伯瑞爾（William Burrell）宣稱：「先生，請不要認為這是一個微不足道的內閣或反對派的問題。不，先生，這是帝國現狀；這一點可能會決定了英國成為世上第一強國，或毀滅沒落。」[59]

一七七二年十二月十八日，東印度公司董事會接到英國國會傳喚。他們在此接受約翰・伯格因（John Burgoyne）將軍領導的特別委員會嚴厲質詢，委員會是設立來調查東印度公司在印度的種種惡行，特別是貪汙侵占與賄賂的指控。多名東印度公司職員遭指控貪汙，包括克萊夫在內，伯格因稱他「若非主要罪犯，也是資格最老的」。特別委員會在最終報告裡，算出一七五七到六五年間，在孟加拉送出的「禮物」總值超過兩百萬英鎊（今日兩億一千萬英鎊），並指出克萊夫與其手下「挪用的巨額資金……對國家造成汙名與損害」，因此應當歸還王室。[60]

克萊夫在一七七三年五月二十一日發表他最出名的演說之一，強烈反對被視為「普通的偷羊賊」。他咆哮道，在普拉西之後，「一位偉大的統治者聽憑我的喜好；一座富裕城市任我擺佈；它最富有的銀行家競逐我的微笑；我走進只為我開啟的財庫，兩側都堆滿金銀珠寶！主席先生，此刻我對自己的克制深感驚訝。」

克萊夫花了兩個小時，強力為自己辯護。最後的懇求中，他說：「請讓我保持榮譽，取走我的財富」。他含淚走出議事廳，背後響起一陣陣「你聽！你聽！」★。他上了馬車，

★譯者註：原文為「Hear! Hear!」，此為「Hear him」的縮寫，是英國國會聽眾對講者觀點表達贊同的方式。英國國會不允許聽眾鼓掌，因此改用短語來表達贊同。

返回家中，不曉得第二天早上醒來自己身上是否還有「一文錢」。[61] 國會中的辯論持續到深夜，越來越多的發言者起身攻擊伯格因的提案。最終，一連串修正案讓提案變得軟弱無力，另一項提案則讚揚克萊夫「對國家的偉大卓越貢獻」。經過徹夜辯論後，以九十五票譴責對一百五十五票支持平反的投票結果，克萊夫被宣告無罪。[62]

首相諾斯勛爵（Lord North）也許輸了一局，但他仍決心要讓英屬東印度公司低頭。伯格因的譴責案失敗後，他宣稱：「先生，我認為國會有權掌控東印度公司……如此持續濫權，國內的欺詐，海外的壓迫，全世界都可能大聲疾呼，交給王室吧。」[63] 他的目標是將英國東印度公司所有印度領土及居住其上的兩千萬印度人，納入國家權威之中。正如一名國會議員指出，國會必須「試著解救該國那麼多不幸勤勞的當地人，令他們擺脫此刻的政府壓迫」。[64]

但在這一點上，諾斯勛爵最終也失敗了。東印度公司享有王室保證的特許權利，股東更堅持不懈保護這些特權。此外，太多國會議員擁有東印度公司股票，東印度公司繳的稅對經濟的貢獻過於驚人—光是海關稅收，每年就有八十八萬六千九百二十二英鎊（今日超過九千三百萬英鎊）——以至於任何政府都不可能放手讓這間公司沉沒。最終，這間公司因為它的規模而獲救：此刻，它幾乎貢獻了英國近半數的貿易量；它確實已經大到不能倒。

這個情況下，公司和國會之間的交易輪廓很快就清楚了，隨之而來的是公司跟國家的新夥伴關係。為了避免即將來臨的破產，這家公司需要一百四十萬英鎊（今日一億四千七百萬英鎊）的巨額貸款，國會將會同意這筆貸款。但是，作為回報，公司也同意接受一項《監督法案》（*Regulating Act*），主要是諾斯勳爵提出的《一七七三年六月印度法案》（*India Bill of June 1773*），這項法案將使東印度公司受到更強力的國會監督。國會還將有權任命印度總督（Governor General），轄下不只孟加拉，還包含馬德拉斯與孟買省。

一七七三年六月十九日，諾斯勳爵的法案以四十七票對十五票通過。世界上第一間侵略性跨國企業獲得史上第一次大型紓困，也是國家以挽救瀕臨破產來取得企業監管權力的早期案例。然而，儘管種種議會辭令之下，即便此刻公司部分納入漢諾威王朝的國家機器體制之中，東印度公司仍舊是個半自治的帝國強權。《監督法案》本身對抑制東印度公司過度行為並沒有太大成效，但它開啟了一項先例，也標誌著國家持續干預公司的開始，最終將在八十年後的一八五八年將東印度公司完全收歸國有。

國會任命的首任印度總督，並不是對印度一無所知的政治人物，而是四十一歲的東印度公司老兵。華倫．哈斯汀斯是公司所有職員中最聰明、最有經驗的人之一，他是個生活樸素、學問淵博、勤奮刻苦的工作狂。這項法案還要求政府指派三名參議員，代表國會監督哈斯汀斯的工作。其中之一，是聰明且博學多聞，卻個性古怪邪惡、報復心重且野心勃勃的年輕國會秘書。菲利浦．法蘭西斯（Philip Francis）是愛爾蘭新教牧師的兒子，生於都柏林，卻在倫敦長大。他描述自己在「毫無出身或財富優勢」的情況下展開人生。他對於自己尋求社會階級向上流動的外來者地位很有自覺，「總是保持警惕」。他也是個精明的政治操縱者，熱愛詭計、狡詐與陰謀：他是《朱尼厄斯信件集》匿名作者的最可能人選。這些攻擊喬治三世與其大臣的煽動文章，在一七六八到七二年間出版，並在美洲殖民地跟歐洲大陸廣泛轉載。[65]讓哈斯汀斯跟法蘭西斯一起工作是個錯誤，而法蘭西斯想讓哈斯汀斯撤職，由自己取而代之成為孟加拉統治者的慾望——「我被送來拯救治理這個燦爛的的國度」，更在未來引發公司許多問題，有效癱瘓公司在印度的治理。[66]

《監督法案》及圍繞該法案所展開的國會辯論之下的另一個犧牲品，也許有些令人意料，卻是克萊夫本人。儘管最終獲得國會平反，他在伯格因及特別委員會手中所受的傷害，至今未能恢復。即便未受到正式指責，此刻他已然成了臭名昭彰且極端不受歡迎的人物，是眾人眼中的「禿鷹勛爵」——英國東印度公司一切腐敗無恥的可怕體現。

《監督法案》通過後沒不久，克萊夫前往國外進行「壯遊」。途經法國之際，還跟過去東印度公司時代的對手共進晚餐。一年時間裡，他遊歷了義大利古典時代景點，收集藝術品，會見當時歐洲最有權勢及引領時尚的人物；但他始終無法恢復內心平靜。他一直飽受抑鬱困擾，年輕時期曾兩次試圖舉槍自盡。此後，儘管表面上保持沉著自信，但他至少曾經歷一次重大崩潰。現在，這股沉重負擔之上，還多了痛苦的胃痛及痛風問題。返回英國後沒不久，一七七四年十一月二十二日，年僅四十九歲的羅伯特·克萊夫在柏克萊廣場住宅中自殺。

他的老對手沃爾波寫到當時最早流傳的倫敦流言：「這情況肯定牽涉病症，」他寫道，「但世人認為不只是病症。他的身體十分虛弱紊亂，經常為劇痛抽搐所困擾。上週一他進城的時候，病得很重。週二，他的醫生給了一劑鴉片酊，但效果不佳。之後的事情有兩種說法：一種是醫生重複用藥；另一種則是他自己加倍用量，違背了醫囑。總之，充滿榮耀、指責、藝術、財富和炫耀的生活後，他的生命在五十歲結束！」[67]

然而事實真相卻更加不堪：克萊夫實際上是用一把鈍鋒的裁紙刀割開自己的頸靜脈。當時他跟妻子瑪格麗特、秘書理查・斯特拉奇（Richard Strachey）及斯特拉奇的妻子一起在家中。在珍・斯特拉奇後來的記錄裡，他們的紙牌遊戲被克萊夫的劇烈胃痛打斷，他走出起居室「去上洗手間」。過了一段時間還沒回來，斯特拉奇對瑪格麗特・克萊夫說：「你最好去看看爵士。」瑪格麗特「去找他，最後打開一扇門，發現克萊夫爵士的喉嚨被割開。她昏過去，僕人們過來，帕蒂・杜卡雷爾（Patty Ducarel）手上沾了點血，還將它舔掉。」[68]

克萊夫的遺體在深夜從柏克萊廣場搬到出生地莫頓塞村的教堂。在當地，這名自殺者在夜間秘密儀式中，下葬一個無名墓穴，未立墓碑。他被葬在半世紀前受洗的同一座教堂裡。

克萊夫沒有留下遺書，但山繆・詹森（Samuel Johnson）的話反映了當時的普遍觀點：他寫下，克萊夫「的財富來自種種罪行，心懷內疚導致他割開自己的喉嚨」。[69]

一七七四年十月十九日，《監督法案》任命的三名王家參議員菲利浦・法蘭西斯、克萊弗林將軍（Clavering）與蒙森上校（Monson）終於抵達加爾各答。他們立刻對只有十七響禮炮，而非二十一響的致敬，以及「粗陋可恥」的迎接感到不滿：「沒有衛兵，無人接待或指引，毫無威嚴。」[70]

華倫・哈斯汀斯在家中舉行接風午餐會時，一身非正式穿著更加劇他們的不滿：法蘭西斯的姐夫兼秘書寫下：「哈斯汀斯先生應該穿上褶襇襯衫」。克萊弗林將軍隨即致信倫敦進行投訴。氣氛不佳的午餐會結束時，哈斯汀斯已經開始考慮辭職。新政治安排一開場就出師不利。

接下來的情況更糟糕。隔天，十月二十日，新任參議員的第一次正式會議中，第一個動作就是詢問最近發生的羅希拉戰爭，質詢哈斯汀斯為何將公司軍隊借給盟友阿瓦德的蘇賈・烏道拉。哈斯汀斯的目的是幫助蘇賈穩定西部邊界，阻止不受控的羅希拉阿富汗人入侵；但法蘭西斯卻正確指出，公司軍實際上是作為傭兵出租，並在蘇賈的指揮下，涉入對阿富汗敗軍的恐怖暴行。

一向對批評非常敏感的哈斯汀斯，寫下他在這種極端惡意的氛圍裡幾乎難以呼吸。不久後他寫下：「陰暗想像，神秘指控，刻薄謾罵與諷刺反省，我已經習慣面對這些武器。」[71] 法蘭西斯則欣喜描述：「哈斯汀斯的臉上汗水直流，淚水從他眼中湧出，他拍打著頭，在房中一陣亂衝。」[72] 不久後，法蘭西斯致信首相諾斯勛爵，輕蔑評價哈斯汀斯：「雖然不能否認他有些三四流的才能，」他寫道，「在他的能力、判斷力及其他方面，我們都被騙了。我回顧自己對他的偏愛，就像一種幻覺，他本人卻使我恢復清醒……」[73]

克萊夫一直不信任喜好印度文化的哈斯汀斯，在他的惡毒影響下，法蘭西斯抵達印度時，已經確信哈斯汀斯就是孟加拉地區所有邪惡腐敗的根源。正如在寫給當時剛從最後一段壯遊行程返家的導師的信中，他說：「哈斯汀斯先生是最腐敗的惡人。」至於哈斯汀斯在參議會中唯一的盟友理查・巴威爾（Richard Barwell），則被形容為「無知、虛假、自負的蠢人」。[74]

菲利浦・法蘭西斯直到死前，都堅持這樣的觀點。從他抵達加爾各答的那天起，就致力於拉下哈斯汀斯，阻止他的一切計畫，並扭轉他的成果。「孟加拉已經毀了，是由H先生一手造成。」抵埠幾週後他寫下：「我相信下艘船將向您送去內部情況的相關報告，這將讓每個英國人都發抖。」[75]另外兩名參議會同僚都是脾氣暴躁的軍人，腦袋不怎麼聰明，因此對法蘭西斯言聽計從，因為他們已經在前往孟加拉的一整年海上航程中被說服了。

哈斯汀斯有充分的理由感到委屈。法蘭西斯到來之前，哈斯汀斯是個名譽無瑕的人，與公司腐敗無關。哈斯汀斯身材高挑瘦削、生活簡樸、不多聲張，甚至有些學究氣，他是為數不多反對公司統治荒唐行徑的職員之一。他因為卓越管理能力及辛勤工作廣受讚賞。藝術家威廉・霍吉斯（William Hodges）與哈斯汀斯一同溯恆河上行，他注意到在同僚的華麗裝束中，哈斯汀斯卻裝扮樸素，他還注意到哈斯汀斯堅決阻止隨從粗暴對待一般印度人。他經常借錢給陷入困境的朋友，慷慨關心自己的屬下——他的遺產名單包括當年在卡辛巴札的第一名僕人的遺孀，甚至還有曾在加爾各答街頭為他唱歌的盲人。[76]古蘭・胡笙汗對英國官員都沒什麼好感，但他在自己的歷史著作中寫了一段獨特的長篇文字，讚揚哈斯汀斯在東印度公司統治下為普通人爭取正義的種種努力，以及他的慷慨性格：「願施予恩典的全能者獎賞這位總督，因他迅速救助如此多受苦家庭……他聆聽成千上萬受壓迫者的呻吟啜泣，他們只知忍受卻不敢開口。」[77]

哈斯汀斯比起同時代的人，更清楚公司體制中的許多缺陷，並以生動文字記錄下來：「擁有廣大領地，卻以純商人的思考行事，將立即獲利視為首要原則；獲得巨額收入，卻沒有力量保護支撐這些收入的人民……（這些）都是不可調和的矛盾，對我國格造成極大傷害……近於不人道。」[78]他決心進行必要的改革，使公司統治更加公正、有效且負責。他寫道，公司職員經常對當地語言風俗一竅不通，但印度請願者卻無力抵抗他們的虐待壓迫。他相信這是「在我們政府所有管道蔓延的一切邪惡根源」。[79]他離開並赴任總督一職時寫下：「願主保佑，不讓這個美好國家的管理繼續成為一連串貧窮冒險者上位以積聚私人財富的寶座。」[80]

一七七二年二月份哈斯汀斯上任，到法蘭西斯與其他參議員到來之間的兩年半時間裡，他已經對公司統治下的孟加拉進行全面改革，改善一些最惡劣的面向。剛抵達加爾各答時，他對自己所承續的混亂狀態感到震驚：「新的公司政府由一大批未消化的資料組成，混亂無章，」他寫下：「政府的權力沒有定義；收取稅費、提供投資、司法正義（若有的話）及員警保安，全都攪在一塊，由同一批人掌握；雖然後兩者經常因為不知道上哪求助而完全遭到忽略。」[81]

他迅速開始工作，開始將東印度公司轉變為行政機構。哈斯汀斯第一個重大改變是將所有政府職能從穆爾希達巴德遷到加爾各答。去除了孟加拉仍由納瓦伯統治的假象，東印度公司現在成為如假包換的統治者：「加爾各答現在就是孟加拉的首都，」他寫道：「省內所有職位與經費都由加爾各答發出……現在是確立公司權力界線，並使人民與納波布老爺們習慣由他們統治的時刻。」[82] 然而，哈斯汀斯希望保留恢復既有的蒙兀兒體制，並通過印度官員運作，只有納瓦伯的職位由總督跟參議會取代。他甚至提議除了少數跟公司貿易有關的特定商館外，不許歐洲人住在加爾各答以外的地方。

一七七三年間，哈斯汀斯以非凡的精力展開工作。他統一了不同貨幣體系，下令編纂印度教律法及穆斯林法典的摘要，改革稅收及關稅體系，確定土地收益，並制止了各地代理以私人貿易者之名進行的惡劣壓迫行徑。他建立了高效郵政服務，支持詹姆士·蘭諾（James Rennell）對印度進行精確的地圖測繪調查，並建造一系列公共糧倉，包含巴特納的大圓倉（Gola），以確保一七七〇到七一年的大饑荒不再發生。[83]

西藏冒險家與外交官喬治·博格爾（George Bogle）在這段期間遇到哈斯汀斯，形容他是「一個各方面都適合他所擔任職務的人。他性格穩定，同時性情溫和；商務上迅速勤奮，語言風格精美，深諳當地人民的風俗習性，理解他們的語言，雖然不是熱情之人，卻也容易接近。在他的管理之下，許多濫權行為已經獲得修正，政府各部門也建立起許多有用的制度。」[84]

哈斯汀斯所有工作的背後，都對這塊青少年時期就在此生活的土地滿懷敬意。跟克萊夫不同，哈斯汀斯是真正喜歡印度，他成為總督時，不僅能說一口流利的孟加拉語及烏爾都語，還熟稔宮廷與文學中使用的波斯語。他甚至能演唱「印度旋律」。他的信件，包括寫給朋友山謬·詹森的信中，都流露出對印度和印度人的深刻情感，這跟克萊夫公開帶有種族主義色彩的信件全然不同：「我們的印度臣民，」他寫道，「跟地球上其他人一樣，包括我們在內，都沒有人性當中最糟糕的部分。他們溫和仁慈，對他人善意的感激勝過為冤屈尋仇，憎惡流血衝突，在服務上忠誠親切，也遵從法律權威。」[85]哈斯汀斯特別不喜歡公司職員對待印度人的傲慢態度，以及他們經常採取的語氣：「歐洲人舉止中有種強悍氣質，特別是階級比較低的人，這種強悍跟孟加拉人的溫和天性不相容，使得前者即便沒有權威者的額外壓力，也佔據著一種幾乎無法忍受的優勢地位。」[86]

多年來，隨著哈斯汀斯對印度文化的研究愈發深入，他也就愈受敬重。一七八四年，在他的贊助，及波斯學者暨東方學先驅威廉．瓊斯爵士（William Jones）的指導下，成立了「亞洲學會」（Asiatick Society）。當時威廉．瓊斯爵士被請來監督新的法律體系。這個組織主持《薄伽梵歌》（*Bhagavad Gita*）的首度英譯，哈斯汀斯則為此版本寫下廣受讚譽的序言：「不久之前，許多人還認為印度居民不過比野蠻人好一點，」他寫道，「我擔心這類偏見至今仍未完全消除，但確實減輕不少。他們真實品格的每一次展現，都讓我們更加理解他們的天賦權利，並教會我們以同等標準以待。如此情況也只能通過他們的書寫展現，並且在英國的統治結束之後，財富與權力的來源也成為遺忘歷史之時，這些仍將留存……事實上，我愛印度比自己的國家更甚。」[87]

在瓊斯與哈斯汀斯的領導下，亞洲學會催生了對此「美妙國家」文明的大批研究。它跟孟加拉知識分子之間建立長久關係，並領先揭露印度歷史和文明的深層根源。在印度，瓊斯寫下自己發現了世外桃源。這是帝國歷史上十分少見，真正跨文化欣賞的時刻。[88]

此外，哈斯汀斯對《博伽梵歌》的興趣不只是出自對古老文化的興趣：《梵歌》哲學的某些面向也引導了他的個人生活，他以此詩句（sloka）作為自己的格言：「你只該關注行動本身，而不是結果。不要把行為結果作為你的動機，也不要執著於無所作為。明智而有鑒別力的人放棄行動帶來的回報，擺脫了出生的束縛，前往永恆幸福之地。」[89]

相對地，法蘭西斯則採取克萊夫對待印度的方法，蔑視地寫下「那些無知及未開化的孟加拉本地人」，同時還預見了未來麥考利的想法，試圖堅持讓英語成為印度的官方語言。[90]他抱怨道：「孟加拉語的低劣眾所皆知」，你想像不出「更精緻的墮落」。如此不同的觀點幾乎找不到共通立場。哈斯汀斯開始厭惡法蘭西斯——「這個輕浮之人，最卑劣的流言散佈者……毫無慷慨或男子氣概的原則」——跟他自己被憎恨的程度相當。即便憤怒苦惱，哈斯汀斯也無法推翻加爾各答參議會中對他充滿敵意的多數派——法蘭西斯驕傲宣稱：「我們三人是王。」因此馬德拉斯與孟買也逐漸無視哈斯汀斯的命令。[91]

於是，孟加拉開始進入一段強烈政治衝突與政府癱瘓的時期，產生古蘭・胡笙汗（公司的決策方式始終令他困惑）所說的「持續阻礙政府運轉的連串混淆騷亂」。「缺乏擁有全權的統領之人」，相反地，權力握在參議會中——「英國人稱之為委員會，有四、五個人……彼此之間永遠不和，並且自身職位與接替人選的問題總是懸而未決」。結果就是持續困擾公司「所有作為」的「持續失敗」……史家總結：「這個國家似乎沒有主人」。[92]哈斯汀斯無法不同意，正如他自己寫下：「一切業務停滯不前，因為董事會不斷忙著收集證據，證明我的錯誤與對手的優點。」[93]

孟加拉的政治癱瘓很快就攤在許多印度敵人的面前，不消多時，兩股特定勢力就決定要測試一下此刻分裂弱化的對手實力。這兩股勢力的首都都位於南方：公司或許已經穩定了對半島北部和東部的控制，但南方與西方卻非如此。

第一股強大勢力是馬拉塔人。自奧朗則布皇帝死後，將近七十年的時間裡，他們一直是印度最強大的軍事力量，並在很大程度上逐步削弱蒙兀兒帝國的力量。一七六一年的帕尼帕特戰役中，馬拉塔人遭到重創。此役中，阿赫麥德．沙．杜蘭尼技高一籌，馬拉塔人補給不足又面臨四面楚歌，餓到營養不良、虛弱重病的地步，最終在帕尼帕特郊外的平原上，遭到阿富汗入侵部隊的毀滅性圍困。最終遭到團滅前的幾週裡，他們的指揮官在阿富汗人的密集炮轟下，一個接一個失去性命：首先是巴拉凡特．拉奧．梅亨達雷（Balavant Rao Mehendale），接著是戈文德潘特．奔德雷（Govindpant Bundele）。「大地震動，人們開始傳起流言，他們說雷電擊落地面。」[94] 然後，在一七六一年一月七日命運的一日，絕望且飢餓的馬拉塔人試圖突圍。高舉的黃旗下，他們遭到駱駝背上的迴旋炮與配備精良的衝鋒騎兵大規模屠殺。這一日，兩萬八千名馬拉塔人死在戰場上，包含多數年輕一代的馬拉塔領導人，以及佩什瓦的唯一繼承人，他遭到子彈穿胸而過。隔日，其他四萬名被解除武裝的馬拉塔俘虜，向阿富汗人投降求情後，依杜蘭尼的命令全部處決。佩什瓦巴拉吉．拉奧（Peshwa Ballaji Rao）不久後心碎而亡：「他的心緒已經混亂，開始厭恨詛咒自己的人民。」[95] 但十年後，杜蘭尼去世，馬拉塔人開始恢復實力。他們現在又重新控制了印度中部和西部的多數地區，並懷抱雄心壯志，希望將影響力從南方的卡韋里河（Kaveri）拓展到北部的印度河流域。

第二支勢力是新來者，一七七〇年代剛開始嶄露頭角的軍事實力：海德．阿里（Haidar Ali）與其強大戰士之子提普蘇丹（Tipu Sultan）所建立的邁索爾蘇丹國。海德出身北印度的旁遮普地區，卻在邁索爾王國的軍隊裡一路往上爬，他從法國軍隊在卡納提克戰爭中的作戰，觀察到許多創新方法，並將之引進邁索爾軍隊。一七六〇年代初期，他廢黜了當時統治邁索爾的瓦迪亞國王（Wodiyar Raja）並掌控他的國家——今日可能會稱為軍事政變的行動。他迅速擴增邁索爾軍隊規模，藉以佔領一連串附近小國的土地。

海德．阿里引進法國軍官來訓練他的部隊，延請法國工程師來重建斯里蘭甘帕特南島嶼堡壘的防禦設施。海德與提普蘇丹甚至試圖建立一支海軍，到了一七六六年已經擁有兩艘戰艦、七艘較小船隻與四十艘小型武裝艦艇，全出一位名為斯坦納特（Stannett）的歐洲海員指揮。[96]

馬拉塔人與提普的邁索爾蘇丹國未來將發展成東印度公司最強悍也最具挑戰性的軍事對手，也是公司佔領整個印度半島的最後阻礙。

過去一段時間裡，董事會開始對印度軍事技術快速擴散全境逐漸感到憂慮。十年前普拉西戰役輕鬆取勝的時代已逐漸遠去。印度各國花了大約三十年的時間，迎頭趕上歐洲在軍事科技、戰術及紀律方面的創新，這些創新曾經讓公司取得早期成就。但一七六〇年代中期，越來越多的證據顯示這個差距正在迅速縮小：「本地人在戰爭藝術方面的進步，無論是在孟加拉還是科羅曼多海岸，都令人益發憂慮。」董事會注意到，並敦促孟加拉參議會阻止「任何歐洲軍官或士兵加入印度政府的服務」，並「盡可能阻止他們的軍事革新」。[97]

董事會的憂慮並非無的放矢。一七六七年八月，海德．阿里向東印度公司宣戰並率領約五萬人的大軍，衝下班加羅爾（Bangalore）以東的高止山區。其中，兩萬三千人是騎兵，但有兩萬八千人（大約二十個營）卻是經過訓練的高紀律步兵部隊。東印度公司並不知道海德擁有如此規模的高紀律現代化步兵部隊，但震驚不只如此。邁索爾步兵的步槍與大砲都是最新的法國設計，邁索爾大砲的口徑更大、射程更遠，超過了公司軍現有的任何裝備。

其他很多方面上，邁索爾軍隊也比公司軍更創新，擁有戰術上的領先優勢。例如，早在威廉．康格里夫（William Congreve）的火箭系統為英軍採用之前，他們就已掌握了從駱駝騎兵發射火箭以驅散敵方騎兵編隊的藝術。[98]海德和提普還建立了一處龐大的德干白公牛「園」，讓他們可以迅速將步兵跟物資部署到王國各處。這項物流創新後來也被英國東印度公司借鑑。

一七六七年九月，海德在特里諾馬利（Trinomalee）附近與馬德拉斯軍隊主力對峙時，十七歲的提普率領一支大膽突襲隊，繞過公司戰線後方進入馬德拉斯的郊區庭園。他帶著精銳騎兵，飛馳過卡納提克平原，發現沒有任何阻礙後，就開始放火劫掠聖湯瑪斯山坡上馬德拉斯參議會宏偉的喬治時代週末度假別墅。他甚至差點捉到馬德拉斯總督；若非騎兵被劫掠分散了注意力，他實際上可能已經成功了。一名見證他們戰鬥的東印度公司上尉寫下：「我從沒見過像海德軍隊一樣勇猛的黑人軍隊。」[99]

最終，英國東印度公司尋求和平。海德被成功收買退兵：他簽下條約，讓邁索爾軍隊返家。然而現在東印度公司可以輕易地在出其不意中被擊敗，對許多印度宮廷，特別是邁索爾的海德跟普那的馬拉塔人來說，是個令人愉悅的消息。

十二年後的一七七九年，正是在普那附近，東印度公司嚐到了普拉西勝利以來的首次重大敗績。二月份，孟買參議會沒跟加爾各答的哈斯汀斯商議，就擅自涉入馬拉塔內部政治鬥爭，並跟遭到馬拉塔人驅逐的領袖之一拉古納特·拉奧（Raghunath Rao）簽訂協議，將助其重登普那寶座，成為年輕佩什瓦的攝政王。十一月二十四日，這支未經加爾各答授權、私自出兵的遠征軍，離開孟買港，僅帶著兩千名印度兵、幾百名歐洲騎兵與炮兵，加上拉古納特·拉奧的七千名馬拉塔騎兵，向普那前進。遠征隊的指揮官是年邁的埃格頓（Egerton）上校。副指揮官是沙·阿蘭的老對手約翰·卡納克，他最近出任孟買總督府的高級職位。

埃格頓的部隊艱難地沿著山坡往上爬。每天只前進一英哩的速度，還有一萬九千頭牛拖著火砲及補給沿著陡峭的髮夾彎往上爬，十二月三十日才終於抵達高止山區頂端。然後他們又花了十一天的時間才抵達僅僅八英哩外的卡爾勒（Karle），此處擁有幾間著名的佛教洞窟寺院。此時他們幾乎已經耗盡補給，同時還給了馬拉塔人足夠時間準備防禦。抵達卡爾勒時，埃格頓震驚發現高達五萬人的馬拉塔部隊已經在年輕領袖馬哈吉·辛迪亞

（Mahadji Scindia）的領導下，列陣以對。★

卡納克首先意識到這個無望的處境，並在絕望中寫信給孟買，稱「埃格頓上校的軍事觀念似乎完全來自他在德國短暫停留期間所見的實踐，他的謹慎態度，仿佛要對付的是歐洲敵人。然而在這個國家確保成功的唯一方法，就是積極前進，採取行動。」

倘若我們像先前一樣，一個據點一個據點慢慢前進，很難說這場戰役何時才能結束。因為他們佔有地利，整個地區都是溝壑隘谷，長滿灌木叢林，其中有很多供他們潛伏之地……馬拉塔人圍繞在我們四周，從上午十一點到下午三點，以火炮火箭發動攻擊……我認為埃格頓上校撐不了太久。[100]

到了一七七九年一月九日，東印度公司的部隊推進到塔雷岡（Talegaon），距離普那只有十八英哩。抵達時卻發現此地已遭洗劫一空，所有補給都被搶走。隔天破曉，他們發現自己已被包圍，補給線遭到切斷。馬拉塔騎兵逐個擊倒落後隊伍，擄走東印度公司的牛，並阻止巡遊商人（banjara）隊伍不顧牲口安危，供應東印度公司軍隊所需。[101]火上加油的是，埃格頓陷入重病。拉古納特．拉奧懇求他們持續前進，表示只要他們到達幾英哩外的普那城郊，他的支持者就會起而響應。但東印度公司的指揮官們卻沒了信心。兩天後，他們耗盡補給，把沉重的大砲扔進寺廟水池，燒掉剩餘庫存，並在午夜時分開始一場混亂飢餓的撤退。馬拉塔人很快察覺他們的動向，包圍了他們，並在黎明時分襲擊了縱隊，中午前就導致三百五十人死亡。埃格頓別無選擇，只能投降，六天後簽下羞辱的《瓦德岡條約》（*Treaty of Wadgaon*）。在條約之下，他交出拉古納特．拉奧與幾名東印度公司高級職員作為人質，同意放棄一片東印度公司領土給馬拉塔人。[102]

東印度公司軍隊的聲譽再也不復從前。但除了暴露出公司軍事力量的極限外，失敗的普那遠征還揭示了此刻公司干預重塑南亞區域政治的野心。有「馬拉塔的馬基維利」之稱的傑出首相納納．帕德納維斯（Nana Phadnavis）開始意識到，印度各地勢力有必要不分差異結成聯盟，共同對抗外來侵略者，並趁他們的領導階層薄弱分裂之際，以團結陣線發動攻擊。[103]

一七八〇年二月七日，《瓦德岡條約》一年後，納納．帕德納維斯拿起筆來，給老敵人海德．阿里寫了一封信，提議若邁索爾蘇丹願意聯合對抗東印度公司，他們可以化敵為友。他寫道：「英國人的好戰已經令人難以忍受。這五年中，他們的盲目侵略違反了慎重

★作者註：一七七九年一月四日，詹姆士．斯圖亞特上尉（James Stewart）在卡爾勒附近爬上樹偵查馬拉塔人動向時，立刻被馬拉塔射手射殺。兩百年後的現在，他被稱為伊什圖爾．帕克達（Ishtur Phakda），成為當地的密教神明，包含當地員警在內等人，每週會向他獻祭鮮血。他的頭部不知何時與身體分離，祭祀頭部的神龕就位於當地警察局的牢房外。根據值班警官的說法，倘若遭到局長忽視，伊什圖爾．帕克達會「狠狠地甩他一巴掌」。非常感謝馬拉塔史學家烏岱．庫爾卡尼（Uday S. Kulkarni），不僅告訴我這個故事，還帶我長時間尋找標誌著他死亡地點的方尖碑，他遺體所在的第二神龕（覆滿山羊血），以及當地瓦德岡（Wadgaon）派出所中的第三個頭部神殿。

條約。」

他們首先甜言蜜語做出承諾，讓人相信這世上只有他們擁有真實信仰和誠信，但很快就被識破。人們很快認識到他們的邪惡天賦。

他們攏絡一國之中的離心成員，透過此人來破壞國家。分而擊之是他們的主要原則。他們深受自利所蒙蔽，從不遵守書面協議。只有上主能洞悉他們的卑鄙陰謀。他們打算以拉攏一方打擊其他勢力的方式，逐一征服普那、那格普爾、邁索爾及海德拉巴等國家。他們善於製造內部分歧，破壞國家和諧。[104]

海德與提普積極回應，指出「對所有創造物來說，英國統治就是邪惡的來源」。[105]一個月內，海德拉巴尼贊也加入另外兩股勢力。五月的夏季高溫來臨之時，「從印度驅離英國」三方聯盟的具體計劃正在成形。一個月後，六月，馬德拉斯收到消息，海德·阿里收到大批法國來的武器與軍事物資。維洛爾（Vellore）的其他消息，則發現海德·阿里已在班加羅爾周圍平原上集結了一支龐大軍隊。

最終，七月十七日，海德·阿里再次進軍卡納提克平原。這一次軍隊人數是十三年前最後一次入侵時的兩倍：總共接近十萬人，包括六萬名騎兵、三萬五千名歐式步兵和一百門大砲。令他驚訝的是，他再次發現公司並未採行任何防守準備：卡納提克地區的公司軍力以小團體的方式，分散在鄉村各地，甚至沒有募集運輸用牛車或糧食儲備的措施。此外，至少在書面上，馬德拉斯總督府下應有三萬名武裝公司士兵戍守，但很快就算出一個月內實際能召集的，只有不到八千人。海德的迅速行動又進一步削減了這個數量：許多士兵的家人住在阿爾科特。當阿爾科特落入海德軍隊之手時，許多印度兵便棄軍潛逃，試圖保住在阿爾科特的妻兒。公司在卡納提克地區組織的防禦完全無效。守軍自願向海德軍隊投降，或以賄賂交換開啟城門。[106]

馬德拉斯立即派船前往加爾各答，請求孟加拉的軍事援助，然而那裡的情況甚至比馬德拉斯更加混亂。在提普再度劫掠聖湯瑪斯山與聖托美的富裕別墅時，海德則在馬德拉斯、維洛爾及阿爾科特周圍肆虐，焚燒村莊，摧毀公司剩餘的存糧。哈斯汀斯與法蘭西斯之間的紛爭已經癱瘓公司管理長達六年，此刻終於來到最終的苦澀高潮。

八月十四日，哈斯汀斯寫了一份公開備忘錄，譴責法蘭西斯撒謊吹牛：「我不相信他承諾要坦白，我認為他做不到。他唯一的目的與願望，就是讓我可能採取的措施都陷入失敗困境。」

從一開始，他的行動就具有這種傾向，也顯示出這樣的精神……我依據對他私人行為的瞭解，來評判他的公共言行，而前者卻是缺乏真實及榮譽。這是嚴重指控，卻是冷靜謹慎所為，因我堅信應當對公眾及我自己負責，這是對二者的唯一補償，也就是披露我所遭受的欺辱，這種欺辱威脅著讓他們的利益陷入恥辱與毀滅之中。對於法律未規範的欺辱行為，唯一的補救措施就是揭露它。[107]

隔天，亦即一七八〇年八月十五日，菲利浦．法蘭西斯向華倫．哈斯汀斯發起決鬥挑戰。

兩位決鬥者在助手的陪伴下，於八月十七日清晨五點三十分，在貝爾維德（Belvedere）大宅西邊的一片樹叢見面。此處曾是米爾．賈法的夏日住宅，後來被哈斯汀斯買下。★哈斯汀斯幾乎未曾闔眼。前一晚大部分時間，他都在寫信向心愛妻子瑪麗安（Marian）告別，以防他在決鬥中死去。信的開頭這樣寫著：「想到這封信若送到妳手中，妳會多麼痛苦，我的心就要淌血……我唯一不願失去的，只有妳。只有祂知道，我多麼愛妳，在生命一切之外，我仍舊愛妳。我的瑪麗安，請別忘了我。再見了，我最心愛的女人。我最後的思緒將與妳一起。請記住，並愛我。再次道別。」[108] 哈斯汀斯隨後在沙發上忐忑不安地小睡一會，直到淩晨四點，助手湯瑪士．迪恩．皮爾斯（Thomas Deane Pearse）上校來接他。

「我們準時抵達貝爾維德，也就是五點半，」後來哈斯汀斯寫道，「發現法蘭西斯先生與華生上校（Watson）走在路上。花了一點時間尋找一處私密地點。我們的副手建議我們應該保持一定距離，（以最近英國的案例為準）雙方將距離定在十四步。華生上校先走出七步。我站在北方，我記得當時沒有風。我們的副手（我想是華生上校）提出兩人都不該佔便宜，因此各自可以選擇開槍的時機。」

正如皮爾斯指出，此時明白顯示出「兩位紳士都不太熟悉這類場合通常遵循的模式」。事實上，這兩位孟加拉地區最有影響力的英國知識分子似乎都不太清楚如何操作手槍。法蘭西斯說他這輩子從未開過槍，而哈斯汀斯說他只開過一次槍。因此，兩人都必須由助手代為裝彈，身為軍人的助手自然知道如何操作槍械。

一貫紳士作風的哈斯汀斯，決定讓法蘭西斯先開槍。法蘭西斯瞄準，扣下扳機。槍鎚響了，但子彈卻發不出來。法蘭西斯的助手再次介入，為手槍裝上新的火藥，敲敲燧石。哈斯汀斯寫道：「我們回到各自位置，我仍舊提議接受第一槍，但F先生兩次瞄準，兩次撤回手槍。」最後，法蘭西斯再次「扣下扳機」，皮爾斯寫道：「但因為火藥潮濕，子彈再次未能射出。哈斯汀斯下來，讓法蘭西斯有時間整理火藥，這枚彈藥是我提供的，因為他們沒有備用火藥。紳士們再次站上各自的位置，並同時瞄準。」[109]

「現在我認為可以認真瞄準他了，」哈斯汀斯寫下。「我也這樣做了。我認定正確的方向後，就開槍了。」

> 他的手槍也在同時響起，幾乎同時發生，我不確定何者先發生，但我想是我先開槍，

★作者註：這棟建築仍在阿里波爾（Alipore），距離孟加拉泰姬飯店（Taj Bengal Hotel）幾分鐘的腳程距離，此刻為印度國家圖書館（National Library of India）。

他緊接在後。他立刻搖晃著，臉上流露出一種被擊中的表情，他的四肢逐漸無力，最後跌倒在地，以不大的聲音說著：「我死了。」

我震驚地向他跑去，可以肯定地說，心中沒有任何成功的喜悅。助手也跑過去幫他。我看到他的上衣右側被射穿，擔心子彈穿過他的身體。但他幾次沒什麼困難地坐起來，一度在我們幫忙下試圖站起來，最終仍四肢無力，倒在地上。

W（華生）上校隨後建議，既然我們是基於榮譽而非個人怨恨，我們應該握手言和，或者F先生可以向我伸出手來。我們就這樣做了；F先生愉快地伸出手，我對他的情況表示遺憾。他覺得躺著比較舒服，因此從托利少校（Tolley）處取來一張擔架，因為他沒有轎子。接著用擔架將他送進貝爾維德大宅，他現在仍在那裡。皮爾斯上校和我回到我們城裡的住所。我們去找坎貝爾醫生（Campbell），我希望法蘭西斯醫生（哈斯汀斯的私人醫生）也一起來。兩人立即前往。他們發現傷口並不嚴重，彈丸從肩膀下方背心縫線前方穿入，穿過前後肌肉，嵌在覆蓋脊椎的皮膚層下，停留在背部皮膚下肉眼可見的位置。

我回到家後，立刻派馬爾坎先生（Markham）去找E爵士（首席法官伊萊亞．因貝），告知他發生的一切，並表示我在此等待，倘若情況不樂觀，我會立即向他自首，法律能夠對我進行處置。[110]

然而，並沒有逮捕哈斯汀斯的必要。醫生後來報告說，哈斯汀斯的步槍子彈「穿透法蘭西斯先生的右側，卻被一根肋骨擋住，使子彈改變方向，並未進入胸腔。它從斜上方經過脊椎旁邊，沒有傷到它，並在脊椎左側約一英吋處取出。傷口無關緊要，他沒有生命危險。」[111]

十天後，即一七八〇年八月二十五日，南印度最大規模的東印度公司部隊終於從馬德拉斯出發，沿著海岸公路向南，前往坎契普蘭（Kanchipuram）對抗海德．阿里。這支隊伍的領導人是高地將軍海克特．門羅爵士，十五年前在巴克薩突破蘇賈．烏道拉的陣線，敗中取勝。然而這一役，他只能動員五千名印度兵——這些人既沒拿到薪餉，還有點半叛亂狀態；他們面對的敵軍則有十萬多人。

北方二十五英哩處，另一名蘇格蘭人，威廉．貝利（William Baillie）上校剛收到指令，帶領第二支兩千八百人的部隊，在坎契普蘭與門羅會合。這支部隊大部分是當地的印度兵，此外還有數百名剛抵達印度的蘇格蘭高地人。這兩支隊伍若能順利會師，他們將以一敵十，或許還有點擊敗邁索爾軍隊的機會。但在分散的情況下，要對付良好訓練且紀律嚴明的海德軍，兩支隊伍的勝算都不大。根據古蘭．胡笙汗所言，這支軍隊「一如憤怒潮浪一般覆蓋平原，大砲行伍綿延無盡」。[112] 門羅應該等待貝利會合，但他一如既往缺乏耐性，同時又聽說坎契普蘭有大批補給和充足彈藥，很可能為海德所佔，因此門羅帶著自己的小部隊先行出發。然而只消推遲一天，兩支軍隊就得以會合。

八月二十五日晚間，貝利在馬德拉斯西北方的小河科塔萊亞爾河（Kortalaiyar）畔紮營。當晚，季風來臨，連續下了十二個小時的大雨。天亮時，科塔萊亞爾河已經變成洶湧洪流，難以渡河。貝利的部隊等了十一天，才能動身過河。此時，提普已經成功地在貝利和門羅之間插入了他最精銳的一萬一千名騎兵。[113]現在他可以輕鬆摧毀脆弱的貝利軍行列。

首次交戰發生在九月六日，兩軍進行了一陣遠端炮火交戰。貝利的小部隊「在濃密大雨中遊走，陷入水稻田裡」，暴露在砲火之中，傷亡慘重。然而雙方都沒有進行近身格鬥，也都要求增援。[114]海德派出大批部隊支援兒子，門羅卻拒絕離開坎契普蘭的主神廟。他已經在此進行足夠防衛，可以抵禦圍攻。

他唯一的妥協，是派出一支由一千名印度兵組成的部隊，連同九頭運載彈藥的駱駝，加入貝利部隊並將他們領回神廟。救援部隊在夜間迅速行動，在黑暗中擺脫了追趕的邁索爾騎兵，繞道遠離提普的主要軍隊，成功與貝利會合，讓他的軍隊人數增加到三千八百人及十門野戰砲。負責救援部隊的軍官請求貝利立即離開，利用黑暗掩護加入坎契普蘭神廟中的門羅部隊，就在九英哩之外。但貝利忽視這項建議，等到天亮才開始行動。這後來證明是致命的猶豫。

貝利在黎明時分拔營，清晨五點三十分左右，行經通往下方平原河流的上坡路時，發現前路被名叫波麗露的武裝小村落阻斷。村中滿是提普的軍隊及火砲，左側還架有更多的火砲。提普的間諜在前一晚提供消息，指出貝利出行的時間點與確切路線。因此兩側已在此埋伏多時，等待突襲貝利的部隊。現在，兩側開始對毫無遮蔽的貝利部隊發動強烈砲擊。貝利的部隊沿著道路拉開，暴露在高堤防上，兩側是泥濘稻田，右邊隔著一段距離有條河流。既無法前進，也沒有撤退的選擇，貝利下令讓部隊形成一個空心方陣，「一層一層緊密相疊，共有三層」，行李彈藥堆在中間。不到半小時，提普的士兵從防禦工事分散開來，封鎖所有通往坎契普蘭的道路。

砲轟持續，愈發激烈，貝利方陣的前排士兵遭受提普約三十門大砲的轟擊。貝利也是傷者一員，腿部遭砲彈擊中，但他仍舊坐在轎子裡持續發號施令。接著有一陣半小時的寂靜，射擊停了下來，籠罩在詭異的寂靜之中。

三十分鐘後，前線部隊報告聽見遠方有鑼鼓敲擊及泰米爾長嗩吶（nageshwaram，）吹奏的聲音。公司部隊觀察下，一片巨大的塵雲在遠方升起。很快，塵雲變成了幾列緋紅色長隊，穩步向他們前進。蘇格蘭人以為是門羅前來救援，發出響亮的歡呼聲。直到部隊更加靠近時，他們才意會到實際上是海德的主部隊——約兩萬五千名騎兵與三十個兵團的印度兵，逐步靠近，將定下他們的命運。「海德的騎兵迅速將我們包圍起來，」一名高地軍官寫下：「接著是大砲，圍著我們形成一個半圓，至少約有五十門砲，逐漸對我們開火。」[115]

接下來的一小時裡，在貝利的指揮下，蘇格蘭方陣連續擊退了邁索爾騎兵十三次衝鋒掠陣。騎兵未能突破防線後，海德下令暫停攻擊，改派出最大口徑的火砲。大約上午八點，最強烈的砲擊在近距離展開，葡萄彈像鐮刀一樣收割緊密相連的紅衣英軍。「我們的命運，就是在一個多小時的時間裡，暴露在印度有史以來最猛烈的砲火之下，」貝利的弟弟約翰寫下：「我們被大量砲火輾壓。」[116]接著兩輛彈藥車被擊中，同時引爆，造成「兩線上出現大洞，他們的騎兵首先進攻，接著是大象，完全推翻我方防禦。」[117]

耗盡所有剩餘的火藥後，貝利試圖投降，將手帕綁在高舉的劍上。他跟副官大衛・貝爾德（David Baird），都命令手下放下武器。但是一些未聽見命令的印度兵發出零星射擊，導致邁索爾騎兵無視投降並拒絕寬容。相反地，騎兵開始衝入陣中，殺害放下武裝且無力抵抗的士兵；「一場最可怕的大屠殺接踵而至……要求寬容是徒勞無功，他們雖樂意提供，但你一放下武器，他們立刻將你砍倒。」[118]

根據第七十三高地兵團（73rd Highland Regiment）一名中尉的說法，「最終、最可怕的戰鬥，是兵器與盾牌相互碰撞，馬匹嘶鳴踢打，矛桿的斷裂聲，血淋淋的劍光，咒罵和詛咒；最後以傷者呻吟與哭喊聲終結，負傷的馬匹在垂死士兵之間掙扎倒地，戰象在友軍與敵軍之間四處踐踏，揮動可怕鎖鏈時發出的恐怖咆哮。」

> 倖免於立即死亡的人擠在一起，以至於他們難以站立；一些人窒息，而另一些人因為壓在他們身上的屍體而無法動彈，因此暴露在敵人的控制之下……一些人遭到大象、駱駝及馬踩踏；遭剝奪衣物的人在驕陽下暴露無遺，無水可喝，經歷漫長痛苦的死亡，成為飢餓野獸的獵物。[119]

八十六名軍官中有三十六人被殺，三十四人受傷被俘；只有十六人被俘時沒有受傷。貝利的背部及頭部受傷，還失去一條腿。貝爾德的頭部被砍了兩刀，大腿中了一顆子彈，手臂上有一處長矛傷口。他的副官與表弟詹姆士・達爾林普（James Dalrymple）背部嚴重受傷，「頭上挨了兩刀」。★約有兩百人被俘，三千八百人的部隊絕大多數都遭殲滅。[120]

接下來，邁索爾部隊開始剝下死者與垂死者的衣物，並從屍體上掠奪能拿走的東西。「他們首先扯我外套上的紐扣，以為是銀質的，」受傷的約翰・貝利寫下：「然後從褲子上扯下我的長襪扣，還有我穿著的外套。其中一人用槍托頂住我的脖子，把我按在地上，另一個人試圖脫掉我的靴子。」

他費了好一番力氣才脫掉了一隻靴子，但一直扯不下另一隻，因此生氣吧，就在我右大腿上劃了一刀，深可見骨。不久之後，另一個人走過來，隨意把劍刺進另一條大腿……他們走後，一名海德的印度兵發現我還活著，把我扶起來靠在一棵樹上，給我一些水喝。

我躺在一名炮兵旁邊，他的頭被打掉了，我的臉貼著地上。此時我的傷口開始僵硬，

---

★作者註：當蘇格蘭人大衛・貝爾德爵士的母親聽到兒子被提普俘虜，囚犯們被兩兩銬手帶走時，她說：「我為跟我們大衛銬在一起的人感到遺憾。」引自鄧尼斯・佛瑞斯特（Denys Forrest）在《邁索爾之虎：提普・蘇丹的生與死》（*Tiger of Mysore: The Life and Death of Tipu Sultan*）（1970，倫敦）第四八頁。一封詹姆士・達爾林普爵士的信，從斯里蘭甘帕特南（Seringapatam）監獄中走私出來，現存於大英圖書館印度事務處。根據詹姆士的英印混血孫子魏米斯・達爾林普（G. Wemyss Dalrymple）寫的一份附註：「紙被捲起來，放入一支鵝毛筆中，然後通過一名本地人帶入監獄。他用同一支鵝毛筆寫信，墨水是固態印度墨，也在鵝毛筆中，信件以同樣的方式經由同一名本地人帶出監獄。」大英圖書館印度事務處，歐洲手稿，E 330。

因此無法改變姿勢，也無法趕走大批鑽進傷口的蒼蠅，它們似乎決心吸乾我最後一點血。我從頭到腳都被蒼蠅覆蓋著。不僅折磨我的身體，也折磨著心靈，讓我不斷地意識到自己的無助。

當我開始對援助失去希望時，兩名尋找生還者的法國人出現在路上。我靠著其中一人，晚上八點的時候被帶進他們的營地，送進法國醫生的帳篷。他除了一把刀、一副剪刀跟一支鐵製壓舌板外，別無器械；除了一大罐顏色質地都像髮油且充滿污垢的軟膏外，也沒有其他藥物。但他們每天給我們半瓶阿拉克蒸餾酒用來清洗傷口，雖然對這麼多人來說數量不多，卻非常有幫助。我們的傷口已經變得很噁心：一名軍官的耳朵被割傷，倒入一點酒精後竟取出二十六條蛆。[121]

最終，貝利被綁在砲車上，帶到海德面前。他跟其他倖存者圍成半圓形，坐在他的腳邊。蘇丹正按照軍官出示的歐洲士兵頭顱或屍體數量賜下獎勵。「有些是被拖進他的營地，屍體變形，沾滿血污塵土，讓他們面目全非；有些人則在路上無聲倒下，守衛拒絕給水。」

囚犯被衛兵以步槍毆打。其他人則從劇痛折磨中解脫，他們不斷暈過去，直到完全失去知覺，終於逃過衛兵迫害。周圍眾人的悲慘命運，死屍與垂死者的扭曲面容，讓我覺得也離死亡不遠了。夜幕降臨，恐怖尾隨而至：垂死之人呻吟，豺狼的蹂躪嚎叫，遠處閃電暴雨轟鳴。[122]

局勢逆轉了。現在輪到東印度公司的士兵嚐到被擊敗、俘虜及虐待的滋味。門羅未能救援貝利成為災難主因，當他帶著驚慌失措的殘軍返回馬德拉斯時，在街頭遭到嘲笑譏諷，波麗露戰役被稱為「英國在印度遭受的最嚴重打擊」。[123]

更糟糕的情況接踵而至。東印度公司的截肢傷兵太多，卻沒有足夠的印度醫務兵將他們從前線運出去。外科醫生湯瑪士・戴維斯（Thomas Davis）寫下：「我盡可能節制斷肢」，卻因為缺乏適當醫療用品，被迫進行許多截肢。[124]接下來數月對抗東印度公司的戰爭中，提普・蘇丹擄獲的七千名戰犯裡，約有三百人被強制行割禮，改宗伊斯蘭教，並給予穆斯林名字及衣物。到了當年底，印度的所有英國士兵中，每五人就有一人被囚禁在提普・蘇丹繁複的斯里蘭甘帕特南（Seringapatam）堡壘中。更羞辱的是，幾名英國軍團的少年鼓手被迫穿上傳統印度女裝——短上衣與長圓裙（ghagra cholis），以舞女（nautch）的方式娛樂宮廷。[125]

經過十年囚禁，其中一名囚犯詹姆士・斯科瑞（James Scurry）發現自己已經忘了怎麼坐椅子或使用刀叉；他的英語「破碎混亂，遺忘了所有方言片語」，他的膚色變得「跟黑人一樣黝黑」，而且很不愛穿歐洲服裝。[126]

這是終極殖民噩夢，而且是最難接受的形式：被囚禁者愛上俘虜者的生活方式，殖民者反被殖民。

波麗露戰役後兩日，馬德拉斯派出一艘特別船艦前往加爾各答，向威廉堡報告這場災難。消息於九月二十日抵達，當哈斯汀斯得知時，他立刻明白這場敗戰的意義。「我們的軍隊，」他給倫敦的信中寫道：「長期以來一直習慣了征服，很難輕易從可怕的挫敗中恢復過來，也難以在不成功的指揮下，恢復過往的自信。」[127] 馬德拉斯的麥卡尼勛爵（Macartney）的家書也是類似的語氣：「印度人對我們的武力不再感到恐懼，我們也不再輕視他們的抵抗。因此，未來的優勢將無法只仰賴過去戰績。」[128]

現在已欠債超過一千萬英鎊（今日十億英鎊）的東印度公司，付不出員工薪水，還面臨著印度所有最強大勢力，在法國支援下聯合進攻。[129] 哈斯汀斯私下認為自己就像搭著「一艘漏水的大船，正駛向一片背風海岸，只有奇跡才能免於沉船」。[130]

幾乎沒人會不同意。東印度公司在印度的地位從未如此岌岌可危。一份對此敗戰的初期分析，對於東印度公司的各家印度對手竟然沒有充分利用波麗露戰役這個關鍵時刻，表示驚訝：「倘若法國及時給敵人增援——」他寫下，「當然有充分理由相信他們會這麼做；又或者馬拉塔各國不保持袖手旁觀……而是加入盟軍，採取一致行動，無疑地，英國人很可能會失去半島上所有殖民地。考慮到殘軍的散亂失神狀態，倘若海德在擊敗貝利後乘勝追擊，這支軍隊幾乎不可能不陷落，還將包括喬治堡，那幾乎是敵人手中毫無防禦的獵物。」[131] 對東印度公司來說，幸運的是，海德決定要養精蓄銳。他避免其他決戰，改透過騎兵游擊戰，騷擾東印度公司補給線。東印度公司之所以能在南方留下一點立足之地，完全是出於對手缺乏信心與主動，以及加爾各答的迅速增援。未來幾個月裡，哈斯汀斯運用創意十足的廣泛軍事行動及巧妙外交手腕，成功打破了三方聯盟及馬拉塔聯盟的內部團結。一七八二年五月十七日，他跟馬拉塔指揮官馬哈吉．辛迪亞單獨簽署一項和平協議——《薩爾拜條約》，辛迪亞遂成為英國的盟友。對東印度公司的敵人來說，這是一項重大失誤。一七八〇年，只差最後一小步，就能徹底趕走東印度公司。這樣的機會不會再來。而未能立即採取進一步攻勢，將是普那與邁索爾兩國日後都將痛悔之事。

在世界的其他地方，一七八〇年也見證了英國面對其他重大反挫——這些反挫逆轉甚至一路推進，最後產生合乎邏輯的結果。在美洲，愛國者背棄了國王，部分原因是政府試圖銷售東印度公司囤積的茶葉，甚至加課英國稅。波士頓茶黨遂將價值九千六百五十九英鎊（今日價值超過一百萬英鎊）的九萬磅東印度公司茶葉，倒進波士頓港，拉開了美國獨立戰爭的序幕。此舉某種程度上，是因為擔心東印度公司可能會在北美十三殖民地肆意妄為，就像它在孟加拉的作為一樣。

愛國者作家約翰．迪金森擔心英國東印度公司在掠奪印度之後，現在「又將眼光投往北美洲，視此為新戰場，在此發揮他們在搶劫、壓迫與殘酷上的長才……」[132] 迪金森將這種茶視為「被詛咒的垃圾」，並將貪腐的東印度公司壓迫北美洲的未來比為「被老鼠咬」。他說，這家「幾乎破產的公司」已經忙著「腐敗他們的國家」，並在孟加拉犯下「前所未有的野蠻、敲詐勒索與壟斷行徑」，此刻還想在美洲重蹈覆轍。「但感謝上帝，我們不是印度兵，也不是馬拉塔人。」他說，我們應當告訴美洲的巡夜人，「每晚十二點後，大喊『小心東印度公司』」。[133]

經歷一場可怕戰爭後，愛國者設法擊退政府派來徵收茶稅的軍隊。就在海德追著嚇破膽的門羅回到馬德拉斯之際，美洲的英軍正要前往約克鎮，卻大敗於華盛頓之手，並在隔年十月最終投降。此時有種感覺越來越強烈，英帝國正在土崩瓦解之中。一年後，一名議員在國會中指出：「我們失去了歐洲的梅諾卡島；美洲則失去了十三省及兩個彭薩柯拉殖民地★；在西印度群島，失去了托巴哥島（Tobago）；還有一些非洲殖民地。」[134] 埃德蒙・伯克寫下：「英帝國正搖搖欲墜。」[135]

不久後，國會發佈一份六卷報告，探究這些失敗。一名東印度公司資深軍官對國會說：「英國對印度的掌控，以如此懸殊人數控制龐大領土，更多是虛構而非真實。我擔心印度人很快就會發現，我們跟他們一樣，只是普通人。」[136]

一如以往，沃爾波言簡意賅地指出：「印度跟美洲，都在溜出英國的手掌心。」[137]

---

★譯者註：彭薩柯拉（Pensacola）為今日美國佛羅里達半島上最西邊的城市，暱稱為「五旗之城」，暗喻歷史上曾經歷五個政權統治：西班牙、法國、英國、美國與美國南方。此城為西班牙人所建，成立於一五五九年，為美國大陸邊界內的第一個西班牙殖民地。後於英法（西班牙支持法國）七年戰爭中，割讓給英國，英國在此建立東西佛羅里達兩個殖民地，以彭薩柯拉城為首府，故議員以「兩個彭薩柯拉」指稱東西佛羅里達兩個殖民地。

CHAPTER 7

# 破敗的德里

一七七一年四月十二日上午，長號角聲如雷貫耳，伴隨著駱駝背上的納格拉鼓（nagara）穩定節奏，沙．阿蘭坐在盛裝打扮的座象上，穿過阿拉赫巴德堡的拱形砂岩大門，啟程出發。

流亡超過十二年後，皇帝終於要回家了。這不是趟輕鬆旅程。沙．阿蘭的路線將穿越一些早已脫離蒙兀兒帝國統治的省份，他有充分的理由擔心敵人可能會試圖抓捕、收買甚至暗殺他。此外，他最終的目的地——傷痕累累的蒙兀兒帝國首都德里，正遭到相互敵對的阿富汗人及馬拉塔軍隊進一步蹂躪。

然而，皇帝並非毫無準備；他身後跟著新近招募的一萬六千名士兵與追隨者。一幅現存於世的蒙兀兒繪畫展示了這趟出行隊伍：軍隊長列蜿蜒曲折地沿著亞穆納河岸前進，穿越一片肥沃地景。隊伍前方是樂師，接著是執權杖與蒙兀兒國徽的衛兵，皇家禮傘、金色魚頭旗（mahi aratib）及烈日之面與法蒂瑪之手，全都豎在飄揚著紅絲帶的鎏金長杆上。接著是皇帝本人，高坐在大象上，四周由持矛近衛部隊護衛。

隨後是一群皇族王子，乘坐著一排飾有番紅花色頭巾的座象，每副頭巾都繡有皇帝徽章。身後是帝王後宮婦女，坐在轎子及覆頂馬車中。接著是由四頭象拖行的重型攻城炮，後方的軍隊主力延伸到視野所及的遠方。部隊分成不同軍團，包含步兵、騎兵、砲兵與駱駝迴旋砲部隊，分別由高坐在圓頂象座上的軍官帶領。遠征隊沿著河岸前進，在富麗堂皇的皇家船隻護送下，穿越樹林草地，經過神廟小鎮所在的島嶼，天際線上宣禮塔此起彼落。[1]

這一刻被記錄下來，因為即便在當時也認定，它標誌了十八世紀印度政治的關鍵轉折點。沙・阿蘭現在終於不再期望東印度公司履行許多空頭承諾，包含提供一支軍隊，甚或只是武裝護衛，幫他取回首都。若東印度公司不幫他，那麼他就得尋找新盟友——這意味著他得跟世仇馬拉塔人打交道。但無論面對何種危險，皇帝都決心賭上一切，希望能重返祖先的孔雀寶座，恢復他的法統地位。[2]

當英國東印度公司晚了一步才知道皇帝的計劃時，焦慮的加爾各答職員不斷寫信給沙・阿蘭，表示他們「無論如何不能容忍陛下不審慎的作法」，同時他們也認為「目前時機不適合進行如此重大危險的任務，因為帝國內外都充滿動亂」。[3]「陛下應當知曉他為自己設定了一項艱巨的任務。陛下若視馬拉塔人為友，那就大錯特錯，因為他們是出了名的善變且不可靠。」「他們以陛下的困頓為樂，他們表忠的目的，只是為了將您控於指掌，以您之名遂其目的。」[4]

看似關心皇帝的溫和之舉背後，潛藏著東印度公司內部的深刻不安。沙・阿蘭即將離去的宣布，完全出乎公司意料。皇帝的擁護者不僅希望將他握於指掌，以合法合理他們所做的任何決定，他們還擔心其他人可能也會出於相同意圖搶奪皇帝，後果將不堪設想。馬拉塔人是東印度公司在印度最強大的競爭對手。他們將近控制了整個次大陸的西岸與大部分中央內陸地區。現在公司深感悔恨，他們開始憂慮「馬拉塔人將皇帝握在手中，皇帝的名義將支持他們未來的掠奪行為，進一步增加馬拉塔人的影響力」。[5]

為了改變皇帝的想法，東印度公司最高級別的將領巴克爾將軍（Barker）被派往阿拉赫巴德，試著說服皇帝。連沙・阿蘭的資深顧問也告訴他，他正在「捨棄實質追逐虛影……犧牲自己的利益，追求住進皇宮的虛榮」。他們也警告皇帝信任馬拉塔人的危險，「這些背信棄義、貪得無厭的人曾對您的尊貴家族造成致命傷害」。[6]

但沙．阿蘭已經下定決心。巴克爾發現他「對所有討論都充耳不聞」。[7] 倘若公司有任何阻撓企圖，皇帝甚至威脅自殺。他早就發現在阿拉赫巴德當東印度公司的傀儡是不長久的，現在他渴望回家，無論風險如何。「首都的逸樂令他嘆息，」威廉．富蘭克林（William Francklin）如此寫下；這位熟識沙．阿蘭的東印度公司職員，最終也成為沙．阿蘭的首位傳記作者。[8]

參議會最終意識到，除了以最佳風度接受皇帝的決定之外，別無選擇：「我們無力阻止國王的這一步行動，」一七七一年一年一月寫給倫敦董事會的信中，他們說：「除非要絕對限制他的人身自由，但我們判斷尊貴的董事應當不會批准，也有違我們的人道觀點。」[9] 巴克爾寫信給皇帝：「陛下既已秘密與馬拉塔人安排了一切，職員已收到指示，既不阻撓皇家決議，也不予支持。」[10]

事實上，面對皇帝的戲劇性決定，公司只能怪自己。六年前他抵達阿拉赫巴德以來，英屬東印度公司軍官對他的無禮對待，是他孤注一擲進行德里遠征的主因：「英國人以侮辱不敬的方式對待沙．阿蘭二世，更令他心生不愉，」曾前往阿拉赫巴德堡拜見皇帝的尚提爾如此寫下。「他們屢屢不敬，而這個場景——皇室先祖阿克巴皇帝的宮殿，更不斷讓人想起帖木兒王室過往的權力榮耀。」

這些侮辱最終令他放棄所剩無幾的富饒遺產，返回德里，住在為他臨時搭建的骯髒小屋。

更糟的是，他們（東印度公司）拒絕按一七六五年的《阿拉赫巴德條約》，支付他兩百六十萬盧比（今日三千三百八十萬英鎊）的全額款項，更添苦難。

一名小小的營官私自逮捕囚禁沙．阿蘭最資深的內侍。皇帝請求軍官釋放他的僕人，並承諾今後僕役將更加小心，儘管此人並未犯下任何過錯，該當此等待遇。你能相信嗎？這名軍官立即提出此人，在皇帝使者面前用馬鞭抽打，並說：「不尊重我的人該當如此懲罰！」

此後不久，住在宮內的史密斯准將（Smith）禁止皇室樂師在宮門上方的房間吹奏響亮的傳統小號（naubat），宣稱那聲音會在早上吵醒他。樂師不顧准將命令，繼續演奏，於是史密斯要衛兵將人跟樂器從樓上的房間扔下來。幸運的是，樂師及時逃脫，只有樂器被扔下來。

這名粗野好鬥的軍官，使得可憐的皇帝在阿拉赫巴德毫無平靜可言，每天遭受的侮辱最終迫使他，正如外傳，放棄阿拉赫巴德的宮殿，跑到德里的亞穆納河畔，用富饒的省份交換一座廢墟小鎮。[11]

這些輕率的侮辱只是在沙．阿蘭的怨恨火上加油。他有充分的理由覺得被背叛。多次嘗試讓東印度公司實現承諾的過程中，特別是一次跟克萊夫的交涉，仍舊令他憤憤難平。

一七六六年，沙．阿蘭甚至派遣使節去見喬治三世，以君主對君主的方式，向他求助：「想見我英格蘭兄弟的真誠友誼與高尚品格」。沙．阿蘭在信中提出願意承認漢諾威國王的宗主地位，以交換公司軍隊助其重返德里。然而克萊夫攔截了皇帝給國王的信件，以及價值十萬盧比（今日超過一百萬英鎊）的貴重珠寶納則爾；二者從未送達國王手中。與此同時，沙．阿蘭給國王的禮物卻由返回倫敦的克萊夫親自獻給國王，仿佛是他自己送的一般，隻字未提皇帝的事。沙．阿蘭的使節確實抵達英國，並寫了一本關於這趟旅程的精采著作《歐洲的驚奇》（*The Wonders of Vilayet*），首次向印度讀者揭露英國冬天的荒涼，以及威士忌酒精催化下的蘇格蘭人熱愛爭吵的本質。但東印度公司確保他從未成功面見國王或靠近任何政府官員。[12]

一七六九年十二月，當加爾各答再度拒絕護送皇帝前往德里時，這次據傳理由是「時間不恰當」，沙．阿蘭終於得出結論：東印度公司是沒有指望的。倘若要去德里，他只能靠自己的軍隊保護，為此他得找到新盟友。[13]

興都斯坦政治的巨大變化，也促使皇帝採取行動。一七六一年馬拉塔人敗於帕尼帕特戰役，並損失三萬五千人——一整個世代的馬拉塔戰士與領導人。這十年間，大致從一七六一到七〇年，阿富汗人在興都斯坦佔據上風。[14]一七六二年，阿赫麥德．沙．杜蘭尼將沙．阿蘭的青年政敵伊瑪德．穆爾克趕出紅堡，任命生於阿富汗的羅希拉人納吉卜．烏道拉（Najib ud-Daula）為德里總督。納吉卜的印度職涯，是從謙遜的優素夫哉（Yusufzai）部落馬販起家，憑藉戰士與政治策略家的能力，穩步往上爬。

納吉卜「執掌德里的九年間，雖然無敵卻非全無挑戰」，在敵對勢力的蛇窩中，成功地「透過出色的平衡之道維持地位」[15]。然而，一七七〇年十月，納吉卜去世。謠言傳到阿拉赫巴德，稱他不受控的兒子兼繼承人札必塔汗（Zabita Khan）「擅自進入王家後宮，跟住在其中的一些女士發生關係。其中之一是國王的妹妹。」[16] 蒙兀兒王朝的榮譽此刻受到威脅，皇太后齊納特．瑪哈爾寫信給兒子，望他立即前來主持大局。

阿富汗入侵北印的主幹阿赫麥德．沙．杜蘭尼此刻已經返回他的山區家鄉度過餘日。他正處於疾病的最後階段，此病令他長期臥床，臉部遭到疾病侵蝕。阿富汗文獻稱之為「壞疽性潰瘍」，可能是痲瘋病或某種腫瘤。帕尼帕特重大勝利之後不久，阿赫邁德．沙的疾病就開始腐蝕他的鼻子，因此裝上了鑲嵌鑽石的替代品。到了一七七二年，他吃東西的時候，蛆蟲會從腐爛的鼻子上半部，掉進嘴裡跟食物中。由於找不到治癒方法，絕望的阿赫邁德．沙便躲在托巴山丘（Toba hills）的床上，這是他在坎達哈炙熱夏季時的避暑地。[17] 很明顯地，他已經無法再南下協助印度的羅希拉人親族了。留在印度的阿富汗人現在只能靠他們自己。[18]

一七六六年五月，自從五年前的帕尼帕特戰役後，馬拉塔人首度對昌巴爾（Chambal）以北地區，發動規模有限的遠征。到了一七七〇年，他們再次回歸，這次帶來一支「人山人海」的大軍隊，有七萬五千人。這支軍隊擊敗了迪格（Deeg）的賈特人君主，並深入阿格拉以東的羅希拉領土進行劫掠。[19] 事態愈來愈明顯，未來再次握於馬拉塔人之手，阿富汗人統治的日子現在已經結束。

比起敗北撤軍的杜蘭尼王國，馬拉塔人產生兩位年輕的領袖，兩人都擁有決心與軍事才能，意欲恢復擴大馬拉塔人在北方的勢力。其中之一是年輕的馬哈吉・辛迪亞。辛迪亞出身卑微，帕尼帕特戰場上曾遭一名阿富汗騎兵追殺，以戰斧砍傷膝蓋以下，放他流血致死。辛迪亞爬出生天，卻也終生跛行。由於難以行動，辛迪亞變得極為肥胖。然而，他是一名才華橫溢、狡猾且極其聰明的政治家。[20]

他的強大對手圖科吉・霍爾卡，也是從帕尼帕特平原上僥倖逃生，卻截然不同。霍爾卡風流瀟灑，喜歡女人跟飲酒，卻少了對手的精明與聰慧。他跟辛迪亞在多數事務上意見不合，他們名義上的領主佩什瓦不得不一再出手干預，警告兩位對立軍閥停止爭吵，相互合作。不過兩人都同意，此刻正是在興都斯坦恢復馬拉塔人勢力的時機，而鞏固這一點的最佳方式，就是在他們共同保護下，將沙・阿蘭送回德里，藉以將他握於指掌。[21]他們知道，德里的主人，就是興都斯坦的主人。

一七七〇年末，一封辛迪亞的密信送進了阿拉赫巴德，提議若沙・阿蘭意欲返家，馬拉塔人願意提供保護。皇帝遂悄悄派遣使者接觸兩位馬拉塔領導人，探究結盟的可能性。兩個對立陣營都積極回應，因此達成共識。一七七一年二月十五日，馬拉塔人與沙・阿蘭之子，即此時在德里攝政的皇太子，達成協議。根據協議，馬拉塔人將把札必塔汗及阿富汗人逐出德里，之後辛迪亞將護送沙・阿蘭返回德里，交還皇宮。沙・阿蘭將為此支付馬拉塔人四百萬盧比（今日五千兩百萬英鎊）。協議內容於一七七一年三月二十二日經皇帝秘密批准。

夏季中，馬拉塔軍隊強行渡過亞穆納河，成功佔領德里並驅逐了札必塔汗的守軍。接著他們渡過恆河上游，深入羅希爾坎德（Rohilkhand），一路焚燒劫掠。札必塔汗在他們面前撤到帕塔格爾（Pathargarh），那是位於密魯特（Meerut）東北方惡地的固若金湯堡壘。現在一切都已準備就緒。[22]

現下只剩一個問題懸而未決：誰將出任沙．阿蘭新軍指揮官。這件事情上，皇帝展現了少見的好運。他選了一位將成為他最重要資產及最忠誠僕人之人。米爾扎．納賈夫汗最近才剛進入沙．阿蘭麾下。這位年輕的波斯騎兵軍官，先前曾在米爾．卡辛姆麾下對抗東印度公司，表現相當出色。

三十多歲的年紀，英俊、優雅且迷人，米爾扎．納賈夫汗身上流淌著波斯薩法維王室血緣，藉由婚姻與阿瓦德的納瓦伯蘇賈．烏道拉結盟。他是個手腕高超的外交官，善於管理財政，也是卓越戰士。在米爾．卡辛姆麾下時，他就仔細觀察東印度公司的戰術戰略，並學習了列隊攻擊的技術、現代歐洲步兵調度與炮擊彈道學的精妙之處。見過納賈夫汗的東印度公司軍官都留下深刻印象。他是個「精神高昂、積極勇敢的指揮官，禮貌且樂於助人」，威廉．富蘭克林見過納賈夫汗後，如此寫下：「藉由持續不懈的工作，他維持穩定性，並恢復了各部門的秩序。」以當時代來說，更不尋常的一點，他還是個「仁愛慈善之人」。[23]

很少人相信沙．阿蘭有機會安全返回德里。更少人相信他能在那裡重建蒙兀兒王朝統治，或者在馬拉塔人之外，建立有意義的獨立政權。馬拉塔人顯然希望利用他遂行己意，就像東印度公司一樣。倘若有人能助沙・阿蘭一臂之力，達成這些目標，這個人肯定就是納賈夫汗。

正如史家沙基爾汗所言：「一名勇敢果斷、明智決策之人，勝過千名猶豫不決者。」[24]

⚜

離開阿拉赫巴德二十英哩後，皇帝進入阿瓦德，當晚抵達阿蘭昌德驛站（Serai Alamchand）。四月三十日，他在此與納瓦布蘇賈・烏道拉會面。

自七年前各自逃離巴克薩戰場以來，兩人就沒見過面。蘇賈帶來那場戰役的另一名老將，可怕的那迦苦行僧指揮官阿努普吉利・高森。他現在獲賜波斯化的蒙兀兒頭銜——「希瑪特・巴哈杜爾」（Himmat Bahadur，即「至勇者」）。像其他人一樣，蘇賈也試圖勸阻沙・阿蘭前往德里，但「發現陛下決心堅定」後，他同意出借阿努普吉利為皇帝服務，連同一萬名高森派騎兵與步兵，還有五門大砲、滿載補給的無數牛車及一百二十萬盧比（今日一千六百萬英鎊）。「他認為若陛下軍隊人數不足，將被馬拉塔人完全掌握。」[25]。然而他拒絕與皇帝同行，並警告這次遠征將難善了。[26]

蘇賈的警告則獲得巴克爾將軍應和。將軍致信皇帝：「雨季已經開始，皇家軍隊若持續前進，將以災難告終。只要陛下停在柯拉（阿瓦德的西緣），英軍將為您服務。倘若陛下——但願不會如此——越過柯拉邊界並遭遇敗戰，我們概不負責。」[27]

然而，皇帝維持鎮定。他在阿蘭昌德驛站待了近三個星期，跟米爾札・納賈夫汗躲在帳篷裡，「誰都不見」，計劃行軍所有細節，並一起討論如何克服種種障礙。他們暗中派遣一名可靠的太監，提前攜帶二十五萬盧比（今日三百萬英鎊）的黃金，收買有影響力的馬拉塔貴族。他的任務是找出哪位年輕馬拉塔領袖更願意接受沙·阿蘭的統治，並開始談判將紅堡交還蒙兀兒人之手。[28]

五月二日，皇帝收拾行裝，向西前進。一連串緩慢行軍之後，他的軍隊抵達坎普爾（Kanpur）郊外的比杜爾（Bithur），這裡是東印度公司最後的駐紮地。巴克爾將軍親自前來向皇帝告別。他帶走了沙·阿蘭軍隊中所有英國軍官，但留下兩營印度兵及四門野戰炮作為友好贈禮。[29]

隔週，沙·阿蘭的軍隊在炎熱中艱難前行，經過卡瑙傑（Kannauj），越過邊境進入羅希拉人領土。七月十七日，雨季全力襲來，「傾盆大雨妨礙前進」，大砲軸承陷入雨季泥淖中，大象緩慢涉水前進，路面看起來更像運河而非大道。[30]接近八月底時，濕漉淒涼的帝軍終於抵達法魯克巴德，不間斷的雨水將人淋成落湯雞。皇帝在此面臨他首波真正挑戰。

法魯克巴德的納瓦伯是羅希拉人阿赫麥德汗·班加什（Ahmad Khan Bangash），剛剛去世。沙·阿蘭決定要藉此展示他的決心，要求納瓦伯職位須依照蒙兀兒傳統，回歸皇室。他的要求遭到納瓦伯之孫兼繼承人的抵抗，後者組織了一支羅希拉軍隊，包圍並隔斷皇帝的軍隊，打算攻擊皇家營地。沙·阿蘭緊急向馬哈吉·辛迪亞請求立即軍事援助。這是見真章的時刻：馬拉塔人是否會信守承諾，成為帝國的庇護者，還是袖手旁觀，任由阿富汗仇敵攻擊他們扶植的新對象？

兩天後，就在羅希拉人預備戰鬥的時刻，幾千名辛迪亞的馬拉塔人出現在地平線上。年輕的班加什納瓦伯發現自己寡不敵眾，遂請求談和，迅速同意支付沙・阿蘭七十萬盧比（今日九百萬英鎊）的貢金（peshkash），以換取皇帝承認他的繼承權。沙・阿蘭確認年輕人的繼承權後，帶著戰利品移到距離法魯克巴德二十英哩的納比甘吉（Nabiganj），度過剩下的雨季。[31]

十一月十八日，馬哈吉・辛迪亞終於親自來到皇家營地。他在阿克巴王子帶領下，一瘸一拐走進朝廷，眾人盯著這位馬拉塔首領是否將依照蒙兀兒朝廷儀節，向皇帝完全臣服。片刻猶豫之後，蒙兀兒眾人鬆了一口氣，辛迪亞匍匐在皇帝面前，「頭靠在皇帝腳上，皇帝將他扶起來，擁抱他並稱讚他。由於行動不良，他獲賜座在皇帝金椅之前。」[32]隨後，辛迪亞向皇帝獻上納則爾（儀式性禮物），表示順從，隨後皇帝「親切拍拍他的背。兩小時後，他獲准離去，返回自己的營地。」[33]

兩天後，辛迪亞第二次晉見皇帝。蒙兀兒與馬拉塔的領導人一起商討計畫及策略。十一月二十九日，新成立的聯軍拔營，一同向德里出發。[34]

一七七二年元旦，沙・阿蘭從錫坎德拉（Sikandra）附近的營地出發；當晚，在亞穆納河東岸的沙赫達拉（Shahdara），他終於看見河對岸的首都圓頂與城牆。馬拉塔守軍出城迎接他，隨同前來的還有皇太后齊納特・瑪哈爾，皇太子賈旺・巴赫特（Jawan Bakht）以及「至少二十七名（皇帝）子女」。[35]沙・阿蘭在正式朝會中接見他們。

五天後，早上八點十五分，旗幟飄揚、鼓聲震天之中，沙・阿蘭騎馬穿過德里門，進入沙賈汗巴德廢墟。這一天，正值開齋節（Id ul-Fitr）吉祥盛宴，標誌著伊斯蘭神聖齋戒月（Ramadan）的結束，也是皇帝復位之日（bazgasht）。

這一天，他在列祖列宗的宮殿裡就位，結束了十一年的流亡生涯，代表著蒙兀兒人再次重登孔雀寶座。[36]

一七七二年一月，此刻沙・阿蘭面前的任務，是從德里周邊地區開始，奪回他失去的帝國。

他和納賈夫汗有兩個立即目標：迪格的賈特人君主篡奪了首都以南，德里到阿格拉之間的大部分領土。但更緊迫的是，馴服羅希拉反賊領袖札必塔汗。他現在被指控不從皇帝召喚，並且侮辱姊妹的名節。此事迫在眉睫。沙・阿蘭讓軍隊在城外的河對岸紮營，他進入首都停留了一個多禮拜的時間，在露天祈禱地（Id Gah）領導開齋節祈禱活動，前往胡馬庸皇帝陵寢的亡父墳前致敬，察看他居住過的舊地，並探訪久違親友。接著，在一月十六日，他返回沙赫達拉軍營。次晨，也就是十七日，他帶著納賈夫汗跟馬哈吉・辛迪亞出發攻打札必塔汗的要塞。

軍隊首先向北前進，進入喜馬拉雅山麓，接著在薩哈蘭普爾（Saharanpur）東轉。他們試圖在昌迪格特（Chandighat）尋找跨越恆河的渡口，此處距離上游的哈里德瓦爾（Haridwar）約有一日的行軍距離。札必塔汗的砲兵把守所有渡口，並在對岸設有防線，從對岸投擲霰彈。但那是冬季，雨季洪水已經消退，而喜馬拉雅山的春季融雪尚未開始。根據與沙．阿蘭同行的馬拉塔戰聞紀錄官，二月二十三日日出前一小時，「皇帝抵達恆河畔，急切地說：『若我當統治，就讓出一條路來。』河流立刻就能涉水而過，水深只達膝蓋以下。」帝軍渡過河流，黎明降臨時，他們手持刀劍發動近身戰鬥。「右方三英哩處，馬哈吉．辛迪亞與他的軍官也渡過河流，接著順流而上，突襲阿富汗人的後方。」[37]

當納賈夫汗成功帶著駱駝騎兵攻上河中島嶼，並由此向對岸大批的阿富汗部隊近距離發動重型迴旋炮時，成了此戰的轉捩點。日出後一小時，札必塔汗放棄戰鬥，逃向喜馬拉雅山中的避難地。好幾名高級軍官躲在蘆葦蒲草中被捕。[38]

蒙兀兒與馬拉塔兩支軍隊隨後逼近包圍札必塔汗的帕塔格爾巨大石砌堡壘，他將家人財寶安置在此。這座新建的堡壘庫存豐富，理論上可以抵禦一段時間的圍攻。但納賈夫汗卻深諳攻城之道。「納賈夫汗封閉了堡壘取水的河道，」馬拉塔戰聞紀錄官回報，「四天以來，雙方的砲火就像雲雨般落下。最終，堡壘的一座大砲塔被攻破。守軍隨即求饒。」[39]城守派遣使者向納賈夫汗獻降，只求保證守軍性命與榮譽。後者接受這項提議。

三月十六日，帕塔格爾堡的大門打開：「馬拉塔人站在堡壘大門口，」凱魯丁記錄下來：「起初窮人們先出來，他們被剝掉衣物搜查，差不多全身赤裸著離去。看到這一幕，有錢人就把裝滿寶石錢幣的盒子從城牆上拋進水窪藏匿。還有人吞下金幣。」[40]

在這之後，馬拉塔人湧入，開始將恐懼害怕的羅希拉婦女兒童帶進他們的帳篷，包括札必塔汗本人的家人。所有人都被搶劫，許多人遭到強暴侮辱。混亂流血中，札比塔汗的父親納吉卜・烏道拉的陵墓被打開劫掠，遺骨四處散落。皇帝與納賈夫汗盡可能出手干預，並救下對手的直系家屬，在武裝護衛下送往德里。其他希望返回山區的阿富汗家族，則被押送回賈拉拉巴德（Jalalabad）。[41]獲得解放的人群中包含部分馬拉塔婦女，她們在十多年前的帕尼帕特戰役中被俘。[42]

圍攻者在帕塔格爾堡洗劫了兩週，挖出埋藏的財寶，排乾護城河以尋找扔進其中的珠寶。據說納吉卜擔任德里總督的三十年間，收集的戰利品高達一千五百萬盧比（今日一億九千五百萬英鎊），還有馬匹、大象、火砲、黃金及珠寶。

札比塔汗的幼子古蘭・卡迪爾是被帶回沙賈汗巴德的囚犯與人質之一。在那裡，他幾乎是被皇帝收養，在首都北邊的庫德希亞花園宮殿中，以皇家生活方式養大。這是沙・阿蘭後來深感遺憾之事。即使古蘭・卡迪爾的父親繼續抵抗皇帝，策劃了一連串反抗沙・阿蘭統治的叛亂，他仍舊過著皇家子孫般的奢華生活；以一位蒙兀兒王子的話來說，就像「法老一樣」傲慢的人物。[43]一位貴族長老的兄弟死於札必塔汗手下，向皇帝要求拿古蘭・卡迪爾的頭來償命，但沙・阿蘭卻保下這名男孩，堅持父債不應子償：「父親犯下罪行，為何要殺死無辜的孩子？」他問：「若想報仇，你該抓住札必塔汗殺了他。」[44]

或許正因如此，才引起一些閒言閒語，八卦男孩與皇帝的奇特關係。不久後，宮中甚至傳出一些流言，指稱皇帝對自己照顧下的羅希拉少年產生感情，越過某種界限。根據當時一本蒙兀兒王公的八卦回憶錄《阿茲法利回憶錄》（*Waqi'at-i Azfari*）記載：「陛下見到這忘恩負義的傢伙時，流露出明顯的憐憫之情。」

溫柔平安地將他帶到沙賈汗巴德，安置在庫德西亞花園後，皇帝給他安排護衛，每日三次送來各式各樣食物。皇帝經常召見他，對他的處境表示同情，以高貴的手憐憫輕拍男孩的背，堅持要他學習讀寫。他授予男孩帝國頭銜「羅山・烏道拉」（Raushan ud-Daula），並在男孩思念父母而哭泣時，皇帝承諾會儘快放他回家。然而，由於當時的政治需要，宮中一些老貴族不想讓古蘭・卡迪爾回到父親身邊，自然就阻擋了陛下的釋放之心。

當時陛下非常寵愛古蘭・卡迪爾，允他親近，稱這名人質為「我心愛的兒子」。作者想起為古蘭・卡迪爾舉辦的花園宴會上，陛下朗誦的幾句瑞克塔語（Rekhta，即烏爾都語）★詩句。其中幾句如下（以沙・阿蘭的筆名「阿夫塔伯」〔Aftab，太陽之義〕入詩）：

他是我特別的兒子，其他人只是奴隸，
哦真主！願我的崇拜者家中人煙不息。
願他心愛的花園花開不滅，
願秋天永不踏過花園的邊界。
願他在真主庇蔭下成長，
只要阿夫塔伯（太陽，Aftab）閃耀，
眾星在天際閃爍。[45]

這個故事或許缺乏實際根據，阿茲法利關於古蘭・卡迪爾屁股癢（ubnah）的恐同笑話，也沒有任何根據。那個時代裡，上下級之間的同性關係廣為社會接受，不會被視為不尋常或猥褻笑話的素材。阿茲法利的笑話認為古蘭・卡迪爾是「下位」（因而確立他的劣勢），而非「上位」，顯然是當時的重要區別。但是後來的一些文獻卻更進一步。一百年後，一八六五年編纂的《納吉卜史集》（*Najib-ul-Tawarikh*）中卻說，古蘭・卡迪爾長得十分俊美，皇帝沙・阿蘭二世察覺或懷疑後宮女性對他產生興趣。於是有一天，皇帝下藥迷昏年輕寵臣，將他閹割了。長久的傳統作法確實支持這一點，然而許多當代記錄從未提及此事。後來還有些說法提到羅希拉王子蓄鬍，若他真是個閹人，自然是不可能的事。☆

無論如何，倘若少年俘虜古蘭・卡迪爾曾在華麗的蒙兀兒牢籠裡承受了令他厭惡的帝國情感（相當有可能），就能解釋幾年後情況逆轉時，他對這些俘虜他的人所施加的極端瘋狂暴力。[46]

★ 譯者註：瑞克塔語（Rekhta）是一種興都斯坦語，擁有波斯—阿拉伯文及天城體兩種書寫方式，被視為烏爾都語及印地語的早期形式，也是德里地區方言的基礎。

☆ 作者註：見Syed Mustafa Bareilwi，《古蘭・卡迪爾・羅希拉》（*Ghulam Qadir Ruhela*），拉合爾，第五五頁。阿茲法利與《訓誡之書》兩者都提到古蘭・卡迪爾威脅要強暴蒙兀兒後宮婦女，「納她們為妾，肆意妄為」——這是當時並未將古蘭・卡迪爾視為閹人的另一個證據。

沙．阿蘭結束對札必塔汗的戰役後，返回德里，但這個德里卻跟他長大的那個壯麗首都相去甚遠。一七三九年開始，三十年連續不斷的戰爭、征服與劫掠，導致這座城市破敗且人煙稀少。

一名旅行者描述這段時期抵達德里時眼見的景象：「眼前所見，盡是廢墟、高牆、龐大拱門及殘破圓頂……看到這座莊嚴尊貴城市的廢墟，不禁令人深深哀傷……沿著河岸，至少長達十四英哩……紅色砂岩興建的大清真寺（Masjid）已嚴重破敗。旁邊的（月亮）市集（Chandni Chowk），如今一片廢墟；甚至連紅堡本身，過去七十年頻繁易主之後，也迅速荒廢……」[47]

瑞士冒險家安東．波利葉（Antoine Polier）也描繪了同樣淒涼的景象。他寫下，德里現在成了「一片廢墟與垃圾」。豪宅殘破不堪，雕刻華麗的陽台被羅希拉人砍下來當成柴火；費茲市集（Faiz Bazaar）與月亮市集的運河已經堵塞乾涸。莫達夫伯爵注意到，「唯一修整得還不錯的房子，是商人或銀行家的房子」。[48]整座城市的三分之一遭到徹底毀滅。波利葉將責任歸咎於札必塔汗的父親納吉卜．烏道拉，他說此人「在城裡犯下各種暴行……納德爾．沙與阿赫麥德．沙．杜蘭尼的破壞劫掠像掃過一切的猛烈暴風，很快平息；然而羅希拉人在十年間造成的動盪，卻像疫病巨風，持續激起騷動，徹底毀了一個國家。」[49]

偉大的烏爾都語詩人米爾（Mir）此時從流亡生涯返回德里，滿懷希望在多年厄運後，終於可以遏止德里的衰頹之勢。抵達首都後，他卻無法相信眼前所見的毀滅規模。他在遺棄破損的街道上絕望徘徊，尋找往年居所，徒勞尋覓熟悉事物：「我要怎麼提起那些市場裡的流氓少年，當市場已經不再存在？」他如此寫下：「俊美青年離去，虔誠老人也已離去。宮殿盡成廢墟，街道為瓦礫掩蓋……」

突然間，我發現自己身處曾住過的街區——我曾在此結交友人，吟誦詩歌；我曾在此過著愛的生活，許多夜裡哭泣；我曾在此愛上纖瘦高挑的摯愛，歌頌他們的美好。但是現在，眼前沒有任何熟悉的面孔，能夠共享歡樂時光。我也找不到人可以交談。市集是一片荒涼之地。我走得愈遠，就愈迷茫。我認不出我的街區或房子……只能驚恐站在此地。[50]

塵埃廢墟的土丘上，荊棘叢生，
我的眼睛曾看過春天盛開的花園。

城中塵土飛揚的空曠巷弄，
昔日來此之人可以滿懷黃金而歸。

就在昨天，我的眼睛看見一座座房屋，
此刻只剩毀壞的牆壁與門廊。

錫克教徒、馬拉塔人、小偷、扒手、乞丐、國王，全都以我們為食
幸福的人是那些無財者，這才是今日真正的財富。

時代已經不同，米爾啊，
時代已經改變，天地也已更替。
淚水如河，從我哭泣的眼中湧出。
我的心，如同德里城，現在已成殘跡。[51]

此刻也不清楚最終和平是否已經降臨這座城市。佔領帕塔格爾堡壘後，蒙兀兒與馬拉塔之間的脆弱新聯盟，隨著雙方爭奪戰利品分配，似乎又要瀕臨瓦解：「不忠的馬拉塔人奪取了札必塔汗所有火砲財寶，以及大象、馬匹與其他財產，」宮中的紀錄官寫下：「只給皇帝留下一些毫無價值的東西。」[52]

馬拉塔人則反駁，表示皇帝仍然積欠他們四十萬盧比，根據條約，這些是助皇帝重登皇位的回報。對此，皇帝也只能責備盟友不忠：「他跟馬拉塔使者之間發生激烈爭吵，後者拂袖而去。」最後，辛迪亞只給皇帝兩萬盧比，然而據稱他從札必塔汗的堡壘拿走一百五十萬盧比。沙．阿蘭的憤慨也是其來有自：「我的士兵已經六個月沒領到薪餉，」他說：「我的人餓了三四天，才吃得上一頓。」[53]

兩支軍隊返回德里時，問題仍未解決。一七七二年十二月，敵意升高的程度，導致十七日星期五這一天，馬拉塔人對沙．阿蘭的小軍隊發動全面攻擊。他的部隊在德里舊堡廢墟裡擺開陣勢。這場小衝突中，新招募的布列塔尼冒險家雷內．馬代克剛被友人納賈夫汗吸引到德里來，卻遭一顆子彈擊中大腿。馬代克在他的《回憶錄》中寫道：「皇帝提議達成協議，馬拉塔人卻希望從最近的勝戰裡獲得最多好處，所以現在他們逼這名不幸的統治者得依他們步調起舞。」

他們決心不讓他增強軍力，因為這很快將會制衡他們自己的軍隊。他們只想讓沙．阿蘭繼續依賴。因此他們的條件是讓皇帝保留所需部隊，只能作為他的個人衛隊……這次事件後，皇帝發現自己陷入堪憐境地。他在戰前未能支付部隊薪餉，戰後的情況更糟糕。我發現我的部隊也在瀕臨叛亂的邊緣。[54]

事情本來可能會變得更糟，沙．阿蘭卻在最後一刻獲救。一七七三年九月初，普那急件送來意外消息，宣佈年輕的佩什瓦那拉揚．拉奧（Narayan Rao）因肺病離世。緊接著就爆發了激烈的繼任紛爭，馬拉塔聯盟內不同派系相互對立。控制權爭奪戰的消息傳到德里時，辛迪亞跟對手霍爾卡都意識到，此刻是盡速返回普那確保自身利益的重要時刻。匆忙之中，兩人都在一週內離去，讓沙．阿蘭與納賈夫汗全面直接掌控了德里。

沙．阿蘭的德里遠征以一種無人能料的方式結束。協助沙．阿蘭重返德里登上皇位的馬拉塔人，離開之後的數年都忙於內鬥。到了一七七三年的雨季，沙．阿蘭發現自己不再是一生中多數時光裡扮演的無權傀儡，而是自己領土上的意外君主，並擁有十八世紀最偉大的將軍之一擔任軍隊統帥。

此刻沙．阿蘭四十五歲，以蒙兀兒的標準來說，已經是中年晚期了。儘管戰場上命運多舛，他仍能心懷感激回顧自己生命的諸多面向：他成功躲過了伊瑪德．穆爾克的刺殺；與東印度公司四度激戰仍舊倖存，更讓最終勝利者向他宣誓效忠。他成功返回德里，此刻坐上孔雀寶座，在自己的王國內獨立自主，不受任何人束縛。對沙．阿蘭來說，這幾乎是奇跡般的結局，他毫不猶豫將此歸功於神的干預。《王的精選．阿夫塔伯詩集》收錄了七百首沙．阿蘭的最佳詩作及歌曲，從加札勒（ghazals，抒情詩）到納伊卡別達（nayika bheda，以女性為主角），形式多樣。這些作品是他在一七九七年下令編纂。詩集以向造物主祈求的加札勒開篇，約莫寫於此時，展現他對皇家職責的嚴肅態度，及他相信自己乃天命所繫，受到真主庇佑：

主啊！您的恩典賜我帝國
令眾心眾意臣服於我

在此世（alam），您賜我『世界之王（沙．阿蘭）』之名
以我之名鑄造錢幣，裨益此世與來世

你令我成為君主之天的太陽

以公正之光照亮世界

在您的聖殿上，雖為帝王，我仍是一名乞丐
請接納這名無助懇求者到您面前

真主，至真至高的審判者，我向您祈求！
令我公正的統治為岩石沙漠帶來生機

藉您之助，摩西戰勝殘暴法老
您的神助令亞歷山大成為大流士王國之主

正如您讓我名在世（alam）上如太陽（aftab）燦爛
以我仁善之陽，令敵友之心皆充滿光明

下個戰鬥季節會有新的征服目標，但在那之前，得先享受雨季並表達感謝。正如馬拉塔指揮官離去前，皇帝說他無法參與他們的戰役，因為他得「在德里參加我精神導師之子的婚禮，以及聖人（pir）的逝世紀念日（urs）」——梅羅里的偉大蘇菲聖人庫特卜丁·巴克提亞爾·卡其。[55]十二年前逃離德里之前，沙·阿蘭曾前往聖人陵寢尋求祝福與庇護。現在他希望感謝聖人帶他平安返家。

他首先召見納賈夫汗，並在大朝會上正式獎賞他的功績，授予他主計長之職，賞賜首都以西的漢西與希薩爾（Hissar）兩地的莊園。[56]接著皇帝前往雨季度假勝地梅羅里，在大理石亭台、秋千、芒果園與瀑布之中，以蒙兀兒傳統方式慶祝他的回歸：前往蘇菲聖地朝聖、音樂、歌謠、詩歌朗誦、噴泉，並在高牆圍起的梅羅里蒙兀兒花園帳篷裡，宴樂做愛。

據說正是此時，沙·阿蘭寫下了他最受讚譽的一些歌詞。這一系列以當今已經失傳的「岡德調式」所創作的雨季頌歌，讚美「雲與大地、戀慕者與愛人之間即將結合的喜悅時刻」。[57]這些歌詞歌頌季節的豐饒之美，感謝梅羅里的守護聖人，請求聖人保佑未來：

孔雀在山頂低語，蛙群集聚嗡鳴
抬頭看那美麗的瀑布，將遮布完全展開！

我祈求您，我主庫特卜丁，實現我生命中所有願望
我敬拜您，請您聆聽，持續觸摸您腳

在這美好的日子裡，陶醉在花園的氣息和歡愉，
滿足您的渴求，享受剛德調式之美

當他漫步在芒果樹下，凝視瀑布時，
請賜予沙・阿蘭財富與國家，充實他的財庫。[58]

⚜

沙・阿蘭在梅羅里休息慶祝的時候，納賈夫汗正在辛勤工作。他首先穩定自己獲賜的漢西領地，然後用此地收入支付他的部隊。他開始招募訓練更多軍隊，包括帕塔格爾戰敗後一文不名的羅希拉人部隊。這些人因為窮困而加入前敵人的部隊。隨著沙・阿蘭有意重建先祖帝國的消息傳開來，印度各地的老兵紛紛湧入德里，在米爾扎新軍中找尋機會。

納賈夫汗清楚知道，東印度跟南印度已經很熟悉的新式歐洲軍事戰術，在興都斯坦地區還沒有太多人知道。在這裡，老式的非正規騎兵戰仍是主流；只有賈特人擁有一些稍微受過訓練的步兵團。因此，他特別著力於全力招募歐洲傭兵來訓練他的部隊。在一七七〇年代初期，這意味著將吸引法國自由傭兵（French Free Lances）前來。英國東印度公司在孟加拉的一系列勝仗後，公司不接受法國傭兵出現在新盟友阿瓦德區域內，導致這些失去工作的人，被推往西方。[59]

納賈夫汗一個一個把這些人拉進來。首先是布列塔尼的傭兵雷內・馬代克；然後是米爾・卡辛姆的阿爾薩斯殺手華特・萊茵哈特。萊茵哈特以「蘇姆魯」聞名於世，娶了一名能力卓越且意志強大的喀什米爾舞女法札娜（Farzana）。後來，她成為知名的蘇姆魯夫人（Begum Sumru），生下蘇姆魯的兒子，並與她的傭兵丈夫一起穿越印度北部。她很快就證明自己跟他一樣冷酷堅毅。當蘇姆魯和納賈夫汗一起出兵時，蘇姆魯夫人則平定沙·阿蘭剛賜給他們的薩爾達納領地，就在密魯特附近。

很快，這對夫婦在兩河匯流地帶創造出自己的小王國：當莫達夫伯爵前來拜訪時，他對此地的富裕情況甚感訝異。但是，他也注意到蘇姆魯並不快樂，似乎被他劍下的亡魂困擾。他變得「像個好日耳曼人一樣虔誠、迷信且耳根子軟。他在所有特定（天主教節日）禁食，佈施並捐款支持所有彌撒。他對魔鬼的恐懼，跟恐懼英國人差不多……有時他似乎厭惡自己的生活，雖然這並不妨礙他維持一個遠超出需求的龐大後宮。」[60]也未妨礙他武裝對抗人類敵人與惡魔對手，伯爵說在所有傭兵頭裡，蘇姆魯「擁有最好的戰爭裝備……他的軍營井然有序……他的火砲精良，他的公牛園約有一千兩百頭古賈拉特公牛（用來拉動火砲）。」[61]

此外，還有瑞士冒險家安東·波立葉。他是熟練的軍事工程師，曾在希拉吉·烏道拉摧毀加爾各答的舊堡壘後，幫助英國東印度公司重建威廉堡。但他渴望探索未知邊疆，最後前往德里，並向納賈夫汗自薦他在軍事工程技能及圍城器械上的專業。最後還有世故圓滑、才華洋溢的莫達夫伯爵。破產迫使他東行之前，他曾是伏爾泰在格勒諾布爾的朋友和貴族鄰居，也是法國外交部長舒瓦瑟爾公爵（Duc de Choiseul）的知己。莫達夫伯爵以最優雅的法語寫作翻譯了許多書籍，他對這段時期的回憶錄，充滿機智風趣的觀察，為接下來這些戰役提供了最細緻的見證。

稍後，米爾札的軍隊還加入了另一支截然不同的部隊：阿努普吉利·高森的捲髮那迦苦行僧。阿努普吉利剛叛離蘇賈・烏道拉，帶來了六十名裸體戰士與四十門大砲。這些那迦苦行僧一直是出色的震懾部隊，在對付印度教對手時尤其有效。莫達夫伯爵的記錄中，有一次，公司派出一營去阻止那迦苦行僧「劫掠、搶奪、屠殺和造成混亂……（但是）印度教士兵非但沒有向這些聖潔的懺悔者發動攻擊，而是立即放下武器，俯伏在他們腳下——而那些懺悔者則毫不猶豫撿起印度兵的槍支，繼續搶奪劫掠。」[62]

到了八月，在這些經驗豐富的指揮官麾下，納賈大汗已經集結了六個裝備火箭與大砲的步兵營，以及一支龐大的蒙兀兒騎兵隊，總共約三萬人。憑藉這支軍隊，蒙兀兒人準備好要奪回他們的帝國。

納賈夫汗從首都附近，展開他的復興運動。一七七三年八月二十七日，他奇襲佔領了迪格的賈特人君主納瓦爾・辛格（Nawal Singh）最北方的前哨站。這是一處由賈特人統治者蘇拉杰瑪爾（Surajmal）所建的大型泥堡，就位於梅羅里南方，顧特卜塔（Qu'tb Minar）的視線範圍內，蓄意挑戰帝國權威。「這些鄉村防守者奮力抵抗，最終仍舊無法持續。納賈夫汗佔領了堡壘，殺了當地所有男子。」隨從，納賈夫汗攻下幾個其他小型泥堡，這些泥堡是賈特人君主建來包圍德里南部的土地。[63]

納瓦爾・辛格一方面提出議和，一方面又積極備戰，並尋求跟最近返回遭到毀滅的領地並渴求報復的札必塔汗・羅希拉結盟。但納賈夫汗行動太快，不讓任何協議有機會達成。

他迅速進攻擊潰納瓦爾・辛格的軍隊。九月二十四日，他深入賈特地區，並在十月三十日晚間，抵達迪格北方的巴爾薩納（Barsana）。太陽迅速沉入高粱田時，他殺死並斬首賈特人的主要將領，擊敗他的軍隊，在戰場上留下三千具屍體。賈特士兵試圖發動輪射，卻不懂得如何交錯開火。納賈夫汗的士兵已經琢磨出裝填和射擊的節奏，在射擊時倒地，然後起身，在賈特軍有機會重新裝填前，「拿著亮晃晃的劍」，衝進他們陣中。納賈夫本人在戰鬥中也受了傷；然而從賈特營地取得的龐大戰利品足以支付後續戰役的費用。[64]

隨著納賈夫汗軍事才能的消息傳開，他的敵人開始聞風先逃，讓納賈夫能夠快速接連佔領距離阿格拉一半路程的巴拉巴格爾堡（Ballabgarh），以及一連串比較小的賈特堡壘，包含科特凡（Kotvan）及法魯克納加（Farrukhnagar）。[65]到了十二月中旬，納賈夫汗對阿克巴大帝興建的阿格拉堡壘發動圍攻。他讓波利葉負責指揮攻城工程，然後率領另一半軍隊繼續向南，奪取強大的羅摩格爾堡（Ramgarh）。他靠著奇襲攻下這座堡壘，接著改名為阿里格爾（Aligarh）。

一七七四年二月八日，波利葉對阿格拉堡壘的城牆發射超過五千枚砲彈後，終於成功突破城牆。不久之後，堡壘投降，交由蘇姆魯的軍團駐守。[66]最終在一七七六年四月二十九日，經過五個月圍攻後，君主潛逃且飢餓削弱守軍力量之後，堅不可摧的賈特人堡壘迪格終於落入納賈夫汗之手。馬代克記錄下納瓦爾・辛格的三名妻子在城市陷落後，懇求宮裡的太監殺了她們：「她們躺在地毯上，太監先後割下三人的頭，最後在她們的屍體上自殺。」[67]堡壘遭到掠奪，守軍死於劍下：「流了很多血，婦女兒童的喉嚨也被割斷，」莫達夫伯爵寫下：「女性遭到強暴，前君主的三名寡婦選擇自殺，也不願忍受此等命運。接著劫掠者放火燒了城鎮。火勢蔓延到火藥庫，可怕的爆炸持續了三天。納賈夫試著阻止劫掠，但他花了三天時間才控制住他的部隊。」[68]

後來沙・阿蘭斥責納賈夫汗掠奪城市：「我派你去管理王國，不是去掠奪它，」他寫道：「不要再這麼做。釋放你抓捕的男男女女。」[69]

然而，不到四年的時間裡，納賈夫汗重新征服了蒙兀兒帝國核心區域所有最重要的要塞，並讓最不聽話的附庸國都屈服在皇帝腳下。一七七二及七四年兩度擊敗羅希拉人，最後在七七年佔領了賈特人所有要塞。到了七八年，錫克教徒被逐出旁遮普地區，齋浦爾則提出歸降。阿瓦德與拉賈斯坦的部分地區則重新建立起象徵性的宗藩關係。

四十年不間斷的潰敗與失落後，蒙兀兒帝國開始從昏迷中甦醒。四十年來頭一遭，德里再次成為一個小帝國的首都。

當米爾札・納賈夫汗忙於軍務時，沙・阿蘭留在德里，重建他的朝廷，並試圖為已死的首都帶來新生氣。皇家贊助開始湧入，藝術家與作家開始回歸：除了詩人米爾和紹達（Sauda）之外，當時代三位最偉大的畫家——尼達・瑪爾、凱魯拉（Khairulla）及米希爾・昌德（Mihir Chand），都從勒克瑙的自我流放中返鄉。[70]

隨著朝廷建立，不可避免地，常見的宮廷陰謀也隨之展開，其中很大一部分是針對納賈夫汗。他不僅是個外來移民，還是波斯什葉派信徒。沙．阿蘭新的遜尼派大臣阿卜杜．阿哈德汗（Abdul Ahad Khan），嫉妒納賈夫汗不斷增長的權力和聲望，試圖說服皇帝，他的指揮官正在密謀廢黜。他在沙．阿蘭身邊進言，納賈夫汗跟親戚蘇賈．烏道拉密謀聯手，建立一個新什葉王朝，取代蒙兀兒帝國。「阿卜杜．阿哈德是喀什米爾人，已經六十多歲，仍像壯年人一樣腦袋靈活又精力充沛。」莫達夫伯爵如是寫道：「從少年時期，他就開始接受宮鬥陰謀的訓練，因為他的父親曾在穆罕默德．沙．朗吉拉麾下擔任類似職務。」

表面上，阿卜杜．阿哈德汗看起來比誰都文明體面，但他所有的政治野心，不過是一連串虛偽詭計，只為自己謀取金錢，排擠任何惹惱他的人。他尤其討厭納賈夫汗，後者負責指揮皇帝的軍隊，軍隊只聽他號令，因此他掌握著大局。這就表示，納賈夫汗同樣也讓皇帝感到恐懼及異樣的不喜。[71]

納賈夫汗對這些閒言碎語不以為意，以平靜心態繼續征服作戰，令觀察者印象深刻：「他的毅力無與倫比，」波利葉如此寫下：「忍受這些宮廷小人的指責冒犯時所展現的耐心與堅忍，令人欽佩。」[72]莫達夫伯爵也同意：「納賈夫汗面對這些衝他而來的陰謀時，還能保持沉著面孔，我實在無法用言語描述。」他寫下：「他對這些陰謀細節瞭若指掌，常跟朋友冷嘲熱諷討論，常說只有軟弱者才會迴避這些卑劣手段。」

他從未流露任何不安的跡象，繼續進行對賈特人的作戰……他知道自己在德里有多大的權力，並常向下屬之一吐露心聲，倘若他想，他可以立即改變形勢，讓帕德沙（Padshah，皇帝）回到王子牢獄，將另一人拱上寶座。但他更害怕自己變成可鄙可恨之人，因此不會採取如此激烈手段。他寧願耐心忍耐眼前的小小挫折與羞辱，確信只要他擁有一支強大軍隊，就毋須懼怕無能的競爭對手。[73]

在這種情況下，皇帝與他最傑出的將帥之間，不可避免出現了一種禮貌寒冷的氛圍。這種氛圍以微妙的方式表現出來，讓莫達夫興致盎然地記錄下來：「德里有一種長久的習慣，是向皇帝呈現烹調好的佳餚，」他寫道：「皇帝則回贈類似餐點給欲嘉獎之人。」

選定呈給皇帝的菜餚會放在大盤子上，蓋上布袋，封上呈送者的印信，然後送進皇家內廷。帕德沙會將來自納賈夫汗廚房的菜餚偷偷扔進亞穆納河。皇家回贈的餐點送來時，納賈夫汗會則以盛大鞠躬儀式接受皇家禮物，但送餐的皇家奴僕一離開，這些烹飪好的菜餚就會被分配給清潔人員（halal-khwars），他們非常高興享用這些菜餚。這些好人負責清潔一般人家中的廁所，所以你就能猜到他們的地位和職能。[74]

即便如此，莫達夫和波利葉仍舊在沙·阿蘭身上發現許多讓他們欽佩的地方。一七七三年三月十八日，波利葉加入沙·阿蘭麾下沒多久，正式於王座所在的謁見廳

（Diwan-i-Khas）晉見皇帝。皇帝賜予他的優雅住所，位於喀什米爾門附近的薩夫達疆大宅，此外還獲贈一頭大象、一把劍與一匹馬。皇帝親自為他繫上頭巾的寶石，還賞下皇家餐桌上的美肴。「沙·阿蘭現年約五十歲，」波利葉不久後在日記中寫下，「體格強壯，健康良好，身材中高，面容雖常帶著憂鬱，卻也相當溫和慈祥，令觀者自然對他產生好感。」

他在公眾場合的舉止嚴肅保守，但偶而也充滿優雅仁慈。對待下屬寬容溺愛，對他們的服務容易滿足，很少指責他們或在意他們犯下的疏忽。作為一名慈愛的父親，他對自己的孩子充滿愛意，但仍按照宮廷習俗，加以嚴格約束限制。

他十分虔誠，認真參與宗教儀式，儘管不可否認帶有濃厚迷信色彩。他精通波斯語及阿拉伯語，尤其是前者，對印度的某些方言也有所瞭解，他常常以創作詩歌自娛。

他既不渴望勇氣也不渴望熱情，這一點經常獲得證明。他曾多次經歷恒心與堅毅的嚴峻考驗，並以他的秉性承受一切，這樣的秉性令他受益良多。然而從一開始，他對大臣過於信任，因此他更好的想法常屈服於下屬的意見，這些意見背後的動機則往往與帝王信任大相徑庭。

這一直是沙·阿蘭的弱點，部分歸因於懶散，部分則是他天真的心靈，使他無法看到馬屁精奉承中的陰謀。他認為這是對自己的依戀，實際上不過是一種以欺騙取得信任的手段。事實上，國王的兩大缺點，就是熱愛奉承，以及對於大臣不加保留的信任。儘管不能說是一位偉大的國王，但必須承認他許多個人特質，讓他稱得上是善良仁慈之人……[75]

通常尖酸刻薄的莫達夫伯爵對皇帝也有類似的看法。莫達夫認為他天性善良，溫文爾雅，彬彬有禮，智慧和才智皆不缺乏。「他善良到接近軟弱的地步，」他寫下：「他的外表跟風度散發著智慧仁慈。我經常有幸靠近他，可以觀察到他臉上流露的不安，這顯示他是一名沉浸深思的統治者。」

帕德夏似乎是位情感深厚的父親，公開擁抱小孩。我得知他在德里有二十七個兒子，全都健康活潑。在公眾場合露面時，經常有三到四個兒子陪伴在側。我曾看過他從皇宮堡壘騎馬出來，在周圍鄉村奔馳，幾名年輕王子也同樣騎馬陪侍在側，向父親展示自己在各種運動遊戲上的技巧與能力。其他時候，我也看見他在宮內，帶著三到六歲的小兒子（這幾名高貴負擔是由宦官來抱），穿梭在不同宮室之間。

旅行和冒險開闊了這位統治者的眼界，他跟法國人及英國人的往來，也讓他接觸到世界事務的普遍知識，這些本可以幫他追求自己的野心。然而一回到德里，他的事務就陷入一片混亂，懶散休閒的誘惑如此強大，使得這位統治者的優點盡失，至少直到目前為止……

儘管這位統治者擁有幾項優點——智慧、溫和及敏銳的理解力，但他偶爾流露的心胸狹隘卻能毀掉一切。他被圍在女人之間，過著一種柔弱、女性化的生活。他每天的消遣之一就是跟心愛的妃嬪使用中指長度的長形骰子，玩一種喬帕爾（chaupar）棋盤遊戲★……

皇帝跟妃嬪玩的每一局，都有三、四枚派沙（paisa）的賭注；如果他輸了，就要付給對方；如果他贏了，也堅持依照遊戲規則收回。

他具備所有孱弱統治者的缺點，也就是厭惡那些他被迫提拔的人，這就是他跟納賈夫汗將軍的情況——他們互不信任，關係也不斷惡化……沙・阿蘭雖曾參與戰爭，但他從未對軍事專業產生興趣，儘管他所處的位置會要求他將戰鬥作為要職。試圖說服他參與戰役是浪費時間；自從返回德里，他要不迴避，否則就是拒絕所有相關提議。

他的大臣阿卜杜・阿哈德汗十分渴望權力與財富，因此他利用自己對沙・阿蘭心靈的影響力，只為了隔開統治者與真正忠誠的臣下，然後以自己的人取而代之。這種撳動陰謀詭計的行為引起朝中眾人不滿，其中特別重要的是納賈夫汗……沙・阿蘭對自己的將領（納賈夫）心生嫉妒，也不信任缺乏信譽的大臣，他總是擔心宮中會發生小革命，這將會讓他重回出生時所處的監獄。[76]

然而對於宮廷來說，最嚴重的問題還不是內部分裂與陰謀，而是沙・阿蘭長期缺錢。一七七三年九月九日，沙・阿蘭寫信給哈斯汀斯，要求孟加拉的貢金。他說沒收到東印度公司的錢，「已有兩年的時間，我們的處境此刻非常艱困」。他提醒公司負有條約義務——上繳歲收，並讓他擁有柯拉跟阿拉赫巴德的土地。[77]

但他的要求並不成功。哈斯汀斯對孟加拉人在大飢荒中的苦難深感驚駭，決心停止付款給「這個可憐的拼湊帝王」。[78]「我受託照顧保護這幾省的人民，」他寫下：「他們此時處於極度困苦邊緣，若把這個國家所剩不多的財富抽空，狀況將無法挽回。」[79]然而，這並沒有阻止他允許公司同僚將更大量的儲蓄匯回英格蘭。

「我想我可以承諾，只要他還在馬拉塔人手中，我們將不再進行任何付款。」一年後，哈斯汀斯致信董事會時寫道：「若我能阻止的話，將永遠不再支付。奇怪的是……這個省份的財富（它的鮮血）竟然要被抽取，拿來供應假國王的盛大場面，我們造出來的偶像！但更讓人驚訝的是，他成為我們在印度唯一敵人手中的工具時，我們還要付他同樣危險的貢金，而這些敵人就想拿這些援助來執行消滅我們的計畫。」[80]當參議會同僚指出公司是通過皇帝特許持有土地時，哈斯汀斯回答，他相信公司是憑藉刀劍的「自然特許」來擁有孟加拉。一七七四年，哈斯汀斯最終正式決定，停止支付給沙．阿蘭的一切款項。[81]

此舉造成沙．阿蘭財務的嚴重損失，意味著他幾乎無法支付部隊的全額薪餉。正如一份東印度公司報告指出：「他的軍隊開支大幅超過收入；除了信用和劫掠外，收入中很大部分好幾個月都沒有進帳。因此許多部隊持續脫離他的麾下，然而同樣仍有不少部隊留在其中，因為他毫不挑剔，接納所有冒險者。」[82]

這一切，只要納賈夫汗仍能收復德里周圍的帝國領地，並帶回賈特宮殿的劫掠及興都斯坦各地的稅收，就還能勉強支應。然而當納賈夫汗的健康狀況開始惡化，身心俱疲躺臥

---

★ 譯者註：Chaupar是一種印度傳統棋盤遊戲，棋盤為兩長條羊毛布或其他布類製成，十字交叉，上面繡有格位。遊戲者持木製棋子，通常以丟擲七枚貝殼骰子或三枚長條形骰子來決定前進。

德里病床時，真正的問題就開始出現。

納賈夫汗在一七七五年冬天首度發病，臥床數月。生病期間，賈特人起事反叛，直到四月他康復後，才領軍二度遠征，重建帝國在哈里亞納地區的權威。

一七七九年十一月，喜好算計的喀什米爾裔大臣阿卜杜．阿哈德汗在對抗帕提亞拉（Patiala）錫克教徒★的災難性戰役中，最終失去了皇帝的信任。這場慘敗之後，沙．阿蘭最終任命米爾札．納賈夫汗為攝政（Vakil-i-Mutlaq），取代他的對手。他當時四十二歲。這是皇帝多年前就應該任命的升遷：所有觀察者一致認為米爾札是當前最有能力的蒙兀兒官員。然而米爾扎．納賈夫汗才掌政沒多久，就開始受到一連串發燒與疾病困擾。「這時代的人似乎才剛看到幸福的大門開啟，」一名觀察者寫下：「人民彷彿在鏡子裡見到應許的歡愉。然而（納賈夫汗臥床後），那些逼近的軍隊號角鼓聲卻如一劑毒藥，打消了這些思緒。」[83]

許多人仍對這位什葉派移民的急速崛起心懷妒忌，關於他明顯從公共生活缺席的種種流言蜂起，聲稱米爾札．納賈夫汗耽溺享樂，整天跟德里舞女在床上廝混。凱魯丁．伊拉赫巴迪在《訓誡之書》中宣稱，偉大的指揮官遭到一名邪惡宦官誤導。「一位名叫拉塔法特．阿里汗（Latafat Ali Khan）的人以詭計取得了米爾札．納賈夫的信任，」他寫下：「並對他產生極大影響。」

喬裝好心，他卻無恥地鼓勵此前一直戮力擊敗敵人的米爾札，嘗試迄今為止未知的愉悅。拉塔法特．阿里汗成功將一名經驗豐富的妓女引入米爾扎的後院；她日日夜夜與成千上百不同男子共寢。他要此女每次親密之時不顧廉恥，直到米爾扎為她癡迷，逐漸成為她的性奴隸。藉由這種方式，拉塔法特．阿里汗能夠收取無窮金錢贈禮；然而酒跟這名女性很快耗盡米爾扎的精力。

米爾扎將所有時間都花在此女身上，讚嘆其美，飲酒過度，眼睛發炎虛弱，身體發燒紊亂，直到病重。但他不顧身體健康，只要能動就持續宴樂，無視醫生的節制建議。最終，病情到了無可救藥的階段：絕望的苦水淹沒頭頂，上天決定他該在男子壯年中突然去世。[84]

無論米爾扎．納賈夫汗的愛情生活細節如何，關於他病況的真相卻是更加殘酷。事實上，他的臥床時光並非為了享受性事歡愉，而是在痛苦掙扎跟吐血中度過。這位指揮官患上了肺病。到了一七八一年八月，他已經纏綿病榻。他撐過了八二年的頭三個月，憔悴蒼

★譯者註：帕提亞拉（Patiala）是位於印度東北方旁遮普邦東南方的城市。一七六三年，藉著第三次帕尼帕特戰役，阿富汗杜蘭尼帝國大敗馬拉塔人，旁遮普賈特人中的錫克教徒首領阿拉．辛格（Ala Singh）在此建立帕提亞拉錫克國政權。此後四十年間，則不斷在對抗阿富汗人、馬拉塔帝國、拉合爾的錫克帝國與德里政權中求生存，直到一八〇八年與東印度公司簽訂條約，隨後納入英屬印度（British Raj）之下的十七響禮炮附屬國之一。

白，雖生猶死。「從皇帝到最卑賤的德里居民，印度教徒跟穆斯林都為敬愛英雄的生死感到十分焦慮。」凱魯丁寫道。「當人力已不能及時，他們轉向上天之力，祈求讓他康復。他們在伊斯蘭曆賴比爾月（Rabi）★的第七夜，在（靠近歐克拉〔Oklah〕）的考卡女神（Kalka Devi）神廟，以米爾扎之名舉行盛大獻祭。納瓦伯發送甜食給婆羅門與小男孩，並以現金跟屠戶交換本要遭到屠宰的牛隻，釋放之後還下令嚴禁任何人傷害這些動物。然而這一切都是枉然。」[85] 四月初，當哀傷的皇帝前來道別時，納賈夫汗「已經虛弱到無法站立或行禮」：

看到米爾扎的狀況，陛下流下了淚水，輕輕將手放在他的肩膀上表示安慰……關於納瓦伯將要去世的流言傳遍全城，他家中的女性離開後院，圍在他的床前哭泣，他的臉上出現最後一絲意識。接著他叫來姊妹，歎息著說：「在我枕邊坐一下，將我壟罩在你慈悲的陰影下，當一下你的客人。」低聲說著這些話時，他閉上了眼睛。據說當夜最後一更之前，生命氣息離開了他的身體。[86]

米爾扎．納賈夫汗於一七八二年四月六日去世，年僅四十六歲。過去十年，他為了復興沙．阿蘭祖上建立的帝國，面對所有橫逆，卻經常未獲感激。此後，正如一名史家所說：「復興蒙兀兒王朝榮耀的希望之光才剛開始閃耀，卻在日益增長的混亂之雲中消散了。」[87] 納賈夫汗被視為蒙兀兒統治印度時期最後一位真正強大的貴族，獲賜榮耀稱號——「王國最終的鑑別者」（Zul-Fiqaru'd-Daula）。[88]他下葬的簡樸陵墓位於一處花園，距離薩夫達疆的陵墓不遠。☆正如他一生的志業，這處陵墓也從未完工。

由於納賈夫汗的副官紛紛搶奪權力，朝廷幾乎立刻敵對派系林立。納賈夫汗麾下最傑出的軍官，也是他自己選定的繼任者阿弗拉西亞伯汗（Afrasiyab Khan），是一名改宗伊斯蘭的印度教商人之子。他得到阿努普吉利·高森與苦行僧戰士團的支持，然因出身卑微，在朝廷上得不到助力。

他的崛起則遭遇納賈夫的曾侄子米爾扎·穆罕默德·沙菲（Mirza Muhammad Shafi）的強烈反對。米爾扎是一名文雅世故的貴族，在一七八二年九月十日組織了一場反政變行動，從賈瑪清真寺（Jama Masjid）的臺階頂端指揮軍事行動。兩個敵對派系在德里街道上對戰，城外的錫克教徒、賈特人和羅希拉人都趁機起義。沙·阿蘭試圖通過聯姻來和解雙方，卻是徒勞。[89]不到兩年時間，兩名爭權者都遭暗殺，幾乎所有米爾扎·納賈夫汗收回的領土，都再度流失。首都開始流傳起「從德里到帕蘭的沙·阿蘭帝國（Sultanat-i Shah Alam az Dilli ta Palam）」的笑話——兩者之間不到十英哩的距離。

---

★譯者註：Rabi為伊斯蘭曆的第三個月，也稱第一個春月。

☆作者註：納賈夫格爾（Najafgarh），位於德里西南部的城鎮，止是以納賈夫汗命名。他的墓地位於德里喬爾巴格區（Jor Bagh）以南，墓旁的路也以他命名。

此時馬拉塔探子向普那回報：「城市再次處於極破敗的狀態。古賈爾游牧人（Gujar）日日夜夜暴力搶劫路人。夜間盜賊闖入屋裡，綁架店主與其他富人勒贖。沒人試圖阻止這些事情。」[90]錫克教戰隊再度開始襲擊北郊。正如波利葉指出，錫克教徒「在雨季過後展開行動，以一萬騎以上的隊伍，對鄰居展開襲擊。他們搶劫一切可及之物，並焚燒城鎮。」[91]

連續三年雨季不至，隨之而來的嚴重饑荒蔓延興都斯坦各地，導致農村地區流失約五分之一的人口，更加劇了混亂崩潰的感覺。[92]與此同時，勒克瑙的納瓦伯阿薩夫．烏道拉（Asaf ud-Daula）為了提供就業機會給四萬人，作為饑荒救濟，因此建造了雄偉的伊瑪目巴拉（Imambara）哀悼廳★；但沙．阿蘭卻沒有如此資源。[93]詩人紹達在信中表達了與日俱增的絕望感：「皇家財庫空無一物，」他寫下：「皇室土地幾無收入；撥款處室的景況難以形容。」

士兵文員，無一例外全都失業。授權付款的文件如今成了廢紙一堆，被藥劑師撕碎拿來包藥。曾經擁有封地或依賴皇家金庫薪餉的人們，如今尋找村莊守衛的工作。他們的劍與盾早已進了當鋪，下次出門時，只能拿著乞丐的杖和碗。言語無法描述這些曾經偉大的人們如今過著何種生活。他們的衣物全進了廢布商的手裡……

同時間，我又該如何描述德里的荒涼？家家戶戶都能聽到郊狼的哭嚎。夜間清真寺無人點燈，人跡罕至，百家中只有一戶燈火。曾令飢餓者忘卻飢饉的華美建築，如今凋零。夜鶯曾對著玫瑰舒吟情歌的昔日幽庭，如今柱倒門塌，高草叢生。

附近村莊裡，少女不再來井邊打水，在樹蔭下閑談。城外的村莊空無一人，樹木不復存在，井中充滿屍體。沙賈汗巴德，你不該遭受如此可怕命運，你曾充滿生命、愛與希望，就像少年愛人的心：人們漂過世界的海洋，來此許諾之岸尋你；人們從你的塵土中採得珍珠。吊燈曾經徹夜燃燒之地，此刻連一盞泥燈都不復有。

曾經是宏偉豪宅中的人，現在只能在廢墟裡苟延殘喘。曾經充滿希望的無數心靈，如今陷入絕望。我們實已無話可說；我們正活在最黑暗的時代。[94]

無法建立朝廷秩序，更是四面受敵的沙·阿蘭別無選擇，只能再次向消失十一年後再度從德干重返興都斯坦的馬哈吉·辛迪亞求援。「你必須出任攝政，」沙·阿蘭對他說：「管理我的帝國。」[95] 隨著這封請求信，沙·阿蘭還附上一首烏爾都語的對聯：

失去我的王國與財富，此刻我完全交在您手裡，

★譯者註：Imambara 是南亞的習慣稱法，又稱 hussainiya 或 asurkhana。此為伊斯蘭教什葉派信徒在伊斯蘭曆一月的阿舒拉節（Ashura）紀念儀式中，悼念遭到殺害的先知後裔侯賽因與其戰友時的聚會處所。Imambara 與清真寺不同，主要用以舉行跟阿舒拉節有關係的悼念活動，不一定會有週五主麻禮拜。阿瓦德納瓦伯阿薩夫·烏道拉在勒克瑙興建的大伊瑪目巴拉建築群，還包含阿薩夫清真寺、大迷宮及階梯水井。阿薩夫伊瑪目巴拉的量體為南亞第二大，僅次於穆爾希達巴德的尼札瑪伊瑪目巴拉（Nizamat Imambara），後者為希拉吉·烏道拉於一七四〇年首建。

馬哈吉，悉隨君意[96]

從很多方面來說，沙・阿蘭第二度尋求馬哈吉・辛迪亞的庇護，是個精明的決定。自從一七七二年離開德里，南返解決德干事務之後，辛迪亞的力量已大幅擴增。此刻他與提普並列，是印度區域內兩名最強大的指揮官之一。此外，他的部隊剛剛開始接受十八世紀印度最重要的軍事人物之一的貝諾・德波昂伯爵的最新法國軍事技術訓練，這將為他們帶來天翻地覆的變化。不久之後，他們將以「火與鐵之牆」而聞名，即便對上印度訓練最精良的軍隊，也將掀起腥風血雨。[97]

德波昂負責將最尖端的歐洲軍事技術轉移給辛迪亞的馬拉塔部隊，包括配備最新瞄準射擊系統的火砲，高度可以調整，並擁有仰角螺絲。同時他還引進步槍的鐵制槍筒，讓技術最好的士兵可以每分鐘連發三彈。當步兵以三排形式部署時，他的馬拉塔士兵能對敵人發動持續不斷的打擊，展現出前所未有的殺傷力：根據估算，闖入德波昂軍營三百米內的疾馳騎兵，得面對約三千發子彈，才會接觸到印度士兵的刺刀。

十年後，等辛迪亞的部隊訓練有素並達到整體戰力時，許多人認為他們將是印度最強大的軍隊，肯定與東印度公司軍隊不相上下。[98]此時，辛迪亞的拉吉普特對手已經開始學會投降，而不是試圖擊敗德波昂的新軍。阿杰梅爾（Ajmer）、帕坦（Patan）及梅爾塔（Merta）都在經歷短暫轟炸後放棄抵抗，而非面對德波昂對敵人兵馬進行的系統性屠戮。一名指揮官甚至在臨終前告誡妻子：「德波昂來之前，你可以抵抗（辛蒂亞）。一旦他來了，就投降吧。」[99]

一七八四年十一月，辛迪亞在法特普西克里（Fatehpur Sikri）附近的卡努亞（Kanua）會見沙・阿蘭。辛蒂亞再次匍伏在地，將頭放在皇帝的腳上，並向他呈獻一百零一枚摩忽爾金幣（mohurs），接任米爾扎・納賈夫去世後一直空懸的攝政職務。但正如一名英國觀察家指出，「（此刻）辛迪亞是名義上的奴隸，但（實際上）卻是不幸沙・阿蘭的嚴厲主人。」[100]

畢竟這位馬拉塔將領有自己的優先順序，保護皇帝從來不在其中。有訪客回報，皇室偶爾會挨餓，因為沒人給他們提供食物。[101]辛迪亞來訪時，還送了一些侮辱性的廉價禮物，例如「通常給奴隸馬匹的芝麻甜點」。他下令德里屠夫停止屠殺牛隻，甚至沒有過問皇帝。[102]最後，在一七八六年一月，他率軍前往齋普爾，試圖籌募資金並將馬拉塔統治延伸到拉賈斯坦時，導致紅堡守衛只剩一支阿努普吉利・高森指揮的軍營。

就在他前往拉賈斯坦時，現年二十歲的古蘭・卡迪爾意識到紅堡與此地財寶幾乎毫無防衛。札必塔汗最近去世，古蘭・卡迪爾不只繼承父親的遺產，還有母親與叔伯的遺產，因為他立即將他們都監禁起來，沒收所有財產。「這個忘恩負義的傢伙表現得像法老一樣，」阿茲法利寫道：「他說了很多蠢話，高聲辱罵，還開始吹噓：『很快我就會來到沙賈汗巴德，向他們報仇。用盡一切手段，這個報復遊戲將把紅堡沉進亞穆納河裡。』謠言如野火蔓延，平民貴族的嘴裡，盡是古蘭・卡迪爾將要徹底顛覆城市根基的消息。」[103]

一七八八年七月中，古蘭・卡迪爾終於付諸行動。他整裝上馬，率領羅希拉軍隊向德里出發，決心為父報仇，對皇帝施行報復，讓過去的俘虜者為對他及他的人民所做的事付出代價。

七月十七日，羅希拉人抵達後在亞穆納河對岸的沙赫達拉紮營，與紅堡相對。皇宮內彌漫著緊張氣氛，但皇帝仍保持冷靜，堅稱沒有什麼好擔憂：「我不懂為何要對這名孤兒少年充滿敵意？」，他說：「古蘭·卡迪爾是本王的家人，也受過本王恩惠。★他怎麼會採取輕率或暴力的行動？這只是平民散佈的毀謗謠言。孩子們，冷靜下來。」[104]

然而，接下來幾天發生了兩件事，讓羅希拉人的存在更具威脅性。首先，古蘭·卡迪爾收到了阿赫麥德·沙皇帝的年邁遺孀，太皇太后瑪麗卡·札瑪妮女士（Malika-i-Zamani Begum）的一封信。她曾是古蘭·卡迪爾的祖父納吉卜·烏道拉的盟友，她願給羅希拉人一百二十萬盧比（今日一千五百六十萬英鎊），交換他們廢黜沙·阿蘭，扶她的孫子、皇帝的遠房表弟貝達爾·巴赫特（Bedar Bakht）登上皇位。其次，阿努普吉利·高森的小軍團駐紮在庫德西亞花園，眼見對岸羅希拉人勢力日增，於是在二十八日的黑夜中率領部隊撤離，尋求援軍——至少事後他是這麼說的。☆

二十九日破曉，羅希拉人發現亞穆納河渡口無人守衛，城門也無人值守。「以閃電暴風之速，」古蘭·卡迪爾迅速領著一船士兵和軍事裝備渡河。[105]他在故居庫德西亞花園登陸，趁蒙兀兒人還沒反應過來之前，就奪取了喀什米爾門。他讓自己人佔領城牆，同時等待渡船把他的攻城砲與其他部隊運過來。

等到兩千名羅希拉人渡河後，他領著他們進城，直奔紅堡。他發現紅堡大門緊閉，遂佔據德里門前的金色清真寺，把消息送進堡裡：「這個與皇室有深厚聯繫的人遭遇了命運毒手，現在尋求皇家庇護，懇請慈悲接納！」[106]

「羅希拉人（以《古蘭經》）起誓，他們無意造成任何傷害，」馬拉塔探子寫下：「他們說指望皇帝親自撫慰他們。在古蘭・卡迪爾莊重宣誓以和平盟友身份前來朝見皇帝之後，皇帝派遣太監宣告，允許他帶著十或二十名隨從晉見。」[107] 然而，太監總管也是內務總管（Nazer）的曼蘇爾・阿里汗（Mansur Ali Khan），在帕塔格爾堡失陷時曾救過古蘭・卡迪爾的命，現在想要討好古蘭・卡迪爾。他遂違抗皇帝命令，打開了堡壘的雙重大門，允許這名阿富汗人帶著兩千名士兵進入。「總管將堡壘大門交給了古蘭・卡迪爾汗的人，」凱魯丁寫下：「現在進了堡中的古蘭・卡迪爾汗，派遣羅希拉軍事領袖監視堡壘宮殿內外所有大路、通道與宮門。」[108]

納賈夫汗的紅營士兵仍然渴望戰鬥。在謁見廳中，沙・阿蘭最寵愛的兒子，阿克巴王子召集其他年輕的蒙兀兒王子，請求對戰許可：「現在還有一個選項，」他說：「您若允許，

---

★ 作者註：Namak parvardah，由沙・阿蘭出資支持撫養長大。

☆ 作者註：William Pinch 在《苦行僧戰士與印度帝國》（*Warrior Ascetics and Indian Empires*），Cambridge, 2006, p. 2 中認定阿努普吉利與古蘭・卡迪爾合謀，先前已經與他私下往來。

我們兄弟將對這些叛徒發動攻擊，並勇敢殉國。」但皇帝搖了搖頭：「無人能逃避全能上主的旨意，」他說：「命運無法抵抗，權力現在掌握在其他人手裡。」[109]

古蘭．卡迪爾採取迅速行動。皇家衛隊與眾王子立即被解除武裝。衛兵被逐出堡壘，王子則關押在奧朗則布皇帝的白色大理石莫提清真寺（Moti Masjid）。然後，古蘭．卡迪爾以其他時候都會被視為嚴重失禮的方式，跟皇帝一起坐在王座上，「親暱摟著他的脖子，把煙吐到君主的臉上。」[110]如此揭開了馬拉塔探子所描述的「惡魔之舞」的序幕，一場持續了九週的恐怖統治。[111]

當晚，古蘭．卡迪爾退回他在宮中海耶特巴克許花園（Hayat Baksh Bagh）裡設立的營地。次晨，也就是三十日，羅希拉人返回謁見廳。「當國王看到他闖入王座（sarir-e khas）時，他輕聲責備古蘭．卡迪爾：「我信任我們的口頭協議和你對《古蘭經》起的誓言，」皇帝說．「現在看來我是被騙了。」

言猶在耳，羅希拉人喚來貝達爾．巴赫特親王。古蘭．卡迪爾往前走，從皇帝腰帶上取下他的匕首，然後不發一語地將皇帝送往囚禁王子的皇家監獄，並讓貝達爾．巴赫特登上帝位。鼓聲響起，並以新帝貝達爾．沙（Bedar Shah）的名義鑄造錢幣。[112]「皇帝只能用反省之齒咬住驚訝之手。」[113]

根據探子回報，「古蘭．卡迪爾隨後向（男孩祖母）瑪麗卡．札瑪妮女士索要答應給他的錢。」

她從城中豪宅來到堡壘，說：「等我檢查了皇家宮殿跟皇室貴人之後，我會給你錢。如果你聽從我的建議，一切事情都會興旺順利。」「堡裡的錢跟財產現在都屬於我，」古蘭・卡迪爾回答：「你得給我你答應的東西。」

古蘭・卡迪爾隨後沒收了沙・阿蘭所有錢財、傢俱及衣物，以及皇家內庫的所有珠寶、黃金與銀器。接著他搜查了皇室貴人與公主，沒收所有首飾衣物，甚至連她們身穿的衣服都被搶走，只留下耳朵鼻子沒動。然後，他們剝下堡中男性居民及在此避難的德里居民的衣物，把他們趕出紅堡，搶走所有財產。他開始挖掘屋內的地板。他說：「沙・阿蘭試圖毀掉我們一族，他跟馬拉塔人及米爾札・納賈夫汗跑到帕塔格爾，侮辱我們的女人。即便此刻，他還想召喚辛迪亞來摧毀我族。我別無選擇，只能報復。」[114]

金色清真寺的圓頂也被剝去金箔。[115]「在曼蘇爾・阿里汗總管的串通下，他們把壓迫延伸到城裡的居民。」[116]不久之後，城裡的珠寶商跟銀行家共吐出了兩億五千萬盧比（今日三十二億五千萬英鎊）的珠寶。根據阿茲法里所言，當他劫掠德里城與宮殿時，「日夜沉迷大量不同麻醉劑，特別是大麻菸（bhang）、寶札酒（bauza，一種類似啤酒的酒類）與大麻。」[117]

古蘭・卡迪爾變得越來越兇殘。僕人開始被倒吊起來，在火上折磨，要他們吐出皇帝藏匿財寶的地點。[118]「一些獲得沙・阿蘭青睞的女傭舞孃及佳麗未蒙面就被帶進來；她們被帶到士兵營區（daira），被迫取悅這群醉醺醺的流氓。」[119]大太監曼蘇爾・阿里被拖進茅廁，扔進下方的汙水道，幾乎淹死：「古蘭・卡迪爾對手下喊：『這叛徒（namak-haram）一個時辰裡若拿不出七十萬盧比（今日九百萬英鎊），就用糞便塞滿他的嘴！』」[120] 當太監抗議嬰兒時期他曾救過古蘭・卡迪爾的命時，他回答：「難道你不知道那句古老諺語，『殺蛇留子不是明智之舉』？」

根據發給華倫・哈斯汀斯的一份報告，「新國王貝達爾・沙不被允許更換衣物，被迫得向古蘭・卡迪爾乞求一盧比來買餐食；當皇帝陛下步行乞討時，羅希拉人拒絕見他。穆罕默德・沙（朗吉拉）皇帝的年老妻妾，在納德爾・沙入侵前，曾見過德里的極盛時刻，此刻卻被迫離開她們住的房子，財產也遭洗劫一空。沙・阿蘭已經七天除了粗糧和水以外，沒有其他食物。」[121]

古蘭・卡迪爾深信皇帝仍然暗藏許多財寶，所以在八月十日，他將皇帝與眾王子從王子監獄裡提出來。根據凱魯丁的說法，羅希拉人首先「下令將阿克巴王子與蘇萊曼・舒科王子（Sulaiman Shukoh）綁起來，由鋪地毯的工人鞭打……血從他們的嘴鼻湧出。沙・阿蘭大喊：『不管你要做什麼，都對我做吧！這些年輕人是無辜的。』接著古蘭・卡迪爾對幾名好鬥的阿富汗人說：「把這個多嘴的人丟下去，弄瞎他的眼睛。」[122]

沙・阿蘭直視古蘭・卡迪爾的眼睛，問道：「你說什麼？你要毀掉這雙戮力閱讀神聖《古蘭經》長達六十年的眼睛嗎？」[123] 但宗教性的呼籲對阿富汗人沒有用。

那些人把他丟下去，用針刺入他的眼睛。他們以棍棒打他，將他壓在地上，古蘭・卡迪爾嘲諷問他是否看見什麼。他回答：「除了我和你之間的神聖《古蘭經》，什麼都看不見。」一整晚，他和他的子女及宮中婦女持續大哭。古蘭．卡迪爾當晚住在莫提宮（Moti Mahal），聽到那些哭聲，他像蛇一樣扭動，指示僕人打死發出哭聲的人。但僕人畏懼末日審判，因此沒有動手。

隔天，古蘭．卡迪爾對貝達爾．沙說：「出來，給你看個景象。」接著他去找沙．阿蘭，說：「給我找點金子，不然就讓你加入那些死者的行列。」沙．阿蘭痛罵譴責他，說：「我完全在你的控制之下，割斷我的頭吧，死了總比賴活著強。」

古蘭．卡迪爾汗跳起來，壓在受害者的胸口上，命令坎達哈里汗（Qandahari Khan）及普爾迪爾汗（Purdil Khan）將他的手綁在脖子上，按住肘部。坎達哈里汗用阿富汗刀（跟通常用針刺瞎眼睛不同）將沙．阿蘭的一隻眼睛割出眼窩，然後另一隻眼睛則是遭這名放肆惡棍挖出。沙．阿蘭像割斷脖子的雞一樣在地上激動掙扎。

古蘭．卡迪爾接著下令把針插進阿克巴、蘇萊曼．舒科及阿赫桑．巴赫特（Ahsan Bakht）等王子的眼睛。此時皇室婦女從簾後走出，拜倒在古蘭．卡迪爾腳下，但他卻在胸部上踢了幾腳，把她們趕走，說：「把這三個人都綁起來，我再想想怎麼處理他們。」接著他下令要人把他們打到昏死過去，再扔回監獄。隨後他喚來一位畫家，要求：「馬上畫下我的肖像，坐在沙．阿蘭的胸口，手中持刀，挖出他的眼睛。」他禁止侍從給沙．阿蘭或他的兒子送水跟食物。[124]

那天晚上，三名侍從與兩名送水人試著給皇帝解渴。古蘭．卡迪爾下令將這五人逐個殺死，他們的屍體就留在原地腐爛，就在哭泣的皇帝身旁。

八月二十五日，古蘭．卡迪爾的注意力轉向皇室眾王子。就像他可能曾經被迫成為變童，現在輪到他羞辱皇室的男性成員。其中二十位王子，包含未來的皇帝阿克巴．沙與其子巴哈杜爾．沙．札法（Bahadur Shah Zafar），當時都被迫為羅希拉軍官唱歌跳舞：「不論他們如何拒絕他的要求，他都不予理會，只是說：『我一直聽說你們的歌聲舞藝絕佳！』」

接著古蘭．卡迪爾轉向衛兵，大聲喝道：「他們若膽敢再找藉口，就把他們的鬍鬚剃掉，甚至全身都剃乾淨！」王子王孫別無選擇，只能遵令行事，開始奏樂跳舞，擺動肩臀脖子。他們的表演令古蘭．卡迪爾興奮愉悅，因此問道：「你們想要什麼賞賜？」他們回答：「我父與孩子急需食物飲水，蒙您允許提供，我們將不勝感激。」

他下了一份命令，解散手下，然後舒服地把頭靠在皇太子米爾扎．阿克巴．沙的膝上，並將劍及匕首脫下，放在眾王子的視線範圍內。他閉上眼睛休息一個鐘頭，然後站起來，給眾王子都狠狠甩了一巴掌，嘲笑喊道：「你們就這樣默默承受這一切，還自欺欺人以為自己可以當王？哈！我是在考驗你們：倘若你心中有一絲丁點男子漢的榮譽，早就抓起我的劍跟匕首，迅速了結我！」痛罵一頓後，把他們驅逐出宮，送回監獄。[125]

絕望之下，好幾名王子跳下宮牆，淹死在亞穆納河中。隨後，還有幾名王子死於饑渴：「粗使太監（Namakin Khwaja-sara）進來報告說，沙・阿蘭一名十歲孩子剛剛因為飢渴而死。但羅希拉人大喊：『就在他倒下的地方挖個坑，把他扔進去，不用費心換掉他穿的衣服！』」[126]

接下來的日子裡，古蘭・卡迪爾打破最後禁忌，將目光投向那些禁止碰觸的神聖皇家女性。八月二十九日，太皇太后瑪麗卡・札瑪妮女士被脫去衣服，在太陽下曝曬，沒有食物或水。同一天，幾位較年輕的公主也被扒光衣服，「身體每處孔洞」都被詳細搜查，遭到調戲、杖打及強暴。維多利亞時代的翻譯對這些段落進行了審查刪改，但凱魯丁的波斯文原著則講出了整個殘酷故事。一天夜裡，古蘭・卡迪爾聽聞「米爾扎・希卡（Mirza Hika）與米爾扎・賈卡（Mirza Jhaka）的諸位美麗女兒，於是當晚，他就把這些可憐女孩帶進莫提宮，不戴面紗站在他面前，陶醉在她們的美貌之中。」

隨後他邀請志同道合的親近手下進入那處後院，展示這些無與倫比的美女，然後賜給他們一人一名，悠閒放縱地享受。當貝達爾・沙聽聞此事，他拍打自己的頭和胸膛，派一名執杖儀衛前去制止那個謊話連篇的詭計者。這名官員卻回來推託說：「我這樣的下僕，能對他這種軍閥說什麼呢？」

因此貝達爾・沙親自去找古蘭・卡迪爾，大喊：「你不能這樣，就算對敵人的女兒，也太過分了。父罪不該加諸子女身上！沙・阿蘭也從未對你父親的女兒或姐妹有過不敬的眼光！停止這種行為！」但古蘭·卡迪爾只是對他扔了一塊石頭：「我要把這些女孩送進我的後宮，成為姬妾，任我隨時享用！我要把王子所有女兒都賜給我的阿富汗人：他們的精液會長成新一代男子氣概勇猛的年輕人！帕塔格爾城破時，皇家軍官對我父親的侍女做出更惡劣的事！就當成報應的時刻到來，我的手下把公主們帶去享用，甚至連個虛應婚禮都沒有。」[127]

正如阿茲法利所言：「即便只是描述這個時期災難劫厄的一小部分，聽聞者無不震耳欲聾。倘若聽力仍存，且仍有慈悲之心，你的膽囊肯定將悲苦難抑。」[128]

⚜

九月中旬，馬哈吉·辛迪亞才集結足夠的軍隊與戰爭物資馳援皇帝。此時正逢雨季，進度緩慢，一如往常，洪水泛濫的道路令所有行動都異常困難。馬拉塔軍隊直到二十一日才抵達沙赫達拉。他們在此與阿努普吉利的高森派戰士及蘇姆魯夫人從薩爾達納派來的一支步兵營會合。一七七八年四月蘇姆魯去世後，她就跟一位名叫喬治·湯瑪斯（George Thomas）的愛爾蘭傭兵好上了。人稱「來自提伯雷利之王★」的喬治·湯瑪斯，曾經是船上跑腿的男孩，在馬德拉斯跳船後，以天賦異稟的砲兵技巧與鑄砲工藝嶄露頭角。

辛迪亞派遣兩名最信任的副手來領導對古蘭·卡迪爾的攻勢。其中之一是拉納汗（Rana Khan）。十七年前的帕尼帕特戰役中，他在坑道裡發現了垂死的辛迪亞，並將他送往安全地帶。為了感謝這位穆斯林扛水挑夫救他一命並助他康復，辛迪亞給他訓練，他自身的才能勇猛也讓他迅速晉升為辛迪亞的最高將領之一。救援行動的另一名領袖，是來自薩伏伊的斯文傭兵貝諾．德波昂。他才剛開始為辛迪亞訓練一支現代步兵軍隊。

九月二十九日援軍過河後，驚訝發現城門大敞。他們穿過陰森荒涼的城區，然後繞著紅堡佔據陣地，包圍封鎖城堡，等待他們的火砲在雨季泥濘道路上緩慢前來。

三天後，十月二日中午，正當辛迪亞的攻城砲接近城區，德里天空被一聲驚天爆炸撕裂。「這聲音讓人想起末日審判的死神號角，」阿茲法利寫下：「掩蓋天日的彈藥庫爆炸，飛向天際的火藥、大砲與門牆，空氣中瀰漫塵土煙霧，讓人想起這句《古蘭經》文：『太陽為黑暗覆蓋』。堡壘城牆倒塌，門牆被打破，堅實屋頂坍塌——這一切可以用《古蘭經》中的這句話來形容：『群山將如彈鬆的羊毛』。」

> 堡內住在我區域裡的居民，距離彈藥庫太近，導致多人喪生；但是感謝真主，幾名兄弟與一位姑姑還活著，雖然受了重傷。火砲、石塊、磚塊與泥土由天而降，遮蓋天日。呻吟哀嚎直衝天際：我們認出那些痛苦尖叫的聲音，但因為塵土煙霧，無法看清對方的臉。這次可怕的爆炸聲甚至連遠在德里之外二十英哩處的巴哈杜爾格爾（Bahadur Garh）都能聽見。每個人都震驚地問：「天空掉到地上來了嗎？」[129]

---

★譯者註：Tipperary，愛爾蘭南部的一個郡，為喬治．湯瑪斯的出生地。

隨著煙霧開始散去，倖存者從堡壘露台往下望，看到一列船隻緩緩划向上游，一頭載著財寶的大象沉重地走在河岸上。將近三個月後，古蘭・卡迪爾終於離去，帶走他劫掠的一切，還帶走阿克巴王子在內的十九名年長王子作為人質。重傷的沙・阿蘭被留在紅堡，似乎希望他會被自己引爆的爆炸燒毀，這場爆炸是他留給蒙兀兒人的最後禮物。[130]

也許因為九星期前擅離崗位而感到內疚的阿努普吉利，是最早進入城堡的人。他帶著一小隊人馬，爬上一名王子放下的繩索，打開城門讓其他軍隊入內，並開始撲滅火焰。此時，倖存的皇室成員開始從藏身處出現。這一幕甚至讓經歷過無數戰鬥的救援部隊成員大感震驚。王子與公主全都蓬頭垢面、被煙熏黑、瘦骨嶙峋且骯髒，圍在救援者四周，留下鬆了一口氣的淚水。

皇帝的情況更加嚴重。他不知怎麼把自己關在囚室中，拉納汗不得不把他哄出來。[131]起初他拒絕接受任何治療。當醫生派來為他包紮傷口時，他「趕走醫生，將眼睛敷膏扔在地上，說：『我的眾多子孫已經死於饑渴，現在我們也是等死。』」[132]

拉納汗負責照顧皇帝及堡壘，提供食物及水，還找來許多理髮師修剪皇子皇孫的鬍鬚時，蘇姆魯夫人和德波昂則出面追查古蘭・卡迪爾跟他帶走的財物。羅希拉人的目標是帕塔格爾，卻於十二月十二日，在密魯特堡被追兵趕上包圍。由於缺乏足夠糧食抵禦包圍，他決定放棄人質，並試圖在當晚突圍。「在五百名仍舊忠心耿耿的騎兵陪同下，他領頭衝出堡壘，勇猛衝向敵軍。儘管敵軍盡一切努力要拿下他，他仍舊成功穿越整個敵陣，逃出生天。」[133]

但他也逃不遠。就像希拉吉．烏道拉一樣，他已經惡名昭彰到難以隱身遁逃。「黑夜裡，同伴跟他走散了，」凱魯丁寫下：「他走了一條路，他們卻走了另一條。」

他努力尋找他們，卻未果。路上滿是泥水，馬踩進一個坑洞，把古蘭．卡迪爾拋進一條溝渠。夜色闃黑，路上滿是多刺的金合歡，他不知該往哪去。等到早上，他看見有人居住的地方，於是走了過去。他到達那處聚落，將頭探進一名婆羅門的家中。然而這名婆羅門過去曾在這個流氓手上受苦，他的村莊遭到洗劫。現在壓迫者落入他的手中，於是便將他邀進來，然後將門鎖上。[134]

婆羅門將消息傳給地主，地主通知馬拉塔人。正午時分，辛迪亞的手下騎進村裡，包圍這間房子。他們抓住古蘭．卡迪爾，將他綁起來，關進籠子裡。他們將他放上一輛簡陋牛車，腿上帶著鐵鏈，脖子架著頸圈，在「兩個軍團及千名騎兵」的護送下，送往辛迪亞總部。有段時間，古蘭．卡迪爾在籠子裡示眾，吊在軍隊前方，成為諷刺嘲弄的對象。[135]接著，「辛迪亞下令，割掉古蘭．卡迪爾的耳朵，掛在他的脖子上，他的臉被塗黑，在城中遊行。」

「隔天，他的鼻子、舌頭跟上唇被割掉，然後再次遊街示眾。第三天，他被扔在地上，雙眼被挖出，再次被抬著繞城。之後，他的手被割掉，然後是腳，接著是生殖器，最後是頭顱。屍體被倒吊在樹上。可靠消息來源指出，一隻眼睛四周白毛的黑狗，來到樹下坐著，舔食滴落的血液。圍觀者向牠扔擲石頭土塊，但牠仍舊不動。第三天，屍體消失了，狗也不見了。」[136]

馬哈吉·辛迪亞將耳朵眼球裝進盒子，送給沙·阿蘭皇帝作為慶賀，接著讓「大象踩死」那位引阿富汗人進入堡壘的首領太監曼蘇爾·阿里汗。[137]然而此時，沙·阿蘭已經不再為世俗之事操煩。蘇姆魯夫人前來拜見皇帝時，她發現他正靜靜坐在帝王之塔（Shah Burj）的焦土中，默默誦讀《古蘭經》。他為她朗誦先前寫下的對句：

毀壞我們釋放災難之風
皇權統治遭到殘忍蹂躪

皇權輝煌的太陽（阿夫塔伯）曾照亮天際，
如今黃昏壟罩，我們哀歎黑暗的毀滅

阿富汗不肖子踐踏了皇家尊嚴
除了真主，還有誰是朋友？

我們哺育了蛇的後裔，撫育他長大
最終，他成了我們的劊子手

這世界上的財富榮譽充滿凶險
如今命運令我們無限受苦

如今這名年輕阿富汗人摧毀我國尊嚴，
除了至高無上者，我再也看不見其他！

主啊，請憐憫我，
一個罪人。

# CHAPTER 8

# 彈劾華倫·哈斯汀斯

一七八八年二月十三日中午，當古蘭・卡迪爾準備襲擊德里時，大批人群聚集在倫敦的國會外頭，等著目睹上議院成員進入西敏宮，發動彈劾華倫・哈斯汀斯。

為數不多的旁觀席門票，轉手價高達五十英鎊（今日五千兩百五十英鎊），即便如此，仍有許多人想要參加。正如一名彈劾案承辦人注意到，旁聽者「必須在大門口擠成一團等到九點，大門一打開，彷彿蓋瑞克將在劇院樂池上演《李爾王》一般湧入……女士們穿衣打扮，（清早）六點就來到西敏宮廣場，從早上九點坐到中午，會議才正式開始……有些人，我相信包含女士，睡在西敏宮附近的咖啡館裡，就能確保及時到達門前。」[1]

除了一百七十名貴族外，還有頭戴白色假髮、披著貂皮披肩的法官，雙方的黑袍律師，以及兩百名下議院議員。王后「身著淺黃絲緞禮服，頭飾樸素，點綴少量鑽石」，連同兒子、兩名女兒、格洛斯特公爵夫人、其他隨侍人員，同坐在皇家包廂裡。這些人員包含坎伯蘭、格洛斯特及約克公爵。威爾斯親王與查爾斯・詹姆士・福克斯（Charles James Fox）也在場。排隊等候進場的人，包括社交界知名女演員與交際花莎拉・席登斯（Sarah Siddons），畫家約書亞・雷諾茲（Joshua Reynolds），日記作家芬妮・伯尼（Fanny Burney）與歷史學家愛德華・吉本。

儘管這場盛會極具戲劇性，事實上，其中一名檢察官正是劇作家理察・布林斯利・薛瑞登（Richard Brinsley Sheridan），這不僅是喬治三世時代最重大的政治場面，更是英國人最接近將東印度公司的印度帝國提起審判的時刻。領軍這場雄辯的是英格蘭當代最偉大的演說家之一：盎格魯——愛爾蘭裔的輝格派政治家與政治理論家埃德蒙・伯克，並獲得同樣雄辯且更激進的競爭對手查爾斯・詹姆士・福克斯支持。

華倫・哈斯汀斯被控的罪名，不僅是強暴印度，以伯克的開場發言來說，是「破壞與背叛了國家信念」：

以各種敲詐勒索與其他虐政……令國家陷入貧困與人口衰滅……放蕩、不義且惡劣濫用權力……顛覆國家的古老體制……以從未聽聞的殘酷與無以名狀的破壞……起於人類邪惡傾向的罪行——起於貪婪、掠奪、驕傲、殘酷、惡毒、高傲、傲慢、兇殘、背叛、殘酷、惡毒的性格——簡而言之，全都主張毀滅所有道德原則，表現出根深蒂固的黑暗心靈，一顆薰染至黑的心，一顆腐化、爛到骨子裡的心……我們將罪惡的元首，不義的總司令，集結印度所有欺詐、盜竊、暴力、暴政之人，帶到您的面前。[2]

哈斯汀斯，如伯克解釋，簡單來說，就是一名罪犯：「他是一名強盜，他偷竊，他掠奪，他壓迫，他敲詐。」他是犯罪這個議題的「教授、專家」。[3]更糟糕的是，伯克說，哈斯汀斯還是「老鼠」、「獾鼬」，「在貪腐中打滾的豬圈看守者」。「就像野獸，他在角落裡對著死者與垂死之人呻吟。」[4]

與這個人同樣糟糕的，是他所代表的機構。伯克認為，因為統治印度的，是一家公司、一個法人組織，因此缺乏任何讓政府成為公正合法機構的尋常制衡機制：「印度的東印度公司並非不列顛民族（British nation），」他高呼：「韃靼人進入中國與興都斯坦，哥特人與汪達爾人進入歐洲，諾曼人來到英格蘭時，他們都是以民族（Nation）的身分。」

然而印度的這間公司並不是一個民族。去那裡的人都是為了效力公司……他們是一群臨時工組成的民族。這是一個沒有人民的共和國、聯合體……結果就是沒有人民能控制、監管、平衡在職者的權力……

由此產生了一種權力濫用行為，而哈斯汀斯先生身為頭領，對抗母國東印度公司的權威，以及印度國內所有權威……他以賄賂腐化自己的雙手，也玷汙政府名聲。他以壓迫暴政取代合法政府；非但沒有盡力為服務公眾者尋找誠實、榮譽且恰當的報酬，反而任由他們不受絲毫控制地掠奪大眾。[5]

伯克稍停片刻，製造效果，接著展開雷鳴般的高潮：

因此，我要彈劾華倫·哈斯汀斯先生，犯下嚴重罪行與不檢行為。我代表大不列顛國會下議院，彈劾他背叛國會所賦予之信任。我代表大不列顛人民，彈劾他玷污英國的國家品格。我代表印度人民，彈劾他動搖了他們的法律、權利和自由，摧毀他們的財產，蹂躪他們的國家。我代表永恆正義法則，彈劾他破壞這些法則。我代表人性本身，彈劾他殘忍侮辱、傷害和壓迫各個年齡、階層、處境及生活狀況中的男女。[6]

伯克光是開場演說就持續了四天。他在演說中聲稱，東印度公司在無情的持續掠奪中廣泛使用酷刑，並指責哈斯汀斯「以地理為區分的道德觀（geographical morality）……當你越過赤道線，就好似所有德性都消失了」。他說，自然法則意味著正義與人權是普世的。他宣稱：「道德法則普世皆同；英格蘭視為敲詐、挪用、賄賂和壓迫的行為，在歐洲、亞洲、非洲乃至全世界都是敲詐、挪用、賄賂和壓迫的行為。」[7]

他繼續說，除了資產掠奪外，公司統治對印度毫無助益：「英國人賺取的每一塊盧比，都代表著將永遠從印度消失。其他所有征服者……都在身後留下一些紀念物。倘若今日我們被逐出印度，沒有任何遺跡可以告訴人們，在我們統治的可恥時期裡，是否留下比紅毛猩猩或老虎更好的成績……（公司看起來）更像是以貿易為藉口來掠奪人民的軍隊……（他們的業務）更像搶劫，而非貿易。」[8] 他主張，此刻聚集在法庭上的人，有責任確保公司跟個人一樣，都得對國會負責。

當伯克開始描述公司的稅務人員如何侵犯孟加拉處女及其母親時——「她們被拖出來，全身赤裸，曝露在公眾視線之前，在眾人面前遭到鞭打……他們把女性乳頭放在劈竹尖端，把乳頭從身上撕下來」——現場幾名女性昏倒了。據汞考萊所言，「旁聽席上的女士不習慣這種雄辯滔滔，難以控制情緒。她們掏出手帕；傳遞嗅鹽；歇斯底里的啜泣尖叫聲不絕於耳；薛瑞登夫人被抬了出去。」[9]

接下來，薛瑞登本人接手，進一步概述控方論述，又講了四天。他也對哈斯汀斯遭到指控的道德黑暗面，進行長時間攻擊，並將之比為「如蛇一般扭曲……搖擺不定、模糊、陰險」。至於哈斯汀斯的雇主，也就是英國東印度公司，則結合了「小販的卑鄙與海盜的放蕩……一手握著警棍，另一隻手則摸上他人的口袋。」[10]

他的演說公認為當代最偉大的雄辯壯舉之一，連議長也為之折服，一時語塞。充滿激情的演說結束之際，薛瑞登低聲道：「各位爵士，我講完了。」接著就暈倒在伯克懷裡。「國會上下，所有議員、貴族及陌生人，全都不由自主爆出掌聲……全場幾乎沒有不感動落淚的人。」[11]吉本擔心朋友的狀態，第二天便去看望薛瑞登。他在日記中寫下：「他身體好得很，非常優秀的演員。」[12]

控方提出的一些指控與觀點，例如普世人權或「自然」權利的概念，不單重要，更是深刻的思考。[13]絕大多數卻是極為羶腥可恥的內容。唯一的問題是，由於菲利浦．法蘭西斯懷恨在心的陰謀詭計，國會實際上彈劾了錯誤的對象。

早些時候，伯克曾在國會調查中為羅伯特．克萊夫辯護，從而幫忙開脫了一名真正毫無原則的無情掠奪者。現在，他把自己的雄辯技巧用在華倫．哈斯汀斯身上，後者因為職位的關係，必然是整個印度商業壓迫體系的象徵。但這個人在啟動公司改革監管的過程中做出很大貢獻，甚至可能比公司任何官員都更致力管控公司統治下最糟糕的離譜行徑。

然而，對於這個在決鬥中射傷他，又是他長期懷恨在心的人，彈劾成了菲利浦．法蘭西斯最終的報復。一七八〇年十月，法蘭西斯的決鬥傷口一康復，他就遞交辭呈並乘船前往倫敦。他在此利用印度累積的新財富，買了一個國會席次，並開始遊說要把哈斯汀斯拉下台。

一七八二年二月，他在當時正崛起的輝格黨明星埃德蒙．伯克那兒找到共鳴。伯克從未去過印度，但家族中有些人卻因為不智投機東印度公司股票而蒙受損失。伯克與法蘭西斯一起撰寫了一系列特別委員會報告，揭發東印度公司在印度的不當行為。遇到法蘭西斯之前，伯克曾自稱「非常仰慕」哈斯汀斯的才華。[14]法蘭西斯迅速運用他的闇黑影響力改變了這一點。到了一七八二年四月，他已經洋洋灑灑列出二十二項控告哈斯汀斯的罪名，由伯克提交國會。[15]一七八七年五月，持續五年執拗抹黑哈斯汀斯的名聲後，伯克和法蘭西斯說服國會，此刻已有充足證據足以彈劾哈斯汀斯。二十一日，剛剛回國的哈斯汀斯遭到國會警衛拘留，接著移交給黑杖傳令官。他被迫跪在上議院議場內，低頭聆聽對他的指控。

哈斯汀斯當然不是天使，他治理下的東印度公司一如往常掠奪成性。法蘭西斯離開後，哈斯汀斯開始對自己的權力產生更多傳統、偽君主式，甚至專制的想法；這是伯克特別不喜歡的一點。[16]此外，在一七八〇年代初期的軍事危機中，提普蘇丹與馬拉塔軍隊紛紛取得勝利後，英國東印度公司看起來似乎將輕易被逐出印度的時候，哈斯汀斯被迫得迅速籌集作戰資金，來拯救馬德拉斯跟加爾各答。他選擇向東印度公司的王公盟友施壓籌款，也用了一些相當可疑的手段來募集所需款項。其中包括強迫勒克瑙的納瓦伯阿薩夫．烏道拉，去強逼躲在後院的姑姑（即阿瓦德的貴族女性）吐出財富。他還親自對貝納雷斯大公查特．辛格（Chait Singh）使用強硬手段，引發當地暴動，幾乎讓哈斯汀斯葬送性命。還有其他令人生疑的決定。特別是，哈斯汀斯未能出手特赦孟加拉納瓦伯的前首相南達庫馬爾（Nandakumar）；後者曾經偽造哈斯汀斯的貪汙證據，並交給法蘭西斯。南達庫馬爾隨後因偽造罪，遭到哈斯汀斯在西敏寺公學的老朋友，加爾各答首席法官伊萊亞・因貝判處死刑。這導致哈斯汀斯被伯克和法蘭西斯視為「司法謀殺」吹哨者，面臨相關指控。

這些全都可能構成嚴重指控。然而哈斯汀斯仍是迄今為止東印度公司派往印度的所有職員中，最負責任且最富同情心的人。從二十出頭歲開始，他的信件就充滿對東印度公司職員毫無原則剝削印度及虐待印度人的憤怒。他有許多親密的印度朋友，也視自己為孟加拉人民的光榮正義捍衛者。他曾抨擊對抗那些掠奪並破壞孟加拉經濟的人，並盡全力將經濟導向可延續的繁榮之路。他採取具體措施，確保一七七〇年的可怕饑荒不再重演，包括在巴特納建造的大圓倉，存活至今。他的繼任者稱他是在孟加拉最受歡迎的英國官員，「絕對獲得人民愛戴」。[17]

此外，他的外表也不符合新富「納波布老爺」的揮霍與高調形象。哈斯汀斯是個端正、智慧，看起來有點嚴肅的人。身著樸素的黑色長外套、白長襪與一頭灰髮，站在議場內的瘦削身軀，讓他看起來更像是即將講道的清教徒牧師，而非臃腫掠奪者。將近六英呎高，體重卻不到八英石（約五十一公斤）；他「生活簡單，頭頂光禿，面容平和而深思熟慮，一激動起來，卻是充滿智慧。」

在法蘭西斯的影響下，彈劾條款充斥著明顯幻想與曲解，充分利用聽眾對相關問題與人物的無知。這些指控草率擬就，缺乏必要的法律細節。許多羶腥演說不過是人身攻擊的咆哮，混合著虛構歷史與未經證實的影射。哈斯汀斯的職業生涯並不是從「欺詐的公牛契約承包商」開始。貝納雷斯的查特・辛格也並非所謂的「君主」。對馬拉塔人發動戰爭的並非哈斯汀斯，他也從未下令「滅絕羅希拉人」。阿瓦德女貴族的太監也從未受到鞭笞。[18]哈斯汀斯的辯護人得花上數週時間來更正起訴方提出的多處基本事實錯誤。

事實上，這場彈劾彰顯出英國人對於三十年來全面掠奪得利的印度次大陸，全然無知。有些指控是近乎可笑的混淆：例如，伯克把阿富汗文盲強盜軍閥哈菲茲·雷赫馬特汗（Hafiz Rehmat Khan），當成十四世紀的神祕主義波斯愛情詩人哈菲茲。然而彈劾之時，後者早已入土為安四百年。[19]

因此七年後，一七九五年四月二十三日當哈斯汀斯最終被判無罪時，沒人感到驚訝。然而這段經歷卻給他的晚年留下傷痕，導致他說的「多年抑鬱煩擾……除了那些至惡謊言指控我的罪行外，整個審判過程中，我遭到所有經理接連指責，他們用最惡劣的辱罵言語，加上粗鄙的侮辱詞語。這是在本國或其他國家的司法之中從未有過的案例。」[20]

然而，儘管這場審判源自錯誤設想，也找錯了對象，它確實帶來一個有用結果：證明英國東印度公司得為自己許多不法行為向國會負責，它還揭露了東印度公司的腐敗、暴力與貪汙行為，為進一步的政府監督、管理和控制奠定基礎。這個過程始於一七七三年的《監督法案》，並在皮特提出的《一七八四年印度法案》（*India Act of 1784*）中進一步強化，此案要求公司的政治和軍事交易得受到政府監督。這個過程將在一八五八年以東印度公司完全國有化告終，然而這個結局在一七八四年時已經昭然若揭。那一年，當時已經退休的東印度公司水道測量員亞歷山大·達爾林普（Alexander Dalrymple）以極為明確自信的口吻寫下：「東印度公司必須從兩個方面來看：商業與政治；」他寫道：「然而兩者是不可分割的，倘若政治不為商業服務，公司必然走向毀滅。」[21]

轟轟烈烈的哈斯汀斯審判之中，國會特意選了一個不會受到誘惑收買的人來取代他，這也是很有道理的。查爾斯．康瓦利斯（Charles Cornwallis）勛爵將軍不久前才將英帝國的十三個美洲殖民地拱手讓給喬治．華盛頓。華盛頓隨即宣佈殖民地成為自由獨立的國家。此刻，康瓦利斯的使命就是確保同樣的事情永遠不會在印度發生。

⚜

一七八六年八月康瓦利斯抵達加爾各答時，他所繼承的孟加拉，遠比十四年前哈斯汀斯所見的飢荒肆虐沙塵乾旱之地要繁榮得多。

這至少部分要歸功於哈斯汀斯實施的改革。加爾各答本身已經成為一個擁有約四十萬人口的繁榮城市，這是普拉西戰役時的兩倍以上。現在被英國住民稱為「宮殿之城」或「東方的聖彼得堡」，舊蒙兀兒貴族譽為「萬國樂園」（Zannat-al-Bilad），東印度公司的孟加拉灘頭堡無疑是東方最富裕、最大且最優雅的殖民城市。「想像自然中的一切光輝，結合上種種建築之美，」剛到埠的威廉．杭特（William Hunter）寫下：「你就能模糊想像加爾各答是什麼樣子。」[22]

這個城市繁榮且成長迅速，唯一缺少的就是適當的規劃管制：「看著加爾各答這個城市，不禁讓人驚訝，且有些惱怒，」莫達夫伯爵寫道：「只要按照規劃有序的佈局，就能打造成世界上最美的城市之一；人們無法理解英國人為什麼未能充分利用這樣絕佳的地點，反倒讓每個人各行其是，以最奇特的品味、最古怪的規劃來建造。除了兩三條合理規劃的街道外，其餘都是迷宮般的狹窄巷道。據說這是英式自由的效果，這種自由似乎與秩序對稱難以相容。」[23]

這股繁榮新象不僅讓英國人受益良多，過著奢華生活，孟加拉商人與放款世家也蓬勃發展。舉例來說，穆利克（Mullick）家族在城內四處散落一座座龐大的巴洛克風格宮殿，搭乘兩匹斑馬拉動的華麗馬車穿梭加爾各答。這股繁榮也惠及比較卑微的孟加拉勞工：到了一七八〇年代末期，他們的工資已經在十年內上漲了約百分之五十。[24]

孟加拉的財政狀況，實際上比一七四〇與五〇年代阿里維爾迪汗統治時期還好。這十年結束的時候，康瓦利斯向倫敦回報，收益比支出多出兩百萬英鎊（今日兩億一千萬英鎊）。處理其他赤字後，還有一百三十萬英鎊（今日一億三千六百萬英鎊）可用於「投資」購買出口商品。康瓦利斯估計這些商品在倫敦的銷售額可達兩百四十萬英鎊（今日兩億五千兩百萬英鎊）。[25]經過一段緊張不安的時期後，東印度公司的營運又重新上了軌道，並獲得不錯的利潤。部分利潤來自成功引進新的經濟作物，如糖蔗、鴉片與藍靛作物，但更純粹是因為孟加拉本身的自然多產，每年總是能產生大量的稻米剩餘。過去曾支撐蒙兀兒帝國的孟加拉農業收益，現在則支撐著英國東印度公司的治理（Company Raj）。[26]

不只是農業與土地收益翻轉，貿易也同樣蓬勃。自從一七七二年東印度公司幾乎破產的低谷以來，孟加拉的出口量增長了五倍，現在超過一千五百萬盧比，約合五百萬英鎊（今日五億兩千五百萬英鎊）。一切都顯示這種趨勢可能會持續下去。[27]精緻的孟加拉織品，特別是棉布、極薄細棉布與精緻絲綢，銷量都很好，年銷售額來到兩千八百萬盧比（今日三億六千四百萬英鎊）。馬爾瓦鴉片和古賈拉特棉布也是如此；然而最大的成功案例卻是產自中國的茶葉。[28]一七九五年時，茶葉銷售額在不到十年的時間裡翻了一番，達到兩千萬磅（九千噸）。一位東印度公司前董事寫下，茶葉彷彿已成為「全英國人的食物」。[29]進一步增長的唯一阻礙，來自供應。康瓦利斯向倫敦回報：「對孟加拉商品的需求超出供應量的兩倍。」

因此，一七七〇年代癱瘓孟加拉經濟的金屬短缺，此刻早已被遺忘：加爾各答造幣廠現在每年產出兩百五十萬盧比（今日三千兩百五十萬英鎊）的硬幣。[30]從各方面來說，東印度公司統治的印度東部領土—孟加拉、比哈爾與奧里薩三省—現在確實是後蒙兀兒時代南亞地區所有繼承國中最富有的一塊，比起任何競爭對手都擁有更多資源。

這些全都意味著，東印度公司政府能繼續建軍，每年分配超過三百萬英鎊（今日三億一千五百萬英鎊）用於軍事支出，這是其他南亞國家根本無法匹敵的金額。[31]從一七五七年普拉西之役後的兩千九百名士兵開始，康瓦利斯抵達時，孟加拉軍隊已經擴張到約五萬名士兵。[32]由於東印度公司支付士兵的薪水明顯高於其他雇主，也更加穩定，因此它可以從軍事勞工市場撿選最優秀的人才。位列「紳士兵」（gentlemen troopers）的孟加拉士兵，年收入約為三百盧比（今日三千九百英鎊），而邁索爾士兵每年只有一百九十二盧比（今日兩千四百九十六英鎊；四倍於提普蘇丹付給普通士兵的四十八盧比〔今日六百二十四英鎊〕）；阿瓦德士兵的年收入甚至只有八十盧比（今日一千零四十英鎊）。[33]正如伯頓．史坦（Burton Stein）指出：「印度的殖民征服既是打下來的，也是錢買來的。」[34]

這些士兵進一步由複雜的戰爭機器支持，這些機器來自威廉堡的軍械庫與杜姆杜姆的兵工廠。一七八七年，海德拉巴大臣米爾．阿蘭（Mir Alam）在加爾各答待了幾個月，東印度公司在加爾各答的軍事設備規模令他大感驚訝。威廉堡裡的軍火庫令他印象特別深刻：「三十萬支火槍整齊懸掛，容易取用；彈藥工廠努力工作，兩、三千門大砲就位，並備有五、六千門儲備砲，隨時可供使用。」[35]四十年前，一七五〇年時，東印度公司只是一家擁有少量安全武力和幾處搖搖欲墜堡壘的貿易公司；到了一七九〇年，它已經有效地將印度領土，轉變成嚴密經營的財政——軍事國家，由亞洲最強大軍隊守衛。

因此，一七九一年，當東印度公司再度與邁索爾的提普蘇丹爆發戰爭之際，此刻康瓦利斯的軍隊可以汲取前所未有的人力、武器裝備及軍事物資。公司的眾將軍有理由充分相信：倘若不得不與提普蘇丹一戰，他們很期待能藉機報復十一年前的波麗露慘敗。

⚜

一七八三年，邁索爾的海德．阿里因背部一塊「餐盤大小」的化膿腫瘤去世。他的兒子提普迅速承襲父親的王位。

馬德拉斯的總督稱提普是「年輕而精力充沛的海德繼承人，卻少了父親的惡行或暴政汙名」。[36]根據一位英國觀察者，當時三十三歲的提普「身高約五呎七吋，非常勻稱，除了頸部較短外，腿、腳踝和腳部比例優美，手臂強壯有力，顯示出極大的力量，但他的手以戰士來說，有點過於細緻……以印度穆斯林來說，他十分白皙，身材苗條，舉止文雅，面容溫和，最顯眼的特徵是那雙大而生氣勃勃的黑眼睛。」[37]

臨終之際，海德寫信給提普，就統治國家的藝術給兒子提出建議。他警告，東印度公司將試圖利用繼任過程的任何弱點：「你必須克服的最大障礙是歐洲人的嫉妒，」他寫道，「今日，英國人在印度過於強大。因此必須以戰爭削弱他們。」

他建議提普最好的機會是分而治之：「興都斯坦的資源不足以將英國人逐出他們侵佔的土地。讓歐洲各國相互對立。只有在法國的幫助下，你才能征服比印度軍隊訓練得更好的英軍。歐洲人擁有更確切的戰術，永遠要用他們自己的武器對抗他們。」

隨後他告別兒子，並祝他好運：「倘若上天給我更長的生涯，你就只須享受我的成就。」

而我留給你的是富饒省份、一千二百萬人口、軍隊、財富和巨大資源。我不須喚醒你的勇氣。我經常見你在我身邊戰鬥，你將是我的光榮傳承者。最重要的是，要記住勇氣可以讓我們登上王位，卻不足以維持王位。我們能因人民的膽怯而取得皇冠，但若不趕緊將它交付人民的愛戴，它也可能離我們而去。[38]

提普已經是印度最令人敬畏讚嘆的軍事指揮官之一：他能幹勇猛，有條不紊且勤奮；

最重要的是，他擁抱創新，決心掌握歐洲的技術知識武器，並尋求以此對付敵人。提普已經在戰場上證明自己的能力，不只在波麗露擊敗東印度公司，此後還兩度取得勝利。一七八二年，他在坦焦爾城外殲滅由約翰·布雷思維特上校（John Braithwaite）領導的另一支英軍。一年後，就在登基之前，他在柯雷隆河（Coleroon）岸上突襲殲滅第三支英軍。驚人的是，短短幾年內，提普展現出他在戰爭與和平上，同樣具有想像力。

提普開始通過法國工程師引進工業技術，並嘗試利用水力驅動機械。他派遣使節前往中國南部帶回蠶卵，並在邁索爾建立了蠶絲業，這個地區至今仍舊受益。他引進灌溉系統並修建水壩，以至於連英國敵人也不得不承認他的王國「栽培完善，人口繁多勤奮，建立（包括班加羅爾在內的）城市，擴展商業」。

更驚人的是，他還創建了一家類似於國營貿易企業的組織，擁有自己的船隻和工廠。今日仍舊留存的提普「商務部門」規範，提供了高價商品國家貿易的細節，包含斯里蘭甘帕特南進出口的檀香木、絲綢、香料、椰子、稻米、硫磺及大象。邁索爾、本地治理、海德拉巴及西海岸其他地區建立了三十個貿易中心，往北甚至遠至喀奇（Kutch）★。官員受到鼓勵招聘受過培訓的適當助理來經營這些市場，每個人都要依其宗教信仰立誓。貿易所需的資金，來自官員徵收的國家收益，也訂定條款，接受私人存款投資國家貿易，將可獲

★ 譯者註：位於印度西北部古賈拉特的中心沙漠地帶。

得固定收益。另外他還在馬斯喀特（Muscat）★與波斯灣沿岸多處地點建立商館。提普甚至要求駐鄂圖曼伊斯坦堡的大使為他取得巴斯拉（Basra）的農場（ijara）。如此一來，他就能像歐洲人一樣，建立海外殖民地，作為船隻的基地。[39]

提普謹記父親勸告，要贏得臣民的愛戴，因此特意努力取悅並保護他統治下的印度教徒。自即位之初，他便以無數的禮物、榮譽及土地來資助國內的印度教神廟。雖然留下的文書記錄很少，但從區域內的神廟檔案，我們得知，例如在一七八四年，他賜下土地給文卡特恰拉·夏斯特利（Venkatachala Sastri）和一群婆羅門，請求他們「為他祈求長壽與繁榮」。一年後，他給梅爾科特（Melkote）神廟送去十二頭大象與一面鼓，同時送來的梵文詩句，記錄了他賜下土地給敦加巴德拉河（Tungabhadra）岸的神廟與婆羅門。提普蘇丹統治期間，每年至少以三到四次的頻率，繼續重要捐贈，包含錢財、鐘、養老金、村莊、珠寶或「王之林伽（padshah lingams）☆」，大多是作為對神廟為「王軍勝戰」而祈福獻祭（puja）或神廟遊行的回報。[40]

然而，他一直慷慨贊助的對象是斯林格利（Sringeri）的大神廟，這一點可以從一九五〇年代在神廟內發現的一疊信函中得知。馬拉塔人入侵邁索爾期間，一支馬拉塔平達利（Pindari）非正規劫掠部隊對這處神廟造成巨大破壞，提普記錄下他的憤怒：「褻瀆如此神聖地方的人必將承受惡行的後果。」提普寫下：「笑著做壞事的人，將在哭泣中收成。背叛上師者將遺害後代。」[41]

提普提供大筆現金與穀物，作為薩拉達（Sarada）女神像祝聖的奉獻，以「餵養一千名婆羅門」。提普請求上師（Swami）「祈求我方繁榮與敵人毀滅」。在這不久之後，他又再次傳訊，附上一頭大象作為贈禮，他寫道：「對導師（guru）及我國作惡之人，必將因神的恩典迅速滅亡！從您的僧院奪走大象、馬匹、轎子與其他物品的人，必定受到神罰。我們已送去獻給女神的布料。請用以祝聖女神，為我等福祉及消滅敵人祈禱。」[42]

這不僅僅是國家政策的問題。即便提普是個虔誠的穆斯林，也視自己為伊斯蘭教的捍衛者，但他完全融入了當時代的複合文化，並堅信印度教神祇的力量。他每天早上都會認真地在夢境手冊中記錄。在夢裡，他不僅會遇到去世多年的蘇菲聖人，還會遇到印度教眾神與女神。一次夢境的記錄中，提到他發現自己身處一座神廟廢墟，神像的眼睛會動：其中一位與他交談，因此提普下令重建這座神廟。[43] 根據記載，「在他（婆羅門）的占卜建議下」，提普要求所有部隊，無論是印度教徒還是穆斯林，都要在神聖河流中進行儀式浸浴，以洗去怯懦，讓他們在戰鬥中勝過馬拉塔人。提普也堅信印度教與穆斯林聖人的超自然力量。正如他在一七九三年寫給斯林格利上師時提道：「您是世界的精神導師（Jagatguru）……像您這樣的聖人無論在哪國居住，那個國家都會風調雨順，豐收繁榮。」[44]

英國人一直將提普描繪為蠻野狂熱的野人，實際上他是一名藝術鑑賞家，也是知識分子，他的圖書館中約有兩千卷各種語言的書籍，主要是法律、神學及世俗科學，他還收集

---

★ 譯者註：今日阿曼。

☆ 譯者註：林伽為濕婆信仰的中心象徵，因此「王之林伽」為穆斯林統治者攏絡濕婆派信徒而賜下的林伽。

了大量現代科學儀器，包括溫度計和氣壓計。[45] 提普的軍隊在馬德拉斯郊區劫掠時，還斬獲一些關於印度植物學的學術著作，提普將這些書重新裝訂後，納入他的圖書館。提普在邁索爾孕育的創新文化，留下了跟加爾各答的想像截然不同的印象。正如克里斯多夫・貝利（Christopher Bayly）所說，這位現代化的技術官僚試圖以「歐洲重商主義強權的武器來對抗這些強權——包括國家壟斷和侵略擴張的意識形態」。他引進的法國軍事技術，在某種程度上比英國東印度公司的科技更先進；他之所以失敗，僅僅是因為此刻英國東印度公司擁有比邁索爾更多的資源，也比後者擴張得更快。

然而提普也有一些嚴重缺陷，讓他容易受到敵人攻擊。即便以當時的標準來看，提普也傾向以不必要的暴力，對付敵人跟被他擊敗的人，造成了許多心懷怨恨的敵人，這些人本來可以透過比較明智的和解來解決。叛軍在處決前會被切斷手臂、腿、耳朵和鼻子，然後吊死。他經常對被俘的敵軍及內部叛亂分子實行割禮，並強迫轉宗伊斯蘭教，無論是印度教徒還是基督徒，印度人還是英國人都一樣。他往往摧毀征服地區的神廟與教堂，特別是對馬拉巴爾、門格羅爾（Mangalore）及庫爾格（Coorg）的多次戰役，規模之大令人驚恐。大量平民被迫離開家園，一年內就有六萬名基督徒從卡納提卡的南方被遷往邁索爾。[46] 葡萄牙基督教傳教士寫道：「他把赤身裸體的基督徒跟印度教徒綁在大象腿上，讓大象四處移動，直到這些無助被害人的身體碎成片片。」

除了這些常常適得其反的侵略與狂妄之舉外，提普還欠缺外交技巧，這是致命的缺陷。一七八六年九月，康瓦利斯抵達加爾各答時，提普已經跟馬拉塔佩什瓦及海德拉巴尼贊兩面交戰，兩者都曾是他父親的盟友。然而不像加入反英三國聯盟的海德，提普對於鄰國的侵略攻擊，讓馬拉塔跟海德拉巴戒心大起。因此當康瓦利斯示好時，他們遂同意組建新的三國聯盟。這一次是跟英國東印度公司結盟，旨在對付提普的邁索爾。

彷彿敵人還不夠一般，提普隨後決定斷絕跟沙·阿蘭的關係，成為第一位正式放棄在名義上奉蒙兀兒皇帝為主的印度統治者。他下令週五主麻日講道——即呼圖白時，須奉他的名義，而非皇帝名義，並指出：「那些在呼圖白中引述沙·阿蘭名義的愚者，乃是出於無知行事，因為所謂皇帝的真實狀況是：他實際上遭到奴役，因此只是個代號，每月領取一萬五千盧比（今日十九萬五千五百英鎊）的辛迪亞僕人。既然如此，在宣讀神聖呼圖白時提及異教徒附庸的名諱，是明顯的罪過。」[47]

接著，一七八九年十二月，提普又開闢了一個新戰場。他已經征服了馬拉巴爾北部地區，遠及科欽（Cochin）；現在他決定要讓南方的特拉凡科（Travancore）國王歸順。國王為自己建造了一些卓越的防禦工事，稱為特拉凡科防線（Travancore Lines）：長達四十英哩的壁壘，兩側有十六英呎深的護城溝渠，頂部覆蓋難以穿越的竹籬笆。他還跟英國東印度公司簽訂互防協定。

因此，一七八九年十二月二十九日破曉，提普將他的重火砲推到前線，在特拉凡科防線上打出一處寬闊開口，派遣精銳的虎軍士兵屠殺毫無防備的國王軍隊時，他突然發現自己不僅與馬拉塔人、海德拉巴人及特拉凡科人為敵。同時還將再次跟糾纏最久、心結最深的敵人——英國東印度公司——開戰。

第三次英國──邁索爾戰爭一開始，跟前兩次一樣，提普以前所未有的速度與暴力，推進卡納提克地區。他在一七九〇年十二月初抵達特里奇諾波里，輕鬆勝過一支笨重的東印度公司隊伍。接著他往下進入馬德拉斯與本地治裡之間的沿海地區，騎兵焚燒摧毀了無人防守的城鎮村莊。一月中旬，偉大的提魯凡納馬萊神廟（Tiruvannamalai）城鎮遭到血腥劫掠。

東印度公司軍隊跟不上提普的行軍速度。一名軍官，詹姆斯．蘭諾少校留下記錄，邁索爾軍隊「每走三步，我們才走一步……提普的行軍速度太快，在開闊區域，我們的軍隊永遠無法與之對抗」。[48]一部分是因為每位東印度公司軍官至少都帶著六名僕人、一整套帳篷傢具、「亞麻家當（至少二十四套）；數打葡萄酒、白蘭地與琴酒；茶葉、糖及餅乾；一籃活禽及一頭產奶的山羊」。[49]提普的軍隊幾乎沒有這樣的包袱。

但康瓦利斯並不打算讓提普在他身邊打轉，更決心重建五年前在約克鎮向喬治．華盛頓投降後受損的軍事聲譽。所以他決定親自帶兵反擊：「我們浪費時間，讓對手贏得聲譽，這是戰爭中最寶貴的兩件事，」康瓦利斯寫下：「我沒有其他選擇，只能親自上陣……看看能否做得更好。」[50]

一七九一年二月初，康瓦利斯侯爵的胖敦身影騎上馬，率領一支由一萬九千名印度兵組成的軍隊，從馬德拉斯出發。到了三月二十一日，他已經登上東高止山，抵達高原，卻未遭遇任何阻礙。接著他攻下提普的第二大城班加羅爾。他的海德拉巴盟友米爾·阿蘭則帶著一萬八千名蒙兀兒騎兵，在此會軍。

到了五月，這支聯軍已經準備好，開始深入提普領地；問題也開始浮現。提普已經摧毀康瓦利斯行軍路線上的田地村莊，所以食物供應短缺。他們接近提普的河中島首都斯里蘭甘帕特南時，公司軍已經損失了一萬頭運輸牛，剩下的也幾近餓死邊緣，幾乎拉不動重擔。缺乏運輸牛就表示普通歐洲士兵、印度兵及隨軍人員不得不為後方的火砲搬運軍需。雪上加霜的是，軍中爆發疾病，且雨季提早到來，毀壞大部分米糧，淋濕虛弱的部隊。低種姓隨軍者被迫以死牛腐肉為生。不久之後，天花在公司軍中蔓延開來。[51]五月二十四日，跟提普軍的短暫衝突後，康瓦利斯下令銷毀攻城車及重砲，在泥濘中撤回班加羅爾。

撤軍只行進了半天，接近梅爾科特神廟城鎮時，一支兩千多人的騎兵隊擋在前方路上。警報發出，也開出第一槍後，才發現這些不是提普的騎兵，而是東印度公司的新盟友馬拉塔人。接著很快出現另一支更大部隊，為康瓦利斯的牛群跟部隊帶來充足補給。

幾個星期的嚴峻匱乏之後，東印度公司的士兵難以相信馬拉塔市集上供應的豐富商品：「英國羊毛布，伯明罕的筆刀，最精美的喀什米爾披肩，珍貴珠寶，還有牛羊家禽及最繁華城鎮裡能找到的種種商品。」[52]饑餓的印度兵和隨營者匆忙進入馬拉塔營地，以高價購買食物。英國軍官買下所有拉車公牛，強迫牠們服務。[53]三支盟軍一起返回班加羅爾，等待雨季過去，準備雨消河退後再次發動攻擊。

連同馬拉塔與海德拉巴盟友，在休整、盛宴和及軍事校閱了兩個月後，康瓦利斯派人開始圍攻提普的山區堡壘，這些堡壘守衛著進入高止山區的其他通道。他們首先攻打南迪山區（俯瞰班加羅爾）的堡壘，以及座落在接近垂直山峰上令人心生畏懼的薩凡杜爾加堡（Savandurga）；這個地方被視為德干地區最堅不可摧的堡壘。到了新年時節，康瓦利斯穩定了補給供應線，確保五月份的後勤失誤不會重演。

最終，一七九二年一月二十六日，三支軍隊從班加羅爾出發，第二度試圖圍剿邁索爾之虎的巢穴。此刻康瓦利斯擁有兩萬兩千名印度兵，加上一萬兩千名馬拉塔士兵，及數量略多一些的海德拉巴士兵。[54]

提普的軍隊則大得多——超過五萬名步兵與騎兵，但他是個非常謹慎的將領，不會冒險與強大敵軍正面衝突。相反地，他待在斯里蘭干帕特南的壯麗堡壘中，這座堡壘是由法國工程師根據最新科學原理為他設計。他們採用蒙塔朗伯特侯爵（Marquis de Montalembert）所著的《直立式防禦工事》，此書以塞巴斯蒂安·德沃邦的研究為基礎，針對堡壘的抗砲擊能力進行設計。這些設計提供了十八世紀當時最新防禦手段，甚至將日益增強的火砲、炸藥與地雷火力，及強攻圍攻堡壘等最新戰術都納入考量。[55] 康瓦利斯的軍隊現在所面臨的挑戰，是要如何突破這些防禦。

一七九二年二月五日晚間，三支軍隊二度來到斯里蘭干帕特南島的雄偉城牆前。康瓦利斯並未等待提普先動手，也未告知盟友他的計劃，他即刻利用無月之夜發動進攻。他最初將火力集中在島嶼對面高地的營區，這個位置俯瞰保護卡韋里河上的橋樑及渡口。提普原以為康瓦利斯會等到全軍集結完畢後再行動，結果促不及防。他勇猛抵抗了兩小時，但到了午夜，不得不撤回島上，進入堡壘內部。

提普一放棄營地，渡口無人看守，康瓦利斯立即向島嶼東端的堡壘發動第二波攻擊。破曉之時，美麗的緋紅花園（Lal Bagh）落入康瓦利斯之手。第二波隊伍中的詹姆士・柯克派屈克（James Kirkpatrick）曾在前一天遙望河對岸，看到提普宏偉的蒙兀兒式花園宮殿，「緋紅花園，一切是那麼輝煌」。「然而，」他寫給父親的信中說道：「卻全在戰爭的緊急之下犧牲了。」宮殿變成傷患病院，美麗花園「被推倒，變成圍城需要的材料。整條高大雄偉的柏樹大道瞬間倒下，柳橙、蘋果、檀香木，甚至連玫瑰及茉莉花園也無一倖免。你可能會在我們的砲台上，看見綁上茉莉樹，並用檀香木樁固定的玫瑰樹叢，用來充填加固。連工程兵自己也染上了芬芳的味道……」[56]

即便是歐洲軍隊的「驚人死亡率」，「以及首都方圓二十英哩地表上的數百萬腐爛屍體發出傳染氣味……」他寫下，也不能讓他無視這座圍攻城市的驚人之美：「島上與城外的宮殿及花園，在規模、品味與壯麗程度上，都遠遠超過班加羅爾的宮殿和花園。據說它們又比城內的主要宮殿略遜一籌。」[57]

隔天，提普發動一系列無效反擊。由於處境愈發絕望，更多士兵開始逃逸，他被迫透過被俘的東印度公司軍官，向康瓦利斯發出和談訊息。康瓦利斯接受提議，但條件很嚴苛：提普必須割讓半個王國，支付三千萬盧比（今日三億九千萬英鎊）賠款，釋放所有戰俘，並交出兩名長子作為人質，以保證全額付款。靠近馬拉塔人的邊界地區，將移交給佩什瓦；靠近海德拉巴的地區則交給尼贊；東印度公司將獲得他在東高止山脈、庫爾格及盛產香料的馬拉巴爾領土。

條約終於簽訂，兩名年幼的王子——八歲的阿布杜．卡利克（Abdul Khaliq）及五歲的穆伊茲丁（Muizuddin），在一七九二年三月十八日交給康瓦利斯。兩名男孩乘坐大象前往馬德拉斯，他們似乎對此地頗有好感，雖然明顯不喜歡被迫看完韓德爾的《彌賽亞》（*Messiah*）與《馬加比的猶大》（*Judas Maccabaeus*）的整場演出。[58]他們以尊貴、睿智與禮貌在馬德拉斯社交圈引起一陣騷動。兩年後，提普交付最後一筆賠款時，他們就被送返邁索爾。

這一切對提普來說，都是毀滅性的打擊。戰爭期間，他已經失去七十座堡壘與八百門大砲，造成四萬九千三百四十人死亡。現在，他還將失去一半從父親手上繼承來的王國。然而即便在和平條約談判之中，提普顯然並不服輸。

此時，他聯繫了海德拉巴尼贊阿里汗（Ali Khan）：「難道你不知道英國人的習慣嗎？」他寫道：「無論他們抓住什麼，都會一點一點讓自己掌握大局。」根據馬拉塔文獻，簽署條約的前一晚，提普秘密出現在馬拉塔營地裡，要求進入「高貴老婆羅門」將軍哈里潘特．帕德克（Haripant Phadke）的營帳。「你要知道，我並不是你的敵人。」他說：「你真正的敵人是英國人，你要提防他們。」[59]

從很多方面來看，一七九二年是英國東印度公司在印度的重要轉捩點。在此之前，公司經常處於守勢，情勢並不穩定。這一年之後，東印度公司似乎越來越占主導地位。在此之前，領土方面，東印度公司仍算是相對較小的印度勢力，在全印度四百一十七萬平方公里中，僅控制著三十八萬八千五百平方公里，占總面積約百分之九點三，而且幾乎全部位於北部跟東部。[60]然而憑藉著剛從提普手中奪取的大片南方土地，東印度公司政權正邁向成為主要勢力的道路，不只在領土面積上，同時也是軍事與經濟的強權。

康瓦利斯返回加爾各答後啟動的改革，更進一步鞏固了這個地位。在美洲，英國的殖民地並非被美洲原住民奪走，而是被歐洲殖民者的後裔所取代。因此康瓦利斯決心確保印度永遠不會出現穩定的殖民者階級，以免像美洲一樣損害英國統治，更令他自己感到羞辱。這個時期，三分之一的在印英國男性與印度婦女同居，據信三個總督府城市中，有超過一萬一千名英印混血兒。[61]現在，康瓦利斯引入一系列公然種族主義的立法，旨在禁止英國男性與印度妻子生下的子女進入英國東印度公司。

一七八六年已經通過一項命令，禁止英國士兵的英印混血孤兒進入公司軍隊服役。一七九一年發布的另一項命令，禁止任何擁有印度父母者，在東印度公司的文職、軍事或海事部門受僱。一年後，此一限制擴大到「公司船上的軍官」。一七九五年，再頒布進一步法規，明確排除任何一方父母非歐洲裔者進入公司軍隊服役的資格，除非是擔任「吹笛手、鼓手、樂手或蹄鐵匠」。然而，跟他們的英國父親一樣，英印混血兒也禁止擁有土地。因此，英印混血兒被排除在所有豐厚就業機會的明確管道之外，他們很快發現自己的社會地位開始往下滑落。這種情況會持續下去，直到一世紀後，英印混血兒已經變成一群小職員、郵差與火車司機的社群。[62]

同樣是在康瓦利斯掌政的時候，許多印度人——穆爾希達巴德舊蒙兀兒行政體系中的最後倖存者——也從政府高職中遭到拔除，此舉完全是出於牽強理由：幾世紀的暴政已經令這些人的內裡產生「腐敗」。[63]東印度公司總部的威廉堡裡，官員幾乎全由白人出任，並開始對所有非歐洲裔者蔑視以待。此時，華倫・哈斯汀斯的軍事秘書威廉・帕爾默（William Palmer）少校，娶了一名蒙兀兒公主，他寫信向康瓦利斯表達對加爾各答引介印度權貴的新禮儀感到不滿。「他們以最冷漠和令人厭惡的方式受到接待。我向您保證，他們察覺到，也感受到了，毫無疑問，他們會隨時對此表達不滿。」[64]

康瓦利斯隨後著手進行一系列土地與稅收改革，確保穩定收益，特別是在戰爭時期；同時更加強東印度公司對征服土地的控制。一七九三年引入的《永久協議》（*Permanent Settlement*），給予地主在土地上的絕對權利，條件是他們支付一筆此刻由東印度公司官員訂定固定價格的稅金。只要地主按時繳納稅金，收入來源的土地所有權就有保障。如果他們未能支付，土地就會被賣給其他人。[65]

這些改革迅速對東印度公司統治下的孟加拉土地所有權引起一場革命。許多大型古老地產遭到分割，前傭人紛紛湧向拍賣場，購買前主人的土地。接下來的幾十年裡，嚴苛的稅金評估導致近一半地產易手。許多擁有土地的蒙兀兒老家族破產，被迫出售土地，形成了極不平等的農村社會，一般農民的生活比以往更加艱難。但從公司的角度來看，康瓦利斯的改革帶來巨大成功。土地收入產生的收益不但穩定下來，還大幅增加。稅金現在都能準時全額到帳。此外，從舊地主手中購買土地的人，從許多方面來說，都跟新的東印度公司秩序站在同一條船上。透過此一方式，開始出現的新階層，多由信仰印度教的親英派孟加拉銀行家與商人組成，他們成為有錢地主，接受公司委派的地方行政責任。

因此，即便舊蒙兀兒貴族失去高位，新的印度教服務士紳階層興起，取代他們成為東印度公司統治下的孟加拉社會階層頂端。這些新興的孟加拉中上階級「巴德拉洛克紳士」（bhadralok），以泰戈爾（Tagore）、戴伯及穆利克等家族為代表，緊緊控制著加爾各答的中層公職、農民農業生產及市集貿易。他們參與了送進加爾各答的新興現金作物貿易，例如，德瓦卡納特・泰戈爾（Dwarkanath Tagore）在這個時期靠著靛藍染料發財。同時，他們也持續借錢給東印度公司，通常利息高達百分之十到二十。正是這個階層提供的融資，讓殖民軍隊用來買步槍、大砲、馬匹、大象、公牛，同時也用來支付士兵薪餉，讓公司軍隊能夠對其他印度諸國發動戰爭，並取得勝利。少了這些區域勢力團體及本地社群的政治經濟支持，英國東印度公司的印度帝國不可能持續擴張。透過跟商人與傭兵、納瓦伯與王公盟友，以及最重要的溫良銀行家保持微妙平衡，才讓東印度公司這棟大樓保持屹立不搖。[66]

最終，正是毫無限制的融資——部分來自穩定的土地收入，部分來自合作的印度錢莊與銀行家，在這個時期終於給了東印度公司超越印度競爭對手的優勢。改變遊戲的，不再是優越的歐洲軍事技術，或行政能力，而是動員轉移大量財務資源的能力，讓東印度公司能夠派出東方世界最龐大且訓練最精良的軍隊。這個時期最大型的企業，包括拉拉・喀什米里・馬爾（Lala Kashmiri Mal），羅摩昌德—戈帕爾昌德・夏胡（Ramchand-Gopalchand Shahu）、戈帕爾達斯—馬諾哈達斯（Gopaldas-Manohardas）這幾個家族企業，許多都以巴特納和貝納雷斯為基地，處理最大額度的軍隊匯款，負責在孟買、蘇拉特或邁索爾開立匯票，並提供大額現金貸款。這些企業讓東印度公司能夠定期支付、維持、武裝並供應軍隊所需。東印度公司自然也會適時回報這些寶貴的服務；一七八二年，東印度公司宣佈由戈帕爾達斯家族取代賈格塞特家族，成為官定銀行。有了東印度公司的支持，這家企業也因此能夠打進過去未能插旗的西印度地區。[67]

如同拉賈特・坎塔・雷（Rajat Kanta Ray）指出：「就本地商業信貸體系來說，英國東印度公司比起其他印度強權更佔優勢，因為它身為國際資本主義企業，深明清償債務的重要性。此外，眾所皆知，它擁有全國最大的收入盈餘，可作為向貸款業者（sahukara）獲取大額合約貸款的抵押品。」[68] 東印度公司被視為印度商人與銀行家的天然盟友；正如哈里・恰蘭・達斯（Hari Charan Das）所寫，英國人並未「干涉住在他們城市裡的富人、銀行家、商人及其他人的財富，相反地，他們對有錢人很友善。」[69]

正如四十年前賈格塞特發現，東印度公司用的是印度銀行家能夠理解的語言，並為印度資本提供比其他競爭對手更安全的環境。[70] 最後，一切終歸是金錢。到了十八世紀末，孟加拉地區每年都能穩定產出兩千五百萬盧比（今日三億兩千五百萬英鎊）的收入盈餘；同一時間，辛迪亞在馬爾瓦領土上辛苦掙扎，每年只能掙得一百二十萬盧比（今日一千五百六十萬英鎊）的淨收入。[71] 難怪辛迪亞要焦慮思索，「沒錢就不可能召集軍隊或發動戰爭」。[72]

最終，印度各地的金融業者決定支持的是英國東印度公司，而不是馬拉塔人，或邁索爾的蘇丹。[73]此外，儘管東印度公司貪婪無道，但對他們來說，做出這個決定卻是愈來愈容易。到了一七九二年，幾乎已經不存在可靠的反對勢力。提普剛剛潰敗，失去一半的王國。儘管勇敢堅定，但他也難以再度集結足夠資源，像波麗露之役那樣擊敗東印度公司，除非有奇跡出現。

同時間，控制最大片土地且擁最強大軍隊的大馬拉塔聯盟，正開始慢慢解體。在多年公開敵對和日益緊張的關係下，一七九三年六月一日拉克里（Lakheri）的戰役中，馬哈吉・辛迪亞終於徹底擊敗圖科吉・霍爾卡。這場戰役的結果回報給位於德里的盲眼皇帝沙・阿蘭時，他輕笑著說：「馬拉塔勢力很快就要毀了。」[74]他是對的。接下來的流血內訌中，「馬拉塔統治者更像一袋鼬鼠，而不是個聯盟。」[75]

預測未來已不再困難。到了一七九〇年代，如莫達夫伯爵就認為印度的命運已無庸置疑。他寫下：「我相信英國人在蒙兀兒帝國中建立的地位尚不穩固，仍面對許多不確定性。同時毫無疑問，隨著時間推移，他們最終將會失去這個地位。」

然而他們肯定能夠控制一段很長的時間，長到足以從中獲取巨額金錢，讓他們足以維持自詡的地位——歐洲貿易國家中的主要、或是唯一的強權。

誰能阻止他們？在興都斯坦，大亂局已扼殺了任何好事發芽或生長的希望：人民生活在貧困與悲慘之中，儘管他們有許多美好生活的可能。孟加拉的英國人密切關注著這種奇特的局勢，希望從中獲利，他們的獲利渴望跟征服狂熱一樣無邊無際。

我毫不懷疑，這些不斷復發的騷亂，牢牢困住帝國的所有軍隊，英國人不但十分歡迎，還將之視為逐步接管帝國的必勝手段。我驚覺他們的行為與其長期策略完全吻合，他們精心煽動內部紛爭，接著提出解決方案，一有機會他們就展現軍事實力來支持這種調解。

這種行為模式已經持續數年，讓他們控制了孟加拉以外的許多地區，以至於不久後他們將成為恆河之主，控制阿拉赫巴德到德干之間的地區。他們玩弄著扮豬吃老虎的遊戲，在無人注意中前進。簡而言之，他們勤懇實踐著古羅馬政治格言，如塔西佗（Tacitus）★所言，無論何時何地，留下（當地世襲）統治者，利用他們作為壓迫人民的工具。

今日在這廣袤的舞臺上，英國東印度公司獨自佇立，無聲無息地籌備擴大他們在此地所扮演的重要角色。他們所有的謀劃、方案和舉措，都指向這個偉大的目標。印度的所有強權都逐一在恐怖、陰謀、奉承、承諾或威脅中削弱。每一天，東印度公司每天都朝向這個目標更進一步。我毫不懷疑，這些年來，侵略興都斯坦，佔領所有東印度貿易，一直是他們推算計量的目標，補償他們在美洲失去的利益。若考慮到英國海軍的實力，他們在印度海岸上的軍事基地，你會意識到，只消利用手上這些工具，他們只需小小努力就能實現這個宏偉的計劃。

當時機來臨，無論他們的計畫多麼龐大複雜，都將完全就緒，齊備所有必要的先期資訊：然後他們付諸實現的迅速成功，將震動全歐洲。[76]

他認為這家公司現在看起來是所向披靡，但他忽略了一件事。事實上，仍有一股力量可以阻止這家公司的步伐。莫達夫的故鄉此刻正處於革命之中，由一位口音濃重的科西嘉上校拿破崙・波拿巴（Napoleon Bonaparte）領軍，剛在一七九三年二月一日對英國宣戰。四年後，一七九七年十二月，提普派出使團尋求拿破崙支持對抗英國東印度公司。邁索爾蘇丹此時並不知道，他所需要的軍隊已經在法國土倫（Toulon）準備就緒。提普的使團於一七九八年四月抵達巴黎時，拿破崙正等著一個機會，讓他的一百九十四艘船載上最優秀的一萬九千名士兵，從土倫啟航，橫越地中海前往埃及。拿破崙對自己的計劃瞭若指掌。

一七八八年前，他曾在一本關於土耳其戰事的書本邊緣寫下：「通過埃及，我們將入侵印度。我們將重新建立穿過蘇伊士的舊路線，讓好望角路線失去吸引力。」他也沒預料到許多問題：「法國劍一施展，就足以讓重商榮光架構崩潰。」[77] 一七九八年他從開羅致信提普，回應後者的求援並概述他的宏偉戰略：

> 你已得知我已抵達紅海邊，帶著數量龐大的無敵軍隊，全心期盼能令你擺脫英國的鋼鐵枷鎖。我殷切期待藉此機會向你表達，我期待得知你的政治狀況，可藉由馬斯喀特與摩卡（Mocha）的途徑傳達予我。我希望你能派遣得你信任的明智人士前往蘇伊士或開羅，

---

★ 譯者註：西元一世紀的羅馬執政官、雄辯家及元老院元老。

我可與之商討。願主賜你力量，消滅你的敵人！

此致

波拿巴[78]

CHAPTER

# 9 印度軀體

一七九八年五月十七日，就在拿破崙艦隊從土倫悄然駛出，迅速航過地中海前往亞歷山大港的兩天前，一艘單桅船隻，這次是一艘造型流線的東印度公司船隻，在海上航行了七個月後，駛進胡格里河。一如拿破崙改變法國歷史，船上的男子將改變印度歷史。事實上，即便他的名字今日幾乎已被遺忘，但在接下來的七年裡，他在印度征服的領土面積，速度之快，遠超過拿破崙在歐洲的征服成就。

一七五六年十二月，羅伯特．克萊夫也轉進同一條河流時，他在信中點出孟加拉灣水域出現恆河沙獨特顏色的地點。當時孟加拉只剩下敗戰與瘧疾肆虐的加爾各答難民，在巽德班紅樹林沼地內的富爾塔大量死去。加爾各答本身成了廢墟。現在，不過四十二年後，加爾各答已成為亞洲最大的城市之一，東印度公司完全掌控了印度東部和南部，成功包圍了整個半島。這名乘客從船艙往外眺望時，他很清楚自己被派往東方，就是為了將東印度公司的征服鞏固工作推向高潮。

這是他對孟加拉的第一眼，一切都令他興奮不已。「沒什麼比得上我眼前的壯闊。」抵達後他寫信給妻子：「這條河跟倫敦的泰晤士河同樣寬闊，沿河將近三英哩，兩旁是建築精良的美麗鄉村住宅，帶有門廊與立柱。城裡集合了同樣風格的壯麗宮殿，以及世上最佳堡壘。草坪綠意超越你過往所見……在如此炎熱的國度，顯得十分不尋常。比起任何歐洲國家，樹木更美麗，葉蔭更茂盛……亞瑟在離城幾英哩的地方迎接我們，抵達堡壘時受到禮砲迎接。」[1]

這名乘客是新上任的總督理察．衛斯理（Richard Wellesley）侯爵[2]，「亞瑟」是他的弟弟，最近也派駐到印度。未來他將超越理察，被封為威靈頓公爵（Duke of Wellington）。這兩人將共同改變印度與歐洲的歷史。

這一切都並非必然。兩兄弟既不是重要貴族，也非傑出政治家，更沒有巨大財富。他們出身鄉下的盎格魯愛爾蘭新教小家族；主要資產是堅定自信、敏捷頭腦與非凡膽識。就像先前的克萊夫，他們都是侵略獨裁性格的實用主義者，相信進攻就是最好的防守；也像他一樣，他們似乎不曾自我懷疑，能在困境中保持鎮定；換作是比較焦慮或敏感的人，恐怕就要驚疑不定。

在這個階段裡，理察才是家族裡的明星。他在二十四歲時進入下議院，很快就擔任財務大臣，並成為首相威廉．皮特的密友。現年三十七歲的理察，踏上加爾各答的土地，接替康瓦利斯勛爵，成為英國東印度公司印度領地的總督。理察．衛斯理是個異常從容的年輕人，擁有高額、濃黑眉毛與突出的羅馬鼻。藍眼睛深邃有神，堅定的下巴與四分之三鬢角形成鮮明對比。偏小的嘴型顯出意志堅決，神情中透出一絲嚴肅光芒，暗示著他的精明，也許還有一絲無情。但所有肖像畫中也明顯透著懷疑，甚至妄想的神色。他越來越常用極端傲慢的面具來掩飾這項缺陷。

跟過去的總督相比，衛斯理對待即將上任的公司的態度，是截然不同。正如加爾各答此刻跟克萊夫熟悉的那個破敗小城截然不同，現在的東印度公司也不是克萊夫效力時的那隻野獸。在印度，東印度公司也許力量強大難以衡量，此刻軍隊規模約是克萊夫時代的二十倍；但在倫敦，國會持續穩定削弱公司的權力與獨立性。首先是諾斯勛爵的

《一七七三年監督法案》，然後是皮特提出的《一七八四年印度法案》。這兩項法案大幅削弱利德賀街東印度公司董事會手中的控制權，並將英屬印度的政治軍事事務轉交給管理委員會（Board of Control）。這個政府機關成立於一七八四年，坐落在倫敦另一端的白廳（Whitehall），旨在監督公司作為。

衛斯理是一名堅定的政府官員，與前任不同，他毫不掩飾對「最令人厭憎的印度之家」的「極度不滿」。[3] 儘管他將為董事會贏得龐大帝國，過程中卻也幾乎讓他們的公司破產。從一開始就很清楚，他的野心跟目標遠遠超越維持公司利潤，事實上他很厭惡東印度公司的重商精神。

公司董事會有所不知的是，衛斯理前來東方時，心中懷有兩個明確目標。他決心要確保英國在印度的統治，也同樣決心要將法國人從次大陸的最後據點趕出去。在這方面，他遵循管理委員會主席亨利・鄧達斯（Henry Dundas）的指示。這位新總督啟程前往印度之前，鄧達斯在一系列長時間簡報中，將他的厭法情緒傳達給從善如流的衛斯理。

鄧達斯曾特別指示衛斯理，「清理」那幾塊受到法國影響「污染」的印度王國，亦即邁索爾的提普蘇丹、海德拉巴尼贊阿里汗，以及統治大馬拉塔聯盟的敵對首領網絡。他們都曾透過法國傭兵與叛逃者訓練組建印度兵軍隊，這些都可能被用來支持法國對抗英國。此時為國家危機之際，英國不僅跟法國交戰，還跟荷蘭與西班牙交戰；當英國最後的盟友奧地利才剛放下武器；當英吉利海峽艦隊（Channel Fleet）爆發海軍叛亂；拿破崙正在制定對愛爾蘭（叛亂爆發邊緣）及英格蘭南岸進行海上入侵的計劃時，英國政府無法容忍此事發生。[4]

衛斯理對於法國將再度威脅東印度公司的想法變得更加清晰，是因為東航途中，他的船隻在開普敦停靠進行補給。一七九八年一月底，他在那裡遇見一名東印度公司資深外交官，對方在開普敦的礦泉浴池治療痛風，試圖恢復健康。威廉·柯克派屈克（William Kirkpatrick）少校跟衛斯理一樣憎恨法國，但跟新上任的總督相比，他對印度更加熟悉，成年後大部分時間都待在印度，後來還曾任德里跟海德拉巴的東印度公司駐紮官。他在那裡直接接觸了衛斯理一心要擊敗驅逐的法國傭兵。

一開始，衛斯理要求柯克派屈克少校以書面形式回答一系列關於海德拉巴尼贊轄下法軍的問題。特別是「由法國人雷蒙（Raymond）指揮」，並由「奉行惡名昭彰的法國雅各賓主義猛烈信條的法國人」擔任軍官的那個營，「激烈、勤奮且活力十足的法國武裝團體……在印度形成永久法國派系的基礎。」[5] 他收到的回覆給他留下深刻印象，因此他不僅將回覆一字不動轉發給鄧達斯，還懇請柯克派屈克放棄原本預備返英的計畫，與他一同前往加爾各答，擔任他的軍事秘書。

衛斯理在開普敦期間，兩人一直深居簡出，由柯克派屈克向新上司簡報他對法國威脅的看法，以及新總督可採取哪些圍堵措施。他提及在法國人指揮下裝備精良的馬拉塔印度兵部隊，是由傑出的薩伏伊將領德波昂訓練出來的。德波昂現已退休返回歐洲，將部隊交給威猛程度遠遠不如的指揮官皮耶·裴洪將軍（Pierre Perron）。不過柯克派屈克曾親眼目睹他所創建的軍隊，特別是效率驚人的砲兵師。三年前，一七九五年三月，柯克派屈克曾在卡爾德拉（Khardla）戰役中，親眼目睹海德拉巴尼贊的軍隊在對方的砲火下土崩瓦解。柯克派屈克十分清楚辛迪亞新軍的強大力量，這支軍隊此刻在制服、操練、武器裝備，甚至士兵的族裔、種姓背景方面，幾乎跟英國東印度公司軍不分軒輊。

聽聞提普蘇丹的軍隊——東印度公司最頑強無情的敵人，落入一支由五百名法國革命傭兵、顧問、技術人員及軍官組成的部隊之手時，衛斯理的警鈴瞬時大響。柯克派屈克告訴他，一七九七年五月，提普的法軍甚至在斯里蘭甘帕特南成立了一個革命雅各賓俱樂部：「在營地的大砲步槍聲中，他們升起了國旗（三色旗）」，同時焚燒舊波旁王朝的象徵。後續種下「自由之樹」（雅各賓派的五月柱）時，他們唱著共和國歌曲，並為樹戴上「平等之帽」。群眾宣誓「仇視所有君主，除了提普蘇丹之外，他是勝利者，法蘭西共和國的盟友。對暴君發動戰爭，熱愛祖國及人民統治者提普的國土」。最後，他們鄭重宣誓支持共和國憲法，「或死於武器之下……為自由而生，為自由而死！」[6]

典禮結束時，法國軍團遊行到斯里蘭甘帕特南的閱兵場上，人民統治者在此等著他們。他們接近時，提普下令兩千三百門大砲、五百枚火箭砲及軍中所有火槍齊發，向他們致敬。人民統治者提普宣佈：「看啊，這是對貴國國旗的認可，貴國是我的親密盟友；它將在我國永遠飄揚，就像在我們的姐妹共和國一樣！來吧，完成你們的慶典！」[7]

衛斯理最大的擔憂是，若跟提普的戰爭再次爆發，各支法國傭兵團可能會聯合起來，挑戰英國東印度公司。他致信倫敦，如此描述：

以當前海德拉巴尼贊政府的薄弱狀態，他轄下的法國軍團可能公開加入提普蘇丹，以突擊之勢，企圖奪取尼贊領土，並與提普蘇丹結盟，確保法國宰制。辛迪亞也擁有一支法國軍官指揮的大軍，他的利益跟傾向可能導致他跟提普蘇丹及法國結盟。此一結盟可能透過法國軍官為之，因為數支（法國）部隊分別在尼贊、辛迪亞及提普麾下服務，也藉此在普那與德干諸國的廢墟之上，建立法國勢力。[8]

衛斯理一抵達加爾各答，便開始制定計劃，派遣部隊南下對抗此一威脅。然而六月八日他讀到加爾各答一份報紙上刊載的聲明後，隨即加速推動他的計畫。這項聲明是由模里西斯島上的法國總督馬拉提克（M. Malartic）發布，將提普跟法國締結攻擊防禦同盟的打算公諸於世。「他只等法國人前來相助的那一刻，便要向英國宣戰，並渴望將他們逐出印度」。[9]

從那一刻起，提普的命運就已經註定了。衛斯理此刻的首要任務，是在任何法國遠征軍抵達之前，根除一切法國人的影響。六月份，他寫信給馬德拉斯總司令哈里斯將軍（Harris），後者是康瓦利斯對抗提普戰役中的老將。他宣佈自己決定要「立即呼籲我們的盟友，儘快在海岸集結所有軍隊」，以期「在提普獲得外援之前，對他發動奇襲」。[10]

八月初，衛斯理完成作戰計劃，傳給倫敦的鄧達斯，點出「最適合阻撓提普蘇丹與法國聯軍的措施」。[11]在他看來，此刻提普是明確的敵人與掠奪者，必須立即壓制：「他的敵意證據十分充足，」他寫道：「儘管擺出最友好的姿態，受現有的和平友誼條約約束，也未受到我方挑釁，提普蘇丹已表現出完全毀滅我們的企圖。」[12]

然而，衛斯理決定首先處理海德拉巴的雷蒙的法國革命軍。

⚜

即便這段時期衛斯理的許多書寫都帶著恐法偏執，但新任總督認為雷蒙可能對公司構成潛在威脅的判斷是正確的。最近發現的一批文獻顯示，雷蒙確實跟辛迪亞麾下德波昂部隊的法國軍官及斯里蘭甘帕特南的提普軍法國軍官有所往來。雷蒙為尼贊服務前，也曾在斯里蘭甘帕特南工作。

一七九〇年代初期，他寫給本地治理法國總部的一系列激越愛國信件中，顯露出雷蒙的野心。他在信中表達對法國跟大革命的忠誠：「如若有幸，情況允許我證明自己對國家的熱情，我願犧牲一切。」他對模里西斯總督更加明確表達自己的意圖：「我持續以您下達（的命令）為優先責任……若我能為法國所用，我願隨時再次獻出鮮血。為此職責與您的厚愛，我願盡力而為。」[13]

詹姆士·阿奇里斯·柯克派屈克是新任的海德拉巴英國駐紮官，肩負驅逐法國軍團的重任。他是衛斯理新軍事秘書的弟弟。這份任務並不容易。雷蒙的個人收入十分可觀——光是他擁有的封地一年就產生五十萬盧比（今日六百五十萬英鎊）的收入，而且在一七九八年頭幾個月裡，雷蒙再次說服尼贊擴增他的軍隊規模，這次超過了一萬四千人。他們擁有自己的定製火砲鑄造廠與完整的火砲運輸鍊，由五千頭公牛組成。除了出色的火砲外，這支軍團還自製刀劍、火槍及手槍，甚至還有一支六百人組成的小型騎兵部隊。更糟的是，雷蒙在海德拉巴宮廷很受歡迎。尼贊繼承人西坎德爾．賈（Sikander Jah）非常喜愛這名法國人，甚至「以雷蒙的頭為擔保」起誓。[14]

然而，一七九八年三月二十五日早上，雷蒙被發現死亡，年僅四十三歲；有流言說可能是朝中親英派下的毒。無論真相如何，雷蒙突然死亡給了柯克派屈克一個機會。更有幫助的是，尼贊的一名大臣米爾．阿蘭近期曾訪問過加爾各答，東印度公司軍營跟兵工廠的規模讓他十分驚嘆，海德拉巴朝中其他高官也同樣認定東印度公司是印度崛起的強權。他們主張跟東印度公司建立聯盟，對海德拉巴的安全至關重要，畢竟它被兩個更強大的鄰國包圍——南方是提普的邁索爾，西方則緊鄰普那的馬拉塔勢力。

六個月後，經過幾週艱苦談判，雙方簽署秘密條約，讓海德拉巴與英國東印度公司結成緊密的軍事同盟：東印度公司將派六千名部隊駐紮在海德拉巴，保護尼贊安全。作為回報，尼贊每年將向東印度公司支付四萬一千七百一十英鎊（今日四百三十七萬九千五百五十英鎊）的津貼，並解散法國軍團。然而，具體將在何時又如何實現，並未在條約中明言。

簽約之後的一個月在不平靜中過去，此時四個營組成新的公司部隊，帶著一列火砲，從滾圖爾（Guntur）附近的海岸，緩慢爬升一百五十英哩。滾圖爾是東印度公司治下最靠近海德拉巴的城鎮，衛斯理早在兩個月前就命令軍隊在此集結，準備向海德拉巴前進。[15]

十月二十二日黎明前，東印度公司部隊悄悄包圍了法國營地，他們將火砲佈置在法國陣地上方的山脊上，距離剛剛為紀念雷蒙而設的古典希臘神殿與方尖碑並不遠。他們的奇襲完全出乎意料。黎明破曉時，法國軍團醒來發現自己遭到包圍。上午九點，柯克派屈克向叛變者提議，他們若投降就能獲得所有應付的薪水。他們有「一刻鐘的時間堆置武器，然後前往營地右方約半英哩處的保護旗下。如若不應，將立即發動攻擊。」[16]

法軍猶豫不決了三十分鐘。兩千名東印度公司騎兵集結在法國軍團的右翼；另外五百人則守候在右側。中央則有四千名公司步兵。周遭一片寂靜。接著，上午九點三十分左右，法國士兵終於傳來接受條件的消息，讓柯克派屈克鬆了一口氣。

東印度公司騎兵進入營地，迅速佔領法國軍火庫、倉庫、火藥廠、造砲廠與火砲，法國士兵則逃到投降旗幟下。柯克派屈克心想，「真是壯觀又可憐的景象」[17]。幾個小時裡，印度最大的法國軍團，人數超過一萬四千人，被人數不及三分之一的軍隊解除武裝。未發一槍一彈，也未損失人命。

柯克派屈克整個下午都站在英國駐紮官署的屋頂上，看著士兵放下武器。那天晚上，在疲憊與歡欣交集的狀態下，他寫信給哥哥威廉。他說：「今晚從我家的屋頂上，用望遠鏡看著成千上萬的雷蒙部隊遭到遣散，是我一生所見最美好的景象。」

兩小時候加註的後話裡，帶來更好的消息：威廉是否已聽到剛從孟買加急送到的最新消息？關於「海軍上將納爾遜的光榮海戰」。八月一日的尼羅河戰役中，納爾遜幾乎擊沉了阿布基爾灣（Aboukir Bay）中整支法國艦隊，粉碎了拿破崙利用埃及作為安全基地來攻擊印度的希望。這是個驚人轉折。自從收到拿破崙遠征埃及的消息，印度看起來很可能成為下一個目標，甚至可能成為法國的殖民地。現在此一威脅已大幅降低。[18]

這次行動進行得非常巧妙，衛斯理非常高興。該月份稍晚時候，他致信鄧達斯：「我溫和征服尼贊麾下由法國軍官指揮的一萬四千人部隊的消息，將令您感到歡喜。我的報告並未提及一件趣事，這支軍隊的旗幟是三色旗：這是在印度大陸豎立的第一面三色旗。這面旗幟已經落入我手中，我將其送回國內，作為鎮壓法國在印勢力政策的最佳註腳。」[19]

此刻海德拉巴已經穩固，衛斯理準備直接對抗他的主要對手提普蘇丹。

⚜

一七九八年十一月四日，衛斯理給提普寫了一封諷刺信，告訴他法國盟友在尼羅河戰役的慘敗：「相信以你我之間的融洽關連，這個消息將令您十足舒心，因此我無法剝奪自己與您分享此事的樂趣。」[20] 提普以同樣虛偽的方式回覆，寫了一封表面友好卻同樣虛假的信給衛斯理，告訴他：「我住在家中，有時呼吸新鮮空氣，有時在遊樂之地狩獵自娛。」[21]

衛斯理接著來信，說到東印度公司跟海德拉巴的聯盟已成，法國軍團也遭圍捕，總督此刻對於自己的地位更有信心。這一次，他的口氣截然不同：「你切莫認為我會漠視你跟法國之間的往來，你知道他們是公司的死敵。」他寫下：「我不需要也不合適再隱瞞我的驚訝與憂慮。你自願捲入這樣一段帶來毀滅性後果的關係，可能會破壞你跟公司的友誼根基，導致你的王國陷入混亂不穩，並且……摧毀你所崇敬的宗教。」[22] 但提普拒絕受到影響：「我經常外出遠遊打獵，」他回覆道：「我即將進行另一次狩獵之旅……請您繼續來信，讓我知曉您安康無虞。」[23]

衛斯理此刻正忙於最後底定他的入侵計劃。戰爭資金現在已經到手，他贏得孟加拉的馬爾瓦銀行家支持，將龐大的一千萬盧比（當時的一百萬英鎊，今日約一億三千萬英鎊）資金送往孟買跟馬德拉斯。這筆錢是他在加爾各答金融市場上籌到的。[24]此外，更多歐洲資金也將隨後抵達。[25]

他寫信給普那駐紮官威廉·帕爾默，要求他不惜一切代價，讓馬拉塔人跟邁索爾斷絕關係，並根據康瓦利斯簽署的三方同盟，加入對抗提普的戰爭。不情願的佩什瓦答應帕爾默，時機適當之時，馬拉塔人將履行承諾，派遣兩萬五千名士兵支援東印度公司——儘管他們在普那拖延良久，因此未能加入戰爭。[26]衛斯理同時也送出消息給尼贊，要他召集部隊協助英國新盟友。這是根據五個月前尼贊跟柯克派屈克簽署的條約。

現在，衛斯理開始針對提普加強誹謗宣傳，這種手段在近期西方對抗自信的穆斯林領袖時也很常見。他將提普描繪成「殘酷無情的敵人」、「叢林野獸」、「不寬容的偏執狂」，他「對歐洲人的憎恨根深蒂固」，「口中總是不斷提及聖戰計劃」。這名暴君也被視為「不義壓迫的統治者……（一名）血腥暴君，背信棄義的談判者」。最重要的是，他還是「狂熱的宗教信徒」。[27]

同時，衛斯理致信董事會保證，他並非拿他們的資源從事一場虛榮冒險：「儘管我認為有責任在印度各地動員您的軍隊，」他寫道：「我的目標與期望都是為了維護和平，在目前的危機中，唯有通過積極備戰才能確保和平。」[28]

這封信跟他寫給提普的信同樣不真誠。因為衛斯理實際上絕對沒有維持和平的意圖。相反地，他非常喜歡利用董事會的私人軍隊，對抗由法國人領導的印度部隊，而這場戰爭本來是完全可以避免的。

⚜

一七九八年十二月二十五日，耶誕節這一天，衛斯理勛爵從加爾各答出發前往馬德拉斯，以便在南方基地進行更好的掌控。這位新總督是愛德華・克萊夫勛爵，他在一七九八年的最後一天抵達，受到了新任馬德拉斯總督的歡迎。這位新總督是愛德華・克萊夫勛爵，羅伯特・克萊夫之子，心智卻較為遲鈍。三十五年前羅伯特・克萊夫的普拉西勝戰，讓英國東印度公司從一間貿易公司轉變成私人帝國強權，不但擁有常備軍，領土甚至比母國還要廣闊。初次會面後，衛斯理寫下，年輕的克萊夫是「值得尊敬、熱心、聽話、舉止優雅的人，性情極佳；但在才能、知識、商業習慣或意志堅定方面，卻與他的職位不相匹配。他怎麼會到這裡來？」[29] 此後，衛斯理基本上對主人視而不見，忙於安排對抗提普的細節，並將愛德華・克萊夫排除在外。

此時，哈里斯將軍的攻城重裝備，包括攻城槌及挖掘器械，已經到達維洛爾。此地是邁索爾邊界之前，英國人的最後堡壘。亞瑟・衛斯理（未來的威靈頓公爵）率領兩萬名東印度公司印度兵及一千四百名精銳的英國擲彈兵，加上一營身著蘇格蘭裙的高地部隊，在此地進行操訓。哈里斯則等待進擊命令到來。[30]

提普的間諜網路效率極高，讓他能準確掌握邊境之外發生的一切：「根據最近的報告，」他寫下：「根據利害關係人所言，軍事準備正在進行。」[31]衛斯理勛爵精心策畫軍事計畫的同時，提普也同樣積極爭取有能力對抗東印度公司的最後本土軍隊的支持。他發出警訊，無論過去有任何分歧，這是他們團結擊敗英國人的機會。

一月八日，詹姆士·柯克派屈克從海德拉巴回報，提普致函尼贊，就他違反條約請求原諒，並尋求結盟，聲稱英國人「意圖消滅所有穆斯林，並以戴帽者取而代之」。[32]兩天後，一月十日，衛斯理收到普那來函，表示提普的使節團也出現在馬拉塔朝廷，尋求軍事援助。[33]

衛斯理的間諜來報，提普蘇丹甚至寫信給阿赫麥德·沙·杜蘭尼的孫子，阿富汗的統治者札曼·沙（Zaman Shah）。提普寫下：「這是虔誠首領的職責，團結起來消滅異教徒。」，並提議「由於國王（沙·阿蘭）讓信仰貶低至此，廢除這個可悲的國王後，」他們應該分治印度。[34]然而這一切為時已晚。

衛斯理如今已準備就緒，提普沒時間建立自我保護的聯盟。[35]提普的父親海德·阿里垂死之際曾勸告兒子，對抗英國東印度公司時，一定要跟其他印度統治者結盟；只有這樣他才能確保勝利。野心勃勃且自信十足的提普卻忽視了這項建議。現在，當他最需要援助的時候，他只能孤軍奮戰。

提普肯定知道此刻成功的機率渺茫：他的夢之書裡記載了一場夢境，最後一刻出現「一萬名法蘭克人（法國人）」組成的救援部隊，然而十二月二十日，蘇丹卻被英國基督徒大軍帶著豬頭壓境首都的噩夢驚醒。[36]但他並不打算退縮。據說當他聽到衛斯理入侵王國的消息時，他曾說：「我寧願如獅咆嘯一日，也不願像綿羊度過一生……寧願如戰士般死去，也不願活成仰賴異教徒的可憐蟲，成為他們名單上靠津貼度日的附庸王公與納瓦伯。」[37]

⚜

一七九九年二月三日，哈里斯將軍受命動員部隊，「盡可能迅速……進入邁索爾領土，圍攻斯里蘭甘帕特南」。總督向哈里斯將軍發送特別精細的指示，並命令軍隊到達斯里蘭甘帕特南城牆前，無論如何都不得進行談判。[38]

二月十九日，海德拉巴東印度公司部隊的四個營由詹姆士．達爾林普上校率領，連同另外四個海德拉巴印度兵營跟一萬多名海德拉巴騎兵，跟哈里斯將軍率領的公司軍隊會合。三月五日，後方跟隨著三萬多頭羊、大量穀物與十萬頭運輸牛，這兩支軍隊越過邊境進入邁索爾。[39]其後至少還有十萬名隨營人員，數量至少是戰鬥人員的四倍。衛斯理認定他的軍隊是「印度戰場有史以來最優秀的軍隊」；然而這是一支龐大而不易控制的軍隊，以每天五英哩的緩慢速度，朝向斯里蘭甘帕特南前進。他們像大群蝗蟲過境，將這片土地掠奪得所剩無幾，「一切生活必需品都被掠奪一空」。[40]

一七九二年割讓了一半國土後，提普的資源比康瓦利斯戰役時有限得多，他意識到成功的最佳機會在於將所有軍隊集中在他的河中島首都堡壘。他只進行兩次短暫出擊，一次是對付從庫爾格穿越山脈而來的小隊英軍，另一次則是在班加羅爾附近對付哈里斯的主力部隊，提普親自率領士氣高昂的騎兵進擊。接著他就退回斯里蘭甘帕特南堅固的城牆之後，開始加強防禦並準備面對圍城。

雖然僅有三萬七千名士兵，但他仍是個強大對手。沒人忘記在前三次英國－邁索爾戰爭中，提普的軍隊經常擊敗東印度公司軍。事實上，這次行動中兩位最重要的公司軍指揮官，大衛．貝爾德爵士跟他的表弟詹姆士．達爾林普，都曾是提普的俘虜。他們在一七八〇年波麗露戰役慘敗後遭俘，囚禁了長達四十四個月，這是「英國在印度遭受的最嚴重打擊」。[41]

到了三月十四日，哈里斯的部隊已經通過班加羅爾，並佔領了周圍山區的幾座要塞。三週後的四月五日，軍隊終於看到了斯里蘭甘帕特南。四月六日，亞瑟．衛斯理對外圍防禦工事發動夜襲，卻以失敗收場；十三名公司印度兵遭提普軍隊俘虜，拷問至死。四月七日，圍城行動開始。[42]

提普秉持一慣足智多謀與韌性，貫徹抵抗到底。正如一名英國士兵所寫，他「以砲還砲……（小型夜間衝突）也非常激烈……不久就展開雷霆萬鈞的場面；來自西南方的大批砲彈火箭不斷向我方傾瀉，而堡壘北面的十四磅砲和葡萄砲繼續抨擊戰壕；我方砲台不時起火……這是讓虎兵（身著虎斑制服的提普菁英部隊）前進的信號，他們展開激烈的火槍射擊。」共有約一百二十名法國人被俘，其中包括二十名軍官。[43]

小型法國軍團約有四百五十多人，全都佩戴著共和國帽徽及月桂枝，他們也「氣勢非凡」，在四月二十二日突襲位於島嶼北岸的英軍陣地：「有些人掛在戰壕的刺刀上，其他人則死在刺刀搏擊下。」[44]

提普的防禦既英勇又出色，有段時間，東印度公司軍隊似乎進展不大：「敵人在夜間繼續修復受損的壘壁，」一名軍官寫下：「早上出乎我們的意料，一處新防禦擺出幾門大砲，對抗西北方的騎士……類似絕望的情緒正開始籠罩我們的心靈；除非形勢很快改變，我們將不得不付出大量鮮血來征服這個英勇防禦的真正強悍之地。」[45]

然而衛斯理的軍隊配備了前所未有的大量重火砲，部署了四十門十八磅砲用來攻破城牆，並有七門八英吋及五點五英吋榴彈砲，對堡壘內部進行射擊。此外，還有五十七門六磅砲支援攻城步兵，對抗提普的步兵。[46]到了四月底，島嶼北端及西端絕大多數提普火砲已遭擊毀。到了五月三日，海德拉巴軍的砲兵覺得已經可以放心往前，移動到距離城牆最薄弱角落三百五十碼的位置，到了傍晚時分，已經形成一個相當大的開口。哈里斯決定第二天發動攻擊。[47]

那天早晨，檢查完城牆缺口並沐浴後，提普諮詢了他的婆羅門占星師。他們警告蘇丹，有特別不祥的預兆。提普給了他們「三頭大象、兩頭水牛、一頭公牛與一頭母山羊」，以及一樽裝滿占卜用油的鐵罐，要求他們「為帝國的繁榮祈禱」。他開始懷疑自己的命運已定。[48]

下午一點，天氣正熱，多數提普士兵都去午休。在東印度公司的戰壕裡，大衛・貝爾德振作精神，給他的部隊「一杯振奮精神的烈酒跟一塊餅乾，然後拔出劍說：『各位，你們準備好了嗎？』眾人回答：『是』。『那麼前進吧，兄弟們！』」[49]他跳出戰壕，率領一支四千人的突擊隊，穿過卡韋里河，越過淺灘，闖入城牆缺口。他的兩列縱隊爬上斜坡，進入城中，激烈的肉搏戰中，在壁壘上左支右閃。

提普聽到攻擊終於發動的消息時，他放下宮中午餐，在真主之獅（Lion of God）營的精英護衛陪同下，騎馬直奔缺口。當他抵達時，東印度公司的軍隊已經進入城牆。除了爬上城墻為生命奮戰，他別無選擇。人數上處於劣勢，他仍舊勇猛擋住蜂湧而來的東印度公司士兵，但很快就遭到兩記刺刀捅傷，左肩也有一處火槍擦傷。侍從要他投降，他卻說：「你們瘋了嗎？閉嘴。」

就在堡壘水門跟內城壁之間，奮勇的提普讓最恨他的英國對手都不得不承認，這是「他英勇的最後身姿」。[50]一隊紅衣士兵已經闖入大門之間，其中一名擲彈兵看見受傷男子腰間閃爍金色的腰帶扣，試圖要去搶，卻換來蘇丹最後致命的一刀。幾秒後，他的一名同伴在近距離射中提普的太陽穴。經歷三十二年的時間，四次對抗英國東印度公司的戰爭後，邁索爾之虎終於倒下，手中握著劍，躺臥在成堆的死傷者之中。[51]

不到幾小時，這座城市就落入英國東印度公司手中。當晚，太陽下山後，貝爾德被一名提普的官員拉賈汗（Raja Khan）帶到蘇丹的遺體前。一位目擊者寫下：「現場令人十分震驚，屍體數量之多，此地如此黑暗，幾乎無法分辨任何人。」他們必須一次又一次將屍體從屍堆上翻下，借助微弱燈光，逐一檢查每個人的面容。最終，貝爾德找到了提普；碰巧，他的屍體距離貝爾德被囚禁的監獄大門只有三百碼。[52]

蘇丹的屍體被埋在一堆死傷者底下，珠寶都被搶走。提普蘇丹的眼睛大睜，屍體仍很溫暖，以至於在燈光下，貝爾德一度懷疑蘇丹是否還活著。但摸了脈搏後，他宣佈提普已經死了。貝爾德寫下：「他的面容沒有變形，反而有種嚴肅的神情。」[53]另一名目擊者回憶：「他穿著精緻的白麻外套。」外套之下，他穿著「印花絲綢寬褲，腰間裹著一條朱紅色的絲棉布；他的肩上以紅綠絲質揹帶繫著一只精美囊袋；頭上沒有遮掩，頭巾在陷落的混亂中遺失了；手臂上戴著護身符，但沒有其他裝飾。」★遺體被放進轎子，送入皇宮。提普被俘的家人確認了他的身份。[54]

提普軍隊的傷亡人數遠遠超過聯軍的傷亡數量：提普軍隊死了一萬多人，而東印度公司與海德拉巴的士兵只有三百五十人死亡。一名英國觀察者寫下：「很難用適當詞語來描述死者屍體所呈現的恐怖景象，以各種姿勢、各個方向，躺在前廊下跟主要街道上。」[55]然而恐怖才剛剛開始。

當晚，擁有十萬居民的斯里蘭甘帕特南城，成了無節制強暴、掠奪與屠殺的地獄。亞瑟·衛斯理告訴他的母親：「城裡沒有一間房子不受洗劫，我聽說在營地裡，我們的士兵、

---

★作者註：一些二手資料來源錯誤認定是亞瑟·衛斯理發現提普的屍體。貝爾德找到提普屍體一事，在貝爾德寫給哈里斯將軍的信中就已清楚指出。詳見蒙哥馬利·馬丁（Montgomery Martin）主編的《衛斯理侯爵的公文、記錄與書信集》（*The Despatches, Minutes and Correspondence of Marquis Wellesley*）第一卷，一八三六年出版，687-9頁。一些歷史學家誇大了亞瑟·衛斯理在攻佔斯里蘭甘帕特南堡的角色，他們因為衛斯理後來在歐洲的勝利，而誇大了他在此戰中的重要性。當時咸認貝爾德與哈里斯才是擊敗提普的兩名高級軍官。

印度兵和隨營者將最有價值的珠寶、金條等等放在市集上出售。我在五日上午入城接管軍隊，透過絞刑、鞭打等等，在那天努力恢復秩序……」[56]。

那天下午四點半，蘇丹的送葬隊伍緩緩無聲地穿過哭泣的倖存者。人們夾道送葬，「許多人在屍體前拜倒在地，以大聲哭嚎表達他們的悲痛。」[57] 最終，送葬隊伍抵達緋紅花園中海德·阿里的白色穹頂墓地。

提普被安葬在父親身邊，「立即被穆斯林追隨者奉為信仰的殉道者（Shahid）……配享與他崇高地位相當的軍事榮耀。」[58] 英國人在整場戰役期間被迫接受衛斯理的洗腦，認為提普是個殘忍暴君，因此發現他的人民，印度教徒與穆斯林都明顯愛戴他時，深感震驚。就像他們也驚訝發現他的王國如此繁榮——「栽培完善，人口繁多勤奮，建立新城，擴展商業」；他也深受個人侍從愛戴：「戰爭期間許多被我們俘虜的忠誠印度僕人，都認為他是寬容慈祥的主人。」[59]

與此同時，負責分配戰利品的獎勵委員會則開始收集提普的財產和財庫內容物。眼前發現令他們深感驚訝：「對於許多比我們更見慣囤積財寶的人來說，宮裡的財富已經夠目眩神迷，這一刻，無論是錢幣、寶石、金條還是成堆的奢侈品，似乎超越了所有估算。」[60]

他們共搜出約兩百萬英鎊（今日兩億英鎊）的金盤、珠寶、輦轎、武器盔甲、絲綢與披肩——「權力可以取得或金錢可以買到的一切物品。」[61] 其中最壯麗的就是提普的黃金寶座，上面嵌有寶石及珠寶鑲嵌的虎頭頂飾：「裝飾華美……（其形式為）虎背寶座，結構以黑木雕製，整體以純金箔裹覆，金箔厚度與金幣相當，以銀釘固定，飾以虎紋，巧妙刻紋，精美拋光。」[62]

由於獎勵代表無法決定該將寶座授予何人，因此將之切成小塊，從而毀了這件十八世紀印度的精妙工藝。亞瑟·衛斯理是第一個為此損失惋惜之人，他寫信給董事會：「能夠把完整寶座送到英國，本是令我歡喜之事。然而軍隊的獎勵代表在過度激情下，甚至在我有機會欣賞這件戰利品前，就將蘇丹驕傲的紀念碑打成碎片。」[63]

斯里蘭甘帕特南的血腥劫掠惡名昭彰，以至於後來啟發了威爾基·柯林斯（Wilkie Collins）開創性的偵探小說《月光石》（*Moonstone*）。故事開篇始於這座城市的陷落，敘述者的表兄約翰·赫恩凱索（John Herncastle）奪走「黃鑽石……印度本土史上的著名寶石，（曾經）鑲嵌在象徵月亮的四手印度神祇的前額上。」為了這個目的，赫恩凱索「一手持火把，另一手拿著淌血的匕首」，殺害了月光石的三名守護者。最後一名守護者臨終前告訴他，鑽石的詛咒將會看著赫恩凱索躺進墳墓：「月光石將向你跟你的家人復仇！」小說之中，這顆鑽石幾乎為每位接觸者帶來死亡與厄運，直到被神秘的印度教守護者奪回為止——真實生活中的斯里蘭甘帕特南劫掠品卻沒能走到這一步。[64]

提普寶藏中最珍貴的部分，後來則被隔年遊覽南印度的克萊夫兒媳波威斯伯爵夫人亨利耶塔所收藏。她對丈夫——遲鈍的新任馬德拉斯總督愛德華·克萊夫——感到厭煩，所以將他留在總督府工作，自己則跑去遊覽過去屬於提普蘇丹的邁索爾領土。每當進入東印度公司的駐軍地區，她都會被步兵圖團圍住，想要將他們分得的斯里蘭甘帕特南劫掠寶物拿來換現。波威斯伯爵夫人樂於應允。就這樣以極少花費，她輕鬆積累出歐洲最驚人的印度——伊斯蘭藝術收藏之一。隨後這些藏品被送到克萊夫家族的波威斯領地。在那裡，它們跟四十年前從希拉吉．烏道拉的穆爾希達巴德王宮劫掠來的戰利品並列展示。如今，它們仍在這裡。

隨後的政治解決中，提普諸子被流放到維洛爾堡，而邁索爾大部分最好的土地則由英屬東印度公司與海德拉巴尼贊瓜分。不重要的土地則歸還給信仰印度教的瓦迪亞王室，這個王室過去遭到海德跟提普篡位取代。一名王室後代的五歲孩子被發現「在某種帶著遮頂的馬廄裡……（過著）可憐的生活」。[65]這名男孩被告知他現在成了王公，簡短儀式之後，被賦予統治一個邁索爾小邦國的權力，由英國駐紮官小心監控。後續瓦迪亞王室將首都遷回邁索爾，斯里蘭甘帕特南則成了一片廢墟，從此再也沒有恢復。

今日，提普昔日宮殿的舊址旁，坐落一個小村莊，山羊在過去的壯麗蘇丹遊園中吃草。除了法國人設計的宏偉堡壘外，舊日提普首都裡保存得最好的建築物，諷刺的是，卻是古老的斯里蘭甘塔印度教神廟（Sri Ranganatha）。這座神廟也是提普首都之名的由來，不只受到提普保護，還充滿許多寶貴獻禮，連同其他精美的毗遮耶那伽羅帝國時代造像，至今仍在此展示。儘管此廟位於英國人指責下「不寬容偏執狂」統治者的首都中心，這些造像卻從未遭受偶像打擊傷害。

如今，提普首都絕大部分都成了牧場，只有少數遺跡留存，見證「邁索爾之虎」統治下曾經的輝煌——這位比起任何人都更全力抵抗英國東印度公司侵略的印度統治者。

「各位女士先生，」當提普死訊傳來，衛斯理勛爵舉杯發話：「我敬印度的軀體。」[66]

不到兩年的時間，衛斯理成功解除了印度最大的法國勢力，並擊潰第二大勢力。現在，擋在全面掌控印度半島前方的，只剩法國人指揮下的馬拉塔軍團。進一步衝突是遲早的事。

馬拉塔人仍然控制著印度西部、中部和南部的大片領土，比東印度公司當時掌控的領土還大得多。他們若能形成統一戰線，仍有可能重新成為印度的主導力量；然而他們的軍隊卻比過往更加四分五裂，而這正是衛斯理最樂於利用的情況。

大馬拉塔邦聯盟的最後一幕，於一八〇〇年三月十三日拉開序幕。這一天，控制馬拉塔外交及行政長達四分之一世紀的老宰相，才華橫溢的納納·帕德納維斯去世了。[67]人稱「馬拉塔的馬基維利」，他是最早意識到東印度公司將對所有獨立印度統治者構成生存威脅的人之一。他也在一七八〇年代組建第一次三方聯盟，希望能將東印度公司從印度驅逐出去。

他同樣也致力於結合馬拉塔聯盟的組成份子。可悲的是，對馬拉塔人來說，他是一七六一年帕尼帕特慘敗之後嶄露頭角的一代才能之士中的最後一位。他的去世正值一七九五到一八〇〇年的這段時期，五年內馬拉塔人失去了佩什瓦，以及辛迪亞跟霍爾卡家族的資深成員。普那的英國駐紮官帕爾默將軍寫下：「隨著偉大宰相納納·帕德納維斯去世，馬拉塔政府失去了所有智慧與穩定。」[68]衛斯理幾乎無須費力：他只需在加爾各答觀望這個偉大聯盟分崩離析。

納納離世後，三名野心勃勃、愛爭吵又經驗不足的十幾歲青少年，各自繼承了聯盟的領導權——新的佩什瓦巴吉．拉奧二世（Baji Rao II）；辛迪亞家族的新領袖道拉．拉奧（Daulat Rao）；以及霍爾卡家族的新首領賈斯旺．拉奧（Jaswant Rao）。他們現在可以隨意密謀對抗彼此，沒人能加以制止。就在衛斯理開始在次大陸棋盤上，精妙調動武裝資金日益充足的好戰公司軍時，馬拉塔人卻陷入無法自拔的內部衝突泥沼。只有團結一致，他們才有希望擊敗東印度公司。然而，日子一天天過去，團結卻是越來越難企及。[69]

北印度政治長久以來一直由辛迪亞跟霍爾卡兩家族的古老世襲鬥爭所主宰；如今這種鬥爭傳到下一代，益發苦澀暴力。一七九四年馬哈吉．辛迪亞去世時，繼任者道拉．拉奧只有十五歲。這名少年繼承了德波昂為前任家主訓練的盛大軍隊，卻在軍事部署方面缺乏見識或才能。東印度公司最老練的馬拉塔政治觀察者帕爾默將軍非常欽佩馬哈吉．辛迪亞，卻對繼任者印象不佳。他形容此人是「放蕩的年輕人……軟弱（且）毫不正派，也無原則」。

> 他的歲收急劇直下，他的軍隊卻毫無理由不斷擴充，他現在已經積欠軍餉超過一千萬盧比（今日一億三千萬英鎊）。儘管自登基以來，他通過最無恥的壓迫搶劫，已取得五千萬盧比。到目前為止，憑著歐洲軍官及其軍團的忠誠，讓他免於廢黜，但他們也保不了他多久……他對自己的狀態一無所悉，也難以理解自己真正的利益，對聲譽或人格不抱尊重，心中無一絲善良。他的下屬利用這些缺點佔盡便宜，他的政府則上演著混亂、欺詐與掠奪。[70]

由於新的佩什瓦巴吉．拉奧二世同樣年輕且缺乏經驗，因此毫無幫助。帕爾默認為，他的品格「並不比辛迪亞好到哪裡去，但他缺乏製造那麼多麻煩的能力。私下舉止上他仍算得體，辛迪亞卻十分放縱。在此地（普那），我的角色相當困擾且令人沮喪，跟這兩個既不了解自身利益，也不尊重他人權利的年輕人打交道。」[71]

巴吉．拉奧是個瘦弱、膽小、缺乏自信的二十一歲青年，下巴軟弱，嘴唇上還帶著絨毛。他很快就顯露出完全擔不起整合權力基礎上不同派系的重大挑戰。此外，他與辛迪亞都跟第三名馬拉塔主要勢力掮客處於不可調和的敵對狀態，這個人就是獨眼的「印多爾私生子」賈斯旺．拉奧．霍爾卡。

佩什瓦的傳統角色是在各個馬拉塔軍閥之間起調停作用，將他們團結起來。但在一八〇二年四月，巴吉．拉奧反而跟霍爾卡家族掀起新一輪不必要的血腥械鬥。當賈斯旺．拉奧的哥哥維托吉（Vitoji）意外遭佩什瓦的軍隊逮捕，歡快的巴吉．拉奧把他吊在鎖鏈上，判他接受兩百下鞭刑，接著綁在大象腳上慢慢等死。尖聲高叫的維托吉在宮殿裡拖行，巴吉．拉奧則在露台上咯咯笑著觀賞。[72]隨後不久，巴吉．拉奧邀請納納．帕德納維斯的前盟友與支持者進宮，指控他們陰謀叛亂，將他們全數逮捕。[73]

正如其外號所示，賈斯旺．拉奧是圖科吉．霍爾卡的私生子，他的生母是一名侍妾。嫡系的同父異母兄長登基之後，賈斯旺．拉奧被迫逃亡，帶著一群同樣走投無路的武裝亡命之徒投入叢林，在印多爾周圍的荒地裡艱苦生活並快速移動。維托吉遭謀殺後，他祈求傑久里（Jejuri）的家族守護神幫助，也以足智多謀的勇猛領導著稱，在兩百名忠誠的比爾族（Bhil）戰士支持下，向兄弟掌握的馬赫什瓦堡（Maheshwar）前進，自行加冕為繼任者。

五月三十一日，賈斯旺・拉奧・霍爾卡宣誓將對害死兄長之人發動報復。他首先轉向辛迪亞，幾乎立刻出發襲擊敵人領地，洗劫燒毀他的宮殿。整個一八〇一年大部分時間裡，敵對雙方在中印度山地跟戰場上膠著激戰，雙方軍隊在烏賈因（Ujjain）跟布罕普爾（Burhanpur）之間拉扯，每一次不分輸贏的戰鬥都讓他們損失大量兵員。根據紀年史家穆納・拉爾：「其他德干地區將領明察秋毫，努力與賈斯旺・拉奧和解，表示馬拉塔人之間相互仇恨是種恥辱：繁榮源於團結，紛爭將帶來毀滅。但由於時機不對，他們的好心建議毫無效果。日復一日，紛爭的火焰愈燒愈烈。」74

最終，賈斯旺・拉奧越過了高達瓦里河（Godavari），率軍往南朝普那前進。迫切需要盟友的佩什瓦，只能求助提普死後唯一有力的軍隊。他召見了英國駐紮官，要求結盟。

這是衛斯理進一步分裂馬拉塔聯盟，並癱瘓其戰爭機器的機會。他向巴吉・拉奧提出才對尼贊提出的條件：防禦同盟以及東印度公司永久駐軍普那以保護佩什瓦，交換條件是他每年必須付出大筆現金。佩什瓦接受了這些條件；然而在公司軍能夠抵達之前，他跟辛迪亞必須面對霍爾卡的軍隊，後者此刻正迅速朝普那前進。

一八〇二年十月二十五日星期日，光明節（Diwali）盛宴之日，兩支軍隊在距離馬拉塔首都幾英哩外的哈達斯普爾（Hadaspur）的寬闊樹林山谷中對峙。上午九點半展開一場持久砲戰，直到下午一點過後，賈斯旺・拉奧親率大規模騎兵衝鋒，「像老虎撲向鹿群」

一樣，直衝辛迪亞軍的砲台。賈斯旺．拉奧在衝鋒中受了重傷，卻取得決定性的勝利。[75] 然而在戰役最終潰敗，五千名士兵陣亡之前，驚慌困惑的巴吉．拉奧早已逃離戰場。

接下來一個月的時間裡，年輕的佩什瓦跟護衛隊從一處山間堡壘轉到另一處，避開賈斯旺．拉奧的追擊。有段時間他藏身在普那南方的辛哈格爾堡（Sinhagarh），直到動身前往壯觀卻崎嶇難至的賴加德山頂堡壘。第一位偉大的馬拉塔人希瓦吉在此加冕，並以此為基地，挑戰奧朗則布的蒙兀兒軍隊。這段期間，巴吉．拉奧跟新盟友東印度公司保持密切聯繫，後者很快就展開救援行動

佩什瓦接到指示從賴加德出發前往海岸，躲在古老的海盜據點蘇瓦納杜爾格（Suvarnadurg）。不久就被衛斯理特使甘迺迪船長（Kennedy）指揮的「海克力斯號」（HMS Herculean）接上船。巴吉．拉奧及其部下在船上受到飲食娛樂等款待，還獲得二十萬盧比（今日兩百六十萬英鎊）的金幣供他們運用。兩週後，十二月十六日，單桅帆船停靠在巴塞因（Bassein，今日的瓦塞〔Vassai〕）——孟買北邊的前葡萄牙貿易站。此處是個正逐漸為叢林吞噬的驚人崩毀城市，遍地皆是腐朽的耶穌會教堂跟植物蔓生的道明會修院，高大榕樹扭曲糾纏著破損的巴洛克山牆與倒塌修院。

巴吉．拉奧在此與東印度公司簽訂同盟條約，現在他承認東印度公司是馬拉塔的宗主。一支大規模英軍將派駐在普那的新軍營，俯瞰佩什瓦宮殿。英國武力現在將助他重登大位。

這份文件被稱為《巴塞因條約》（*Treaty of Bassein*），於一八〇二年十二月三十一日，也就是年度的最後一日正式批准。當霍爾卡得知條約細節後，他直接宣佈：「巴吉．拉奧

毀了馬拉塔國家。現在英國人將像打擊提普蘇丹一樣，對付馬拉塔人。」76

衛斯理相信通過《巴塞因條約》，他不流一滴血，成功地讓馬拉塔成為東印度公司的附庸，就像尼贊的情況一樣。然而其他更有經驗的觀察者卻沒那麼肯定。海德拉巴駐紮官詹姆士・柯克派屈克一聽聞條約細節，就從海德拉巴發文警告，佩什瓦領地中真正的權力者是各地馬拉塔軍閥，他們不會坐視不管，讓英國人把巴吉・拉奧變成傀儡。他預測衛斯理的行動，不僅不會帶來和平，反而會完成巴吉・拉奧未能成就之事——也就是讓馬拉塔人團結起來。如此一來，各支馬拉塔軍隊將集結成對抗東印度公司的「敵對聯盟」。

衛斯理自然對柯克派屈克的冒昧行為感到憤怒。他寫了一封激烈回信給海德拉巴，稱任何形式的馬拉塔團結抵抗，此刻已「斷然不可行」，並指責駐紮官暗示這種可能，則是「無知、愚蠢且背叛」的行為。然而柯克派屈克仍堅持立場，回信表示他的情報來源顯示「此聯盟極有可能成立」，霍爾卡甚至正在前往普那的路上，而另一名主要馬拉塔領袖——貝拉爾（Berar）王公拉古吉・邦斯雷（Raghuji Bhosle）也計劃前往普那與他會合。

柯克派屈克是對的。幾個月內，英國東印度公司將再度陷入戰爭，這一次面對的是公司史上人數最多、武器最精良、訓練最嚴密的敵軍。

⚜

老派統治者中最後的倖存者，是沙・阿蘭皇帝。如今七十五歲的失明年邁國王，依然在毀損宮殿中，安坐鍍金的孔雀寶座複製品，成為虛幻帝國的盲目統治者。

皇帝比他所有敵人都活得更久——納德爾・沙、伊瑪德・穆爾克、克萊夫、卡納克、蘇賈・烏道拉，以及古蘭・卡迪爾，但這是他唯一的勝利。活到這個年紀，至少他很清楚自己的失敗，並告訴即將繼位的繼承人阿克巴・沙，從他回到德里的那一天起，他就只是個名義上的統治者。他說，自己不過是個高級囚犯，他的兒子也不該自視過高。[77]

馬哈吉・辛迪亞至少偶而關心過皇帝的福祉，但他在一七九四年去世。他的繼任者道拉・拉奧對自己名義上擔任的蒙兀兒宰相一職，完全漠不關心，對於位處領土北緣的蒙兀兒朝廷，更是不感興趣。因此登基後，他從未造訪此地。皇帝雖在名義上仍受馬拉塔保護，紅堡內仍駐有馬拉塔軍隊，但皇室活在貧困之中，遭到保護者漠視。

他的保護者是一群法國軍官，由路易・紀庸・法朗索瓦・德護吉翁（Louis Guillaume François Drugeon）及路易・布奎恩（Louis Bourquien）領導。前者出身薩伏伊貴族，被委派負責保護皇帝人身安全，並指揮皇帝近衛隊；後者則是出身卑微的法國傭兵，一名馬拉塔史家曾形容他是「糕點師傅、煙火師及懦夫」。整體指揮權則握在辛迪亞軍總司令皮耶・裴洪將軍手裡。裴洪是普羅旺斯織者之子，跟他的部隊住在東南方一百英哩處的重要堡壘阿里格爾。[78]

大英圖書館內保存著好幾卷這段時期的沙・阿蘭宮廷日誌（Roznamcha-i-Shah Alam），揭示了沒有其他來源能夠顯示的事實：生活在資源匱乏情況下的蒙兀兒宮廷已然式微。我們得知，一名王子被發現從阿薩德塔（Asad Burj）的地板刮下幾片大理石跟鑲嵌的半寶石，「為了出售。他因此遭陛下傳喚警告，不要再犯此惡行。」一名公主因為被迫抵押珠寶的利息，跟國王起了爭執。一名嬪妃被控偷走穆巴拉克瑪哈王妃（Nawab Mubarak Mahal）的裝飾品。皇室子女抱怨津貼遲未發放；關係較遠的宗室子弟則試圖逃出薩拉丁囚籠，聲稱他們沒得到足夠食物，處於餓死邊緣。國王回答：「由於帝國疲弱，王子得滿足於普那主子（馬拉塔人）提供的開支」。

一件特別令人印象深刻的事件中，這位失明君主不得不斥責皇室僕人，因為一名來訪的馬拉塔領袖將大把錢幣撒在謁見廳地板上，所有侍從為了搶錢，不顧宮廷禮儀，爭先恐後，甚至在王廳裡大打出手。與此同時，城裡的請願者抱怨古加爾游牧人在城牆內四處劫掠，錫克教徒則在市郊發動襲擊。[79]

馬拉塔內戰引發暴力動盪的報告，也讓沙．阿蘭相當緊張，他將責任歸咎於道拉．拉奧：「陛下對這些事態深表遺憾，」他的傳記作者穆納．拉爾寫下，「並言：『此不祥之人正努力在同伴間播下不和的種子。他正以此醜陋不當行徑，砍下自己所坐的樹枝。一切將以醜聞災難收場。』」[80]

困於世事紛擾，皇帝越來越傾向靈性世界。當一位知名伊斯蘭托缽僧由拉合爾前來拜訪，皇子被派到城門迎接他。據傳有一次，一名嬪妃「在夢中見到，倘若陛下拜訪『先知足印陵寢』（Qadam Sharif）★，並下令釋放一頭紅牛，令其自由漫遊，帝國情勢將會好轉」。皇帝遂下令交辦此二事。[81]

沙．阿蘭僅存的樂趣是他的文學創作。七十歲之後的多數時光，他將很多閒置時間用來編輯一生的詩歌作品。他從中選出最喜愛的詩篇，編纂成一卷《王的精選．阿夫塔伯詩集》。他還以口述的方式創作了學者認定的德里烏爾都語第一部長篇小說，這部長達四千頁的龐大野心作品，名為《奇異故事》。這部達斯坦故事集思索王權統治的本質，述說王子公主在不可控的力量之下，生死顛簸，從印度到伊斯坦堡的路程中，經歷多個魔法島嶼、仙境與魔界。王子在命運手中的無助感，反映了沙·阿蘭的自身經歷，達斯坦故事裡的奢華宮廷背景跟辛迪亞少年政權的漠視、沙·阿蘭日常生活的窘困現實，形成強烈對比。

道拉·拉奧也許還沒意識到控制蒙兀兒老皇帝的價值，但衛斯理勛爵可不會放過。他很清楚這箇中門道，沙·阿蘭也許沒有強盛軍事力量，但他仍是強大的象徵性權威，他的決定立即產生合法效力。他寫道：「皇帝陛下即便缺乏真正的權力、領土與權威，但印度各國各階層人民仍舊承認他名義上的主權。當前各地勢力的錢幣，都是奉沙·阿蘭之名打造……」[82]

一八〇三年六底情勢愈發明顯，辛迪亞並不打算接受《巴塞因條約》，戰爭勢所難免。衛斯理開始制定入侵興都斯坦、奪取古老蒙兀兒首都與皇帝的詳細計劃。他寫下：「擊潰裴洪的軍隊」後，他將「入侵辛迪亞領土，並與拉賈普特人結盟」。[83] 他告訴弟弟亞瑟：「我將奪下阿格拉跟德里」，「盡早將蒙兀兒皇帝納入英國保護。」[84] 這一刻，英國東印度公司

★譯者註：Qadam Sharif 意為「先知的足印」，位於德里巴赫甘吉區，為十四世紀統治德里的菲魯茲·沙·圖格拉克蘇丹所建。包含一座方形陵墓、清真寺、伊斯蘭學校及奉祀「先知足印」石的神龕。「先知足印」石為蘇丹的精神導師由麥加攜回。

終於將象徵性及實質性地，取代蒙兀兒帝國及馬拉塔帝國，成為印度的最高統治者。

英國人長久以來一直通過蒙兀兒皇帝的親信賽義德・瑞札汗（Sayyid Reza Khan）與皇帝保持秘密聯繫。現在衛斯理決定給蒙兀兒皇帝沙・阿蘭寫一封密函，提供保護並展開談判。這是皇帝於一七七二年離開阿拉赫巴德之後，首度帶著蒙兀兒人重回東印度公司的保護之下。「陛下必定全然知悉英國政府對陛下與皇家的尊敬和情感，」信件以他一貫的風格開始，夾雜恭維、諷刺和真假摻半的話語：「自陛下不幸轉由馬拉塔國家保護開始，陛下與尊貴皇室蒙受的傷害屈辱，一直是本公司持續關注之事。」

我深感遺憾，當時時局未能讓英國介入，盡實效之力，令陛下免於不公、掠奪與非人之舉。當前危機時刻，陛下可藉機再次尋求英國政府保護，我將把握一切機遇，以盡我對皇家的真摯敬意和忠誠之心。[85]

衛斯理的總司令雷克（Lake）勛爵，奉命「向陛下表達一切敬意、尊重與關懷，為陛下與皇室提供最舒適的待遇」，並向陛下保證「將提供足夠的生活保障，支持陛下、皇室與宮廷所需」。這聽起來很慷慨，儘管接下來的段落卻暗示了衛斯理的真正意圖，他建議皇帝也許想離開紅堡，搬到離加爾各答更近的地方，住進巴特納附近的簡樸鄉間堡壘蒙濟爾。[86]但是深具騎士精神的雷克勛爵卻誤解了衛斯理的意思，超越上司意圖，以臣民而非友好保護者的語氣說：「我衷心向陛下獻上忠誠之心，」他寫下：「執行陛下的命令是無上榮耀，也是我的特權。」

皇帝並未忽略語氣中的微妙差異。

英國東印度公司有兩支軍隊，一支在北，一支在南，兩支都積極為即將到來的衝突備戰。在北方，雷克正在前進基地——「卡瑙吉古城的遼闊廢墟中」——訓練他的部隊。此地靠近東印度公司毗鄰馬拉塔人的西部邊界，「坐落在高草叢中，掩藏了輝煌建築遺址和統治者的陵墓，還藏著許多野生動物，如狼、豺狼與老虎」。[87]

雷克十七歲時就在腓特烈大帝（Frederick the Great）左近服務，並從他身上學到運用快速輕巧的馬砲帶來有效攻擊，雷克也稱之為「馳走砲（galloper guns）」。現在他將這種新穎的軍事技巧帶進印度：「每個騎兵團都配備兩門六磅砲，」威廉・索恩（William Thorn）少校寫下：「全速運動下，這支大型騎兵部隊的操控速度與準確性都是無與倫比，他們的聯合行動井然有序」，此一發展很快就「在馬拉塔騎兵之間引起恐慌」。[88]雷克練兵嚴厲，但也用奢華的夜間招待取悅軍隊。一旦戰爭爆發，他很快就會需要這些信任與愛戴，來說服部隊面對馬拉塔人的猛烈砲火。

在南方，衛斯理勛爵的弟弟，新晉少將亞瑟・衛斯理也正忙於準備即將到來的戰爭。他在提普的舊都斯里蘭甘帕特南集結軍隊、儲備米糧與其他物資。稍早他曾吸收一些提普的部隊、火砲及最重要的龐大運輸體系——三萬兩千頭公牛與二十五萬頭強壯的白色邁索爾牛。[89]跟雷克一樣，他也進行嚴格的訓練計畫，練習以小圓船穿越湍急河流，同時在山區彎路「演練未來的軍隊，教導我們進退移動的一致性，後來這讓他得以征服多二十倍的敵人」[90]。

一八〇三年三月初，亞瑟．衛斯理啟程，護送巴吉．拉奧二世返回普那，重返王位。普那現在在英國保護之下，由衛斯理家族牢牢把持。他在四月初不開一槍完成此事，霍爾卡則小心翼翼地將軍隊撤往東北，穿越德干地區前往奧蘭格巴德（Aurangabad）。巴吉．拉奧重啟他的宮廷生活，現在不再是馬拉塔領袖，更像是英國的傀儡，顯然「對他的日常生活很是滿意，浸浴、祈禱、吃喝玩樂等，沒有外來煩惱……日日都有裝飾精美的豐盛晚宴，針對菜肴選擇進行激烈討論……」[91]

這次讓亞瑟．衛斯理輕鬆完成任務，以至於後來低估了馬拉塔人的勇猛與能力，並嘲笑前任駐紮官約翰．烏里希．柯林斯（John Ulrich Collins）上校的警告：「他們的步兵砲兵將讓你吃驚。」這是個嚴重失誤；不用多久，馬拉塔軍隊就會證明自己是東印度公司迄今為止面對過的最強大敵人。少將手下的一名軍官，事後在回憶錄中想起科林斯的警告，他寫下：「後來騎馬回家時，我們開起『柯林斯小國王』的玩笑，將軍也在其中。殊不知他的話很快就會成真。」[92]

⚜

手下將領都忙著訓練軍隊時，總督本人則在加爾各答，忙著為即將來臨的戰爭，底定財政與外交上的支持。

在衛斯理的統治下，公司軍隊擴展快速，不過幾年時間，兵員清冊就增加了將近一半，從十一萬五千人增長到十五萬五千人；接下來十年裡，這個數字還將再次上升，來到十九萬五千人，讓英國東印度公司軍成為世界上規模最大的歐式常備軍之一，約是英軍規模的兩倍。雖然遲了些，它也招募了一支驚人的新騎兵部隊，騎著強壯的歐洲與南非馬匹。他們的任務是保護行進緩慢且笨重的步兵與砲兵部隊，不受非常規印度輕騎兵從側翼襲擊，不再重演過去塔雷岡與波麗露的致命結局。馬拉塔人特別擅長這種戰爭形式。[93]

不像常年短少現金的哈斯汀斯，衛斯理在支付大幅擴增的軍事機構方面毫無問題。康瓦利斯土地改革掀起的鄉村動盪平息之後，東印度公司在孟加拉每年都有相當可觀的歲收盈餘，高達兩千五百萬盧比（今日三億兩千五百萬英鎊）。對比之下，辛迪亞在灌溉不良的家鄉馬爾瓦，只能籌得一百二十萬盧比（今日一千五百六十萬英鎊）的收入。這種穩定可靠的盈餘進而讓東印度公司可以輕易在孟加拉的金融市場取得信貸。因此一七九八到一八〇六年之間，在衛斯理的統治下，東印度公司在印度的債務增長了超過兩倍。

東印度公司還能極有效率地在印度境內重新分配這些財政資源。貝納雷斯的銀行家與西岸的戈帕爾達斯——馬諾哈達斯家族，在公司軍隊保護下，現在開始派出隨軍代表，根據需要向士兵及軍隊主計長提供現金。事實上，印度各地的銀行家開始競相為東印度公司軍隊提供資金。兩家貝納雷斯的銀行——瑪奴·拉爾（Mannu Lal）與貝尼帕爾沙德（Beniparshad），甚至要求公司保證「優先允許他們提供軍隊所需的現金」。[94]

東印度公司最終能在戰爭中勝出，正是因為它找到一種方式，能為強大的傭兵軍隊提供穩固的財務基礎，且總是比其他競爭對手更容易說服印度的銀行家（seths）、貸款業者（sahukaras）和金條商人（shroffs）迅速為公司籌集所需現金，以支付軍隊薪餉，供養飢餓士兵。相比之下，正如年輕的亞瑟．衛斯理指出：「全國馬拉塔人，從佩什瓦到最低階的騎兵，身上都摸不出一先令。」這並不令人意外，因為到了一八〇一年，亞瑟已經發現，經歷馬拉塔內戰蹂躪後，「普那方圓一百五十英哩內找不到一棵樹或一根玉米」。[95]

蒙兀兒朝廷的情況也同樣糟糕，一名馬拉塔使節回報：「哪兒都沒錢」。[96] 因此積欠軍隊大量薪餉，又面臨貸款業者拒絕進一步融資的辛迪亞跟霍爾卡，發現自己陷入一名早期馬拉塔佩什瓦描述自己的處境：「落入被債主包圍的地獄……我跪在他們的腳下，直到額頭被磨破了。」[97]

然而理察．衛斯理是個十分狡猾又無情的對手，絕不會僅僅依賴軍事蠻力，或公司金錢的力量。他最大的樂趣就是在棋盤上移動棋子，挫敗敵手，或令對方陷入絕望境地。他經常發出訊息，誘惑、腐化及收買馬拉塔軍中經常遭到欠餉的傭兵；辛迪亞北軍的總司令皮耶．裴洪將軍，已經將二十八萬英鎊（今日超過兩千九百萬英鎊）的存款投資英國東印度公司股票，因此是最早對財務互惠安排表現出興趣的人之一。[98] 雷克被授權「跟裴洪先生達成任何安排，保障他的個人利益與財產，並提供任何合理報酬，以誘使他將所有軍事資源及權力交到你手裡」。[99]

現在稱為希瑪特．巴哈杜爾的粗糙老修士戰士阿努普吉利．高森，也被說服跟前對手和解，帶著他位於邦德爾坎德的那迦戰士跟公司結盟。即便一名衛斯理的情報人員警告：「希瑪特・巴哈杜爾不能信任……一名本地人提到他時，說他是腳踏兩條船過河之人，隨時都會拋棄下沉的那一艘。」[100]

衛斯理還竭力阻止馬拉塔交戰軍隊彼此和解。信奉古羅馬格言「分而治之（divide et impera）」的衛斯理，全力阻擋辛迪亞與霍爾卡和解。在這方面，他特別成功。

到了一八〇三年六月底，霍爾卡已經將所有軍隊集結在奧蘭格巴德附近，但對於跟謀殺兄弟的兇手結盟對抗東印度公司一事，仍猶豫不決。這時，衛斯理的絕招，就是給霍爾卡送去一封從辛迪亞截獲的信函，信中辛迪亞與巴吉・拉奧密謀在戰爭結束後推翻霍爾卡：「讓我們假裝滿足他的要求，」道拉・拉奧寫下：「戰爭結束後，我們將對他展開報復。」[101]

收到信後，才剛往辛迪亞的方向前進兩天的霍爾卡，轉身就走，堅定拒絕加入聯盟。不久後，他再度越過納馬達河（Narmada），返回位於中印度的基地馬赫什瓦。[102]這讓衛斯理首先擊敗辛迪亞及其盟友貝拉爾王公拉古吉・邦斯雷，之後才對霍爾卡採取行動。這一招，也許超越其他任何因素，讓英國東公司在面對軍事強大卻政治分裂的馬拉塔對手時，佔有最具壓倒性的優勢。

所有動作的背後，衛斯理正針對英印帝國（British Empire in India）發展出更為激進的新構想，將不再是個公司組織，而是國家事業（state enterprise）；這個構想明顯比所有前任公司成員的夢想，都更具民族主義色彩，也更加赤裸裸展現擴張主義。七月八日，喬治・巴羅爵士（George Barlow）在官方備忘錄中首次闡述這個構想：「這絕對是必要的，」他寫道：「印度不該留下任何不受英國權力支持或政治行為不受英國絕對控制的本土國家。」[103]正是這個將印度半島完全納入英國政府控制的構想，形成了後來的英屬印度。隨之而來的未來局面裡，蒙兀兒帝國、馬拉塔人，甚至連英國東印度公司本身，最終都將納入英國王室的控制。

一如既往，衛斯理經常忽略將他的計劃通知名義上的雇主，也就是東印度公司董事會。倫敦利德賀街的董事已經對衛斯理浮誇的統治方式愈來愈緊張。旅行家瓦倫提亞勛爵（Valentia）抵達加爾各答時，讚揚衛斯理的帝國風格，並寫下「印度更宜由皇室而非會計室統治」；然而，正是衛斯理不斷浪費揮霍公司資金，逐漸削弱董事會對他的支持，引發了對他最終召回的首度討論。[104]董事會已經向衛斯理發出警告，明確表示「我們認為以我方印度政府之建全並不須採用當地政府的虛華、壯麗與炫耀之舉；此種制度自然衍生的費用對我等之商業利益必然造成嚴重損害。」[105]

衛斯理勛爵慣常對雇主隱瞞實情，直到一八〇三年，他仍向董事會承諾「跟佩什瓦閣下的安排將迅速完成，並藉由英國勢力的斡旋與影響，友好解決馬拉塔領袖之間的分歧」。[106]也許那年春天，衛斯理仍抱希望，迫使辛迪亞承認《巴塞因條約》，並如先前的尼贊與佩什瓦巴吉·拉奧一樣，被迫接受公司的保護。但隨著春天轉進夏天，夢想迅速消散，他的使節約翰·柯林斯上校愈來愈沉重的信件也證實了這一點。七月份，衛斯理向辛迪亞發出最後通牒，撤到納馬達河以北，否則後果自負。

最終，道拉·拉奧·辛迪亞並未退縮；相反地，就像提普，他也開始為衝突做準備。

一八〇三年八月一日，他將正式宣戰聲明交給柯林斯，並將他趕出營地。

快遞信使花了一週時間將消息送到加爾各答；但衛斯理勛爵只有幾個小時，下令讓他精心規劃的戰爭計劃，在至少四處前線付諸實現。這包括奧里薩及古賈拉特海岸上的小規模進攻，以及兩處主要攻擊，目的是要控制整個德干及興都斯坦地區。[107]

總督也對辛迪亞跟邦斯雷發了一封簡短的信：「雖然我方並不希望開戰，但兩位首領已經清楚表示進攻我方的意圖，你方已在尼贊邊境集結大批軍力，並拒絕撤離這個位置。你方已拒絕我方伸出的友誼之手，因此此刻我將不再協商，展開敵對行動。你方將負完全責任。」[108]

亞瑟・衛斯理少將在八月四日聽到辛迪亞宣戰的消息。六日，他帶著四萬大軍拔營北上，前往宏偉的阿赫麥德納加堡（Ahmadnagar）。經過短暫砲擊，付給為辛迪亞守城的法國和阿拉伯傭兵巨額賄賂後，他在十一日攻下這座堡壘。堡內發現大量火藥，辛迪亞的部分財寶及充足食物供應。亞瑟・衛斯理在此駐軍，並以堡壘為基地，派遣斥候外出尋找馬拉塔主部隊的蹤跡。

與此同時，辛迪亞跟邦斯雷成功將部隊集結在一起；接著他們帶領盟軍向南劫掠奧蘭格巴德周圍的尼贊領土，並誘使衛斯理離開堡壘的安全防護。他們成功了。衛斯理留下大批守軍捍衛阿赫麥德納加堡後，向東移動去保衛盟友領土，並阻止馬拉塔軍隊進攻。兩支軍隊終於在九月二十三日清晨，於阿旃陀（Ajanta）山口北面塵土飛揚的沖積平原上相見。此時衛斯理的部隊剛在夜裡行軍了十八英哩。

前一天，少將已將軍隊分成兩支，避免全軍通過狹窄的阿旃陀山口必然會發生的延誤。另一半由副手史蒂文生上校（Stevenson）領軍帶往西邊。因此，當斥侯報告辛迪亞的營地就在五英哩外，且馬拉塔軍隊即將離開時，他手上只有不到五千人：一半是馬德拉斯印度兵，另一半則是穿著蘇格蘭裙的高地兵。這支小部隊已經因為夜行疲憊不堪。然而衛斯理擔心若等下去，獵物可能會跑掉，因此下令立刻發起進攻，不給部隊休息時間，也不待另一支軍隊到來。

爬上一處低矮山頂後，少將見到兩支馬拉塔軍隊在他前方展開，旁邊是防禦堅固的阿薩耶村（Assaye）。他們的帳篷和帷幕（qanat）沿著淺淺的凱爾納（Khelna）河岸，延伸長達六英哩，接近它跟另一條小溪流茱亞（Juah）河的匯流處。他估計約有一萬名步兵及大約高出五倍的非正規騎兵。他們明顯並未料到會遭到攻擊，火砲運輸牛正沿著河岸吃草。

衛斯理將行李物資留下來由護衛看守，直接前進，彷彿要從正前方發動過河攻擊。然後就在最後一刻，他卻東轉，在一處無人防衛的渡口越過蜿蜒的凱爾納河；他從渡口前方的兩處小村莊猜到這處渡口的位置。他的運氣很好：此處水深在膝腰之間，衛斯理勉強讓所有部隊順利過河，沒有弄濕火藥。即便如此，火砲仍然難以過河，幾門砲卡在泥淖裡，使得他的步兵得在沒有火砲掩護的情況下，面對馬拉塔人開火。

亞瑟・衛斯理本希望以他的速度與奇襲，能令馬拉塔人陣腳大亂，讓他能夠藉機攻擊他們無人防守的右翼。然而讓他吃驚的是，辛迪亞的軍隊不僅已經完成完整的戰鬥隊形，還巧妙地向左轉以迎擊他的新進攻方向，並始終保持完美的秩序。這麼困難的調動，他以為馬拉塔人不可能做到，但他們卻立刻像在操場上演練一般精確完成了。

在這場亞瑟・衛斯理後來視為他打過的最艱苦的戰役之一，甚至比他後來在滑鐵盧對抗拿破崙更艱難，但這不過是一系列意外中的第一槍。「除了我們自己之外，他們是我在印度見過最好的步兵。」他後來寫信給朋友約翰・馬爾坎（John Malcolm）時，說：「我向你保證，他們的火力如此猛烈，我一度懷疑能否讓我的部隊前進。大家都同意這是我們在印度見過最激烈的戰役。我們的部隊表現可圈可點，印度兵更讓我深感吃驚。」[109]

特別驚人的是辛迪亞的重砲，正如柯林斯所警告的具有致命威力：「敵人砲火變得更加猛烈，」約翰・布萊基斯頓（John Blakiston）少校回憶：「不到一英哩的空間裡，一百門火砲在嫻熟技巧與快速操作下，將死亡噴向我們微弱的兵員。因此我們的印度兵利用任何不規則地形來躲避致命轟炸，甚至在少數情況下，即便軍官不遺餘力也無法讓他們前進。這些並不意外。」[110] 索恩少校也同意：「在場所有軍官裡，曾在歐洲戰爭中見識過法國火砲威力的人都承認，阿薩耶戰役裡敵人的砲兵操作也是同樣出色。」[111]

少將的兩匹馬被擊中，幾位身旁的直屬幕僚也被馬拉塔砲手朝他發射的葡萄彈擊中而喪命。衛斯理渡過凱爾納河時，一枚大口徑炮彈剛好擦過他身邊，砲彈卻斬下了龍騎兵隨從的頭顱，當時他剛好停在河中間。許多戰役記述都提及了無頭騎士的恐怖景象，「騎士馬鞍上的行李箱、槍套跟其他附件把屍體固定在座位上，因此驚馳的馬匹良久無法擺脫這恐怖的重擔」。[112]

衛斯理的中央前線是馬德拉斯步兵，右翼則由蘇格蘭高地人組成，他們成為馬拉塔砲手特別猛烈攻擊的目標。馬拉塔砲手試圖用大批具有殺傷力的鏈彈跟葡萄彈轟垮衛斯理部隊的核心。這些炮彈在短射程、近距離內發射，尖嘯著飛過空中，「每一發都擊倒人、馬和牛」。[113]

然而，衛斯理的步兵仍然穩定穿過濃煙，向前推進。他們發動一輪齊射，接著以刺刀衝向馬拉塔砲兵，殺死站在砲口的砲兵，「直到刺刀穿入胸膛，也沒人擅離崗位……他們的砲兵（golumdauze）展現出無人能及的實力與勇氣」。[114]

隨著英軍前進，準備將辛迪亞的士兵趕出陣地時，英國人卻迎來了最後的意外。英國步兵陣線安全通過後，許多砲台周圍的馬拉塔士兵「死屍」卻「突然起身，抓住被軍隊遺棄的大砲，並開始對我方軍隊的後方重新展開猛烈轟擊。而我方部隊並未注意到他們的行動，而是熱切追擊前方逃逸的敵人」。英軍陣線再次遭到更多霰彈掃射，直到少將親自帶領絕望的騎兵衝鋒「對抗復活的敵人」。這場戰鬥中，他的第二匹馬也被射中。[115]

兩小時後，村莊堡壘的最後一戰後，辛迪亞的馬拉塔人被逐出戰場，退回茱亞河的另一側，九十八門火砲落入英軍手裡；但雙方的傷亡都很慘重。馬拉塔人損失約六千人，衛斯理的損失較少。但當硝煙散去，少將發現他的部隊有整整三分之一的人死在戰場上：手下的四千五百名士兵中，有一千五百八十四人後來在阿薩耶平原上火化或就地埋葬。[116]事實上，他的部隊受創之重，以致於亞瑟·衛斯理宣佈無法追擊辛迪亞及逃亡者，他寫信給兄長：「法國（訓練下）的辛迪亞步兵，比提普的士兵更加優秀，他的火砲優秀，他的軍械出色，配備精良，適合我們使用。我們無法使用提普的軍械。我們的損失重大，但我相信這是該國有史以來最激烈的戰鬥。」[117] 正如一名高級軍官隨後寫給少將的信：「我希望您不須再以如此高昂代價來買更多勝利。」[118]

由於亞瑟．衛斯理在滑鐵盧之役後聲名鵲起，阿薩耶戰役長期被視為馬拉塔戰爭中的關鍵勝利；然而當時多數人的目光實際上都在北方，比阿薩耶戰役的時間早上許多，總司令雷克勛爵已經迅速朝蒙兀兒帝國的首都推進。這在當時被視為東印度公司征服蒙兀兒領土的最後一章。

正如理察．衛斯理在信中明確告訴雷克：「擊敗裴洪無疑是作戰的首要目標。」他強調，雷克必須明白「掌握蒙兀兒皇帝本人及其名義權威在對抗法國陰謀上的重要性，同時為這個受到侵害的不幸君主及王室提供可靠庇護，以提升英國名譽」。[119]

⚜

雷克勛爵喜歡宣稱自己是亞瑟時代英雄湖上騎士蘭斯洛特的後裔，不是個崇尚外交的人，也不喜歡被指使。「去你媽的文書，」據說他曾對著軍隊書記官如此大喊：「專心打仗！」這句話成了他的格言。雖然已經年過六旬，身為打過英法七年戰爭與美國獨立戰爭的老兵，在約克鎮對抗過華盛頓，帶著少年魅力與無窮精力的雷克勛爵，經常清晨兩點即起，預備領軍前進，藍眼中目光閃爍。[120]

得知宣戰消息後一天，八月七日，決心主動進攻的雷克勛爵離開坎普爾，儘管此時正當雨季，道路泥濘不堪。他直奔西方，前往裴洪所在的阿里格爾堡。雷克勛爵計劃打一場快速機動戰，因此帶著一支小而精銳的大軍，總共一萬人，其中包括配備輕型馳走砲的騎兵師；但他故意只帶少量重火砲，也沒帶攻城器械。

然而小型機動部隊的意圖，卻受到印度現實考驗。到了十九世紀初，英國東印度公司的軍隊已累積了大量侍從、助手與後援人員。最終，西向隊伍的總數超過十萬人，包括象伕與苦力、割草工與馬伕、帳篷工與牛車伕、班札拉游牧部族（Banjarrah）收穀者與錢幣兌換商人、「女性江湖醫生、雜耍者、舞女群及娛樂者」。當然，這些數字還不包括成千上萬的大象、駱駝、馬匹、家禽及羊群，緊隨在軍隊之後：「我們軍隊的行軍隊形，就像一座移動城鎮或堡壘，」索恩少校回憶道：「呈現長方形，四周由閃亮的刀劍刺刀高牆防衛。」[121]

經過三星期艱苦行軍，穿越暴雨、泥濘不堪的道路，小心翼翼地將彈藥箱抬在人們頭上。八月二十九日，雷克軍隊進入馬拉塔領域，迅速朝強大的多邊形堡壘阿利格爾前進。此城擁有法國人設計的巨大城牆、加固角樓與深淵護城河。

阿利格爾被視為興都斯坦最強大、補給最充足的堡壘之一；圍攻可能需要花上數月時間。然而，整個行軍過程中，雷克將軍一直跟裴洪將軍談判將堡壘交給英國人的價碼。[122]透過中間人，兩位指揮官最終達成共識，當雷克的軍隊推進到阿利格爾堡時，裴洪跟雷克短暫交鋒，馳走砲發出幾輪射擊後，裴洪將軍就帶著侍衛順順當當地撤退了。

裴洪告訴手下，他要去阿格拉跟德里集結援軍，並給副手培德洪（Pedron）上校——「一名身著金色蕾絲與肩章綠外套的壯碩年長法國人」，送去一封極不誠實的信：「記住你是法國人，不要讓你的行動玷汙了國家的品格。我希望幾天內就把英國將軍送回家，速度比來時更快。對於這件事，你完全可以放心。皇帝的軍隊或是雷克將軍，都將葬送在阿利格爾（Allyghur）。履行你的職責，保衛堡壘，直到最後一塊石頭。再次牢記你的國家，幾百萬人的眼光都在你身上！」[123]

然而他逃往德里之前的最後一次對話，卻洩漏了這些勇敢的話都是虛假。一名蘇格蘭與拉賈斯坦混血的年輕騎兵幕僚，試圖伴他騎行，卻被揮手擋住：「啊，不，不用！一切都結束了！」裴洪回頭，「一臉混亂，沒戴帽子」，對年輕的詹姆士．斯金納（James Skinner）大喊：「這些傢伙（騎兵）不行：別毀了你自己，去投靠英國人吧；我們已經完了！」[124]

由於不受到法國人信任，因此斯金納在內馬拉塔軍隊中所有英印混血兒都在此時穿過戰線。斯金納後來寫下：「我們去找雷克將軍，獲得友善接納。」[125]培德洪跟許多裴洪手下的法國傭兵同僚也很樂意投降，如果他們能獲得保證可以帶著一生積蓄安全返家。然而雷克並未考慮到辛迪亞的拉吉普特及馬拉塔軍官的榮譽心，他們堅拒放下武器，迅速退到城牆後開始防衛。他們罷免監禁了培德洪，選出一名自己的馬拉塔指揮官，準備戰鬥至死方休。

連續三天，雷克持續進行談判，對他們作出各種誇張承諾，但防衛者依舊堅定。雷克寫道：「我嘗試各種方法，想說服這些人放棄堡壘，還提供一大筆錢，但他們決心堅守下去。他們十分固執，甚至可說是非常英勇。」[126]

雷克對眼前的挑戰感到氣餒：「此地的堅固難以描述，」他向衛斯理寫道：「護城河裡甚至能航行一艘七十四門（戰艦）。」[127]但是，這名永遠充滿活力的六旬老人，性格上難以耐心圍攻，此外他也把圍攻設備留在坎普爾。因此，九月四日他做出唯一選擇：對一向認為堅不可摧的堡壘大門發動正面攻擊。一名脫離辛迪亞駐軍的愛爾蘭逃兵——盧肯（Lucan）中尉，自願帶領突擊隊，由雷克的副手曼森（Monson）上校督軍。

黎明前兩個小時，突擊隊出發，不久後就遇上第一個意料之外的好運。倘若馬拉塔人撤回護城河後並摧毀橋樑，雷克就幾乎無能為力。然而守衛者卻在堡壘前方設置五十名哨兵，胸牆後方配備一門六磅砲，並保留橋樑，邊門敞開。盧肯跟他的突擊隊在黑暗中靠近，發現哨兵正在崗位裡抽菸。斯金納寫下：「他們像獅子一樣衝過去」，盡可能割斷哨兵的喉嚨。其他人「逃往邊門，並竄進去。突擊隊試圖跟進去，卻被擋在外面。」

> 然而，這些勇敢的人並未退卻，而是站在橋（goonjus）上，面對我生平僅見最猛烈的掃射與砲火之一……（試圖攀上城牆。）直到日出，他們才後退約一百碼……撤退時，他們帶走被丟棄的馬拉塔砲。[128]

他們開了兩次砲，接著第三次，都未能炸開嚴實加固的城門。等待更大的新砲拖上來時，攻擊者繼續試著以梯子攀上城牆。一如以往，他們遭到城牆上的馬拉塔人擊退，對方手持長矛嚴陣以待。最後一門十二磅重砲被推向城門。然而在它能夠發射之前，重量就壓垮了守方事先在邊門區域前巧妙挖掘的地雷通道，導致大砲半陷入通道之中。

正當曼森與盧肯試圖將大砲拉出，攻方卻遭到上方步槍火力掃射，同時暴露在兩門重型榴彈砲的火力之下，這兩門砲是守方事先為了此刻預備安置的。此時守方開始沿著英軍留在城牆上的梯子攀爬下來，更添混亂。其中一人以長矛刺傷曼森的大腿；他的四名軍官也遭殺害。[129]「這個災難將我們困在這裡，同時我們失去許多軍官和士兵。我從未見過如此場面。這次突擊成了完美的屠宰場；我們將大砲拖過死傷士兵的軀體，這是最大的困難。」[130]

在東印度公司營地裡，雷克就要吹響號角叫停進攻之際。最後一刻大砲扳正角度，貼靠在木城門上，開火。這是一次無彈的炮口爆炸，但近距離的火藥壓力最終讓其中一扇大門變形掀開。[131]「我就在雷克勛爵附近，」斯金納寫下，「看到聽到發生的一切。」

天上的神必定照看著那些高尚的人……因為他們將城門炸得半開，三聲大吼後，他們就衝進去。拉吉普特人如勇猛士兵一般屹立不搖，從第一道門到第二道門，雙方都拚死戰鬥，損失非常慘重……然後他（雷克）策馬飛奔到城門。當他看到我方的英雄屍首堆積如山，淚水流了下來。他說：『這就是好兵的命運啊！』；然後轉身，策馬返回營地，放棄這座要塞，放任劫掠屠殺。[132]

接下來幾個小時裡，兩千名守軍遭到大屠殺。沒人求情，也沒人獲得寬恕。「很多敵人試圖游過護城河逃跑時遭到殺害，我注意到一名砲兵瞄準一名此時跳入水中逃生的人。」雷克的軍需官約翰．佩斯特（John Pester）寫下：「士兵冷靜地等他浮上水面，然後一槍擊中他的頭部。」

當事情熱潮過去後，我向他抗議當時的殺人舉動，但那人聲稱那個上午他失去一些交情最久的戰友，他想要報仇，還提醒我們都收到不留活口的命令……我們一佔領堡壘，各處彈藥庫及城門口的守衛都遭處決，敵人全被處決了；幾乎一口不存，那些游過護城河的人則被草原上的士兵砍殺，此地發現的人則全遭刺刀刺死。[133]

⚜

九月一日午夜，建於十二世紀，象徵伊斯蘭在印度建立統治的顧特卜塔，遭遇大地震襲擊，頂層倒落地面。「德里與周遭許多建築都從根基倒塌，」沙．阿蘭傳記作者穆納．拉爾寫下：「好幾個地方地面裂開。若搖得再久一點，審判日就要到來。智者解釋為不祥之兆，顯示這個時代將出現災難。」[134]

一向對惡兆跟預感很敏感的沙．阿蘭，心中一驚。畢竟他處境艱難。成年之後的泰半時間裡，他只能在馬拉塔人跟英國東印度公司的保護之間做選擇。兩者都挾天子為己之私；

兩者也都在他命裡的關鍵時刻，讓他失望。然而裴洪終於向雷克勛爵投降，並帶著家人、鑽石與財富平安通行到加爾各答的消息傳來，皇帝認為東印度公司顯然處於上風，該是重新展開談判的時刻。

沙・阿蘭算計他最大的勝算，在於秘密聯繫衛斯理，同時表面上服從法國與馬拉塔主子，後者仍舊駐紮在紅堡裡，並擔任他的護衛。因此，當他在宣詔中落印，表示他將對抗「佔領全國並背棄對王室忠誠」的東印度公司，卻同時授權賽義德・瑞札汗重新跟雷克展開通信，並解釋道：「皇帝寫的公開信及宣佈出征，都非自願，而是出於強迫，完全違背他本人的意願……他說：『我將竭力抵抗，但我在他們的掌控之下，因此也無力抵抗。』」[135]

然而，沙・阿蘭無法忘記哈斯汀斯單方面切斷《阿拉赫巴德條約》中承諾的孟加拉地區課稅行政權歲收，因此他決定跟東印度公司命運與共之前，要求書面保證津貼將獲得妥善支付：「我認為英國人取得國家的控制權時，他們可能會忘了我，因此（雷克）將軍有必要與總督解決這個問題，以免未來產生不服或令我不滿。」[136]同時間，皇帝堅拒讓辛迪亞的人馬帶著他的皇儲阿克巴・沙一同上戰場。

裴洪叛變之後，紅堡的軍事權力已轉交路易・布奎恩中校。他曾在加爾各答以製作煙火跟小餡餅維生，「他烹飪的手藝遠超過軍事技能」。[137]無論他的真正才能如何，辛迪亞的部隊仍舊忠心耿耿，決心為阿利格爾的兄弟報仇。

當消息傳來，雷克從阿利格爾迅速推進，並決定繞過阿格拉，打算盡快佔領德里，「解放」皇帝時，布奎恩帶著一萬九千名士兵從紅堡下方河階渡過亞穆納河，來到沙赫達拉。

此區地勢平坦，部分為濕地，但他找到一處掌控入城通道的低丘，並在辛丹（Hindan）河附近預備伏擊。此處道路有兩處濕地湖泊夾道。這意味著任何軍隊從阿利格爾前來攻城時，都必須進入這條沼澤夾道的狹窄河堤。接著他將一百門重砲以半圓形排列，藏在低山腳下的象草高草叢後，等待雷克前來。

九月十日下午，雷克的人馬在錫坎德拉的阿克巴陵墓北方紮營。傍晚時分，他的間諜帶來消息，說辛迪亞的部隊已經渡過亞穆納河，並準備阻擋他渡河；但他們對軍隊的具體位置所知甚少。隔天將發動爭奪蒙兀兒德里的最後一戰的消息很快傳開：「聽到這消息後，我們多喝了一瓶紅酒，」軍需官佩斯特寫下：「不去想太多這場戰鬥的命運，我們開心享樂，一直到過了九點。」[138]

雷克依照習慣在淩晨兩點叫醒部隊，一小時後，也就是淩晨三點，向蒙兀兒帝國的首都展開最後進軍。早上十點，走了十八英哩後，太陽開始炙烤部隊，雷克下令在辛丹河邊的沼澤湖區停下來吃早餐。他們搭起帳篷，脫掉靴子，生火做飯，印度兵開始烙起帕拉塔餅。將軍向軍官們敬酒。

突然間，一連串明亮閃光跟重砲雷鳴，「不只打破白晝寧靜，也震碎了鄰近火砲的士兵耳膜……砲口炸裂產生的氣壓，壓倒擋在前方的草叢，緊接而來的是其他不自然且更形詭異的聽覺感受，折磨著被震聾的人。葡萄彈和鎖鏈彈刷地一聲切過草地，接著發出金屬撞擊聲或沈悶一響，取決於彈丸撞到裝備，還是士兵馬匹的肉體。」[139]

這是一場大屠殺。許多人在此役中喪生，包括在第一波猛烈射擊中彈的佩斯特：「一枚葡萄彈穿透我的槍袋，打碎了其中一支手槍的槍托，我感到身下的馬搖搖欲墜；另一枚葡萄彈擦過它的身體，卡在皮膚下；第三枚穿過它的身體。彈丸從髖部正面進入，從另一端彈出。它蹣跚了一下，倒在我身上。」[140]

一場混亂爆發，但馬拉塔人仍堅守位於高處的防禦位置，未上前去驅散惶恐的印度兵。這給了雷克重新集結部隊的時間。雷克決定引誘布奎恩離開有利的陣地，遂下令要步兵佯退，他們在隱藏於高草叢後的兩翼騎兵之間佯裝撤退。馬拉塔人上當了，衝向前去，結果發現自己陷入兩面夾擊。接著公司步兵轉身，有條不紊地挾著刺刀前進，並有馳走砲支援。「我們將他們趕進亞穆納河，」身受重傷的佩斯特寫下：「數百人在試圖渡河時被消滅。」

> 馬砲對潛水逃亡的敵人發射的葡萄彈，讓河水看似沸騰。這一刻血流成河，眼前的場面，換成其他時刻，肯定足以凍結靈魂。當這一切過去之後，我們轉身回到戰場，收拾受傷的士兵軍官……
>
> 那裡的場景真是令人震驚……大約有三十名醫牛被鮮血浸透，為戰鬥中腿腳手臂碎裂的可憐士兵做手術，各種形式的死亡籠罩著悲慘人群。他們的哀號足以刺痛最堅硬的心臟。手術中許多人暈厥，甚至死去；其他人則盡力忍受疼痛……帳篷的一角是成堆的腿腳手臂，許多甚至還沒來得及脫掉鞋子跟衣服。[141]

當晚，五名法國指揮官投降，雷克勛爵寫信給衛斯理，告訴他一切經過。[142]他補充道：

「閣下當明白我方損失巨大……是我見過最猛烈的砲火之一……」[143]接著他進一步描述馬拉塔對手展現的勇猛戰力。「他們的軍隊配備異常優越，」他寫道：「擁有最龐大的火砲群，火力運用非常出色。」

敵方所有印度兵都表現極為出色，砲手堅守火砲，直到被刺刀奪去性命……我一生從未經歷如此嚴峻戰鬥，我向神祈求不再遭遇如此情況。敵軍比我軍裝備更好，不遺餘力的投入，而且他們單砲配備的人數是我們的三倍。這些傢伙像惡魔一樣戰鬥，或者說像英雄一樣。倘若不是我們如同面對最強大軍隊一樣，採取進攻部署，我實在相信，從他們所佔據的位置，我軍可能會敗北。[144]

儘管可怕，德里之役卻是英軍最後一次在南亞地區對上法國軍官，結束了一個多世紀的對抗。這場對抗在整個印度次大陸各地，造成大量流血衝突，主要是非歐洲人的衝突。此役也終結了一個世紀以來，興都斯坦淪為敵對軍隊相互交戰掠奪對象的不幸命運。正如凱魯丁不久之後所說：「國家現在繁榮安寧。鹿與豹共眠，魚與鯊同游，鴿與鷹並飛，麻雀與老鷹同棲。」[145]當然，凱魯丁的這番話是為了奉承他的英國贊助人，但也有一定的真實性：比起上世紀的恐怖「大亂局」，接下來的五十年將被視為「黃金寧靜時期」。

最重要的是，德里之役決定了印度的未來命運。馬拉塔人是最後一個在軍事上有能力擊敗英國東印度公司，並將之逐出南亞的印度本土勢力。在辛迪亞與霍爾卡最終投降之前，還有其他對抗戰役。但阿薩耶與德里之役後，戰爭終局已經非常明顯。最後一個可能驅逐東印度公司的勢力，已然氣盡，將被征服。

英國東印度公司控制下的孟加拉、馬德拉斯與孟買，現在已經連接起來，成為一塊連續領土，加上德干及興都斯坦多數地區，鞏固了佔地超過五十萬平方英里的陸上帝國。五十年後，這片土地將成為英屬印度。[146]不久之後，英國東印度公司將與辛迪亞屬下的所有藩國簽訂條約，包括久德浦、齋普爾、馬切里（Macheri）、邦迪與婆羅多普爾的賈特君主。印度半島上所有主要政權，現在經由征服、合作及攏絡，要不併入東印度公司，要不就是成為公司的盟友。正如亞瑟·衛斯理對他心花怒放的兄長所說：「你的政策跟我們的力量，已將印度所有勢力貶為純粹代號而已。」[147]

大約有六百名訓練有素的東印度公司文官，將在十五萬五千名印度兵的護衛下，管理印度半島大部分區域。[148]公司軍隊現在已明確成為此地的主要軍事力量，控制軍隊的總督才是真正的皇帝。衛斯理勛爵贏得的子民人數，不僅比十年前英國在北美失去的子民還多了許多——約五千萬人，而且他還打造了一批年輕人，致力於他的帝國計劃，在他離去後持續推進這項計畫。[149]野心勃勃的衛斯理門生，正致力於打造擴大一個英國化的殖民政府，為新帝國提供有效管控卻愈顯遙遠陌生的行政架構。正如東印度公司的年輕外交官查爾斯·梅特卡夫（Charles Metcalfe）所寫：「你們是主宰，因此必須行動。」[150]

倫敦對眼前成就卻意外地知之甚少。國內仍舊與拿破崙糾纏不下，即便衛斯理勳爵取下大片領土，但在印度發生的事，除了直接涉及此事的組織或人員外，其他人幾乎毫無興趣。即便是衛斯理勳爵的大老闆——外交大臣格倫維爾勛爵（Grenville），在場內半空的上議院簡短討論衛斯理勳爵侵略擴張的印度政策時，也自承「對此主題的各個部分都不甚瞭解。」[151]

然而在印度內部，每個人都知道一場重大革命剛剛發生。許多穆斯林，在嚴格的德里伊瑪目沙・阿布杜・阿濟茲（Shah Abdul Aziz）的領導下，視此刻為十二世紀以來印度首度脫離穆斯林之手：「從此地到加爾各答，都由基督徒完全控制。」沙・阿濟茲在一八〇三年發出的聖戰伊斯蘭教令（fatwa of jihad）中寫下：「印度不再是伊斯蘭世界（Dar ul-Islam）。」[152]東印度公司的官員也同樣清楚意識到這一點：「我們現在已經是印度的主人，」湯瑪士・門羅（Thomas Munro）寫道：「若我們採取適當措施加以鞏固，就無人能動搖我們的權力。」[153]

英國至高無上力量的基礎，此刻已建立起來。除了一八五七年大起義（Great Uprising）期間的幾個月之外，不論是好是壞，接下來的一百四十四年裡，印度都將持續握在英國手中，直到一九四七年八月才獲得自由。

沙・阿蘭與皇室成員從紅堡頂上，焦急地觀察戰鬥情況。接近傍晚時分，他們清楚看見英國公司的持槍騎兵從他們所在的大理石涼亭正對面，追趕逃亡的馬拉塔印度兵，「將他們斬殺在德里堡壘下的河岸上」。皇帝立刻派人向總司令恭賀我們的勝利，並宣稱「他等著擁抱如同救主般的將軍」。[154]

第二天，即九月十五日，根據《沙·阿蘭傳》的記載：

> 雷克將軍在亞穆納河對岸紮營，並派遣長期以來擔任東印度公司駐宮廷代表的賽義德·瑞札汗，謙卑請求拜見天子。他還要求皇帝提供過河船隻。這位普天之下的君主下令讓他的河軍指揮官，立即派出船隻。將軍渡過亞穆納河後，駐紮在舊堡附近。隔日，賽義德·瑞札汗將總督信件呈交皇帝，表達祈福與忠誠友誼。皇帝賜下衣袍給這位使者。[155]

九月十六日，皇太子阿克巴·沙本應在中午時分，出現在舊堡的雷克勳爵營地，但按照蒙兀兒人慣常的時間觀，直到下午三點才出現，此時士兵已經列隊整整三小時了。威廉·索恩少校也在列隊之中，穿著他的粗斜紋棉布紅外套，在潮濕的季風酷熱中汗流浹背。他寫下：「等到完成既定儀式，殿下重新騎上大象，騎兵隊伍就位時，已經過了四點。」

> 距離有四英哩，因此閣下（雷克）直到日落時分才抵達宮殿。確實，這支隊伍得穿越大批人群，使得保持隊形相當困難；因為德里人幾乎形成一個緊密團塊，連皇宮廣場上也擠滿了觀眾，急切想見證帖木兒王室的復興。這王室長期以來一直壟罩在烏雲之中。[156]

早期馬拉塔人圍城劫掠的記憶不容易被忘記，辛迪亞的軍隊在德里一直不受歡迎；看來沒人為他們的離去感到悲傷。至於新的皇帝保護者會帶來什麼，至少目前為止，蒙兀兒帝國首都居民暫時保持著一顆開放好奇的心：

> 最後，在龐大人群中緩慢前進，所有人都渴望看到他們君主的救星，總司令終於抵達皇宮，被引進一處廳室，過往的人曾為此間的東方壯麗光彩震懾……
>
> 但現在，因為凡間宏偉的虛榮、人類權力的不穩，阿克巴大帝與勝利者奧朗則布的後裔，卻成了令人憐憫的對象。失明年邁，權力遭到剝奪，陷入貧困之中，坐在破爛的小頂蓬下，這是帝王的殘骸，也是對人類傲氣的嘲弄。如此場面無疑將讓目睹者留下深刻印象。[157]

根據《沙·阿蘭傳》，雷克仍舊「拜倒在帝王的腳下」，然後透過他的副手，上校大衛·奧克特洛尼爵士（David Ochterlony），與失明皇帝交談。奧克特洛尼的父親是蘇格蘭高地人，定居在麻薩諸塞殖民地。美國革命爆發時，他的保皇黨家人逃往加拿大，而大衛於一七七七年加入東印度公司軍隊。他再也沒回到新世界，並且把印度當作家園，發誓永不離開。他娶了不少印度妻子，每位妻子他都贈送一頭大象；透過她們，他學會了流利的烏爾都語跟波斯語。這讓編年史家穆納·拉爾印象深刻且甚感驚訝，他寫下達烏德·阿克塔—盧尼·巴哈杜爾（Da'ud Akhtar-Luni Bahadur，穆納·拉爾對他的稱呼）「在理解與洞察力方面無與倫比，而且精通波斯文字。他應皇帝之請，留在朝廷裡，為陛下提供政治和財務談判的諮詢。」[158]

奧克特洛尼替沙．阿蘭朗讀衛斯理為此場合精心措辭的信件，總督在信中將自己描述成「開心為陛下服務，令陛下在英王室權威下重獲尊嚴和寧靜」。[159]作為回報，穆納．拉爾寫下：「陛下為表達對尊貴的公司閣下（Kampani Sahib Bahadur）的感激之情，賜予兩位男士華美袍服，並授予傑拉德．雷克將軍『桑桑．道拉，汗．道蘭汗』★納瓦伯的封號。上校（奧克特洛尼）也獲賜適當的精美袍服，及『納西爾．道拉，穆查法疆』☆的封號。」◆[160]相對地，奧克特洛尼則宣佈衛斯理致贈六十萬盧比（今日八百萬英鎊），供沙．阿蘭立刻運用，並承諾每月提供六萬四千盧比（今日八十三萬兩千英鎊），「用於皇室、王子及主要朝臣、國家支柱的僕傭費用」。[161]

隨後幾天，雷克勛爵在德里召開朝會，召見所有蒙兀兒朝中貴族，及其他「宣稱附庸於英國」的人。[162]其中包括蘇姆魯夫人，她先前派出一營部隊參與馬拉塔人戰鬥。她擔心如此一來，加上她丈夫在巴特納大屠殺中的角色，可能會導致她的封地被沒收。朝會之後的宴會中，她卻討得奧克特洛尼的歡心，兩人日後成為密友。

她也向雷克勛爵介紹自己，此事卻有些棘手。雷克勳爵陷入大醉，這名曾譽為德里最

---

★ 譯者註：Samsam al-Daula, Khan Dauran Khan，意為國家之獅，王中之王。

☆ 譯者註：Nasir al-Daula, Muzaffar Jang，意為國家的捍衛者，勝戰者。

◆ 作者註：也許頗令人意外地，拉賈斯坦邦的納西拉巴德（Nasirabad）正是以這位蘇格蘭裔波士頓人命名。

美妓女之一的女人靠近自己，顯然讓他感到驚訝。「他不顧這些有權有勢的領袖，」斯金納寫道：「剛喝下的酒也讓他有些醉意，他勇敢向前，不顧夫人隨從的阻撓，將她擁入懷中親吻。」此舉顯然違背了每一條蒙兀兒禮儀規矩，席間陷入可怕寂靜。「這個錯誤可能讓大家很尷尬，但女士的鎮定從容則穩住了局面。她禮貌接受這份示好，並平靜轉身面對驚駭的隨從，說：『這是神父對女兒的（寬恕和解）問候。』由於夫人信奉基督教，因此這番解釋非常合理。但是經驗豐富的觀眾自然對這名身著紅外套的歡樂神父（即將軍閣下）露出會心微笑。」[163]

不久後，雷克出發攻佔阿格拉堡壘，清剿剩餘的馬拉塔反抗勢力，並在拉斯瓦里（Laswari）戰役中擊敗辛迪亞，獲得最後大勝。奧克特洛尼剛獲任命為新的東印度公司駐紮官，入住一棟古老的蒙兀兒建築遺跡，此建築過去曾是沙賈汗皇帝長子蘇菲王子達拉．舒科的圖書館，將近五十年前，年輕的沙．阿蘭王子躲避伊瑪德．穆爾克時，也從同一棟房子展開逃亡。[164]與此同時，喀什米爾門附近為騎兵跟砲兵設立了醫院及營地，阿杰梅利門（Ajmeri Gate）附近的卡馬爾．丁（Qamar al-Din）大宅則成為新的關稅部門。其他幾座老宅也被新的東印度公司行政部門接管，並設立了英國—蒙兀兒雙軌並行的法院體系。[165]新的英國—蒙兀兒行政體制迅速成立。

從任何角度來看，英國東印度公司征服德里一事，都代表著極其重要的時刻。對於詩人阿札德筆下「僅是棋盤上的君主」，失明又失勢的沙．阿蘭來說，這代表了一輩子陰魂不散的複雜難題，終於有了最終解決之道。那就是：在哪裡，在誰的保護下，如何統治帖木兒先祖開創的帝國。[166]他此刻已經七十七歲。少年時節，他曾見過納德爾・沙騎馬闖入德里，帶走孔雀寶座，寶座上嵌有燦爛的光之山鑽石。他成功逃過伊瑪德・穆爾克的暗殺企圖；多次對上克萊夫，他也倖存下來。巴特納與巴克薩兩次與東印度公司對抗，在阿拉赫巴德將「課稅行政權」授予克萊夫，違背公司意願跋涉跨越整片國土返回德里。在此，他偕同米爾扎・納賈夫汗，排除萬難，他幾乎要成功重建祖先的帝國；卻在最後一位蒙兀兒偉大將軍早逝之後，眼見帝國如幻夢一場消散。最後，陷入人生低谷的皇帝，遭到瘋狂的前寵臣古蘭・卡迪爾襲擊而失明。此時，在衛斯理的保護下，得到東印度公司贍養，他至少可以在心愛的紅堡裡，祖先的寶座上，舒適安全並保有部分尊嚴，度過晚年。

三年後，一八〇六年四月一日，奧克特洛尼的副手，新來的威廉・弗雷澤（William Fraser）是衛斯理勳爵新成立的威廉堡學院（Fort William College）的第一批畢業生。他給因凡尼斯（Inverness）的父親寫信時，談到他對老皇帝及其朝廷的印象：「最近一次穆斯林的節慶上，」他寫下：「我陪同國王前往清真寺，當朝上下向全能天主祈禱時，展現出的威嚴與謙遜令我印象深刻。」

此時，我一直伴在國王身邊，不得不讚賞他的風采、容貌與風度之高貴。失去雙眼一點也無損他的面容，不幸失明的經歷反令我們對他深感同情敬仰。他去世之時，我們才能說，帖木兒王祚到此結束了；從跛腳★開始，到失明結束。[167]

他的統治並非輝煌，但他的一生仍標誌著善良、正直、誠信與學識，這些品格在當時都十分匱乏。更重要的是，一次次可怕的考驗中，沙．阿蘭仍舊展現非凡的決心。他的一生中，經歷了一連串不斷重演的挫折，但他從未放棄，只有羅希拉人蹂躪家人並令他失明之時，讓他短暫陷入絕望。在最困頓的環境，大亂局之中，他仍舊引領了興盛的宮廷文化，除了自己寫詩之外，還慷慨資助詩人、學者與藝術家。

此外，他引導王朝度過最艱難的時刻，設法在「大亂局」中，維持蒙兀兒王朝的火苗，不致熄滅。他還成功創造蒙兀兒統治的新模式，在此模式裡，真實權力旁落一事，被巧妙地掩蓋在神授王權與興盛文化及宮廷儀禮組成的金色簾幕之下。後兩者都源自他的帖木兒先祖。這樣的願景仍舊足以激發人心，以至於在半個世紀後，他孫子的朝廷反而成為史上最大規模反殖民叛亂的中心。這次起事差一點終結英國統治，更很可能開啟蒙兀兒王朝的新階段。[168]

對英國東印度公司來說，這也是個歷史性時刻，這是長期鬥爭之後擊敗馬拉塔人的終局，從他們手中奪得昔日蒙兀兒帝國的控制權。同時間，這也代表東印度公司逐漸滲透蒙兀兒制度的最後一幕。這家來自倫敦市的合股公司逐漸佔據偉大蒙兀兒帝國的權力，甚至某個程度上，在衛斯理統治時，還染上了帝國的輝煌。

最終，藉由強行成為蒙兀兒皇帝的攝政者，這家公司確立了至高無上的地位，它在蒙兀兒帝國的大傘下，為自己找到印度人眼裡的合法性。直到一八三一年，孟加拉改革派的羅闍．羅摩摩罕．洛伊（Raja Rammohan Roy）談到「透過鞏固國王的感激與友誼，英國政府的權力更加穩固；國王雖無領土，卻仍被興都斯坦各國視為榮譽或統治的唯一合法基礎」。[169]東印度公司明白滲透蒙兀兒制度的重要性，而非僅僅將它瓦解或廢除。

衛斯理會向董事會提出抗議，「對於英國懷疑」他想「以東印度公司實質或間接取代蒙兀兒王室」的想法，令他退避三舍。[170]然而，事實上這正是他所做所為。不到五十年的時間，一家跨國公司便奪取了幾乎是所有曾屬於蒙兀兒印度的領土。到這個階段，這間公司還建立了一套繁複的行政與公務員體系，修建了倫敦碼頭多數區域，並創造出英國近半數的貿易額。光在英國境內的年度支出數字，就高達約八百五十萬英鎊（今日八億九千萬英鎊），相當於英國政府年度總支出的四分之一。[171]無怪乎這間公司此刻稱自己為「宇宙中最崇高的商會」。它的軍隊規模勝過幾乎所有民族國家軍隊，勢力可以繞行全球；事實上，它的股票現在可算是某種全球性的儲備貨幣。正如伯克所寫：「這家公司的章程始於商業，卻終於帝國」，或者更準確地，如一名董事所承認：「帝國中的帝國」。[172]

然而，儘管擁有如此龐大資源，為了負擔六年來不斷爭戰的開銷，衛斯理幾乎搞到東印度公司破產，公司年度赤字大幅增加到兩百萬英鎊（今日每年兩億一千萬英鎊）之譜。衛斯理剛抵達印度時，公司的總體債務為一千七百萬英鎊，現在已將近三千一百五十萬英鎊（今日三十三億英鎊）。一八〇〇到一八〇六年間，倫敦不得不向孟加拉輸運三百九十萬英鎊（今日超過四億英鎊）的白銀，幫忙開始償還衛斯理欠下的巨額債務。[173]衛斯理勛

---

★譯者註：意指開創蒙兀兒帝國的巴布爾皇帝。

爵開始以蒙兀兒規模興建加爾各答的新總督府，宮殿般建築的支出數字傳進董事耳裡，成了最後一根稻草。他們宣稱，在衛斯理的統治下，印度政府「已經變成專制政體」。

一八〇三年十一月六日，東印度公司董事會致信英國政府的管理委員會，列舉了他們對衛斯理的種種不滿。他們指控他：

> 種種侵害英屬印度的憲法，當他們希望他實現大幅削減公共支出的承諾時……他並未回應他們的期望，反而採取——他們認定不必要——那些必然導向戰爭的外交政策……依董事會所見，這些政策造成許多嚴重弊端，不但更難以減少國家債務和開支，並拿穩固現狀與深獲敬重的英國力量，換來不確定的霸權，恐會引起印度所有邦國的不滿。[174]

到了一八〇三年末，最終決定終於發布：衛斯理，這隻在英國東印度公司企業巢穴中建構帝國的政府杜鵑，將遭到召回。

一八〇三年，董事會雖得償所願，最後卻是英國政府佔了上風。儘管在印度，東印度公司比以往任何時候更加強大，甚至無敵，但在十九世紀上半葉期間，卻受到英國政府愈來愈密切的監督和限制；而國家最重要殖民地由一間公司管理的想法，也變得愈來愈不合理。

《愛丁堡評論》（*Edinburgh Review*）期刊內一位匿名作者（很可能是詹姆士・彌爾〔James Mill〕），在衛斯理被召回後的幾個月，提出精彩論點：「所有想像與不切實際的政策體系中，」他寫下：「沒人會荒謬到以為治理帝國的最明智方法，是委託給居住在數千英哩以外的一群商人。」[175] 一八一三年，國會廢除英國東印度公司對東方貿易的壟斷權利，允許其他商人及代理機構在孟買和加爾各答開設店鋪。[176]

到了一八二五年，國會對於東印度公司的存在，反感日增。一名議員指出，東印度公司的權力與影響力如此強大，以至於「若非該公司財富遠在千里之外，光是這樣群體的存在，不僅危及子民自由，更對國家穩定構成威脅」。五年後，另一名議員憤怒抨擊政治人物允許「有危王國福祉的龐大力量存在，國會卻只有最微弱且間接的控制權」。[177] 國會中，詹姆士・斯爾克・白金漢（James Silk Buckingham）甚至更進一步：「將一億人帝國的政治管理……交由合股公司執掌，這個想法如此荒謬，倘若此刻是首次提出，不僅將被視為荒謬，更是對王國最基本理解的侮辱。」[178]

一八三三年，國會終於採取行動。他們通過了《東印度公司章程法案》（*East India Company Charter Bill*），取消東印度公司的貿易權利，將其轉變為某種管理組織。曾經主宰廣闊商業帝國，甚至在此階段每年光是茶葉交易仍能獲利一百萬英鎊（今日一億英鎊）的東印度公司，進入了最後階段，專門從事帝國事業。[179]

最後，在一八五七年五月十日，英國東印度公司的私軍揭竿而起，起義反抗自己的雇主。經歷不穩的九個月後，東印度公司鎮壓叛亂時，在恆河沿岸的市集城鎮裡，吊死殺害數十萬叛亂嫌疑者。這場可能是英國殖民史中最血腥的事件裡，英國東印度公司最後一次讓自己出了名。在印度大起義（英國稱之為「印度兵叛變」〔Indian Mutiny〕，印度則稱之為第一次獨立戰爭）之後，國會終於將英國東印度公司完全撤下權力舞台。

適可而止。維多利亞時代的英國政府意識到企業貪婪及無能帶來的危險，成功馴服歷史上最貪婪的公司。東印度公司的海軍遭到解散，陸軍則由王室接管。一八五九年，正是在阿拉赫巴德堡壘的城牆內，英國總督坎寧勳爵（Lord Canning）正式宣佈英屬東印度公司的印度領地將國有化，並轉由英國王室控制。當年克萊夫也在此簽署「課稅行政權」，首度將東印度公司轉變成帝國強權。自此，維多利亞女王，而非英國東印度公司的董事會，將成為印度的統治者。

英國東印度公司繼續以殘廢形式，苟延殘喘了十五年，直到特許到期，最終於一八七四年悄無聲息閉門。一名評論者說：「比地方鐵路破產還沒火花」。[180]

現在東印度公司的品牌握在出身印度喀拉拉邦（Kerala）的兩兄弟手上，他們在倫敦西區的店裡，以這個品牌銷售「調味料及美食」。

# 終話

沙・阿蘭被剝奪課稅行政權，也是英國東印度公司的帝國最終被奪走之處，這座紅砂岩蒙兀兒堡壘，比起遊客在拉合爾、阿格拉或德里看到的那些堡壘要大上許多，至今仍舊是封閉的軍事區域。我去年底造訪時，無論是門口警衛或他們的上級軍官，都對此地曾發生的事件一無所知；哨兵甚至沒聽說過英國東印度公司，雖然後者的大砲仍豎立在閱兵廣場上——當年克萊夫取走課稅行政權的帳篷也曾立於此地。

我參訪的那天晚上，在堡壘牆下租了一艘小艇，請船伕往上游划去。離日落還有一小時，那是北印度人稱之為「牛塵之時（godhuli bela）」★的美麗時刻，亞穆納河在夜晚光線中閃爍，如同一顆顆蒙兀兒寶石。白鷺鷥沿著河岸行走，經過在吉祥的兩河交匯處（亞穆納河與恆河）附近浸浴的朝聖者。一排排拿著釣魚線的小男孩站在聖人跟朝聖者之間，進行著不大神祕的任務，嘗試釣上大鯰魚。鸚鵡從堡壘縫隙竄出；八哥呼叫著歸巢。

---

★譯者註：意指日落之前的彩霞中，牛群由放牧草地返家，牛蹄揚起塵土的時刻。

四十分鐘的時間裡，我們緩慢漂流，水輕輕拍打船側，經過一英哩連綿不斷的壯麗塔樓跟突出堡壘，每座建築都裝點著精緻的蒙兀兒穹頂涼亭、格柵與屋頂裝飾。很難想像一家倫敦公司，無論多麼無情好鬥，竟能征服如此壯麗強大，對自身實力、卓越與華美擁有強烈自信的蒙兀兒帝國。

在印度跟英國，人們仍說是英國征服印度，但正如本書試圖展現的，這句話掩蓋住一個更加兇惡且複雜的現實。因為在十八世紀中葉征服印度的，不是英國政府，而是一家私人公司。印度進入殖民統治的過程，是通過一家營利企業的機制實現；這間公司完全是為了讓投資人致富而存在。

英國東印度公司征服印度，幾乎可以肯定地說，仍是世界史上公司暴力的極致。盡管今日世界最大型的企業（如埃克森美孚〔ExxonMobil〕、沃爾瑪〔Walmart〕或谷歌〔Google〕）擁有巨大權力，但跟軍事化的東印度公司的領土野心相比，它們仍像是溫馴的野獸。然而，若歷史展現出任何教訓，那就是在國家權力與公司權力的親密互動中，即便後者可以受到監管，但公司仍將動用一切資源來抵抗。

今日，我們來到的這個世界，也許會讓首位訪印英國使節湯瑪士．洛爵士感覺熟悉。西方的財富再度開始往東方流去，就跟羅馬時代到東印度公司成立之前的情況一樣。現在，當西方首相訪問印度時，他不再能像克萊夫那樣，前來指定條件。實際上，任何形式的談判都從議程消失。就像洛爵士一樣，他來此乞求合約與業務，同行的還有國內最大企業的執行長。

公司法人——這個延伸海內外的單一集合商業組織的概念——是個革命性的歐洲發明，跟歐洲殖民主義始於同一段時間，顛覆了亞洲和歐洲的貿易世界，並讓歐洲獲得競爭優勢。此外，這個概念在歐洲帝國主義崩潰後仍持續蓬勃發展。當歷史學家辯論英國留給印度的殖民遺產時，他們通常會提到民主制度、法治、鐵路、茶及板球。然而，合股公司的概念肯定是英國對印度最重要的出口之一，且無論好壞，它改變南亞地區的程度，不亞於任何其他歐洲概念。它的影響無疑超越了共產主義跟基督新教，甚至也可能超越了民主制度。

現在，除了家庭之外，公司企業比起任何其他機構，佔據了更多印度人的時間跟精力。這並不令人驚訝：正如哈佛大學商業與政府中心前主任艾拉·傑克森（Ira Jackson）最近指出，公司及其領袖今日已經「取代政治及政治家，成為……我們體系裡新的大祭司與寡頭」。檯面下，公司仍舊統治著相當大比例的人類族群。

如何應對大型跨國公司的權力與危險，這個存在三百年的問題，至今仍然沒有明確答案：民族國家要如何適當保護自己與公民，不受公司過度行徑的侵害，至今仍不是非常明確。當然，沒有任何當代公司能在效法英國東印度公司的暴力與純粹軍事力量之後，還能僥倖逃脫；但許多公司較之前者也不遑多讓，它們已試圖為了達成自己的目的，使國家權力屈服。

正如二〇〇七到〇九年間國際次級房貸泡沫與銀行崩潰所顯示，公司可以豐厚、捏塑並積極影響國家的命運，也可以拖累經濟。整體來說，從〇七年一月到〇九年九月，美國與歐洲銀行因為這些有毒資產，損失超過一兆美元。一七七二年，伯克擔心東印度公司可能會對英國造成的影響——可能將政府「扯下無盡深淵」，實際上就發生在〇八至一一年的冰島。當時該國三家主要私營商業銀行的系統性崩潰，將冰島推向完全破產的邊緣。在二十一世紀，一家強大的公司，仍能像十八世紀的英國東印度公司在孟加拉的所作所為一樣，有效壓倒或顛覆一個國家。

企業的影響力，憑藉著權力、金錢與不受問責的致命混合，在脆弱國家中特別強大，也特別危險。這些國家的企業監管不足或無效，大公司的購買力可能超越或壓倒資金不足的政府。例如，二〇〇九到二〇一四年間統治印度的印度國大黨（Congress party）政府，就捲入一系列貪腐醜聞，從浮濫授予土地和礦權，到以遠低於實際價值的貪腐價格出售手機頻譜。

二〇一五年九月，當時的印度央行行長拉古蘭·拉賈恩（Raghuram Rajan）在孟買發表演講，表達了他對企業資金侵蝕國會誠信的擔憂：「即便我們的民主與經濟愈發蓬勃朝氣，」他說：「近期選舉出現一個重要議題，我們是否已經拿權貴資本主義（crony capitalism），來替換過去的權貴社會主義（crony socialism）。富人跟有影響力的人被指控給予貪汙政客回扣，換取土地、天然資源跟頻譜。通過扼殺透明度跟競爭，權貴資本主義傷害了自由企業與經濟增長。以特殊利益取代公共利益，也傷害了民主表達。」他的憂慮，跟三百多年前霍雷斯·沃爾波及其他許多英國人所表達的擔憂，極為相似。當時東印度公司已成為炫富與政治貪腐的同義詞。

幸好現代世界裡，並沒有真正能跟東印度公司比擬的企業。在營收方面，沃爾瑪是全球最大的企業，但資產中並不包含一隊核潛艦；臉書（Facebook）與貝殼石油（Shell）也未擁有步兵團。然而，英國東印度公司——第一家偉大的跨國公司，也是第一家失控的公司——成為今日許多合股公司的最終模範與原型。而最強大的公司也不需要擁有自己的軍隊：它們可以仰賴政府保障利益，並助它們脫離困境。

如今，位於利德賀街的英國東印度公司總部位址上，矗立著由理察・羅傑斯（Richard Rogers）設計，玻璃金屬構成的駿懋銀行（Lloyd）大廈。沒有藍色銘牌點出麥考萊所稱的「世上最偉大的公司」的所在地；這間公司曾在南亞廣袤區域內奪取政治權力，無疑是唯一能與蒙兀兒人相提並論的勢力。不過任何想在倫敦市裡尋找東印度公司遺產紀念物的人，其實只需要四處張望。

本書試圖探究商業與帝國權力之間的關係。它探討了企業如何影響政治，反之亦然。它也檢驗了權力和金錢如何腐化，以及商業與殖民如何經常攜手並進。因為西方帝國主義和企業資本主義在同一時期誕生，某個程度上，兩者都是催生現代世界鬥爭的根源。

這就是十八世紀英國東印度公司出現在印度所引起的動盪，甚至因此創造出一種全新的文類，來應對這種情況。這種用以道德教化的歷史文類，被稱為「訓誡之書」（Ibrat-Nâma）。伊拉赫巴德的凱魯丁簡潔說明了這類歷史記錄的勸誡目的，他寫下其中最知名的作品。他說：「通過思考過往生命，讓你未來謹慎行事」（Az farâ-dîd-i sar-guzasht-I guzashtagân, bar khud ʻibrat pazîrad）。

至今，英國東印度公司仍是歷史上最為兇惡不詳的警示，提示了企業權力濫用可能，以及股東利益在表面上轉變成國家利益的隱密手段。正如近期美國在伊拉克的投機行動所示，我們的世界還未進入後帝國時代，也許永遠也辦不到。相反地，帝國正轉變成種種形式的全球權力，運用競選捐款與商業遊說、跨國金融體系及全球市場、企業影響力以及從新型監控資本主義取得的預測數據，來取代（或有時並行）明顯的軍事征服、佔領或直接經濟宰制，以達其目的。

英國東印度公司成立的四百二十年後，它的故事從未如此貼近現實。

# 字彙

| | |
|---|---|
| *Aftab* | 太陽 |
| *Akhbars* | 印度邸報 |
| *Alam* | 世界；也是什葉派穆斯林在阿舒拉節敬拜時使用的旗幟，通常是淚滴型或手型，代表西元六八〇年時胡笙伊瑪目（Imam Hussain）在卡爾巴拉戰役（Battle of Kerbala）中持用的旗幟 |
| *Amir* | 貴族 |
| *Arrack* | 阿拉克酒，一種印度苦艾酒 |
| *Arzee* | 波斯文的「請願」 |
| *Atashak* | 淋病 |
| *Bagh* | 正式蒙兀兒花園，通常是四方花園（char bagh），由十字交叉的通道與噴泉分成四個（char）方塊 |
| *Banjara* | 班札拉游牧貿易部族 |
| *Bazgasht* | 返回或返鄉 |
| *Begum* | 印度穆斯林貴族女性敬稱，相當於英語中的「女士」（Madam） |
| *Betel* | 檳榔果實，在印度被當作輕微麻醉藥，加上其他材料一起咀嚼時，稱為「paan」 |

| | |
|---|---|
| *Bhadralok* | 巴德拉洛克紳士階級；孟加拉受過良好教育且富裕的中上階級 |
| *Bhang* | 處理過的大麻 |
| *Bhet* | 奉獻 |
| *Bhisti* | 扛水人 |
| *Bibi* | 印度妻子或情婦 |
| *Bibi ghar* | 「後院」，又稱 zenana |
| *Brahmin* | 婆羅門；印度的祭司種姓，位於種姓金字塔頂端 |
| *Charpoy* | 草繩編床（原意指「四腳」） |
| *Chattri* | 穹頂涼亭，經常作為塔樓或宣禮塔的頂綴（原意指「傘」） |
| *Chaupar* | 喬帕爾棋盤遊戲，類似印度十字戲（pachisi） |
| *Chhatrapati* | 皇室頭銜；意為「華蓋之主」，等同皇帝 |
| *Choli* | 印度短上衣（這個時代裡經常是透明的） |
| *Chowkidar* | 守衛；守門者 |
| *Coss* | 蒙兀兒的長度單位，略長於三英哩 |
| *Crore* | 一千萬 |
| *Cuirassier* | 持槍武裝騎兵 |
| *Dacoit* | 亡命之徒；強盜集團成員 |
| *Daftar* | 官職；或是尼贊宮中官員 |
| *Dak* | 崗哨（十八世紀到十九世紀初有時也拼寫為「dawke」） |

| | |
|---|---|
| *Dargah* | 蘇菲派神龕，通常蓋在聖人陵墓之上 |
| *Dar ul-Islam* | 伊斯蘭世界或伊斯蘭之家 |
| *Dastak* | 通行證 |
| *Dastan* | 故事、史詩或口傳歷史 |
| *Deorhi* | 帶有中庭的屋舍或大宅 |
| *Derzi* | 裁縫師 |
| *Dharamasala* | 客棧 |
| *Dharma* | 責任 |
| *Dhobi* | 洗衣工 |
| *Dhoolie* | 覆頂轎 |
| *Dhoti* | 多迪襠布 |
| *Divan* | 詩集 |
| *Diwan* | 首相，或財政大臣 |
| *Dubash* | 翻譯 |
| *Dupatta* | 杜帕塔長巾（原意指「兩葉或兩片寬」），也稱為「chunni」，通常與莎爾瓦卡密茲（salvar kemise）長衫褲裝成套穿戴 |
| *durbar* | 朝廷 |
| *Fakir* | 原意指「窮人」；蘇菲派聖人、托缽僧或雲遊的穆斯林苦修士 |
| *Faujdar* | 碉堡或衛所守將 |

| | |
|---|---|
| *Firangi* | 外國人 |
| *Firman* | 皇帝詔書 |
| *Gagra Choli* | 印度短上衣與長圓裙 |
| *Ghat* | 河階 |
| *Ghazal* | 加札勒，以烏爾都語或波斯語創作的情詩 |
| *Godhulibela* | 牛塵之時，日落之前的黃金天光 |
| *Golumdauze* | 砲兵 |
| *Gomasta* | 代表或經理 |
| *Goonjus* | 橋 |
| *Hakim* | 外科醫生 |
| *Hamam* | 土耳其式蒸汽浴室 |
| *Haveli* | 帶有中庭的屋舍或傳統大宅 |
| *Harkarra* | 原意指「顧前顧後」；跑腿、信差、探子或間諜 。十八世紀的文獻中有拼寫為「hircarrah」 |
| *Havildar* | 等同中士的印度兵士官 |
| *Holi* | 荷麗節，印度教徒的春季節慶，參與者相互灑擲紅黃色彩粉 |
| *Hookah* | 水煙筒 |
| *Id* | 兩個重要的穆斯林節慶：開齋節（ Id ul-Fitr）標誌拉瑪丹齋戒月的結束，宰牲節（Id ul-Zuh）則紀念獻祭以撒。後者會宰殺一頭羊，此事件在舊約《聖經》與《古蘭經》中皆有記載。 |

| | |
|---|---|
| *Iftar* | 開齋飯 |
| *Ijara* | 租約 |
| *Jagatguru* | 宇宙的上師 |
| *Jagir* | 封地食邑，賜給為國服務之人，封地收益可視為封地所有人（jagirdar）的收入 |
| *Jali* | 石刻或木刻窗櫺 |
| *Jazair* | 迴轉砲，通常架在駱駝背上 |
| *Jharoka* | 突出露台 |
| *Jizya* | 伊斯蘭國家中針對非穆斯林加課的稅 |
| *Kalawant* | 歌者或吟唱者 |
| *Kar-khana* | 工坊或工廠 |
| *Khanazad* | 生於宮中的王子 |
| *Khansaman* | 十八世紀指「管家」；今日通常指「廚師」 |
| *Kharita* | 蒙兀兒封口織錦袋，可取代信封用來送信 |
| *Khilat* | 象徵性朝服 |
| *Khutba* | 浮圖白，週五主麻日祈禱講道，此時會提及伊斯蘭統治者的名諱 |
| *Kotla* | 堡壘 |
| *Kotwal* | 蒙兀兒城鎮的警局局長或城守 |
| *Lakh* | 十萬 |

| | |
|---|---|
| *Langar* | 宗教節慶中免費發放食物 |
| *Lathi* | 短棍或棒子 |
| *Lota* | 水罐 |
| *Lingam* | 與濕婆神作為創造者信仰有關的陽具象徵 |
| *Lungi* | 印度式沙龍裙；比較長的多迪襠布（參見 Dhoti 條目） |
| *Mahal* | 意指「宮殿」，但通常也用來指稱寢殿或後宮、後院 |
| *Mahi maratib* | 魚旗；蒙兀兒帝國旗幟 |
| *Majlis* | 集會（特別指阿舒拉節期間的集會，參見 Muharram 條目） |
| *Mandapa* | 神廟入口 |
| *Mansabadar* | 曼沙巴達爾，蒙兀兒貴族及官員職稱，其官階乃以戰爭期間能夠提供的騎兵人數定之，例如兩千五百人的曼沙巴達爾，就得在尼贊打仗時，提供兩千五百名騎兵 |
| *Masnavi* | 曼斯納維，以波斯語或烏爾都語創作的情歌 |
| *Mehfil* | 蒙兀兒宮廷徹夜饗宴，包含舞蹈、吟詩與演唱加札勒（參見 Ghazal 條目） |
| *Mihrab* | 米哈拉布，清真寺中指出麥加方向的壁龕 |
| *Mir* | 米爾，姓名前的尊稱，通常指此人為先知後裔的賽伊德（參見 Sayyed 條目） |
| *Mirza* | 米爾扎，王子或紳士 |
| *Mohalla* | 蒙兀兒城市中的特定區域，例如通常由單一入口進出的住宅區 |

| | |
|---|---|
| *Muharram* | 阿舒拉節，紀念先知之孫胡笙伊瑪目戰敗死亡的重要什葉派節日，海德拉巴跟勒克瑙的節日場面特別盛大 |
| *Munshi* | 印度的私人秘書或語言教師 |
| *Mushairas* | 詩會 |
| *Marqanas* | 清真寺或宮殿入口的鐘乳石狀裝飾 |
| *Musnud* | 這個時代的印度統治者王座，由低矮坐墊及靠枕圍成 |
| *Nabob* | 納波布老爺，為英國人對於興都斯坦「納瓦伯」一字的誤用，原意指「總督」，是蒙兀兒皇帝賜與區域總督的頭銜。但在英格蘭，卻成了對「印度海歸派」的譏刺用語，特別是在一七六八年山謬·福特的劇本《納波布老爺》上演之後，這個詞廣為流傳。在英國，這個詞很快就縮寫成「大人物」（nob）。 |
| *Nagara* | 納格拉鼓，印度儀式用鼓 |
| *Nageshwaram* | 泰米爾長嗩吶 |
| *Namak-haram* | 背叛者；意指「浪費錢」 |
| *Naqqar Khana* | 儀式性鼓房 |
| *Naubat* | 用於歡迎貴賓的傳統小號 |
| *Naubat Khana* | 堡壘大門上方吹奏傳統小號的房間 |
| *Nautch* | 印度舞蹈表演者 |
| *Nazr / Nazar* | 印度朝廷中獻給宗主的象徵性獻禮 |
| *Nizam* | 尼贊，海德拉巴的世襲領主頭銜 |
| *Omrah* | 貴族 |

| | |
|---|---|
| *Padshahnama* | 帝王傳記 |
| *Palanquin* | 印度式轎子 |
| *Peshkash* | 下對上的貢金或貢禮，馬拉塔人特別常用這個詞，意指「藩屬」支付的貢金，例如尼贊 |
| *Peshwaz* | 高腰長袍 |
| *Pir* | 蘇菲派聖人 |
| *Pikdan* | 痰盂 |
| *Prasad* | 印度教神廟中，信徒供奉後可獲得神廟發放的甜點；這項傳統也從印度教傳入伊斯蘭，德干地區的蘇菲派神龕也有類似作法 |
| *Puja* | 獻祭 |
| *Pukhur* | 池塘 |
| *Pukka* | 適當、正確 |
| *Purdah* | 意指「簾幕」；後用來表示將女性藏於後院或後宮之中 |
| *Qanat* | 移動式帳棚帷幕 |
| *Qawal* | 卡瓦利歌者 |
| *Qawalis* | 卡瓦利，蘇菲神龕中吟唱的激昂詩歌 |
| *Qiladar* | 城守 |
| *Qizilbash* | 意指「紅帽」，指薩法維王朝的基茲爾巴什紅帽騎兵隊（後來也是商人），以頭巾下的紅高帽得名。 |
| *Raja* | 王公 |

| | |
|---|---|
| *Ryott* | 農夫 |
| *Sahukara* | 貸款業者 |
| *Salatin* | 宮中出生的王子 |
| *Sanad* | 詔令 |
| *Sanyasi* | 印度教苦修士 |
| *Sarir-e khas* | 王座 |
| *Sarpeche* | 頭巾上的寶石或裝飾 |
| *Sati* | 焚燒寡婦或寡婦殉葬的習俗 |
| *Sawaree* | 象園（以及與飼養大象有關的整套用具）；（或陰性為Sayyida）指先知穆罕默德的血脈。賽伊德經常會加上「米爾」頭銜。 |
| *Sepoy* | 印度兵 |
| *Seth* | 貿易者、商人、銀行家或貸款者 |
| *Shadi* | 婚宴或派對 |
| *Shamiana* | 印度帳篷，或圍住帳篷區的帷幕 |
| *Shia* | 什葉派；伊斯蘭教兩大主要分支之一，分裂可追溯回先知死後，承認麥地那哈里發權威者與先知女婿阿里的追隨者（阿拉伯文中「Shiat Ali」意為「阿里派」）分裂為二。雖然多數什葉派信徒居住在伊朗，印度德干地區一直擁有大量什葉派信徒。海德拉巴歷史上經常是什葉派文化的中心。 |
| *Shikar* | 狩獵 |

| | |
|---|---|
| *Shroff* | 貿易者、商人、銀行家或貸款者 |
| *Sirdar* | 貴族 |
| *Sloka* | 梵文詩句 |
| *Strappado* | 葡萄牙吊刑，將被害者綁在繩索上從高處墜下 |
| *Subadhar* | 總督 |
| *Takhta* | 吊掛大圍巾的木架 |
| *Tawaif* | 教養良好、舉止優雅的舞女與妓女，為蒙兀兒後期社會文化的特色 |
| *Thali* | 大鐵盤 |
| *Ubnah* | 男性同性性交 |
| *Ulama* | 穆斯林神職人員 |
| *Unani* | 愛奧尼亞（或稱拜占庭希臘）醫學，一開始經由波斯的拜占庭流民傳進伊斯蘭世界，今日仍舊在印度施行 |
| *'Urs* | 紀念日 |
| *Ustad* | 大師、導師或專家 |
| *Vakil* | 大使或代表（雖然在現代，此語單純指律師） |
| *Vilayat* | 省分、故鄉 |
| *Zenana* | 後宮 |
| *Zamindar* | 地主或地方統治者 |

# 註釋

## 縮寫

BL　大英圖書館
*CPC*　《東印度公司孟加拉事務之波斯文書信集》
IOR　印度事務部檔案
NAI　印度國家檔案館
OIOC　東方與印度事務部藏品

## 引言

1. 菲利普・斯特恩精彩指出，遠早於先前所認定，英國東印度公司早已取得實際、有形的政治權力。見 Philip J. Stern., *The Company State: Corporate Sovereignty & the Early Modern Foundations of the British Empire in India*. Cambridge, 2011。
2. 'The Muzaffarnama of Karam Ali', in *Bengal Nawabs*, translated into English by Jadunath Sarkar, Calcutta, 1952, p. 63.
3. Ghulam Hussain Khan, *Seir Mutaqherin*, Calcutta, 1790– 94, vol. 3, pp. 9–10.
4. Emma Rothschild 在未出版的論文 'The East India Company and the American Revolution' 中引用。
5. 近期研究包含歷史學者 Richard Barnett 的先鋒著作 *North India Between Empires: Awadh, the Mughals and the British, 1720–1801*, Berkeley, 1980，以及 Christopher Bayly, *Rulers, Townsmen and Bazaars*, and Alam。後者在著作 *The Crisis of Empire in Mughal North India* 中，點出十八世紀前半北葉印度的經濟成長。已有大量文獻投入這方面的研究。擁抱「修正主義」的論文集，見 Seema Alavi (ed.), *The Eighteenth Century in India*, New Delhi, 2002; P. J. Marshall (ed.), *The Eighteenth Century in Indian History. Evolution or Revolution*, New Delhi, 2003。另見 Stewart Gordon, *Marathas, Marauders and State Formation in Eighteenth-Century India*, Delhi, 1998; Rajat Datta, *The Making of the Eighteenth Century in India: Some Reflections on Its Political and Economic Processes*. Jadunath Sarkar Memorial Lecture, Bangiya Itihas Samiti, Kolkatta, April 2019; Karen Leonard, 'The Hyderabad Political System and Its Participants', *Journal of Asian Studies*, 30(3) (1971); Tilottama Mukherjee, *Political Culture and Economy in Eighteenth-Century Bengal. Networks of Exchange, Consumption and Communication*, New Delhi, 2013; John F. Richards, *The Seventeenth-Century Crisis in*

*South Asia in Modern Asian Studies*, 24, 4,(1990), pp625-638; M. Athar Ali, *The Passing of an Empire: The Mughal Case*, Modern Asian Studies, Vol 9. No.13 (1975), pp385-396; Stewart Gordon, *Legitimacy and Loyalty in some Successor States of the Eighteenth Century*. In *John F Richards, Kingship and Authority in South Asia*, [New Delhi, 1998], pp327-347 Madhu Trivedi, *The Making of the Awadh Culture*, New Delhi, 2010; Stephano Pelo, *'Drowned in the Sea of Mercy. The Textual Identification of Hindu Persian Poets from Shi'i Lucknow in the Tazkira of Bhagwan Das 'Hindi'*, in Vasudha Dalmia and Munis D. Faruqui (eds), *Religious Interactions in Mughal India*, New Delhi, 2014; Sanjay Subrahmanyam, *'Connected Histories: Notes Towards a Reconfiguration of Early Modern Eurasia', Modern Asian Studies*, 31(3) (1997); J. F. Richards, *'Early Modern India and World History', Journal of World History*, 8(2) (1997), C. A. Bayly, 'Indian Merchants in a 'Traditional' Setting. Banaras, 1780– 1830', in Clive Dewey and A. J. Hopkins (eds), *The Imperial Impact. Studies in the Economic History of India and Africa*, London, 1978; Philip Calkins, 'The Formation of Regionally Oriented Ruling Group in Bengal, 1700– 1740', *Journal of Asian Studies*, 29(4) (1970)。

6. Fakir Khair-al Din Illahabadi, Fakir, *'Ibrat Nama*, BL, OIOC, Or. 1932. f1v。

## CHAPTER 1 ｜一五九九年

1. James Shapiro, *1599: A Year in the Life of William Shakespeare*, London, 2005, pp. 303–8.
2. Henry Stevens, *The Dawn of British Trade to the East Indies, as Recorded in the Court Minutes of the East India Company 1599–1603, Containing an Account of the Formation of the Company*, London, 1866, pp. 1–10.
3. Marguerite Eyer Wilbur, *The East India Company and the British Empire in the Far East*, New York, 1945, pp. 18–24.
4. Robert Brenner, *Merchants and Revolution: Commercial Change, Political Conflict, and London's Overseas Traders, 1550–1653*, Princeton, 2003, pp. 19– 23, 61–4; James Mather, *Pashas: Traders and Travellers in the Islamic World*, London, 2009, pp. 4, 40–2.
5. Stevens, *The Dawn of British Trade*, pp. 1–10.
6. Sir William Foster, 'The First Home of the East India Company', in *The Home Counties Magazine*, ed. W. Paley Baildon, FSA, vol. XIV, 1912, pp. 25–7; Beckles Willson, *Ledger and Sword: The Honourable Company of Merchants of England Trading to the East Indies 1599–1874*, 2 vols, London, 1903, vol. 1, pp. 19–23.
7. Stevens, *The Dawn of British Trade*, pp. 5–6; P. J. Marshall, 'The English in Asia to 1700', in Nicholas Canny, *The Oxford History of the British Empire*, vol. 1, *The Origins of Empire*, Oxford, 1998, pp. 267–9.
8. 比起蒙兀兒帝國的繁榮，英格蘭雖看似乞丐，但以北歐標準來說，不算窮困。英格蘭的紡織品貿易規模龐大且在成長之中，多數貿易透過荷蘭進行。
9. Kenneth R. Andrews, *Trade, Plunder and Settlement: Maritime Enterprise and the Genesis of the Brit-*

*ish Empire, 1430–1630*, Cambridge, 1984, pp. 12, 33, 256.

10. Niall Ferguson, *Empire: How Britain Made the Modern World*, London, 2003, pp. 6, 7, 9; G. L. Beer, *The Origins of the British Colonial System, 1578–1660*, London, 1908, pp. 8–9.
11. Giles Milton, *Nathaniel's Nutmeg or, The True and Incredible Adventures of the Spice Trader Who Changed the Course of History*, London, 1999, pp. 15–20.
12. Andrews, *Trade, Plunder and Settlement*, pp. 176, 200–22, 309, 314; Ferguson, *Empire*, p. 58.
13. *National Archives of India Calendar of Persian Correspondence, intro. Muzaffar Alam & Sanjay Subrahmanyam*, vol. 1, New Delhi, 2014 (henceforth *CPC*), p. xxxi.
14. William Foster (ed.), *Early Travels in India 1583–1619*, London, 1921, pp. 1–47; G. V. Scammell, The *World Encompassed: The First European Maritime Empires*, London, 1981, p. 474.
15. Brenner, *Merchants and Revolution*, pp. 20–1; Milton, *Nathaniel's Nutmeg*, pp. 7, 42–52; Holden Furber, 'Rival Empires of Trade in the Orient, 1600–1800', in *Maritime India*, intro. Sanjay Subrahmanyam, New Delhi, 2004, p. 31, 343n.
16. Furber, 'Rival Empires of Trade in the Orient', pp. 31–2; Shapiro, *1599*, p. 303; Andrews, *Trade, Plunder and Settlement*, p. 260.
17. K. N. Chaudhuri, *The English East India Company: The Study of an Early Joint-Stock Company 1600–1640*, London, 1965, p. 11; Mather, *Pashas*, p. 40.
18. Willson, *Ledger and Sword*, pp. 19–21.
19. Stevens, *The Dawn of British Trade*, pp. 5–6.
20. Sir William Foster, *England's Quest of Eastern Trade*, London, 1933, pp. 144–50.
21. Mather, *Pashas*, p. 41.
22. Philip J. Stern, *The Company State: Corporate Sovereignty & the Early Modern Foundations of the British Empire in India*, Cambridge, 2011, pp. 6–9.
23. John Micklethwait and Adrian Wooldridge, *The Company: A Short History of a Revolutionary Idea, London*, 2003, p. 26.
24. Brenner, *Merchants and Revolution*, pp. 12–13.
25. Willson, *Ledger and Sword*, p. 31.
26. John Keay, *The Honourable Company: A History of the English East India Company*, London, 1991, p. 13; Milton, *Nathaniel's Nutmeg*, p. 77.
27. Keay, *The Honourable Company*, p. 9.
28. Stern, *The Company State*, pp. 12, 56–8.
29. 菲利普・斯特恩精彩指出，遠早於先前所認定，英國東印度公司早已取得實際、有形的政治權力。見 *The Company State*.
30. Stevens, *The Dawn of British Trade*, p. 13.
31. Ibid., pp. 14–20, 42–3.
32. Ibid., pp. 30–46, 52.
33. Sir William Foster, *John Company*, London, 1926, p. 5.
34. Milton, *Nathaniel's Nutmeg*, pp. 77–80.

35. Keay, *The Honourable Company*, p. 15; Milton, *Nathaniel's Nutmeg*, pp. 80–2.
36. Keay, *The Honourable Company*, p. 23.
37. Furber, 'Rival Empires of Trade in the Orient', pp. 38–9.
38. Marshall, *The English in Asia to 1700*, p. 268; Scammell, *The World Encompassed*, pp. 480–1.
39. Cited in H. Love, *Vestiges of Old Madras*, 2 vols, London, 1913, vol. I, p. 533, vol. II, p. 299.
40. Scammell, *The World Encompassed*, p. 479.
41. Furber, 'Rival Empires of Trade in the Orient', p. 42.
42. Ferguson, *Empire*, p. 21.
43. *CPC*, p. xxxi; Brenner, *Merchants and Revolution*, p. 49; Furber, 'Rival Empires of Trade in the Orient', p. 39; Marshall, *The English in Asia to 1700*, pp. 270–1; Andrews, *Trade, Plunder and Settlement*, p. 270.
44. Richard M. Eaton, *India in the Persianate Age, 1000–1765*, London, 2019, p. 373.
劍橋大學歷史學者 Angus Maddison 指出西元一七〇〇年左右，印度超越中國，成為世界最大的經濟體。原因很多：謝爾·沙·蘇里（Sher Shah Suri，蒙兀兒之前的北印度統治者）與蒙兀兒人透過興建道路、發展河運、海運、港口及廢除陸上稅費，來鼓勵貿易發展。他們對於美學的執著，也讓印度織品生產來到精緻之美的新高度。正如法國旅人法蘭索瓦·貝尼耶（François Bernier）在一七〇〇年左右寫下：「全球各地的金銀來到興都斯坦」，湯瑪士·洛爵士也呼應這段話：「歐洲人失血，讓亞洲富裕」。
然而另一方面，Maddison 的數字明確指出，一六〇〇年時，英國產出世界生產毛額的百分之一點八，印度則產出了百分之二十二點五。一七〇〇年，數字則來到百分之二點八八對上百分之二十二點四四。然而另一方面，Maddison 也點出，從一六〇〇年開始，英格蘭的人均生產毛額已經高於印度的數字，暗示這時期的印度財富，跟今日一樣，都集中在統治與商業階級手中，分布極為不均。歐洲旅人經常提及統治者與銀行家的財富，以及農業階級的窮困。然而 Maddison 的作品卻指出在十七世紀的印度，人均生產毛額的數字卻比過去任何時代都來得高。
Shireen Moosvi 在 Irfan Habib 指導下寫作的論文中，在一九八〇年代針對 Ain-i-Akbari 進行仔細研究。她的結論是蒙兀兒是個榨取利益特別嚴重的國家，奪取了百分之五十六點七的生產總值。她的研究以五個北印度省分為主：阿格拉、德里、阿拉赫巴德與阿瓦德。這些省分的總人口數估計有三千六百萬人。她估計每個農民家庭的年平均收入為三百八十丹姆——約為每日一丹姆（dam 是蒙兀兒印度的標準銅幣，四十丹姆約等於一盧比）。
根據 W. W. Hunter 在一八八二年估算奧朗則布皇帝的一六九五年總歲收為八千萬英鎊。一八六九到七九年間，英屬印度的總稅收為三千五百三十萬英鎊。因此奧朗則布時代的蒙兀兒帝國（一七〇〇年左右）的土地收入，是英屬印度（一八八〇年左右）土地收入的兩倍；雖然兩者經濟規模大致相同。見 W. W. Hunter, *The Indian Empire* (London, 1882)。感謝 Śrīkānta Kṛṣṇamācārya 指出這一點。
45. D. A. Washbrook, 'Progress and Problems: South Asian Economic and Social History c. 1720–1860', *Modern Asian Studies*, vol. 22, no. 1 (1988), pp. 57–96.
46. Angus Maddison, *Contours of the World Economy, 1–2030 AD: Essays in Macro-Economic History*,

Oxford, 2007, pp. 116–20, 309–11, 379; Shashi Tharoor, *Inglorious Empire: What the British Did in India*, New Delhi, 2016, pp. 2–3.

47. Shireen Moosvi, *Economy of the Mughal Empire, c1595: A Statistical Study*, New Delhi, 1987, p. 376; Foster (ed.), Early Travels, p. 112; Eaton, *India in the Persianate Age*, p. 371.
48. Furber, 'Rival Empires of Trade in the Orient', p. 45.
49. Geoffrey Parker, *The Military Revolution*, Oxford, 1988, p. 135。數字不一定正確。Parker 也許是從 Irvine 處獲得這個數字，後者則取自 Abu'l Fazl's *Ain-i Akbari*。Dirk Kolff 的作品 *Naukar, Rajput, and Sepoy*, London, 1992 則提出令人信服的說明，指出 Abu'l Fazl 事實上是一五九〇年代帝國十二省（基本上是北印度）的「軍事勞動市場」的估值，而不應被視為蒙兀兒軍隊的實際規模。見 pp. 3ff（基本上為「武裝農民」一整章）。
50. Milo Cleveland Beach and Ebba Koch (eds), *King of the World – the Padshahnama: an Imperial Mughal Manuscript from the Royal Library, Windsor Castle*, London, 1997, pp. 56–7, 58–60, 179–80; Sanjay Subrahmanyam, *The Portuguese Empire in Asia: A Political and Economic History 1500–1700*, New York, 1993, pp. 165–6, 201; Tirthankar Roy, *The East India Company: The World's Most Powerful Corporation*, New Delhi, 2012, p. 83.
51. Furber, 'Rival Empires of Trade in the Orient', p. 40.
52. The best biography is Michael Strachan, *Sir Thomas Roe 1581–1644*, Salisbury, 1989.
53. Bernard Cohn, *Colonialism and Its Forms of Knowledge*, Princeton, 1996, p. 17.
54. Sir Thomas Roe and Dr John Fryer, *Travels in India in the 17th Century*, London, 1873, pp. 26–9, 38–9.
55. Ibid., pp. 103–4. See also Sir William Foster, *The Embassy of Sir Thomas Roe to India 1615–9, as Narrated in his Journal and correspondence*, New Delhi, 1990.
56. Roe wrote a wonderful love letter to Elizabeth, Lady Huntingdon, from 'Indya' on 30 October 1616. I would like to thank Charlotte Merton for sending me this reference. Pasadena Library, Hastings Collection, 5 Box 7 (1612 to 1618, Thomas Roe to Elizabeth, Countess of Huntingdon, HA10561).
57. Roe and Fryer, *Travels in India*, p. 74. See William Pinch's brilliant essay, 'Same Difference in India and Europe', *History and Theory*, vol. 38, no. 3 (October 1999), pp. 389–407.
58. Strachan, *Sir Thomas Roe*, pp. 86–7.
59. Samuel Purchas, *Hakluytus Posthumus or Purchas His Pilgrimes, Contayning a History of the World*, 20 vols, Glasgow, 1905, part 1, IV, pp. 334–9.
60. This is certainly the argument of Beni Prasad in his *History of Jahangir*, Allahabad, 1962.
61. Roe and Fryer, *Travels in India*, pp. 83–4.
62. *Jahangir Preferring a Shaykh to Kings*, by Bichitr, c.1615–18. Opaque watercolour and gold on paper. Freer Gallery of Art, Smithsonian Institution. Purchase F1942.15. 感謝 Simon Schama 在 BBC/PBS 節目「Civilisations」第五集中對此畫作的精彩睿智分析。賈汗吉爾的夢中畫全都充滿謎團，難以解析。此畫反映賈汗吉爾自身所作的夢，顯示出皇帝的虔誠，也展現出伊斯蘭信仰的千禧年主權思想：時空之主帶來新的千禧年，其他所有王者都不重要，並將在拜倒在其面前；相對地，皇帝的視線轉向蘇菲智慧的內在神秘。見 A. Azfar Moin's brilliant *The Millennial Sover-*

*eign: Sacred Kingship & Sainthood in Islam*, Columbia, 2014, and Kavita Singh's perceptive *Real Birds in Imagined Gardens: Mughal Painting between Persia and Europe*, Los Angeles, 2017.

63. C. A. Bayly, *Indian Society and the Making of the British Empire*, Cambridge, 1988, p. 16.
64. *CPC*, p. xxxiii.
65. Quoted in G. J. Bryant, *The Emergence of British Power in India 1600–1784: A Grand Strategic Interpretation*, Woodbridge, 2013, p. 4.
66. Marshall, 'The English in Asia to 1700', pp. 272–3.
67. Eaton, *India in the Persianate Age*, p. 373.
68. Rupali Mishra: *A Business of State: Commerce, Politics and the Birth of the East India Company*, Harvard, 2018, p. 6.
69. Keay, *The Honourable Company*, pp. 112–13.
70. Mather, *Pashas*, p. 53.
71. Thomas Mun, *A Discourse of Trade, from England unto the East Indes By T.M.*, London, 1621, quoted in Mishra, *A Business of State*, p. 3.
72. *CPC 1*, p. xi; Stern, *The Company State*, p. 19.
73. Stern, *The Company State*, p. 19; Keay, *Honourable Company*, p. 68; *CPC* 1, p. xi; Furber, 'Rival Empires of Trade in the Orient', p. 71.
74. Furber, 'Rival Empires of Trade in the Orient', pp. 71–2.
75. Stern, *Company State*, pp. 35–6.
76. Ibid., pp. 22–3; Keay, *Honourable Company*, pp. 130–1; Bruce P. Lenman, *Britain's Colonial Wars 1688–1783*, New York, 2001, p. 85; Roy, *East India Company*, p. 77.
77. Lenman, *Britain's Colonial Wars*, pp. 86–8.
78. Sir William Foster (ed.), *The English Factories in India 1618–1669*, 13 vols, London, 1906–27, vol. 3, p. 345.
79. Stern, *Company State*, p. 109, for the Bombay witchcraft trials.
80. Keay, *The Honourable Company*, pp. 136–7.
81. William Letwin, *The Origin of Scientific Economics*, London, 1963, p. 37.
82. Richard Carnac Temple, *The Diaries of Streynsham Master, 1675–1680*, 2 vols, London, 1911, vol. 2, p. 28; Foster, *English Factories*, vol. 4, p. 308; John R. McLane, *Land and Local Kingship in Eighteenth-Century Bengal*, Cambridge, 1993, p. 112; Jon Wilson, *India Conquered: Britain's Raj and the Chaos of Empire*, London, 2016, p. 39.
83. Bryant, *Emergence of British Power*, p. 3.
84. Wilson, *India Conquered*, p. 49.
85. Ibid., p. 47.
86. Ibid., p. 53.
87. Alexander Hamilton, *A New Account of the East Indies*, 2 vols, London, 1930, vol. 1, pp. 8–9, 312–15.
88. Wilson, *India Conquered*, p. 53; Maya Jasanoff, *Edge of Empire: Conquest and Collecting in the East, 1750–1850*, London, 2005, p. 25.

89. François Bernier, *Travels in the Mogul Empire, 1656–68*, ed. Archibald Constable, trans. Irving Brock, Oxford, 1934, pp. 437, 442; McLane, *Land and Local Kingship*, pp. 29–30; Om Prakash, *The Dutch East India Company and the Economy of Bengal*, 1630–1720, Princeton, 1985, pp. 75, 162–3.
90. Audrey Truschke, *Aurangzeb: The Man and the Myth*, New Delhi, 2017, pp. 66, 105.
91. C. A. Bayly, Rulers, *Townsmen and Bazaars: North Indian Society in the Age of British Expansion*, Cambridge, 1983, pp. 20–1; Satish Chandra, 'Social Background to the Rise of the Maratha Movement During the 17th Century', *Indian Economic and Social History Review*, x (1973), pp. 209–18.
92. Dr John Fryer, *A New Account of East India & Persia 1672–81*, ed. W. Crooke, Hakluyt Society, 3 vols, London, 1909–15, vol. I, p. 341; Irfan Habib, 'The Agrarian Causes of the *Fall of the Mughal Empire*', in *Enquiry*, 2, September 1958, pp. 81–98 and *Enquiry*, 3, 3 April 1960, pp. 68–80. See also Meena Bhargava, *The Decline of the Mughal Empire*, New Delhi, 2014, p. 43.
93. Fryer, *A New Account of East India & Persia*, vol. II, pp. 67–8.
94. Truschke, *Aurangzeb*, p. 66.
95. Kaushik Roy, 'Military Synthesis in South Asia: Armies, Warfare, and Indian Society, c.1740–1849', in *Journal of Military History*, vol. 69, no. 3 (July 2005), pp. 651–90; V. G. Dighe and S. N. Qanungo, 'Administrative and Military System of the Marathas', in R. C. Majumdar and V. G. Dighe (eds), *The Maratha Supremacy, Mumbai*, 1977, pp. 567–8. 關於希瓦吉的兩次加冕典禮，最佳文獻來源是 *Sivarajyabhi ekakalpataru (The Venerable Wish-Fulfilling Tree of Śiva's Royal Consecration)* dated 30 September 1596 Saka era (= 1674 AD)。見 Bihani Sarkar, *Traveling Tantrics and Belligerent Brahmins: the Sivarajyabhi ekakalpataru and Sivaji's Tantric consecration*, for the conference on 'Professions in motion: culture, power and the politics of mobility in 18th-century India', St Anne's, Oxford, 2 June 2017; available at www.academica.edu; James W. Laine, *Shivaji: Hindu King in Islamic India*, Oxford, 2003.
96. 引自 Velcheru Narayana Rao, David Shulman and Sanjay Subrahmanyam, *Textures of Time: Writing History in South India 1600–1800*, New York, 2003, p. 232. 希瓦吉身為對抗伊斯蘭的戰士英雄角色仍舊深植人心，甚至今日在馬哈拉施特拉地區影響力更與日具增。特別在孟買，機場、火車站，甚至連威爾斯王子博物館都在近年改以希瓦吉為名。此地的極右派印度教國族主義政黨希瓦軍黨（Shiv Sena），是孟買市街上最具有影響力的政治勢力，也在一九九二年巴布利清真寺遭毀後，隨即讓整個城市陷入動亂。
97. Truschke, *Aurangzeb*, p. 69.
98. Syed Ghulam Hussain Khan Tabatabai, *Seir Mutaqherin*, Calcutta, 1790–94, vol. 1, pp. 310–11. For Ghulam Hussain Khan see Iqbal Ghani Khan, 'A Book With Two Views: Ghulam Husain's "An Overview of Modern Times"', in Jamal Malik, ed., *Perspectives of Mutual Encounters in South Asian History, 1760–1860*, Leiden, 2000, pp. 278–97, and Kumkum Chatterjee, 'History as Self-Representation: The Recasting of a Political Tradition in Late Eighteenth Century Eastern India', *Modern Asian Studies*, vol. 32, no. 4 (1998), pp. 913–48.
99. Truschke, *Aurangzeb*, p. 120.
100. Ibid., p. 65, quoting Giovanni Gemelli Careri, *Indian Travels of Thevenot and Careri*, ed. S. N. Sen,

New Delhi, 1949, p. 216. Originally published as *Giro del Mondo*, Rome, 1699.

101. *Ahkam-i Alamgiri*, f 61b quoted in Bhargava, *The Decline of the Mughal Empire*, p. 43.
102. Quoted in Waldemar Hansen, *The Peacock Throne*, New Delhi, 1986, p. 28.
103. Uday Kulkarni's *The Era of Baji Rao: An Account of the Empire of the Deccan*, Pune, 2017 一書極受歡迎，以大量研究為基礎，是此時期馬拉塔統治的優秀入門介紹。
104. Fakir Khair ud-Din Illahabadi, *'Ibrat Nama*, BL Or. 1932. 2v.
105. Jean-Baptiste Gentil, *Mémoires sur l'Indoustan*, Paris, 1822, p. 76.
106. See Stewart Gordon, 'The Slow Conquest: Administrative Integration of Malwa into the Maratha Empire, 1720–1760', in *Modern Asian Studies*, vol. 11, no. 1 (1977), pp. 1–40. Also Andre Wink, 'Maratha Revenue Farming', in *Modern Asian Studies*, vol. 17, no. 4 (1983), pp. 591–628; Stewart Gordon, *Marathas, Marauders and State Formation in Eighteenth Century India*, Delhi, 1994.
107. *Voyage en Inde du Comte de Modave, 1773–1776*, ed. Jean Deloche, Pondicherry, 1971, pp. 400–1.
108. Roy, 'Military Synthesis in South Asia'; R. C. Majumdar et al., *An Advanced History of India*, 1978, reprint, Madras, 1991, pp. 536–46; Eaton, *India in the Persianate Age 1000–1765*, p. 354; Stewart Gordon, *The Marathas, 1600–1818*, Cambridge, 1993, pp. 127–9, 140–3.
109. Munis D. Faruqui, 'At Empire's End: The Nizam, Hyderabad and Eighteenth Century India', in *Modern Asian Studies*, 43, 1 (2009), pp. 5–43; Sanjay Subrahmanyam, 'Un Grand Derangement: Dreaming An Indo-Persian Empire in South Asia, 1740–1800', *Journal of Early Modern History*, 4, 3–4 (2000), pp. 337–78; Muzaffar Alam, *The Crisis of Empire in Mughal North India: Awadh and the Punjab 1707–1748*, New Delhi, 1986.
110. Salim Allah, *A Narrative of the Transactions in Bengal*, trans. Francis Gladwin, Calcutta, 1788; McLane, *Land and Local Kingship*, p. 72. See also Tilottama Mukherjee, 'The Co-ordinating State and Economy: The Nizamat in Eighteenth-Century Bengal', *Modern Asian Studies*, vol. 43, no. 2 (2009), pp. 389–436.
111. Ghulam Hussain Khan, *Seir Mutaqherin*, vol. 2, p. 450; J. H. Little, *The House of Jagat Seth*, Calcutta, 1956, p. 3.
112. BL, IOR, Orme Mss India, VI, f. 1455.
113. Ibid., f. 1525.
114. 關於賈格塞特，最好的文獻資料並不多，*The House of Jagat Seth*. See also Sushil Chaudhury, 'The banking and mercantile house of Jagat Seths of Bengal', in *Studies in People's History*, 2, 1 (2015), pp. 85–95; Lakshmi Subramanian, 'Banias and the British: the role of indigenous credit in the Process of Imperial Expansion in Western India in the second half of the Eighteenth century', *Modern Asian Studies*, 21, 3 (1987); Kumkum Chatterjee, 'Collaboration and Conflict: Bankers and Early Colonial Rule in India: 1757–1813', *Indian Economic and Social History Review*, vol. 30, 3 (1993); Thomas A. Timberg, *The Marwaris: From Jagat Seth to the Birlas*, New Delhi, 2014, p. 22; Lokanatha Gosha, *The Modern History of the Indian Chiefs, Rajas, Zamindars, & C.*, Calcutta, 1881. 關於這個時代印度經濟普遍情況，另見 Rajat Datt, 'Commercialisation, Tribute and the Transition from late Mughal to Early Colonial in India', *Medieval History Journal*, vol. 6, no. 2 (2003), pp. 259–91; D. A. Washbrook,

'Progress and Problems: South Asian Economic History c.1720–1860', in *Modern Asian Studies*, vol. 22, no. 1 (1988), pp. 57–96; K. N. Chaudhuri, 'India's International Economy in the Nineteenth Century: A Historical Survey', in *Modern Asian Studies*, vol. 2, no. 1 (1968), pp. 31–50.

115. Sanjay Subrahmanyam, *Penumbral Visions: Making Politics in Early Modern South India*, Michigan, 2001, p. 106; Muzaffar Alam and Sanjay Subrahmanyam, *Writing the Mughal World*, New York, 2012, pp. 353–5; Niccolao Manucci, *Storia do Mogor*, or Mogul India, 1653–1708, trans. William Irvine, London, 1907, vol. 3, pp. 369–70.
116. *CPC* 1, p. xxi; Stern, *The Company State*, p. 176; Alam and Subrahmanyam, *Writing the Mughal World*, pp. 358–9, 394.
117. Brijen K. Gupta, *Sirajuddaullah and the East India Company, 1756–7*, Leiden, 1966, p. 44.
118. Stephen P. Blake, *Shahjahanabad: The Sovereign City in Mughal India, 1639–1739*, Cambridge, 1991, p. 162.
119. Ishrat Haque, *Glimpses of Mughal Society and Culture*, New Delhi, 1992, p. 21.
120. William Dalrymple and Yuthika Sharma, *Princes and Poets in Mughal Delhi 1707–1857*, Princeton, 2012, pp. 4–5; Zahir Uddin Malik, *The Reign of Muhammad Shah 1719–1748*, Aligarh, 1977.
121. Gentil, *Mémoires sur l'Indoustan*, pp. 123–4.
122. Subrahmanyam, *Penumbral Visions*, pp. 15–16.
123. Sayid Athar Abbas Rizvi, *Shah Walli-Allah and His Times*, Canberra, 1980, p. 141; Gordon, *The Marathas 1600–1818*, pp. 124–5; Zahir Uddin Malik, *The Reign of Muhammad Shah*, p. 133; Michael Axworthy, *The Sword of Persia: Nader Shah from Tribal Warrior to Conquering Tyrant*, London, 2006, p. 189; Govind Sakharam Sardesai, *A New History of the Marathas*, 3 vols, Poona, 1946, vol. 2, p. 154; Bhargava, *The Decline of the Mughal Empire*, p. xv; Jadunath Sarkar, *Fall of the Mughal Empire, 1739–54*, 4 vols, New Delhi, 1991, vol. 1, pp. 2, 135.
124. Ghulam Hussain Khan, *Seir Mutaqherin*, vol. 1, p. 302; Subrahmanyam, *Un Grand Derangement*, pp. 356–7; Malik, *The Reign of Muhammad Shah*, p. 135; Blake, *Shahjahanabad*, p. 150.
125. Malik, *The Reign of Muhammad Shah*, p. 111.
126. C. A. Bayly, *Indian Society and the Making of the British Empire*, pp. 8–9.
127. Malik, *The Reign of Muhammad Shah*, p. 265; Rizvi, *Shah Walli-Allah and His Times*, p. 141; Gordon, *Marathas*, pp. 125, 128, 129, 135; Sardesai, *New History of the Marathas*, vol. 2, p. 159.
128. Pere Louis Bazin, *'Memoires sur dernieres annees du regne de Thamas Kouli-Kan et sa mort tragique, contenus dans un letter du Frere Bazin'*, 1751, in *Lettres Edifiantes et Curieuses Ecrites des Mission Etrangeres*, Paris, 1780, vol. IV, pp. 277–321. This passage, pp. 314–18.
129. Willem Floor, 'New Facts on Nadir Shah's Indian Campaign', in *Iran and Iranian Studies: Essays in Honour of Iraj Afshar*, ed. Kambiz Eslami, Princeton, 1998, pp. 198–220, p. 200.
130. Anand Ram Mukhlis, 'Tazkira', in Sir H. M. Elliot and John Dowson, *The History of India as Told by its Own Historians*, London, 1867, vol. VIII, pp. 82–3.
131. Subrahmanyam, *Un Grand Derangement*, pp. 357–8.
132. Axworthy, *The Sword of Persia*, p. 207.

133. Mukhlis, 'Tazkira', in Elliot and Dowson, *The History of India*, vol. VIII, p. 85.
134. Michael Edwards, *King of the World: The Life and Times of Shah Alam, Emperor of Hindustan*, London, 1970, p. 15.
135. Floor, 'New Facts on Nadir Shah's Indian Campaign', p. 217.
136. Ghulam Hussain Khan, *Seir Mutaqherin*, vol. 1, pp. 315–17.
137. Mukhlis, 'Tazkira', in Elliot and Dowson, *The History of India*, vol. VIII, p. 86.
138. Floor, 'New Facts on Nadir Shah's Indian Campaign', p. 217.
139. Mukhlis, 'Tazkira', in Elliot and Dowson, *The History of India*, vol. VIII, p. 87.
140. Mahdi Astarabadi, *Tarikh-e Jahangosha-ye Naderi: The official history of Nader's reign*, Bombay lithograph 1849/1265), p. 207.
141. Sarkar, *Fall of the Mughal Empire, 1739–54*, vol. 1, pp. 2–3, 4, 13.
142. BL, Add 6585, Shakir Khan, *Tarikh-i Shakir Khani*, ff. 34–6.
143. Dirk H. A. Kolff, *Naukar, Rajput & Sepoy*, Cambridge, 1990.
144. Washbrook, 'Progress and Problems: South Asian Economic and Social History c.1720–1860', p. 67.
145. Ghulam Hussain Khan, *Seir Mutaqherin*, vol. 3, pp. 160–1.
146. Subrahmanyam, *Un Grand Derangement*, p. 344.
147. S. P. Sen's book, *The French in India, 1763–1816*, Calcutta, 1958; Arvind Sinha, *The Politics of Trade: Anglo-French Commerce on the Coromandel Coast, 1763–1793*, New Delhi, 2002; Ferguson, *Empire*, pp. 30–2.
148. Jean Marie Lafont and Rehana Lafont, *The French & Delhi, Agra, Aligarh and Sardhana*, New Delhi, 2010, pp. 41–4.
149. 杜普雷之前，步兵訓練曾小規模引進印度。見 David Harding's *Small Arms of the East India Company 1600–1856*, London, 1997, vol. 4, pp. 150–65, and Randolf Cooper's important essay, 'Culture, Combat and Colonialism in Eighteenth and Nineteenth Century India', *International History Review*, vol. 27, no. 3 (September 2005), pp. 534–49 esp. pp. 537–8.
150. Henry Dodwell, *Dupleix and Clive: The Beginning of Empire*, London, 1920, pp. 1–9.
151. Ferguson, *Empire*, p. 31.
152. *The Private Diary of Ananda Ranga Pillai, Dubash to Joseph François Dupleix*, ed. J. F. Price and K. Rangachari, 12 vols, Madras, 1922, vol. 3, p. 90.
153. Ibid., p. 9; Subrahmanyam, *Penumbral Visions*, p. 14; Geoffrey Parker, *The Military Revolution*, Oxford, 1988, p. 133.
154. *The Private Diary of Ananda Ranga Pillai*, p. 96; Subrahmanyam, *Penumbral Visions*, p. 14; Parker, *The Military Revolution*, p. 133; Bert S. Hall and Kelly De Vries, 'Essay Review – The "Military Revolution" Revisited', *Technology and Culture*, 31 (1990), p. 502; Knud J. V. Jespersen, 'Social Change and Military Revolution in Early Modern Europe: Some Danish Evidence', *Historical Journal*, 26 (1983), pp. 1–2; Michael Howard, *War in European History* (1976, reprint), Oxford, 1977, pp. 61, 78; Hew Strachan, *European Armies and the Conduct of War* (1983, reprint), London, 1993, p. 33; Roy, 'Military Synthesis in South Asia'.

155. Sir Penderel Moon, *The British Conquest and Dominion of India*, London, 1989, p. 19.
156. Partha Chatterjee, *The Black Hole of Empire: History of a Global Practice of Power*, New Delhi, 2012, p. 11.
157. Subrahmanyam, *Penumbral Visions*, p. 19.
158. Gupta, *Sirajuddaullah and the East India Company*, p. 36.
159. Bryant, *Emergence of British Power*, p. 9.
160. *Voyage en Inde*, pp. 67–8. 莫達夫的老朋友伏爾泰也同意他的想法：「最終在世界的這塊區域裡，法國人空餘悔恨。四十多年的歲月，花費大量金錢維持一間公司，公司卻從未產出利潤，或以貿易利潤支付股東或債主。其印度行政當局只靠著秘密搶劫強盜行徑存活，及國王賜予的菸草種植分利來維持。這是值得記憶卻無用的案例——到此為止法國國家在印度貿易大災難中如此欠缺智慧。」Voltaire, *Précis du siecle de Louis XV*, p. 1507, in *Oeuvres historiques*, ed. R. Pomeau, Paris, 1962, pp. 1297–572.
161. Daniel Baugh, *The Global Seven Years War, 1754–63*, New York, 2014, pp. 52–4.
162. Ibid., pp. 59–60.

## CHAPTER 2 ｜無法拒絕的提議

1. NAI, Bengal Select Committee, *Letters from Court*, 25 May 1756, vol. 23 (1756–71), 13 February 1756
2. Ibid.
3. Daniel Baugh, *The Global Seven Years War, 1754–63*, New York, 2014, p. 462.
4. John Keay, *The Honourable Company: A History of the English East India Company*, London, 1991, pp. 111–12.
5. K. N. Chaudhuri, *The English East India Company in the 17th and 18th Centuries: A Pre-Modern Multinational Organisation*, The Hague, 1981, p. 29.
6. Sir William Foster, *The East India House: Its History and Associations*, London, 1924, pp. 132–3.
7. Holden Furber, 'Rival Empires of Trade in the Orient, 1600–1800', in *Maritime India*, intro. Sanjay Subrahmanyam, New Delhi, 2004, pp. 128–9; Tirthankar Roy, *East India Company: The World's Most Powerful Corporation*, New Delhi, 2012, pp. 116–17.
8. Tillman W. Nechtman, *Nabobs: Empire and Identity in Eighteenth Century Britain*, Cambridge, 2010.
9. P. J. Marshall, 'The British in Asia: Trade to Dominion, 1700–1765', in P. J. Marshall (ed.), *The Oxford History of the British Empire*, vol. 2, *The Eighteenth Century*, Oxford, 1998, pp. 267–9; Keith Feiling, *Warren Hastings*, London, 1954, p. 13; Burton Stein, 'Eighteenth Century India: Another View', *Studies in History*, vol. 5, 1 n.s. (1989), p. 20.
10. George Forrest, *The Life of Lord Clive*, 2 vols, London, 1918, vol. 1, pp. 232–3; Percival Spear, *Master of Bengal: Clive and his India*, London, 1975, pp. 62–3.
11. Mark Bence-Jones, *Clive of India, London*, 1974, p. 3; A. M. Davies, *Clive of Plassey*, London, 1939, p. 7.

12. Forrest, *The Life of Lord Clive*, vol. 1, pp. 4–5.
13. Feiling, *Warren Hastings*, p. 31.
14. Sir Penderel Moon, *The British Conquest and Dominion of India, London*, 1989, p. 29.
15. Spear, *Master of Bengal*, p. 61.
16. Bruce Lenman, *Britain's Colonial Wars, 1688–1783*, Harlow, 2001, pp. 99–100.
17. Moon, *The British Conquest and Dominion of India*, pp. 30–1; Baugh, *The Global Seven Years War*, p. 67; G. J. Bryant, *Emergence of British Power Power in India 1600–1784: A Grand Strategic Interpretation*, Woodbridge, 2013, p. 59; Forrest, *The Life of Lord Clive*, vol. 1, pp. 194–201; Bence-Jones, *Clive of India*, pp. 65–7.
18. Forrest, *The Life of Lord Clive*, vol. 1, p. 218.
19. Ibid., p. 233.
20. P. J. Marshall, *The Making and Unmaking of Empires: Britain, India and America c. 1750–1783*, Oxford, 2005, pp. 84–5.
21. Quoted in John Keay, *India Discovered*, London, 1981, p. 21.
22. Feiling, *Warren Hastings*, p. 10.
23. Marshall, *The Making and Unmaking of Empires*, p. 148.
24. Brijen K. Gupta, *Sirajuddaullah and the East India Company, 1756–7*, Leiden, 1966, p. 14. 然而在此階段，十八世紀初期的金銀條仍主要由亞洲人而非歐洲人運進孟加拉。一七五〇到六〇年代一名住在孟加拉的英國東印度公司負責業務的職員寫下，孟加拉的金銀條主要進口者是亞洲商人，而非歐洲人；他們進口的貴金屬數量遠高於歐洲人的量。另一名公司職員路克·史克萊夫頓也證實此一發現。見 Sushil Chaudhury, *Companies Commerce and Merchants: Bengal in the Pre-Colonial Era*, Oxford, 2017, pp. 389–95. 根據 Richard Eaton：「即便在十八世紀中期，亞洲貿易商——特別是古賈拉特人、亞美尼亞人與旁遮普人——在孟加拉商業經濟中，都扮演比歐洲人更重要的角色。」Eaton 指出，為了交換織品，亞洲與歐洲商人都向三角洲地區輸入大量白銀，鑄成貨幣，造成當地經濟的貨幣化，也刺激了農業前線地區的蓬勃發展。Eaton 仰賴蒙兀兒文獻，對孟加拉三角洲地區進行傑出研究，指出農業前線地區的長期擴張，加上十八世紀河道改變，讓蒙兀兒統治者得以擴大這塊富饒的稻米農業生產基地——這個過程則在十八世紀末遭到東印度公司干擾而中斷。見 Richard M. Eaton, *Essays on Islam and Indian History*, Oxford, 2000, p. 263.
25. Mrs Jemima Kindersley, *Letters from the East Indies*, London, 1777, p. 17. 關於此時期加爾各答的另一篇好研究，見 Farhat Hasan, 'Calcutta in the Early Eighteenth Century', in J. S. Grewal, *Calcutta: Foundation and Development of a Colonial Metropolis*, New Delhi, 1991, and Rajat Datta, 'From Medieval to Colonial: Markets, Territoriality and the Transition in Eighteenth-Century Bengal', in *Medieval History Journal*, vol. 2, no. 1 (1999).
26. K. N. Chaudhuri, *The Trading World of Asia and the English East India Company 1660–1760*, Cambridge, 1978, p. 253.
27. Kaushik Roy, 'Military Synthesis in South Asia: Armies, Warfare, and Indian Society, c.1740–1849', in *Journal of Military History*, vol. 69, no. 3 (July 2005), pp. 651–90; V. G. Dighe and S. N. Qanungo,

'Administrative and Military System of the Marathas', in R. C. Majumdar and V. G. Dighe (eds), *The Maratha Supremacy*, Mumbai, 1977, pp. 567–8; Jadunath Sarkar, *Fall of the Mughal Empire, 1789–1803*, 4 vols, 1950; reprint, New Delhi, 1992, p. 85. 英國商館栩栩如生地描述了這場亂局：「七十二到七十六頁，註釋四二二，馬拉塔人正在劫掠畢爾本（一七四二年），這讓所有商業活動停止，商人與織者都盡速逃離。」部分報告也收於 Sarkar, *Fall of the Mughal Empire*, vol. 1, p. 43.

28. Quoted in Sarkar, *Fall of the Mughal Empire*, vol. 1, p. 44.
29. Velcheru Narayana Rao, David Shulman and Sanjay Subrahmanyam, *Textures of Time: Writing History in South India 1600–1800*, New York, 2003, pp. 236–7.
30. John R. McLane, *Land and Local Kingship in Eighteenth-Century Bengal*, Cambridge, 1993, pp. 163–5; *The Maharahtra Purana: An Eighteenth Century Bengali Historical Text*, trans. and ed. Edward C. Dimock Jr and Pratul Chandra Gupta, Honolulu, 1965, pp. 28–32. 許多其他記述也證實了甘迦・拉姆的說法。例如，史家 Salimullah 及古蘭・胡笙汗附和這些記述。他們寫下：「巴吉輕騎兵切下許多人的耳朵、鼻子與手，或以各番酷刑折磨殺害他們——在他們嘴裡塞進沙袋，並摧毀他們」（即污辱他們的婦女）；見 Sarkar, *Fall of the Mughal Empire*, vol. 1, p. 44。Sarkar 長篇引述 Vidyalankar 的記述。來自昌德納加法國商館與加爾各答英國殖民地的信件，也都敘述了相同的壓迫毀滅故事。
31. Sarkar, *Fall of the Mughal Empire*, vol. 1, p. 8.
32. Francis Gladwin, trans., *The Memoirs of Khojeh Abdulkurreem*, Calcutta, 1788, pp. 147–8.
33. Roy, *East India Company*, p. 165.
34. Ibid., pp. 25, 141–2, 165–7.
35. C. A. Bayly, *Indian Society and the Making of the British Empire*, Cambridge, 1988, p. 49.
36. Roy, *East India Company*, p. 23. 將加爾各答視為某種印度商人庇護地或避稅天堂的問題，在於這些商人不只在加爾各答本地營運，而是仰賴整個北印度與東印度各地商人及供應商組成的廣大網絡。加爾各答身為一個蓬勃港口，加上東印度公司的口袋極深，自然讓此地具有吸引力，但此城的繁榮景況，必須與蒙兀兒晚期經濟的重大部門共生。加爾各答並非唯一擁有「法治體系」的城市，Roy 也可能過度主張了英國東印度公司在這方面的特殊性。
37. Abdul Latif Shushtari, *Kitab Tuhfat al-'Alam*, written Hyderabad 1802 and lithographed Bombay 1847, p. 427.
38. Ibid., p. 434.
39. P. J. Marshall, *East India Fortunes: The British in Bengal in the Eighteenth Century*, Oxford, 1976, pp. 218–19.
40. See Andrew Ward, *Our Bones Are Scattered*, London, 1996, p. 8.
41. Marshall, *East India Fortunes*, p. 159.
42. Scottish Records Office, Hamilton-Dalrymple Mss, bundle 56, GD 110, folios 1021,1021. Stair Dalrymple to Sir Hew Dalrymple, 3 Jan 1754; Marshall, *East India Fortunes*, pp. 159, 215.
43. *Causes of the Loss of Calcutta 1756*, David Renny, August 1756, OIOC, BL, O.V. 19, pp. 147–61; OIOC, HM vol. 66, pp. 821–4.
44. Jean Law de Lauriston, *A Memoir of the Mughal Empire 1757–61*, trans. G. S. Cheema, New Delhi,

2014, p. 59.

45. OIOC, Bengal Correspondence, Court of Directors to the Fort William Council, 16 January 1752; Gupta, *Sirajuddaullah and the East India Company*, 1756–7, p. 37.
46. Watts to Drake and the Fort William Council, BL, OIOC, Bengal Public Consultations, 15 August 1755; Gupta, *Sirajuddaullah and the East India Company*, 1756–7, p. 38.
47. Philip B. Calkins, 'The Role of Murshidabad as a Regional and Subregional Centre in Bengal', in Richard L. Park, *Urban Bengal*, East Lansing, 1969, pp. 25–6.
48. J. P. Losty, 'Murshidabad Painting 1750–1820', in Neeta Das and Rosie Llewellyn Jones, *Murshidabad: Forgotten Capital of Bengal*, Mumbai, 2013, pp. 82–105; J. P. Losty, 'Towards a New Naturalism: Portraiture in Murshidabad and Avadh, 1750–80', in Barbara Schmitz (ed.), *After the Great Mughals: Painting in Delhi and the Regional Courts in the 18th and 19th Centuries*, Mumbai, 2002; J. P. Losty, 'Eighteenth-century Mughal Paintings from the Swinton Collection', in *The Burlington Magazine*, CLIX, October 2017, pp. 789–99; Tilottama Mukherjee, 'The Coordinating State and the Economy: the Nizamat in Eighteenth Century Bengal', in *Modern Asian Studies*, 43, 2 (2009), p. 421.
49. 細密畫中展示德里流亡者納圖汗（Natthu Khan）擔任樂隊首領，手握偉大的拉巴布琴（rabab），年輕俊美、藍眸懾人的穆罕默德汗（Muhammad Khan）演唱，比較年長的查祝汗（Chajju Khan）與丁達爾汗（Dindar Khan）在其兩側以坦布拉琴（tambura）伴奏，泰吉汗（Taj Khan）演奏弄蛇人蘆笛（been），西塔・羅摩（Sita Ram）彈奏北印度雙面鼓（pakhawaj）。一七五五年為沙赫馬疆去世的年份。參見 'Eighteenth-century Mughal Paintings from the Swinton Collection', in The Burlington Magazine, CLIX, October 2017, pp. 789–99, fig. 29。感謝 Katherine Butler Schofield 為我解釋這幅畫。
50. Syed Ghulam Hussain Khan Tabatabai, *Seir Mutaqherin*, Calcutta, 1790–4, vol. 2, pp. 156–62; Mukherjee, 'The Coordinating State and the Economy: The Nizamat in Eighteenth Century Bengal', p. 412.
51. Sir Jadunath Sarkar (ed.), *The History of Bengal*, vol. II, *The Muslim Period 1200 A.D.–1757 A.D.*, New Delhi, 1948, p. 448.
52. NAI, Home Dept, Public Branch, vol. 1, 9 January 1749, p. 73; Mukherjee, 'The Coordinating State and the Economy: The Nizamat in Eighteenth Century Bengal', pp. 389–436.
53. Gupta, *Sirajuddaullah and the East India Company, 1756–7*, p. 45.
54. Ghulam Hussain Khan, *Seir Mutaqherin*, vol. 2, p. 164. 關於此時期的另一份優秀記述，見 *Waqa-i-Mahabat Jang [The Full History of Aliverdi Khan] or Ahwal-i-Mahabat Jang of Yusuf Ali*, English translation by Sir Jadunath Sarkar, published by Asiatic Society of Bengal as *Nawabs of Bengal*, Calcutta, 1952.
55. Robert Travers, *Ideology and Empire in Eighteenth Century India: The British in Bengal*, Cambridge, 2007, p. 3; McLane, *Land and Local Kingship*, p. 6; Marshall, *East India Fortunes*, p. 34.
56. BL, OIOC, IOR, Bengal Public Consultations, 10 June 1753, Range 1, vol. 26, f. 169. 儘管當代文獻資料中有大量證據，指出希拉吉的行徑就如九一一事件前巴格達的海珊，後殖民時期卻也有好些努力，試圖重建他的名聲。例如，Sushil Chaudhury 就主張希拉吉・烏道拉的惡人形象與實際情況並不相符。見 Sushil Chaudhury, *The Prelude to Empire: Plassey Revolution of 1757*, New Delhi, 2000, pp. 29–36.

57. Law, *A Memoir of the Mughal Empire 1757–61*, pp. 65–6.
58. Ghulam Hussain Khan, *Seir Mutaqherin*, vol. 2, pp. 122, 183–4, 188.
59. J. H. Little, *The House of Jagat Seth, Calcutta*, 1956, p. 165.
60. Ghulam Hussain Khan, *Seir Mutaqherin*, vol. 2, p. 225. See also the excellent discussion in Lakshmi Subramanian and Rajat K. Ray, 'Merchants and Politics: From the Great Mughals to the East India Company', in Dwijendra Tripathi, *Business and Politics in India: A Historical Perspective, New Delhi*, 1991, pp. 19–45.
61. Ghulam Hussain Khan, *Seir Mutaqherin*, vol. 2, p. 95.
62. Law, *A Memoir of the Mughal Empire 1757–61*, p. 52.
63. Ghulam Hussain Khan, *Seir Mutaqherin*, vol. 2, p. 163.
64. Gupta, *Sirajuddaullah and the East India Company, 1756–7*, pp. 39, 51; S. C. Hill, Indian Records Series, *Bengal in 1756–7*, 3 vols, London, 1905, vol. 1, p. 147.
65. 'The Muzaffarnama of Karam Ali', in *Bengal Nawabs*, trans. Jadunath Sarkar, Calcutta, 1952, p. 58.
66. Ibid., p. 63.
67. Gupta, *Sirajuddaullah and the East India Company, 1756–7*, p. 54.
68. *Narrative of the Capture of Calcutta from April 10 1756 to November 10 1756*, William Tooke, BL, OIOC, O.V. 19, Bengal 1756, pp. 5–46; Rajat Kanta Ray, *The Felt Community: Commonality and Mentality before the Emergence of Indian Nationalism*, New Delhi, 2003, p. 233.
69. *Narrative of the Capture of Calcutta from April 10 1756 to November 10 1756*, pp. 5–46.
70. Feiling, *Warren Hastings*, p. 21.
71. Gupta, *Sirajuddaullah and the East India Company, 1756–7*, pp. 14, 53; *Hill, Bengal in 1756–7*, vol. 1, p. 3.
72. *Voyage en Inde du Comte de Modave, 1773–1776*, ed. Jean Deloche, Pondicherry, 1971, pp. 67–8.
73. Law, *A Memoir of the Mughal Empire 1757–61*, pp. 218–19.
74. *CPC* ii, no. 1101; Sarkar, *Fall of the Mughal Empire*, vol. 2, pp. 315, 328.
75. Ghulam Ali Khan alias Bhikhari Khan, *Shah Alam Nama*, BL, Add 24080, f. 21.
76. Khurshidul Islam and Ralph Russell, *Three Mughal Poets: Mir, Sauda, Mir Hasan*, New Delhi, 1991, pp. 30, 59.
77. Sarkar, *Fall of the Mughal Empire*, vol. 1, p. 222.
78. Law, *A Memoir of the Mughal Empire 1757–61*, p. 126.
79. Ghulam Hussain Khan, *Seir Mutaqherin*, vol. 3, p. 334.
80. Law, *A Memoir of the Mughal Empire 1757–61*, p. 126; Manna Kai, 'Imad ul-Mulk', in *The Encyclopedia of Islam - Three*, ed. Kate Fleet and Gudrun Krämer, Brill, 2018, pp. 110–13.
81. Law, *A Memoir of the Mughal Empire 1757–61*, p. 125.
82. Muzaffar Alam and Sanjay Subrahmanyam, *Writing the Mughal World: Studies on Culture and Politics*, New York, 2012, pp. 434–4.

83. This section derives from a remarkable essay by Katherine Schofield and David Lunn, 'Delight, Devotion and the Music of the Monsoon at the Court of Emperor Shah Alam II', in Margit Pernau, Imke Rajamani and Katherine Schofield, *Monsoon Feelings*, New Delhi, 2018, pp. 185–218.
84. Ibid. 將沙·阿蘭描繪為「蘇菲派」，並將他父親（擁有許多蘇菲關聯）描繪為「嚴格恪守教義者」的強烈對比，有些過度簡化。兩者之間雖有區別，但 Nile Green 的著作卻提出令人信服的主張，他認為蒙兀兒的蘇菲派不應被視為一支特定的「伊斯蘭神祕主義」；相反地，這個由許多學術、神聖流派組成的多領袖、多面向團體，實際上在現代早期中，已經逐漸成為一種穆斯林「建制」（establishment）。見 Nile Green, *Sufism: A Global History*, London, 2012.
85. Ghulam Ali Khan alias Bhikhari Khan, *Shah Alam Nama*, BL, Add 24080, f. 18.
86. Fakir Khair ud-Din Illahabadi, *'Ibrat Nama*, BL Or. 1932, 17v–18r.
87. *Tarikh-i-Alamgir Sani*, BL Mss Or. 1749, f. 166 verso.
88. Ibid., f. 167 recto.
89. Fakir Khair ud-Din Illahabadi, *'Ibrat Nama*, BL Or. 1932, 17v–18r. 我引述了描述同一事件的稍早相關著作 *Tarikh-i-Alamgir Sani*, BL Mss Or. 1749, f. 166 verso，並增添一些細節。
90. Ghulam Hussain Khan, *Seir Mutaqherin*, vol. 3, pp. 365–8.
91. Law, *A Memoir of the Mughal Empire 1757–61*, p. 254.
92. Fakir Khair ud-Din Illahabadi, *'Ibrat Nama*, BL Or. 1932, 17v–18r. 我引述了古蘭·胡笙汗針對同一事件的高度相關記述，在此加入一句對話。
93. Ghulam Ali Khan alias Bhikhari Khan, *Shah Alam Nama*, BL, Add 24080, f. 30.
94. K. K. Dutta, *Shah Alam II & The East India Company*, Calcutta, 1965, pp. 1–2.
95. Ghulam Hussain Khan, *Seir Mutaqherin*, vol. 2, pp. 286–9, vol. 3, pp. 189– 90; Ray, *The Felt Community*, p. 333.

## CHAPTER 3 | 劫掠掃過

1. William Tooke, *Narrative of the Capture of Calcutta from April 10, 1756 to November 10*, 1756, BL, OIOC, O.V. 19, Bengal 1756, pp. 5–46.
2. John Zephaniah Holwell, quoted in John Keay, *The Honourable Company: A History of the English East India Company*, London, 1991, p. 301.
3. William Watts and John Campbell, *Memoirs of the Revolution in Bengal, Anno. Dom.* 1757, p. 14.
4. John Zephaniah Holwell, quoted in Bruce P. Lenman, *Britain's Colonial Wars 1688–1783*, New York, 2001, p. 106.
5. *An Account Of The Capture Of Calcutta By Captain Grant*, BM Add Mss 29200, f. 38.
6. Ibid.
7. *Concerning the Loss of Calcutta*, BL, OIOC, HM vol. 66, pp. 821–4.
8. *An Account Of The Capture Of Calcutta By Captain Grant*, BM Add Mss 29200, f. 39.
9. Ibid.

10. *Account of the loss of Calcutta by David Renny*, BL, OIOC, HM vol. 66, pp. 821–4.
11. *Cooke's Evidence before the Select Committee of the House of Commons*, in W. K. Firminger (ed.), *Great Britain, House of Commons, Report on East India Affairs, Fifth report from the Select Committee*, vol. III, p. 299.
12. Quoted in Sir Penderel Moon, *The British Conquest and Dominion of India*, London, 1989, p. 42.
13. Syed Ghulam Hussain Khan Tabatabai, *Seir Mutaqherin*, Calcutta, 1790–4, vol. 2, p. 190.
14. *Concerning the Loss of Calcutta*, BL, OIOC, HM vol. 66, pp. 821–4.
15. *Narrative of the loss of Calcutta, with the Black Hole by Captain Mills, who was in it, and sundry other particulars, being Captain Mills pocket book, which he gave me*, BL, OIOC, O.V. 19, pp. 77–92.
16. Ibid.
17. *Account of the loss of Calcutta by John Cooke Esq. who was in the Black Hole, June 1756, in Cooke's Evidence before the Select Committee of the House of Commons*, in W. K. Firminger (ed.), Great Britain, *House of Commons, Report on East India Affairs, Fifth report from the Select Committee*, vol III, p. 299.
18. Ghulam Husain Salim, *Riyazu-s-salatin: A History of Bengal, Translated from the original Persian by Maulvi Abdus Salam*, Calcutta, 1902, p. 366.
19. S. C. Hill, Indian Records Series, *Bengal in 1756–7*, 3 vols, Calcutta, 1905, vol. 1, p. 51, French letter from Chandernagar.
20. *Account of the loss of Calcutta by John Cooke Esq. who was in the Black Hole, June 1756*, in *Cooke's Evidence before the Select Committee of the House of Commons*, in W. K. Firminger (ed.), Great Britain, *House of Commons, Report on East India Affairs, Fifth report from the Select Committee*, vol. III, p. 299.
21. Yusuf Ali Khan, *Tarikh-i-Bangala-i-Mahabatjangi*, trans. Abdus Subhan, Calcutta, 1982, pp. 120–2.
22. John Zephaniah Holwell, *A Genuine Narrative of the Deplorable Deaths of the English Gentlemen, and others, who were suffocated in the Black Hole in Fort William, in Calcutta, in the Kingdom of Bengal; in the Night Succeeding the 20th June 1756*, London, 1758.
23. 關於黑洞有大批文獻。關於主要證據的最佳法醫鑑識檢驗，見 Brijen K. Gupta, *Sirajuddaullah and the East India Company, 1756–7*, Leiden, 1966, pp. 70–81。相關討論見 Partha Chatterjee, *The Black Hole of Empire: History of a Global Practice of Power*, Ranikhet, 2012, p. 255; Jan Dalley, *The Black Hole: Money, Myth and Empire*, London, 2006; Rajat Kanta Ray, *The Felt Community: Commonality and Mentality before the Emergence of Indian Nationalism*, New Delhi, 2003, pp. 235–7; Linda Colley, *Captives: Britain, Empire and the World 1600–1850*, London, 2002; Ian Barrow, 'The many meanings of the Black Hole of Calcutta', in *Tall Tales and True: India, Historiography and British Imperial Imaginings*, ed. Kate Brittlebank, Clayton, Vic., 2008, pp. 7–18。Betty Joseph 主張黑洞讓英國東印度公司規避了大眾與政治上檢驗當時公司的印度角色所發生的關鍵性轉變，也因此讓東印度公司從商業強權移向領土強權，在未受批評之下，展開對印度的征服。見 Betty Joseph, *Reading the East India Company*, New Delhi, 2006, pp. 70–1.
24. *Concerning the Loss of Calcutta*, BL, OIOC, HM vol. 66, pp. 821–4.

25. *Causes of the Loss of Calcutta 1756*, David Renny, August 1756, BL, OIOC, O.V. 19, pp. 147–61.
26. G. J. Bryant, *Emergence of British Power in India 1600–1784: A Grand Strategic Interpretation*, Woodbridge, 2013, pp. 118–21.
27. Hill, Indian Records Series, *Bengal in 1756–7*, vol. 1, p. 233, Extract of a letter from Colonel Clive to the Secret Committee, London, dated Fort St George, 11 October, 1756.
28. George Forrest, *The Life of Lord Clive*, 2 vols, London, 1918, vol. 1, p. 278.
29. Mark Bence-Jones, *Clive of India*, London, 1974, p. 94.
30. Daniel Baugh, *The Global Seven Years War, 1754–63*, New York, 2014, p. 286.
31. Ghulam Hussain Khan, *Seir Mutaqherin*, vol. 2, p. 220.
32. Bence-Jones, *Clive of India*, p. 98; Keith Feiling, *Warren Hastings*, London, 1954, p. 23.
33. Captain Edward Maskelyne, *Journal of the Proceedings of the Troops commanded by Lieutenant Colonel Robert Clive on the expedition to Bengal*, BL, OIOC, Mss Eur Orme, vol. 20, p. 19.
34. Edward Ives, *A Voyage From England to India in the Year 1754*, London, 1733, quoted in Keay, *The Honourable Company*, p. 307.
35. Ghulam Hussain Khan, *Seir Mutaqherin*, vol. 2, p. 221.
36. Ives, *A Voyage From England to India in the Year 1754*, p. 102.
37. Feiling, *Warren Hastings*, p. 23.
38. Ghulam Husain Salim, *Riyazu-s-salatin*, pp. 369–70.
39. Captain Edward Maskelyne, *Journal of the Proceedings of the Troops commanded by Lieutenant Colonel Robert Clive on the expedition to Bengal*, BL, OIOC, Mss Eur Orme, vol. 20, pp. 23–4; Watts and Campbell, *Memoirs of the Revolution in Bengal, Anno. Dom.* 1757, p. 18.
40. Watts and Campbell, *Memoirs of the Revolution in Bengal, Anno. Dom.* 1757, p. 20.
41. Clive's Evidence – First Report of the Committee of the House of Commons; Forrest, *The Life of Lord Clive*, vol. 1, pp. 354–5.
42. Captain Edward Maskelyne, *Journal of the Proceedings of the Troops commanded by Lieutenant Colonel Robert Clive on the expedition to Bengal*, BL, OIOC, Mss Eur Orme, vol. 20, pp. 28–30.
43. Forrest, *The Life of Lord Clive*, vol. 1, pp. 359–60.
44. Ghulam Hussain Khan, *Seir Mutaqherin*, vol. 2, p. 222.
45. P. J. Marshall (ed.), *The Eighteenth Century in Indian History. Evolution or Revolution*, New Delhi, 2003, p. 362.
46. Ray, *The Felt Community*, p. 244.
47. 本書中的三位英國主角——王室、東印度公司及國會，很少一致行動。關於三者之間緊張關係的分析，見 Lucy Sutherland's classic, *The East India Company in Eighteenth-Century Politics*, Oxford, 1952.
48. Baugh, *The Global Seven Years War*, p. 291. 古巴是西班牙殖民地，只在戰爭最後階段，西班牙參戰時加入。
49. Hill, Indian Records Series, *Bengal in 1756–7*, vol. 1, pp. 180–1, Letter to M Demontorcin, Chandernagar, August 1, 1756.

50. Jean Law de Lauriston, *A Memoir of the Mughal Empire 1757–61*, trans. G. S. Cheema, New Delhi, 2014, p. 87.
51. Keay, *The Honourable Company*, p. 314.
52. Quoted by Sir Jadunath Sarkar (ed.), *The History of Bengal*, vol. II, *The Muslim Period 1200 A.D.–1757 A.D.*, New Delhi, 1948, pp. 484–5.
53. Law, *A Memoir of the Mughal Empire 1757–61*, p. 98.
54. Ghulam Husain Salim, *Riyazu-s-salatin*, pp. 373–4; BL, OIOC, HM 193, p. 88.
55. Ghulam Hussain Khan, *Seir Mutaqherin*, vol. 2, p. 193.
56. Law, *A Memoir of the Mughal Empire 1757–61*, p. 66.
57. Ghulam Hussain Khan, *Seir Mutaqherin*, vol. 2, pp. 211, 213.
58. Law, *A Memoir of the Mughal Empire 1757–61*, pp. 82–3.
59. Hill, Indian Records Series, *Bengal in 1756–7*, vol. 2, pp. 368–9, Letter from Colonel Clive to Mr Pigot, dated 30 April 1757.
60. 正因如此，知名印度學者 K. M. Pannikar 稱普拉西戰役為「交易，而非戰役；由賈格塞特領導的孟加拉買辦將納瓦伯出賣給英國東印度公司。」見 K. M. Pannikar, *Asia and Western Dominance*, New York, 1954, p. 100. 另見 Sushil Chaudhury, *Companies, Commerce and Merchants: Bengal in the Pre-Colonial Era*, New Delhi, 2015, pp. 336–52.
61. Fort William Select Committee Proceedings of May 1, 1757, in Hill, Indian Records Series, *Bengal in 1756–7*, vol. 2, p. 370.
62. 為了簡化本書已十分複雜的敘事，我略去了另一位銀行家在陰謀中的重要角色。這一次是名為阿米爾·昌德（Amir Chand）的旁遮普人，英國東印度公司稱其為歐米昌德（Omichand）。他在普拉西陰謀中扮演了主要角色，克萊夫完全用他進行談判；二月條約簽訂後，他也伴隨瓦茨前往穆爾希達巴德。歐米昌德要求分紅普拉西戰利品——即納瓦伯所有財富的百分之五，否則就威脅要向希拉古揭發這樁陰謀。然而特別委員會在五月十七日召開時，克萊夫精心迂迴地說服委員會就英方與米爾·賈法簽訂的條約，起草雙面條款。一份納入歐米昌德「條件」的條款，另一份則沒有。見 Sushil Chaudhury, *The Prelude to Empire: Plassey Revolution of 1757*, p. 127 and passim。
63. Letter from Petrus Arratoon to the Court of Directors, dated 25 January 1759, quoted in Forrest, *The Life of Lord Clive*, vol. 1, p. 432.
64. Watts and Campbell, *Memoirs of the Revolution in Bengal, Anno. Dom.* 1757, pp. 98–9.
65. BL, OIOC, Mss Eur Orme India XI, no. 153.
66. BL, OIOC, IOR, HM 193, no. 158.
67. Ibid., no. 159.
68. Spear, *Master of Bengal*, p. 87.
69. Forrest, *The Life of Lord Clive*, vol. 1, p. 440.
70. BL, OIOC, IOR, HM 193, no. 161.
71. Ibid., no. 162.
72. Ibid., no. 167.

73. Ibid., no. 169.
74. Ibid.
75. BL, OIOC, Orme Papers, O.V., CLXIV-A, f. 115.
76. NAI, Home Misc of Ancient Records, 1757, vol. 19, pp. 120–8, 26 July 1757.
77. Ghulam Hussain Khan, *Seir Mutaqherin*, vol. 2, pp. 230–1.
78. *The Muzaffarnama of Karam Ali, in Bengal Nawabs*, trans. Jadunath Sarkar, Calcutta, 1952, p. 76.
79. Ghulam Husain Salim, *Riyazu-s-salatin*, pp. 375–6.
80. Captain Edward Maskelyne, *Journal of the Proceedings of the Troops commanded by Lieutenant Colonel Robert Clive on the expedition to Bengal*, BL, OIOC, Mss Eur Orme, vol. 20, p. 30.
81. NAI, Home Misc of Ancient Records, 1757, vol. 19, pp. 120–8, 26 July 1757.
82. BL, OIOC, IOR, HM 193, no. 172.
83. Moon, *The British Conquest and Dominion of India*, p. 55.
84. Hill, Indian Records Series, *Bengal in 1756–7*, vol. 2, p. 437, Clive to Select Committee, Fort William June 30th 1757.
85. BL, OIOC, IOR, HM 193, no. 194.
86. Ghulam Hussain Khan, *Seir Mutaqherin*, vol. 2, pp. 235–42.
87. *The Muzaffarnama of Karam Ali*, p. 78.
88. P. J. Marshall, *The Making and Unmaking of Empires: Britain, India and America c. 1750–1783*, p. 150; John R. McLane, *Land and Local Kingship in Eighteenth-Century Bengal*, Cambridge, 1993, p.
89. Forrest, *The Life of Lord Clive*, vol. 2, p. 35.
90. 菲利普．斯特恩已經指出，遠早於先前所認定，英國東印度公司早已取得政治權力，但無疑地，普拉西戰役大幅提升它的政治權力。見 Philip J. Stern, *The Company State: Corporate Sovereignty & the Early Modern Foundations of the British Empire in India*, Cambridge, 2011.
91. Ray, *The Felt Community*, pp. 245–6.
92. Keay, *The Honourable Company*, pp. 317–18.
93. Alexander Dow, *History of Hindostan*, 3 vols, Dublin, 1792, vol. 3, p. xxiv.
94. P. J. Marshall, *East India Fortunes: The British in Bengal in the Eighteenth Century*, Oxford, 1976, p. 8.

## CHAPTER 4 ｜無能的統治者

1. Percival Spear, *Master of Bengal: Clive and his India*, London, 1975, p. 97.
2. Ibid.
3. Clive to Mir Jafar, 15 July 1757, OIOC, HM 193, 180; Mark Bence-Jones, *Clive of India*, London, 1974, p. 157.
4. Clive to John Payne, 11 November 1758, National Library of Wales, Clive Mss 200 (2), pp. 102–4.
5. George Forrest, *The Life of Lord Clive*, New Delhi, 1986, vol. 2, pp. 119–22.
6. Abdul Majed Khan, *The Transition in Bengal 1756–1775*, Cambridge, 1969, pp. 10–11.

7. J. Price, *Five Letters from a Free Merchant in Bengal, to Warren Hastings Esq*, London, 1778, p. 136; Peter Marshall, *Problems of Empire: Britain and India 1757–1813*, London, 1968, p. 26.
8. Forrest, *The Life of Lord Clive*, vol. 2, p. 179; Tillman W. Nechtman, 'A Jewel in the Crown? Indian Wealth in Domestic Britain in the Late Eighteenth Century', *Eighteenth Century Studies*, 41:1 (2007), pp. 71–86, p. 74; Spear, *Master of Bengal*, p. 119.
9. Sir Penderel Moon, *Warren Hastings and British India*, London, 1947, p. 35; Abdul Majed Khan, *The Transition in Bengal 1756–1775*, pp. 28–9.
10. Syed Ghulam Hussain Khan Tabatabai, *Seir Mutaqherin*, Calcutta, 1790–94, vol. 2, pp. 262, 270.
11. Sir Penderel Moon, *The British Conquest and Dominion of India*, London, 1989, p. 62.
12. Ghulam Hussain Khan, *Seir Mutaqherin*, vol. 2, p. 241.
13. Ibid., vol. 2, p. 351.
14. Ibid., vol. 2, pp. 262, 250–1, 373; Henry Vansittart, *A Narrative of the Transactions in Bengal from the Year 1760, to the year 1764, during the Government of Mr Henry Vansittart*, London, 1766, vol. 1, pp. 151–3.
15. Moon, *The British Conquest and Dominion of India*, p. 86.
16. OIOC, Bengal Secret Consultations, 30 April, 25, 26, 30 July, 27 Aug 1764, Range A, vol. 5, pp. 156–61, 408–21, 444–58; P. J. Marshall, *East India Fortunes: The British in Bengal in the Eighteenth Century*, Oxford, 1976, pp. 118, 128; Bence-Jones, *Clive of India*, p. 156.
17. Vansittart, *A Narrative of the Transactions in Bengal*, vol. 1, p. 25.
18. Marshall, *East India Fortunes*, p. 120.
19. Quoted in Bence-Jones, *Clive of India*, p. 156.
20. *Voyage en Inde du Comte de Modave, 1773–1776*, ed. Jean Deloche, Pondicherry, 1971, p. 48.
21. Ibid., pp. 282–7.
22. Quoted by Vansittart, *A Narrative of the Transactions in Bengal*, vol. 2, pp. 79–84.
23. Hastings to Vansittart, 25 April 1762, OIOC, BL Add Mss 29,098, f. 7–8. See also Walter K. Firminger and William Anderson, *The Diaries of Three Surgeons of Patna*, Calcutta, 1909, p. 16.
24. Keith Feiling, *Warren Hastings*, London, 1954, pp. 1–11; Jeremy Bernstein, *Dawning of the Raj: The Life & Trials of Warren Hastings*, Chicago, 2000, pp. 32–5.
25. Feiling, *Warren Hastings*, pp. 39, 66. The portrait is now in the National Portrait Gallery, London, NPG 81.
26. Ibid., pp. 28, 41.
27. Kumkum Chatterjee, *Merchants, Politics & Society in Early Modern India Bihar: 1733–1820*, Leiden, 1996, pp. 118–23. For other complaints about Pearkes see Vansittart, *A Narrative of the Transactions in Bengal*, vol. 1, p. 28.
28. 關於賈格塞特寫給沙・阿蘭的信，見 Forrest, *The Life of Lord Clive*, vol. 2, p. 126。關於米爾・阿什拉夫對沙・阿蘭的支持，見 BL, Or. 466, *Tarikh-i Muzaffari of Muhammad* 'Ali Khan Ansari of Panipat, pp. 635–6.
29. Ghulam Ali Khan alias Bhikhari Khan, *Shah Alam Nama*, BL, Add 24080.

30. 當時代的史學中，經常可見蒙兀兒衰退的舊命題對比地方自治與成長的修正主義派主張。然而沙・阿蘭的故事卻揭露了故事之中更複雜的面貌，不只是去中心化的案例，反而更揭露情勢與政治忠誠及利益移轉的流動性，這些並未被納入前述兩種線性立場的討論中。
31. Sayid Athar Abbas Rizvi, *Shah Walli-Allah And His Times*, Canberra, 1980, p. 170.
32. Fakir Khair ud-Din Illahabadi, *'Ibrat Nama*, BL Or. 1932, 20r–21v.
33. Ghulam Ali Khan alias Bhikhari Khan, *Shah Alam Nama*, BL, Add 24080.
34. Krishna Dayal Bhargava, *Browne Correspondence*, Delhi, 1960, p. 1.
35. Jean Law de Lauriston, *A Memoir of the Mughal Empire 1757–61*, trans. G. S. Cheema, New Delhi, 2014, p. 297.
36. Jadunath Sarkar, *Fall of the Mughal Empire*, 4 vols, New Delhi, 1991, vol. 2, p. 315.
37. *Tarikh-i Shakir Khani*, British Library Oriental manuscripts, Add. 6568, f. 14r.
38. Law, *A Memoir of the Mughal Empire 1757–61*, pp. 265, 280, 290–1.
39. Ghulam Ali Khan alias Bhikhari Khan, *Shah Alam Nama*, BL, Add 24080. Also John R. McLane, *Land and Local Kingship in Eighteenth-Century Bengal*, Cambridge, 1993, p. 181.
40. Ghulam Hussain Khan, *Seir Mutaqherin*, vol. 2, pp. 338–41.
41. Ibid., vol. 2, p. 342.
42. Hastings to Vansittart, BL, OIOC, Add Mss 29132, f. 103–11; also Moon, *Warren Hastings and British India*, p. 37.
43. John Caillaud, *A Narrative of What Happened in Bengal in the Year 1760*, London, 1764, p. 15.
44. Ghulam Hussain Khan, *Seir Mutaqherin*, vol. 2, pp. 344–5.
45. *Tarikh-i Muzaffari* of Muhammad 'Ali Khan Ansari of Panipat, pp. 634–6. Also McLane, *Land and Local Kingship*, p. 181.
46. Caillaud, *A Narrative of What Happened in Bengal in the Year 1760*, p. 25.
47. *Tarikh-i Muzaffari* of Muhammad 'Ali Khan Ansari of Panipat, pp. 634–5.
48. Ghulam Hussain Khan, *Seir Mutaqherin*, vol. 3, p. 180.
49. Law, *A Memoir of the Mughal Empire 1757–61*, p. 297.
50. K. K. Dutta, *Shah Alam II & The East India Company*, Calcutta, 1965, p. 15. 沙・阿蘭也丟失一些行李跟寫字檯，這些為阿奇博德・史溫頓斬獲，現藏於英國愛丁堡的蘇格蘭皇家博物館中。
51. Jean-Baptiste Gentil, *Mémoires sur l'Indoustan*, Paris, 1822, pp. 203–4.
52. Ghulam Hussain Khan, *Seir Mutaqherin*, vol. 2, p. 404.
53. Ibid., vol. 2, p. 403.
54. Ibid., vol. 2, pp. 401–3.
55. Caillaud, *A Narrative of What Happened in Bengal in the Year 1760*, p. 35.
56. Ghulam Hussain Khan, *Seir Mutaqherin*, vol. 2, pp. 371–2.
57. Ibid., vol. 2, p. 374.
58. Hastings to Vansittart, BL, OIOC, Add Mss 29132, f. 103–11.
59. Hastings to Vansittart, 10 July 1760, BL, OIOC, Add Mss 29132, f. 103–11.
60. Moon, *The British Conquest and Dominion of India*, p. 88; Moon, *Warren Hastings and British India*,

p. 39; Nicholas B. Dirks, *The Scandal of Empire: India and the Creation of Imperial Britain*, Harvard, 2006, p. 50.

61. Ghulam Husain Salim, *Riyazu-s-salatin: A History of Bengal. Translated from the original Persian by Maulvi Abdus Salam*, Calcutta, 1902, pp. 385–6.
62. Caillaud, *A Narrative of What Happened in Bengal in the Year 1760*, p. 50.
63. Lushington to Clive, 3 December 1760, cited in John Malcolm, *Life of Robert, Lord Clive*, London, 1836, vol. II, p. 268.
64. *Tarikh-i Muzaffari* of Muhammad 'Ali Khan Ansari of Panipat, p. 681.
65. Ibid., pp. 681–9.
66. P. J. Marshall, *Bengal: The British Bridgehead - Eastern India 1740–1828*, Cambridge, 1987, p. 86.
67. *Tarikh-i Muzaffari* of Muhammad 'Ali Khan Ansari of Panipat, pp. 683, 685.
68. All details on Sumru from *Voyage en Inde*, pp. 420–2.
69. Ghulam Hussain Khan, *Seir Mutaqherin*, vol. 2, pp. 500–3.
70. Ibid., vol. 2, pp. 421, 434.
71. Ibid., vol 2, pp. 427, 433.
72. Ibid., vol. 2, p. 427.
73. *Tarikh-i Muzaffari* of Muhammad 'Ali Khan Ansari of Panipat, pp. 683, 688.
74. Carnac's Letter to the Select Committee, 5 March 1761, Vansittart, *A Narrative of the Transactions in Bengal*, vol. 1, p. 185.
75. Dutta, *Shah Alam II & The East India Company*, p. 18.
76. Ghulam Hussain Khan, *Seir Mutaqherin*, vol. 2, pp. 406–7.
77. Recently given by the Swinton family to the Royal Scottish Museum in Edinburgh.
78. Ghulam Hussain Khan, *Seir Mutaqherin*, vol. 2, p. 407.
79. Moon, *The British Conquest and Dominion of India*, pp. 92–3.
80. Dutta, *Shah Alam II & The East India Company*, p. 21.
81. G. J. Bryant, *The Emergence of British Power in India, 1600–1784: A Grand Strategic Interpretation*, Woodbridge, 2013, p. 161 n; *Dutta, Shah Alam II & The East India Company*, p. 47.
82. Nandalal Chatterji, *Mir Qasim, Nawab of Bengal, 1760–1763*, Allahabad, 1935.
83. Gentil, *Mémoires sur l'Indoustan*, p. 205.
84. Feiling, *Warren Hastings*, p. 42.
85. Moon, *Warren Hastings and British India*, p. 39.
86. Vansittart, *A Narrative of the Transactions in Bengal*, vol. 1, pp. 300–7, 322–3.
87. Ibid., vol. 2, pp. 97–102; Forrest, *The Life of Lord Clive*, vol. 2, pp. 227–8.
88. Vansittart, *A Narrative of the Transactions in Bengal*, vol. 2, pp. 97–102; Feiling, *Warren Hastings*, pp. 46–7; G. S. Cheema, *The Ascent of John Company: From Traders to Rulers* (1756–1787), New Delhi, 2017, p. 66.
89. Moon, *The British Conquest and Dominion of India*, pp. 98–9.
90. Moon, *Warren Hastings and British India*, pp. 50–1.

91. Gentil, *Mémoires sur l'Indoustan*, p. 210.
92. Ghulam Husain Salim, *Riyazu-s-salatin*, pp. 387–8.
93. Vansittart, *A Narrative of the Transactions in Bengal*, vol. 2, pp. 164–8; also Rajat Kanta Ray, *The Felt Community: Commonality and Mentality before the Emergence of Indian Nationalism*, New Delhi, 2003, pp. 282–7.
94. Ghulam Hussain Khan, *Seir Mutaqherin*, vol. 2, pp. 465–6.
95. Ibid.
96. Moon, *The British Conquest and Dominion of India*, p. 100.
97. Firminger and Anderson, *The Diaries of Three Surgeons of Patna*, p. 38.

## CHAPTER 5 ｜濺血與困惑

1. BL, Or. 466, *Tarikh-i Muzaffari* of Muhammad ʻAli Khan Ansari of Panipat, pp. 700–2.
2. Walter K. Firminger and William Anderson, *The Diaries of Three Surgeons of Patna*, Calcutta, 1909, p. 40.
3. Ibid., p. 24.
4. Syed Ghulam Hussain Khan Tabatabai, *Seir Mutaqherin*, Calcutta, 1790– 94, vol. 2, pp. 473–4.
5. *Tarikh-i Muzaffari* of Muhammad ʻAli Khan Ansari of Panipat, p. 703.
6. Ibid., p. 704.
7. Rajat Kanta Ray, *The Felt Community: Commonality and Mentality before the Emergence of Indian Nationalism*, New Delhi, 2003, p. 277; Nicholas Shreeve, *Dark Legacy*, Crossbush, 1996, pp. 11–12.
8. Jean-Baptiste Gentil, *Mémoires sur l'Indoustan*, Paris, 1822, pp. 216–18.
9. Luke Scrafton, *Observations on Vansittart's Narrative*, London, 1770, pp. 48–9.
10. *Tarikh-i Muzaffari* of Muhammad ʻAli Khan Ansari of Panipat, pp. 710–13.
11. Ghulam Hussain Khan, *Seir Mutaqherin*, vol. 2, p. 496.
12. *Tarikh-i Muzaffari* of Muhammad ʻAli Khan Ansari of Panipat, p. 710.
13. Ibid., p. 711.
14. Ibid.
15. Ibid., p. 715.
16. Gentil, *Mémoires sur l'Indoustan*, pp. 218–21.
17. *Tarikh-i Muzaffari* of Muhammad ʻAli Khan Ansari of Panipat, p. 708.
18. Gentil, *Mémoires sur l'Indoustan*, pp. 226–7. 我採用尚提爾的記述，因為他似乎見證了此事。然而關於賈格塞特之死，確有不同紀錄：例如 Ghosha 說他們是被納瓦伯本人無情殺害。「他們的忠誠僕人（Khidmatgar）朱尼（Chuni）不願棄他們而去，因此當卡辛姆．阿里（米爾．卡辛姆）舉箭射殺他們時，朱尼擋在他們前面。朱尼首先倒下，然後是兩位堂兄弟。」見 Lokanatha Ghosha, *The Modern History of the Indian Chiefs*, Rajas, Zamindars, &c, Calcutta, 1881, p. 346.
19. Firminger and Anderson, *The Diaries of Three Surgeons of Patna*, p. 1.

20. Sir Penderel Moon, *Warren Hastings and British India*, London, 1947, p. 54.
21. Shreeve, *Dark Legacy*, p. 16.
22. Ibid.
23. Gentil, *Mémoires sur l'Indoustan*, pp. 227–34.
24. Shreeve, *Dark Legacy*, p. 18.
25. Julia Keay, *Farzana: The Woman Who Saved an Empire*, London, 2014, p. 48.
26. *Tarikh-i Muzaffari* of Muhammad 'Ali Khan Ansari of Panipat, p. 713.
27. 不像黑洞，巴特納大屠殺幾乎為人所遺忘。我們幾乎不會在英國的歷史書籍中讀到這一段，也幾乎從印度歷史書籍中消失。
28. Ghulam Hussain Khan, *Seir Mutaqherin*, vol. 2, p. 518.
29. Gentil, *Mémoires sur l'Indoustan*, p. 35.
30. Ghulam Hussain Khan, *Seir Mutaqherin*, vol. 2, p. 514.
31. Gentil, *Mémoires sur l'Indoustan*, p. 35.
32. Ghulam Hussain Khan, *Seir Mutaqherin*, vol. 2, p. 512.
33. *The Bhausahebanci Bhakar*, quoted in Velcheru Narayana Rao, David Shulman and Sanjay Subrahmanyam, *Textures of Time*, Delhi, 2003, pp. 232–3.
34. Quoted by Jadunath Sarkar, *Fall of the Mughal Empire*, 4 vols, New Delhi, 1991, vol. 2, p. 316.
35. Ghulam Hussain Khan, *Seir Mutaqherin*, vol. 2, pp. 528, 558.
36. Fakir Khair ud-Din Illahabadi, *'Ibrat Nama*, BL Or. 1932, 38v–39r.
37. Ibid., 39r.
38. Ibid., 40v–41r.
39. 根據古蘭．胡笙汗描述一七五一年拉真德拉吉利（Rejendragiri）捍衛阿拉赫巴德的情況，高森派那迦修士並非不熟悉步槍，有些人甚至也能騎馬打仗，然而他們確實更長於近身搏鬥。William Pinch 在 *Warrior Ascetics and Indian Empires*, Cambridge 2006 書中的第二章，描述了他們軍事風格演化的細節。我們難以掌握那迦士兵中武器分布的明確狀態，但關於孟加拉出家人（sanyasi）／托缽僧（fakir）起事長期抗爭的詳細敘述，見 David N. Lorenzen, 'Warrior Ascetics in Indian History', in *Journal of the American Oriental Society*, vol. 98, no. 1 (January–March 1978), pp. 61–75.
40. *CPC* 1, items 2130–1, 2136; Ashirbadi Lal Srivastava, *Shuja ud-Daula*, vol. 1, *1754–1765*, Calcutta, 1939, p. 182; Rajat Kanta Ray, 'Indian Society and the Establishment of British Supremacy, 1765–1818', in Peter Marshall, *The Eighteenth Century*, Oxford, 1998, pp. 518–19.
41. Fakir Khair ud-Din Illahabadi, *'Ibrat Nama*, BL Or. 1932, 41v.
42. Ghulam Hussain Khan, *Seir Mutaqherin*, vol. 2, p. 530.
43. Ibid., vol. 2, p. 531.
44. Fakir Khair ud-Din Illahabadi, *'Ibrat Nama*, BL Or. 1932. 42v.
45. Ghulam Hussain Khan, *Seir Mutaqherin*, vol. 2, p. 530.
46. Fakir Khair ud-Din Illahabadi, *'Ibrat Nama*, BL Or. 1932. 42v.
47. Ibid., 43v.

48. Ibid., 43v–44r.
49. Ibid., 44r.
50. Ibid.
51. René-Marie Madec, *Mémoire*, ed. Jean Deloche, Pondicherry 1983, p. 71.
52. Ghulam Hussain Khan, *Seir Mutaqherin*, vol. 2, p. 565.
53. Fakir Khair ud-Din Illahabadi, *'Ibrat Nama*, BL Or. 1932, 44r.
54. Ibid., 45v.
55. Ibid.
56. Ibid., 45r.
57. Ashirbadi Lal Srivastava, *Shuja ud-Daula*, vol. 1, p. 232.
58. Sir Penderel Moon, *The British Conquest and Dominion of India*, London, 1989, p. 111.
59. Gentil, *Mémoires sur l'Indoustan*, p. 258–9.
60. Ibid.
61. Madec, *Mémoire*, p. 74.
62. Fakir Khairud-Din Illahabadi, *'Ibrat Nama*, BL Or. 1932, 45v.
63. Ghulam Hussain Khan, *Seir Mutaqherin*, vol. 2, p. 530.
64. Ibid.
65. The Late Reverend John Entick et al.,*The Present State of the British Empire*, 4 vols, London, 1774, vol. IV, p. 533.
66. Philip J. Stern, *The Company State: Corporate Sovereignty & the Early Modern Foundations of the British Empire in India*, Cambridge, 2011, p. 3.
67. Thomas Twining, *Travels in India One Hundred Years Ago*, London, 1983, pp. 144–5.
68. For the domestic political background at this time, see James Vaughn, *The Politics of Empire at the Accession of George III*, Princeton, 2009.
69. Keay, *Farzana*, pp. 53, 89.
70. Ghulam Hussain Khan, *Seir Mutaqherin*, vol. 2, pp. 583–4.
71. Gentil, *Mémoires sur l'Indoustan*, p. 259.
72. Sadasukh Dihlavi, *Munkatab ut-Tawarikh*, trans. Sir H. M. Elliot and John Dowson, *The History of India Told By Its Own Historians*, London, 1867, vol. VIII, p. 408.
73. Richard B. Barnett, *North India Between Empires: Awadh, the Mughals, and the British 1720–1801*, Berkeley, 1980, p. 73.
74. Amar Farooqui, *Zafar, and the Raj: Anglo-Mughal Delhi, c. 1800–1850*, New Delhi, 2013, pp. 8–9.
75. Ghulam Hussain Khan, *Seir Mutaqherin*, vol. 2, p. 571.
76. Shah Alam II to the Council, n.d., received in Calcutta 6 Dec 1764, NAI, Foreign Department Secret Consultations, 1764, 2A, 738; *CPC* 1, lv, p. 353.
77. K. K. Dutta, *Shah Alam II & The East India Company*, Calcutta, 1965, pp. 28–9.
78. Bengal Despatches, February 1764, quoted in Mark Bence-Jones, *Clive of India*, London, 1974, p. 205.
79. Percival Spear, *Master of Bengal: Clive and his India*, London, 1975, pp. 130–1.

80. Clive to Carnac, 7 May 1762, quoted in Bence-Jones, *Clive of India*, p. 208.

81. Bence-Jones, *Clive of India*, p. 208.

82. H. V. Bowen, 'Lord Clive and speculation in East India Company stock, 1766', *Historical Journal*, 30 (1987), pp. 905–20. 關於克萊夫劫掠對家鄉帶來的不良影響，有兩篇優秀論文，見 Bruce Lenman and Philip Lawson, 'Robert Clive, the "Black Jagir" and British Politics', in *Historical Journal*, vol. 26, no. 4 (December 1983), pp. 801–29, and C. H. Philips, 'Clive in the English Political World, 1761–64', in *Bulletin of he School of Oriental and African Studies*, University of London, vol. 12, no. 3/44, *Oriental and African Studies Presented to Lionel David Barnett by His Colleagues, Past and Present* (1948), pp. 695–702.

83. BL, OIOC, BL G37/4/1, f. 42; Barnett, *North India Between Empires*, p. 74.

84. Dutta, *Shah Alam II & The East India Company*, p. 38.

85. Clive and Carnac to Council, 14 July, quoted in Ashirbadi Lal Srivastava, *Shuja ud-Daula*, vol. 2, *1765–1775*, Calcutta, 1939, p. 10; Barnett, *North India Between Empires*, p. 75.

86. Quoted in Bence-Jones, *Clive of India*, p. 219.

87. Clive to Sykes, 3 August 1765, quoted in Barnett, *North India Between Empires*, p. 74.

88. Ghulam Hussain Khan, *Seir Mutaqherin*, vol. 3, pp. 9–10. 與另一名文員一同起草《阿拉赫巴德條約》的 Sheikh Itesamuddin，回報沙・阿蘭眼中含淚，告訴簽完約就要離開的克萊夫與卡納克，他們將他扔在敵人堆中，置他的安全於不顧 (Shigurf Namah 1825:5)。見 Mirza Itesamuddin, *Shigurf Namah-i-Velaet*, translated from Persian to English by James Edward Alexander (London, 1827)。Itesamuddin 於一七六七年從次大陸前往英格蘭，向英格蘭國王喬治三世提出沙・阿蘭的請求。引自 Jeena Sarah Jacob, 'The travellers' tales: The travel writings of Itesamuddin and Abu Taleb Khan', in William A. Pettigrew and Mahesh Gopalan, *The East India Company, 1600–1857: Essays on Anglo-Indian Connection*, London and New York, 2017, p. 141.

89. Ghulam Husain Salim, *Riyazu-s-salatin*, pp. 398, 413–14.

90. George Forrest, *The Life of Lord Clive*, New Delhi, 1986, vol. 2, p. 335.

91. 英國東印度公司進口的金銀相對於孟加拉經濟的重要性，一直是個爭議——見 Rajat Datta, *Society, Economy and the Market: Commercialisation in Rural Bengal, c1760–1800*, New Delhi, 2000。同樣爭議的是，東印度公司無情剝奪孟加拉的程度。正如 Peter Marshall 在信中對我說：「你當然可以主張『印度自此被當成一大片榨取剝削的莊園，將所有利益運到海外』。但我不認為你可以忽視十七世紀東印度公司的公正統治論述，其董事會嘗試在一七五七年後將此論述付諸實踐，即便並未成功。他們的失敗正是國家干涉增強的明顯理由。冷酷無情的劫掠將毀了孟加拉，正如那句格言不斷重複，殺雞取卵並不明智。（董事試著確保那隻）雞獲得良好照顧。許多雄辯滔滔的印度職員肯定也相信這套論述，最明顯的就是哈斯汀斯。你可以合理地說，良好統治的考量不斷讓路給資源最大化的急迫性，特別是在緊急時刻。但我不認為你可以否認他們曾經存在過。」非常感謝 PJM 讀過我的初稿，以及多年來的鼓勵與協助。

92. Bowen, *Revenue and Reform*, pp. 111–12; Moon, *The British Conquest and Dominion of India*, p. 125.

93. Bence-Jones, *Clive of India*, p. 221.

94. Om Prakash, 'From Market-Determined to Coercion-based: Textile Manufacturing in Eigh-

teenth-Century Bengal', in Giorgio Riello and Tirthankar Roy (eds), *How India Clothed the World: The World of South Asian Textiles, 1500–1800*, Leiden, 2013, pp. 224–41.

95. Dutta, *Shah Alam II & The East India Company*, p. 45; Moon, *The British Conquest and Dominion of India*, p. 125; Jon Wilson, *India Conquered: Britain's Raj and the Chaos of Empire*, London, 2016, p. 115.

96. Quoted in John R. McLane, *Land and Local Kingship in Eighteenth-Century Bengal*, Cambridge, 1993, p. 195.

97. Ghulam Hussain Khan, *Seir Mutaqherin*, vol. 3, pp. 3, 46, 192–3, 202–4. See also the brilliant analysis of Khan's observations in Rajat Kanta Ray, 'Indian Society and the Establishment of British Supremacy, 1765–1818', in Marshall, *The Eighteenth Century*, pp. 514–15. Also P. J. Marshall, *The Making and Unmaking of Empires: Britain, India and America* c. 1750–1783, Oxford, 2007, p. 260.

98. Ghulam Hussain Khan, *Seir Mutaqherin*, vol. 3, pp. 158–213. 談到每年從孟加拉搾取的財富，英國東印度公司的吹哨人亞歷山大・道寫下「他們（公司）開始從池中抽水，卻未送入任何水流，以免乾涸」，引自 Ranajit Guha, *A Rule of Property for Bengal: An Essay on the Idea of Permanent Settlement*, Durham, NC, 1983, p. 33.

99. Ghulam Hussain Khan, *Seir Mutaqherin*, vol. 3, pp. 158–213.

100. Ibid., vol. 3, pp. 32, 181, 194–5.

101. Moon, *The British Conquest and Dominion of India*, p. 224.

## CHAPTER 6 | 饑饉遍地

1. OIOC, SCC, P/A/9, 29 November 1769. 關於一七六九到七九年間可怕的孟加拉大飢荒有大量文獻，關於飢荒對孟加拉鄉村地區影響的最好作品，請見 Rajat Datta, *Society, Economy and the Market: Commercialisation in Rural Bengal, c1760–1800*, New Delhi, 2000, chapter five, pp. 238–84。Rajat Datta 認為，即便軍事征服、政治錯位與英國東印度公司的搾取固然造成農民的脆弱困境，公司治理下農業與經濟經歷的主要變動，才造成如此嚴重的飢荒。孟加拉的繁榮是脆弱的，正經歷重大生態變化。水往東流，土地耕作也向東擴張。孟加拉的西方正逐漸乾枯，因此若雨量不足，就容易遭受飢荒襲擊，但東邊卻是蓬勃發展。正如 Datta 指出，就算逃過一七六九一七〇年的飢荒，也會遭到後續洪水的毀滅。在納瓦伯統治下，孟加拉長期強力發展水稻耕作。在這個拉長時間的生態轉變過程中，從十六世紀末到十八世紀中期，蒙兀兒行省官員在農業前線的孟加拉三角洲東部地區直接鼓勵砍伐森林、河水控制與水稻耕作。見 J. F. Richards, *The Unending Frontier: An Environmental History of the Early Modern World*, Berkeley, 2003, p. 33. 這方面的前瞻著作來自 Richard Eaton 對於孟加拉前線邊境的研究。他認為在德里的蒙兀兒中央權力緩步式微之際，蒙兀兒行省官員在鄉村地區則透過鼓勵密集水稻耕作，好讓自己的權力在地生根。這種由納瓦伯開始的恩庇侍從體系，在糧食穀物的穩定成長上，扮演了決定性角色，直到一七六〇年英國東印度公司在孟加拉地區取得最高權力時才結束。見 Richard M. Eaton, *The Rise of Islam and the Bengal Frontier 1204–1760*, Berkeley, 1993, p. 5。Datta

的論述強調區域穀物市場的擴張，此舉可能讓農民更容易遭到價格波動影響。他還提出重要的一點，指出飢荒影響在地理分布上的不均，他認為西孟加拉與比哈爾更為嚴重，反而在東孟加拉幾乎不存在。因此要談及全孟加拉死亡人數，甚至將其訂在一千萬人，是不可能之事。研究英國東印度公司史的老史家 Peter Marshall 同意 Datta 的多數看法。在給我的信中，他寫下：「我們時代的當代論戰中根深柢固的假設，是英國征服毀了孟加拉。我認為我屬於少數派，由 Rajat Datta 提出的權威論述，對於英國的決定性影響力持懷疑觀點。孟加拉無疑潛在上是個高度肥沃、極富生產力的省份。它也發展出複雜精細的商業化社會……英國人藉由出口貿易增長及加爾各答的都市生活圈，刺激商業化發展。他們取得政治權力後是否帶來負面影響？也許有。他們可能更嚴格課稅，即便他們缺乏直接向農民大眾收稅的能力。他們管制了部分貿易，例如高品質織品或鹽，讓自己獲得好處，對本地商人及工匠不利。但要強力介入大規模穀物貿易，肯定是超過他們能力所及。整體而言，我懷疑英國人『造成』飢荒，或者如你在第八章中所見，在哈斯汀斯及康瓦利斯治下的孟加拉復原……我認為孟加拉的歷史主要仍是由孟加拉人打造的……我不認為孟加拉復原是哈斯汀斯的功勞，因為我不認為他或任何英國個人有這樣的能力。」這些明顯是極為複雜的議題，涉及生態及經濟史，目前尚無定論。然而我在書中試圖提出，無論英國東印度公司是否應直接為飢荒負責，抑或生態因素扮演更重要的角色，公司的無能回應讓西孟加拉地區的饑荒更加致命。在它治下的過度課稅，大幅加劇孟加拉人的痛苦，當時許多記錄這場災難的印度及英國觀察者顯然也如此認為。

2. OIOC, Bengal Public Consultations, 23 October 1769.
3. Datta, *Society, Economy and the Market*, p. 244.
4. Abdul Majed Khan, *The Transition in Bengal 1756–1775*, Cambridge, 1969, p. 218.
5. Datta, *Society, Economy and the Market*, p. 244.
6. Quoted in John R. McLane, *Land and Local Kingship in Eighteenth-Century Bengal*, Cambridge, 1993, p. 196.
7. For Richard Becher's Report on Cannibalism, see OIOC, SCC, P/A/10.
8. Datta, *Society, Economy and the Market*, p. 252; Robert Travers, *Ideology and Empire in Eighteenth-Century India*, Cambridge, 2007, p. 72.
9. 此處我引述的數字出自 Datta, *Society, Economy and the Market*, p. 264，他針對這場飢荒進行最仔細深入的研究。他拒絕了華倫·哈斯汀斯（當時他人在倫敦）提出並受到廣泛引用的數字：一千萬人，也就是三分之一的人口死亡。此一數字是根據飢荒前後逐村進行的村落稅收資料。數字顯示西孟加拉是飢荒最嚴重的地區，而東孟加拉多數地區並未受影響。另見 Jon Wilson, *India Conquered: Britain's Raj and the Chaos of Empire*, London, 2016, p. 114, and Abdul Majed Khan, *The Transition in Bengal 1756–1775*, Cambridge, 1969, p. 219.
10. Joseph Price, *The Saddle Put on the Right Horse*, London, 1783, vol. 1, p. 33. See also Wilson, *India Conquered*, p. 114.
11. OIOC, HM, vol. 102, p. 94. Also Wilson, *India Conquered*, p. 113.
12. Khan, *The Transition in Bengal*, p. 219.
13. Datta, *Society, Economy and the Market*, p. 259.
14. Syed Ghulam Hussain Khan Tabatabai, *Seir Mutaqherin*, Calcutta, 1790–94, vol. 3, p. 56.

15. W. W. Hunter, *The Annals of Rural Bengal*, London, 1868, pp. 43–5.
16. Khan, *The Transition in Bengal*, p. 219; S. C. Mukhopadhyay, *British Residents at the Darbar of Bengal Nawabs at Murshidabad 1757–1772*, Delhi [n.d.], p. 388.
17. Jeremy Bernstein, *Dawning of the Raj: The Life & Trials of Warren Hastings*, Chicago, 2000, p. 11.
18. Datta, *Society, Economy and the Market*, p. 259.
19. Dean Mahomet, *The Travels of Dean Mahomet*, Berkeley, 1997, pp. 35–6.
20. Mukhopadhyay, *British Residents at the Darbar of Bengal Nawabs at Murshidabad*, p. 388.
21. Datta, *Society, Economy and the Market*, pp. 256–60; Nick Robins, *The Corporation That Changed the World: How the East India Company Shaped the Modern Multinational*, London, 2006, p. 90.
22. Romesh Chunder Dutt, *The Economic History of India under Early British Rule*, 1757–1837, London, 1908, p. 52.
23. P. J. Marshall, *Bengal: The British Bridgehead – Eastern India 1740–1828*, Cambridge, 1987, p. 134.
24. Mukhopadhyay, *British Residents at the Darbar of Bengal Nawabs at Murshidabad*, p. 378; Khan, The Transition in Bengal, p. 217.
25. Khan, *The Transition in Bengal*, p. 222.
26. *Gentleman's Magazine*, September 1771. The author signed himself merely as 'JC', but some passages closely mirror those in John Debrit's memoirs.
27. Robins, *The Corporation That Changed the World*, p. 94.
28. *Gentleman's Magazine*, September 1771.
29. Mukhopadhyay, *British Residents at the Darbar of Bengal Nawabs at Murshidabad*, p. 399.
30. Quoted in George Forrest, *The Life of Lord Clive*, New Delhi, 1986, vol. 2, p. 383.
31. Quoted in H. V. Bowen, *The Business of Empire: The East India Company and Imperial Britain, 1756–1833*, Cambridge, 2006, p. 16.
32. H. V. Bowen, *Revenue and Reform: The Indian Problem in British Politics, 1757–1773*, Cambridge, 1991, p. 95.
33. *Gentleman's Magazine*, April 1767, p. 152; Robins, *The Corporation That Changed the World*, p. 17.
34. P. J. Marshall, *The Making and Unmaking of Empires: Britain, India and America c. 1750–1783*, Oxford, 2007, p. 199.
35. John Micklethwait and Adrian Wooldridge, *The Company: A Short History of a Revolutionary Idea*, London, 2003, p. 42.
36. Quoted in Tillman W. Nechtman, *Nabobs: Empire and Identity in Eighteenth-Century Britain*, Cambridge, 2010, p. 87.
37. Jack Green, *Arenas of Asiatic Plunder, London, 1767*, Robins, The Corporation That Changed the *World*, p. 103.
38. Extract from Act II of *The Nabob*, a play by Samuel Foote, quoted in P. J. Marshall, *Problems of Empire: Britain and India, 1757–1813*, London, 1968.
39. Arthur Young, *Political Essays concerning the present state of the British Empire*, London, 1772, p. 518.
40. Alexander Dow, *History of Hindostan*, 3 vols, Dublin, 1792, vol. 3, p. v; Ranajit Guha 指出在 R. C.

Dutt and Digby 與後來的民族主義者出現之前，「財富流失」一詞是透過如亞歷山大・道等英國東印度公司職員，才為一般人所用。Ranajit Guha, *A Rule of Property for Bengal: An Essay on the Idea of Permanent Settlement*, Durham, NC, 1983, pp. 33–4.

41. William Bolts, *Considerations on Indian Affairs; Particularly Respecting the Present State of Bengal and its Dependencies*, 3 vols, London, 1772–5.
42. N. L. Hallward, *William Bolts: A Dutch Adventurer Under John Company, Cambridge, 1920; Willem G. J. Kuiters, The British in Bengal 1756–1773: A Society in Transition seen through the Biography of a Rebel: William Bolts (1739–1808)*, Paris, 2002. Lucy Sutherland 指出博茨改變了大眾對於克萊夫的想法。Lucy S. Sutherland, *The East India Company in Eighteenth-Century Politics*, Oxford, 1952, p. 221.
43. 這個故事是後世民族主義迷思的根源，這個迷思認為英國人切掉織工拇指，好破壞印度織品生產，以便進口蘭開夏的棉布。
44. 關於博茨書寫的分析，見 Nicholas B. Dirks, *The Scandal of Empire: India and the Creation of Imperial Britain*, Harvard, 2006, pp. 250–4. See also Travers, *Ideology and Empire in Eighteenth-Century India*, pp. 61–2.
45. Ralph Leycester to Warren Hastings, March 1772, BL, Add Mss 29133, f. 72.
46. Quoted in Dirks, *The Scandal of Empire*, p. 15.
47. *The Monthly Review* (1772); see also Robins, *The Corporation That Changed the World*, pp. 78, 96.
48. Bowen, *Revenue and Reform*, p. 127; H. Hamilton, 'The Failure of the Ayr Bank, 1772', *Economic History Review*, 2nd series, VIII (1955–6), pp. 405–17.
49. *The Correspondence of Adam Smith*, ed. E. C. Mossner and I. S. Ross, 2nd edn, Oxford, 1987, p. 162, quoted by Emma Rothschild in her brilliant unpublished essay, 'The East India Company and the American Revolution'.
50. Marshall, *The Making and Unmaking of Empires*, p. 212.
51. Bowen, *Revenue and Reform*, p. 117.
52. BL, Add Mss, 29133, f. 534, quoted in Bowen, *Revenue and Reform*, pp. 119–21.
53. Bernstein, *Dawning of the Raj, p. 81. Robins, The Corporation That Changed the World*, pp. 90–5.
54. Bowen, *Revenue and Reform*, p. 127.
55. Quoted in Wilson, *India Conquered*, p. 129.
56. Anon, The Present State of the British Interest in India, quoted in *Monthly Review*, vol. XLVIII (1773), p. 99.
57. Thomas Pownall, *The Right, Interest and Duty of Government, as concerned in the affairs of the East India Company*, revised edn, 1781, p. 4. Quoted in Bowen, *The Business of Empires*, p. 17.
58. George III to Grafton, 9 Dec 1766, in J. Fortescue, *Correspondence of George III, 1760–1783*, 6 vols (1927–8), vol. I, pp. 423–4. Quoted in Marshall, *The Making and Unmaking of Empires*, p. 209.
59. Bowen, *Revenue and Reform*, p. 85.
60. Forrest, *The Life of Lord Clive*, vol. 2, pp. 404–5.
61. Ibid., vol. 2, pp. 408–9.

62. Nechtman, *Nabobs*, p. 84.
63. 28 May 1773, BL, Egerton Mss, 249, ff. 84–6.
64. BL, Egerton Mss, 240, pp. 221, 225–6.
65. For the case in support of Francis as 'Junius', see *The Letters of Junius*, ed. John Cannon, Oxford, 1978.
66. See Linda Colley's brilliant article: 'Gendering the Globe: The Political and Imperial Thought of Philip Francis', *Past & Present*, no. 209 (November 2010), pp. 117–48. See also Sophia Weitzman, *Warren Hastings and Philip Francis*, Manchester, 1929; Keith Feiling, *Warren Hastings*, London, 1954, p. 138.
67. W. S. Lewis et al., *The Yale Edition of Horace Walpole's Correspondence*, 48 vols, New Haven, CT, 1937–83, vol. 32, pp. 61–2.
68. Quoted in Mark Bence-Jones, *Clive of India*, London, 1974, pp. 300, 356. 帕蒂・杜卡雷爾是古斯塔夫・杜卡雷爾將軍（Gustavus Ducarel，1745–1800）的姊妹。
69. Nechtman, *Nabobs*, p. 87; Bence-Jones, *Clive of India*, p. 299.
70. Travers, *Ideology and Empire in Eighteenth-Century India*, pp. 150–1.
71. Feiling, *Warren Hastings*, p. 133.
72. Ibid.
73. Sophia Weitzman, *Warren Hastings and Philip Francis*, Manchester, 1929, p. 227.
74. Ibid., pp. 221–2.
75. Ibid., p. 224.
76. Feiling, *Warren Hastings*, pp. 232–3.
77. Ghulam Hussain Khan, *Seir Mutaqherin*, vol. 3, p. 168.
78. Sir Penderel Moon, *The British Conquest and Dominion of India*, London, 1989, p. 148.
79. Travers, *Ideology and Empire in Eighteenth-Century India*, p. 139.
80. Sir Penderel Moon, *Warren Hastings and British India*, London, 1947, p. 113.
81. G. R. Gleig, *Memoirs of the Life of the Rt Hon Warren Hastings, First Governor General of Bengal*, 3 vols, London, 1841, vol. 1, p. 317.
82. Hastings to J. Dupre, 11 November 1772, BL, Add Mss 29,127, f. 63v. Hastings to L. Sullivan, Kasimbazar, 7 September 1772, ibid., f. 38v.
83. Bernstein, *Dawning of the Raj*, pp. 89–90.
84. Quoted in ibid., p. 57.
85. Moon, *The British Conquest and Dominion of India*, p. 149.
86. Moon, *Warren Hastings and British India*, p. 87.
87. Quoted in Bernstein, *Dawning of the Raj*, p. 147. For Jones see S. N. Mukherjee, *Sir William Jones: A Study of Eighteeth-Century Attitudes to India*, Cambridge, 1968.
88. Feiling, *Warren Hastings*, p. 138.
89. *Bhagavad Gita*, 2, 47–51, translated for me by Sir James Mallinson. For Hastings' attachment to these verses, see Feiling, *Warren Hastings*, p. 238.
90. Colley, *Gendering the Globe*, p. 121; Moon, *Warren Hastings and British India*, p. 348.

91. 部分後殖民史學家對法蘭西斯採取比較溫和的態度，比較知名者有底層研究（Subaltern Studies）創始人之一的 Ranajit Guha。他曾讚賞法蘭西斯廣泛閱讀基進法國思想家的著作，深具知識活力，並以後者在孟加拉推動農業、行政與貨幣改革。見 Guha, *A Rule of Property for Bengal*, especially chapters 3–4.

92. Ghulam Hussain Khan, *Seir Mutaqherin*, vol. 3, pp. 184–6.

93. Feiling, *Warren Hastings*, p. 160.

94. Velcheru Narayana Rao, David Shulman and Sanjay Subrahmanyam, *Textures of Time: Writing History in South India 1600–1800*, New York, 2003, p. 230, quoting the Bhausahebanci Bhakar.

95. Ibid., p. 231. See also the always excellent Uday S. Kulkarni, 'Solstice at Panipat: An Authentic Account of the Panipat Campaign', Pune, 2012; Jadunath Sarkar, 'Events Leading up to Panipat and Panipat, 1761', in *India Historical Quarterly* (June 1934), pp. 258–73 and pp. 547–58.

96. Irfan Habib (ed.), *Resistance and Modernisation under Haidar Ali & Tipu Sultan*, New Delhi, 1999, Introduction, p. xxii.

97. Letter from the Court of Directors to the Council in Bengal, 27 April 1765, in *Fort William-India House Correspondence*, London, 1949–58, vol. 4, p. 96.

98. For the bore of the Mysore artillery see Jean-Marie Lafont, *Indika: Essays in Indo-French Relations 1630–1976*, Delhi, 2000, p. 157. For the rockets see Linda Colley, 'Going Native, Telling Tales: Captivity, Collaborations and Empire', in *Past & Present*, no. 168 (August 2000), p. 190.

99. Captain Mathews, cited in Partha Chatterjee, *The Black Hole of Empire: History of a Global Practice of Power*, Princeton, 2012, p. 85.

100. John Carnac to the Bombay Council, 1 January 1779, BL, OIOC, P/D/63, f. 132.

101. Replies to Resolutions, 24/01/1782, BL, IOR, bscc P/D/68, ff. 617–18, 24, quoted in Mesrob Vartavarian, 'An Open Military Economy: The British Conquest of South India Reconsidered, 1780–1799', *Journal of the Economic and Social History of the Orient*, vol. 57, no. 4 (2014), pp. 486–510, p. 494.

102. Stewart Gordon, *The Marathas: 1600–1818*, Cambridge, 1993, p. 164.

103. For Nana Phadnavis and his celebrated intelligence network, see C. A. Bayly, *Empire & Information: Intelligence Gathering and Social Communication in India 1780–1870*, Cambridge, 1996, pp. 31–2.

104. Govind Sakharam Sardesai, *A New History of the Marathas*, 3 vols, Baroda, 1948, vol. 3, pp. 97–8.

105. Rajat Kanta Ray, 'Indian Society and the Establishment of British Supremacy, 1765–1818', in Peter Marshall, *The Eighteenth Century*, Oxford, 1998, p. 519.

106. Mark Wilks, *Historical sketches of the south of India*, vol. 2, 1820, pp. 261– 2; Vartavarian, 'An Open Military Economy', pp. 486–510, p. 491.

107. Bernstein, *Dawning of the Raj*, p. 134.

108. Ibid.

109. Ibid., pp. 113–14.

110. BL, Add Mss 39, 878, f. 36; Moon, *Warren Hastings and British India*, p. 249.

111. Bernstein, *Dawning of the Raj*, p. 82.

112. Ghulam Hussain Khan, *Seir Mutaqherin*, vol. 3, p. 125.

113. Captain Muat's *Account of the Defeat at Pollilur*, BL, IOR, HM 223, p. 117.
114. Ibid.
115. John Baillie's *Account of Pollilur*, BL, IOR, HM 223, pp. 160–6.
116. Ibid.
117. Captain Wood's *Account of Pollilur*, BL, IOR, HM 211, f. 246.
118. Captain Muat's *Account of the Defeat at Pollilur*, BL, IOR, HM 223, pp. 83–5.
119. A lieutenant of the 73rd Highland Regiment, in Alan Tritton, *When the Tiger Fought the Thistle*, London, 2013, pp. 271–2.
120. Tritton, *When the Tiger Fought the Thistle*, pp. 243, 248–53, 262–3.
121. John Baillie's *Account of Pollilur*, BL, IOR, HM 223, pp. 160–6.
122. Tritton, *When the Tiger Fought the Thistle*, pp. 272–4.
123. Quoted by Mohibbul Hasan, *History of Tipu Sultan*, Calcutta, 1951, p. 15.
124. Ross to Macartney, 07/06/1781, IOR, HM 330, ff. 259–61; Davis to Coote, 02/07/1781, Add. Mss 22439, f. 9, quoted in Vartavarian, 'An Open Military Economy', p. 507.
125. 實際上擔任舞女的，是某些世襲鼓手種姓的男孩與少年。從邁索爾的角度來看，此舉也許並不奇特或蠻橫，雖然英國人可能會覺得極為羞辱。Linda Colley, *Captives: Britain, Empire and the World, 1600–1850*, London, 2002, pp. 276–91; Colley, 'Going Native, Telling Tales: Captivity, Collaborations and Empire', in *Past & Present*, no. 168 (August 2000).
126. James Scurry, *The Captivity, Sufferings and Escape of James Scurry, who was detained a prisoner during ten years, in the dominions of Haidar Ali and Tippoo Saib*, London, 1824, pp. 252–3.
127. G. J. Bryant, *The Emergence of British Power in India, 1600–1784: A Grand Strategic Interpretation*, Woodbridge, 2013, p. 291.
128. BL, OIOC, HM 246, f. 335.
129. Feiling, *Warren Hastings*, p. 246.
130. Moon, *Warren Hastings and British India*, p. 5.
131. *Incomplete Draft (1785) of an account of the Mysore War (1780–84)*, BL, OIOC, Mss Eur K 116, f. 84. Quoted in Maya Jasanoff, *Edge of Empire: Conquest and Collecting in the East, 1750–1850*, London, 2005, p. 158.
132. Marshall, *The Making and Unmaking of Empires*, pp. 330–2.
133. Quoted by Emma Rothschild in her unpublished essay, 'The East India Company and the American Revolution'.
134. *Narrative of all the Proceedings and Debates ... on East India Affairs* (1784), p. 89, quoted in Colley, Captives, p. 272.
135. Feiling, *Warren Hastings*, p. 230.
136. *Parliamentary History*, 21 (1780–81), pp. 1201–2, quoted in Colley, *Captives*, p. 275.
137. Lewis et al., *The Yale Edition of Horace Walpole's Correspondence*, 48 vols, vol. 29, p. 123.

## CHAPTER 7 | 破敗的德里

1. Victoria & Albert Museum (V&A), IS.38–1957.
2. 即便沙賈汗珠光寶氣的孔雀寶座許久之前就已遭盜走破壞，只剩下木雕複製品，矗立在半毀的宮殿裡。
3. NAI, Select Committee Proceedings, 2 Jan to 6 Dec, 1771, No. 18; Headquarters, Allahabad, 20 April 1771, pp. 177–81.
4. *CPC* 3, pp. 134–5, no. 504, 14 Dec 1770; *CPC* 3, p. 98, no. 329, 11 Aug, to the King; *CPC* 3, p. 194, no. 719, 22 April, to the King; K. K. Dutta, *Shah Alam II & The East India Company*, Calcutta, 1965, p. 57.
5. NAI, Select Committee Progs, 2 Jan to 6 Dec, 1771, No. 18; Fort William, 20 April 1771, pp. 177–81.
6. William Francklin, *The History of Shah Alam*, London, 1798, p. 36.
7. NAI, Select Committee Progs, 2 Jan to 6 Dec, 1771, No. 18; Fort William, 17 May, pp. 184–7.
8. Francklin, *The History of Shah Alam*, pp. 27–8.
9. NAI, Select Committee Progs, 2 Jan to 6 Dec, 1771, No. 18; Fort William, 17 May, pp. 184–7.
10. *CPC* 3, pp. 190–1, no. 702, 14 Dec 1770, General Barker to Nawab Shuja ud-Daula; *CPC* 3, p. 189, no. 698, General Barker to the King.
11. Jean-Baptiste Gentil, *Mémoires sur l'Indoustan*, pp. 257–9.
12. Michael H. Fisher, 'Diplomacy in India 1526–1858', in H. V. Bowen, Elizabeth Mancke and John G. Reid, *Britain's Oceanic Empire: Atlantic and Indian Ocean Worlds, c. 1550–1850*, Cambridge, 2012, pp. 276–7. I'tisam al-Din's book, *Shigrif-namah-i Vilayet* is at BL, Or. 200. For a full translation, via Bengali, see *The Wonders of Vilayet, being a memoir, originally in Persian, of a visit to France and Britain*, trans. Kaiser Haq, Leeds, 2001.
13. Nandalal Chatterji, *Verelst's Rule in India*, 1939, p. 129.
14. 有一首關於帕尼帕特戰役的優美大眾歌謠，可以一窺此役造成的動盪規模。K. R. Qanungo, 'Fragment of a Bhao Ballad in Hindi', *Historical Essays*, Calcutta, 1968, pp. 81–113.
15. Percival Spear, *The Twilight of the Moghuls*, Cambridge, 1951, p. 16.
16. Jadunath Sarkar, *The Fall of the Mughal Empire*, 4 vols, New Delhi, 1991, vol. 2, p. 329.
17. Ganga Singh, *Ahmed Shah Durrani*, p. 326. See also Gulfishan Khan, *Indian Muslim Perceptions of the West during the Eighteenth Century*, Karachi, 1998, pp. 72–8, and K. K. Dutta, *Shah Alam II & The East India Company*, pp. 49–50.
18. Ganga Singh, *Ahmad Shah Durrani*, Patiala, 1959, p. 326.
19. Jadunath Sarkar (ed.), *Persian Records of Maratha History, 1: Delhi Affairs (1761–1788)*, Bombay, 1953, p. 21.
20. Michael Edwardes, *King of the World: The Life of the Last Great Moghul Emperor*, London, 1970, p. 172.
21. Govind Sakharam Sardesai, *A New History of the Marathas*, 3 vols, Baroda, 1948, vol. 3, p. 138.
22. Iqbal Husain, *The Rise and Decline of the Ruhela Chieftaincies in 18th Century India*, Aligarh, 1994, p.

138.

23. Francklin, *The History of Shah Alam*, pp. 50, 70.
24. BL, Add 6585, Shakir Khan, *Tarikh-i Shakir Khani*, f. 91.
25. *CPC* 3, p. 216, no. 798, from Nawab Shuja ud-Daula, 22 June 1771.
26. Ibid.
27. *CPC* 3, p. 215, no. 795, General Barker to the King, 20 June 1771.
28. *CPC* 3, p. 225, no. 828, 22 May; from Raja Shitab Ray, 20 July; NAI, Select Committee Progs, 2 Jan to 6 Dec, 1771, No. 18; Fort William, 6 July 1771, pp. 266–9.
29. Dutta, *Shah Alam II & The East India Company*, pp. 58–9.
30. NAI, Select Committee Progs, 2 Jan to 6 Dec, 1771, No. 18; Allahabad, 17 July 1771, pp. 258–9.
31. Sarkar (ed.), *Persian Records of Maratha History*, 1, p. 36; Sarkar, *Fall of the Mughal Empire*, vol. 2, pp. 330–1.
32. Sarkar (ed.), *Persian Records of Maratha History*, 1, p. 47.
33. NAI, Foreign Select Committee Progs, 1772–3, vol. 20, 10 Jan 1772.
34. Dutta, *Shah Alam II & The East India Company*, p. 59.
35. *Voyage en Inde du Comte de Modave, 1773–1776*, ed. Jean Deloche, Pondicherry, 1971.
36. Sarkar (ed.), *Persian Records of Maratha History*, 1, p. 55; Sarkar, *Fall of the Mughal Empire*, vol 2, p. 331.
37. Sarkar (ed.), *Persian Records of Maratha History*, 1, p. 57.
38. Sarkar, *Fall of the Mughal Empire*, vol. 3, p. 32.
39. Sarkar (ed.), *Persian Records of Maratha History*, 1, p. 58.
40. Sarkar, *Fall of the Mughal Empire*, vol. 3, p. 34; Fakir Khair ud-Din Illahabadi, *'Ibrat Nama*, BL Or. 1932, f. 207–8.
41. Husain, *The Rise and Decline of the Ruhela Chieftaincies in 18th Century India*, p. 144.
42. Sardesai, *A New History of the Marathas*, vol. 2, p. 516.
43. Mirza 'Ali Bakht, *Waqi'at-i Azfari*, ed. T. Chandrasekharan and Syed Hamza Hussain Omari, Madras, 1957, p. 5.
44. Ibid.
45. Ibid., pp. 5–6.
46. 這一段出自一篇精彩論文，見 Muzaffar Alam and Sanjay Subrahmanyam in *Writing the Mughal World*, New York, 2012, pp. 433–44.
47. Quoted in Dutta, *Shah Alam II & The East India Company*, p. 81.
48. *Voyage en Inde*, p. 231.
49. Stephen P. Blake, *Shahjahanabad: The Sovereign City in Mughal India, 1639–1739*, Cambridge, 1991, p. 167.
50. C. M. Naim (translated, annotated and introduced), *Zikr-I Mir: The Autobiography of the Eighteeenth Century Mughal Poet, Mir Muhammad Taqi 'Mir'*, New Delhi, 1998, pp. 83–5, 93–4.
51. Khurshidul Islam and Ralph Russell, *Three Mughal Poets: Mir, Sauda, Mir Hasan*, New Delhi, 1991,

pp. 221–2, 247–8.

52. Sarkar (ed.), *Persian Records of Maratha History*, 1, p. 45.
53. Sarkar, *Fall of the Mughal Empire*, vol. 3, p. 35.
54. René-Marie Madec, *Mémoire*, ed. Jean Deloche, Pondicherry, 1983, p. 170.
55. Sarkar (ed.), *Persian Records of Maratha History*, 1, p. 61.
56. Sarkar, *Fall of the Mughal Empire*, vol. 3, p. 55.
57. These translations are taken from a beautiful essay by David Lunn and Katherine Butler Schofield, 'Delight, Devotion and the Music of the Monsoon at the Court of Emperor Shah 'Alam II', in Imke Rajamani, Margrit Pernau and Katherine Butler Schofield (eds), *Monsoon Feelings: A History of Emotions in the Rain*, New Delhi, 2018, pp. 219–54.
58. Lunn and Butler Schofield, 'Delight, Devotion and the Music of the Monsoon at the Court of Emperor Shah 'Alam II', pp. 219–54.
59. 關於此，莫達夫留下精采篇章，見 *Voyage en Inde*, pp. 427–8.
60. Ibid., pp. 420–2.
61. Ibid., p. 422.
62. Ibid., p. 103.
63. Sarkar (ed.), *Persian Records of Maratha History*, 1, pp. 68–9.「這場勝利正是米爾扎・納賈夫汗勝利紀錄的封面，」凱魯丁寫下，「以及命運階梯的第一階。」引自 K. R. Qanungo, *History of the Jats*, Calcutta, 1925, pp. 145–6.
64. Sarkar (ed.), *Persian Records of Maratha History*, pp. 72–3. On the battle of Barsana see F. S. Growse, *Mathura: A District Memoir*, 1883.
65. The fort of Ballabhgarh was captured on 20 April 1774, and Farukhnagar 6 May 1774. See Sarkar, *Fall of the Mughal Empire*, vol. 3, p. 64.
66. Ibid., p. 83.
67. Emile Barbé, *Le Nabob René Madec*, Paris, 1894, Sec. 48.
68. *Voyage en Inde*, p. 438. 凱魯丁捕捉了賈特人對戰米爾扎・納賈夫汗時展現出的勇氣。他說「沒人試圖逃生。倘若他們團結一戰，也許能殺死更多敵人，安全逃出（堡壘）。」Qanungo 則補充：「迪格沒有男孩（johar）會遭到輕視；女人跟小孩也舉起劍來。」見 Qanungo, *History of the Jats*, p. 174, fn. 15.
69. Sarkar (ed.), *Persian Records of Maratha History*, 1, p. 75.
70. Yuthika Sharma, 'From Miniatures to Monuments: Picturing Shah Alam's Delhi (1771–1806)', in Alka Patel and Karen Leonard (eds), *Indo-Muslim Cultures in Transition*, Leiden, 2002, pp. 126–30.
71. *Voyage en Inde*, pp. 434–5.
72. Antoine Polier, *Shah Alam II and his Court*, Calcutta, 1947, p. 99. 73 *Voyage en Inde*, pp. 432–4.
73. *Voyage en Inde*, pp. 432–4.
74. Ibid., pp. 217–18.
75. Polier, *Shah Alam II and his Court*, pp. 67–9.
76. *Voyage en Inde*, pp. 254–69.

77. *CPC* 4, p. 95, no. 506, 9 Sept 1773, from the King.
78. Sir Penderel Moon, *The British Conquest and Dominion of India*, London, 1989, p. 158.
79. Dutta, *Shah Alam II & The East India Company*, p. 69.
80. Sir Penderel Moon, *Warren Hastings and British India*, London, 1947, pp. 158–9.
81. Sir John Strachey, *Hastings and the Rohilla War*, Oxford, 1892, p. 97.
82. BL, IOR, HM/336, f. 1–8.
83. Fakir Khair ud-Din Illahabadi, *'Ibrat Nama*, BL Or. 1932, 116v.
84. Ibid., 117r–120v.
85. Quoted in Qanungo, *History of the Jats*, pp. 185–6.
86. Fakir Khair ud-Din Illahabadi, *'Ibrat Nama*, BL Or. 1932, 120v.
87. Sayid Athar Abbas Rizvi, *Shah 'Abd al'Aziz: Puritanism, Sectarianism and Jihad*, Canberra, 1982, p. 29.
88. *Urdu Letters of Mirza Asadu'llah Khan Ghalib*, New York, 1987, p. 435.
89. Sarkar (ed.), *Persian Records of Maratha History*, 1, pp. 105–6.
90. Ibid., p. 146.
91. Ibid., p. 124; Ganda Singh, 'Colonel Polier's Account of the Sikhs', *The Panjab Past and Present*, 4 (1970), pp. 239, 24.
92. Spear, *The Twilight of the Moghuls*, p. 21.
93. C. A. Bayly, *Rulers, Townsmen and Bazaars: North Indian Society in the Age of British Expansion*, Cambridge, 1983, p. 102.
94. Islam and Russell, *Three Mughal Poets*, pp. 62–3.
95. Dutta, *Shah Alam II & The East India Company*, p. 86.
96. Sayid Athar Abbas Rizvi, *Shah 'Abd al'Aziz: Puritanism, Sectarianism and Jihad*, p. 47.
97. Quoted in Jean-Marie Lafont, *Indika: Essays in Indo-French Relations 1630–1976*, Delhi, 2000, p. 179.
98. Ibid.
99. Herbert Compton, *The European Military Adventurers of Hindustan*, London, 1943, pp. 8–9; Lafont, Indika, p. 185.
100. Sayid Athar Abbas Rizvi, *Shah 'Abd al'Aziz: Puritanism, Sectarianism and Jihad*, pp. 29–30.
101. Sarkar (ed.), *Persian Records of Maratha History*, 1, p. 127.
102. Muzaffar Alam and Sanjay Subrahmanyam, in *Writing the Mughal World*, New York, 2012, pp. 416–23.
103. Mirza 'Ali Bakht, *Waqi'at-i Azfari*, ed. T. Chandrasekharan and Syed Hamza Hussain Omari, Madras, 1957, p. 6.
104. Ibid., p. 8.
105. Fakir Khair ud-Din Illahabadi, *'Ibrat Nama*, BL, Or. 1932, f. 212.
106. Ibid.
107. Sarkar (ed.), *Persian Records of Maratha History*, 1, p. 195.
108. Fakir Khair ud-Din Illahabadi, *'Ibrat Nama*, BL, Or. 1932, f. 214.

109. Ibid., f. 213. 本段翻譯出自 Sir H. M. Elliot and John Dowson, *A History of India as Told By Its Own Historians*, 8 vols, London, 1867–77, vol. VIII, p. 246.

110. Fakir Khair ud-Din Illahabadi, *'Ibrat Nama*, BL, Or. 1932. f. 214. Also Sarkar, *Fall of the Mughal Empire*, vol. 3, p. 270.

111. Dutta, *Shah Alam II & The East India Company*, p. 101.

112. Fakir Khair ud-Din Illahabadi, *'Ibrat Nama*, BL, Or. 1932, v. 本段翻譯出自 Elliot and Dowson, *A History of India as Told By Its Own Historians*, vol. VIII, pp. 246–7.

113. Fakir Khair ud-Din Illahabadi, *'Ibrat Nama*, BL, Or. 1932, f. 214.

114. Sarkar (ed.), *Persian Records of Maratha History*, 1, p. 199.

115. Sarkar 似乎搞錯清真寺，他寫下：「卡迪爾取下賈米清真寺（Jami Masjid）的金箔層出售，欲再重複此舉時，遭到曼尼亞爾・辛格（Maniyar Singh）阻擋，後者警告玷汙聖堂之舉，將造成全城人舉起武器反抗。」見 Sarkar, *Fall of the Mughal Empire*, vol. 3, p. 273.

116. Fakir Khair ud-Din Illahabadi, *'Ibrat Nama*, BL, Or. 1932, f. 214.

117. Mirza 'Ali Bakht, *Waqi'at-I Azfari*, ed. Chandrasekharan and Syed Hamza Hussain Omari, p. 9.

118. Fakir Khair ud-Din Illahabadi, *'Ibrat Nama*, BL, Or. 1932, f. 214.

119. Ibid., f. 215.

120. Ibid., f. 216.

121. BL, Add Mss 29171, ff 319–20, Jonathan Scott to Warren Hastings.

122. Fakir Khairud-Din Illahabadi, *'Ibrat Nama*, BL, Or. 1932, ?v. 本段翻譯出自 Elliot and Dowson, *A History of India as Told By Its Own Historians*, vol. VIII, p. 248.

123. Francklin, *The History of Shah Alam*, p. 127.

124. Fakir Khair ud-Din Illahabadi, *'Ibrat Nama*, BL Or. 1932, f. 216. 本段翻譯出自 Elliot and Dowson, *A History of India as Told By Its Own Historians*, vol. VIII, p. 249, 但我增添了一些維多利亞時代刪減的細節。

125. Fakir Khair ud-Din Illahabadi, *'Ibrat Nama*, BL, Or. 1932, f. 217r. Previously untranslated.

126. Ibid.

127. Ibid. 這一段被 Elliot and Dowson 刪改得面目全非。波斯文相當粗暴：「Mi-khwaham ke in-ha-ra dar zomra-ye parastaran-e khod dakhel nemayam wa dad-e mobasherat deham! wa hama dokhtaran-e salatin be Afghana separam, ke az notfa-ye an-ha farzandan-e jawan-mard be-ham-resad.」

128. Mirza 'Ali Bakht, *Waqi'at-I Azfari*, ed. Chandrasekharan and Syed Hamza Hussain Omari, p. 8.

129. Ibid., p. 9.

130. Julia Keay, *Farzana: The Woman Who Saved an Empire*, London, 2014, pp. 183–4.

131. Ibid., p. 184.

132. Sarkar (ed.), *Persian Records of Maratha History*, 1, p. 200.

133. Francklin, *The History of Shah Alam*, p. 189.

134. Fakir Khair ud-Din Illahabadi, *'Ibrat Nama*, BL, Or. 1932, ?v . 本段翻譯出自 Elliot and Dowson, *A History of India as Told By Its Own Historians*, vol. VIII, p. 253.

135. Francklin, *The History of Shah Alam*, p. 190.
136. Fakir Khair ud-Din Illahabadi, *'Ibrat Nama*, BL, Or. 1932, ?v. 本段翻譯出自 Elliot and Dowson, *A History of India as Told By Its Own Historians*, vol. VIII, p. 254.
137. Francklin, *The History of Shah Alam*, p. 190.

## CHAPTER 8 | 彈劾華倫・哈斯汀斯

1. Quoted in Tillman W. Nechtman, *Nabobs: Empire and Identity in Eighteenth-Century Britain*, Cambridge, 2010, p. 104.
2. Edmund Burke, *The Writings and Speeches of Edmund Burke*, ed. P. J. Marshall, 6 vols, Oxford, 1991, vol. 6, pp. 275–6, 457.
3. Edmund Burke, *Speeches on the Impeachment of Warren Hastings*, ed. George Bell, Calcutta, 1906, vol. 1, p. 361, vol. 6, pp. 275–6.
4. Keith Feiling, *Warren Hastings*, London, 1954, p. 355.
5. Burke, *Speeches on the Impeachment of Warren Hastings*, vol. 1, p. 361, vol. 6, pp. 285–7.
6. V. K. Saxena (ed.), *Speeches on the Impeachment of Warren Hastings*, 2 vols, Delhi, 1987, vol. 1, pp. 13–14.
7. Burke, *The Writings and Speeches of Edmund Burke*, 6 vols, vol. 5, pp. 401–2.
8. Burke, *Speeches on the Impeachment of Warren Hastings*, vol. 1, p. 79.
9. Thomas Babington Macaulay, 'Warren Hastings', in *The Historical Essays of Macaulay*, ed. Samuel Thurber, Boston, 1892, p. 362.
10. Quoted in Nick Robins, *The Corporation That Changed the World: How the East India Company Shaped the Modern Multinational*, London, 2006, p. 133.
11. Quoted in the *Oxford Dictionary of National Biography*, vol. XVIII, p. 81.
12. Feiling, *Warren Hastings*, p. 357.
13. Jennifer Pitts, 'Edmund Burke's peculiar Universalism', in Jennifer Pitts, *A Turn to Empire: The Rise of Imperial Liberalism in Britain and France*, Princeton, 2005.
14. Ibid., p. 285.
15. Ibid., p. 339.
16. 關於哈斯汀斯總督任內最後階段更加獨斷的性格，見 Andrew Otis's fascinating study, *Hicky's Bengal Gazette: The Untold Story of India's First Newspaper*, Chennai, 2018.
17. Sir Penderel Moon, *The British Conquest and Dominion of India*, London, 1989, p. 222.
18. Feiling, *Warren Hastings*, p. 354.
19. Ibid., p. 111.
20. BL, Add Mss 39903, f. 34r.
21. Alexander Dalrymple, *A Retrospective View of the Antient System of the East India Company, with a Plan of Regulation*, London, 1784, p. 73.

22. Denis Kincaid, *British Social Life in India up to 1938*, London, 1938, pp. 22, 95.
23. *Voyage en Inde du Comte de Modave, 1773–1776*, ed. Jean Deloche, Pondicherry, 1971, p. 77.
24. Rajat Datta, 'The Commercial Economy of Eastern India under British Rule', in H. V. Bowen, Elizabeth Mancke and John G. Reid, *Britain's Oceanic Empire: Atlantic and Indian Ocean Worlds*, c. 1550–1850, Cambridge, 2012, p. 361.
25. Moon, *The British Conquest and Dominion of India*, p. 245.
26. P. J. Marshall, *The Making and Unmaking of Empires: Britain, India and America c. 1750–1783*, Oxford, 2007, p. 243.
27. P. J. Marshall, *Bengal: The British Bridgehead - Eastern India 1740–1828*, Cambridge, 1987, p. 114; Datta, 'The Commercial Economy of Eastern India under British Rule', p. 346. 28 H. V. Bowen, 'British India, 1765–1813: The Metropolitan Context', in Peter Marshall, The Eighteenth Century, Oxford, 1998, p. 535; C. A. Bayly, *Indian Society and the Making of the British Empire*, Cambridge, 1988, p. 35; Datta, 'The Commerical Economy of Eastern India under British Rule', p. 358.
28. H. V. Bowen, 'British India, 1765–1813: The Metropolitan Context', in Peter Marshall, *The Eighteenth Century*, Oxford, 1998, p. 535; C. A. Bayly, *Indian Society and the Making of the British Empire*, Cambridge, 1988, p. 35; Datta, 'The Commerical Economy of Eastern India under British Rule', p. 358.
29. Quoted in H. V. Bowen, *The Business of Empire: The East India Company and Imperial Britain, 1756–1833*, Cambridge, 2006, pp. 241–2; Holden Furber, 'Rival Empires of Trade in the Orient, 1600–1800', in *Maritime India*, intro. Sanjay Subrahmanyam, New Delhi, 2004, p. 175.
30. Datta, 'The Commercial Economy of Eastern India under British Rule', p. 346.
31. Marshall, *The Making and Unmaking of Empires*, pp. 248–51.
32. Datta, 'The Commercial Economy of Eastern India under British Rule', p. 363.
33. Ibid., pp. 362–3; Bayly, *Indian Society and the Making of the British Empire*, p. 85. See also Seema Alavi, *The Sepoys and the Company: Tradition and Transition in Northern India 1770–1830*, Delhi, 1995.
34. Burton Stein, 'Eighteenth Century India: Another View', *Studies in History*, vol. 5, 1 n.s. (1989), p. 21.
35. Abdul Latif Shushtari: *Kitab Tuhfat al-'Alam*, written Hyderabad 1802 & lithographed Bombay 1847, p. 427.
36. Moon, *The British Conquest and Dominion of India*, p. 247.
37. Quoted in Denys Forrest, *Tiger of Mysore: The Life and Death of Tipu Sultan*, London, 1970, p. 205.
38. J. Michaud, *History of Mysore Under Haidar Ali and Tippoo Sultan*, trans. V. K. Raman Menon, Madras, 1924, pp. 47–8.
39. Burton Stein, 'State Formation and Economy Reconsidered', *Modern Asian Studies*, vol. 19, no. 3, Special Issue: Papers Presented at the Conference on Indian Economic and Social History, Cambridge University, April 1984 (1985), pp. 387–413, p. 403. See also Irfan Habib (ed.), *Resistance and Modernisation under Haidar Ali & Tipu Sultan*, New Delhi, 1999, Introduction, p. xxxi.
40. A. Subbaraya Chetty, 'Tipu's Endowments to Hindus and Hindu institutions', in Habib (ed.), *Resistance and Modernisation under Haidar Ali & Tipu Sultan*, pp. 101–11.
41. B. A. Saletore, 'Tipu Sultan as a Defender of Hindu Dharma', in Habib (ed.), *Resistance and Moderni-*

sation under Haidar Ali & Tipu Sultan*, p. 125.

42. Ibid., p. 126.
43. Habib (ed.), *Resistance and Modernisation under Haidar Ali & Tipu Sultan*, Introduction, p. xxvii. See also Mahmud Husain, *The Dreams of Tipu Sultan*, Karachi, n.d.
44. Habib (ed.), *Resistance and Modernisation under Haidar Ali & Tipu Sultan*, Introduction, p. xxvi.
45. Maya Jasanoff, *Edge of Empire: Conquest and Collecting in the East, 1750–1850*, London, 2005, pp. 184–5; Habib (ed.), *Resistance and Modernisation under Haidar Ali & Tipu Sultan*, Introduction, p. xxxiv.
46. T. Venkatasami Row, *A Manual of the District of Tanjore in the Madras Presidency*, Madras, 1883, pp. 812–13. See also Stein, 'Eighteenth Century India: Another View', *Studies in History*, vol. 5, 1 n.s. (1989).
47. Moon, *The British Conquest and Dominion of India*, p. 248.
48. James Rennell, *The Marches of the British Armies in the Peninsula of India*, London, 1792, p. 33.
49. Moon, *The British Conquest and Dominion of India*, p. 251.
50. Quoted in Forrest, *Tiger of Mysore*, p. 149.
51. Cornwallis to Malet, 25 March 1791, BL IOR, MMC P/252/60, ff. 2005–6; Cornwallis to Oakeley, 30 April 1791, MMC P/252/61, ff. 2318–2319; Letter from Madras, 15 July 1791, BL IOR, HM 251, ff. 9–11; Cornwallis to Oakeley, 24 May 1791, BL IOR, MMC P/252/62, ff. 2827–9; Cockburn to Jackson, 12 July 1791, BL IOR, MMC P/252/63, ff. 3317, 3321; Torin to Cornwallis, 21. October 1791, National Archives, PRO 30/11/45, f. 5. Quoted in Mesrob Vartavarian, 'An Open Military Economy: The British Conquest of South India Reconsidered, 1780–1799', *Journal of the Economic and Social History of the Orient*, vol. 57, no. 4 (2014), pp. 486–510, p. 496.
52. Quoted in Govind Sakharam Sardesai, *A New History of the Marathas*, 3 vols, Baroda, 1948, vol. 3, p. 193.
53. Military Operations BL, IOR, HM251, ff. 746–7, quoted in Vartavarian, 'An Open Military Economy', p. 497.
54. BL, OIOC, Eur Mss F228/52 Dec 1791, f. 1.
55. Jean-Marie Lafont, *Indika: Essays in Indo-French Relations 1630–1976*, Delhi, 2000, p. 186.
56. BL, OIOC, Eur Mss F228/52 Dec 1791, f. 2.
57. Ibid.
58. Forrest, *Tiger of Mysore*, p. 200.
59. Sardesai, *A New History of the Marathas*, vol. 3, p. 192.
60. Datta, 'The Commerical Economy of Eastern India under British Rule', p. 342.
61. Durba Ghosh, *Sex and the Family in Colonial India: The Making of Empire*, Cambridge, 2006; William Dalrymple, *White Mughals: Love and Betrayal in Eighteenth-Century India*, London, 2002.
62. R. B. Saksena, *Indo-European Poets of Urdu and Persian*, Lucknow, 1941, p. 21; Christopher J. Hawes, *Poor Relations: The Making of a Eurasian Community in British India, 1773–1833*, London, 1996, ch. 4; William Dalrymple, *White Mughals: Love and Betrayal in Eighteenth-Century India*, London, 2002,

pp. 50–2; Bayly, *Indian Society and the Making of the British Empire*, p. 70.

63. C. A. Bayly, *The Birth of the Modern World 1780–1914*, Oxford, 2004, p. 111.
64. Anderson Correspondence, BL, Add Mss 45, 427, Wm Palmer to David Anderson, 12 November 1786, f. 196.
65. Marshall, *Bengal: The British Bridgehead*, pp. 122–5.
66. Bayly, *The Birth of the Modern World*, p. 111; Marshall, *Bengal: The British Bridgehead*, pp. 122–5; C. A. Bayly, Rulers, *Townsmen and Bazaars: North Indian Society in the Age of British Expansion*, Cambridge, 1983, pp. 466–7, 474, 479; Bayly, *Indian Society and the Making of the British Empire*, pp. 108, 150.
67. Kumkum Chatterjee, 'Collaboration and Conflict: Bankers and Early Colonial Rule in India: 1757–1813', *Indian Economic and Social History Review*, 30, 3 (1993), pp. 296–7. 這整段論述最早是在一九八〇年代提出，見 Christopher Bayly's Rulers, *Townsmen and Bazaars* 及 Karen Leonard 的開創性論文：'The Great Firm Theory of the Decline of the Mughal Empire', *Comparative Studies in Society and History*, 21, 2 (1979), and in 'Banking Firms in Nineteenth-Century Hyderabad Politics', *Modern Asian Studies*, 15, 2 (1981)。另見 J. F. Richards 的反論：'Mughal State Finance and the Premodern World Economy', *Comparative Studies in Society and History*, vol. 23, no. 2 (1981).
68. Rajat Kanta Ray, 'Indian Society and the Establishment of British Supremacy, 1765–1818', in Marshall, *The Eighteenth Century*, pp. 516–17.
69. 'Chahar Gulzar Shuja' of Hari Charan Das in Sir H. M. Elliot and John Dowson, *A History of India as Told By Its Own Historians*, 8 vols, London, 1867–77, vol. VIII, p. 229.
70. 根據 Washbrook、Bayly 及更近期的 Parthasarathi（不同脈絡），因此讓印度經濟變得相對停滯，無法有效回應英國工業化帶來的新挑戰——雖然此說亦有爭議：Tirthakar Roy 提出比較樂觀的敘述。
71. Ray, 'Indian Society and the Establishment of British Supremacy, 1765– 1818', in Marshall, *The Eighteenth Century*, p. 517.
72. Jadunath Sarkar, *Fall of the Mughal Empire*, 4 vols, New Delhi, 1991, vol. 3, p. 254.
73. 英國東印度公司當然並不單倚靠「地方富戶」——它也從母國公司與當地政府獲得資源。關於本地消費者在資助茶葉貿易上的角色，見一篇稍早的重要文章：J. R. Ward, 'The Industrial Revolution and British Imperialism, 1750–1850', in *Economic History Review*, n.s., vol. 47, no. 1 (February 1994), pp. 44–65.
74. Sayid Athar Abbas Rizvi, *Shah 'Abd al'Aziz: Puritanism, Sectarianism and Jihad*, Canberra, 1982, p. 44.
75. In the lovely words of Ferdinand Mount, *Tears of the Rajas: Mutiny, Money and Marriage in India 1805–1905*, London, 2016, p. 185.
76. *Voyage en Inde*, pp. 549–550.
77. Napoleon to Tipu, 7 Pluviôse VII [26 January 1799], OIOC, P/354/38. 第二段引文，出自 Andrew Roberts in Napoleon and Wellington, London, 2001, pp. 16–17, 事實上是一八一二年拿破崙正考慮要發動第二次東方遠征；但也反映出前一次遠征中他認為印度將輕易落入他的掌心。瑪雅·

加薩諾夫（Maya Jasanof）在《帝國的東方歲月》（Edge of Empire，中文版由貓頭鷹出版）中，精彩處理了拿破崙的埃及遠征。

78. Quoted in Sir John Malcolm, Political History of India, 2 vols, London, 1826, vol. 1, p. 310.

## CHAPTER 9 ｜印度軀體

1. Quoted in Iris Butler, *The Elder Brother: The Marquess Wellesley 1760–1842*, London, 1973, p. 134.
2. 剛抵達印度時，理察・衛斯理仍是第二任模寧頓伯爵（Earl of Mornington）。不過為了便於理解，全書中我會稱他為衛斯理侯爵，這是一七九九年之後的頭銜。
3. Quoted by Sir Penderel Moon, *The British Conquest and Dominion of India*, London, 1989, p. 341.
4. Butler, *The Elder Brother*, p. 134.
5. Richard Wellesley, *Two Views of British India: The Private Correspondence of Mr Dundas and Lord Wellesley: 1798–1801*, ed. Edward Ingram, London, 1970, p. 16.
6. Quoted by Anne Buddle in *The Tiger and the Thistle: Tipu Sultan and the Scots in India*, Edinburgh, 1999, p. 33.
7. 最終出處是 *Proceedings of a Jacobin Club formed at Seringapatam by the French soldiers in the Corps commanded by M Domport*. Paper C in *Official Documents Relating the Negotiations Carried on by Tippoo Sultan with the French Nation*, Calcutta, 1799; J. Michaud, *History of Mysore Under Hyder Ali and Tippoo Sultan*, trans. V. K. Raman Menon, Madras, 1924, pp. 108–9. See also Denys Forrest, *Tiger of Mysore: The Life and Death of Tipu Sultan*, London, 1970, pp. 250–2; Maya Jasanoff, *Edge of Empire: Conquest and Collecting in the East, 1750–1850*, London, 2005, pp. 150–1, 159–60.
8. Quoted in Herbert Compton, *The European Military Adventurers of Hindustan*, London, 1943, pp. 8–9.
9. Forrest, *Tiger of Mysore: The Life and Death of Tipu Sultan*, p. 254.
10. Ibid., p. 259.
11. Richard Wellesley, Marquess Wellesley, *The Despatches, Minutes and Correspondence of the Marquess Wellesley KG during his Administration of India*, ed. Montgomery Martin, 5 vols, London, 1840, vol. 1, p. 159.
12. Mark Wilks, *Historical Sketches of the South Indian History*, 2 vols, London, 1817, vol. 2, p. 689.
13. 雷蒙書信的全文翻譯，見 Jadunath Sarkar, 'General Raymond of the Nizam's Army', in Mohammed Taher, *Muslim Rule in Deccan*, Delhi, 1997, pp. 125–44.
14. Compton (ed.), *The European Military Adventurers of Hindustan*, pp. 382–6.
15. Wellesley, *The Despatches, Minutes and Correspondence of the Marquess Wellesley KG*, 5 vols, vol. 1, p. 209. See also Jac Weller, *Wellington in India*, London, 1972, pp. 24–5.
16. Rt Hon. S. R. Lushington, *The Life and Services of Lord George Harris GCB*, London, 1840, p. 235.
17. J. W. Kaye, *The Life and Correspondence of Sir John Malcolm GCB*, London, 1840, vol. 1, p. 78.
18. Ibid., vol. 1, p. 78n.
19. Quoted by Moon, *The British Conquest and Dominion of India*, p. 281.

20. Quoted in Butler, *The Elder Brother*, p. 166.
21. Quoted by Moon, *The British Conquest and Dominion of India*, p. 284.
22. Quoted in Butler, *The Elder Brother*, p. 167.
23. Quoted by Moon, *The British Conquest and Dominion of India*, p. 285.
24. Amales Tripathi, *Trade and Finance in the Bengal Presidency, 1793–1833*, Calcutta, 1979, pp. 4, 46–7, 72, 80–1; Rajat Kanta Ray, 'Indian Society and the Establishment of British Supremacy, 1765–1818', in Peter Marshall, *The Eighteenth Century*, Oxford, 1998, pp. 516–17.
25. Burton Stein, 'Eighteenth Century India: Another View', Studies in History, vol. 5, 1 n.s. (1989), p. 21. Also see D. Peers, 'State, Power and Colonialism', in *India and the British Empire*, ed. Douglas Peers and Nandini Gooptu, Oxford, 2012, p. 33.
26. Pratul C. Gupta, *Baji Rao II and the East India Company*, New Delhi, 1939, p. 57. 即便從馬拉塔人的標準來看，這時期的政治也極端複雜。一七九五年十月，佩什瓦之死（無論是意外還是自殺），都讓佩什瓦的繼承洞開，因為佩什瓦一族僅存的兩名成員，巴吉・拉奧跟他的兄弟奇馬吉（Chimaji）都在獄中（兩人都是蒙羞的拉古納特・拉奧之子），他們跟納納・帕德納維斯之間互無好感。因此後者展開一段試圖掌控下一任佩什瓦的漫長掙扎。巴吉・拉奧看似溫和的外表下，是個心機高手。他最終承諾給辛迪亞金錢，獲得納納的同意，在十四個月後登上佩什瓦之位。身無分文的他，仰仗辛迪亞的武力跟納納的行政經驗。然而，彼此之間猜忌甚深，納納與達拉・拉奧也不合。納納要辛迪亞北上；辛迪亞則要錢，並相信納納肯定有錢。辛迪亞利用一位名叫費洛斯（Filose）的「歐洲軍官傳話」，把納納引誘到他營中，藉口相送，實則將他逮捕。納納在辛迪亞營中關了三個月，卻拒絕吐出一塊錢。因此被送到阿赫麥德納加關起來。行政體系崩潰了，只好把納納放出來，重整行政。然而猜忌依舊，納納的建議幾乎不被採納。英國人對提普發動攻擊時，納納請求出兵，最終在一七九九年四月底，他寫信給英國人他將親自率軍。然而已經太遲了。一七九九年，英國人以部分提普領土要求交換一紙羞辱條約，遭到納納拒絕。他在一八〇〇年去世。
27. Quoted in William Kirkpatrick, *Select Letters of Tipoo Sultan to Various Public Functionaries*, London, 1811. See also Kate Brittlebank, *Tipu Sultan's Search for Legitimacy*, New Delhi, 1997, p. 11.
28. Quoted in Butler, *The Elder Brother*, p. 162.
29. Quoted by Moon, *The British Conquest and Dominion of India*, p. 277.
30. Forrest, *Tiger of Mysore*, pp. 270–1.
31. Quoted in Butler, *The Elder Brother*, p. 166.
32. OIOC, India Office Library, Kirkpatrick letters, Mss Eur F228/11 f. 10.
33. Gupta, *Baji Rao II and the East India Company*, p. 58.
34. Michaud, *History of Mysore Under Hyder Ali and Tippoo Sultan*, pp. 100–3.
35. Ibid., p. 129.
36. Mahmud Husain, *The Dreams of Tipu Sultan*, Karachi, n.d.; Michaud, *History of Mysore Under Hyder Ali and Tippoo Sultan*, pp. 165–7.
37. Quoted by Moon, *The British Conquest and Dominion of India*, p. 285; C. A. Bayly, *Indian Society and the Making of the British Empire*, Cambridge, 1988, p. 97.

38. Butler, *The Elder Brother*, p. 170.
39. 這個時期，詹姆士・柯克派屈克的主要考量，是安排運輸公牛跟羊隻，以提供軍隊補給。見 OIOC, Kirkpatrick papers, Mss Eur F228/11, pp. 14, 15, 28, etc.
40. Wellesley's remark quoted by Moon, *The British Conquest and Dominion of India*, p. 286; the subsistence remark quoted by Buddle, *The Tiger and the Thistle*.
41. Quoted by Buddle, *The Tiger and the Thistle*, p. 15.
42. David Price, *Memoirs of the Early Life and Service of a Field Officer on the Retired List of the Indian Army*, London, 1839, p. 430.
43. Quoted by Buddle, *The Tiger and the Thistle*, p. 34.
44. Alexander Beatson, *A View of the Origin and Conduct of the War with Tippoo Sultan*, London, 1800, pp. 97, 139–40; Price, *Memoirs of the Early Life and Service of a Field Officer*, pp. 434–5.
45. Price, pp. 418–21.
46. Captain G. R. P. Wheatley, 'The Final Campaign against Tipu', *Journal of the United Service Institution of India*, 41 (1912), p. 255.
47. Weller, *Wellington in India*, p. 73.
48. Michaud, *History of Mysore Under Hyder Ali and Tippoo Sultan*, p. 169; Forrest, *Tiger of Mysore*, p. 290.
49. Captain W. H. Wilkin, *The Life of Sir David Baird*, London, 1912, p. 68.
50. Price, *Memoirs of the Early Life and Service of a Field Officer*, p. 427.
51. Forrest, *Tiger of Mysore*, p. 291.
52. Beatson, *A View of the Origin and Conduct of the War with Tippoo Sultan*, p. civ.
53. Wilkin, *The Life of Sir David Baird*, p. 73.
54. Beatson, *A View of the Origin and Conduct of the War with Tippoo Sultan*, p. 123.
55. Edward Moor, *A Narrative of the Operations of Captain Little's Detachment*, London, 1874, pp. 24–32.
56. Quoted by Moon, *The British Conquest and Dominion of India*, p. 288.
57. Beatson, *A View of the Origin and Conduct of the War with Tippoo Sultan*,p. 148.
58. Price, *Memoirs of the Early Life and Service of a Field Officer*, p. 432.
59. Edward Moore, 1794, cited in A. Sen, 'A Pre-British Economic Formation in India of the Late Eighteenth Century', in Barun De (ed.), Perspectives in Social Sciences, Calcutta, 1977, I, *Historical Dimensions*, p. 46.
60. Price, *Memoirs of the Early Life and Service of a Field Officer*, pp. 434–5.
61. See Forrest, *Tiger of Mysore*, p. 299. Also Buddle, *The Tiger and the Thistle*, p. 37.
62. Anon, *Narrative Sketches of the Conquest of Mysore*, London, 1800, p. 102; Anne Buddle, *Tigers Around the Throne: The Court of Tipu Sultan (1750– 1799)*, London, 1990, p. 36.
63. Arthur Wellesley to the Court of Directors, January 1800. Quoted in Buddle, *Tigers Around the Throne*, p. 38.
64. Wilkie Collins, *The Moonstone*, London, 1868.
65. Quoted by Butler, *The Elder Brother*, p. 188.

66. Quoted in Abdus Subhan, 'Tipu Sultan: India's Freedom-Fighter par Excellence', in Aniriddha Ray (ed.), *Tipu Sultan and his Age: A Collectionof Seminar Papers*, Calcutta, 2002, p. 39.
67. For Nana Phadnavis see Grant Duff's *A History of the Mahrattas*, London,1826, at A. L. Srivastava, *The Mughal Empire, 1526–1803 A.D.* (Agra, 1964); S. N. Sen, *Anglo-Maratha Relations during the Administration of Warren Hastings*, Madras, 1974.
68. Moon, *The British Conquest and Dominion of India*, p. 314.
69. Quoted by Moon, *The British Conquest and Dominion of India*, p. 314. See also Sir Jadunath Sarkar, ed. Raghubir Singh, *Mohan Singh's Waqai- Holkar*, Jaipur, 1998.
70. *Archives Departmentales de la Savoie, Chambery, De Boigne Archive, bundle AB IV*, Wm Palmer to de Boigne, Poona, 13 Dec 1799.
71. Ibid.
72. Govind Sakharam Sardesai, *A New History of the Marathas*, 3 vols, Baroda, 948, vol. 3, p. 371.
73. Gupta, *Baji Rao II and the East India Company*, p. 23.
74. Munshi Munna Lal, *Shah Alam Nama*, Tonk Mss 3406, Oriental Research Library, p. 536.
75. Jadunath Sarkar, *Fall of the Mughal Empire*, 4 vols, New Delhi, 1991, vol. 3, pp. 173–5.
76. Sardesai, *A New History of the Marathas*, vol. 3, p. 371.
77. Sayid Athar Abbas Rizvi, *Shah 'Abd al'Aziz: Puritanism, Sectarianism and Jihad*, Canberra, 1982, p. 43.
78. Compton, *The European Military Adventurers of Hindustan*, pp. 346–7; Amar Farooqui, *Zafar and the Raj: Anglo-Mughal Delhi c1800–1850*, Delhi, 2013, p. 31.
79. *Roznamcha-i-Shah Alam*, BL, Islamic 3921. 所有案例都出自一七九一年十一到十二月（Sha'ban and Ramazan）。
80. Lal, *Shah Alam Nama*, Tonk Mss 3406, p. 535.
81. *Roznamcha-i-Shah Alam*, BL, Islamic 3921. 兩個案例都出自一七九一年十一到十二月（Sha'ban and Ramazan）。
82. Governor General in Council to the Secret Committee of the Court of Directors, 13 July 1804, Wellesley, *The Despatches*, vol. IV, p. 153.
83. Wellesley, *The Despatches*, vol. III, pp. 230–3.
84. Ibid., vol. III, no. xxxv, 27 June 1803.
85. BL, IOR, H/492 ff. 251–2, Wellesley to Shah Alam, 27 June (Political Consultations, 2 March 1804).
86. BL, IOR, H/492 f. 241, Wellesley to Shah Alam, 27 June (Political Consultations, 2 March 1804). See also Percival Spear, *The Twilight of the Moghuls*, Cambridge, 1951, p. 35. 蒙濟爾是米爾・卡辛姆的首都。
87. Colonel Hugh Pearse, *Memoir of the Life and Military Services of Viscount Lake*, London, 1908, p. 150.
88. Major William Thorn, *Memoir of the War in India Conducted by Lord Lake and Major General Sir Arthur Wellesley on the Banks of the Hyphasis*, London, 1818, p. 80.
89. Bayly, *Indian Society and the Making of the British Empire*, p. 86.
90. James Welsh, *Military Reminiscences Extracted from a Journal of Nearly Forty Years Active Service in*

*the East Indies*, 2 vols, London, 1830, vol. 1, p. 147. Also Sarkar, *Fall of the Mughal Empire*, vol. 4, p. 227.

91. Sardesai, *A New History of the Marathas*, vol. 3, pp. 398–9.
92. John Blakiston, *Twelve Years Military Adventure in Three Quarters of the Globe*, 2 vols, London, 1829, vol. 1, p. 145. Quoted in Randolph G. S. Cooper, *The Anglo-Maratha Campaigns and the Contest for India: The Struggle for the Control of the South Asian Military Economy*, Cambridge, 2003, p. 81.
93. Bayly, *Indian Society and the Making of the British Empire*, p. 85; Jon Wilson, *India Conquered: Britain's Raj and the Chaos of Empire*, London, 2016, p. 187; H. V. Bowen, *The Business of Empire: The East India Company and Imperial Britain, 1756–1833*, Cambridge, 2006, p. 47; John Micklethwait and Adrian Wooldridge, *The Company: A Short History of a Revolutionary Idea*, London, 2003, p. 4.
94. 代表致總督信件，出自 volumes (Registers) 1–21 Commissioner Banares pre-Mutiny Agency Records。相關精彩討論請見 Lakshmi Subramanian and Rajat K. Ray, 'Merchants and Politics: From the Great Mughals to the East India Company', in Dwijendra Tripathi, *Business and Politics in India*, New Delhi, 1991, pp. 19–85, esp. pp. 57–9.
95. Cited in Bayly, *Indian Society and the Making of the British Empire*, p. 102.
96. Ibid., pp. 102–3, 106, 108; Rajat Kanta Ray, 'Indian Society and the Establishment of British Supremacy, 1765–1818', in Marshall, *The Eighteenth Century*, pp. 516–17; C. A. Bayly, Rulers, *Townsmen and Bazaars: North Indian Society in the Age of British Expansion*, Cambridge, 1983, pp. 211–12.
97. Quoted in James Duff, *A History of the Mahrattas*, Calcutta, 1912, vol. 1, p. 431.
98. Compton, *The European Military Adventurers of Hindustan*, p. 328.
99. Sardesai, *A New History of the Marathas*, vol. 3, pp. 413–14.
100. William Pinch in *Warrior Ascetics and Indian Empires*, Cambridge, 2006, pp. 106–7, 114. Thomas Brooke to Major Shawe, Secretary to Lord Wellesley. BL, Add Mss 37, 281 ff. 228b–229f.
101. Sardesai, *A New History of the Marathas*, vol. 3, pp. 403–5.
102. Ibid., vol. 3, p. 397.
103. Memorandum of 8 July 1802, quoted by Michael H. Fisher, 'Diplomacy in India, 1526–1858', in H. V. Bowen, Elizabeth Mancke and John G. Reid, *Britain's Oceanic Empire: Atlantic and Indian Ocean Worlds, c. 1550–1850*, Cambridge, 2012, p. 263.
104. 關於衛斯理浮誇奢華風格的精彩記述，見 Mark Bence-Jones, *Palaces of the Raj*, London, 1973, ch. 2.
105. Quoted in Philip Davies, *Splendours of the Raj: British Architecture in India 1660–1947*, London, 1985, p. 35.
106. Butler, *The Elder Brother*, p. 306.
107. Sarkar, *Fall of the Mughal Empire*, vol. 4, p. 229.
108. Sardesai, *A New History of the Marathas*, vol. 3, p. 402.
109. 26 Sept AW to JM, *Supplementary Despatches of Arthur, Duke of Wellington, KG, 1797–1818*, vol. IV, p. 160. See also Major Burton, 'Wellesley's Campaigns in the Deccan', *Journal of the United Services Institution India*, 29 (1900), p. 61.

110. John Blakiston, *Twelve Years Military Adventure in Three Quarters of the Globe*, 2 vols, London, 1829, vol. 1, pp. 164–5. Quoted in Cooper, *The Anglo-Maratha Campaigns and the Contest for India*, p. 108.
111. Major William Thorn, *Memoir of the War in India*, p. 279.
112. Cooper, *The Anglo-Maratha Campaigns* 內含關於戰役的最佳紀錄。我與現任威靈頓公爵一起拜訪戰場，並發現 Cooper 的地圖極為寶貴。我在 Pipalgaon 戰場上漫步，撿到一顆英國東印度公司鉛彈，寫作時，就放在我眼前。
113. Sir T. E. Colebrook, *The Life of Mountstuart Elphinstone*, 2 vols, London, 1884, vol. 1, pp. 63–9.
114. Quoted by Sarkar, *Fall of the Mughal Empire*, vol. 4, p. 276. Also Wilson, *India Conquered*, p. 173.
115. Thorn, *Memoir of the War in India*, pp. 276–7.
116. Cooper, *The Anglo-Maratha Campaigns*, p. 116.
117. Antony Brett-James (ed.), *Wellington at War, 1794–1815: A Selection of his Wartime Letters*, London, 3 October 1803, pp. 84–5.
118. Sir Thomas Munro, quoted in Moon, *The British Conquest and Dominion of India*, p. 321.
119. Compton, *The European Military Adventurers of Hindustan*, p. 204; Ray, 'Indian Society and the Establishment of British Supremacy, 1765–1818', in Marshall, *The Eighteenth Century*, p. 522.
120. Pearse, *Memoir of the Life and Military Services of Viscount Lake*, p. 1; Moon, *The British Conquest and Dominion of India*, p. 323.
121. Thorn, *Memoir of the War in India*, pp. 87–9.
122. Compton, *The European Military Adventurers of Hindustan*, pp. 299–301.
123. James Baillie Fraser, *Military Memoirs of Lt. Col. James Skinner C.B.*, 2 vols, London, 1851, vol. 1, p. 265; Compton, *The European Military Adventurers of Hindustan*, pp. 302–3. Compton 稱此信「極有特色，那些虛榮的吹噓及難以描述的法式自負。」
124. Fraser, *Military Memoirs of Lt. Col. James Skinner C.B.*, vol. 1, pp. 253–4; Compton, *The European Military Adventurers of Hindustan*, p. 301.
125. Fraser, *Military Memoirs of Lt. Col. James Skinner C.B.*, vol. 1, p. 251.
126. Compton, *The European Military Adventurers of Hindustan*, pp. 303–4.
127. Ibid., p. 231.
128. Fraser, *Military Memoirs of Lt. Col. James Skinner C.B.*, vol. 1, p. 266.
129. Thorn, *Memoir of the War in India*, pp. 96–7.
130. Ibid.
131. 關於阿里格爾攻擊的最佳現代描述，見 Randolph G. S. Cooper's wonderful *Anglo-Maratha Campaigns*, pp. 161–3.
132. Fraser, *Military Memoirs of Lt. Col. James Skinner C.B.*, vol. 1, pp. 266–7.
133. John Pester, *War and Sport in India 1802–6*, London, 1806, pp. 156–7.
134. Lal, *Shah Alam Nama*, Tonk Mss 3406, 46th Year of the Auspicious Reign, p. 535; Maulvi Zafar Hasan, *Monuments of Delhi*, New Delhi, 1920, vol. 3, p. 7.
135. BL, OIOC, IOR/H/492 f. 301, f. 305, Proclamation by Shah Alam.
136. BL, OIOC, IOR/H/492 f. 292, Proclamation by Shah Alam.

137. Sardesai, *A New History of the Marathas*, vol. 3, p. 419; *Compton: The European Military Adventurers of Hindustan*, pp. 340–1, *Cooper Anglo-Maratha Campaigns*, p. 188.
138. Pester, *War and Sport in India 1802–6*, p. 163.
139. This bravura passage by Randolph G. S. Cooper is taken from *Anglo-Maratha Campaigns*, p. 172, and is derived from the Journal of Captain George Call, vol. 1. p. 22, National Army Museum, Acc. No. 6807–150.
140. Pester, *War and Sport in India*, p. 166.
141. Ibid., p. 169.
142. Sarkar, *Fall of the Mughal Empire*, vol. 4, p. 246.
143. Pearse, *Memoir of the Life and Military Services of Viscount Lake*, p. 197.
144. Martin, *Despatches of Marquess Wellesley*, vol. III, p. 445. Commander-in-Chief General Lake's Secret Despatch to Governor General Richard Wellesley.
145. Fakir Khair ud-Din Illahabadi, *'Ibrat Nama*, BL Or. 1932, f. 1r.
146. Bowen, *Business of Empire*, p. 5.
147. Wilson, *India Conquered*, p. 176.
148. Ibid., pp. 122, 187. 衛斯理勛爵在一八〇〇年七月興辦威廉堡學院，訓練新一代的宣誓文官。
149. Bowen, *Business of Empire*, p. 5.
150. Moon, *The British Conquest and Dominion of India*, pp. 328, 343.
151. Butler, *The Elder Brother*, p. 333.
152. Rajat Kanta Ray, *The Felt Community: Commonality and Mentality before the Emergence of Indian Nationalism*, New Delhi, 2003, p. 327; Ray, 'Indian Society and the Establishment of British Supremacy, 1765–1818', in Marshall, The Eighteenth Century, p. 526.
153. Moon, *The British Conquest and Dominion of India*, pp. 328, 343.
154. Pester, *War and Sport in India*, p. 174.
155. Lal, *Shah Alam Nama*, Tonk Mss 3406, 46th Year of the Auspicious Reign, p. 542.
156. Thorn, *Memoir of the War in India*, p. 125.
157. Ibid., pp. 125–6.
158. Lal, *Shah Alam Nama*, Tonk Mss 3406, 46th Year of the Auspicious Reign, p. 544.
159. K. K. Dutta, *Shah Alam II & The East India Company*, Calcutta, 1965, p. 115.
160. Lal, *Shah Alam Nama*, Tonk Mss 3406, 46th Year of the Auspicious Reign, p. 544.
161. BL, OIOC, IOR H/492, f. 349.
162. Dutta, *Shah Alam II & The East India Company*, pp. 114–15.
163. Fraser, *Military Memoirs of Lt. Col. James Skinner C.B.*, vol. 1, pp. 293–4.
164. K. N. Pannikar, *British Diplomacy in Northern India: A Study of the Delhi Residency 1803–1857*, New Delhi, 1968, p. 7.
165. Stephen P. Blake, *Shahjahanabad: The Sovereign City in Mughal India, 1639–1739*, Cambridge, 1991, pp. 170, 181; Spear, The Twilight of the Moghuls, p. 92.
166. Quoted in Frances W. Pritchett, *Nets of Awareness*, Berkeley and Los Angeles, 1994, p. 3.

167. Fraser of Reelig Archive, Inverness, vol. 29, Wm Fraser letterbook, 1 April 1806, to Edward S. Fraser.
168. See William Dalrymple, *The Last Mughal: The Fall of a Dynasty, Delhi, 1857*, London, 2006.
169. Ray, *The Felt Community*, pp. 301–3, 334.
170. Quoted in J. K. Majumdar, *Raja Rammohun Roy and the Last Moghuls: A Selection from Official Records (1803–1859)*, Calcutta, 1939, pp. 4, 319–20.
171. Bowen, *Business of Empire*, p. 277.
172. See Joseph Sramek, *Gender, Morality, and Race in Company India, 1765– 1858*, New York, 2011, p. 17.
173. Ibid., p. 229.
174. P. J. Marshall, *Problems of Empire: Britain and India, 1757–1813*, London, 1968, pp. 142–4.
175. Quoted in Tillman W. Nechtman, *Nabobs: Empire and Identity in Eighteenth-Century Britain*, Cambridge, 2010, p. 225.
176. Micklethwait and Wooldridge, *The Company*, p. 36.
177. Bowen, *Business of Empire*, pp. 16–17.
178. Ibid., p. 297.
179. Tirthankar Roy, *The East India Company: The World's Most Powerful Corporation*, New Delhi, 2012, p. xxiii.
180. Micklethwait and Wooldridge, *The Company*, p. 36.

## 終話

1 Fakir Khair ud-Din Illahabadi, *'Ibrat Nama*, BL, OIOC, Or. 1932, f. 1v.

# 參考書目

## 一、歐洲語言的手稿文獻


### *Oriental and India Office Collections, British Library (Formerly India Office Library) London*

**Mss Eur**

'Incomplete Draft (1785) of an account of the Mysore War (1780–84)', Mss Eur K 116

James Dalrymple Papers, Mss Eur E 330

Elphinstone Papers, Mss Eur F.88

Fowke Papers, Mss Eur E 6.66

Kirkpatrick Papers, Mss Eur F.228

Sutherland Papers, Mss Eur D.547

**Orme Mss**

Causes of the Loss of Calcutta 1756, David Renny, August 1756, Mss Eur O.V. 19

Narrative of the Capture of Calcutta from April 10 1756 to November 10 1756, William Tooke, Mss Eur O.V. 19

'Narrative of the loss of Calcutta, with the Black Hole by Captain Mills, who was in it, and sundry other particulars, being Captain Mills' pocket book, which he gave me', Mss Eur O.V. 19

Journal of the Proceedings of the Troops commanded by Lieutenant Colonel Robert Clive on the expedition to Bengal, Captain Edward Maskelyne, Mss Eur O.V. 20

Home Miscellaneous

Bengal Correspondence

Bengal Public Considerations

Bengal Secret Consultations

Bengal Wills 1780–1804 L/AG/34/29/4-16

Bengal Regimental Orders IOR/P/BEN/SEC

Bengal Political Consultations IOR/P/117/18

### *British Library*

'An Account Of The Capture Of Calcutta By Captain Grant', Add Mss 29200 Warren Hastings Papers, Add Mss 29,098–29,172

Anderson Papers, Add Mss 45,427

Brit Mus Egerton MS 2123

Wellesley Papers, Add Mss 37,274–37,318

### *Devon Records Office, Exeter*

Kennaway Papers B 961M ADD/F2

### *Archives Départementales de la Savoie, Chambéry, France*

De Boigne archive

### *National Army Museum Library, London*

The Gardner Papers, NAM 6305–56

### *National Library of Wales*

Robert Clive Papers, GB 0210 ROBCL1

### *Pasadena Library*

Letters of Thomas Roe to Elizabeth, Countess of Huntingdon, Hastings Collection

### *Punjab Archives, Lahore*

Delhi Residency Papers

### *Scottish Records Office, Registrar House, Edinburgh*

The Will of Lieut. Col. James Dalrymple, Hussein Sagar, December 8 1800: GD 135/2086

Letters of Stair Dalrymple, Hamilton-Dalrymple Mss

### *National Library of Scotland*

The Papers of Alexander Walker, NLS 13,601–14,193

### *National Archives of India, New Delhi*

Secret Consultations

Political Consultations

Foreign Consultations

Foreign Miscellaneous

Letters from Court

Secret Letters to Court

Secret Letters from Court

Political Letters to Court

Political Letters from Court

Hyderabad Residency Records

### *Private Archives*

The Fraser Papers, Inverness

The Kirkpatrick Papers, London

## 二、未出版的手稿與論文

Chander, Sunil, From a Pre-Colonial Order to a Princely State: Hyderabad in Transition, c1748–1865, unpublished Ph.D., Cambridge University, 1987

Ghosh, Durba, Colonial Companions: Bibis, Begums, and Concubines of the British in North India 1760–1830, unpublished Ph.D., Berkeley, 2000

Kaicker, Abhishek, Unquiet City: Making and Unmaking Politics in Mughal Delhi, 1707–39, unpublished Ph.D., Columbia, 2014

Rothschild, Emma, 'The East India Company and the American Revolution', unpublished essay

## 三、波斯、烏爾都、孟加拉與泰米爾語文獻

### A. 手稿

#### *Oriental and India Office Collections, British Library (Formerly India Office Library) London*

Tarikh-i-Alamgir Sani, Mss Or. 1749 (This manuscript has apparently no author name, nor date of composition, nor introduction)

Fakir Khair ud-Din, 'Ibrat Nama, Mss Or. 1932

Ghulam Ali Khan alias Bhikhari Khan, Shah Alam Nama, Mss Add 24080 I'tisam al-Din, Shigrif-namah-i Vilayet, Mss Or. 200

Muhammad 'Ali Khan Ansari of Panipat, Tarikh-i Muzaffari, Mss Or. 466 Roznamcha-i-Shah Alam, Islamic 3921

Shakir Khan, Tārīkh-i Shākir Khānī, Mss Add. 6585

#### *Private Collection, Hyderabad*

Tamkin Kazmi, edited and expanded by Laeeq Salah, Aristu Jah (unpublished Urdu biography, written c. 1950 and re-edited by Laeeq Salah, c. 1980)

#### *MAAPRI Research Institute Library, Tonk, Rajasthan*

Munshi Mohan Lal, Shah Alam Nama, Tonk Mss 3406

### B. 出版文獻

Abu'l Fazl, Ain-I-Akbari, 3 vols, trans. H. Blochman and H. S. Jarrett, written c. 1590, Calcutta, 1873–94

Ali, Karam, 'The Muzaffarnama of Karam Ali', in Bengal Nawabs, trans. Jadunath Sarkar, Calcutta, 1952

Allah, Salim, A Narrative of the Transactions in Bengal, trans. Francis Gladwin, Calcutta, 1788

Anon., The Chronology of Modern Hyderabad from 1720 to 1890, Hyderabad, 1954

Astarabadi, Mirza Mahdi, Tarikh-e Jahangosha-ye Naderi: The official history of Nader's reign, Bombay lithograph, 1265 ac/ad 1849

Azad, Muhammed Husain, trans. and ed. Frances Pritchett and Shamsur Rahman Faruqi, Ab-e Hayat: Shaping the Canon of Urdu Poetry, New Delhi, 2001

Beach, Milo Cleveland, and Koch, Ebba, eds, King of the World – the Padshahnama: An Imperial Mughal Manuscript from the Royal Library, Windsor Castle, London, 1997

Begley, W. E., and Desai, Z. A., eds, The Shah Jahan Nama of Inayat Khan, New Delhi, 1990

Bidri, Mohammed Qadir Khan Munshi, Tarikh I Asaf Jahi, trans. Dr Zaibunnisa Begum, written 1266 ah/ad 1851, Hyderabad, 1994

Das, Hari Charan, 'Chahar Gulzar Shuja' of Hari Charan Das, in Sir H. M. Elliot and John Dowson, A History of India as Told By Its Own Historians, 8 vols, London, 1867–77, vol. VIII

'Firaqi', Kunwar Prem Kishor, Waqa'i-i Alam Shahi, Calcutta, 1949

Ganga Ram, The Maharashtra Purana: An Eighteenth-Century Bengali Historical Text, trans. and ed. Edward C. Dimock Jr and Pratul Chandra Gupta, Honolulu, 1965

Ghalib, Urdu Letters of Mirza Asadu'llah Khan Ghalib, New York, 1987

Gholam Ali Khan, Shah Alam Nama, ed. A. A. M. Suhrawardy and A. M. K. Shiirazi, Calcutta, 1914

Ghulam Husain Salim, Riyazu-s-salatin: A History of Bengal. Translated from the original Persian by Maulvi Abdus Salam, Calcutta, 1902

Gladwin, Francis (trans.), The Memoirs of Khojeh Abdulkurreem, Calcutta, 1788

Hasan, Mehdi, Fateh Nawaz Jung, Muraqq-Ibrat, Hyderabad, 1300 ah/ad 1894

Husain, Saiyyad Iltifat, Nagaristan i-Asafi, written c. 1816, printed in Hyderabad, 1900

Islam, Khurshidul, and Russell, Ralph, Three Mughal Poets: Mir, Sauda, Mir Hasan, New Delhi, 1991

I'tisam al-Din, The Wonders of Vilayet, being a memoir, originally in Persian, of a visit to France and Britain, trans. Kaiser Haq, Leeds, 2001

Jehangir, The Tuzuk-i Jehangiri or Memoirs of Jehangir, trans. Alexander Rodgers, ed. Henry Beveridge, London, 1909–14

Kamran, Mirza, 'The Mirza Name: The Book of the Perfect Gentleman', trans. Mawlavi M. Hidayat Husain, Journal of the Asiatic Society of Bengal, New Series, vol. IX, 1913

Kashmiri, Abd ol-Karim, Bayan-e-Waqe', trans H. G. Pritchard, BM Mss Add 30782

Khair ud-Din Illahabadi, Fakir, 'Ibrat Nama, BL Or. 1932

Khan, Dargah Quli, The Muraqqa' e-Dehli, trans. Chander Shekhar, New Delhi, 1989

Khan, Ghulam Hussain, Khan Zaman Khan, Tarikh e-Gulzar e-Asafiya, Hyderabad, 1302 ah/ad 1891

Khan, Ghulam Iman, Tarikh i-Khurshid Jahi, Hyderabad, 1284 ah/ad 1869

Khan, M. Abdul Rahim, Tarikh e-Nizam, Hyderabad, 1311 ah/ad 1896

Khan, Mirza Abu Taleb, The Travels of Mirza Abu Taleb Khan in Asia, Africa, and Europe during the years 1799, 1800, 1801, 1802, and 1803, trans. Charles Stewart, London, 1810

Khan, Mohammed Najmul Ghani, Tarikh-e-Riyasat-e-Hyderabad, Lucknow, 1930

Khan, Saqi Must'ad, Maasir-i-Alamgiri, trans. as The History of the Emperor Aurangzeb-Alamgir 1658–1707, Jadunath Sarkar, Calcutta, 1946

Khan, Syed Ghulam Hussain Tabatabai, Seir Mutaqherin or Review of Modern Times, 4 vols, Calcutta, 1790

Lal, Makhan, Tarikh i-Yadgar-i-Makhan Lal, Hyderabad, 1300 ah/ad 1883

Mansaram, Lala, Masir i-Nizami, trans. P. Setu Madhava Rao, Eighteenth Century Deccan, Bombay, 1963

Marvi, Mohammad Kazem, Alam Ara-ye Naderi, 3 vols, ed. Mohammad Amin Riyahi, Tehran, 3rd edn, 1374 ah/ad 1995

Mirza 'Ali Bakht, Waqi'at-i Azfari, ed. T Chandrasekharan and Syed Hamza Hussain Omari, Madras, 1957

Muhammad, Fayz, Siraj ul-Tawarikh (The Lamp of Histories), Kabul, 1913, trans. R. D. McChesney (forthcoming)

Mukhlis, Anand Ram, Tazkira, in Sir H. M. Elliot and John Dowson, A History of India as Told By Its Own Historians, 1867–77, vol. VIII

C. M. Naim (translated, annotated and introduced), Zikr-I Mir: The Autobiography of the Eighteenth-Century Mughal Poet, Mir Muhammad Taqi 'Mir', New Delhi, 1998

National Archives of India Calendar of Persian Correspondence, intro. Muzaffar Alam and Sanjay Subrahmanyam, vols 1–9, New Delhi, 2014 reprint

Pillai, A. R., The Private Diary of Ananda Ranga Pillai, Dubash to Joseph François Dupleix, ed. J. F. Price and K. Rangachari, 12 vols, Madras, 1922

Proceedings of a Jacobin Club formed at Seringapatam by the French soldiers in the Corps commanded by M. Dompart, Paper C in Official Documents Relating the Negotiations Carried on by Tippoo Sultan with the French Nation, Calcutta, 1799

Ruswa, Mirza Mohammed Hadi Ruswa, Umrao Jan Ada, trans. from the original Urdu by Khuswant Singh and M. A. Hussani, Hyderabad, 1982

Sadasukh Dihlavi, Munkatab ut-Tawarikh, trans. Sir H. M. Elliot and John Dowson, A History of India as Told By Its Own Historians, 1867–77, vol. VIII

Salim, Allah, A Narrative of the Transactions in Bengal, trans. Francis Gladwin, Calcutta, 1788

Shustari, Seyyed Abd al-Latif Shushtari, Kitab Tuhfat al-'Alam, written Hyderabad, 1802 and lithographed Bombay, 1847

Talib, Mohammed Sirajuddin, Mir Alam, Hyderabad

Talib, Mohammed Sirajuddin, Nizam Ali Khan, Hyderabad

Tuzuk-i-Jahangiri or Memoirs of Jahanagir, trans. Alexander Rogers, ed. Henry Beveridge, London, 1919

Yusuf Ali Khan, Tarikh-i-Bangala-i-Mahabatjangi, trans. Abdus Subhan, Calcutta, 1982

## 四、歐洲語言的當代作品及期刊論文

Anon., Narrative Sketches of the Conquest of Mysore, London, 1800

Andrews, C. F., Zakaullah of Delhi, Cambridge, 1929

Archer, Major, Tours in Upper India, London, 1833

Barnard, Anne, The Letters of Lady Anne Barnard to Henry Dundas from the Cape and Elsewhere 1793–1803, ed. A. M. Lewin Robinson, Cape Town, 1973

Barnard, Anne, The Cape Journals of Lady Anne Barnard 1797–98, ed. A. M. Lewin Robinson, Cape Town, 1994

Bayley, Emily, The Golden Calm: An English Lady's Life in Moghul Delhi, London, 1980

Bazin, Pere Louis, 'Mémoires sur dernieres années du regne de Thamas Kouli-Kan et sa mort tragique, contenus dans une lettre du Frere Bazin', 1751, in Lettres Edifiantes et Curieuses Ecrites des Mission Etrangeres, Paris, 1780, vol. IV

Beatson, Alexander, A View of the Origin and Conduct of the War with Tippoo Sultan, London, 1800

Bernier, François, Travels in the Mogul Empire, 1656–68, ed. Archibald Constable, trans. Irving Brock, Oxford, 1934

Bhargava, Krishna Dayal, Browne Correspondence, Delhi, 1960

Blakiston, John, Twelve Years Military Adventure in Three Quarters of the Globe, 2 vols, London, 1829

Blochmann, H., trans. and ed., The A'in-i Akbari by Abu'l Fazl 'Allami, New Delhi, 1977

Bolts, William, Considerations on Indian Affairs; Particularly Respecting the Present State of Bengal and its Dependencies, 3 vols, London, 1772–5

Bourquien, Louis, 'An Autobiographical Memoir of Louis Bourquien translated from the French by J.P. Thompson', in Journal of the Punjab Historical Society, vol. IX, part 7, 1923

Burke, Edmund, The Writings and Speeches of Edmund Burke, ed. P. J. Marshall, 6 vols, Oxford, 1991

Caillaud, John, A Narrative of What Happened in Bengal in the Year 1760, London, 1764

Colebrook, Sir T. E., The Life of Mountstuart Elphinstone, 2 vols, London, 1884

'Cooke's Evidence before the Select Committee of the House of Commons', in W. K. Firminger, ed., Great Britain, House of Commons, Report on East India Affairs, Fifth Report from the Select Committee, vol. III, 1812

Dalrymple, Alexander, A Retrospective View of the Antient System of the East India Company, with a Plan of Regulation, London, 1784

Dalrymple, James, Letters &c Relative To The Capture of Rachore by Capt. James Dalrymple, Madras, 1796

D'Oyly, Charles, The European in India, London, 1813

Dow, Alexander, History of Hindostan, 3 vols, Dublin, 1792

Duff, Grant, A History of the Mahrattas, 2 vols, London, 1826

Entick, The Late Reverend John, et al., The Present State of the British Empire, 4 vols, London, 1774

Fenton, Elizabeth, The Journal of Mrs Fenton, London, 1901

Firminger, Walter K., and Anderson, William, The Diaries of Three Surgeons of Patna, Calcutta, 1909

Foster, William, ed., The English Factories in India 1618–1669, 13 vols, London, 1906–27

Foster, William, ed., Early Travels in India 1583–1619, London, 1921

Foster, Sir William, The Embassy of Sir Thomas Roe to India 1615–9, as Narrated in his Journal and Correspondence, New Delhi, 1990

Francklin, William, The History of Shah Alam, London, 1798

Francklin, William, Military Memoirs of Mr George Thomas Who by Extraordinary Talents and Enterprise rose from an obscure situation to the rank of A General in the Service of Native Powers in the North-West of India, London, 1805

Fraser, James, The History of Nadir Shah, London, 1742

Fraser, James Baillie, Military Memoirs of Lt. Col. James Skinner C.B., 2 vols, London, 1851

Fryer, Dr John, A New Account of East India and Persia Letters Being Nine Years Travels Begun 1672 and finished 1681, 3 vols, London, 1698

Gentil, Jean Baptiste, Mémoires sur l'Indoustan, Paris, 1822

George III, ed. J. Fortescue, Correspondence of George III, 1760–1783, 6 vols, 1927–8

Green, Jack, Arenas of Asiatic Plunder, London, 1767

Hamilton, Alexander, A New Account of the East Indies, 2 vols, London, 1930

Hanway, Jonas, An Historical Account of the British Trade over the Caspian Sea … to which are added The Revolutions of Persia during the present Century, with the particular History of the great Userper Nadir Kouli, 4 vols, London, 1753

Hastings, Warren, ed. G. R. Gleig, Memoirs of the Life of the Rt Hon Warren Hastings, First Governor General of Bengal, 3 vols, London, 1841

Heber, Reginald, A Narrative of a Journey Through the Upper Provinces of India from Calcutta to Bombay, 1824–1825, 3 vols, London, 1827

Hickey, William, The Memoirs of William Hickey, ed. Alfred Spencer, 4 vols, London, 1925

Hill, S. C., Bengal in 1756–7, 3 vols, Indian Records Series, Calcutta, 1905

Hollingbery, William, A History of His Late Highness Nizam Alee Khaun, Soobah of the Dekhan, Calcutta, 1805

Holwell, John Zephaniah, A Genuine Narrative of the Deplorable Deaths of the English Gentlemen, and others, who were suffocated in the Black Hole in Fort William, in Calcutta, in the Kingdom of Bengal; in the Night Succeeding the 20th June 1756, London, 1758

Hunter, W. W., The Annals of Rural Bengal, London, 1868

Jones, Sir William, The Letters of Sir William Jones, ed. Garland Canon, 2 vols, Oxford, 1970

Jourdain, John, Journal of John Jourdain 1608–17, ed. W. Foster, London, 1905

Kaye, John W., The Life and Correspondence of Sir John Malcolm GCB, 2 vols, London, 1856

Kindersley, Mrs Jemima, Letters from the East Indies, London, 1777

Kirkpatrick, William, Diary and Select Letters of Tippoo Sultan, London, 1804

Lauriston, Jean Law de, A Memoir of the Mughal Empire 1757–61, trans. G. S. Cheema, New Delhi, 2014

Linschoten, J. H. Van, The Voyage of John Huyghen Van Linschoten to the East Indies, 2 vols, London, 1885 (original Dutch edn 1598)

Lockyer, Charles, An Account Of The Trade With India Containing Rules For Good Government In Trade, And Tables: With Descriptions Of Fort St. George, Aheen, Malacca, Condore, Anjenjo, Muskat, Gombroon, Surat, Goa, Carwar, Telicherry, Panola, Calicut, The Cape Of Good Hope, And St Helena Their Inhabitants, Customs, Religion, Government Animals, Fruits &C., London, 1711

Lushington, Rt Hon. S. R., The Life and Services of Lord George Harris GCB, London, 1840

Macaulay, Thomas Babington, 'Warren Hastings', in The Historical Essays of Macaulay, ed. Samuel Thurber, Boston, 1892

Madec, René-Marie, Mémoire, ed. Jean Deloche, Pondicherry, 1983

Majumdar, J. K. (ed.), Raja Rammohun Roy and the Last Moghuls: A Selection from Official Records (1803–1859), Calcutta, 1939

Malcolm, Sir John, Sketch of the Political History of India from the Introduction of Mr Pitts Bill, London, 1811

Malcolm, Sir John, Political History of India, 2 vols, London, 1836

Malcolm, Sir John, Life of Robert, Lord Clive, London, 1836

Mandelslo, J. A. de, The Voyages and Travels of J. Albert de Mandelslo The Voyages & Travels of the Ambassadors sent by Frederick Duke of Holstein, to the Great Duke of Muscovy, and the King of Persia, trans. John Davis, London, 1662

Manucci, Niccolao, Storia do Mogor, or Mogul India, 1653–1708, 2 vols, trans. William Irvine, London, 1907

Methwold, William, 'Relations of the Kingdome of Golchonda and other neighbouring Nations and the English Trade in Those Parts, by Master William Methwold', in W. H. Moreland, Relations of Golconda in the early Seventeenth Century, London, 1931

Modave, Comte de, Voyage en Inde du Comte de Modave, 1773–1776, ed. Jean Deloche, Pondicherry, 1971

Moor, Edward, A Narrative of the Operations of Captain Little's Detachment, London, 1794

Nugent, Lady Maria, Journal of a Residence in India 1811–15, vol. 2, London, 1839

Parkes, Fanny, Wanderings of a Pilgrim in Search of the Picturesque, London, 1850

Pellow, Thomas, The Adventures of Thomas Pellow, of Penryn, Mariner, ed. Robert Brown, London, 1890

Polier, Antoine, Shah Alam II and his Court, Calcutta, 1947

Pownall, Thomas, The Right, Interest and Duty of Government, as concerned in the affairs of the East India Company, revised edn, 1781

Price, David, Memoirs of the Early Life and Service of a Field Officer on the Retired List of the Indian Army, London, 1839

Price, Joseph, Five Letters from a Free Merchant in Bengal, to Warren Hastings Esq, London, 1778

Price, Joseph, The Saddle Put on the Right Horse, London, 1783

Purchas, Samuel, Hakluytus Posthumus or Purchas His Pilgrimes, Contayning a History of the World, 20 vols, Glasgow, 1905

Rennell, James, The Marches of the British Armies in the Peninsula of India, London, 1792

Roe, Sir Thomas, and Fryer, Dr John, Travels in India in the 17th Century, London, 1873

Row, T. Venkatasami, A Manual of the District of Tanjore in the Madras Presidency, Madras, 1883

Sarker, Jadunath, ed., English Records of Mahratta History: Poona Residency Correspondence, vol. 1, Mahadji Scindhia and North Indian Affairs 1785–1794, Bombay, 1936

Sarkar, Jadunath, trans. and ed., 'Haidarabad and Golkonda in 1750 Seen Through French Eyes: From the Unpublished Diary of a French Officer Preserved in the Bibliotheque Nationale, Paris', in Islamic Culture, vol. X, p. 24

Saxena, V. K., ed., Speeches on the Impeachment of Warren Hastings, 2 vols, Delhi, 1987

Scrafton, Luke, Observations on Vansittart's Narrative, London, 1770

Scurry, James, The Captivity, Sufferings and Escape of James Scurry, who was detained a prisoner during ten years, in the dominions of Haidar Ali and Tippoo Saib, London, 1824

Sen, S., Indian Travels of Thevenot and Careri, New Delhi, 1949

Sleeman, Major General Sir W. H., Rambles and Recollections of an Indian Official, Oxford, 1915

Smith, Adam, The Correspondence of Adam Smith, ed. E. C. Mossner and I. S. Ross, 2nd edn, Oxford, 1987

Sramek, Joseph, Gender, Morality, and Race in Company India, 1765–1858, New York, 2011

Srinivasachari, C. S., ed., Fort William–India House Correspondence, vol. 4, London, 1949–58
Stevens, Henry, The Dawn of British Trade to the East Indies, as Recorded in the Court Minutes of the East India Company 1599–1603, Containing an Account of the Formation of the Company, London, 1866
Tavernier, Jean-Baptiste, Travels in India, trans. V. Ball, ed. Wm Crooke, 2 vols, Oxford, 1925
Temple, Richard Carnac, The Diaries of Streynsham Master, 1675–1680, 2 vols, London, 1911
Thorn, Major William, Memoir of the War in India Conducted by Lord Lake and Major General Sir Arthur Wellesley on the Banks of the Hyphasis, London, 1818
Vansittart, Henry, A Narrative of the Transactions in Bengal from the Year 1760, to the year 1764, during the Government of Mr Henry Vansittart, 3 vols, London, 1766
Walpole, Horace, ed. W. S. Lewis et al., The Yale Edition of Horace Walpole's Correspondence, 48 vols, New Haven, CT, 1937–83
Watts, William, and Campbell, John, Memoirs of the Revolution in Bengal, Anno. Dom. 1757, London, 1758
Welsh, James, Military Reminiscences Extracted from a Journal of Nearly Forty Years Active Service in the East Indies, 2 vols, London, 1830
Wellesley, Arthur, Duke of Wellington, Supplementary Despatches and Memoranda of Field Marshal Arthur Duke of Wellington, edited by his son,
the 2nd Duke of Wellington, 15 vols, London, 1858–72
Wellesley, Richard, Marquess Wellesley, The Despatches, Minutes and Correspondence of the Marquess Wellesley KG during his Administration of India, 5 vols, ed. Montgomery Martin, London, 1840
Wellesley, Richard, Marquess Wellesley, Two Views of British India: The Private Correspondence of Mr Dundas and Lord Wellesley: 1798–1801, ed. Edward Ingram, London, 1970
Wilkin, Captain W. H., The Life of Sir David Baird, London, 1912
Wilks, Mark, Historical Sketches of the South of India, vol. 2, 1820
Williamson, Captain Thomas, The East India Vade Mecum, 2 vols, London, 1810, 2nd edn, 1825
Young, Arthur, Political Essays concerning the present state of the British Empire, London, 1772
Yule, Henry, Hobson-Jobson: A Glossary of Colloquial Anglo-Indian Words and Phrases, London, 1903

## 五、次級作品及期刊論文

Ahmed Aziz, Studies in Islamic Culture in the Indian Environment, Oxford, 1964

Alam, Muzaffar, The Crisis of Empire in Mughal North India: Awadh and the Punjab 1707–1748, New Delhi, 1986

Alam, Muzaffar, and Alavi, Seema, A European Experience of the Mughal Orient: The I'jaz-I Arslani (Persian Letters, 1773–1779) of Antoine-Louis Henri Polier, New Delhi, 2001

Alam, Muzaffar, and Subrahmanyam, Sanjay, Writing the Mughal World, New York, 2012

Alam, Shah Manzur, 'Masulipatam: A Metropolitan Port in the Seventeenth Century', in Mohamed Taher, ed., Muslim Rule in Deccan, New Delhi, 1997

Alavi, Seema, The Sepoys and the Company: Tradition and Transition in Northern India 1770–1830, Delhi, 1995

Alavi, Seema, ed., The Eighteenth Century in India, New Delhi, 2002

Ali, M. Athar, 'The Passing of an Empire: The Mughal Case', Modern Asian Studies, vol. 9, no. 13 (1975)

Arasaratnam, Sinnappah, and Ray, Aniruddha, Masulipatam and Cambay: A History of Two Port Towns 1500–1800, New Delhi, 1994

Archer, Mildred, Company drawings in the India Office Library, London, 1972

Archer, Mildred, and Falk, Toby, India Revealed: The Art and Adventures of James and William Fraser 1801–35, London, 1989

Avery, Peter, Hambly, Gavin, and Melville, Charles, The Cambridge History of Iran, vol. 7, From Nadir Shah to the Islamic Republic, Cambridge, 1991

Axworthy, Michael, The Sword of Persia: Nader Shah from Tribal Warrior to Conquering Tyrant, New York, 2006

Axworthy, Michael, Iran: Empire of the Mind: A History from Zoroaster to the Present Day, London, 2007

Ballhatchet, Kenneth, Race, Sex and Class under the Raj: Imperial Attitudes and Policies and their Critics 1793–1905, London, 1980

Barnett, Richard, North India Between Empires: Awadh, the Mughals and the British, 1720–1801, Berkeley, 1980

Barrow, Ian, 'The many meanings of the Black Hole of Calcutta', in Tall Tales and True: India, Historiography and British Imperial Imaginings, ed. Kate Brittlebank, Clayton, Vic., 2008

Baugh, Daniel, The Global Seven Years War, 1754–63, New York, 2014

Bayly, C. A., 'Indian Merchants in a "Traditional" Setting. Banaras, 1780–1830', in Clive Dewey and A. J. Hopkins, eds, The Imperial Impact: Studies in the Economic History of India and Africa, London, 1978

Bayly, C. A., Rulers, Townsmen and Bazaars: North Indian Society in the Age of British Expansion, Cambridge, 1983

Bayly, C. A., Indian Society and the Making of the British Empire, Cambridge, 1988

Bayly, C. A., Imperial Meridian: the British Empire and the World 1780–1830, London, 1989

Bayly, C. A., Empire &Information: Intelligence Gathering and Social Communication in India 1780–1870, Cambridge, 1996

Bence-Jones, Mark, Palaces of the Raj, London, 1973

Bence-Jones, Mark, Clive of India, London, 1974

Bernstein, Jeremy, Dawning of the Raj: The Life & Trials of Warren Hastings, Chicago, 2000

Bhargava, Meena, The Decline of the Mughal Empire, New Delhi, 2014

Blake, Stephen P., Shahjahanabad: The Sovereign City in Mughal India, 1639–1739, Cambridge, 1991

Bowen, H. V., 'Lord Clive and speculation in East India Company stock, 1766', Historical Journal, vol. 30, no.4 (1987)

Bowen, H. V., Revenue and Reform: The Indian Problem in British Politics, 1757–1773, Cambridge, 1991

Bowen, H. V., 'British India, 1765–1813: The Metropolitan Context', in P. J. Marshall, The Eighteenth Century, Oxford, 1998

Bowen, H. V., The Business of Empire: The East India Company and Imperial Britain, 1756–1833, Cambridge, 2006

Brenner, Robert, Merchants and Revolution: Commercial Change, Political Conflict, and London's Overseas Traders, 1550–1653, Princeton, 2003

Brett-James, Antony, ed., Wellington at War, 1794–1815: A Selection of His Wartime Letters, London, 1961

Briggs, Henry, The Nizam: His History and Relations with the British Government, London, 1861

Brittlebank, Kate, Tipu Sultan's Search for Legitimacy: Islam and Kingship in a Hindu Domain, New Delhi, 1997

Bryant, G. J., The Emergence of British Power in India 1600–1784: A Grand Strategic Interpretation, Woodbridge, 2013

Buchan, James, John Law: A Scottish Adventurer of the Eighteenth Century, London, 2019

Buddle, Anne, The Tiger and the Thistle: Tipu Sultan and the Scots in India, Edinburgh, 1999

Burton, David, The Raj at Table: A Culinary History of the British in India, London, 1993

Butler, Iris, The Elder Brother: The Marquess Wellesley 1760–1842, London, 1973

Calkins, Philip, 'The Formation of a Regionally Oriented Ruling Group in Bengal, 1700–1740', Journal of Asian Studies, vol. 29, no. 4, (1970)

Calkins, Philip B., 'The Role of Murshidabad as a Regional and Subregional Centre in Bengal', in Richard L. Park, Urban Bengal, East Lansing, 1969

Carlos, Ann M. and Nicholas, Stephen, 'Giants of an Earlier Capitalism: The chartered trading companies

as modern multinationals', Business History Review, vol. 62, no. 3 (Autumn 1988), pp. 398–419
Chandra, Satish, Parties and Politics at the Mughal Court, 1717–1740, New Delhi, 1972
Chandra, Satish, 'Social Background to the Rise of the Maratha Movement During the 17th Century', The Indian Economic & Social History Review, x, (1973)
Chatterjee, Indrani, Gender, Slavery and Law in Colonial India, New Delhi, 1999
Chatterjee, Kumkum, 'Collaboration and Conflict: Bankers and Early Colonial Rule in India: 1757–1813', The Indian Economic and Social History Review, vol. 30, no. 3 (1993)

Chatterjee, Kumkum, Merchants, Politics & Society in Early Modern India, Bihar: 1733–1820, Leiden, 1996
Chatterjee, Kumkum, 'History as Self-Representation: The Recasting of a Political Tradition in Late Eighteenth Century Eastern India', Modern Asian Studies, vol. 32, no. 4 (1998)
Chatterjee, Partha, The Black Hole of Empire: History of a Global Practice of Power, New Delhi, 2012
Chatterji, Nandlal, Mir Qasim, Nawab of Bengal, 1760–1763, Allahabad, 1935
Chatterji, Nandlal, Verelst's Rule in India, 1939
Chaudhuri, K. N., The English East India Company: The Study of an Early Joint-Stock Company 1600–1640, London, 1965
Chaudhuri, K. N., 'India's International Economy in the Nineteenth Century: A Historical Survey', in Modern Asian Studies, vol. 2, no. 1 (1968)
Chaudhuri, K. N., The Trading World of the Asia and the English East India Company 1660–1760, Cambridge, 1978
Chaudhuri, Nani Gopal, British Relations with Hyderabad, Calcutta, 1964
Chaudhury, Sushil, The Prelude to Empire: Plassey Revolution of 1757, New Delhi, 2000
Chaudhury, Sushil, 'The banking and mercantile house of Jagat Seths of Bengal', in Studies in People's History, vol. 2, no. 1 (2015)
Chaudhury, Sushil, Companies, Commerce and Merchants: Bengal in the Pre-Colonial Era, Oxford, 2017
Cheema, G. S., The Forgotten Mughals: A History of the Later Emperors of the House of Babar, 1707–1857, New Delhi, 2002
Chetty, A. Subbaraya, 'Tipu's Endowments to Hindus and Hindu institutions', in I. H. Habib, ed., Resistance and Modernisation under Haidar Ali & Tipu Sultan, New Delhi, 1999
Colley, Linda, 'Britain and Islam: Perspectives on Difference 1600–1800' in Yale Review, LXXXVIII (2000)
Colley, Linda, 'Going Native, Telling Tales: Captivity, Collaborations and Empire', Past & Present, no. 168 (August 2000)

Colley, Linda, Captives: Britain, Empire and the World 1600–1850, London, 2002

Colley, Linda, 'Gendering the Globe: The Political and Imperial Thought of Philip Francis', Past & Present, no. 209 (November 2010)

Collingham, E. M., Imperial Bodies: The Physical Experience of the Raj c.1800–1947, London, 2001

Compton, Herbert, ed., The European Military Adventurers of Hindustan, London, 1943

Cooper, Randolph G. S., The Anglo-Maratha Campaigns and the Contest for India: The Struggle for the Control of the South Asian Military Economy, Cambridge, 2003

Cooper, Randolph, 'Culture, Combat and Colonialism in Eighteenth and Nineteenth Century India', International History Review, vol. 27, no. 3 (September 2005)

Cruz, Maria Augusta Lima, 'Exiles and Renegades in Early Sixteenth-Century Portuguese India', in Indian Economic and Social History Review, vol. XXIII, no. 3 (1986)

Dalley, Jan, The Black Hole: Money, Myth and Empire, London, 2006

Dalmia, Vasudha, and Faruqui, Munis D., eds, Religious Interactions in Mughal India, New Delhi, 2014

Dalrymple, William, City of Djinns, London, 1993

Dalrymple, William, White Mughals: Love and Betrayal in Eighteenth-Century India, London, 2002

Dalrymple, William, The Last Mughal: The End of a Dynasty, Delhi, 1857, London, 2006

Dalrymple, William, and Sharma, Yuthika, Princes and Poets in Mughal Delhi 1707–1857, Princeton, 2012

Das, Neeta, and Llewellyn-Jones, Rosie, Murshidabad: Forgotten Capital of Bengal, Mumbai, 2013

Datta, Rajat, 'Commercialisation, Tribute and the Transition from late Mughal to Early Colonial in India', Medieval History Journal, vol. 6, no. 2 (2003)

Datta, Rajat, Society, Economy and the Market: Commercialisation in Rural Bengal, c.1760–1800, New Delhi, 2000

Datta, Rajat, 'The Commercial Economy of Eastern India under British Rule', in H. V. Bowen, Elizabeth Mancke and John G. Reid, Britain's Oceanic Empire: Atlantic and Indian Ocean Worlds, c. 1550–1850, Cambridge, 2012

Datta, Rajat, The Making of the Eighteenth Century in India: Some Reflections on Its Political and Economic Processes, Jadunath Sarkar Memorial Lecture, Bangiya Itihas Samiti, Kolkatta, April 2019

Davies, Philip, Splendours of the Raj: British Architecture in India 1660–1947, London, 1985

Dewey, Clive, and Hopkins, A. J., eds, The Imperial Impact: Studies in the Economic History of India and Africa, London, 1978

Dighe, V. G., and Qanungo, S. N., 'Administrative and Military System of the Marathas', in R. C. Majumdar and V. G. Dighe, eds, The Maratha Supremacy, Mumbai, 1977

Dirks, Nicholas B., The Scandal of Empire: India and the Creation of Imperial Britain, Harvard, 2006

Disney, A. R., Twilight of the Pepper Empire: Portuguese Trade in South West India in the Early Seventeenth Century, Harvard, 1978

Dodwell, Henry, Dupleix and Clive: The Beginning of Empire, London, 1920

Dodwell, Henry, The Nabobs of Madras, London, 1926

Dutt, Romesh Chunder, The Economic History of India under Early British Rule, 1757–1837, London, 1908

Dutta, K. K., Shah Alam II & The East India Company, Calcutta, 1965

Eaton, Richard M., The Rise of Islam and the Bengal Frontier 1204–1760, Berkeley, 1993

Eaton, Richard M., Essays on Islam and Indian History, Oxford, 2000

Eaton, Richard M., India in the Persianate Age, 1000–1765, London, 2019

Edwards, Michael, King of the World: The Life and Times of Shah Alam, Emperor of Hindustan, London, 1970

Farooqui, Amar, Zafar, and the Raj: Anglo-Mughal Delhi, c. 1800–1850, New Delhi, 2013

Faruqi, Munis D., 'At Empire's End: The Nizam, Hyderabad and Eighteenth-Century India', in Modern Asian Studies, vol. 43, no. 1 (2009)

Feiling, Keith, Warren Hastings, London, 1954

Ferguson, Niall, Empire: How Britain Made the Modern World, London, 2003

Findly, Ellison Banks, Nur Jehan: Empress of Mughal India, New Delhi, 1993

Fisher, Michael H., Beyond the Three Seas: Travellers' Tales of Mughal India, New Delhi, 1987

Fisher, Michael, The Travels of Dean Mahomet: An Eighteenth-Century Journey Through India, Berkeley, 1997

Fisher, Michael, Counterflows to Colonialism, New Delhi, 2005

Fisher, Michael H., 'Diplomacy in India 1526–1858', in H. V. Bowen, Elizabeth Mancke and John G. Reid, Britain's Oceanic Empire: Atlantic and Indian Ocean Worlds, c. 1550–1850, Cambridge, 2012

Floor, Willem, 'New Facts on Nader Shah's Indian Campaign', in Iran and Iranian Studies: Essays in Honour of Iraj Afshar, ed. Kambiz Eslami, Princeton, 1998

Forrest, Denys, Tiger of Mysore: The Life and Death of Tipu Sultan, London, 1970

Forrest, George, The Life of Lord Clive, 2 vols, London, 1918

Foster, Sir William, 'The First Home of the East India Company', in The Home Counties Magazine, ed. W. Paley Baildon, FSA, vol. XIV (1912)

Foster, Sir William, John Company, London, 1926

Foster, Sir William, England's Quest of Eastern Trade, London, 1933

Furber, Holden, 'Rival Empires of Trade in the Orient, 1600–1800', in Maritime India, intro. Sanjay Subrahmanyam, New Delhi, 2004

Ghosh, Durba, Sex and the Family in Colonial India: The Making of Empire, Cambridge, 2006

Ghosh, Suresh Chandra, The Social Condition of the British Community in Bengal, Leiden, 1970

Goetzmann, William N., Money Changes Everything: How Finance Made Civilisation Possible, London, 2016

Gommans, Jos J. L., The Rise of the Indo-Afghan Empire c.1710–1780, New Delhi, 1999

Gordon, Stewart, 'The Slow Conquest: Administrative Integration of Malwa into the Maratha Empire, 1720–1760', in Modern Asian Studies, vol. 11, no. 1 (1977)

Gordon, Stewart, The Marathas 1600–1818, Cambridge, 1993

Gordon, Stewart, Marathas, Marauders and State Formation in Eighteenth-Century India, Delhi, 1998

Gordon, Stewart, 'Legitimacy and Loyalty in some Successor States of the Eighteenth Century', in John F. Richards, Kingship and Authority in South Asia, New Delhi, 1998

Gosha, Lokanatha, The Modern History of the Indian Chiefs, Rajas, Zamindars, &C., Calcutta, 1881

Green, Nile, Sufism: A Global History, London, 2012

Grewal, J. S., Calcutta: Foundation and Development of a Colonial Metropolis, New Delhi, 1991

Grey, C., and Garrett, H. L. O., European Adventurers of Northern India 1785–1849, Lahore, 1929

Guha, Ranajit, A Rule of Property for Bengal: An Essay on the Idea of Permanent Settlement, Durham, NC, 1983

Gupta, Brijen K., Sirajuddaullah and the East India Company, 1756–7, Leiden, 1966

Gupta, Narayani, Delhi Between Two Empires 1803–1931, New Delhi, 1981

Gupta, Pratul C., Baji Rao II and the East India Company, New Delhi, 1939

Habib, Irfan, ed., Resistance and Modernisation under Haidar Ali & Tipu Sultan, New Delhi, 1999

Hall, Bert S., and De Vries, Kelly, 'Essay Review – The "Military Revolution" Revisited', Technology and Culture, no. 31 (1990)

Hallward, N. L., William Bolts: A Dutch Adventurer Under John Company, Cambridge, 1920

Hamilton, H., 'The Failure of the Ayr Bank, 1772', Economic History Review, 2nd series, vol. VIII (1955–6)

Haque, Ishrat, Glimpses of Mughal Society and Culture, New Delhi, 1992

Harding, David, Small Arms of the East India Company 1600–1856, 4 vols, London, 1997

Harris, Jonathan Gil, The First Firangis, Delhi, 2014

Harris, Lucian, 'Archibald Swinton: A New Source for Albums of Indian Miniature in William Beckford's Collection', Burlington Magazine, vol. 143, no. 1179 (June 2001), pp. 360–6

Hasan, Maulvi Zafar, Monuments of Delhi, New Delhi, 1920

Hasan, Mohibbul, History of Tipu Sultan, Calcutta, 1951

Hawes, Christopher, Poor Relations: The Making of the Eurasian Community in British India 1773–1833, London, 1996

Howard, Michael, War in European History (1976, reprint), Oxford, 1977

Husain, Ali Akbar, Scent in the Islamic Garden: A Study of Deccani Urdu Literary Sources, Karachi, 2000

Husain, Iqbal, The Rise and Decline of the Ruhela Chieftaincies in 18th Century India, Aligarh, 1994

Hutchinson, Lester, European Freebooters in Moghul India, London, 1964

Ives, Edward, A Voyage From England to India in the Year 1754, London, 1733

Jacob, Sarah, 'The Travellers' Tales: The travel writings of Itesamuddin and Abu Taleb Khan', in William A. Pettigrew and Mahesh Gopalan, The East India Company, 1600–1857: Essays on Anglo-Indian Connection, New York, 2017

Jasanoff, Maya, Edge of Empire: Conquest and Collecting in the East, 1750–1850, London, 2005

Jespersen, Knud J. V., 'Social Change and Military Revolution in Early Modern Europe: Some Danish Evidence', Historical Journal, vol. 26, no. 1 (1983)

Joseph, Betty, Reading the East India Company, New Delhi, 2006

Keay, John, India Discovered, London, 1981

Keay, John, The Honourable Company: A History of the English East India Company, London, 1991

Keay, Julia, Farzana: The Woman Who Saved an Empire, London, 2014

Khan, Indian Muslim Perceptions of the West during the Eighteenth Century, Karachi, 1998

Khan, Abdul Majed, The Transition in Bengal 1756–1775, Cambridge, 1969

Khan, Iqbal Ghani, 'A Book With Two Views: Ghulam Husain's "An Overview of Modern Times"', in Jamal Malik, ed., Perspectives of Mutual Encounters in South Asian History, 1760–1860, Leiden, 2000

Kincaid, Denis, British Social Life in India up to 1938, London, 1938

Kolff, Dirk, Naukar, Rajput, and Sepoy, London, 1992

Kuiters, Willem G. J., The British in Bengal 1756–1773: A Society in Transition seen through the Biography of a Rebel: William Bolts (1739–1808), Paris, 2002

Kulkarni, G., and Kantak, M. R., The Battle of Khardla: Challenges and Responses, Pune, 1980

Kulkarni, Uday S., Solstice at Panipat, 14 January 1761, Pune, 2011

Kulkarni, Uday, The Era of Baji Rao: An Account of the Empire of the Deccan, Pune, 2017

Kumar, Ritu, Costumes and Textiles of Royal India, London, 1998

Lafont, Jean-Marie, 'Lucknow in the Eighteenth Century', in Violette Graff, ed., Lucknow: Memories of a City, Delhi, 1997

Lafont, Jean-Marie, Indika: Essays in Indo-French Relations 1630–1976, Manohar, Delhi, 2000

Lafont, Jean-Marie, and Lafont, Rehana, The French & Delhi, Agra, Aligarh and Sardhana, New Delhi, 2010

Laine, James W., Shivaji: Hindu King in Islamic India, Oxford, 2003

Lal, John, Begam Samru: Fading Portrait in a Gilded Frame, Delhi, 1997

Lal, K. Sajjun, Studies in Deccan History, Hyderabad, 1951

Lal, K. S., The Mughal Harem, New Delhi, 1988

Lane-Poole, Stanley, Aurangzeb and the Decay of the Mughal Empire, London, 1890

Leach, Linda York, Mughal and Other Paintings from the Chester Beatty Library, London, 1995

Lenman, Bruce, and Lawson, Philip, 'Robert Clive, the "Black Jagir" and British Politics', in Historical Journal, vol. 26, no. 4 (December 1983)

Lenman, Bruce P., Britain's Colonial Wars 1688–1783, New York, 2001

Leonard, Karen, 'The Hyderabad Political System and Its Participants', Journal of Asian Studies, vol. 30, no. 3 (1971)

Leonard, Karen, 'The Great Firm Theory of the Decline of the Mughal Empire', Comparative Studies in Society and History, vol. 21, no. 2 (1979)

Leonard, Karen, 'Banking Firms in Nineteenth-Century Hyderabad Politics', Modern Asian Studies, vol. 15, no. 2 (1981)

Little, J. H., The House of Jagat Seth, Calcutta, 1956

Llewellyn-Jones, Rosie, A Fatal Friendship: The Nawabs, the British and the City of Lucknow, Delhi, 1982

Llewellyn-Jones, Rosie, A Very Ingenious Man: Claude Martin in Early Colonial India, Delhi, 1992

Llewellyn-Jones, Rosie, Engaging Scoundrels: True Tales of Old Lucknow, New Delhi, 2000

Lockhardt, Laurence, Nadir Shah, London, 1938

Losty, J. P., 'Towards a New Naturalism: Portraiture in Murshidabad and Avadh, 1750–80', in Barbara Schmitz, ed., After the Great Mughals: Painting in Delhi and the Regional Courts in the 18th and 19th Centuries, Mumbai, 2002

Losty, J. P., 'Murshidabad Painting 1750–1820', in Neeta Das and Rosie Llewellyn-Jones, Murshidabad: Forgotten Capital of Bengal, Mumbai, 2013

Losty, J. P., 'Eighteenth-century Mughal Paintings from the Swinton Collection', Burlington Magazine, vol. 159, no. 1375, October 2017

Losty, J. P., and Roy, Malini, Mughal India: Art, Culture and Empire, London, 2012

Love, H. D., Vestiges of Old Madras, 2 vols, London, 1913

Maddison, Angus, Contours of the World Economy, 1–2030 ad: Essays in Macro-Economic History,

Oxford, 2007
Malik, Jamaled, Perspectives of Mutual Encounters in South Asian History, 1760–1860, Leiden, 2000
Malik, Zahir Uddin, The Reign of Muhammad Shah, 1719–1748, Aligarh, 1977
Mansingh, Gurbir, 'French Military Influence in India', in Reminiscences: The French in India, New Delhi, 1997
Marshall, P. J., Problems of Empire: Britain and India 1757–1813, London, 1968
Marshall, P. J., ed., The British Discovery of Hinduism, Cambridge, 1970
Marshall, P. J., East India Fortunes: The British in Bengal in the Eighteenth Century, Oxford, 1976
Marshall, P. J., Bengal: The British Bridgehead – Eastern India 1740–1828, Cambridge, 1987
Marshall, P. J., 'Cornwallis Triumphant: War in India and the British Public in the Late Eighteenth Century', in Lawrence Freeman, Paul Hayes and Robert O'Neill, eds, War, Strategy and International Politics, Oxford, 1992
Marshall, P. J., 'British Society under the East India Company', in Modern Asian Studies, vol. 31, no. 1 (1997)
Marshall, P. J., 'The British in Asia: Trade to Dominion, 1700–1765', in P. J. Marshall, ed., The Oxford History of the British Empire, vol. 2, The Eighteenth Century, Oxford, 1998
Marshall, P. J., 'The English in Asia to 1700', in Nicholas Canny, The Oxford History of the British Empire, vol. 1, The Origins of Empire, Oxford, 1998
Marshall P. J., ed., The Eighteenth Century in Indian History: Evolution or Revolution?, New Delhi, 2003
Marshall, P. J., The Making and Unmaking of Empires: Britain, India and America c. 1750–1783, Oxford, 2005
Matar, Nabil, Turks, Moors & Englishmen in the Age of Discovery, New York, 1999
Mather, James, Pashas: Traders and Travellers in the Islamic World, London, 2009
McLane, John R., Land and Local Kingship in Eighteenth-Century Bengal, Cambridge, 1993
Michaud, J., History of Mysore Under Haidar Ali and Tippoo Sultan, trans. V. K. Raman Menon, Madras, 1924
Micklethwait, John, and Wooldridge, Adrian, The Company: A Short History of a Revolutionary Idea, London, 2003
Milton, Giles, Nathaniel's Nutmeg or, The True and Incredible Adventures of the Spice Trader Who Changed the Course of History, London, 1999
Mishra, Rupali, A Business of State: Commerce, Politics and the Birth of the East India Company, Harvard, 2018
Moin, A. Azfar, The Millennial Sovereign: Sacred Kingship & Sainthood in Islam, Columbia, 2014

Moon, Sir Penderel, Warren Hastings and British India, London, 1947

Moon, Sir Penderel, The British Conquest and Dominion of India, London, 1989

Moosvi, Shireen, Economy of the Mughal Empire, c.1595: A Statistical Study, New Delhi, 1987

Moreland, W. H., 'From Gujerat to Golconda in the Reign of Jahangir', in Journal of Indian History, vol. XVII (1938)

Morris, James, Heaven's Command: An Imperial Progress, London, 1973

Mount, Ferdinand, Tears of the Rajas: Mutiny, Money and Marriage in India 1805–1905, London, 2016

Moynihan, Elizabeth B., Paradise as a Garden in Persia and Mughal India, New York, 1979

Mukherjee, S. N., Sir William Jones: A Study in Eighteenth-Century Attitudes to India, Cambridge, 1968

Mukherjee, Tilottama, 'The Coordinating State and the Economy: the Nizamat in Eighteenth-Century Bengal', in Modern Asian Studies, vol. 43, no. 2 (2009)

Mukherjee, Tilottama, Political Culture and Economy in Eighteenth-Century Bengal: Networks of Exchange, Consumption and Communication, New Delhi, 2013

Mukhopadhyay, S. C., British Residents at the Darbar of Bengal Nawabs at Murshidabad 1757–1772, Delhi (n.d.)

Nayeem, M. A., Mughal Administration of the Deccan under Nizamul Mulk Asaf Jah (1720–48), Bombay, 1985

Nechtman, Tillman W., 'A Jewel in the Crown? Indian Wealth in Domestic Britain in the Late Eighteenth Century', Eighteenth-Century Studies, vol. 41, no. 1 (2007)

Nechtman, Tillman W., Nabobs: Empire and Identity in Eighteenth-Century Britain, Cambridge, 2018

Nilsson, Sten, European Architecture in India 1750–1850, London, 1968

Otis, Andrew, Hicky's Bengal Gazette: The Untold Story of India's First Newspaper, Chennai, 2018

Owen, Sidney J., The Fall of the Mughal Empire, London, 1912

Pannikar, K. N., British Diplomacy in Northern India: A Study of the Delhi Residency 1803–1857, New Delhi, 1968

Parker, Geoffrey, The Military Revolution, Oxford, 1988

Pearse, Colonel Hugh, Memoir of the Life and Military Services of Viscount Lake, London, 1908

Pearson, M. N., The New Cambridge History of India, 1.1, The Portuguese in India, Cambridge, 1987

Peers, D., 'State, Power and Colonialism', in Douglas Peers and Nandini Gooptu, eds, India and the British Empire, Oxford, 2012

Pelo, Stephano, 'Drowned in the Sea of Mercy. The Textual Identification of Hindu Persian Poets from Shi'i Lucknow in the Tazkira of Bhagwan Das "Hindi"', in Vasudha Dalmia and Munis D. Faruqui, eds, Religious Interactions in Mughal India, New Delhi, 2014

Pemble, John, 'Resources and Techniques in the Second Maratha War', Historical Journal, vol. 19, no. 2 (June 1976), pp. 375–404

Pernau, Margrit, Rajamani, Imke, and Schofield, Katherine, Monsoon Feelings, New Delhi, 2018

Philips, C. H., 'Clive in the English Political World, 1761–64', in Bulletin of the School of Oriental and African Studies, University of London, vol. 12, no. 3/44, Oriental and African Studies Presented to Lionel David Barnett by His Colleagues, Past and Present (1948)

Phillips, Jim, 'A Successor to the Moguls: The Nawab of the Carnatic and the East India Company, 1763–1785', International History Review, vol. 7, no. 3 (August 1985), pp. 364–89

Pinch, William, Warrior Ascetics and Indian Empires, Cambridge, 2006

Pitts, Jennifer, A Turn to Empire: The Rise of Imperial Liberalism in Britain and France, Princeton, 2005

Prakash, Om, The Dutch East India Company and the Economy of Bengal, 1630–1720, Princeton, 1985

Prakash, Om, 'Manufacturing in Eighteenth-Century Bengal', in Giorgio Riello and Tirthankar Roy, eds, How India Clothed the World: The World of South Asian Textiles, 1500–1800, Leiden, 2013

Pritchett, Frances W. P., Nets of Awareness: Urdu Poetry and Its Critics, Berkeley and Los Angeles, 1994

Qanungo, K. R., History of the Jats, Calcutta, 1925

Qanungo, K. R., 'Fragment of a Bhao Ballad in Hindi', Historical Essays, Calcutta, 1968

Rao, P. Setu Madhava, Eighteenth Century Deccan, Bombay, 1963

Rao, Velcheru Narayana, Shulman, David, and Subrahmanyam, Sanjay, Textures of Time: Writing History in South India 1600–1800, New York, 2003

Ray, Aniriddha, ed., Tipu Sultan and his Age: A Collection of Seminar Papers, Calcutta, 2002

Ray, Rajat Kanta, 'Race, Religion and Realm', in M. Hasan and N. Gupta, India's Colonial Encounter, Delhi, 1993

Ray, Rajat Kanta, 'Indian Society and the Establishment of British Supremacy, 1765–1818', in P. J. Marshall, The Eighteenth Century, Oxford, 1998

Ray, Rajat Kanta, The Felt Community: Commonality and Mentality before the Emergence of Indian Nationalism, New Delhi, 2003

Regani, Sarojini, Nizam-British Relations 1724–1857, New Delhi, 1963

Richards, J. F., 'Early Modern India and World History', Journal of World History, vol. 8, no. 2 (1997)

Richards, J. F., 'Mughal State Finance and the Premodern World Economy', in Comparative Studies in Society and History, vol. 23, no. 2 (1981)

Richards, J. F., 'The Seventeenth-Century Crisis in South Asia', in Modern Asian Studies, vol. 24, no. 4 (1990)

Richards, John F., Kingship and Authority in South Asia, New Delhi, 1998

Richards, J. F., The Unending Frontier: An Environmental History of the Early Modern World, Berkeley, 2003

Rizvi, Sayid Athar Abbas, Shah Walli-Allah And His Times, Canberra, 1980

Rizvi, Sayid Athar Abbas, Shah 'Abd al'Aziz: Puritanism, Sectarianism and Jihad, Canberra, 1982

Robb, Peter, Clash of Cultures? An Englishman in Calcutta, Inaugural Lecture, 12 March 1998, London, 1998

Roberts, Andrew, Napoleon and Wellington, London, 2001

Robins, Nick, The Corporation That Changed the World: How the East India Company Shaped the Modern Multinational, London, 2006

Roy, Kaushik, 'Military Synthesis in South Asia: Armies, Warfare, and Indian Society, c. 1740–1849', in Journal of Military History, vol. 69, no. 3 (July 2005)

Roy, Tirthankar, The East India Company: The World's Most Powerful Corporation, New Delhi, 2012

Russell, Ralph, Hidden in the Lute: An Anthology of Two Centuries of Urdu Literature, New Delhi, 1995

Saksena, Ram Babu, European & Indo-European Poets of Urdu & Persian, Lucknow, 1941

Sardesai, Govind Sakharam, A New History of the Marathas, 3 vols, Poona, 1946

Sarkar, Bihani, 'Traveling Tantrics and Belligerent Brahmins: The Sivarajyabhi ekakalpataru and Sivaji's Tantric consecration', for the conference on Professions in motion: culture, power and the politics of mobility in 18th-century India, St Anne's College, Oxford, 2 June 2017 (forthcoming)

Sarkar, Jadunath, ed., The History of Bengal, vol. II, The Muslim Period 1200 ad–1757 ad, New Delhi, 1948

Sarkar, Jadunath, Bengal Nawabs, trans. Jadunath Sarkar, Calcutta, 1952

Sarkar, Jadunath, ed., Persian Records of Maratha History, 1, Delhi Affairs (1761–1788), Bombay, 1953

Sarkar, Jadunath, Nadir Shah in India, Calcutta, 1973

Sarkar, Jadunath, Fall of the Mughal Empire, 4 vols, New Delhi, 1991

Sarkar, Jadunath, 'General Raymond of the Nizam's Army', in Mohammed Taher, ed., Muslim Rule in Deccan, Delhi, 1997

Saroop, Narindar, A Squire of Hindoostan, New Delhi, 1983

Scammell, G. V., The World Encompassed: The First European Maritime Empires, London, 1981

Scammell, G. V., 'European Exiles, Renegades and Outlaws and the Maritime Economy of Asia c.1500–1750', in Modern Asian Studies, vol. 26, no. 4 (1992)

Schimmel, Annemarie, Islam in the Indian Subcontinent, Leiden-Köln, 1980

Schmitz, Barbara, ed., After the Great Mughals: Painting in Delhi and the Regional Courts in the 18th and 19th Centuries, Mumbai, 2002

Schofield, Katherine, and Lunn, David, 'Delight, Devotion and the Music of the Monsoon at the Court of Emperor Shah Alam II', in Margit Pernau, Imke Rajamani and Katherine Schofield, Monsoon Feelings, New Delhi, 2018

Scott, William Robert, The Constitution and Finance of English, Scottish and Irish Joint Stock Companies to 1720, 3 vols, Cambridge, 1912

Sen, A., 'A Pre-British Economic Formation in India of the Late Eighteenth Century', in Barun De, ed., Perspectives in Social Sciences, I, Historical Dimensions, Calcutta, 1977

Sen, S. N., Anglo-Maratha Relations during the Administration of Warren Hastings, Madras, 1974

Sen, S. P., The French in India, 1763–1816, Calcutta, 1958

Shapiro, James, 1599: A Year in the Life of William Shakespeare, London, 2005

Shreeve, Nicholas, Dark Legacy, Arundel, 1996

Singh, Ganda, Ahmed Shah Durrani, Delhi, 1925

Singh, Ganda, 'Colonel Polier's Account of the Sikhs', The Panjab Past and Present, 4 (1970)

Singh, Kavita, Real Birds in Imagined Gardens: Mughal Painting between Persia and Europe, Los Angeles, 2017

Spear, Percival, The Twilight of the Moghuls, Cambridge, 1951

Spear, Percival, The Nabobs, Cambridge, 1963

Spear, Percival, Master of Bengal: Clive and his India, London, 1975

Spear, T. G. P., 'The Mugul Family and the Court in 19th-Century Delhi', in Journal of Indian History, vol. XX (1941)

Srivastava, Ashirbadi Lal, Shuja ud-Daula, vol. 1, 1754–1765, Calcutta, 1939

Stein, Burton, 'State Formation and Economy Reconsidered', Modern Asian Studies, vol. 19, no. 3, Special Issue: Papers Presented at the Conference on Indian Economic and Social History, Cambridge University, April 1984 (1985)

Stein, Burton, 'Eighteenth Century India: Another View', Studies in History, vol. 5, issue 1 (1989)

Stern, Philip J., The Company State: Corporate Sovereignty & the Early Modern Foundations of the British Empire in India, Cambridge, 2011

Strachan, Hew, European Armies and the Conduct of War (1983; reprint), London, 1993

Strachan, Michael, Sir Thomas Roe 1581–1644, Salisbury, 1989

Strachey, Edward, 'The Romantic Marriage of James Achilles Kirkpatrick, Sometime British Resident at the Court of Hyderabad', in Blackwood's Magazine, July 1893

Strachey, Sir John, Hastings and the Rohilla War, Oxford, 1892

Subrahmanyam, Sanjay, Improvising Empire: Portuguese Trade and Settlement in the Bay of Bengal

1500–1700, Delhi, 1990
Subrahmanyam, Sanjay, The Portuguese Empire in Asia: A Political and Economic History, London, 1993
Subrahmanyam, Sanjay, 'Connected Histories: Notes Towards a Reconfiguration of Early Modern Eurasia', Modern Asian Studies, vol. 31, no. 3 (1997)
Subrahmanyam, Sanjay, 'Un Grand Derangement: Dreaming An Indo-Persian Empire in South Asia, 1740–1800', Journal of Early Modern History, vol. 4, nos. 3–4 (2000)
Subrahmanyam, Sanjay, Penumbral Visions: Making Politics in Early Modern South India, Michigan, 2001
Subramanian, Lakshmi, 'Banias and the British: the role of indigenous credit in the Process of Imperial Expansion in Western India in the second half of the Eighteenth century', Modern Asian Studies, vol. 21, no. 3 (1987)
Subramanian, Lakshmi, and Ray, Rajat K., 'Merchants and Politics: From the Great Mughals to the East India Company', in Dwijendra Tripathi, Business and Politics in India, New Delhi, 1991
Subramanian, Lakshmi, 'Arms and the Merchant: The Making of the Bania Raj in Late Eighteenth-Century India', South Asia, vol. XXIV, no. 2 (2001), pp. 1–27
Sutherland, Lucy, The East India Company in Eighteenth-Century Politics, Oxford, 1952
Teltscher, Kate, India Inscribed: European and British Writing on India 1600–1800, Oxford, 1995
Tharoor, Shashi, Inglorious Empire:What the British Did in India, New Delhi, 2016
Timberg, Thomas A., The Marwaris: From Jagat Seth to the Birlas, New Delhi, 2014
Travers, Robert, Ideology and Empire in Eighteenth Century India: The British in Bengal, Cambridge, 2007
Tripathi, Amales, Trade and Finance in the Bengal Presidency, 1793–1833, Calcutta, 1979
Trivedi, Madhu, The Making of the Awadh Culture, New Delhi, 2010
Truschke, Audrey, Aurangzeb: The Man and the Myth, New Delhi, 2017
Vartavarian, Mesrob, 'An Open Military Economy: The British Conquest of South India Reconsidered, 1780–1799', Journal of the Economic and Social History of the Orient, vol. 57, no. 4 (2014)
Ward, Andrew, Our Bones Are Scattered, London, 1996
Washbrook, D. A., 'Progress and Problems: South Asian Economic and Social History c. 1720–1860', in Modern Asian Studies, vol. 22, no. 1 (1988)
Weitzman, Sophia, Warren Hastings and Philip Francis, Manchester, 1929
Weller, Jac, Wellington in India, London, 1972
Wheatley, Captain G. R. P., 'The Final Campaign against Tipu', Journal of the United Services Institute, no. 41 (1912)

Wilbur, Marguerite Eyer, The East India Company and the British Empire in the Far East, New York, 1945
Wilkinson, Theon, Two Monsoons, London, 1976
Willson, Beckles, Ledger and Sword: The Honourable Company of Merchants of England Trading to the East Indies 1599–1874, 2 vols, London, 1903
Wilson, Jon, 'A Thousand Countries to go to: Peasants and rulers in late eighteenth-century Bengal', Past and Present, no. 189, November 2005
Wilson, Jon, India Conquered: Britain's Raj and the Chaos of Empire, London, 2016
Wink, André, 'Maratha Revenue Farming', in Modern Asian Studies, vol. 17, no. 4 (1983)
Young, Desmond, Fountain of Elephants, London, 1959
Zaidi, S. Inayat, 'European Mercenaries in the North Indian armies 1750–1803 ad', in The Ninth European Conference on Modern South Asian Studies, Heidelberg, 9–12 July 1986
Zaidi, S. Inayat, 'French Mercenaries in the Armies of South Asian States 1499–1803', in Indo-French Relations: History and Perspectives, Delhi, 1990

【Historia 歷史學堂】MU0059

# 大亂局

## 東印度公司、企業暴力與帝國侵略

The Anarchy: The East India Company, Corporate Violence, and the Pillage of an Empire.

作　　者❖ 威廉・達爾林普（William Dalrymple）
譯　　者❖ 林玉菁
封面設計❖ 許晉維
內頁排版❖ 李偉涵
總　編　輯❖ 郭寶秀
責任編輯❖ 洪郁萱

發　行　人❖ 凃玉雲
出　　版❖ 馬可孛羅文化
104 臺北市中山區民生東路二段 141 號 5 樓
電話：(886) 2-25007696
發　　行❖ 英屬蓋曼群島商家庭傳媒股份有限公司城邦分公司
臺北市中山區民生東路二段 141 號 11 樓
客服服務專線：(886) 2-25007718；25007719
24 小時傳真專線：(886) 2-25001990；25001991
服務時間：週一至週五 9:00 ～ 12:00；13:00 ～ 17:00
劃撥帳號：19863813　戶名：書虫股份有限公司
讀者服務信箱：service@readingclub.com.tw
香港發行所❖ 城邦（香港）出版集團有限公司
香港灣仔駱克道 193 號東超商業中心 1 樓
電話：(852) 25086231　傳真：(852) 25789337
E-mail：hkcite@biznetvigator.com
馬新發行所❖ 城邦（馬新）出版集團【Cite (M) Sdn. Bhd. (458372U)】
41, Jalan Radin Anum, Bandar Baru Seri Petaling,
57000 Kuala Lumpur, Malaysia
電話：(603) 90578822　傳真：(603) 90576622
E-mail：services@cite.com.my
輸出印刷❖ 中原造像股份有限公司
初版一刷❖ 2024 年 1 月
紙書定價❖ 820 元
電子書定價❖ 574 元

國家圖書館出版品預行編目（CIP）資料

大亂局 : 東印度公司、企業暴力與帝國侵略 / 威廉 . 達爾林普（William Dalrymple）作 ; 林玉菁譯 . -- 初版 . -- 臺北市 : 馬可孛羅文化出版 : 英屬蓋曼群島商家庭傳媒股份有限公司城邦分公司發行 , 2024.01
面；　公分 . --（Historia 歷史學堂 ; MU0059）
譯自 : *The anarchy : the East India Company, corporate violence, and the pillage of an empire.*

ISBN 978-626-7356-44-9（平裝）

1.CST: 英國東印度公司 2.CST: 國際貿易史 3.CST: 印度史 4.CST: 英國

737.05　　112021658



城邦讀書花園
www.cite.com.tw

ISBN：978-626-7356-44-9（平裝）
ISBN：978-626-7356-45-6（EPUB）